최신 노사관계론

정 종 진 · 이 덕 로 공저

法 文 社

머리말

한국경제에 연일 적신호가 오고 있다. 고령화·저성장·저고용이라는 세 가지 덫, 즉 트릴레마(trilemma)에 빠진 형국이다. 급기야 최근에는 생산·투자·수출이 트리플 적자를 보이고 있다. 특히 수출의 경우 2015년 -8.0%, 2016년 -5.9%로 58년 만에 첫 2년 연속 마이너스를 보였다.

취업의 문이 좀체 열리지 않고 있다. 청년 일자리의 경우 더욱 그러하다. 최근 통계청이 발표한 2016년 실업자 수는 101만2,000명으로 IMF 외환위기 이후 처음으로 100만 명을 돌파했고, 청년실업률은 또다시 사상 최고치를 경신했다. 문제는 향후 3-4년간 청년실업 문제가 더 심화될 가능성이 높다는 점이다.

이러한 현실을 반영하듯 2016년 한국의 국가경쟁력순위를 보면 IMD조사에서는 61개국 중에서 29위를, WEF 조사에서는 160개국 중 26위로 나타났고 점차 낮아지고 있다. 그 중에서도 노사관계 경쟁력은 거의 꼴찌수준이다. 2016년 IMD 평가에서는 61개국 중 59위. WEF 평가에서는 138개국 중 135위로 설문조사방식에 문제가 있음을 감안하더라도 GDP순위에 비해 턱없이 낮다.

최근 회계컨설팅 네트워크 PwC가 세계 32개국의 잠재력 GDP 성장률 전망을 토대로 낸 '2050 세계경제 장기전망' 보고서에 따르면 현재 13위인 한국의 GDP가 2030년엔 14위, 2050년에는 18위로 하락하여 나이지리아, 이집트, 파키스탄 등보다 낮을 것이라는 어두운 전망이 나와 더욱 우울하다.

본서의 목적은 노사관계에 대한 건전한 이해를 통해 노사파트너십 구축과 기업경쟁력 제고를 도모하고 나아가 지속가능한 경영의 토대를 마련하는 데 있다. 이러한 목적을 달성하기 위하여 본서의 기본 골격은 총 8장으로 구성하였다. 제1장 노사관계의 본질, 제2장 노동운동, 제3장 노동조합, 제4장 단체교섭, 제5장 경영참가제도, 제6장 우리나라의 경영참가제도, 제7장 노동쟁의 및 조정제도, 제

8장 부당노동행위제도 등을 다루고 있다.

본서는 경영학을 전공하는 경영학도 뿐만 아니라 교양으로 경영학을 공부하는 일반계 학생과 산업현장에서 노사문제를 다루는 담당자 모두를 대상으로 했기 때문에 책에 등장하는 전문용어는 가급적 우리말로 쉽게 표현하거나 자세히 설명하였으며 아울러 관련된 각종 최신 통계자료를 망라하여 제시하였다.

본서는 저자들이 지난 30여 년간에 걸친 대학(원), 산업체 전문교육기관, 공공기관과 기업체의 특강, 지방노동위원회와 중앙노동위원회의 조정경험, 그리고 저서, 논문 및 각종 통계자료집을 총망라하여 나름대로 최선을 다해 준비하였다. 집필을 다 끝낸 지금에도 아쉬움은 여전히 남는다. 미진한 부분에 대해서는 강호제현의 조언과 지적을 받아들여 계속 수정·보완해 나가고자 한다.

본서가 완성되기까지 다른 책들과 마찬가지로 많은 분들의 보이지 않는 도움이 있었다. 성균관대학교의 서향희 초빙교수는 그 어느 때보다도 바쁜 시기에 열과 성을 다해 꼼꼼히 교정을 봐주었고, 미술 쪽에 남다른 안목이 있는 정혜원 양은 표지 선정에 많은 시간과 애정을 보여주었으며, 그리고 서원대학교 경영학과의 김기중 군과 이미진, 최연정, 신효림 양은 방학 중임에도 교정을 성실하게, 자신의 일처럼, 능수능란하게 도와주었다. 유능하고 착한 대학인들과 함께 한 시간이 매우 즐거웠고 앞으로도 함께 할 수 있어 무척 행복하다.

끝으로 본서가 나오기까지 지원과 조력을 아끼지 않았던 법문사 영업부의 김성주님과 빡빡한 일정에도 시원시원하게 편집과 교정을 도와주신 편집부의 노윤정 차장님께 마음으로부터의 고마움을 전합니다.

2017년 2월 15일
따사로운 햇살이 가득한 연구실에서
저자 적음

차례

제1장 노사관계의 본질

제2장 노동운동

제3장 노동조합

제4장 단체교섭

제5장 경영참가제도

제6장 우리나라의 경영참가제도

제7장 노동쟁의 및 조정제도

제8장 부당노동행위제도

Labor management relations

제 1 장

노사관계의 본질

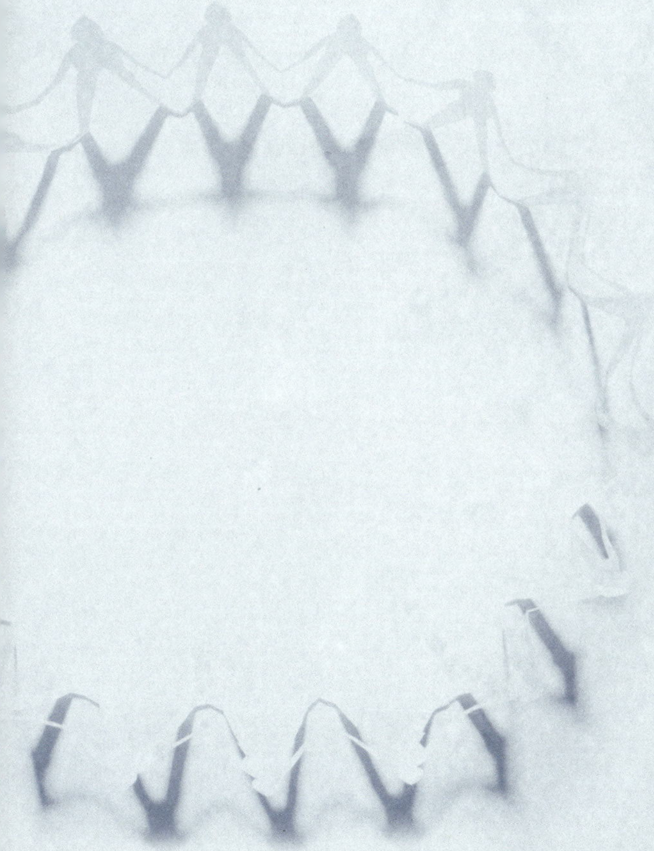

제 1 장

노사관계의 본질

제 1 절　노사관계의 의의

1. 노사관계의 의의

1세기 이전만 하더라도 비교적 생소했던 노사관계라는 용어가 오늘날에는 일상적으로 널리 사용되고 있다. 이를테면 일간신문을 보거나 텔레비전을 시청해 보아도 노사관계라는 말은 사회면에서 뿐만 아니라 정치면이나 경제면에서도 자주 등장한다. 특히 1996년 말 노동법개정파문에 이어 1997년 말 IMF구제금융, 2008년 미국발 글로벌 금융위기, 2010년 유럽의 재정위기, 그리고 2012년 미국의 재정절벽 등을 거치면서 구조조정이 일상화되고 이에 따라 파업을 비롯한 각종 쟁의행위가 빈발하면서 초미의 관심사항으로 대두되게 되었다.

노사관계라는 용어가 보편적으로 사용된 것은 주로 제2차대전 후의 일이다. 일본뿐만 아니라 다른 나라에서도 노사관계라는 용어의 보급은 미국을 예외로 하면－미국에서 공식적으로 사용된 것은 1912년에서 1915년경－제2차 대전 후의 일이라고 생각된다. 근래에는 이 문제영역에 대한 국제회의나 국제학회의 발전에서 나타난 바와 같이 노사관계라는 용어는 자본주의와 사회주의의 차이를 넘어 널리 사용되고 있다. 그럼에도 불구하고 이 용어의 의미와 개념규정에 대해서는 반드시 보편적인 합의가 이루어지고 있는 것은 아니다(정재훈, 1988).

노사관계의 이중성에서 살펴보겠지만 당초 노사관계란 노동자와 사용자와의 관계 내지 노동조합과 사용자와의 2자관계로 해석하였다. 그러나 19세기 말에 접어들자 이전의 노사관계에서는 보지 못했던 새로운 문제가 등장하였다. 그 첫 번째의 계기는 노사의 사이에 국가권력이 개입하기 시작하였다는 점이다. 미국에 있어서는 빈곤의 문제나 실업문제가 커다란 사회문제가 되어, 건강보험이나 실업보험이라는 새로운 형태로 정부가 노사의 문제에 관여하게 되었던 것이다.

정부가 노사의 사이에 개입하게 된 또 하나의 중요한 계기는 노동조합세력의 증대에 있다. 즉 노동조합의 세력이 질적·양적으로 증대됨에 따라 그의 활동을 자본주의 경제체제의 테두리 안에 한정하고 노사의 충돌·분쟁에 어떠한 형태의 규칙을 설정해 두기 위해 국가(정부)가 정책이라는 형태를 취하지 않을 수 없게 되었다. 이렇듯 정부는 노사관계 그 자체에 대한 '공동정책'의 당사자로서 등장하게 된 것이다.

따라서 오늘날 노사관계를 구성하는 요소, 즉 당사자로서는 노동자(노동조합), 사용자, 그리고 정부라는 3자가 무대에 등장하게 된다. 다시 말하면, 오늘날과 같이 고도화된 산업사회에 있어서의 노사관계는 노동자, 사용자, 그리고 정부라는 삼각관계로 파악하여야 한다는 것이다(이준범, 1997).

이러한 맥락에서 던롭(J. T. Dunlop)은 "노사관계를 경영자, 근로자 및 정부들 사이의 상호관계의 복합체"로 정의내리고 있으며(Dunlop, 1958, 5), 레스터(R. A. Lester) 또한 노사관계를 "근로자조직과 산업경영자 간의 처리뿐만 아니라 임금, 생산성, 고용보장, 경영자의 고용관행, 조합의 정책 및 노동문제에 대한 정부의 행동을 포괄한 노동의 모든 영역을 포함한다"라고 정의하고 있다(Lester, 1951, 3).

초기에 노사관계를 의미하는 용어는 '노자관계(labor-capital relations)'였다. 이때는 자본의 '자(資)'를 사용하였다. 우리나라의 경우 노자관계라는 용어는 특히 일제강점기(1910-1945)의 노동운동을 기술한 문헌에 주로 나타난다. 이러한 경향은 그 당시 학자들 사이에 자본주의를 자본가계급과 무산자계급 간의 갈등으로 보는 마르크스주의의 영향이 있었기 때문이며 그 당시에는 노사관계라는 용어보다는 노자관계라는 용어가 더 자연스럽게 쓰였다.

노사관계라는 용어는 1950년대 이후부터 점차 일반화되었는데, 오늘날 노사관계(론)를 표현하는 원어로는 industrial relations를 비롯하여 labor relations, labor-management relations, labor and industrial relations, personnel management and industrial relations 등 여러 가지가 사용되고 있다(김성수, 2000). 이들은 학자들에 따라 상이하게 사용되어 왔는데, 예컨대, Katz & Kochan(1992)은 "industrial relations"라는 용어를 사용하고 있고, Mills(1994)는

"labor-management relations"라는 용어를 사용하고 있으며, 그리고 Reynolds, Masters, & Moster(1998)와 Fossum(2015)은 "labor relations" 라는 용어를 사용하고 있다. 하지만 "industrial relations"처럼 일반화되지는 못 하였다. 우리나라에서도 산업관계론 보다는 노사관계론이라는 용어가 보다 일반화되어 사용되어 왔고 지금도 industrial relations를 산업관계론 보다는 노사관계론으로 번역하고 있다(신수식·김동원·이규용, 2010, 9-10).

최근에는 과거의 육체근로자와는 상이한 고용형태, 즉 사무관리, 전문직, 공공부문, 비정규직 고용이 등장하면서 보다 포괄적인 의미를 지닌 '고용관계(employment relations)'를 사용하기도 한다(신수식·김동원·이규용, 2014; 이영면, 2000). 그러나 아직 미국이나 유럽에 있어서도 용어의 통일을 보지 못하고 있다. 보통은 산업관계론(industrial relations)과 노사관계론(labor relations)은 동일한 개념으로 보지만(Burack & Smith, 1977), 산업관계론은 주로 영리를 목적으로 하는 사기업에서의 노사관계를 의미한다는 점에서 일반적인 노사관계론과 그 뜻을 다르게 보는 학자도 있다(Sikula, 1976).

2. 노사관계의 이중성

일찍이 마르크스(K. Marx)는 노동자와 사용자를 영원히 화합할 수 없는 계급관계로 보고 사용자 계급은 이익추구를 위해 끊임없이 노동자 계급의 노동력을 착취하고 이에 대항하여 노동자 계급은 자각하고 단결하여 유산자인 사용자 계급을 결국 멸망시키게 될 것이라고 보았다. 이와 같이 노사는 이질적인 존재이므로 양대 계급간에는 협력이란 있을 수 없고 오직 경제적인 이해관계의 대립만이 존재한다고 보았던 것이다. 즉 노사관계를 일원론적으로 보았다. 그러나 오늘날 대부분의 학자들은 이원론적 관점에서 이론을 전개하고 있는데, 본서 또한 그러한 관점에서 살펴보기로 하겠다.

노사관계를 광의(廣義)로 보면 개별적 노사관계와 집단적 노사관계로 나누어 볼 수 있다. 먼저 개별적 노사관계란 종업원(근로자)과 사용자 사이의 노사관계를 말한다. 보다 구체적으로 근로자 개인과 사용자 개인 사이의 고용관계의 성립·유지·종료를 내용으로 하는 영역이다[1].

1 개별적 노사관계를 규율하는 기본적인 법률로 근로기준법을 들 수 있다. 근로기준법은 "현실적으

이러한 관계는 취업으로 인한 관계인데, 여기서 사용자는 소유와 경영의 분리에 의해 경영자로 나타나고 노동자는 종업원으로서의 자격을 갖는다. 분업의 원리에 따라 경영자는 경영철학과 방침을 수립하고 조직의 목표달성을 위해 계획, 조직, 통제 등의 관리활동을 담당하며, 종업원은 경영자의 지시나 명령에 따라 각종 노동을 제공하게 된다. 따라서 여기에서는 경영자와 종업원은 똑같이 생산활동의 담당자이고 똑같이 노동하는 관계에 놓이게 된다. 그 결과 생산이 주목적이고 이를 확대하기 위해 협력관계가 발생한다. 이러한 협력관계를 더욱 발전시키기 위한 제도적인 메커니즘이 바로 종업원경영참가제도이다. 또한 이러한 관계를 규율하는 것은 취업규칙이며 통상 인사관리활동으로 이루어진다.

반면에 집단적 노사관계란 단체로서의 근로자대표(노동조합 또는 종업원대표)와 사용자 또는 사용자단체 사이의 노사관계를 말한다. 집단적 노사관계를 규율하는 기본적 법률로 노동조합 및 노동관계조정법을 들 수 있다(이상윤, 2013, 565).[2] 이러한 관계는 근로제조건의 결정과 관련되는 것으로 사용자(자본가)와 임금노동자 간의 노동력의 매매를 둘러싼 경제적 거래관계이다. 이 경우에 사용자와 노동자는 생산수단의 소유 내지 관리자와 노동력의 제공자인 임금근로자로 본 것이다. 흔히 좁은 의미에서의 노사관계를 지칭할 때 바로 이것을 의미한다.

노사관계를 경제적 거래관계에서 보면 양자는 이해가 대립되는 관계에 놓이게 된다. 여기에서는 생산활동 결과 얻어진 이윤의 분배가 주목적이고 이를 확보하기 위해 대립관계가 발생한다. 이러한 대립관계는 숙명적인 관계로 관리의 여하나 경제상황에 따라 정도는 줄일 수 있을지언정 근본적으로 해소시키기는 매우 어렵다.

사용자는 노동자에게 분배를 많이 해주면 이익이 감소되고 또한 노동자는 분배를 많이 받지 못하면 자신과 가족의 생활수준을 향상시킬 수 없는, 생존권과 관계되는 문제이다. 따라서 양자 간에는 치열한 대립이 계속되고 서로 자기에게 유리하게 하기 위하여 쟁의행위를 하거나 공장폐쇄를 하기도 한다. 이러한 대립관계를 완화시키기 위한 제도적인 메커니즘이 바로 단체교섭이다. 이러한 관계를 규율

로 근로를 제공하는 자에 대하여 국가의 관리·감독에 의한 직접적인 보호의 필요성이 있는가"라는 관점에서 개별적 노사관계를 규율할 목적으로 제정된 것이다(이상윤, 2013, 565).

2 굳이 단결권을 보장해줄 필요가 없다면 보다 넓은 의미에서 근로자 대표를 종업원대표까지 포함한다면 '근로자참여 및 협력증진에 관한 법률'도 포함할 수 있다.

하는 것은 단체협약이며 통상 협의(狹義)의 노사관계활동으로 이루어진다.

이상과 같이 노사관계는 종업원과 사용자와의 관계(employee–employer relations)로 해석되기도 하고, 때로는 노동조합과 사용자(경영자)와의 관계(union–management relations)를 강조하는 경우도 있다. 그러나 노사관계는 위의 두 가지 관계 중의 어느 하나만에 의해서 성립되는 것은 아니다. 현실적으로는 위의 두 가지 관계의 총합으로 성립되는 것이 보통이다.

이와 같이 노사관계는 사용자와 근로자의 관계인 동시에 사용자(경영자)와 노동조합과의 관계인 것이다. 그래서 현대의 노사관계를 본다면 경영자는 단순한 근로자, 즉 사원으로서의 노동자와 관계를 가질 뿐만 아니라, 동시에 노동조합과의 관계도 가지지 않으면 안 되게 되어 있는데, 이러한 관계를 노사관계의 이중성이라 한다(정종진, 1983). 이를 그림으로 나타내면 [그림 1–1]과 같다.

기업에 있어서 사용자와 노동자 사이의 이러한 관계를 좀더 상세하게 분석해 보면 다음과 같은 세 가지 측면에서 접근해 볼 수 있다(신유근, 1988; Sutton, et al., 1956).

첫째, 법률적 차원에서의 노사관계 측면이다. 이 차원은 개인들이 동등한 위치에서 행하게 되는 계약관계라 할 수 있다. 사용자나 노동자는 상대방에게 어떤 법적 강제력을 행사할 수 없기 때문에 개인의 계약자유가 실현된다. 이때 국가의 책임은 계약이 자유롭게 이루어질 수 있게끔 쌍방이 법칙을 엄수하도록 하는 것이며, 이러한 자유고용 계약하에서 임금의 결정은 대개 사용자에 의해 이루어지며 노동자가 이에 만족하지 않을 때에는 계약을 하지 않으면 그만인 것이다.

그림 1–1 노사관계의 이중성

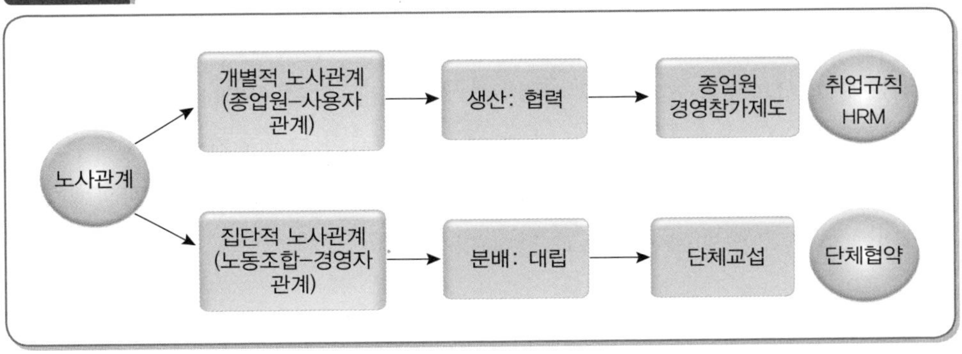

둘째, 경제적 차원에서의 노사관계 측면이다. 이 차원에서는 구매자와 판매자 간의 시장거래가 형성된다. 경제적 측면에서는 사용자와 노동자들이 자기의 이윤극대화를 위해 합리적인 행위를 한다는 가정을 기초로 하며, 기업은 생산비의 개념으로 노동자를 고용하며 노동자 역시 임금과 여가 등을 고려하여 거래관계에 참여한다는 것이다.

셋째, 권위적이고 계층적인 조직에 참여하고 있는 사람들 간의 인간관계를 중시하는 입장이다. 이 차원은 기업의 규모가 커지고 조직이 계층적으로 분화됨에 따라 조직 내에서의 통합이 기업목적의 달성에 필요불가결한 조건이 되는 데 기인한다. 현대기업의 조직이 이전에 비해 더욱 세분화되고 계층적으로 분리되어 매우 복잡한 유기체로서의 성격을 띠게 됨에 따라 조직을 운영하는 하나의 원리로서 강제보다는 협력을 통한 통합이 강조되고 있는데, 이것이 바로 현대기업에서의 노사관계 원칙인 것이다.

이처럼 노사관계라 할 때 노사간의 법률적·경제적 이해관계를 무시할 수 없고, 한편으로는 통합적인 인간관계로서의 측면도 결코 무시할 수 없다. 즉 노사관계는 노동력의 매매라는 관점에서 볼 때에는 상호 이해가 상충되는 대립적인 경제관계라 할 수 있으며, 한편으로는 기업의 목적을 달성하기 위해 생산적 협동관계를 유지하여야 한다는 이중성을 내포하고 있는 것이다.

제 2 절 노사관계의 발전과정

노사관계는 18세기 중엽에 시작된 영국의 산업혁명 이후 오늘날까지 각국에서 추진되어 온 공업화과정을 배경으로 하여 성립되었다(Kerr, Dunlop, Harbison, and Myers, 1960).

따라서 노사관계는 상사자의 성격, 그 시대와 사회의 상황에 따라 각기 독특한 양상을 보이는 것이 통례이다. 즉 경영에 있어서의 고용조건의 결정기구의 성격은 역사적인 발전과정에 따라 그 내용을 달리하고 있는 것이다. 노사관계를 발전과정에 따라 구분해 보면 다음과 같다(강석인, 1982).

1. 전제적 노사관계

전제적 노사관계는 자본주의 초기에 성행하여 대체로 19세기 중기까지 존재하던 노사관계의 형태이다. 이 단계에서 자본의 성질은 아직도 개인회사 또는 합명·합자회사 등으로 '인격'과 결합된 것이어서 자유로운 자본시장이 충분히 형성되지 않았고 다분히 전기적(前期的) 자본의 성격을 띠고 있었다. 그 결과 경영은 대부분 소유자에 의해 이루어지는, 이른바 '소유자 경영(owner management)' 단계에 있었기 때문에, 전제적 성격을 농후하게 띠는 것이 일반적인 특색이다.

한편 노동력도 아직 농촌에서 완전히 분리되지 않았을 뿐더러 근대적 노동시장 또한 제대로 성립되지 않았고, 기능도 개인적인 것일 뿐 전반적으로 신뢰할만한 수준을 이루지 못하고 있었다. 따라서 고용이 주로 연고(緣故)모집이나 구빈(救貧)의 형태로 이루어졌기 때문에 당연히 고용조건의 결정은 자본에 의해 거의 일방적으로 이루어졌다.[3] 이러한 결합의 필연적인 결과로 노동자의 근로조건은 자본가의 일방적 의사에 의해 결정되었고 자본가와 노동자의 관계는 절대명령과 그에 대한 철저한 복종이 있을 뿐이었다.

전제적 노사관계는 노동자를 회사에 종속시키고 사용자 마음대로 통제하는 데에는 소기의 성과를 거둘 수 있었으나 마음에서 우러나오는 애사심이나 생산성을 높이는 데에는 실패한 편이었으며, 근로자들은 오래지 않아 이러한 관리방식에 저항을 나타내게 되었다(Kerr et al., 1960, 193). 이와 같은 노사관계는 오늘날 구소련과 같은 공산국가에서 흔히 볼 수 있는 제도이다.

2. 온정적 노사관계

온정적 노사관계는 19세기 초에서 20세기 초 사이에 존재하던 노사관계 형태이다. 자본주의적 생산방식의 발달과 함께 정착근로자가 증대되어 감에 따라 전제적 노사관계로는 노동자들의 협조를 더 이상 얻을 수 없고 생산성이 떨어지게 되

---

3 일례로 1802년 영국에서 Health and Morals of Apprentices Act(도제의 건강 및 도덕법)라는 노동관계법이 만들어지기 이전만 하더라도 도제는 하루에 14~18시간 일할 정도였다. 18세기 중엽의 산업혁명은 영국을 세계에서 으뜸가는 부강한 국가로 만들었지만 생산고를 높이려는 기업주의 과도한 의욕은 공장근로자의 생활을 비참의 극으로 몰아넣었다. 그래서 1802년에 최초의 공장법인 Health and Morals of Apprentices Act의 제정을 가져오게 되었다(이승한, 1966).

는 단계에 이르면 사용자도 이에 대응하여 노동자에 대해서 주택, 음료, 의료 등 가부장적 온정주의에 입각한 복리후생시설을 마련하게 된다. 사용자의 이러한 사상은 봉건영주(封建領主)가 영민(領民)의 충성에 대한 대가로서 영민의 복지에 책임을 진다는 봉건제적 전통을 반영한 것이며, 노동자는 사용자가 베푸는 은혜에 보답함으로써 노사관계는 순조롭게 유지될 수 있다고 생각하였던 것이다.

이러한 온정적 노사관계는 19세기 초 영국의 사회주의자이자, 산업자본가로서, '고임금의 경제론'을 주장하면서 기업경영에 이것을 실천했던 로버트 오웬(Robert Owen)에 의해 처음으로 비롯되었다. 그는 공상적 사회주의자로 공리주의의 원리에 기초하여 근로자의 생활과 근로조건의 개선이 노동능률과 의욕을 증진시키는 것으로 보았다(변상우 외, 2015). 일명 친권적(paternalistic) 노사관계라고도 하며, 일본과 독일에서 흔히 찾아볼 수 있는 노사관계 유형이다.

3. 완화적 노사관계

완화적 노사관계는 산업혁명이 진전되어 근대적인 기업형태로서 주식회사가 보편적으로 보급되게 되는 단계[4]에 존재하던 노사관계 형태이다. 이 단계에 이르면 기업규모가 확대될 뿐만 아니라 테일러(F. Taylor)에 의한 과학적 관리기법의 등장으로 관리의 합리화도 이루어지며, 자본의 집중에 의한 경영과 자본의 분화 현상이 나타난다. 그러나 당시의 자본집중은 완전한 '자본과 경영의 분리'를 촉진할 정도가 되지 못하고 경영도 전문경영자가 아닌 '주주에 의한 경영(stockholder management)'으로서 어느 정도 경영직능이 분화되기는 하였으나 여전히 개별자본의 성격이 강하게 나타나던 시기였다.

한편 노동에 있어서도 고용의 정착화, 전문화, 그리고 숙련의 객관화 내지 사회화가 실현되면서 근대적인 노동시장이 형성되어 갔다. 이러한 노동력의 집중화와 사회화는 횡단적인 직업별 노동조합(craft union)을 출현시키게 되었고 자본과 노동의 관계에 있어서는 자연적으로 종래의 자본의 일방적 지배를 어느 정도 제약하기에 이른다. 그러나 아직 노동의 조직력이 자본과 대등한 지위에까지 이르지는 못하기 때문에 자본의 전제를 완화하는 정도에 그칠 뿐이었다. 따라서 어

---

4 영국은 1862년, 프랑스는 1868년, 독일은 1870년)에 각각 회사법이 제정되었다.

느 정도의 대등함과 합리주의를 발전시키면서도 다른 한편으로는 종래의 온정적·가족주의적 관리가 잔존하는 상태의 노사관계가 된다. 흔히 근대적 노사관계라고 부르기도 한다.

4. 민주적 노사관계

민주적 노사관계는 제1차 세계대전 후, 특히 1930년대 초기의 세계공황 이후부터 오늘에 이르기까지 전개되는 노사관계 형태이다. 1930년대를 전후하여, 자본의 집중·독점화가 고도로 진전되고 경영규모도 더욱 확대되었다. 그 결과 '자본과 경영의 분리' 혹은 '소유와 경영의 분리'가 촉진되어 경영직능의 분화·전문화, 전문경영자의 탄생, 경영자 집단의 조직화 등이 일반화되었다. 한편, 노동에 있어서도 경영규모의 확대에 따라 기능의 획일화·사회화 및 산업별 노동조직의 발전이 이루어졌다. 특히 산업별 노동조합과 경영자단체와의 통일적 단체협약이 발전됨에 따라 노동의 성격도 과거의 개개 기업의 종업원이었던 성격에서 점차로 계급연대적인 성격을 띠게 된 것이다.

이와 같이 새로운 성격을 갖는 노동과 자본의 관계는 그 나라의 경제적·사회적 조건에 따라 다르겠지만, 일반적으로 고용관계의 결정에 있어 일단 대등한 지위에서 단체교섭을 할 수 있게 되었다. 그럼으로써 본질적으로는 자본의 헤게모니(hegemony) 하에 있다 하더라도, 노사가 산업사회에 있어서의 대등자인 것으로 인식하는 산업민주주의의 이념이 형성되기에 이른 것이다.[5]

제 3 절 노사관계의 형태

노사관계는 다양한 분류기준에 따라 여러 가지 형태로 나누어 볼 수 있다. 본 절에서는 노사 쌍방의 태도가 성숙한 정도와 국가에 따른 노사관계의 형태에 대해 각각 살펴보기로 하겠다.

---

5 이 밖에도 학자에 따라서는 사회주의적 변혁의 시기에 고용조건의 결정을 오직 실력행사에 의해서만 결정하려던 격화된 계급투쟁의 성격을 띤 항쟁적 노사관계를 추가하기도 한다(김규태, 1999; 김윤환, 1982, 334–335).

1. 노사관계의 질적 형태

앞에서 자본주의가 진전됨에 따라 노사관계는 전제적 노사관계로부터 민주적 노사관계로 발전해 나감을 알 수 있었다. 이 중 오늘날 가장 바람직한 노사관계는 바로 민주적 형태이다. 그러나 민주적 노사관계라 하더라도 노사 쌍방의 성숙도, 즉 질에 따라 그 내용이 달라질 수 있는데, 다니엘 밀즈(Daniel Q. Mills)는 노사관계를 질에 따라 다음과 같이 분류하고 있다(Mills, 1982, 177-179).

(1) 공개갈등형

공개갈등형(open conflict) 노사관계란 경영자들이 노동조합과 정면 대결하고 그들에게 전혀 양보하려고 하지 않는 태도를 말하는데, 오늘날의 노사관계에 있어서는 극히 드문 일로 후진국가나 개도국에서 종종 나타나는 대립적 노사관계의 한 형태이다. 선진국에서는 제2차 세계대전 이전에 이러한 태도가 흔히 있었는데, 경영자들이 노동조합을 근본적으로 불신하거나 노동조합에 대한 경험과 지식이 그다지 없었던 때였다. 한편 이러한 경우 노동조합은 경영자들의 경영전권(management prerogative)을 근본적으로 무시하려고 하며, 또한 극단적인 행동을 보이게 되어 노사 모두가 큰 상처를 입고 마침내는 기업을 파행으로 이끌어가기도 한다.

(2) 무장휴전형

무장휴전형(armed truce) 노사관계 하에서 노사 양측은 여전히 상대방을 적대자로 보며 때때로 발생하는 공개갈등형을 준비하기도 한다. 그럼에도 불구하고 어느 한쪽도 심한 손해를 보지 않기 위하여 적대행위를 제한하려고 한다. 이것은 미국의 대기업에서 가장 많이 볼 수 있는 형태인데, 주된 특징은 다음과 같다.

첫째, 경영자측은 조합과의 단체교섭을 근대산업사회의 필요악이라고 생각하고 있다. 둘째, 조합간부도 조합의 주요 임무는 경영자의 활동에 맞서 투쟁하는데 있다고 생각한다. 셋째, 단체교섭의 범위와 공동결정사항에 대한 노사의 의견이 기본적으로 일치되고 있지 않다. 넷째, 근로자들의 충성 내지 협조를 얻으려고 노사가 서로 경쟁하고 있다. 다섯째, 단체교섭에서의 의견상치점의 타결은 노사의 협력관계에 의해서 이루어진다는 것을 노사 쌍방이 솔직하게 인정하고 있다. 여섯째, 협약을 준수함으로써 노사분쟁이나 의견상치점 등을 적절하게 조정하는 방식을 고안하고자 노사 쌍방이 희망하고 있다(Selekman, 1949, 125).

(3) 노사조화형

노사조화형(working harmony) 노사관계란 보다 성숙된 단계에서 볼 수 있는 노사관계로 무장휴전형과 후술할 노사협력형의 중간형태이다. 여기서 노사 쌍방은 상대방을 존중하며 불일치를 해결하기 위하여 줄 것은 기꺼이 주고 받을 것은 받으려는(give and take), 보다 현실적인 입장을 취하기 때문에 갈등이 제한된다. 노사조화형의 특징은 다음과 같다.

첫째, 경영자는 조합의 존재가 기업 경영상의 채무인 동시에 자산이기도 하다는 것을 믿고 단체교섭을 진지하게 받아들인다. 둘째, 조합측은 조합의 목적달성이 상대방인 기업의 번영과 복지에 의존한다고 확신한다. 셋째, 노사 쌍방은 노사의 목적이 중요한 문제에서 대립되어도 상호의 이익 증진을 위해서는 양보가 가능한 것을 깨닫고 있다. 넷째, 경영자는 기업경영의 중심적 기능수행에 있어 단독적 책임을 지며 조합측은 경영자의 활동을 감시하되 생산장애의 제거에 활동범위를 국한하고 있다. 다섯째, 공동토의와 절충범위의 확대를 위해 노사 쌍방이 다같이 힘쓴다. 즉 노사 쌍방이 내부문제의 복잡성을 인정하고 있어 곤란한 문제의 해결에는 서로 협조를 아끼지 않는다.

(4) 노사협력형

노사협력형(labor management cooperation) 노사관계란 노사는 상대방을 존중할 뿐만 아니라 공동문제를 해결하는 데 도움을 주는 존재로 보는 태도를 말한다. 여기서는 전반적인 협력관계가 손상되지 않게끔 갈등이 엄격히 제한된다. 예컨대 단체교섭에서 문제가 해결되지 않는 경우 바로 파업이라는 수단에 의지하기 보다는 제3자인 중재자에게 이의 처리를 부탁한다. 또 하나의 방법은 근래에 와서 크게 인기를 더해가고 있는 노사공동위원회(joint labor management committee)를 구성하여 상호 관심사에 대한 공동연구를 하는 것이다. 예를 들면 General Motors와 전미자동차노조(UAW)는 근로생활의 질(QWL), 감독자나 직장내 노조간부를 위한 노사관계 훈련, 이익분배 및 새로운 시설의 착수 등과 같은 상호관심사를 해결하기 위하여 합동노사위원회를 활용한 바 있다(Loftus & Walfish, 1977; National Center for Productivity and Quality of Working Life, 1978).

노사협력형의 주요 특징은 다음과 같다. 첫째, 경영자는 조합측이 비용인하와 능률증진을 위해 종업원의 적극적인 협력을 조직화할 의욕과 능력을 가진 것으로 확신한다. 둘째, 경영자는 조합대표에게 경영기능의 일부를 분담시킬 용의를 가지고 있다. 셋째, 조합측은 유형·무형의 혜택을 받는 대신에 사기 앙양을 맡는 기관이 되고자 열의를 보인다. 넷째, 노사 쌍방이 생산문제의 해결이나 능률증진의 장애제거에 공동책임을 진다. 다섯째, 능률증진을 위한 노사협력은 노사 쌍방이 당연히 해야 할 일로 생각한다(강석인, 1982, 12).

이상과 같이 여러 형태의 노사관계를 살펴보았는데, 이 중 가장 바람직한 노사관계는 노사협력형으로 볼 수 있다. 특히 밀즈는 다음 몇 가지의 요소를 갖추고 있을 때 비로소 바람직한 노사관계(good labor relations)가 될 수 있다고 보고 있다(Mills, 1994, 182).

첫째, 상당한 정도의 산업평화를 유지해야 한다. 즉, 작업중단이 거의 없어야 한다. 둘째, 노사 양측이 기존조직으로서의 상대방의 욕구를 받아들여야 한다. 즉, 회사측도 노조를 파괴하려 해서는 안 되며, 노조 또한 회사의 이익을 상실하게 해서는 안 된다. 셋째, 노사 양측이 상호관계가 공정하다고 믿어야 한다. 즉, 관계가 평화적일 뿐 아니라 공평해야 한다. 끝으로 바람직한 노사관계의 순효과(net effect)가 소비자나 일반 대중에게 손해를 주지 않아야 한다. 즉, 상호관계가 다른 사람이나 기관을 희생한 결과여서는 안 된다는 점 등이다.

2. 노사관계의 국가별 형태

밀즈가 질에 따라 노사관계를 구분한 반면, 노사관계의 세계적인 권위자인 캘리포니아 대학의 클라크 커(Clark Kerr) 교수는 산업사회에서 일반적으로 볼 수 있는 노사관계를 국가별로 유형화하여 절대적, 친권적, 경쟁적 및 계급투쟁적 노사관계 등으로 분류하고 있다(Kerr, 1967, 1–30).[6]

---

6 이와 관련하여 최종태 교수는 여기에 동양의 화(和)를 기반으로 하는 가부장적 노사관계형을 별도로 추가하여 다섯 가지로 구분하고 있다(최종태, 1981).

(1) 절대적 노사관계

절대적 노사관계란 노동자의 임금 및 노동조건이 사용자측의 일방적 의사에 의하여 이루어지는 노사관계이다. 특히 근로조건의 결정이 사용자의 일방적인 의사에 의해서만 이루어지기 때문에 임금, 근로시간, 작업조건 및 취업규칙 등이 근로자의 희망이나 요구와는 관계없이 매우 낮거나 열악한 형편이다. 구소련을 비롯한 사회주의 국가에서 흔히 볼 수 있는 대표적인 형태이다. 그러나 사회주의 국가뿐만 아니라 후진국이나 개도국의 많은 나라에서도 근로기준법을 무시한 사용자의 일방적인 결정을 종종 찾아볼 수 있다.

(2) 친권적 노사관계

친권적 노사관계는 노동조합이 사용자와 공동으로 노동조건을 결정함으로써 기업의 노사관계가 가족의 관계처럼 유지되는 형태이다. 일반적으로 독일의 노사관계에서 그 예를 쉽게 찾아볼 수 있다. 이 노사관계하에서 사용자는 강력한 권한을 가지고 있으나, 그 기초가 되어 있는 것은 사용자가 노동자의 임금, 근로시간, 근로조건 등을 공정하고 성실하게 개선해 주고, 노동자도 직무 및 직업에 대한 책임과 충성심을 가지고 회사발전에 협력하려는 마음으로, 노사 쌍방이 다 같이 신의와 성실로써 의무를 다하고 있는 노사관계이다.

(3) 계급투쟁적 노사관계

계급투쟁적 노사관계는 사용자 주도에 의한 개별적인 노사관계가 근로자의 근로조건이나 생활상태를 매우 열악하게 만듦에 따라 나타난 노사관계 유형이다. 근로자들의 눈에는 사용자가 축적한 부는 근로자의 근로대가로 가능했음에도 불구하고 사용자가 근로자를 단지 관리의 대상으로 여길 뿐, 기업의 파트너로서 여기지 않는 것으로 보였다. 따라서 근로자들은 노동조합을 결성하고 그들의 힘을 단결하여 사용자를 타도함으로써 그들의 요구를 충족시킬 수 있다는 인식을 하게 되었다(최종태, 1996).

이러한 노사관계는 한 때 프랑스와 같은 나라에서 볼 수 있던 것으로, 노동조합은 사용자와 생활감정을 전혀 달리하는 이질적 집단이며 일반적으로 노사관계가 적대적이라고 할 수 있다. 프랑스의 노동조합은 그 출발 당시부터 계급투쟁적

색채가 농후하였던 전통이 오늘날에도 일부 남아 있으며, 이것은 민족적·문화적 인 요소에서 오는 것이라고 생각된다. 특히 노동조합이 생디칼리즘(syndicalism)[7]의 영향을 많이 받아 노동운동 전체는 물론, 개별기업에서도 계급투쟁적 활동을 전개시켰던 것이다.

(4) 경쟁적 노사관계

경쟁적 노사관계는 노사가 서로 상대방의 입장을 인정하는 가운데 노사간의 모든 문제를 자유로운 단체교섭에 의하여 해결해 가는 형태이다. 민주주의의 원리에 입각해 있는 자유국가의 노사관계는 이러한 경쟁적 형태가 가장 정상적이라고 할 수 있다. 경쟁적인 노사관계에서는 단체교섭이야말로 노사관계를 규정하는 최고의 방법으로 알고 있으며, 영국이나 미국은 이 형태의 전형적인 국가라고 할 수 있다. 그것은 이러한 나라들의 노사관계가 반드시 안정되어 있음을 의미하는 것은 아니지만 노사가 자기들의 문제를 스스로 결정한다는 원칙, 즉 임의주의가 존중된다는 것을 말한다.

지금까지 노사관계의 형태에 대해 살펴보았는데, 이상과 같은 네 가지 형태의 노사관계가 현실적으로는 각각 따로 존재하는 것이 아니라 각 나라의 정치적·경제적 상황에 따라 어느 것이든 조금씩 다른 형태의 노사관계와 혼합되어 나타나는 것이 일반적이다.

제 4 절 노사관계시스템

노사관계 현상은 여러 시각에서 연구될 수 있다. 그러나 노사관계이론이라는 용어가 사용될 때 대부분의 연구가들은 먼저 던롭을 생각하게 된다. 왜냐하면 던롭의 노사관계시스템은 노사관계의 일반이론을 제시하고 노사관계 현상과 실제의 광범위한 범위까지 이해하고 해석하려는 분석도구를 제공하고 있기 때문이다(서도원, 1994).

---

7 19세기 말부터 20세기 초에 프랑스를 중심으로 일어난 노동운동으로 의회주의를 부정하고 노동조합을 혁명의 주체로 하여 사보타지, 보이콧, 동맹파업 등의 직접적인 행동으로 자본주의를 타도하려는 사상 및 운동을 말한다.

그림 1-2 노사관계시스템의 당사자

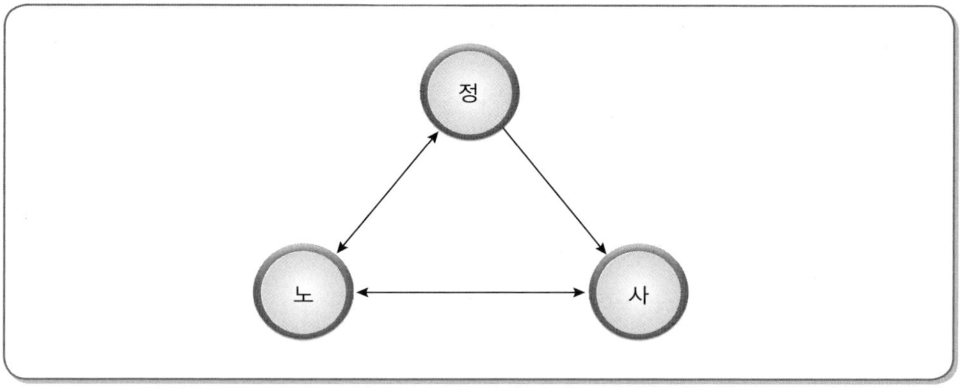

노사관계를 하나의 시스템으로 파악할 때 그 시스템의 산출물은 산업사회의 질서인 규칙(rule)이 된다(Clegg, 1972; Flanders, 1971). 이렇게 노사관계를 시스템적 접근방법에 의해 접근한 대표적인 학자는 던롭이다. 그러면 먼저 던롭의 노사관계시스템을 살펴보고 이어서 이에 대한 몇몇 비판모형에 대해 추가적으로 살펴보기로 하겠다.

던롭은 노사관계 연구가 뚜렷한 경계, 범위 그리고 그 속에 담길 내용, 주제에 관한 합의를 얻지 못하고 있는 가운데 하나의 통일된 일반적 개념도식을 제공하려고 노력하였다(김경동, 1988). 그는 파슨즈(T. Parsons)의 사회시스템론, 특히 질서의 문제와 권력의 문제에 크게 영향을 받아 "노사관계시스템을 규칙의 제정과 관리에 관한 연구"라고 주장하였다. 즉 노사관계시스템을 "노·사·정의 당사자가 기술적 특성, 시장이나 예산상의 제약, 사회내의 권력배분 및 당사자들이 공유하는 이데올로기에 의해 규정되는 특정한 환경속에서 작업장과 근로공동체(work community)의 공동규칙을 만드는 시스템"으로 정의내리고 있다.

1. 당사자

노사관계시스템의 당사자에는 근로자와 그 단체, 사용자와 그 단체, 그리고 이들 사이의 상호관계를 전담하는 정부내의 관련기관들(예, 고용노동부나 중앙노동위원회)이 있는데, 이것을 그림으로 나타내면 [그림 1-2]와 같다.

(1) 노동자와 그 단체

노동조합 및 노동관계조정법 제2조 제1항에서는 “근로자”라 함은 직업의 종류를 불문하고 임금·급료 기타 이에 준하는 수입에 의하여 생활하는 자를 말한다. 근로자는 노사관계시스템의 한 당사자가 될 수 있다. 근로자 1개인 뿐만 아니라 그 단체인 노동조합도 당사자가 될 수 있다. 노동조합 및 노동관계조정법 제2조 제4항에서는 “노동조합”이라 함은 근로자가 주체가 되어 자주적으로 단결하여 근로조건의 유지·개선 기타 근로자의 경제적·사회적 지위의 향상을 도모함을 목적으로 조직하는 단체 또는 그 연합단체를 말한다.

노동조합이 근로자와 그 조직의 대표적 역할을 수행함은 틀림없는 사실이다. 던롭에 따르면 그는 노동조합뿐만 아니라 근로자간의 우연히 형성되는 비공식 조직도 중요시하고 있다. 왜냐하면 생산활동의 기준을 설정할 때나 근로자들의 경영자측에 대한 태도는 비공식적 조직으로 형성되는 것이기 때문이라는 것이다.

이러한 의미에서 본다면 영속성을 갖는 사업체에 종사하는 근로자들은 결코 비조직적(unorganized)이 되는 일은 없다는 것이다. 그리고 이들 노동자들은 경쟁적이거나 혹은 상호보완적인 각종 조직, 즉 공장협의회(works councils), 노동조합 그리고 심지어 정당 등으로 조직되어 있다고 언급하고 있다.

우리나라의 주요 노동자단체 중 최상층부에는 한국노총, 민주노총 및 전국노총 등[8]이 있다. 다음으로 55개의 연합단체가 있으며(고용노동부, 2015.11), 그리고 작업일선에는 5,794개(2014년 5,445개)의 단위노조가 있다(고용노동부, 2016,10). 2015년말 기준 우리나라 전체 노동조합원수는 1,938,745명으로 전년에 비해 33천명(1.7%↑)이 늘었으나, 노동조합 조직대상 근로자수(19,027천명)도 전년 대비 598천명(3.2%↑) 증가하여, 노동조합 조직률은 전년보다 0.1%p 감소한 10.2%로 나타났다. 상급단체별 조직현황을 총괄해보면 [그림 1-3]과 같다.

(2) 사용자와 그 단체

던롭은 당사자로서의 사용자를 반드시 자본의 소유와 관련시켜서만 생각하지 않고, 그 조직에서 중간관리층이나 최고관리층에 종사하는 자들 모두와 기업체

---

8 전국노동조합총연맹(전국노총)은 조합원 1만3천여 명인 전국건설기능인 노조가 2016년 8월 25일 한국노총을 탈퇴하면서 9월에 출범한 제3노총이다.

그림 1-3 상급단체별 조직현황 (2015) (단위: %)

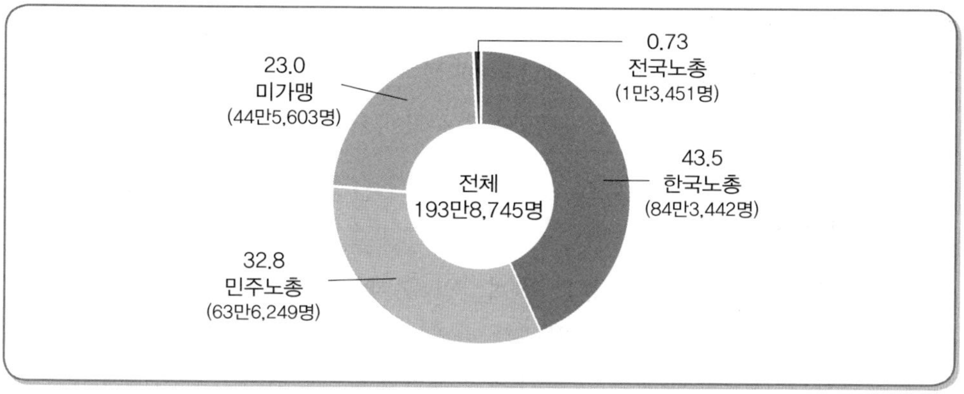

자료: 고용노동부(2016.10), 「2015년 전국노동조합 조직현황」, 5를 토대로 재작성.

의 소유주 그리고 이들 조직체의 이익을 도모하기 위한 각종 협회, 기타 관련 경제단체들도 당사자로 보고 있다. 따라서 한 당사자로서의 사용자나 그 조직의 성격 여하에 따라 노사관계시스템도 달라진다는 것이다. 가령 기업체 소유주 스스로가 경영자로서 또는 그 가족집단이 경영인으로서 그 조직을 이끌어 나갈 때와 전문경영인에 의해서 조직 집단이 운영되어질 때는 노사관계시스템에 미치는 영향과 그로부터 대두되는 각종 규칙이나 제도 등의 성격이 같지 않다는 사실을 언급하고 있다.

우리나라 사용자단체의 대표격으로 한국경영자총협회가 있다. 이 밖에도 주요 경제단체로는 전국경제인연합회, 한국무역협회, 대한상공회의소, 중소기업중앙회 등을 들 수 있다. 또한 한국반도체산업협회와 한국자동차산업협회를 비롯한 수많은 주요 업종별 사용자단체들이 있다.

(3) 정부기관

어떤 노사관계시스템 내에서는 정부기관이 대단히 광범위하고 또 결정적으로 중요한 기능을 수행하고 있기 때문에 거의 모든 사항들에 있어서 노동자측이나 경영자측의 결정을 완전히 번복시킬 수도 있다. 반면에, 또 다른 노사관계시스템 하에서 이들 정부기관들은 여러 가지 점에서 그 기능이 너무나도 미약하고 한정되어 있어서, 노사 양측이 중요한 결정을 할 때, 정부기관에 대한 고려를 하지 않는 경우도 있다. 이와 같이 비록 정도의 차이는 있지만 던롭은 노동문제와 관련이 있는 정부기관, 즉 행정부 내 주무부서인 고용노동부, 법원, 중앙노동위원회 등 각종 정부위원회 등은 노사관계의 형태를 결정하고 노사문제를 해결하는 데 있어서 폭넓은 영향력을 발휘할 수 있다고 주장하고 있다.

2. 이데올로기

던롭은 노사관계시스템에 관한 체계적인 분석을 완성하기 위해서는 앞서 지적한 요인 외에 한 가지를 더 고찰해야 한다고 주장한다. 그것이 다름아닌 노사관계 당사자들 사이의 관계를 연결시키는 생각체계, 즉 '이데올로기(ideology)'인 것이다. 이 이데올로기는 노사관계시스템으로 하여금 하나의 실체(entity)가 될 수 있게 결속시키고 통합시키는 역할을 한다. 이러한 역할을 하는 노사관계시스템의 이데올로기란 그 노사관계시스템의 어느 한 당사자가 다른 당사자들의 위치와 기능에 관하여 가지고 있는 관념을 한정지으며, 또 각 당사자들의 역할을 정의해 주는 공통관념을 말한다. 따라서 이러한 이데올로기가 각 당사자 간의 공통성을 많이 띠고 있느냐 아니냐에 따라 노사관계시스템이 안정적일 수도 있고 불안정적일 수도 있게 된다. 예를 들면 자본주의를 부정하느냐 인정하느냐, 공동체적 의식을 가지고 있느냐, 협력관계를 인정하느냐에 따라 노사관계의 안정여부가 결정된다는 것이다(이규창·신건호·길길생·이승계, 2001, 245).

3. 환경

노사관계시스템의 당사자들은 기술적 특성, 시장 및 예산상의 제약, 그리고 사회 내의 권력배분 등과 같은 환경적·상황적 맥락 속에서 규칙을 제정한다. 그러면 이들 3가지의 환경 요인에 대해 보다 자세히 살펴보기로 하자(이규창 역, 1982; Dunlop, 1993, 1958, 9–13).

(1) 기술적 특성

어떤 제품을 생산할 것인가와 같은 기술선택은 경영관리형태, 근로자의 조직, 감독문제, 노동력 문제 및 대공중관계 등에 밀접한 영향을 미친다. 가령 어느 사업현장의 기술적 특성(technological characteristics)은 노사관계시스템에 있어 매우 중요한 영향을 미친다. 즉, 그것은 경영의 형태, 피고용자의 조작, 감독문제, 요구되는 노동력의 특성 및 공적인 규제가 가해질 가능성 여부 등에 영향을 미친다. 좀 더 기술적 특성에 대하여 구체적으로 들어 본다면 사업현장의 규모, 사업장의 집중 내지 분산, 특정 현장에서의 고용기간 문제, 동일한 작업집단의 안정성, 사업장의 도시로부터의 격리 여부, 사업장과 주거지역과의 거리 정도, 고객과의 접촉, 생산제품이 공동체의 경제발전이나 건강 및 안전에서 차지하는 중요성, 현금의 취급, 재해의 가능성, 요구되는 숙련도 및 교육 정도, 숙련노동자의 비율, 여성 및 소년 노동자의 고용가능성 여부 등등까지도 포함한다.

이상과 같이 노사관계시스템의 당사자들이 기술적 특성을 어떻게 받아들일 것인가에 따라 적용효과와 노사관계시스템에 미치는 영향이 각각 다를 것이다. 그러나 이와는 반대로 기술적 특성이 비슷하고 적용상의 흐름이 유사한 국가나 사회에서는 비슷한 일련의 규칙이 제정될 수 있으리라 보고 있다.

(2) 시장 또는 예산상의 제약

제품시장의 형태는 완전경쟁시장에서부터 완전독점시장에 이르기까지 차이가 많다. 이것은 치열한 경쟁상태에 있는 기업과 독점적인 국영기업체 또는 성격이 이들과는 또 다른 자선단체들 간의 차이를 생각해 보면 알 수 있을 것이다. 전자는 경쟁이 치열하기 때문에 이윤이 높지만, 다른 사정이 같다면 기업의 지불능력의 열위로 말미암아 기업경영과 노사관계도 긴장상태에 놓이게 될 것이다. 그러나 후자와 같이 경쟁이 거의 없을 때에는 시장적 제약이나 예산상의 제약, 즉 비용과 이윤측면에서 받는 압박은 독점이윤이 임금으로 배분될 가능성이 높기 때문에 상대적으로 적게 된다.

따라서 이러한 제품시장이나 예산상의 제약(market or budgetary constraints)은 하나의 노사관계시스템에 영향을 미치게 되어 노사관계에 관한 규칙의 내용을 결정함에 있어서 매우 주요한 요인으로 작용하게 된다(Dunlop, 1956, 95-121). 가령 독점적 산업에서 어느 정도 비용과 가격상의 차이 때문에 기업의 지불능력에 여유가 있으면 그것은 반드시 노사관계체계에도 그 영향이 미치게 된다는 것이다. 그 뿐만 아니라 시장적 또는 예산상의 제약은 간접적으로 사업장의 기술이나 또는 다른 특성에도 영향을 미친다는 것이다. 기업가동의 규모와 수요 및 고용에 있어서 계절적 또는 경기적 변동 등의 영향이 바로 그런 것이다.

(3) 사회 내의 권력배분

던롭의 이론체계에서는 노·사·정이라는 세 당사자의 노사관계의 영역을 벗어난 보다 광범위한 사회 내에 있어서의 권력배분(distribution of power in society)의 관계가 이들 당사자의 행동결정에 영향을 미치는 여건으로도 작용한다고 말하고 있다. 즉 이들 당사자의 권위, 사회적 지위 또는 최고 권력자에 대한 접근가능성 등이 하나의 노사관계시스템을 형성하거나 그 형성을 제약하는 요인으로 작용한다는 것이다. 던롭이 여기서 강조하고 있는 바는 노사관계 내에서의 세 당사자의 권력배분관계라기 보다는 좀 더 높은 차원에서의 권력배분관계이다.

따라서 던롭의 지적에 따르면 사회적으로 노사관계시스템에 영향을 미치는 것들이 바로 군부우위, 전통적인 왕가엘리트의 우위, 독재자의 우위, 교회의 우위 또는 일반여론 등이라는 것이다. 사회 전체의 권력의 분포상태가 직접적으로 당사자들에게 상호작용을 통하여 영향을 미친다고는 보지 않으나 그것들이 노사관계체계의 구조를 형성하는데 있어서는 하나의 여건으로 작용한다는 것이다. 그런 의미에서 볼 때 앞서의 두 가지의 여건은 경제적인 측면이 있음에 반하여 이것은 비경제적이며 역관계를 바탕으로 노사관계시스템에 크게 영향을 미치는 권력환경으로 볼 수 있을 것이다(김규태, 1988).

4. 규칙의 제정

일정한 노사관계시스템 속에서 존재하는 당사자들은 노사관계시스템 내에서의 당사자들 간의 접촉방식을 규제하는 규칙들을 비롯해서 노동공동체에 필요한 제규칙을 제정한다. 이러한 규칙의 망(network or web of rules)은 규칙을 제정하는 절차, 규칙의 실질내용 및 구체적 상황에 있어서의 규칙의 적용을 결정하는 절차 등으로 구성되어 있다(Kerr & Siegel, 1955). 이러한 규칙 및 절차를 제정하는 일은 노사관계시스템에 있어서 가장 주목을 요하는 핵심적인 사항이다.

규칙을 제정하고 집행하는 데 필요한 절차에는 여러 가지 방식이 있다. 첫째, 경영자측이 비교적 자유재량을 행사하는 경우, 둘째, 정부의 전문기관들이 규칙제정을 좌지우지하는 경우, 셋째, 근로자측이 규칙제정에 주요한 역할을 수행하

그림 1-4 던롭의 노사관계시스템 모형

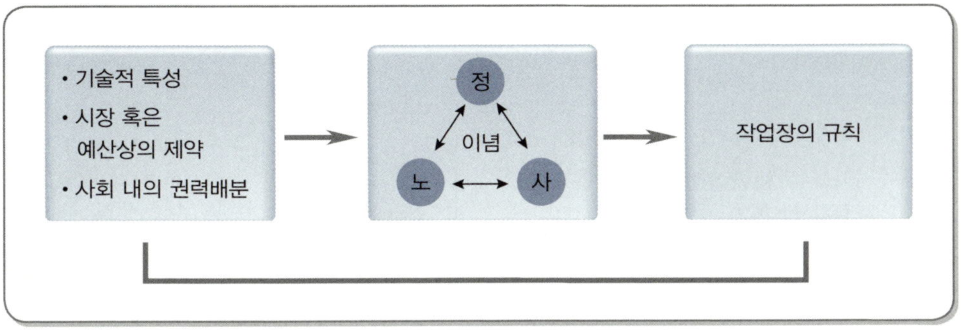

자료: Dunlop, J. T.(1993), *Industrial Relations System*, rev. ed., Boston, Mass.: Harvard Business School Press, 6-19.

는 경우, 넷째, 정부의 실질적 참여없이 경영자측과 근로자측이 상호관계를 가지면서 함께 규칙을 제정하는 경우, 끝으로 규칙의 제정과 집행에 노·사·정 3자가 모두 중요한 역할을 수행하는 경우 등이다.

지금까지 살펴본 던롭의 노사관계시스템을 단순화시킨 모형은 [그림 1-4]와 같다(Allen & Keaveny, 1983).

이상과 같은 던롭의 노사관계시스템 모형은 플랜더스(A. Flanders), 워커(C. Walker), 소머스(G.C. Sommers), 블래인(A.N.J. Blain), 앤더슨(J.C. Anderson), 굳맨(J.F.B. Goodman) 등 여러 학자들(Allen & Keaveny, 1983; Blain and Gennard, 1970; Poole, 1981, 2008; Walker, 1977)로부터는 폭넓은 지지를 받았지만, 배인(G.S. Bain), 클레그(H.A. Clegg), 크래이그(J.C. Craig), 싱(R. Singh), 하이만(R. Hyman) 등으로부터는 적지 않은 비판을 받기도 하였다(최종태·박준성, 1985).

그러면 비판적인 입장에서 수정을 시도한 학자들중 대표적인 인물로 싱의 노사관계시스템 모형에 대해 살펴보기로 하겠다.

싱은 사회시스템에 관한 초기의 기계적인 모형은 자연과학·사이버네틱스, 공학 등으로부터 얻어진 현대적인 개념으로 대체되어야 한다고 주장하면서, 이러한 새로운 개념을 도입하여 투입물이 어떻게 산출물로 전환되는가 하는 내부변화 메커니즘을 파악하는 데 최대의 초점을 둔 [그림 1-5]와 같은 모형을 제시하였다. 즉, 구조적 환경시스템은 노사 당사자의 구조시스템과 노사간의 과정시스템에 영향을 미치고 그 결과 적응과 갈등의 산물로 노사관계의 규칙이 형성된다

그림 1-5 **싱의 노사관계시스템 모형**

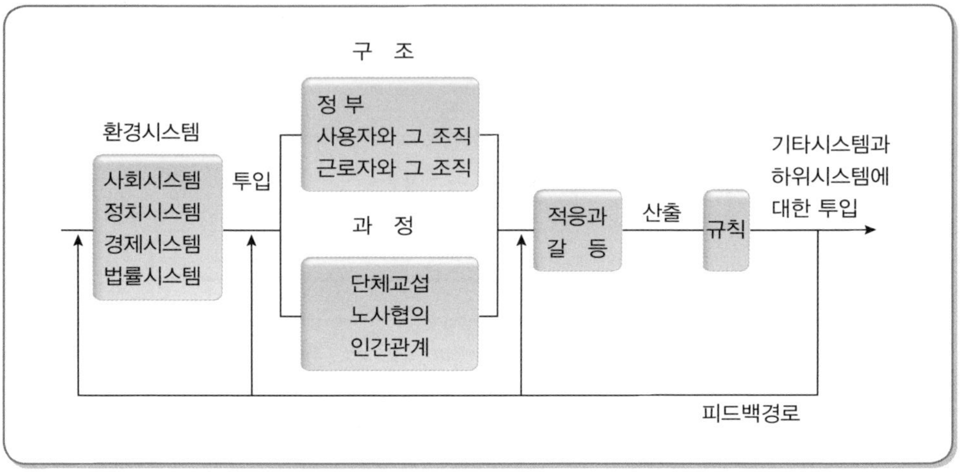

자료: 정종진·이덕로(2007), 「신노사관계론」, 제3판, 법문사, 26.

는 시스템의 구조·기능적 논리를 적용하여 던롭의 노사관계시스템 모형을 보다 구체화하고 있다.

던롭이 1950년말에 제시한 노사관계시스템을 더욱 발전시킨 것이 바로 [그림 1-6]과 같은 Kochan, Katz, and McKersie (1986)의 노사관계시스템 모형이다. 이 모형의 이론적 틀은 기존의 전통적인 노사관계시스템에 기업전략과 의사결정에 관한 요소를 통합시킨 특징을 갖고 있다. 이 모형의 이론적 틀을 간단히 설명하면 다음과 같다. 먼저 노사관계에 영향을 주는 환경요인으로 노동시장, 노동자의 특성 및 가치관, 제품시장, 기술개발정도, 공공정책 등이 있다. 외부환경요인과 더불어 사회의 가치관, 기업의 경영전략, 노사관계의 역사와 현재의 상황 등이 노동조합과 사용자의 의사결정에 영향을 미치게 된다. 이어서 기업내 노사관계의 제도적인 구조 속에서 노사관계의 상호작용이 이루어지고, 그 결과는 종업원, 노동조합, 사용자 및 사회전체에 영향을 미치게 된다. 이 모형의 특징은 첫째, 당사자의 전략적 선택을 중시하고, 둘째, 노사관계가 이루어지는 수준을 세 단계(기업수준, 사업장수준, 작업장수준)로 구분하여 명시한다는 점을 들 수 있다 (신수식·김동원·이규용, 2010, 17-18).

지금까지 Donlop(1958)의 한 국가의 노사관계체제(industrial relations system)

그림 1-6 **코칸, 카츠 및 매킨지의 노사관계시스템 모형**

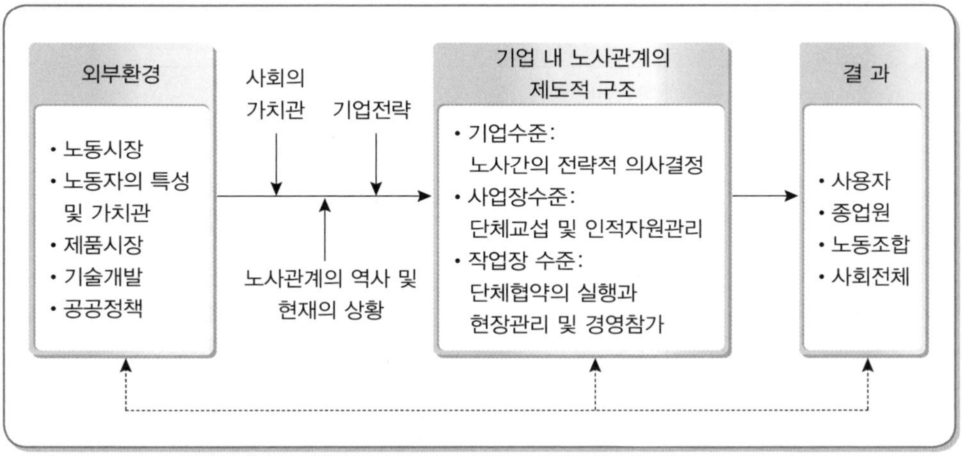

자료: Kochan, T. A., Katz, H. C. and R. B. McKersie (1986), *The Transformation of American Industrial Relations*, New York: Basic Books.

를 분석하고 설정하기 위해 시스템적(system theory) 접근방법에 대해 살펴보았다. 그의 분석이론은 한 국가의 노사관계를 비교 분석해내는 틀을 만들었다는 평가를 받으면서도 동일한 환경적 요인인 오일쇼크 후 유럽과 일본의 노사관계가 달리 변하고 있음에도 불구하고 지나치게 환경적 요인에 의해 결정되는 것으로 보는 오류가 있다는 지적과 함께 분규의 원인이나 고용관계에 관한 의사결정에 참여하는 당사자들의 역할과 동기부여, 인지 및 태도와 같은 행동과학적 변수의 중요성을 간과하고 있다고 지적되기도 한다(Bain & Clegg, 1974).

이러한 비판과 함께 다양한 접근방법이나 이론이 주장되고 있다. 대표적인 것으로 각국의 노사관계를 노사간의 단체교섭을 중심으로 분석한 Clegg(1976)와 Sisson(1987)를 주축으로 한 단체교섭중심 접근방법, 국가마다 상이하지만 산업화 과정에서 산업화와 연관된 기술과 시장의 힘(market power)이 각국의 노사관계시스템을 유사하게 하거나 혹은 수렴(convergence)시키는 경향이 있다고 주장하는 Kerr(1983)를 주축으로 한 수렴화 이론, Donlop이 개발한 시스템적 접근법이 지나치게 환경적 요인에 의해 결정되는 것으로 보는 오류를 지적하면서 노사관계를 노조 경영자 정부 등 3주체가 각자의 전략과 자원을 가지고 동태적으로 기술, 시장, 정치 등의 환경적 변화에 대응하면서 상호작용(interaction)하는 과정

그림 1-7 노사관계 분석의 모형 종합

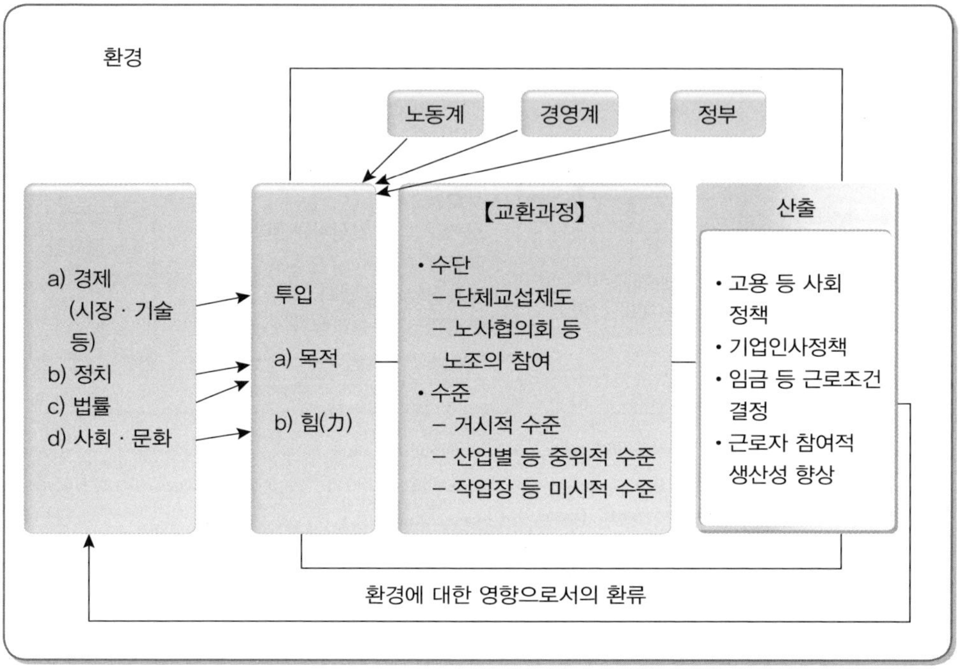

자료: 이기권(2005), "한국 노사관계체제에서의 정부역할 모형에 관한 연구: 통합적 조합주의 모형 탐색," 박사학위논문, 중앙대학교 대학원, 35.

으로 인식한 Kochan Mckersie, R. & Cappelli, P.(1984)의 전략적 선택 이론, 그리고 코포라티즘, 관료적 조율, 산업부문간의 조율, 기업간 협조, 기업 내에서 노동의 참여 등 다양한 제도적 메커니즘을 통해 개별적 합리성을 집단적 혹은 전체적 합리성과 조화시키는 Soskice & Hall(2001)중심의 행위조율이론coordination theory) 등이 있다.

지금까지 노사관계시스템과 이에 대한 비판적 고찰에서의 다른 이론들을 살펴보았다. 각 이론들은 각국의 노사관계를 종합적으로 개념화하고 설명하는 데는 한계가 있다고 본다. 따라서 한 국가의 노사관계시스템을 종합적으로 분석하기 위해서는 앞서 살펴본 각 이론에서 중요시 하는 요소들을 종합적으로 고려해야 한다. 이러한 맥락에서 한 국가의 노사관계를 분석하는 접근방법을 종합하여 이기권(2005)은 [그림 1-7]과 같이 나타내고 있다.

▣ 참고문헌

강석인(1982), 「노사관계관리론」, 일조각, 7-10.

고용노동부(2014), 「2013년 전국노동조합 조직현황」, 11.

______(2016. 10), 「2015년 전국노동조합 조직현황」, 5.

김경동(1988), 「노사관계의 사회학」, 경문사, 8.

김규태(1999), 「신노사관계론」, 형설출판사, 13.

______(1988), 「노사관계론」, 기공사, 17-22.

김성수(2000), 「지식경영사회의 노사관계론」, 삼영사, 29.

김윤환(1982), 「한국노동운동사」, 청사, 334-335.

노동부(2000), 「2000년판 노동백서」, 19-20.

던롭 저, 이규창 역(1982), 「노사관계론」, 법문사, 24-26.

변상우·허갑수·채규옥·이상우·정현우(2015), 「글로벌시대의 노사관계론」, 피앤씨미디어, 14.

서도원(1994), "노사관계 변화에 따른 분석시각 -전략적 선택관점과 조직시스템접근-," 「연당 이규창 교수 화갑기념논총」, 1-13.

신수식·김동원·이규용(2010), 「현대고용관계론」, 4판, 박영사, 9-10.

______(2014), 「현대고용관계론」, 6판, 박영사.

신유근(1988), 「기업과 사회」, 경문사, 579-580.

이규창·신건호·길길생·이승계(2001), 「신노사관계론: 개별적 근로관계와 집단적 노사관계의 통합」, 법문사, 245.

이기권(2005), "한국 노사관계체제에서의 정부역할 모형에 관한 연구: 통합적 조합주의 모형 탐색," 박사학위논문, 중앙대학교 대학원.

이상윤(2015), 「노동법」, 제14판, 법문사, 569.

______(2013), 「노동법」, 제13판, 법문사, 565.

이승한(1966), "영국의 산업보건," 「한국의 산업의학」, 5(4), 4-5.

이영면(2000), 「고용관계론-새로운 노사관계의 모색을 위하여-」, 경문사.

이준범(2000), 「현대노사관계론」, 제2전정판, 박영사.

______(1997), 「현대노사관계론」, 박영사, 97.

정재훈(1998), 「노사관계의 이해」, 대영문화사, 37.

정종진(1983), 「새인사관리」, 법문사, 264.

정종진·이덕로(2007), 「노사관계론」, 제3판, 법문사, 26.

최종태(1981), 「현대노사관계론」, 경문사, 151.

______(1996), 「현대노사관계론」, 경문사, 67-68.

최종태·박준성(1985), 「노동조합의 활동전략」, 서울대학교 출판부, 23-24.

Allen, R. E. & Keaveny, T. J. (1983), *Contemporary Labor Relations*, Massachusetts: Addison-Wesley Publishing Company, 30.

Bain, G. S. & Clegg, H. A.(1974), "A Strategy for Industrial Relations Research in Great Britain" *British Journal of Industrial Relations*, 4(1), 1-10.

Bamber, G. & Lansbury, R. D.(1998), *International and Comparative Employment Relations*, London, Thousand Oaks and New Delhi: Sage Publications, 8-15.

Blain, A.N.T. and Gennard, J.(1970), "Industrial Relations Theory-A Critical Review," *British Journal of Industrial Relations*, 8, 389-407.

Burack, E. H. and Smith, R. D.(1977), *Personnel Management: A Human Resource Systems Approach*, New York: West Publishing Co., 32.

Clegg, H. A.(1972), *The System of Industrial Relations in Great Britain*, Oxford: Blackwell, 1-2.

______(1976), *Trade Unionism Under Collective Bargaining: A Theory Based on Comparisons of Six Countries*. Oxford, Oxford: B. Blackwell, 110-118.

Craig, A.W.J.(1975), "A Framework for the Analysis of Industrial Relations Systems," in B. Barrett, E. Rohdes and J. Beishon eds., *Industrial Relations and the Wider Society*, London: Collier Macmillan, 19.

Dunlop, J. T.(1956), *Wage Determination under Trade Unions*, New York: The Macmillan Company, 95-121.

______(1958), *Industrial Relations System*, New York: Holt, Rinehart and Winston, 5-12.

Dunlop, J. T.(1993), *Industrial Relations System*, rev. ed., Boston, Mass.: Harvard Business School Press, 6-19.

Flanders, A.(1971), *Management and Unions*, London: Faber & Faber, 268–272.

Fossum, J. A.(2015), *Labor Relations: Development, Structure, Process*, 12th ed., Dubuque: McGraw-Hill Education, 4–11.

Hall, P. A. & Soskice, D.(2001), *Varieties of Capitalism*, Oxford, New York: Oxford University Press, 1–68.

Katz H. C. & Kochan, T. A.(1992). *An Introduction to Collective Bargaining and Industrial Relations*, New York: McGraw-Hill, Inc.

Kerr, C.(1967), *Productivity and Labor Relations*, New York: Productivity and Progress, 1–30.

______(1983), *The Future of Industrial Society: Convergence or Continuing Diversity*? Massachusetts, US: Havard University Press.

Kerr, C. & Siegel, A.(1955), "The Structuring of the Labor Force in Industrial Society: New Dimensions and New Questions," *Industrial and Labor Relations Review*, January, 163–164.

Kerr, C., Dunlop, J. T. Harbison, F., and Myers, C.A.(1960), *Industrialism and Industrial Man*, Cambridge: Harvard University Press, 131.

Kochan, T. A., Mckersie, R. & Cappelli, P.(1984), "Strategic Choice and Industrial Relations Theory", *Industrial Relations,* 23(1), Winter, 16–39.

Kochan, T. A., Katz, H. and R. McKersie (1986), *The Transformation of American Industrial Relations*, New York: Basic Books.

Kochan T. A., McKersie, R. B., & Chalykoff, J.(1986), "The Effects of Corporate Strategy and Workplace Innovations on Union Representation", *Industrial and Labor Relations Review*, 39(4), 487–501.

Lester, R. A.(1951), *Labor and Industrial Relations: A General Analysis*, New York: Macmillan, 3.

Loftus, J.A. & Walfish, B.(1977) (eds.), *Breakthroughs in Union-Management Cooperation*, Scarsdale, N.Y.: Work in American Institute.

Mills, D.Q.(1982), *Labor–Management Relations*, 2nd ed., New York: McGraw–Hill Book Co., 177–179.

______(1994), *Labor–Management Relations*, 5th ed., New York: McGraw–Hill Book Co., 182–183.

National Center for Productivity and Quality of Working Life(1978), *Directory of Labor–Management Committees*, *Superintendent of Documents*, Washington, D.C.: U.S. Government Printing Office.

Poole, M.(1981), *Theories of Trade Unionism: A Sociology of Industrial Relations*, London: Routledge and Kegan Paul, 29.

______(2008), *Industrial Relations: Origins and Patterns of National Diversity*, Routledge, 32–33.

Reynolds L. G., Masters, S. H., & Moser, C. H.(1998), *Labor Economics and Labor Relations*, 11th ed., Englewood Cliffs, NJ: Prentice-Hall, Inc.

Selekman, B. M.(1949), "Varieties of Labor Relations," *Harvard Business Review*, 27(2), March, 125.

Sisson, K.(1987), *The Management of Collective Bargaining: An International Comparison*. New York, NY: Blackwell.

Sikula, A. F.(1976), *Personnel Administration and Human Resources Management*, New York: John Wiley and Sons, Inc., 5–7.

Sutton, F. X. et al.(1956), *The American Business Creed*, Cambridge, Mass.: Harvard Univ. Press, 108–110.

Walker, K.F. (1977), "Towards Useful Theorizing about Industrial Relations," *British Journal of Industrial Relations*, 15, 307–316.

제 2 장

노동운동

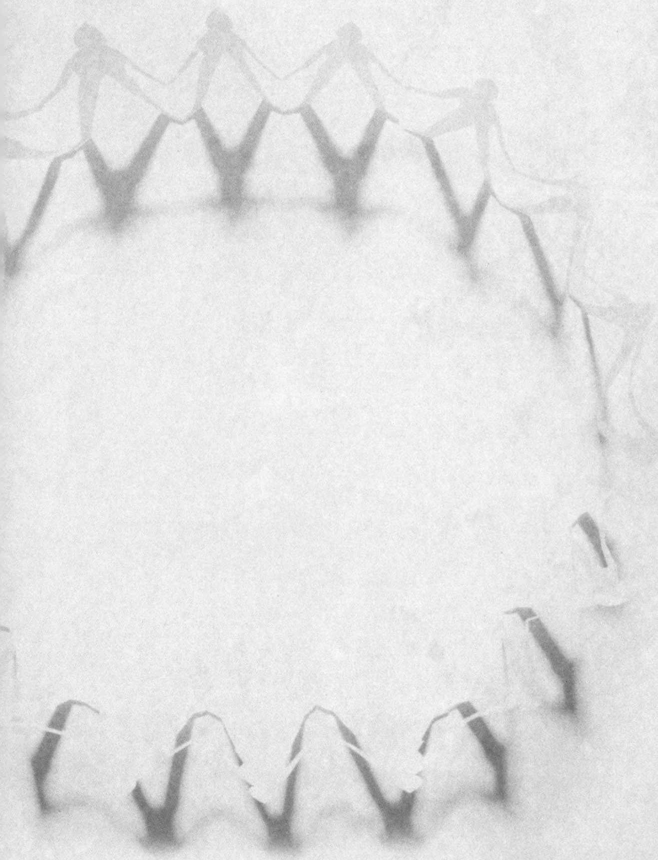

제 2 장

노동운동

제 1 절 노동운동의 의의

1. 노동운동의 의의

노동운동이란 자신의 노동력 이외에는 아무런 생산수단도 갖지 못한 노동자들이 그들의 근로조건을 유지·개선하거나 생산수단의 소유·관리에 참여함으로써, 생산수단을 소유하지 못한데서 오는 불이익을 방지하고 모든 노동자들이 인간답게 살 수 있는 기본조건들을 충족시키려는 지속적이고도 집단적인 활동과정을 말한다(김윤환, 1970, 5). 따라서, 일시적으로만 존립했다가 없어지는 활동은 노동운동이라 할 수 없으며, 비록 노동자들의 모임이었다 하더라도 그것이 노동자들의 경제적·사회적 지위향상을 위해서가 아니라, 종교적 또는 정치적 목적을 위해서 존재할 때 그것 또한 노동운동이라 할 수 없다. 즉, 노동운동은 노동자들의 공동목적을 달성하기 위한 조직적인 노력을 뜻한다(김수곤, 1992).

노동운동은 넓은 의미로는 노동조합운동, 협동조합운동, 공제조합운동, 노동정치운동 등을 포함하고 있다. 협동조합운동은 노동자나 군소생산자들이 유통과정에서 상업자본의 중간착취를 배제하고 생산자와 소비자의 직접연결을 도모함으로써 자산들의 이익을 얻으려는 조직적 운동이고, 공제조합운동은 노동자들이 질병, 상해, 양로, 사망, 실업 등의 불시의 지출에 대비하기 위하여 기금을 조성하거나 정부와 자본가의 보조금으로 기금을 운영하여 상호부조하는 조직활동이며, 그리고 노동정치운동은 노동조합운동만으로는 노동자의 복지생활을 보장할 수 없다는 판단에서 노동자들이 정당을 조직하여 근로조건의 개선을 위한 정치적 지원을 받으려는 운동이다(신철우, 2005).

노동운동은 좁은 의미로는 노동조합운동을 말하는 것으로, 초기의 노동운동은 자본가계급의 온갖 횡포와 착취에 시달린, 뜻있는 소수의 노동자들이 비밀리에 모여서 회합을 열고 그들의 노동조건을 개선하기 위한 방법을 의논하던 것이 계기가 되어 지극히 본능적이고 비조직적으로 전개되었다. 그러나 공장제공업이 확립됨에 따라 동일지역의 동일공장에서 일하는 노동자의 수가 급격하게 증가하게 되면서부터 노동운동은 그 양상을 크게 달리하여 다수의 노동자들이 대동단결하여 노동조합이라는 조직을 통한 보다 적극적인 자세를 취하게 되었던 것이다.

19세기에 들어와서 공장제공업의 보급과 신기계의 출현은 종전의 노동인구의 중추세력을 이루었던 숙련공을 이선으로 몰아내고 부녀자를 포함한 반숙련 내지 미숙련노동자로 하여금 산업사회의 다수집단으로 등장시킨 바 있다. 따라서 노동자들의 집단인 노동조합도 초기에 있어서는 목수·직포공 등과 같이 직업별로 모인 숙련공만의 조직인 직업별 조합의 형태를 띠었으나 나중에 와서는 동일 기업이나 나아가 동일산업에 속하는 모든 노동자들이 숙련·미숙련에 관계없이 하나의 조합을 조직하는 산업별 조합의 형태를 띠게 되었다.

이와 같이 노동운동은 어느 사회에 있어서나 초기에는 극히 일부의 노동자들의 운동으로부터 출발하였으나 불과 100년도 채 지나기 전에 세계 대부분의 나라의 많은 노동자들을 포함하는 국제적인 노동조합 조직망을 갖추게 된 것이다.

제러미 리프킨(J. Rifkin)은 '노동의 종말'이라는 저서에서 컴퓨터를 비롯한 새로운 기술이 인간의 노동을 대체함으로써 인간의 노동이 사라질 수도 있다고 주장했지만(Rifkin, 1995) 아무리 자동화·기계화·정보화가 고도화되더라도 신규 일자리가 지속적으로 창출될 수 있기 때문에 노동의 종말은 실제로 일어나기 어렵다고 생각된다. 그런 의미에서 자본주의사회의 성립에서 시작된 노동운동은 자본주의사회가 영속적인 발전을 거듭하는 한 아마도 더욱 활발하게 전개될 것이다.

2. 다원주의산업사회에서의 노동운동

지금까지 〈표 2-1〉과 같이 다양한 노동운동의 이념이 전개되어 왔다. 미국 노사관계의 4인방으로 일컬어지는 KDHM(Clark Kerr, John Dunlop, Frederick Harbison, & Charles A. Myers)은 기존 노동운동 이론의 문제점들을 비판하고 새로운 이론을 개발하였다(Kerr, et al., 1960). 이들에 의하면 코먼스(J.R. Commons)나

표 2-1 노동운동의 기원, 관점 및 목적 비교

구분 / 이 념		노동운동의 기원	노동운동의 관점	노동운동의 목적
혁명적 노동운동		노동계급의 출현 → 노동조합 결성	경제적·정치적	활동자본주의의 전복 또는 변혁세력으로서의 역할
경제적 조합주의	코먼스	시장의 확장 → 노조 결성(시장대항)	이해자 집단, 교섭력 강화, 직무 통제	실용적이고 직무 중심적
	펄만	직업의식 → 직업보호, 고용안정	〃	〃
산업개혁 노동조합주의		임금노동자의 출현 → 노동자의 경제적 보호	경제적 이익보호	산업민주주의로의 점진적 진화
심리적 반응주의		개별화된 산업사회에 대한 심리적 대응 → 병리현상, 소외 등의 대처	일련의 사회적 기능 수행	조직 내 노동자의 사회심리적 상태에 따라 상이하며 학자간 차이가 존재
도덕적 역량주의		사회·경제적 여건하에서 개선을 위한 자연적 시도	도덕적·종교적 규범의 향상을 위한 윤리적 기구	계급간 조화
독점 및 반노조주의		노동력 독점을 통한 집단이기주의	독점형성으로 자본주의에 적대적인 반사회적 세력	독점에 따른 노동자의 이기적 협소한 이익 중시
다원주의 노동운동		사회지배 엘리트의 본질	노동자는 사회변혁에 수동적이며 사회전문 엘리트가 중요한 역할	노조는 전문가 집단으로 진화하며 비이데올로기적 목적을 수행

자료: 신수식·김종진(2005), 「노사관계론」, 개정판, 한국방송통신대학교, 55.

펄만(S. Perlman) 등의 이론은 지나치게 직무통제나 경제적 노동조합주의에 편중된 나머지 보편성이 결여되었고, 막스(K. Marx)는 노동자계급의 해방을 위해 자본가계급의 타파를 종용하는 급진적·혁명적 노동운동의 주장으로 노동운동의 성격을 지나치게 획일적으로 보는 잘못을 범함으로써 오늘날과 같은 시장경제하의 다원적인 고용관계에는 적합하지 않다는 지적을 받고 있다.

이들의 주장에 따르면 각국의 경제발전단계는 각 단계별로 중요한 역할을 수행한 엘리트집단의 역할에 따라 노동운동의 성격이 상이하게 나타난다고 하는데, 이러한 엘리트집단을 살펴보면 다음과 같다.

(1) 왕조엘리트

왕조엘리트(dynastic elite)들은 토지귀족사회 내지 군인사회에서 나오는 엘리트로서 과거 독일 및 일본의 산업화 과정에서 그 예를 볼 수 있다. 자유노동운동은 왕조엘리트에 의하여 억제되기 때문에 민주적인 변화는 기대할 수 없게 되며, 그러한 사회는 흔히 극단적인 노동운동을 유발시키게 된다.

(2) 중산층엘리트

중산층엘리트(middle class elite)들은 미국과 영국에서 산업화를 이끌어온 집단으로 개인주의와 자유방임주의를 강조하며, 국가정책을 결정하는 데 있어서 시장기능에 의존하려고 한다. 노동운동은 직무의 통제에 기원을 두고 있으며, 경제문제를 둘러싸고 파업이 발생하며, 이러한 제한적 분규는 사회에서의 긍정적 역할이라 보고 있으며, 또한 단체교섭을 인정한다.

(3) 혁명적 지성엘리트

혁명적 지성엘리트(revolutionary intellectual elite) 집단은 구소련, 중국 등과 같은 공산국가에서 산업화과정을 영도하였다. 그들은 급속한 공업화를 강요하며, 기존질서를 단시일 내에 말살시키려고 시도한다. 고용관계를 비롯한 모든 기능은 혁명적 엘리트에 의하여 영도되는 유일한 당과 국가에 복종할 것이 요구되고, 노조 역시 당의 부속기구로서 존재한다는 것이다.

(4) 식민지엘리트

식민지엘리트(colonial elite)는 자신이 통치하는 나라보다는 모국의 이익에 관심을 집중시키는 엘리트들이다. 따라서 이러한 식민지관리자가 산업화사회를 이끌고 가는 나라에 있어서는 노동운동이 반식민주의원칙에 따라 조직되므로 노동운동은 독립을 위한 대중시위의 성격을 강력하게 나타내게 된다.

(5) 민족적 엘리트

민족적 엘리트(nationalistic elite)는 인도를 비롯하여 신생독립 아프리카 국가의 영도자에게서 찾아볼 수 있다. 이와 같은 민족주의자가 산업사회를 영도하는 나라에서는 민족주의가 노동운동을 위한 지도원칙이 되는 경우가 많다. 노동조합의 시위는 평화적으로 진행되는 것이 일반적이다.

KDHM은 위의 다섯 가지 사회가 결국은 한 가지로 수렴될 것으로 믿었다. 향후의 사회가 1960년대 미국처럼 다원적 사회가 될 것이라 믿고 사회의 다양한 엘리트집단에 의해 이끌릴 것이라고 예견하였다. 즉, 여러 직업을 위하여 요구되는 기술수준과 교육수준의 향상에 따라 노동자조직은 점점 전문적인 단체로서의 성격을 띠게 되고, 그에 따라 영향력과 책임도 증대되게 된다. 정부 또한 그 역할이 강화됨으로써 새로운 사회의 권력은 정부, 기업 및 전문가집단에 의해 형성되는, 계급 없는 사회의 도래를 내다보았다(신수식·김동원·이규용, 2005, 43-44).

제 2 절 노동운동의 발전단계

노동운동의 발전단계는 국가특성에 따른 공업화의 발전과정에 따라 다소간의 차이를 보이기는 하지만 그 가운데서도 그들이 걸어온 공통된 몇 가지의 특징을 찾아 볼 수 있다. 일반적으로 노동운동의 발전은 다음의 4가지 단계로 나누어 설명해 볼 수 있다.

1. 자연발생단계

노동운동의 제1단계는 어떤 국가에 있어서도 노동운동이 노동조합이라는 영속적인 조합을 가지지 못하고 때때로 우연히 모여서 태업을 하거나 공장내 기물이나 기계를 파괴함으로써 소란을 피우는 등 지극히 자연발생적인 형태로 나타났던 것이다.

1799년에 제정된 영국의 단결금지법(Combination Act)을 비롯하여 이와 유사한 유럽제국의 당시의 법률은 노동자로 하여금 노동조합의 결성을 허용하지 않았기 때문에 산업혁명 직후의 기업가의 온갖 횡포와 불리한 근로조건에 항거하기 위한 그들의 투쟁방법은 자연히 비조직적이고 자연발생적인 형태로 나타나게 되었던 것이다. 따라서 그 당시의 노동운동은 영국의 러다이트운동(Luddite movement)[1]에서 찾아볼 수 있는 바와 같이 우발적으로 노동자들의 기분이 상통하게 되어 순간적으로 폭동을 일으키는 형태를 취하는 예가 많았으며, 뒤에서 볼 수 있는 바와 같이 스스로의 생활이나 노동조건을 개선하기 위해서 줄기찬 노력을 계획적으로 계속하는 경우를 별로 찾아볼 수 없었다.

이와 같이 노동운동의 자연발생단계에는 노동조합이 없었고, 자본가의 태도는 고압적이고 관료적이었으며, 노동자들에게 장시간노동과 생계비 미만의 저임금을 강요한 착취의 상태가 대부분이었다. 따라서 이 당시의 노사관계는 주인과 종이라는 주종관계형성이 기본이 되었고 여기에 반발하고 항거하는 노동운동이 자연발생적·비조직적 형태로 나타났던 것이다.

2. 노동조합 생성단계

노동운동의 제2단계는 공제조합적인 성격을 띤 노동조합의 탄생을 보게 되는 단계이다. 19세기에 들어오면서부터 정부나 사용자측도 노동자의 단결을 금지시킨다는 것이 이제는 별로 의미가 없는 일일 뿐더러 오히려 폐단이 더 많다는 것을 깨닫게 되었다. 노동자는 노동조합이 없더라도 비밀리에 모여서 의논하고 있었으며, 어려운 경우를 대비하여 상부상조하는 공제조합적인 활동을 이미 전개하고 있었던 것이다. 18세기 말엽부터 그렇게도 소란을 피워왔던 러다이트운동과 같은 폭동은 결국은 노동조합을 공인하지 않음으로써 야기되었다는 것을 생각할 때 단결금지법은 이제 완전히 무의미한 것이 되었던 것이다. 그래서 이 법은 영국에서는 1824년에, 그리고 기타의 여러 나라에서는 19세기 중엽에 이르는 동안에 점차로 폐기되어 노동조합은 비로소 합법적인 조직으로서 인정을 받게 되었던 것이다.

이때 탄생한 노동조합은 대체로 동일직업에 속하는 숙련노동자들이 중심이 된 직업별 조합이 많았는데 이제 겨우 조직화된 이들 조합은 단결력이 약했을 뿐만 아니라, 단체교섭력도 미약했고, 단체행동력도 제한을 받고 있었으며, 활동범

1 산업혁명기에 역직기(力織機)의 발달로 말미암아 실직이나 임금의 인하를 당한 (가내)수공업의 숙련공들이 신식기계에 반감을 갖고 이를 파괴하는 일종의 기계파괴운동이다. 이 운동은 18세기의 8, 90년대에 시작되어 1811～1813년에 절정에 달했다가 1817년까지 계속되었는데, 랭카셔, 요크셔, 노팅검에서 출발하여 영국 전역의 공장지대로까지 파급되었다. 러다이트라는 이름은 이 운동을 이끈 네드 러드(Ned Lud)의 이름에서 유래되었다.

위도 좁은 지역내에 한정되어 있었기 때문에 그들의 활동내용은 자연히 공제조합적인 활동에 중점을 두게 되었던 것이다.

3. 전국적 노동조합단계

노동운동의 제3단계는 전국적 조합으로 발달하는 단계이다. 앞서 언급한 바와 같이 초기의 노동조합은 한때 상당히 활발한 움직임을 보여 1834년에는 로버트 오웬(Robert Owen)과 같은 훌륭한 지도자의 영도하에 숙련·미숙련 농업노동자나 부녀자까지를 포함하여 50만 명을 상회하는 전국노동조합대연합(Grand National Consolidated Trade Union)의 결성을 보기도 하였다(Lipson, 1954).

그러나 이러한 노력은 정세가 변하면 다시 공제조합적인 활동으로 되돌아가는 형편이었다. 따라서 노동운동의 참다운 발전을 기하기 위해서는 아무래도 종전의 직업별 조합이라는 테두리를 벗어나서 미숙련노동자까지 포함하는 전국적인 규모의 노동조합이 성립되어야 할 필요가 있었다.

이러한 전기는 유럽제국에 있어서 19세기의 70년대로부터 80년대에 걸쳐서 도래했던 것이다. 즉, 이 무렵에는 숙련노동자에 대신하여 기계의 이용도가 높아졌으므로 미숙련노동자의 수가 상대적으로 현격하게 증가되었으며, 동시에 전기의 보급, 교통수단의 발달, 그리고 통신기술의 진보 등은 이들 제국의 경제상태를 보다 높은 종합적인 차원으로 올려놓았던 것이다. 그래서 노동자들은 직업별 조합의 영역을 넘어서, 기업전체 혹은 산업전체에 종사하는 모든 노동자를 한 곳에 모으려는 노력을 하게 되어, 여기에 산업별 조합과 나아가서는 전국적인 규모의 조직이 탄생하게 되었으며, 이제 노동조합은 진정한 의미의 대중적인 조직으로 발전하게 되었던 것이다.

노동운동의 발전단계가 제3단계에 이르러 전국적 규모의 조합이 발달하게 되면 노동자는 강력한 세력으로 등장하게 된다. 노동3권의 요구와 산업민주화의 요구가 정당화되며 노동법은 노동자 보호를 위한 제도적 무기로 나타난다. 노사관계는 대립보다 협력 위주로 전개되며 1:1의 대등관계에서 노동운동이 전개된다. 노동자는 노동3권을 최대의 무기로 하며 사용자는 경영권의 일부를 노동자에 양보하면서 경영합리화를 무기로 하여 기업을 발전시키게 된다(김성수, 1997).

주요 전국적 조합으로는 영국의 TUC, 프랑스의 CGT, CFDT, FO, 이탈리아의 CGIL, CISL, UIL, 독일의 DGB, DAG, DBB, 미국의 AFL-CIO, 일본의 연합(連合), 전노련(全勞連), 전노협(全勞協) 그리고 한국의 한국노총과 민주노총 등이 있다(김동원, 2003).

4. 국제적 노동조합단계

노동운동의 마지막 단계는 국제적 노동조합의 성립이다. 경제가 고도로 발전함에 따라 우리는 기업간의 자본의 결합을 볼 수 있을 뿐만 아니라 동시에 노동의 국제적인 결속도 볼 수 있게 되었다. 20세기에 들어오면서부터 각국의 노동조합은 서로 정보나 의견을 조합하여 협조할 필요성을 느끼게 되어, 마침내 상설적인 국제적 노동조합을 결성하기에 이르렀다. 노동자의 운동이 정치운동으로서 19세기의 중엽부터 소위 제1인터내셔널(The First International), 제2인터내셔널(The Second International) 그리고 적색노조인 제3인터내셔널(The Third Communist International, 즉 Comintern)(Carter & Marshall, 1968)이라는 이름 아래 이미 전개되었지만, 조합조직의 연합체로서는 1901년에 설립된 국제노동조합서기국(ITS: The International Trade Secretariats)이 최초의 조직이다.

국제노동조합서기국은 1913년에 국제노동조합연맹(IFTU: The International Federation of Trade Union)으로 개칭하였으며, 제1차 세계대전으로 한때 조직이 해체되었다가, 세계대전이 끝난 후 1919년 네덜란드 암스테르담에서 다시 설립하였다. 1931년까지 본부를 암스테르담에 두었는데 전성기에는 2300만 명의 조합원이 가입할 정도로 규모가 컸다. 가맹 조직은 주로 유럽과 북아메리카에 한정되어 있었다. 이것이 1945년에 다시 세계노동조합연맹(WFTU: World Federation of Trade Union), 곧 세계노련으로 계승된 바 있다.

세계노동조합연맹에는 당초 미국의 미국노동총연맹(AFL: American Federation of Labor)을 제외하고, 산업별 조직회의(CIO: Congress of Industrial Organization)를 비롯한 세계 60개국 이상의 주요 노동조합이 가맹되어 있으며, 조합원수는 7,000만 명을 넘어 노동운동의 국제적 연대조직으로서는 이제까지 없었던 최대의 것이었다. 그리고 이 세계노동조합연맹은 국제연맹의 여러 기관에 대표자를 보낼 권리를 인정받고 있었다.

그러나 1948년에 전후 유럽의 경제부흥을 목적으로 하는 미국의 마샬플랜

(Marshall Plan)의 적용문제에 대해서 세계노동조합연맹의 가맹국 가운데 구소련을 비롯한 공산주의 제국가가 맹렬한 비난과 반대를 하자 이를 찬성하는 미국과 영국을 위시한 자유진영제국의 노동조합은 마침내 여기서 탈퇴하여 1949년에 새로운 또 하나의 국제적인 노동조직인 국제자유노동조합연맹(ICFTU: The International Confederation of Free Trade Unions)을 결성하게 되었다. 이때부터 국제적인 노동조합은 앞서 언급한 세계노동조합연맹과 새로운 조직인 국제자유노동조합연맹이 양대 산맥을 이루게 되는데, 전자는 통일행동을, 그리고 후자는 노사협조주의와 반공을 그 특징으로 삼고 있다(Blanpain, 1987).

그러던 중 노동세력의 대동단결을 위해 세계적인 노조연대 조직인 국제자유노동조합연맹(ICFTU)과 1920년에 창설된, 기독교계 중심의 또 다른 국제조직인 세계노동연맹(WCL: World Confederation of Labour)이 발전적 해체를 선언하고 국제노동조합총연맹(ITUC: International Trade Union Confederation)으로 통합하게 되었다(Carter & Marshall, 1968).[2] ICFTU와 WCL은 2006년 10월 31일 회원국 노조 대표들이 참석한 가운데 각각 열린 마지막 총회에서 공식 해산을 선언하고 ITUC로 통합키로 결의했으며 이어 11월 1일 ITUC 창립 총회를 통해 헌장을 채택했다. 조직의 수장에는 가이 라이더(Guy Ryder) ICFTU사무총장이 선임됐다.[3] ICFTU와 WCL의 회원조직을 흡수하고 국제조직에 참여치 않았던 8개국 노총이 새로이 합류함으로써 회원조직은 2016년 12월 말 현재 163개국, 340개로 늘어났다. 미국의 AFL-CIO, 영국의 TUC, 프랑스의 노동총동맹(CGT), 독일의 DGB 등 8개의 독립노총이 포함돼 있고, 대표하는 노동자 수도 ICFTU의 1억5천만 명보다 훨씬 많은 1억8천172만 명이나 된다(ITUC).

이와 같이 국제적인 노동조합의 조직이 등장하게 되면서부터 노동조합의 힘은 보다 강력하게 되었으며 여러 나라에서 노동당이라든가 사회당 같은 노동자의 이익을 보호하는 것을 기본으로 하는 정당과 힘을 합쳐서 노동조합의 정치적인 활동도 점차 활발히 진행되고 있음을 볼 수 있다(정종진, 1983, 268-271; 정종진·이덕로, 2007).

2 이에 대한 보다 자세한 논의는 Carter & Marshall(1968, 54-70)와 이준범(1997, 144-145)을 참조.

3 가이 라이더는 국제노동기구의 사무총장으로 옮겨가고 현재는 샤란 버로우(Sharan Burrow)가 사무총장을 맡고 있다.

제 3 절 한국의 노동운동

일반적으로 노동운동이란 노동조합운동, 노동자정당운동 및 협동조합운동 등 근로자의 권익을 신장하고자 하는 운동을 총괄한 운동의 호칭이다. 그러나 한국의 경우 협동조합운동이 극히 부진하여 노동운동에 미친 영향이 매우 미미하였을 뿐만 아니라 노동자정당운동 또한 한 때 잠시 등장하기는 했으나 그 활동을 거의 찾아볼 수 없는 실정이다. 따라서 한국의 노동운동은 한국의 노동조합운동을 통하여 그 대강을 파악할 수밖에 없다.

우리나라의 노동운동은 한반도에서 봉건적 경제체제를 해체시키고 자본주의적 생산양식을 도입하기 시작한 일본자본의 침투와 더불어 발생되었다고 볼 수 있으며, 그 시기는 보통 1920년경부터라고 보는 것이 타당하다.[4] 따라서 1920년을 시작으로 하여 우리나라의 노동운동을 운동의 환경과 그 동등성을 기준으로 7단계의 시대구분, 즉 해방 이전을 제1기로, 8·15해방부터 1960년까지를 제2기로, 1961년에서 1971년까지를 제3기로, 1972년에서 1979년까지를 제4기로, 1980년부터 1987년의 6·29선언까지를 제5기로, 6·29민주화선언에서 외환위기 이전까지를 제6기로, 그리고 IMF 외환위기[5] 이후부터 현재까지를 제7로 나누어 각각 살펴보고자 한다.

1. 제1기(해방 이전)

1910년 한일합방 후 일본은 토지조사사업 및 산미증산계획 등을 통하여 조선에 대한 식민지수탈구조의 물적인 토대를 형성한다. 이후 1920–30년대를 통하여 일본의 제국주의자본은 중화학공업부문을 발전시켜 대륙진출의 병참기지화를 꾀한다. 물론 우리나라에 대한 착취와 수탈의 강화는 이 시기의 당연한 현상이었다. 이와 같은 상황에서 우리나라에서도 근대적 의미의 노사관계가 싹트기 시작

4 일본제국주의는 1920년을 전후하여 적극적인 자본수출의 단계에 들어서게 된다. 단적인 예로 자본수출은 1914년 17억7천만 원에 불과하던 것이 1921년에는 80억 원으로 무려 5배 가까이 증가한 데서도 잘 알 수 있다(인간사 편집부, 1985, 62).

5 1998년부터 외환위기 극복해 나가는 과정에서 경제체질 개선을 위해 4대개혁을 적극적으로 추진하고 기업의 구조조정과 경영(조직)혁신이 상시화되는 상황으로 바뀌었기 때문에 이때를 시대구분의 분수령을 삼았다.

하였다.

그렇다고 해서 일제하 이전에는 노동운동이 일어나지 않았던 것은 아니다. 19세기 말부터 부두나 광산 근로자들을 중심으로 파업이 일어나기 시작했는데, 이들의 대부분은 봉건관료와 외국자본가의 수탈이나 현장감독관의 폭행에 시달리다 못해 분노가 폭발한 것으로서, 자신들의 노동조건을 개선하려 한 자연발생적이며 비조직적인 투쟁들이었다. 따라서 본격적인 노동운동의 발생은 1920년대에 들어와서 일본제국주의의 침략에 의해 일본자본주의가 우리나라에 뿌리를 내림으로써, 공장근로자들이 대량으로 발생하면서부터이다.

더욱이 그 당시의 상당수 근로자들은 일본인 자산으로 설립된 공장에서 하루 12시간 이상의 장시간 노동을 하였고(조선총독부, 1933), 임금수준도 당시 세계적으로 저임금이었던 일본인에 비해서도 절반밖에 되지 못하는 등 혹독하게 착취당하고 있을 때였다(인간사 편집부, 1985, 59-60). 그 결과 맹아적 상태에 있던 노동계급의 단결은 1919년 3·1운동을 전후로 하여 양적으로만이 아니라 질적으로까지 급격하게 발전하게 되었다.

우리나라 최초의 노동조합은 1906년 6월 10일 평남 진남포에서 최봉진 외 80명에 의해 설립된 조선노동조합(朝鮮勞動組合)이다[6]. 그러나 전국적 규모의 근대적인 노동운동은 제1차 세계대전으로 치부한 일본자본이 들어오고 3·1운동으로 무단정치가 문민정치로 바뀌는 과정에서 일어나기 시작했다. 따라서 중앙조직의 효시는 3·1운동이 일어난 다음 해인 1920년 4월 3일 박중화 외 240명의 발기로 설립된 조선노동공제회(朝鮮勞動共濟會)이다(추 헌, 1980). 뒤이어 1924년에는 182개 단체의 가맹으로 이루어진 조선노농총동맹(朝鮮勞農總同盟)이 탄생되었는데, 이 동맹은 1927년에 조선노동총동맹과 조선농민총동맹으로 분리되어 제법 활발한 노동운동을 전개하는 듯 하였으나 전반적으로 공제조합적인 성격을 크게 벗어나지 못하였다.

1920년대 후반기로 접어들면서 노동운동은 더욱 더 조직적으로 진행되었다. 구체적인 예로 평양, 경성 및 부산 등지의 인쇄직공들의 파업, 1928년의 영흥노동자 총파업, 그리고 한국노동운동사상 최대 규모인 1929년의 원산노동자 총파

6 1898년 성진에서 47명의 부두노동자들이 노동조합을 조직했다는 기록이 있기는 하지만 일반적으로는 조선노동조합을 최초의 노조로 보고 있다.

업과 같은 것들은 지역적 조직뿐 아니라 인근 및 전국적 후원 아래에서 강인한 투쟁을 전개했다(김윤환 외, 1982; 김수곤, 1992).

한편 일제는 1925년 치안유지법을 공포하고, 1928년에는 이 법을 개악하여 중형으로 만들어 노동자집회를 금지시키고, 노동자들을 체포·투옥하는 등 노동운동을 가혹하게 탄압하였다. 이렇듯 일제는 노동쟁의에 대해서 노사 쌍방간에 중립적인 입장을 취하겠다고 표방하던 종래의 가면을 벗어버리고 노동자들의 입장을 노골적으로 탄압하는 편파적인 태도를 취하게 되었다. 따라서 노동운동은 허다한 난관에 부닥쳐야 했으며 자연히 단순한 경제투쟁을 넘어 일제를 반대하는 반일민족해방투쟁의 일환으로 결부되지 않을 수 없었다(김윤환, 1982, 211). 그럼에도 노동조합들은 합법·비합법의 모든 수단을 동원하여 계속 조직되었으며, 노동쟁의는 1921년에 발생건수 36건, 참가인원 3,403명에서 1929년에 발생건수 102건, 참가인원 8,293명으로 지속적으로 증가하였다(김윤환, 1970).

이어서 1920년대에 발생한 노동쟁의의 원인을 구체적으로 살펴보면 〈표 2-2〉와 같이 예나 지금이나 변함없이 임금관련 이슈가 주종을 이루고 있다.

이 시기에 당시 열강이 앞을 다투어 제국주의적인 식민지획득을 위해 치열한 경쟁을 벌인 것은 저렴한 노동력에 대한 매력 때문이다. 일제 식민지하의 한국은 바로 이와 같은 매력을 가진 처녀지였으며 일본 자본주의는 이 땅에서 가변자본의 절감, 즉 생산비의 저하로 막대한 이윤을 얻었던 것이다. 일본 자본주의는 한국에서 같은 종류의 노동에도 불구하고, 노동자에 대하여는 일본인 노동자보다 훨씬 적은 노동임금을 강요하였는데, 그 까닭은 바로 저임금과 장시간 노동으로 식민지 초과이윤을 짜내기 위한 것이었다.

당시 노사분규의 주요 이슈 중의 하나가 민족적 차별대우였는데, 〈표 2-3〉은

표 2-2 1920년대의 원인별 노사분규

연차	원 인	건수	비중	연도	원 인	건수	비중
1921 ~ 1924	임금인상요구	85	42.7	1925 ~ 1929	임금인상요구	170	37.0
	임금인하반대	77	38.7		임금인하반대	78	17.2
	차별대우개선	9	4.5		대우개선	54	11.9
	기타	28	14.0		기타	183	40.1
	계	199	100.0	계		451	100.0

자료: 김윤환(1970), 「한국노동운동사」, 일조각, 23.

37개 업종의 50명 이상의 상용직공을 가진 196개 공장에 대해 1929년 1월에서 12월 사이에 조사한 민족별 공장노동자의 임금을 대조한 표이다. 공장 수와 조사 기간이 한정된데다 조선총독부 당국자에 의하여 조사된, 축소된 자료이므로 정확한 것을 알기는 어렵지만 대체로 임금의 민족적 차등의 추세를 알기에는 참고가 될 것 같다.

이에 의하면 일본인 노동자의 평균임금은 1원 16전인데 비하여, 한국인 공장노동자는 총평균 임금이 58전으로 일본인의 절반에 불과했다. 아무리 당시의 한국인 노동자가 공업노동자로서 능률이 낮았다고 하더라도 체격도 적었던 일본인 노질(勞質)의 절반도 못된다는 것은 납득하기 어렵다. 그것은 생산능률 이외의 다른 이유, 즉 당시의 한국에는 많은 산업예비군이 있었다는 사실과 일제의 가혹한 민족적 차별대우로 말미암은 것이라 하겠다.

1920년대가 일본 독점자본의 대 조선 진출이 서서히 확대되기 시작한 시기였다면 1930년대는 일본 제국주의의 모순이 첨예화하여 독점자본의 진출이 가속화되고 제국주의 침략전쟁으로 돌입하는 시기이다. 1929년 말 미국으로부터 시작된 세계대공황의 발발은 곧이어 일본에 파급됨으로써 일본자본주의는 심각한 위기에 직면하게 된다. 이러한 모순에서 헤어나기 위해서 일본 제국주의는 대

표 2-3 민족별 공장노동

민족별	성 별	연령별	구 분		
			임 금(원)	노동시간	종업원수(인)
일본인	남	성년공	2.32	10.2	2,307
		유년공	0.71	10.1	39
	여	성년공	1.01	9.9	158
		유년공	0.61	10.4	4
조선인	남	성년공	1.00	10.1	23,404
		유년공	0.44	9.9	1,177
	여	성년공	0.59	9.9	14,072
		유년공	0.32	9.8	606
중국인	남	성년공	1.04	10.1	1,982
		유년공	0.39	10.4	18
	여	성년공	0.56	9.7	23
		유년공	-	-	-

자료: 김윤환 외(1982), 「한국노동문제의 인식」, 동녘, 104.

표 2-4 1930년대 노사분규 발생추이

연 도	발생건수	참가인원	연 도	발생건수	참가인원
1930	160	18,972	1935	170	12,187
1931	201	17,114	1936	138	8,248
1932	152	14,824	1937	99	9,146
1933	176	13,835	1938	90	6,929
1934	199	13,098	1939	135	8,860

자료: 한국사회사연구회편(1991), 「한국의 노동문제와 노동운동」, 문학과 지성사, 13-14.
주: 1939년 자료는 다음을 참조했음. 김경일(1992), 「일제하 노동운동사」, 창작과 비평사, 309.

내적으로는 철저한 군국주의체제로 이행하는 동시에, 대외적으로는 만주사변(1931.9), 중일전쟁(1937.7)을 도발하면서 제국주의 침략전쟁을 확대하였다.

이러한 일본 제국주의 정책의 전개과정은 당연히 일제의 식민지였던 조선의 민중생활, 특히 노동자에게 깊은 영향을 미치게 되었다(김금수 외, 1985). 그 결과 1930년대에 와서는 노동운동이 지하로 숨어들어 갔으며 이런 상태는 1945년까지 계속되게 되었다. 이와 같이 일제하 한국노동조합은 민족해방투쟁의 대상으로 일본제국주의 세력을 설정하여 독특한 정치투쟁을 감행하였다(윤여덕, 1989).

당시 세력에 있어서 30년대 초 금광·공업근로자 15만 명에 단위 조합 400여 개, 조합원은 53,000명에 달해 비교적 활발한 편이었다. 이어서 1930년대의 노사분규현황을 보면 〈표 2-4〉와 같다.

일제시대의 한국 노동자의 임금이 그렇게 낮았는데도 불구하고 한국인 노동자에 대한 노동시간은 실로 가혹한 중세기적인 장시간 노동이었다. 조선총독부가 1930년에 조사한 극히 축소된 자료에 의하더라도 노동시간이 일본내 공장 노동자의 노동시간보다 훨씬 장시간 노동이었음을 알 수 있다. 〈표 2-5〉에서 보는 통계에 의하면 조사대상 공장 1,199개소 중 41%, 노동자 65,374명 중 46.9%가 12시간 노동을 강요당하고 있었으며,[7] 노동시간 10시간 이상 공장이 전체공장수의 79.4%나 되었다. 8시간 정도의 노동시간을 지키는 공장은 전체 공장수의

7 참고로 1930년도 당시 일본노동자 노동시간은 12시간 이상이 0. 3%에 불과하였다. 그럼에도 불구하고 임금에서는 오히려 2.5배 내지 2배의 차이가 났다. 예를 들어 일본인 제조업의 종사자는 한달 38원을 받는 반면에 한국인 동일직업 종사자는 시간적으로 4~5시간 일을 더하면서도 18원을 받았다. 김낙중(1982), 「한국노동운동사」, 서울: 청사, 54.

표 2-5 공장노동자의 노동시간

취업시간 별	공 장 수	%	노동자수	%
8시간 이내	11	0.9	521	0.8
8.00~8.30	52	4.3	2,332	11.2
8.30~9.00	4	0.3	102	0.2
9.00~9.30	84	7.0	4,997	7.6
9.30~10.00	18	1.5	527	0.8
10.00~10.30	266	22.2	12,008	18.4
10.30~11.00	28	2.3	1,258	1.9
11.00~11.30	204	17.0	6,919	10.6
11.30~12.00	30	2.5	866	1.3
12시간 이상	493	41.0	30,689	46.9
부정	9	6.9	175	0.3
계	1,199	100	95,374	100

자료: 조선총독부(1933), 「공장 및 광산에서의 노동상황조사」, 64-69.

0.9%, 노동자 수는 전체의 0.8%에 불과하였다. 이상에서 볼 때 당시의 한국내 공장 노동자는 대부분이 10시간 이상의 장시간 노동을 강요당한 셈이다.

1937년 이후 1940년대에 걸친 전시하에서는 「국민총동원」이라는 이름으로 일제는 노동시간을 전반적으로 연장하는 동시에 노동강도를 더 한층 강화하였다. 보다 구체적으로 1936년 한국내 전체 광산작업장 수의 74.4%가 10시간 이상의 노동을 강요당하였으며, 갱 내에서 조차도 66.6%가 10시간 이상의 장시간 노동을 하고 있었다(김윤환 외, 1982, 114).

전시하에서의 장시간 노동은 비단 공장과 광산에서 뿐만이 아니었다. 각지의 군사시설 공사장에 강제동원되었던 수많은 자유노동자들도 인간 이하의 천대를 받으면서 장시간 노동을 하고 있었다. 특히 일본, 남양군도, 동남아 각지에 강제 징용되었던 한국인 노동자들은 전시동원이란 이름 아래 문자 그대로 불철주야의 장시간 노동을 강요당하고 있었다.

일제는 전황의 역전을 만회하기 위해 1943년 5월 확정된 국민동원 실시계획에서 군수의 충족, 철강, 석탄, 경금속, 전력, 식량의 증산 및 수송요원의 증강 등에 필요한 노동인력을 중점적으로 배치하려고 했다. 이 실시 계획에서 그 동안 임시 동원대상이었던 학생과 여자근로보국대를 본격적으로 활용하기 시작했다.

이렇게 해서 동원된 학생은 1944년에 대학·전문학교 학생 7,052명, 중등학교 학생 138,592명, 합계 145,644명에 달할 정도였다. 근로동원된 학생들 일부가 노동자들에게 반전사상 독립운동에의 의지를 고취시키는 작용을 했고, 이것은 일제의 전쟁동원책에 대한 불만과 결합하여 상승작용을 불러일으켰다(이병례, 2002).

이 시기에 있어서 노동운동의 특징은 다음과 같다. 첫째, 초기에는 비조직적이며 자연발생적인 노동운동이 일어났으나 1920년대부터는 조직화된 전국적인 규모의 근대적 노동운동으로 발전하였다. 둘째, 초기에는 노동운동과 농민운동이 일체화되었으나 1920년부터 분리되어 독자적으로 발전하였다. 셋째, 노동조합의 목적이 상호부조에서 근로조건의 유지향상으로 진일보(進一步)했고 나아가 민족독립을 위한 정치투쟁으로 발전해 갔다. 곧 일제하에서의 노동운동은 근로자의 권익신장을 위한 순수한 노동운동이라기 보다는 어디까지나 항일·독립운동의 일환으로서 전개되었다(탁희준, 1972). 넷째, 일본이 1931년 만주사변을 일으키면서 노동세력에 대한 탄압이 날로 더해 갔기 때문에 반작용으로 노동쟁의가 공장점거, 경찰서습격 등 폭력성을 띠게 되었다.

2. 제2기(1945년~1960년)

해방과 더불어 미군정당국은 1945년 10월 30일 미군정법령 제19호 국가긴급사태선언에서 "과거 36년간 존속해온 절대적 노예상태로부터 노동자를 구출해야 한다"고 강조하면서 노동조합의 결성을 보장하고 파업·태업 그리고 직장폐쇄 등의 쟁의행위를 허용하였다. 그러자 일제하에서 강력한 탄압에 의해 잠복되었던 노동운동은 활발히 전개되기 시작했다.

먼저 1945년 11월 5일에는 좌익계 인사를 주축으로 조선노동조합전국평의회(全評)가 결성되었다. 전평의 행동강령은 주로 임금 및 노동조건에 관한 기본적 요구와 초보적인 민주화 조건에 관한 것이었으며, 다소 한정적이긴 하나 일제와 친일파 소유기업의 공장위원회에 의한 보관·관리라는 사회주의적 요구까지 포괄하는 것이었다(한국노동조합총연맹, 1979). 그러나 전평 주도의 노동운동은 실제상 정치투쟁을 경제투쟁에 선행시켰으며 총파업을 통하여 정치적 목표를 실현하려 하였다.

조직 당시에 남한 전체에 16개의 산업별 노동조합에 약 730개의 산하조직과 9

만 명의 조합원(안태정, 2005; 김상온, 1997)을 가진 전평의 조직이 날로 확대되자 1946년 3월 10일 전평에 대항하기 위하여 새로운 노동운동체로서 미군정의 지원을 받아 관·공영·대사업장을 중심으로 우익계 청년단체인 대한독립촉성전국청년연맹(獨靑)의 간부들에 의해 결성된 단체가 바로 대한독립촉성노동총연맹(大韓勞總)이다(한국경제인협회, 1965).

창립 당시 대한노총의 조직 세력은 그리 광범한 것은 아니었으며, 행동강령은 '민주주의와 신민족주의'를 원칙으로 삼고 "혈한불석(血汗不惜)으로 노자간(勞資間) 친선을 기한다"는 노사협조주의와 건국에 헌신하기 위해 반공·반전평(反全評)을 주된 내용으로 제시하였다(한국노동조합총연맹, 1979, 280). 이와 같이 대한노총은 그 출발부터가 상향적 조직체계에 의한 노동자의 자주적인 조직체였다기보다는 하향적이고 반공정치단체로서의 성격을 강하게 띠고 있었다(김금수, 1985).

이때부터 전평과 대한노총간의 치열한 싸움이 전개되는데 전평이 1946년 9월과 1947년 3월 두 차례의 총파업을 일으킴으로써 1947년 3월 미군정포고령에 의해 불법화되었으며 1949년 완전 해체될 때까지 지하로 잠입하고 말았다. 미군정시대의 월별·원인별 노동쟁의현황은 〈표 2-6〉과 같다.

정부수립 이후 대한노총은 좌익운동세력을 종식시키고 산업화과정과 더불어 본연의 노동운동 방향을 모색했어야 했다. 하지만 정부수립이전에는 크게 한독당·구국민당세력과 이승만·한민당 세력간의 갈등으로 구분되는 다양한 정치세력을 배경으로 하는 인물들 사이의 내부대립과 정부수립 이후에는 초대 사회부장관에 임명된 전진한 대한노총 위원장의 겸임을 둘러싼 주류파(유임지지파·혁신위원회반대파·4월파)와 이에 대항한 비주류파(유임반대파·혁신위원회파·3월파)사이의 파벌문제로(임송자, 2004) 내홍이 끊이지 않은데다 6·25동란이란 국가의 비운으로 생산시설의 전면적 파괴와 1953년 휴전이후에는 전후복구라는 경제사회의 어려운 시기 때문에 정상적 발전의 기회를 잃고 말았다(이태욱, 1987).

이러한 불리한 여건하에서도 노동3권이 우리나라 제헌헌법이 제정된 지 5년만에 처음으로 노동조합법, 노동쟁의조정법, 노동위원회법(이상 1953. 3. 8.) 및 근로기준법(1953. 5. 10) 등이 제정됨으로써 외형적으로는 민주적이고 자유로운 노사관계 방식이 도입되었다.

표 2-6 미군정시대 월별, 원인별 노동쟁의현황 (1945년 12월~1947년 12월)

구분 / 월별	쟁의건수	노동자수	참가자수	원 인(요구사항) 임금인상	공장폐쇄반대	해고반대	시간단축	감독자배척	노조승인	휴일임금지불	기타	파 업 건수	인원	손실일수	해 결 조정	행정조정
1945	1	308	308	1								1	308	9,240	1	
합계	1	308	308	1								1	308	9,240	1	
1946 1월	3	2,295	2,295	2				1							–	2
2월	11		1,813	3		5		1	1		1	1	322	1,610	–	5
3월	11		2,770	4		2	2	2	1	1	1				3	4
4월	12		6,377	2		4		2			2				3	6
5월	10		1,903	1		4			2	1	1				–	7
6월	7		2,275	2		4	1				1				3	3
7월	11		1,980	11		4		2		2	1				–	8
8월	25		1,941	64				8			2				1	4
9월	64		28,801	15		1										–
10월	16		7,279	–		–						64	28,802	209,670		1
11월	–		–	–		–						15	7,277	23,615		–
12월	–		–													–
합계	170	2,295	57,434	107		28	1	16	4	4	9	80	36,400	234,895	10	40
1947 1월	4	511	453	1		1		1			1	–			–	4
2월	1	380	20	–		–		–			1	–			–	–
3월	69	22,670	14,774	5		6		1			57	60	14,515	15,554	3	3
4월	7	1,143	287	1		6					-	–			–	7
5월	8	6,686	6,252	3		2					3	2	5,424	17,120	1	7
6월	6	4,945	3,587	2		3					1	–			1	4
7월	7	3,528	2,658	-		4					3	2	2,514	2,542	1	5
8월	5	838	770	1		1					3	2	700	900	1	4
9월	1	5,560	5,100	2		2		1	1	2	3	–		–	3	8
10월	5	1,660	106	1		3					1	–		–	2	3
11월	5	151	29	–		4					1	5	29	390	3	2
12월	6	1,330	1,174	–		3	1	1			1	6	1,240	–	–	2
합계	134	53,402	35,210	16		35	1	4	1	2	75	77	24,422	36,506	15	49

자료: 朝鮮銀行(1948), 「朝鮮經濟年報」, 208-209.

그러나 당시의 정치사회적 여건, 제도와 현실의 문화적 차이 및 노동조합의 계속적인 내부분열과 분규로 혼돈과 공전을 거듭하였다(김성진, 1979; 김윤환, 1976; 조창화, 1978). 그 와중에서 1954년 4월 서울에서 전국대회를 열어 대한노총의 명칭을 대한노동조합총연합회로 개편하기도 했으나 대한노총은 자유당의 기간단체라는 굴레에서 벗어나지 못하였다. 그 결과 그의 지도층은 헤게모니 쟁탈전에 여념이 없어 근로자 일반의 경제적·사회적 지위의 향상이라는 본래의 활동에는 뚜렷한 힘을 기울이지 못하였으며, 이러한 상태는 자유당 정권하에서 계속되어 4·19학생의거를 맞이하게 되었다(박현채, 1971; 신두범, 1970). 이와 같이 1950년대의 노사관계는 전근대적 요소를 탈피하지 못하고 있었다.

이러한 과정에서도 노동조합이 양적으로 크게 발전한 것은 사실이다. 우선 1947년말 당시 조합수 683개에 조합원수 127,662명이었던 것이 1955년에는 조합수 914개, 조합원수는 321,097명으로 거의 3배로 증가하였으며(이준범, 2000, 258-259), 노동쟁의 또한 해를 거듭할수록 증가하였는데 그 구체적 실태는 〈표 2-7〉과 같다.

1960년 4·19혁명이 일어나 자유당정권이 무너지고 민주당정권이 들어서면서 잠시마나 근로자들의 권리의식이 고양되어 노동운동이 활발히 전개되는 추세를 보였으며, 아울러 근로자들의 요구조건도 상당부분 관철되었다(김형배, 1980). 대한노총은 1960년 11월 한국노동조합총연맹(한국노총)으로 개칭되었다.

이 시기에 있어서 노동운동의 특징은 다음과 같다. 첫째, 노동자 자신의 요구보다는 전평'과의 이데올로기적 대결, 새정부 수립과 노동입법 등 외부적 정치환경조건이 노동운동의 이념 및 전략을 결정하는 타율적 발전과정을 밟았다. 둘째, 독자적 이데올로기와 조직형태가 개발되지 못하고 당시 대한노총은 반공, 노사협조를 운동기조로 했고 조합형태는 주로 기업별 조합의 형태를 취하였다. 셋째, 조합민주주의와 같은 이념에 주목할 여유가 없었고 단지 노동입법에 따른 행정지배하에 하향적 조직이 수행되었다. 넷째, 당시의 정치적 특수성으로 말미암아 반공, 노사협조를 이념으로 하지 않는 노동운동은 허용되지 않았고 주로 단일 조직체제가 유지되었다. 다섯째, 경제적 교섭에 역점을 두지 않았고 근로조건은 단체협약보다는 취업규칙으로 결정되었다. 여섯째, 노동운동의 보수적 체질로 인해 노동조건이 나쁜 환경임에도 불구하고 쟁의건수는 비교적 한정되었다(대한상

표 2-7 노동쟁의 추이(1945~1960)

구분 \ 연도	발생상황		쟁의원인별								쟁의유형별				
	발생건수	참가인원	총수	임금	근로시간	보건후생	감독자배척	해고반대	공장폐쇄반대	기타	총수	동맹파업	태업	직장폐쇄	기타
1945	9	2,271	9	9	-	-	-	-	-	-	9	2	1	-	6
1954	26	26,896	27	18	-	-	-	7	-	2	26	10	1	-	15
1956	32	-	-	-	-	-	-	-	-	-	-	-	-	-	-
1957	45	9,394	77	38	28	-	1	3	2	5	45	-	-	1	44
1958	41	10,031	41	21	-	-	-	13	-	7	41	2	-	-	39
1959	95	49,813	113	76	8	4	4	11	1	9	95	1	1	-	94
1960	227	64,335	256	127	6	2	10	33	4	74	227	44	2	1	180

주: 1954년의 원인별 쟁의건수는 집계상의 착오로 발생건수와 상치되는 것으로 보임.
1956년은 동년 7월~12월의 건수.
자료: 조선일보(1957.3.10), 보건사회부(1962), 「보건사회통계연보」.

공회의소, 1990).

3. 제3기(1961년~1971년)

1961년~1971년은 이제까지의 자유기업주의적 정책이 경제개발계획을 통하여 지도받는 자본주의 체제라는 이름 아래 정부주도형, 외자의존형, 수출주도형, 저임금의존형, 국력배양형의 개발정책으로 전환된 시기로(임종철, 1975), 고도성장을 이룩하여 경제규모확대 및 산업구조고도화를 기했지만 한국의 사회·경제에 유해한 충격을 던져줌으로써 노사관계는 새로운 시기를 맞게 되었다.

5·16혁명 직후 최고회의포고령 제6호에 의해 해체되었던 노동단체가 8월 30일 어용간부의 배제와 파벌지양 및 전국단일산별노조의 형성을 주요 내용으로 하는 임시조치법이 공포됨으로써 16개의 산별 노조와 1개의 연합노조를 산하에 두고 현재의 한국노동조합총연맹(노총)이 결성되었다. 1963년 4월과 12월 두차례에 걸쳐 노동조합법 및 노동위원회법의 개정이 이루어졌는데 주요 특징으로는 ① 기업별 노조에서 산업별 노조로의 전환, ② 노조의 설립 및 노동위원회의 결

정에 국가개입의 여지마련, ③ 노조의 단체활동 제한, ④ 노사협의제의 권장 등을 들 수 있다. 특히 ④와 관련하여 노사협의회 설치에 관한 규정을 두어 노동조합 기능과 노사협의회 기능을 분리시켰으며, 노사협의회 대표가 단체교섭의 사전단계인 것처럼 규정되었다.

이러한 규정은 노사협의회나 단체협약에 대한 제도적인 혼란을 주었고 집단적인 노사관계에서 단체교섭을 제한하고자 하는 데 의도가 있었던 것으로 보인다. 다시 말하면 경제성장 제일주의에 입각하여 노사관계 본연의 성격인 대등한 지위에서의 대립과 협조를 무시하고 성장이란 공동목표를 위한 협조만을 강조하는 일원적인 노사관계를 뜻하는 것이다(이태욱, 1987, 137). 1969년 12월에는 외국자본의 유치를 위해 외국인 투자기관에서의 노동조합의 설립과 활동을 제한하는 임시특례법이 국회에서 통과되어 외국인 투자기업체에서의 노동쟁의가 제약을 받게 되었다. 1971년 12월 6일 국가비상사태의 선포와 함께 12월 27일 국가보위에 관한 특별조치법이 통과됨으로써, 단체교섭과 단체행동권이 크게 제약받아 사실상 합법적인 노동쟁의는 불가능하게 되었다.[8]

결국 이 시기의 노동입법의 특징은 경제성장이라는 국가적 목표를 달성하기 위해 노동조합 활동을 제약하고 정부가 노사관계 내지 노동문제에 적극 개입하였다는 점이다(김형배, 1980). 1960년대의 고도성장 속에서도 성장의 원동력이자 생산의 직접적인 주체인 근로자들의 근로조건은 매우 열악했다. 이를테면 광공업근로자의 실질임금 연평균상승률로 볼 때, 광업은 3.6%, 제조업 3.4%로써 노동생산성 12.6%에 훨씬 못 미쳤다. 노동시간은 광공업 평균으로 볼 때 1969년에 9.5시간이었지만 영세기업이나 중소기업은 10~12시간의 노동을 하고 있었으며(김윤환, 1972) 산업재해와 직업병이 해마다 증가하였다.

노동조합조직현황을 보면 1963년 노조수 1,820개, 조합원수 224,420명에서 1965년 2,250개노조, 301,533명의 조합원, 그리고 1971년 3,062개 노조,

---

8 국가보위에 관한 특별조치법 제9조 1항에서 "비상사태하에서 근로자의 단체교섭권 또는 단체행동권의 행사는 미리 주무관청에 조정을 신청하여야 하며, 그 조정절차에 따라야 한다"고 규정하고 있으며, 제2항에서 "대통령은 국가안보를 해치거나 국가동원에 지장을 주는 아래 근로자의 단체행동을 규제하기 위하여 특별한 조치를 취할 수 있다"라고 규정하고 있다. ① 국가기관 또는 지방자치단체에 종사하는 근로자, ② 국영기업체에 종사하는 근로자, ③ 공익사업에 종사하는 근로자, ④ 국민경제에 중대한 영향을 미치는 사업에 종사하는 근로자.

표 2-8 노사분규 발생추이(1963~1971)

연 도	발생건수	참가인원	연 도	발생건수	참가인원
1963	89	130,000	1967	105	150,525
1964	148	120,000	1968	112	205,941
1965	97	103,731	1969	94	157,631
1966	104	121,428	1971	109	154,549

497,000명의 조합원으로 늘어났다. 노사분규현황을 보면 〈표 2-8〉과 같이 1963년에 89건, 1966년에 104건, 1968년에 135건으로 가장 많았고 1971년에 109건이 발생함으로써 1950년대에 비해 상당히 증가하였다.

이 시기에 있어서의 노동운동의 특징은 다음과 같다. 첫째, 정부의존적 체질의 산업별 전국연맹체와 일선노동자 사이의 의견·이해대립이 생겨나 노동운동조직의 이중구조가 형성되기 시작하였고 둘째, 정부의 기업우선적 노사관계정책이 기업의 인사, 노무관리 합리화를 지연시킨 결과를 가져와 체불임금, 부당노동행위가 증대되는 경향을 빚었으며 셋째, 노사의 자율교섭보다는 노사협의회를 통한 산업평화의 유지와 단체교섭의 대행경향이 생겨났고, 끝으로 노동쟁의가 대량화·대형화되기 시작하였다(대한상공회의소, 1990, 322).

4. 제4기(1972년~1979년)

외자도입과 저렴한 양질의 노동력을 바탕으로 이룩된 60년대의 고도성장은 70년대에 접어들면서 각종 구조적 모순을 나타내기에 이르렀고, 닉슨독트린을 비롯한 국제 정치경제 환경의 악화는 국민경제의 어려움을 더욱 부각시켰다. 그 결과 사회 전반에 대한 국가통제가 강화되었으며, 특히 에너지 파동과 무리한 중화학공업육성책 추진으로 인한 어려움과 국제경쟁력 등을 이유로 노동운동에 대한 통제는 그 정도가 더욱 심화되었다(김영래, 1986; 최장집, 1988; Choi, 1980).

앞서 언급했던 '국가보위에 관한 특별조치법' 제9조로 노동조합의 핵심기능인 단체교섭권과 단체행동권이 상당히 제약된 데 이어(옥원호, 1987) 1973년과 1975년에는 노동조합법, 노동위원회법 등이 각각 개정되었는데, 특기할만한 사항은 노사협의회를 노동조합의 기능과 분리시켜 노사협조주의를 유도하여 평화적 노사관계의 정립을 모색하였다는 점이다.

1970년대의 노사관계는 정부의 노사협조정책과 노사문제의 해결을 위한 당국의 적극적인 개입으로 인하여 외관상 안정적이었지만 근로자의 근로조건은 실질적으로 개선되지 못하였다. 1970년대의 평균 실질임금상승률은 9.6%로 국민총생산의 성장률을 약간 앞서 있으나 이것이 주로 성장산업의 고급인력을 중심으로 이루어져 왔기 때문에 산업, 학력 및 남녀간 임금격차를 심화시킴으로써 계층간 임금격차의 합리적 유도가 정부의 정책이나 개별기업의 경영관리면에서도 보다 중요한 과제로 대두되게 되었다(한국경영자총협회, 1980).

산업재해의 발생을 보면 1972년의 45,973건에서 1979년 128,457건으로 급증했으며, 특히 제조업과 광업에서의 비중이 전체의 68%를 차지하고 있다(노동부, 1981). 노조 활동이 상당히 제약을 받았음에도 불구하고 조합이 크게 신장되어 1972년 17개 산별노조, 430지부, 2,961분회, 조합원수 515,000명에서 1979년에는 17개 산별노조, 553지부, 4,392분회에 조합원은 처음으로 100만(1,097,209명)을 돌파하였다. 그뿐만 아니라 노사분규도 계속 증가해 왔는데, 이슈별로 보면 〈표 2-9〉와 같이 임금관계가 전체의 3분의 2를 차지하고 있다.

1970년대 노동운동의 특징은 첫째, 일선 노동운동이 극한적인 형태를 취했다는 점이다. 1970년 11월 13일에 있었던 평화시장의 전태일 분신자살사건, 동년 11월 15일 조선호텔 이상찬 분신자살기도사건, 1973년 12월 19일 조일철강사 최재형 자살기도사건, 1974년 2월 대동신철공업사 정세달 자살사건 등이 그 대표적 사례다. 둘째, 노동운동이 폭발적 때로는 폭력적 형태를 취했다는 것이다. 이

표 2-9 **1970년대 노사분규의 연도별 이슈구성비 추이**

구분 \ 연도	1972	1973	1974	1975	1976	1977	1978	1979
임금관계	49.4	27.2	55.6	48.1	61.8	68.8	70.6	63.8
권력분쟁	21.3	31.0	16.0	21.8	18.2	13.5	11.8	9.5
해고반대	11.0	17.1	7.8	7.5	2.7	4.2	1.0	5.7
근로시간	17.0	22.0	6.3	3.0	3.6	2.1	4.9	0.0
기타	1.2	2.7	14.18	19.6	13.7	11.4	11.7	21.0
계	100.0	100.0	100.0	100.0	100.0	100.0	100.0	100.0

자료: 한국경영자총협회(1988), 「88 노동경제연감」, 84.

릍테면, 한진상사 KAL빌딩 방화사건, 1974년 현대조선소 폭동사태, 동일방직사건, 그리고 YH사건 등이 그것이다. 셋째, 정상적인 노동운동이 이루어지지 않음에 따라 기존 노동조합운동에 대한 비판과 어용노조 시비가 일어나게 되었다는 점이다. 1972년 한국모방 근로자의 어용노조 축출사건, 1973년 기존 노조를 무시한 삼립식품 파업사건, 1977년 기존 노조활동과는 별도의 임금지급과 근로조건 개선을 요구한 방림방적사건 등이다. 넷째, 노동조합운동에 대한 사회로부터의 비판과 관심이 고조되었다는 점이다. 예컨대 1974년 동아일보·한국일보기자를 중심으로 한 언론노조결성사건에 의한 지식인의 운동참여, 1973~1975년에 걸친 그리고 그 이후의 기독교 도시산업선교연합회나 신구교 노동문제 공동협의회에 의한 한국노총의 노동운동방향에 대한 비난성명 등이 그 대표적인 예이다(김윤환, 1983; 이원보, 1978.11).

5. 제5기(1980년~1987년)

1979년 10·26사태 이후 정치적 격변을 거치면서 1980년 소위 서울의 봄을 맞이하게 되었다. 이 기간중 4월 21일부터 24일까지 국내 최대의 민영탄광인 동원탄좌 사북영업소에서 어용노조와 임금 소폭 인상에 항의해 광부들이 일으킨 노동항쟁인 사북사태를 비롯하여 노사분규가 급증하기 시작했다. 그러나 이는 노조를 중심으로 한 체계적 운동이 되지 못하고 사업장 중심의 자연발생적 쟁의수준에 머무를 정도였다. 1980년 5월, 비상계엄의 전국확대에 이어 국가보위입법회의에서 동년 12월 노동관계법을 대폭 개정했다. 그 주요 내용은 산업별 노조체제에서 기업별 노조체제로의 전환, 노동조합의 설립과 운영에 제3자 개입금지, 단체교섭의 위임금지, 노동조합 결성요건의 강화, 노조임원의 자격제한, 단체협약 유효기간의 연장, 유니온 숍(union shop)제의 불인정, 노동조합의 재무사항 공개의무 등 규제적 측면이 강조되었다(정종진·이덕로, 2007, 55).

이와 아울러 노사협의회법이 노동조합법의 틀로부터 떨어져 나와 독립법률로 제정되었고, 특히 동법 제5조에서 "노동조합의 단체교섭 기타 모든 활동은 이 법에 의하여 영향을 받지 아니한다"고 규정하여 단체교섭과 노사협의회를 구별하고 있다. 제5공화국 들어 60, 70년대의 고도성장기에 누적되어 온 불평불만과 여전히 열악한 근로조건 그리고 저임금지대가 계속 존재함으로써 나타나는 최저임금의 문제와 노동정책의 미비 등으로 1983년부터 점차 집단적인 노사분규가 증가 추세를 보이기 시작했다.

80년대 초중반의 노사분규는 다음과 같은 양상을 띠게 되었다(김성수, 1985.12). 첫째, 노노간의 갈등, 즉 노조원간의 암투 현상이다. 노사분규과정에서 노조원들이 집행부와 반집행부편으로 나뉘어져 심각한 대립을 보여 노조의 정상적인 기능이 마비됨으로써 노사분규를 더욱 악화시키게 되었다. 둘째, 노사분규가 일어난 회사측마저 노조의 속사정을 제대로 파악하지 못하는 등 노무관리의 허점이 드러났다. 셋째, 많은 농성근로자들이 냉각기간을 두지 않고 바로 파업에 들어갔다. 넷째, 정부(노동부)는 노사분규가 일어나자 불법적인 노사분규라고 지적하면서도 아무런 조치를 취하지 못하고 수수방관의 자세에 머물러 있었다는 점이다. 1985년 들어 경인지역을 중심으로 노학연대투쟁과 동조파업이 전개되기도 했지만 당시의 노사분규가 국민경제에 심각한 영향을 미칠 정도는 아니었다. 그러나 6·29 민주화 선언과 더불어 그 동안 억눌렸던 울분이 한꺼번에 표출되면서 사상 미증유의 대폭발로 나타나고 말았다.

제5공화국의 경제적, 정치적 상황으로 노조활동이 상당히 위축되어 〈표 2-10〉에서 알 수 있듯이 조합원수가 1979년의 1,088,061명(조직률 24.4%)보다도 오히려 줄어든 상태이다. 아울러 분규건수도 감소했는데, 1982년 88건, 83년 98건, 84년 113건, 1986년에는 276건이었다.

표 2-10 연도별 노동조합 및 조합원수 (단위:개, 명, %)

연 도	노동조합		피용자(천명)	조합원(명)	조직률
	산 별	단 위			
1980	16	2,618	5,461	948,134	17.4
1981	16	2,141	5,785	966,738	16.7
1982	16	2,194	6,189	984,136	15.9
1983	16	2,238	6,762	1,009,881	14.9
1984	16	2,356	7,283	1,010,522	13.9
1985	16	2,534	7,660	1,004,398	13.1
1986	16	2,658	8,005	1,035,890	12.9

자료: 한국경영자총협회(1988), 「'88 노동경제연감」, 168.

6. 제6기(6 · 29선언~외환위기 전)

6·29선언 이후의 노사관계는 정치적 민주화에 발맞추어 〈표 2-11〉에서 알 수 있듯이 노동조합의 폭발적 증가와 더불어 노동쟁의의 양, 질, 그리고 노동운동의 성격 등 모든 면에서 일대 획기적 변화를 맞이한 시기였다. 특히 1987년의 노사분규는 정부와 기업에 지금까지 경험해 보지 못했던 새로운 움직임과 문제점을 제기함으로써 이에 대한 대응책이 근본적으로 마련되지 않는 한 노사분규는 항상 고질적인 불안요인으로 남아 있을 것 같다.

노사분규가 진정기미를 보이던 1987년 11월 28일 노동조합법을 비롯하여 노동쟁의조정법, 노사협의회법 및 근로기준법이 대폭 개정되었다. 당시의 노동관계법 개정은 80년대 이후 사회 각 부문의 발전과 근로자들의 권리의식 및 욕구구조의 변화에 부응하고 자율적 노사관행의 조속한 정착을 위해 필요했었다. 또한 6·29 이후 과거의 노동관계법들이 산업현장에서의 노동관계 및 노동쟁의를 규제할 수 없을 정도로 구체적 현실과 유리된 것에 직접적으로 기인한다. 그러나 당

표 2-11 6 · 29 이후의 조직현황

연 월	단위노조수	조합원수(천명)	조직률(%)
1987. 6	2,725	1,050	15.7
1987.12	4,086	1,267	18.5
1988. 6	5,062	1,510	18.2
1988.12	5,598	1,707	19.5
1989.12	7,861	1,932	19.8
1990.12	7,698	1,887	18.4
1991.12	7,656	1,803	17.2
1992.12	7,531	1,735	16.4
1993.12	7,147	1,667	15.6
1994.12	7,025	1,659	14.5
1995.12	6,606	1,615	13.8
1996.12	6,424	1,599	13.3
1997.12	5,733	1,484	12.2

주: 조직률 산정방식: 조합원수/조직대상근로자[임금근로자(상용, 임시, 일용)-공무원(체신 등 현업직 공무원과 초·중등교원 제외)]×100

자료: 노동부(2006), 「2005년 노동조합 조직현황」, 8; 고용노동부(2014), 「2013년 노동조합 조직현황」, 10-11.

표 2-12 6 · 29 이후의 노사분규와 그에 따른 경제손실 현황

구 분	1987	1988	1989	1990	1992	1994	1996	1997
분규건수	3,749	1,873	1,616	322	235	121	83	78
분규지속일수	5.3	10.0	19.2	19.1	20.1	21.6	28.6	22.7
노동손실일수(천 일)	6,946	5,400	6,351	4,487	1,528	1,484	893	445
생산차질액(억 원)	27,782	32,020	41,995	14,387	19,586	15,026	17,893	29,929
수출차질액(백만 불)	537	732	1,363	314	260	550	377	498

자료: 배무기(1991), 「한국의 노사관계와 고용」, 경문사, 90; 한국노동연구원(2005), 「2005년 KLI 노동통계」, 148.

시의 노동관계법 개정을 두고 일부에서는 1980년 이전의 노동관계법으로 단순히 환원한 것에 불과하다고 평가하기도 한다.

1988년에 들어오면서 〈표 2-12〉와 같이 분규건수도 줄어들었고 그에 따른 경제력 손실도 상대적으로 줄어들었으며 〈표 2-13〉에서 알 수 있듯이 쟁의방식 또한 합법적 절차를 따르는 경우가 많았다. 반면에 〈표 2-14〉와 같이 병원, 언론, 금융, 대학, 연구소 등의 사무직 노조는 오히려 확대되었다. 아울러 1989년 5월 28일에는 1960년도에 잠시 등장했다가 사라지고만 교원노조가 "교직원의 권리 옹호와 교육 민주화, 참교육 운동 전개"의 캐치프레이즈하에 전국교직원노동조합(전교조)으로 다시 출범했다가 1,600명에 가까운 교사들이 강단을 떠나는 이른바 전교조 파문[9]으로 끝나게 되었다.

표 2-13 적법유무별 노사분규 발생추이 (단위: %)

구 분	1987	1989	1991	1993	1994	1995	1996
합 법	5.9	31.5	60.3	76.4	64.5	85.2	84.7
불 법	94.1	68.5	39.7	23.6	35.5	14.8	15.3

자료: 노동부(1995), 「'94 노사분규 사례집」, 24; 한국노동연구원(1997), 「'97년 KLI 노동통계」, 178-179.

9 교원노조가 합법화되어 있지 않은 상황에서 교사들이 전국교직원노동조합을 결성함으로써 1519명이 파면 · 해임되고 42명이 구속되었다가 1994년에 1,200명이 교단에 복귀되었다. 국민의 정부 수립 후 교원노조의 합법화가 추진되어 1998년 하반기에 교원노조법이 국회에 상정되고 1999년 1월 6일 이 법이 국회를 통과함에 따라 전교조는 1999년 7월 1일 노동조합으로 등록, 10년만에 합법적 노동조합을 결성하게 되었다.

표 2-14 사무직 노조 현황

구 분	기 준	노 조 수	조합원수
제2금융권 (증권, 보험, 투자금융)	1988년 9월 말	70여개	2만명
언론(신문, 방송 및 통신사)	1988년 7월 말	방송사 11개, 신문사 12개, 통신사 1개	8,900여명
교육기관(대학)	1988년 6월 말	37개	-
병 원	1988년 6월 말	12여개	-
연구전문기술직	1988년 7월 말	54개	5,500여명

자료: 서관모·심성보(1989), 「현단계 한국사무직 노동조합」, 태암, 78-89.

1990년 1월 22일에는 기존의 한국노총과는 운동노선을 달리하는 14개의 지역노동조합협의회(지노협)와 2개의 업종별노동조합협의회(업종협)가 중심이 된 전국연맹체인 전국노동조합협의회(전노협)가 탄생하게 되었다. 한국노총과는 다른 새로운 이념을 내세우며 조직 당시 600여개 노조, 200,197명의 조합원(울산을 포함하면 22만 명)을 가진 전노협은 민주노조의 상징으로 자리잡게 되었다[10].

그러나 동년 5월 KBS투쟁과 현대중공업투쟁을 지원하기 위하여 총파업을 전개함으로써 공권력의 집중적인 타겟이 되면서 그 때부터 침체의 길로 치닫게 되었다. 1990년 말에 이르러서는 2,000명 이상의 노조원을 가진 16개의 대형 노조가 대기업연대회의를 분리조직하고, 이어 사무직 노동자들은 업종별 회의를 분리 조직하게 됨으로써 민주노조운동은 3분립이 이루어지게 되었다.

1991년에 들어오면서 〈표 2-15〉에서 알 수 있듯이 전노협의 세력은 현저하게 줄어 들었고 대기업연대회의는 1991년 봄 포항제철의 탈퇴를 계기로 사실상 와해된 상태이나 업종별 회의의 경우 노조수 589개에 조합원수 17만으로 상당히 안정되어 있었다.

1993년은 노사관계 주체들의 전반적인 관심이 임금보다는 고용문제에 보다 집중되어 대체로 안정된 노사관계를 유지하였다. 다만 가장 주목할만한 것은 공공부문에서의 노사관계였는데, 4월부터 시작된 전국지하철노동조합협의회(전지

10 이에 대한 보다 자세한 내용은 김진균(1995)을 참조. 아울러 경영자단체와 집계방식이 달라 〈표 2-15〉에서와 같이 전경련(1993)의 자료에는 창립 당시 456개 노조에 166,307명으로 되어 있어 차이가 있다.

표 2-15 전노협 산하 노조수 및 조합원수 추이 (단위: 개소, 천 명)

	1990. 1	1991. 12	1992. 9	1994. 5
가입노조수	456	205	180	151
조 합 원 수	166	87	56	65

자료: 한국경영자총협회(1997), 「1997 노동경제연감」, 169.

협)의 파업이 바로 그것이다.

아울러 문민정부의 출범과 더불어 그 동안 전개되어온 비교적 사용자 위주의 노동정책이 노사대등의 관계로 바뀌게 되었고, 이 과정에서 '무노동 부분임금' 문제로 한동안 노동계가 어수선하다가 급기야 현대자동차 파업사태로 1969년의 대한조선공사 파업에 이어 1993년 7월 20일 사상 두 번째로 긴급조정이 발동되기도 하였다. 또 하나 특징적인 것은 전노협이 주축이 되어 업종별 회의, 주요 대기업 노조가 전국노동조합대표자회의(전노대)를 건설하여 한국노총과 경쟁자적 관계를 갖게 되었다는 점이다.

나아가 비노총계열의 조직인 전국노동조합대표자회의가 1994년 11월에는 민주노총준비위원회(민노준)로 확대·개편되면서 1995년 상반기 사회개혁 투쟁을 임금인상 투쟁과 결합하여 주요한 사회적 쟁점으로 부각시키는 등 민주노조 진영의 전국 중앙조직으로서의 역할을 시작하면서 기존의 한국노총과 본격적인 조직경쟁을 전개하게 되었다.

지방자치단체선거가 처음으로 있었던 1995년에는 지난 몇년간 지속된 정부의 임금안정화 정책으로 인해 공공부문 근로자의 근로조건 개선노력이 민간부문에 비해 상대적으로 부진하여 단일규모로는 최대인 한국통신 파업을 비롯한 공공부문의 노사분규가 급증하였다. 동년 11월 22일에는 총 831개 노조, 41만 8천여명의 조합원을 포괄하는 전국민주노동조합총연맹(민주노총)이 건설되었다.

1996년은 노동 내적으로는 노사관계를 급속히 악화시킬만한 큰 악재들이 없어 대체로 안정적인 분위기가 지속되었으나 정치·경제 등 노동 외적인 변수들이 노사관계에 많은 영향을 미친 한 해였다. 구체적으로 경제적 환경의 변화로는 2년반 이상 지속된 경기침체, 무역적자, 물가불안정 등을 들 수 있고, 정치적으로는 12월 26일 당시 여당이었던 신한국당에 의해 전격적으로 통과된 노동법 개정을 들 수 있는데, 특히 후자로 말미암아 노동계가 즉각 총파업에 들어감으로써 연인원 200만 명이 참가한 사상 최대의 파업돌풍을 불러일으키게 되었다(정종진·이덕로, 1998). 그후 1997년 3월 여야합의에 의해 노동법이 신법형식으로 다시 제정되게 되었다.

지금까지 6·29선언 이후에서 문민정부(김영삼 정부)까지의 노사관계를 살펴보았는데, 특히 6·29선언으로 이제까지 정부가 노사관계에 직접 개입하고 간섭하던 정책과 노동운동을 억제하던 정책은 종언을 고하게 되었고, 노동운동에 대하여 일정한 문호개방이 이루어지게 되었다. 곧 6·29 민주화선언으로 과거와 같이 노동조합운동을 억제할 근거와 명분을 상실하게 된 것이다. 그 결과 노동운동에도 적지 않은 변화를 가져오게 되었는데, 주로 6·29 직후의 변화를 중심으로 살펴보면 다음의 다섯 가지를 들 수 있다.

(1) 조직의 획기적 확대

근로자들의 노동조합에 대한 조직욕구가 일시에 분출되어 노동조합조직이 급속도로 확대되었다. 6·29민주화선언의 여파로 1987년 11월 28일에 개정된 노동조합법의 제반 규정이 노동조합의 설립형태를 자유화하고 설립을 보다 용이하게 하였으며 노동조합에 대한 정부의 관리·감독을 완화시켰기 때문에 그 동안 각종 법률상의 제약이나 사용자의 방해로 억제되어 왔던 노동조합의 설립이 폭발적으로 증가하게 되었다. 구체적으로 1987년 6월말 단위노조수는 2,725개에서 2년 반만인 1989년 12월말에 무려 7,861개로 정점을 찍게 된다. 비록 1990년부터 단위노조의 수가 다소 떨어지기는 했지만 당시의 단위노조수는 20여년이 지난 지금도 찾아보기 어려울 정도로 많은 편이었다.

6·29 직후의 노동운동은 조직 측면에서 다음과 같은 특징을 찾아 볼 수 있다. ① 노조조직이 획기적으로 확대되었다. ② 노조조직률이 종래와는 달리 대규모 사업장일수록 높았다. ③ 사무직 노동자들의 조직이 확대됨으로써 소위 화이트칼라 노동운동이 활성화되었다. ④ 지역별, 업종별, 그룹별 노동조합조직의 연대가 강화되었다(배손근, 1992).

(2) 노사분규의 급격한 증가

조직은 있었으나 활동이 극도로 억압되어 왔던 기존 노동조합과 신규 결성된 노동조합에서 모두 노사분규가 폭발적으로 발생하게 되었다. 특히 6·29선언 직후 2개월 동안에 노사분규가 3,253건이나 집중적으로 발생하였는데[11], 그 결과 1987년 한 해에는 총 3,749건이라는 사상 유례없는 분규가 일어나게 되었다. 그러나 1988년에는 1987년의 절반 수준으로 떨어졌다가 1990년부터는 더욱더 떨어졌으며 노동운동의 강도도 훨씬 약화되어 오늘에 이르고 있다.

6·29선언 이후에 발생한 일련의 노사분규의 특징은 다음과 같다. ① 자주적 노동조합조직에 대한 근로자들의 요구가 강렬했다. ② 사업장 규모가 클수록 분규발생률이 높았다. ③ 노동쟁의 조정권한을 가진 국가기관으로서의 노동위원회가 무력했다(김형배, 1992). ④ 분규발생업종이 제조·운수·광업에서 전업종으로 확산되었다. ⑤ 경공업 중심에서 중공업 중심으로 그리고 근로제조건이 좋은 재벌급 대기업에도 분규가 일어났다. ⑥ 시위, 농성 및 파업이라는 극한적 대립상태가 많이 나타났다.[12]

(3) 재야노동세력의 부상

6·29선언 이후의 노동운동에 있어서 다른 어느 것보다도 새로운 현상은 재야노동운동세력의 급부상이라고 할 수 있다. 물론 6·29선언 이전에도 재야노동운동세력이 없었던 것은 아니었지만 당시만 하더라도 노동운동을 거의 대공적 차원에서 다루었기 때문에 활발한 활동을 전개하지 못하거나 지하로 잠복되어 있는 실정이었다. 그러나 6·29선언 이후에는 이 재야노동운동 세력이 여러 사업장의 분규에 영향력을 행사하고 막강한 힘을 발휘하였다. 그 결과 한때 정부와 사용자측이 완전히 밀린 상태에서 실정법의 위반이나 폭력, 파괴적인 활동에 대해서도 속수무책의 상태에 있기도 했다.

이 재야노동운동세력에 대해서는 긍적적인 평가와 부정적인 평가가 동시에

---

11 6.29선언 직후인 7월과 8월 2개월 사이에 노사분규는 총 3,253건에 쟁의참가인원은 무려 340만 명이나 되었다(배손근, 1992, 95).

12 노사분규의 영역, 형태, 주도세력 및 과정상의 특징에 대한 보다 체계적인 연구는 신유근(1988)을 참조.

있을 수 있다. 하지만, 당시 법외단체로 남아있던 전노협과 대기업연대회의, 업종별 회의 등은 그뒤 발전적인 해체와 탈바꿈을 통해 1995년 민주노총으로 거듭나 사실상 제도권에 진입하면서 한국 노동운동의 향방에 상당한 영향을 미치게 된다(정종진·이덕로, 1998).

(4) 노동관계법의 개정

6·29민주화선언 이후 노동운동에 있어서 또 한 가지의 큰 변화중의 하나는 노동관계 법령의 개정이라고 할 수 있다. 우리나라의 집단적 노사관계에 대한 법령은 제3, 4공화국에서부터 점차 그 규제가 강화되어 왔지만, 제5공화국 초기인 1980년 12월 31일에 특히 대폭적인 개악(改惡)이 있었던 것은 앞에서 지적한 바와 같다. 이에 대해 비등하는 불만과 비판을 극히 부분적으로 수용하여 1986년 12월 말에 약간의 노동관계법 개정이 있었다. 그러나 대폭적인 노동관계법의 개정은 6·29선언 이후 본격적인 민주화 추진과정에서 이루어진 1987년 11월 28일자로 공포된 법 개정에서였다.

개정법의 주요 내용을 살펴보면 먼저 노조의 설립요건과 노조형태를 근로자의 자율적 의사에 맡겨 자율성을 확보하고 설립신고 절차를 간소화하였다. 이 외에도 노동조합의 자주성 보장, 단체교섭 위임절차의 간소화, 유니온숍제도의 인정, 냉각기간의 축소, 알선기능을 행정관청에서 노동위원회로 이관, 임의조정제도의 도입, 공익사업의 범위축소, 쟁의금지대상의 부분적인 축소 등인데, 이를 통하여 노동운동이 활성화될 수 있는 길이 열리게 되었다(민남식, 1997).

이때의 법 개정은 특히 그 개정과정에서 여야 각 정당의 개정안과 노동계, 경제계의 요구내용 등 각계의 의견을 폭넓게 수용하여 단일안으로 이루어진 것이 하나의 특징이라고 할 수 있다. 따라서 당시의 법개정은 대부분 1980년 말에 개악된 부분을 그 이전 상태로 원상회복시키는 대목이 많았을 뿐 아니라, 노동조합의 조직과 활동을 대폭 자유화하고 강화해 주는 법 개정이라는 데 큰 의의가 있었다(배무기, 1991).

1990년에 들어서면서 세계화·정보화의 추세하에서 각국은 신보호주의 무역정책을 강화하고 있으며 이에 따라 국가경쟁력의 강화가 초미의 관심사로 대두되고 있다. 이에 따라 경쟁력을 좌우하는 요체인 인적자원이나 노사관계와 관련되는 제도는 국가발전을 결정하는 중요한 변수로 받아들여지고 있다. 그러나 우리나라의 노동관계법제도는 제조업 중심의 규제를 기본으로 한 1953년 제정 당시의 기본틀을 유지하고 있어서, 산업구조의 변화에 따른 고용형태의 다양화 등 사회경제의 발전에 부응하는 기본틀의 제시가 미흡하였고 아울러 노사관계가 근로자와 사용자 사이에 대립과 투쟁의 구도로 비춰져 참여와 협력에 기초한 발전적 노사관계의 구축이 절실히 요망되어 왔다.

이와 같은 시대적 요청에 따라 1996년 4월 대통령의 '신노사관계구상' 발표로 공동선의 극대화, 참여와 협력의 증진, 자율과 책임의식제고, 교육중시와 인간존중, 제도와 의식의 세계화라는 노사관계 개혁 5대원칙이 제시되었고, 이후 1996년 5월 노·사대표와 학계대표, 공익대표로 구성된 '노사관계개혁위원회'가 발족되어 6개월여의 기간 동안 노동관계법 개정방안을 논의하였다.

그러나 노동계, 산업계 및 정부안이 서로 달라 합의에 이르지 못하자 정부는 국회에서의 충분한 논의를 거치지 않은 채 1996년 12월 26일 여당 단독으로 의결을 거쳐 공포하였다. 이 개정안에 대한 재심의를 요구하는 여론이 비등하고 노사분규가 빈발하자 1997년 초 국회가 노동관계법에 대한 재개정 작업에 착수하여 1997년 3월 여·야 합의에 의하여 노동관계법을 신법제정의 형식으로 개정, 신노동관계법이 시행되기에 이르렀다(정종진·이덕로, 1998, 430-431).

7. 제7기(외환위기~현재)

재벌들의 방만한 투자와 정부의 외환·금융에 대한 조절의 실패로 한보사태와 기아사태를 겪으면서 1997년 말에 도래한 IMF 외환위기는 1960년대 이후 40년 가까운 경제성장 과정에서 전혀 경험하지 못했던 초유의 위기상황이었다(정종진·이덕로, 1998, 426). 세계사에 유래가 없을 정도의 장기 고성장 체제에 익숙해져 있었던 한국의 노동과 자본, 그리고 국가는 완전히 새로운 환경에 직면하게 되었다. 대규모의 실업과 경기침체, 구조조정으로 말미암아 새로운 노동정치의 지형이 창출되었으며 각 주체들의 전략선택은 근본적으로 재조정되지 않을 수 없었다(최영기 외, 2000).

1997년 말 경제위기가 촉발된 직후 위기 극복을 위한 경제구조조정의 필요성이 제기되면서, 취임을 앞둔 김대중 정부는 4대 부문, 즉 금융, 기업, 노동 및 공공부문의 구조조정을 위한 다양한 정책을 준비하게 된다. 그 가운데 노동시장에 대한 구조조정은 노동시장 유연화라는 기본 틀아래에서 진행되었는데, 그 핵심은 대규모 고용조정을 제도적으로 허용하고자 하는 것이었다.

그러나 과거 평생직장을 통한 고용안정성을 누려왔던 대기업 중심의 근로자들은 노동조합을 통해 이러한 고용조정 법안 자체에 강력하게 반대하였고, 이에 김대중 정부는 노동계의 저항을 흡수하기 위한 방법으로 노사정위원회를 만들어 노동계를 이에 참여시키게 된다(이병훈·유범상, 1998). 이와 같이 정부는 근로자 대표, 기업 대표 및 정부 대표(공익대표)를 축으로 한 노사정위원회(tripartite committee)를 구성하여 노동시장 구조조정을 위한 사회적 협약을 도출하게 되는데(김대일, 2008), 이후 한국의 노동현안은 노사정위원회에 의한 사회적 합의과정을 통해 해결되게 된다.

노사정위원회는 1998년 1월 15일에 정식으로 발족되어 기업의 구조조정, 실업대책, 노동기본권보장, 노동시장 유연성 등 10대 의제에 대한 구체적 실천방안을 논의하였다. 2월 6일에는 우리나라 최초로 90개항에 이르는「경제위기 극복을 위한 사회협약」을 체결함으로써 노동시장뿐만 아니라 우리경제 전 분야의 구조개혁과 새로운 노사관계 형성의 토대를 마련하는 역사적 전기를 마련하게 되었다(김원배, 2003).

정부는 노사정위원회의 협의를 통해 경영상 필요성에 의한 정리해고를 허용하는 입법에 성공하였다.[13] 그러나 정리해고가 합법화되어 있음에도 불구하고 실제에 있어서는 현대자동차의 예에서 볼 수 있듯이 반대에 부딪혀 명예퇴직이라는 새로운 형태의 고용조정 관행이 실질적으로 정리해고를 대체하는 결과가 발생하였다. 이는 이후 대기업부문에서 정리해고 대신 명예퇴직이 일반적인 고용조정수단으로 정착되는 계기가 되었다(Choi & Kim, 2003)

IMF외환위기의 극복이 가장 중요한 과제였던 1998년 6월까지의 제1기 노사정위원회는 다급한 상황에서 노사정간의 사회협약을 체결하여 당시 위기극복에 크게 기여를 했다는 긍정적 평가를 받았다. 1998년 6월 이후 1999년 8월 31일까지

---

13 근로자 대표로 노사정위원회에 참여한 노동조합은 노동시장 유연화를 받아들이는 대신, 대규모 실업대책을 요구하였으며, 이에 따라 1998년 한 해에만 실업대책에 10조원이 넘는 예산이 책정되기도 하였다(김대일, 2008, 151).

1년 3개월 정도로 구분되는 제2기 노사정위원회는 앞에서 체결된 사회협약이 성실하게 이행되고 있는지를 점검하는 데 주력하였다. 그러나 정부가 금융산업과 공공부문의 구조조정을 일방적으로 추진하게 되자 노동계는 내부 비판을 피하기 어렵게 되었고, 결국 민주노총이 1998년 12월 31일 노사정위원회를 탈퇴하고 말았다. 그 이후 1999년 5월 24일 「노사정위원회 설치 및 운영 등에 관한 법률」이 제정되어 법적 지위를 가지게 되었지만 민주노총이 1999년 2월 정리해고제 도입 등에 반발해 탈퇴하면서 그 효과가 축소되는 경향을 보여 왔다[14].

1999년 9월 1일부터 시작된 제3기 노사정위원회에서는 근로시간 단축과 비정규 노동자문제 등의 노사관계 현안이 주요 의제로 다루어졌다. 그리고 구조조정과 사회정책 등을 둘러싼 협의도 전개되었지만 대체적으로 노사관계 제도개선에 대한 논의가 주를 이루었다(유범상, 2003). 김대중 정부 5년 동안 유지되면서 각종 사회협약을 도출해냈던 노사정위원회의 전개과정과 특징을 살펴보면 〈표 2-16〉과 같다.

2000년부터는 21세기 지식기반 정보화사회를 맞아 낡은 의식·관행·제도를 선진화하여 노사가 상호 신뢰(trust)와 존중(esteem)을 바탕으로 참여(engagement)와 협력(cooperation)을 실천하고 자율(autonomy)과 책임(responsibility)을 다함으로써 미래의 가치를 창출하는 노사공동체의 형성인, 신노사문화가 추진되었다.

2003년 2월에 출범한 노무현 대통령의 참여정부는 '사회통합적 노사관계' 구축을 표방하며 2003년 9월 노사개혁 프로그램으로 「노사관계법·제도 선진화 방안(34개 과제)」을 마련하여, 노사정위원회에 논의를 요청했으나 노사정간 논의에 진전이 없이 논의기한이 종료되는 바람에 2005년 9월 정부로 이송되고 말았다.

2006년 3월 15일 노사정대표자회의를 재개하여 그간 단절되었던 노사정대화를 복원한 뒤 복수노조·노조전임자 문제 등 핵심 과제를 제외하고 상당수 과제

14 한국노총도 노사정위 탈퇴나 논의중단 선언이 여러 번 있었다. 1998년 7월, 1999년 4월, 1999년 11월, 2000년 10월, 2005년 7월, 2009년 10월, 2010년 5월, 2013년 12월, 2015년 4월, 2016년 1월등 총 10차례에 달한다. 가장 최근에는 일반해고 및 취업규칙 등 양대 지침에 대한 정부의 전격 공개에 대해 2016년 1월 19일 2015년 9.15 노사정 대타협이 정부에 의해 파기됐다며 9.15 노사정위원회 합의사항을 파기하고 노사정위원회를 탈퇴했다. 대부분 탈퇴나 논의 중단 수개월 후에는 복귀했다(한겨레신문, 2016.1.19).

표 2-16 노사정위원회의 전개과정과 특징

시기 / 구분	제1기	제2기	제3기
성격	정치적 합의기구, 상설기구	대통령 자문기구, 상설 사회적 협의기구 (대통령령에 설치근거)	대통령 자문기구, 상설 사회적 협의기구 (법률에 설치근거)
참여자	노·사·정 및 정당	노·사·정·공익 및 정당	노·사·정·공익 민주노총 불참
활동기간	약 1개월 (1998.1.15-2.9)	1년 3개월 (1998.6.3-1999.8.31)	약 3년 (1999.9.1–현재)
조직체계	본위원회–기초위원회–전문위원회	본위원회–상무위원회–3개 특별위원회·4개 소위원회	본위원회–상무위원회–4개 특별위원회·2개 소위원회
주요의제	노동시장유연성, 노동기본권, 사회 정책, 재벌개혁	구조조정, 사회정책, 노동기본권,	구조조정, 사회정책, 근로시간단축, 노사관계 제도 개선
합의건수	90건	10건	29건

자료: 노사정위원회(2003.7), 「노사정위원회 5년 백서: 전개과정과 활동성과」, 11; 유범상(2003), "외환위기 이후 노동정치와 사회적 대화: 등장, 전개, 해석," 「동향과 전망」, 한국노동연구원, 봄호, 137.

에 대한 의견일치를 거쳐 9월 2일의 대표자회의에서 한국노총과 경총·대한상의는 복수노조·전임자 규정의 3년 유예에 합의하게 된다. 민주노총의 반대입장 표명에도 불구하고 9월 11일 노사정간 긴밀한 논의를 통해 선진화 방안에 대타협을 도출한 뒤 국회 환경노동위원회에서의 일부 수정을 거쳐 12월 22일에 국회를 통과하게 되었다. 참여정부에서도 노사관계 선진화입법과정에서 끝내 민주노총을 끌어안지 못한 채 법을 통과시킨 것은 여전히 아쉬움으로 남는다.

이에 앞서 그 동안 여야 사이에 첨예하게 대립되어 왔던 비정규직 관련 3법, 즉 기간제 및 단시간근로자 보호 등에 관한 법률, 파견근로자보호 등에 관한 법률, 노동위원회법 등이 민주노동당의 반대 속에 2006년 11월 30일 임채정 국회의장의 직권상정으로 국회 본회의를 통과함으로써 2년여의 공방에 대한 종지부를 찍게 되었다. 한편 2006년 5월에 노사정대표자회의에서 노사정위원회 개편에 대한 합의가 이루어짐에 따라 2007년 4월 27일 노사정위원회는 경제사회발전노사정위원회로 개편되게 된다(고용노동부, 2016).

이명박 정부는 7% 성장 경제를 위해 한반도 대운하와 대대적인 감세, 그리고 공기업 민영화 등 시장을 강화시키는 정책을 공약하여 압도적 표차로 대통령에 당선되었다. 집권과 더불어 '비즈니스 프렌들리'와 '경제 살리기'와 같은 시장 주도의 처방을 내세웠던 이명박 정부는 일자리 정책은 그다지 필요치 않다는 입장이었다. 흔히 인용되듯이, 비즈니스 프렌들리 정책으로 경제를 살리고 고용을 창출하면 분배와 양극화 문제는 저절로 해결된다는 논리였다(노중기, 2009). 비정규직 문제도 고용 규제를 풀어 해결하고자 했다.

2008년 미국 발 글로벌 금융위기를 맞아 세계경제의 악화에도 불구하고 세계 평균 2.8%보다 높은 3.1%의 성장률을 나타내기도 했다. 그러나 성장을 통한 일자리 창출의 비전은 설득력을 잃었고 747로 표방되던 슬로건은 달성과는 거리가 멀었다. 이런 맥락에서 한국의 보수정치를 대표하는 새누리당조차 2012년 대선에서는 복지국가와 경제 민주화 그리고 고용률 중심의 국정 운영이라는 진보적인 공약을 채택하게 되었다고 판단된다.

경제사회발전 노사정위원회를 통한 사회적 대화도 힘을 잃어갔다. 2009년 워크셰어링(work sharing)을 위한 노사민정 합의와 2010년 복수노조·전임자 제도 개선에 관한 사회적 합의라는 외견상의 실적에도 불구하고 노사정위원회가 서서히 힘을 잃어갔다(최영기·윤상진, 2013).

베이비붐 세대의 은퇴가 본격화되면서 고용률 정체현상은 앞으로도 당분간 지속될 것으로 보인다. 특히 청년층의 낮은 고용률은 오래된 한국 노동시장의 문제다. '97년 이후 또 하나의 고용 특성은 고용의 질적 악화다. 630만 명에 달하는 비정규직 근로자의 고용의 질적 악화문제는 결국 국가가 중지를 모아 해결해야 할 하나의 큰 정책과제로 등장하고 있다.

지금까지 외환위기가 시작되던 시기부터 최근까지의 한국노동운동에 대해 살펴보았는데 이 시기의 노사분규발생 건수와 근로손실 일수의 추이를 보면 [그림 2-1]과 같다.

이 시기에 있어서의 한국노동운동의 특징을 살펴보면 다음과 같다.

첫째, 1997년의 IMF외환위기, 2008년의 미국발 글로벌 금융위기, 2010년의 유럽재정 위기 등을 겪으면서 구조조정문제, 비정규직 문제, 소득양극화문제, 청년실업문제 등을 낳기는 했지만 전반적으로 볼 때 21세기 선진노사문화가 자리

그림 2-1 외환위기 이후의 노사분규발생 건수와 근로손실 일수 (단위: 건, 천일)

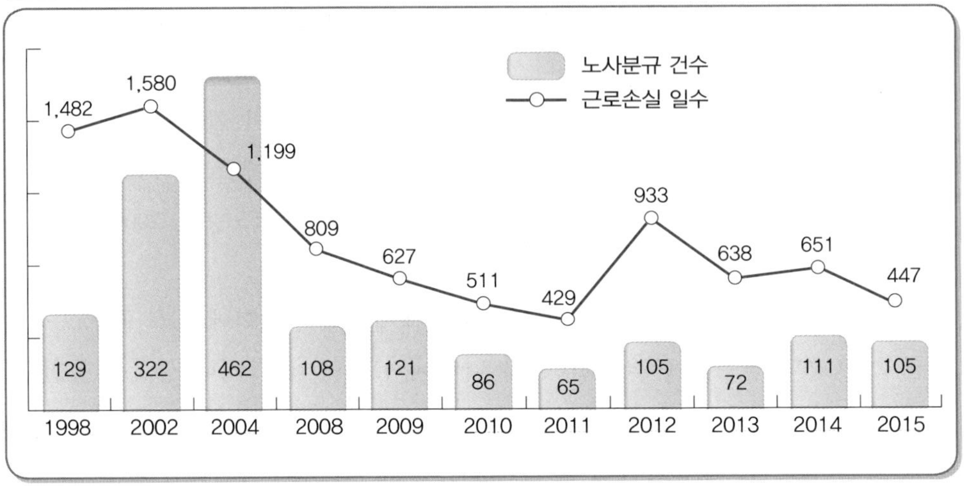

자료: 고용노동부

를 잡아가는 양상이다.

둘째, 전통적으로 가장 크게 이슈가 되어왔던 임금으로 인한 노사분규는 경제적인 측면에서의 근로자들의 요구가 어느 정도 충족되어서인지 포괄적인 의미에서의 단체협약으로 인한 노사분규의 30%수준에 불과하여 단체협약의 권리분쟁 문제가 크게 증가하였다(김승묵, 2009).

셋째, 정치적 투쟁과 비도덕적 활동에 실망한 일부 사업장에서 연맹을 탈퇴하여 근로자 권익보호를 위한 본연의 노조활동으로 돌아가는 현상이 나타나(김승묵, 2009). 2004년부터 상급단체 미가맹 노조가 급격히 늘어나고 있다.[15]

넷째, 노사분규 건수는 100건 전후(2004년 462건을 비롯하여 몇 차례의 예외는 있음)로 비교적 양호한 편이었으나 대부분의 노사분규가 민주노총 소속 사업장에서 발생하였고[16], 특히 금속노조에 의한 파업이 많았다.

다섯째, 실업률과 비정규직의 증가이다. 실업률의 경우 외환위기 이전에는 전

15 2014년 말 현재 미가맹 노조의 수는 무려 2,685개로 전체의 49.3%나 되고 조합원수는 430,881명이 된다(고용노동부, 2015).

16 제7장 노동쟁의 및 조정제도의 〈표 7-8〉에서 알 수 있듯이 1998년 이후 2014년에 이르기까지 한국노총은 총파업수의 약 10%정도인데 반해, 민주노총은 약 85%로 민주노총의 파업이 압도적으로 많았다(고용노동부, 2015, 649; 최인이, 2011).

그림 2-2　연도별 비정규직 규모 추이

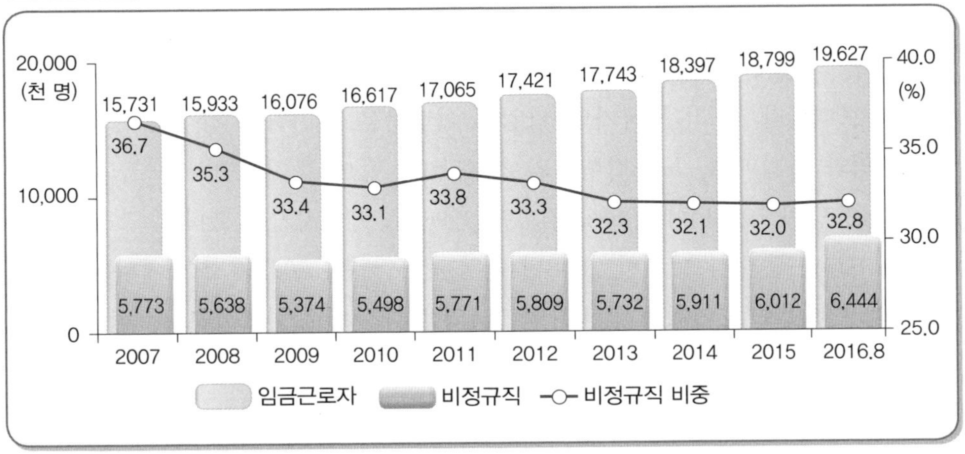

자료: 한국노동연구원(2016), 「2016 KLI 비정규직 노동통계」, 6를 토대로 재작성.

체실업률은 2%대였고 청년실업률은 5%전후였으나 1998년의 특수성을 제외하더라도 그 이후의 실업률은 3.5%대, 청년실업률은 8%전후다. 게다가 구직단념자나 취업준비생까지 반영한다면 실업률은 어마어마하게 올라가게 된다.비정규직 근로자도 2004년(37.0%)을 정점으로 감소 추세를 보이고는 있으나 [그림 2-2]에서 알 수 있듯이 여전히 600만 명이 넘고 32% 수준을 유지하고 있다.

8. 한국노동운동의 당면과제

한국노동운동은 정치적 민주화와 경제적 민주화를 바탕으로 평화통일을 지향하는 역사적 전환기인 지금 21세기 들어 급격하게 변화하는 국내외 환경변화에 능동적으로 대처하면서 풀어야 할 과제들이 많은데, 현 단계 우리나라 노동운동의 주요 과제로 다음과 같은 것을 생각해 볼 수 있다.

(1) 노동조합조직률의 제고

구미 선진국들의 오랜 산업관계의 역사가 말해 주듯이 노동조합의 조직률에 있어서나 세력에 있어서 사용자와 어느 정도의 대등성을 확보하지 못할 경우, 근로제조건의 유지나 개선은 물론이고 진정한 의미에서의 노사협조가 이루어지기는 어렵다(Barbash, 1981). 따라서 산업화의 진행과 더불어 선국 각국은 노조의 설립 및 노조조직률의 제고에 역점을 두어왔다.

우리나라에 있어서도 노동조합의 필요성에 대한 여러 연구에서 1960년대 40%에서, 70년대 86%, 80년대에는 90%(김경동, 1988)로 해를 거듭할수록 높은 반응을 보여왔다. 그러나 국가와 기업의 어려움을 외면하는 강성노조의 소집단 이기주의와 불법파업, 노조집행부의 각종 비리 등이 불거지면서 노조의 필요성에 대한 응답이 1998년에는 68%(김정한, 1998)로 떨어지기도 했다.[17] 그러나 임금근로자 823명을 대상으로 한 2008년 김동배·오계택(2008)의 조사에서는 85.6%로 그리고 취업포털 커리어가 직장인 264명을 대상으로 한 2016년의 설문조사에서는 76.1%로 여전히 높게 나타났다.

이러한 노조의 필요성에도 불구하고 실제 조직률은 미미한 상태이다. 1987년 6·29 이전만 하더라도 노조조직률은 16%대였다. 그러나 민주화선언 이후 노조조직률이 급신장하여 1989년 19.8%를 정점으로 한 뒤 경제의 소프트와, 비정규노동력의 증대, 노동집약적 산업의 개발도상국으로의 이전, 기업의 구조조정으로 인한 종업원의 감소, 노동조합의 조직화 노력미약, 개인주의 성향이 강한 신세대의 노동시장 진입, 정규직 위주의 편협된 노동운동 등의 이유로 지속적으로 하락한 결과(최제훈, 2005.5.24) 2015년 12월말 현재 [그림 2-3]과 같이 10.2%이다.

이것은 프랑스를 제외하면 스웨덴, 덴마크, 노르웨이 등은 말할 것도 없고(노동부, 2006) 〈표 2-17〉에서처럼 일본, 영국, 호주, 미국 등과 비교해 볼 때 여전히 낮은 실정이다(한국노동연구원, 2015; Green, 1991; Poole, 1987). 따라서 노동력이라는 상품을 생계의 유일한 수단으로 삼고 있는 근로자들이 막강한 자본의 힘과 대등한 관계를 유지하기 위해서는 앞으로도 조직화운동에 더욱 박차를 가해야할 것이다.[18]

---

17 인사조직 전문 컨설팅업체인 인사전략연구소가 2005년 5월 16일부터 23일까지 일반기업이 아니라 전국의 중소기업 및 벤처기업 214개사(노조가 현재 설립되어 있는 회사는 11곳으로 전체의 5%)의 직장인 1,877명을 대상으로 "노조 설립에 관한 의견"을 조사한 결과는 '노조의 필요성을 느낀다'는 응답률이 68.1%였다(최제훈, 2005.5.24). 대상이 일반근로자가 아님을 감안하더라도 이전보다는 크게 낮아진 수치이다.

18 최근 들어서는 선진국이나 개도국 할 것 없이 비정규직 증대, 평균적 기업규모 축소, 서비스산업 구성비 증대, 공공부문 고용축소, 전통적인 노조조직 기반인 세대의 은퇴와 개인주의적 성향이 더 강한 세대 구성의 증대 등으로 조합원수 및 조직률이 지속적으로 감소하고 있는데, 이러한 상황하에서 노조 조직률 제고에 대한 보다 자세한 내용은 노진귀(2015)를 참조.

그림 2-3 노조조직률 및 조합원수 추이

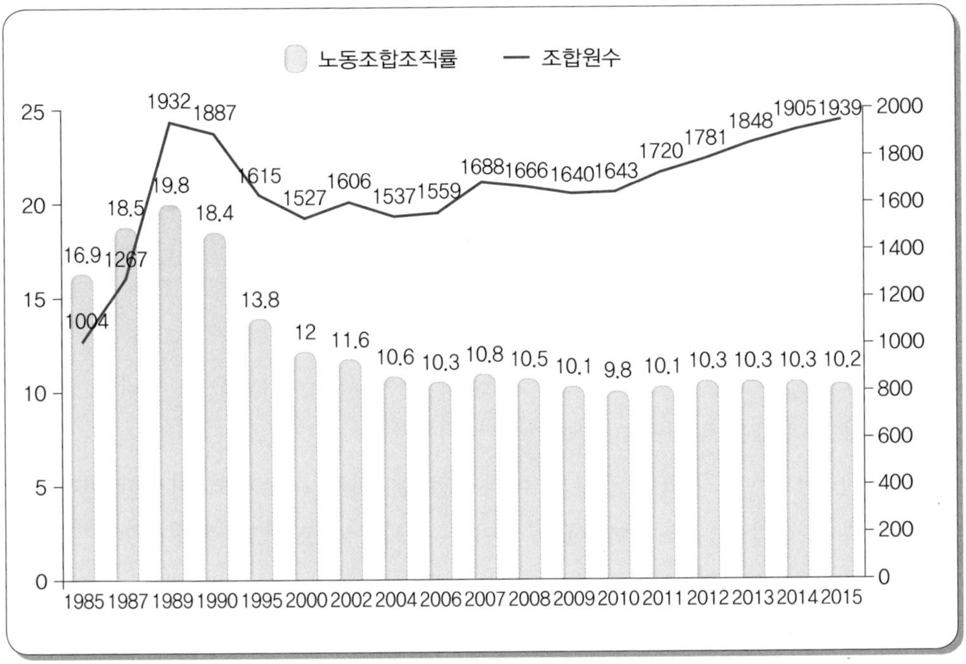

자료: 고용노동부(2015.11), 「2014년 전국노동조합 조직현황」, 3; 노동부(2016.10), 「2015년 전국노동조합 조직현황」, 2.

표 2-17 노동조합 조직률 (단위: %)

		1995	2000	2005	2007	2009	2010	2011	2012	2013	2014
한 국		13.8	12.0	10.3	10.8	10.1	9.8	10.1	10.3	10.3	10.3
일 본		23.8	21.5	18.7	18.1	18.5	18.5	18.1	17.9	17.7	17.6
호 주		32.7	24.7	22.4	18.9	19.7	18.3	18.4	18.2	17.0	15.5
영국	취업자	28.8	27.2	25.9	25.3	24.8	23.9	23.3	23.2	22.7	22.2
	임금근로자	32.4	29.8	28.6	28.0	27.4	26.6	26.0	26.0	25.6	25.0
미 국		14.9	13.4	12.0	11.5	11.9	11.8	11.4	11.3	10.8	11.1
OECE 평균		23.6	20.4	18.9	18.1	18.1	17.7	17.6	17.2	17.0	16.7

주: 임금근로자 수를 기준으로 한 조직률임. 영국은 취임자(In employment), 임금근로자(Employees)를 구분.
1996~99까지 통계는 각 연도 「KLI 해외노동통계」를 참조.
자료: 한국노동연구원(2016), 「2016 KLI 해외노동통계」, 126.

(2) 노조의 민주성과 자주성 확보

노동조합은 이미 우리 사회의 중요한 구성요소로 승인되어 사회질서의 한 축을 형성하면서 노동정책과 사회정책적 의사결정에 있어서 핵심적 역할을 담당하고 있다. 노동조합은 조합원을 위하여 단체협약을 체결하는 전통적인 역할 모델을 넘어서서 사실상 전체 근로자를 대표하여 노동정책의 캐스팅 보트(casting vote)의 역할을 하고 있다.

이제는 노동조합이 반대하면 노동관련 법률의 제정 또는 개정조차 제대로 이루어지지 않을 정도이다. 그렇기 때문에 노동조합의 도덕적 건전성과 정치적 중립성, 그리고 민주성에 대한 요청은 단순히 정치적 수사(修辭)가 아니라 노동조합의 본질적 개념을 구성하고 있다.

그런데 연이은 노동조합 간부의 비리사건[19]은 전체 근로자의 진정한 이해관계를 반영하여야 할 노동조합에 대한 국민적 신뢰를 깨뜨리고 결과적으로 노동조합은 균형 있는 사회질서의 유지를 위한 중심추의 역할을 상실하게 될 우려가 있다(하경효, 2006).

따라서 모름지기 노조는 그 결성과 운영에 있어서 대내적인 민주성과 대외적인 자주성을 확보하여야 한다. 왜냐하면 노동조합의 대내적인 민주성이 없는 한 대외적인 자주성을 확보할 수 없고 이에 따라 노동조합의 본질적인 기능을 상실하게 되기 때문이다(이병태, 1989).특히 민주주의 국가에서 노조는 민주주의를 배우는 실습장이기 때문에 노조집행부가 조합원들의 다양한 이해를 집약하고 대표할 수 있기 위해서는 보다 더 민주적 운영이 요구된다. 그럼에도 불구하고 우리나라의 일부 노조 중에는 조합원과 지도부 사이에 원활한 의사소통이 이루어지지 않음으로써 노조가 표방하고 있는 조합원의 권익옹호보다는 조합의 주도권 쟁탈전에 몰두한다든지 한번 지도부를 잡으면 장기재임하려는 경향(배무기,

19 노동조합 간부가 연루된 비리사건은 크게 조합비 또는 기타 노동조합기금의 유용 및 횡령사건(동아일보 2003년 12월 18일자; 한겨레신문 2005년 2월 16일자; 국제신문 2005년 6월 16일자; 중앙일보 2005년 10월 1일자; 연합뉴스 2016년 12월 14일자 등 참고), 업무상 배임 및 배임수재사건(세계일보 2005년 5월 26일자; 연합뉴스 2005년 8월 10일자; 한겨레신문 2005년 10월 8일자;경향신문 2015년 8월 31일자) 및 노조간부 채용비리관련 사건(경향신문 2014년 11월 17일자, 한겨레 2014년 11월 18일자, 매일경제신문 2015년 12월 8일자; 매일경제신문 2017년 1월 4일자) 등으로 구분할 수 있다.

1987) 등으로 평조합원의 불신의 대상이 되어 자연히 노조의 결속력과 대외적인 추진력의 약화를 초래한 적이 많았다.

21세기를 맞아 노조 자신부터 먼저 민주성을 확보하도록 거듭나지 않으면 안 된다. 그렇게 하기 위해서는 조합원의 지위와 권리, 조합의 의사결정, 조합의 단체활동, 재정운영 및 조합의 존립 등은 민주적인 바탕 위에서 법이 요구하는 조합원의 총의와 규약에 정해진 절차에 따라야 하며 어떤 이유로도 집행부의 독선이나 전횡에 좌우되어서는 안 된다.

최근 7,460명이라는 가장 많은 항운노조원을 가진 부산항운노조가 잇단 채용 비리의 해결을 위해 138년간 유지해온 항만 노무공급 독점권을 포기하기로 하고 그 대신 "항만 노·사·정이 참여하는 '부산항 항만노동인력 수급관리위원회'를 꾸려 항만 하역시장에 필요한 인력을 뽑고 배치하는 일을 투명하게 하겠다."고 선언한 것은(김태현, 2014.11.10) 실로 고무적인 일이라 아니할 수 없다.

한편 노동운동은 어떤 특정 이데올로기나 사상의 노예가 되어서도 아니 되며, 특정 정치세력이나 기타 사회변혁적 세력의 영향하에 놓이는 것도 그다지 소망스러운 것은 아니다. 따라서 조합원의 확고한 단결과 협력을 바탕으로 스스로 선택한 길을 꿋꿋하게 나아가는 힘을 길러야 한다. 그럼에도 과거의 많은 노조가 자주성의 결여로 외부로부터, 특히 사용자로부터 부당한 간섭을 받거나 지배개입에 맹종하는 경우가 비일비재한 나머지 어용노조에 대한 시비가 주요 쟁점이 되어왔다(최종태, 1987).

이 어용성 시비는 비단 단위노조뿐만 아니라 상급단체로까지 확대되었다는 데 문제의 심각성이 있다. "권리 위에 잠자는 사람은 보호받을 가치가 없다"는 유명한 판결문을 남긴 어느 재판관의 말이 언뜻 생각난다. 따라서 노조가 소속 구성원들로부터 폭넓은 지지를 받는 가운데 대등한 입장에서 떳떳하게 그들의 권익을 확보해 나가기 위해서는 조직과 운영에 있어서 국가·정당 및 사용자들로부터 자주성을 확보하는 데 더욱 힘써야 하겠다.

(3) 노동관계법의 발전적 개정

웹 부처(S. Webb & B. Webb)가 노동조합의 기능으로서 상호보험, 단체교섭과 함께 입법활동을 들고 있듯이(Marshall, King, & Briggs, 1984), 오늘날 많은 선진

표 2-18 우리나라 노동관계법 요약표

법령명	공포일자	법령번호	주요 내용
근로기준법	1953. 5. 10. 2014. 03. 24. 개정	법률 286호 법률 제12325호	근로조건의 기준설정으로 근로자의 기본적 생활보장과 균형 있는 국민 경제발전의 도모
노동조합 및 노동관계조정법	1997. 3. 13. 2014. 05. 20. 개정	법률 5310호 법률 제12630호	헌법에 의한 근로자들의 노동3권 보장과 노동관계의 공정한 조정쟁의의 예방과 해결
근로자참여 및 협력증진에 관한 법률	1997. 3. 13. 2016.1.27. 개정	법률 5312호 법률 13903호	노사의 참여와 협력을 통한 사업평화의 도모와 국민경제발전에 이바지
노동위원회법	1953. 3. 8. 2016. 1. 20. 개정	법률 281호 법률 제13904호	노사관계의 공정한 조정을 위한 기구 설치
산업재해보상보험법	1963. 11. 5. 2016. 12. 27. 개정	법률 1438호 법률 제14499호	근로자의 업무상 재해에 대한 신속하고도 공정한 보상과 재해근로자의 재활 및 사회복귀 촉진
근로자직업능력개발법	1997. 12. 24. 2016. 1. 27. 개정	법률 5474호 법률 제13902호	직업능력 개발의 지원으로 근로자의 고용촉진·고용안정 및 시회·경제발전에 기여
최저임금법	1986. 12. 31. 2012. 02. 01. 개정	법률 3927호 법률 제11278호	근로자의 생활안정과 노동력의 질적향상에 필요한 최저 수준의 임금 보장
남녀고용평등과 일·가정 양립지원에 관한 법률	1987. 12. 4. 2016. 1. 28. 개정	법률 3989호 법률 제13932호	남녀 간의 평등한 고용기회와 대우 보장과 근로자의 일과 가정의 양립 지원
산업안전보건법	1981. 12. 31. 2016. 1. 27.개정	법률 3532호 법률 제13906호	산업재해의 예방과 쾌적한 작업환경의 조성으로 근로자의 안전과 보건의 유지·증진
공무원의 노동조합 설립 및 운영 등에 관한 법률	2005. 1. 27. 2014. 11. 19. 개정	법률 7380호 법률 제12844호	공무원의 노동기본권을 보장하기 위해 노조설립·운영 등에 관한 사항을 정함
교원의 노동조합 설립 및 운영 등에 관한 법률	1999. 1. 29. 2016. 2. 3. 개정	법률 5727호 법률 제13936호	교원의 노동조합설립에 관한 사항을 정하고 교원에 직용할 특례를 규정함

자료: 정종진·이덕로(1998), 「인적자원관리」, 법문사, 66; 이덕로(2012), 「최신 인적자원관리」, 집현재, 18; 로앤비를 토대로 재작성.

각국의 노동조합은 활발한 정치활동을 통해 각종 법의 제정·개정·폐기 등을 가져옴으로써 그들의 경제적 지위를 유지 내지 향상시킬 수 있었다. 참고로 우리나라의 주요 노동관계법을 요약하면 〈표 2-18〉과 같다.

이렇듯 선진자본주의 국가에 있어서의 노동법은 대체로 오랜 조직노동운동을 통하여 쟁취한 면이 강하기 때문에 그 내용에 있어서도 노동운동에 대한 제한보다는 보장쪽에 초점이 맞추어져 왔다고 볼 수 있다. 이와 같이 노동3권이 자유롭게 보장됨으로써 노사간에 대등성을 바탕으로 한 건전한 질서가 형성될 수 있었다. 그러나 유감스럽게도 우리나라의 경우 법개정이 이루어질 때마다 오히려 노동3권에 대한 제약은 더해 갔고, 그에 따라 노사간의 힘 관계의 불균형 상태는 심화될 수밖에 없었다. 6·29 이후의 노사분규는 경제성장과 안보를 이유로 노동3권을 극도로 제한한 채 일방적인 노사협조만을 강요해 온 결과가 얼마나 허구적이었는가를 극명하게 보여주고 있다(윤성천, 1989).

다행히 6·29선언을 전후한 활발한 노동운동과정에서 1987년 11월 28일 마침내 노동관계법이 현실에 맞게끔 대폭 개정되어 과거에 비해 노동기본권이 크게 신장되었다. 아울러 1996년과 1997년의 노동법 개정으로 노조의 정치활동, 방위산업체 근로자의 쟁의행위, 제3자 개입금지, 노사협의회 구성방법, 단체교섭과 노사협의제의 혼재 등등에 대해 많은 개선과 구체화가 이루어졌다(이덕로, 1989).

그러나 아직도 적지 않은 논란의 여지가 있는 법적인 문제들이 남아있다. 이를 테면 2016년부터 시작되는 정년제와 연동하여 노동계의 핫이슈로 떠오르고 있는 임금피크제 도입을 위한 취업규칙 변경 문제(권혁, 2015)를 비롯하여 비자발적 비정규직의 정규직화가 이루어졌다는 고무적인 결과와 함께 무기계약직을 양산하기도 했던 비정규직법(기간제 및 단시간 근로자 보호에 관한 법률, 즉 '기간제법')과 파견근로자 보호 등에 관한 법률의 개선문제(이경희, 2014), 그리고 2015년 9월 15일 '노사정위원회'에서의 사회적 대화를 통해 '노사정 대타협'에 도달함으로써 '노동시장 구조개선의 원칙과 방향'에는 합의했지만 5대 의제 및 14개 세부과제의 입법화를 둘러싸고 여전히 의견의 대립이 이어오고 있는 '노동개혁입법'이 바로 그것이다. 노동시장의 효율성·경쟁력 제고와 동시에 노동권도 신장되는 쪽으로 노동법의 발전적 개정에도 역량을 강화해야 할 것이다.

(4) 노동운동이념의 재정립

한국의 노동운동은 민주화 이후 폭발적 성장과 동시에 위기를 경험하는 기이한 구조에 처해 있다. 1987년의 노동자대투쟁 이후 민주노조운동의 조직화와 민주노동당으로 상징되는 정치세력화가 성장의 증표였다면, 1992년 위기논쟁 이후 뇌물수수와 대기업 중심의 귀족노조라는 사회적 비판과 고립화 현상은 위기의 징후라고 할 수 있다. 학자들 중에는 이러한 노동운동의 위기를 취약한 이념에서 찾기도 한다(유범상, 2005). 곧 한국의 노동운동이 과도할 정도로 많은 이념을 제시했음에도 불구하고 이념들 간, 이념과 정책들 간, 이념과 조합원들 간의 소통의 빈곤으로 인해 노동운동이념이 제대로 정립되지 못한 채 표류하고 있다고 진단한다. 그래서인지 최근 들어 많은 사람들이 노동운동이념의 정립의 필요성을 역설하고 있다(김금수, 1990).

사실 노동운동도 조직운동이기 때문에 무엇보다 확고한 이념과 운동노선·운동목표가 매우 중요하다. 그 이념과 목표는 물론 경제민주주의여야 하겠지만 이것을 기초로 운동노선의 기조도 노동자계층의 직접적인 총체적 지위향상을 위해서는 종래의 허구적인 노동조합주의, 특히 실리적 조합주의 노선을 시급히 탈피하여 반독점운동은 물론 경제투쟁과 정치투쟁을 과학적, 통일적으로 전개함으로써 정치적 조합주의의 노선도 생각해 봐야만 할 것이다.

다행히 6·29선언 이후의 노동운동의 투쟁목적 내지 운동이념에 있어서 임금인상 등 종래 경제투쟁 일변도의 '실리적 조합주의' 에서 벗어나 구속자석방, 노동법 개정, 무노동·무임금철폐, 인사 및 경영관리 참가, 참교육실현 등에서부터 토지공개념 도입, 근로소득세 초과징수분 반환 등에 이르기까지 각종 정치투쟁을 내걸 뿐만 아니라 일부 변혁지향적인 방향까지 모색하고 있어 '정치적 조합주의'로의 전환 가능성이 점차 높아지고 있는 실정이다(배손근, 1992).

돌이켜 보건대 선진국의 노동운동이념은 과거의 혁명적이거나 급진적인 정치투쟁 일변도에서 실용주의 내지 실리적 노동조합주의를 표방하는 경제적 조합주의로 발전하고, 이것은 다시 조합원의 이익과 국민경제적 고려를 동시에 충족 내지 조화시키는 국민주의 등으로 발전하는 것으로 지적되어 왔다(박세일, 1991).

따라서 한국노총과 민주노총을 양대 축으로 하는 한국의 노동조합들은 지나치게 경제적 조합주의에만 안주하기보다는 정치·사회적 문제에 대해서도 나름대로 사회적 세력으로서의 영향력을 발휘하도록 그 운동이념을 발전시켜야 할 것이다(배무기, 1991). 다만 그 과정에서 진보적인 성격은 유지한다 하더라도 노사공존과 타협·대화의 논리도 아울러 받아들이도록 이념이 재정립되지 요구된다.

이와 같이 한국노동운동은 이념집단간 소통의 부재, 정책과의 소통의 부재, 그리고 대중과의 소통의 부재 때문에 빈곤하다는 지금까지의 평가를 극복하기 위해 노동운동은 이념집단간 소통을 모색하는 한편 이념과 정책의 만남, 이념과 대중과의 만남을 모색하는, 정치적 소통에 기반한 정체성의 정치를 구사하도록(유범상, 2005) 이념의 다원화나 재정립을 모색하지 않으면 안 된다.

(6) 노동운동세력의 대동단결

현재 우리나라에서는 양대 노총이 노동계를 이끌고 있다. 일반적으로 한국노총은 자본주의의 틀 내에서 조합원들의 경제적인 이익을 증진하는 데 집중하면서 급진적인 정치적 혹은 사회적 변혁을 두려워하는 "실리적 조합주의(business unionism)"로 그 성격이 규정된다면(유범상 2005, 25), 민주노총은 다른 사회운동조직들과의 연대를 통해서 노동자계급의 삶을 증진시키는 것을 목표로 하는 "사회운동적 노동조합주의(social movement unionism)"로 그 성격을 규정할 수 있다(Clawson, 2003). 특히 민주노총의 경우는 자본주의 경제구조 자체의 불합리성과 한계를 지적하며 이를 극복할 수 있는 대안을 찾는 것에 많은 관심을 보인다는 점에서 이데올로기적 급진성을 지니고 있다고 평가할 수 있다(최인이, 2011, 98-99).

현단계 한국 노동운동은 비록 구조조정을 비롯하여 몇몇 노동현안에 대해 사안별로 단합된 목소리를 내기도 했지만 대체로 비교적 보수성향의 한국노총과 진보적인 민주노총으로 양분되어 별도의 활동을 전개해오고 있는 실정이다. 그 이유는 〈표 2-19〉와 같이 한국노총과 민주노총 사이에 역사가 다르고, 이념, 조직, 투쟁노선 등에 뚜렷한 차이를 보여왔기 때문이다.

아울러 전략적 역량차원에서도 양대 노총은 확연한 차이를 보이고 있다. 운동 조직의 성격은 그 조직이 운동의 전략을 세우고 이를 각종 전술을 통해 수행해 나가는 데 있어 지대한 영향을 미친다. 마샬 갠즈(Marshall Ganz)는 운동 조직의 성격을 비교하는 데 있어서 "전략적 역량(strategic capacity)"이라는 개념을 사용한다(2000). 그는 전략적 역량의 개념이 노동조합운동의 성공에 있어 가장 중

표 2-19 한국노총과 민주노총의 노동운동과 조직 차이

노총 / 구분	한국노총	민주노총
노사관계에 대한 접근	타협/담합에 익숙, 사용자들의 경영 특권 인정, 단체교섭 중심의 타협적/협조적 노사관계	타협/비타협, 사용자의 경영 특권에 도전, 투쟁/교섭을 통한 해결을 강조, 갈등적 노사관계
작업장에서의 권력	노조 취약, 사용자의 우세	대기업 노조의 현장 장악력 막강
투쟁 성향과 투쟁력	현장 장악력 취약, 파업이 드물게 일어남	강한 현장 장악력·투쟁력, 잦은 파업(총파업의 80~90%)
노사정위원회에 대한 태도	참여를 통한 정치적 타협과 제도 개선	노사정위원회 불참과 노정 직접 교섭 주장
정치적 입장	여야 정당과의 정책연합 - 독자 창당	민주노동당 지지(다수 노조원들의 지지는 아님)
조직 내부의 민주주의	관료적·비민주적 요소 잔존, 노조 지도부의 관료적 지도력	민주적 운영, 노조지도부의 잦은 교체, 노조 지도력 취약
노조 결성의 시기	대다수 1987년 이전	거의 1987년 이후
소속 사업장의 규모	중소기업이 다수	대기업이 주축

자료: 배규식·조성재(2003), "노동운동," 이원덕 편, 「한국의 노동 1987~2002」, 한국노동연구원, 107.

요한 열쇠가 될 것으로 주장하면서 이 역량을 구성하는 두 가지 요소로 리더십과 조직구조를 꼽는다. 최인이(2011)는 갠즈의 "전략적 역량"의 개념을 사용하여 한국노총과 민주노총의 조직적 성격을 〈표 2-20〉과 같이 비교하고 있다[20].

이와 같은 양대 노총 체제는 한국사회만의 유일한 현상은 아니다. 미국에는 AFL과 CIO를 중심으로 한 양대 노총체제가 존재했었고, 일본에도 소효(總評·日本勞動組合總評議會)와 도메이(同盟: 日本勞動組合同盟)를 중심으로 한 양대 노총 체제가 유지되었던 시기가 있었다. 그러나 두 나라 모두에서 양대 노총은 AFL-CIO와 렌고(聯合: 日本勞動組合總聯合會)라는 하나의 조직으로 통합되었다. 흥미롭게도 이 통합된 조직 모두가 정치적으로 보수적인 색채를 띠게 되었다. 미국에서는 몇몇 사회운동적 노동조합주의를 추구하는 노조들을 중심으로 노동운동

20 그러나 양대 노총 사이에 차이만 존재하는 것은 아니다. 양대 노총 모두 거시적 정치 국면에서 정부의 정책 형성과정에 직 · 간접적으로 참여하는 동시에 작업장 수준에서 노조활동에도 참여한다는 유사성을 가지고 있고, 형식적인 조직의 목표, 강령, 그리고 산업별 구성에서도 거의 흡사하다. 또한 양대 노총 모두 정부에 의해 합법조직으로 인정받았다는 점도 똑같다(최인이, 2011, 82).

표 2-20 양대 노총의 전략적 역량(Strategic Capacity)

<table>
<tr><th colspan="2">구 분</th><th>한국노총</th><th>민주노총</th></tr>
<tr><td rowspan="3">리더십</td><td>지도부의 운동 경험</td><td>- 노조운동 이전의 다양한 사회운동 경험의 부재
- 노동조합과 조합원들 자체에 대한 지식은 있으나 정치적 사회적 이슈에 대한 관심은 제한적
- 노조 간부직을 자신의 직업경력의 일부로 생각</td><td>- 노조 운동 이전에 학생운동의 경험이 있는 지도부가 다수
- 노동조합에 대한 지식과 더불어 다양한 정치 사회적 이슈에 대한 관심과 학습을 진행함
- 노조 간부직에 대한 소명적인 헌신을 보임</td></tr>
<tr><td>네트워크</td><td>- 획일적인 네트워크 형성
- 산하단체인 소속연맹과 단위 노조들과 일방적이고 제한적인 관계
- 일반 노조원들과 위계적인 관계를 형성</td><td>- 다양한 네트워크 형성
- 타 노조, 운동단체와의 연대에 관심
- 소속 연맹, 노조들과 호혜적인 관계 유지
- 지도부와 일반 노조원들 간의 강한 유대
- 일반 노조원들 간의 강한 유대</td></tr>
<tr><td>집합행위의 수단 선택</td><td>- 집합행위의 수단에 대한 다양한 지식을 가지고 있지 못함
- 민주노총 계열의 노조들이 사용하는 집합행위의 수단을 모방</td><td>- 다양한 집합행위의 수단을 보유하고 있음
- 자체적으로 새로운 집합행위의 수단들을 개발하여 사용하고 있음</td></tr>
<tr><td rowspan="3">조직 구조</td><td>의사소통</td><td>- 정기총회 등의 정례화된 회의를 통한 형식적 의사결정
- 위계적인 의사소통 구조
- 제한된 시각을 가지고 있음</td><td>- 잦은 정기 회합과 빈번한 소규모 토론 진행
- 다양한 관점에 대해 열려 있으나 강한 이데올로기적 신념을 보여줌</td></tr>
<tr><td>자원의 흐름</td><td>- 탑다운(top down) 방식
- 정부로부터 제정지원을 받음
- 산하 노조들에 대한 지원이 경제적/물적인 것으로 제한됨</td><td>- 다양한 자원의 흐름 존재
- 타 사회운동단체들과도 연대
- 주로 인적 자원의 지원에 기반함
- 조합비에만 재정을 의존하여 재정지원 부분에서는 취약함</td></tr>
<tr><td>책임성</td><td>- 위계적인 의사결정 구조
- 조합원들의 의사결정에 대한 책임성 부재</td><td>- 조합원 상호간의 책임성 인지
- 민주적, 자발적 선택</td></tr>
</table>

자료: 최인이(2011), "한국노총과 민주노총의 조직과 운동전략 비교: 양대 노총의 제도적 매개역할(1997~2005)을 중심으로,"「기억과 전망」, 24, 79-130.

의 부활이 시도되고 있고(Fantasia & Voss, 2004; Clawson 2003), 일본에서도 기존의 노사관계의 개혁을 외치는 독립노조 운동의 등장이 관찰되기도 하지만, AFL-CIO와 렌고는 여전히 노동조합들의 전국조직체로서 중요한 역할을 담당하고 있다(Golden 1998).

그러나 우리의 경우는 그렇지 못하고 있다. 통합과 융복합이 대세임에도 서로의 길을 걸어가고 있다. 이들 양대 노총이 하나의 조직으로 통합되지 않는 한, 각자는 자기 조직을 확대하고 보존하려는 내적 논리를 갖게 됨으로써 통합은 더욱 멀어지게 된다(배규식·조성재(2003). 따라서 그 어느 때보다도 노동운동세력의 대동단결이 절실한 때이다. 특히 IMF체제의 완전한 극복이 이루어지지 않은 상태에서 대우사태, 현대의 유동성문제, 퇴출기업 명단발표 등으로 야기된 급격한 경기침체를 마무리짓고 앞으로 민족의 염원인 통일시대에 대비하기 위해서 한국노동운동은 대담한 자기쇄신을 통해 노동운동의 통일을 기필코 이룩해야 한다.

그러나 아직도 우리나라 노동운동은 여야갈등을 반영하여 어용이었느냐 아니냐 하는 선명성이 문제가 되고 있다. 그리고 자본주의체제의 급진적 개혁이냐 수정적 개혁이냐 또는 기존노선을 굳게 지키느냐 하는 문제를 둘러싸고 노동운동에 있어서 좌우갈등이 있다고 할 수 있다. 예컨대 기존노조나 한국노총은 장년층이, 신규노조나 민주노총은 청년층이 차지하고 있어 이것이 세대간의 거리감을 좁히지 못해 노동운동계의 상호이해를 가로막는 요인이 되기도 한다.

따라서 신규노조는 진보적인 노선하에서도 기성세대의 요구를 적극 받아들여 보다 현실주의 노선을 취할 필요가 있고, 기존노조는 새로운 가치관과 지식을 가진 젊은 세대의 노동운동가를 대폭 영입하여 젊은 세대의 요구를 대변할 수 있어야 한다. 이와 같이 노동운동이 바른 운동방향에서 조직강화를 토대로 노동자의 지위향상에만 전념한다면 노동운동계 안에서의 여야갈등, 좌우갈등, 세대갈등은 점차 해소되어 분열된 노동운동계는 통일로 전환될 수 있을 것이다(김윤환, 1990; 김윤환, 1992).

특히 우리나라의 경우 노동단체간의 이념의 차이에 의해 완전히 분열되어 있는 일본과는 달리 노동운동이념에 있어서 큰 차이가 없지만 기존 노동운동에 대한 반발과 조직이기주의 등으로 인해 조직이 분열되어 있다. 그러나 조직의 지속적인 분열은 세계화, 산업의 고도화, 지속적인 경제불황, 그리고 급격한 대내외적 환경변화에 노동운동이 적절하게 대응하기에는 재정과 인력의 부족으로 많은 한계를 지닐 수밖에 없다. 그러므로 노동운동이 환경변화와 노사관계 당사자들의 전략·형태변화에 능동적으로 대응하기 위해서는 작은 조직으로는 대응할 수 없다는, 즉 조직규모를 확대하여야 한다는 인식을 공유할 필요성이 있다. 이러한 인식공유라는 토대하에서 먼저 동일 전국중앙조직 내에서 동일 산업에서 분화된 산별연맹간에 통합이 먼저 이루어져야 할 것이다.

(7) 사회안정망의 강화

정부의 적극적인 소득재분배 정책이 매우 미흡할 뿐 아니라 노동시장의 약자를 보호하기 위해 마련된 근로기준과 고용안전망 관련 제도의 시행이 엄격하지 못하여 방대한 사각지대가 방치되고 있다. 법과 사회안전망의 보호가 필요한 비정규직과 영세사업 근로자의 고용을 개선하는 가장 빠른 방법은 있는 법과 제도를 제대로 시행하는 것이다.

여러 고용지표를 보더라도 30인 미만 사업장의 근로자와 비정규직들은 저임금에 상시적인 고용불안 상태에 있는 것으로 나타났다. 그런데 문제는 이들이 대

표 2-21 사회보험 가입여부별 근로조건 (단위 %)

근로조건		가 입	미가입
• 월평균 임금(만 원)		243.3	127.1
• 서면 근로계약 체결률		72.6	25.9
• 기업복지 수혜율	퇴직급	93.8	14.8
	상여금	88.7	23.5
	시간외수당	60.6	8.8
	유급휴일 휴가	81.1	11.1
• 주 5일제 실시율		77.1	31.2
• 1 년간 교육훈련 참여율		42.6	17.2
• 자발적 일자리 선택		18.6	61 .4
• 노조 가입률		15.2	1.1

주: '가입'인 경우 사회보험(국민연금, 건강보험, 고용보험)을 모두 가입한 경우이며, '미가입'인 경우는 모두 가입하지 않은 경우임.

자료: 통계청(2012.8), 「경제활동인구조사 Micro data – 근로형태별 및 비임금 근로자 부가조사」; 최영기·윤상진(2013), "박근혜 정부의 고용노동정책은 성공할 것인가?," 「산업관계연구」, 23(1), 1–30

부분 사회보험의 사각지대에 방치되어 있기 때문에 노동시장 정책의 혜택을 제대로 보기 어렵고, 노후에는 빈곤층으로 전락할 우려가 높다는 점이다. 이들의 노동조합 조직률은 〈표 2-21〉에서 알 수 있듯이 1~2% 수준에 불과하여 노동조합이 이들의 고용조건 개선에 도움이 될 수도 없는 상황이어서 근로조건이 매우 나쁘다. 사회보험의 가입 여부는 고용지위에 중요한 영향을 미치고 있지만 아직 400만 명 이상의 근로자가 보험에 가입하지 않은 상태다. 최저임금 미준수율은 오히려 2000년대 들어 큰 폭으로 증가하고 있으며 체불임금 피해자는 늘고 있는 상황이다.

사회보험 사각지대에 있는 많은 근로자들은 근로기준법상의 여러 법적 권리도 제대로 보장받지 못하고 있다. 이미 법으로 보장되어 있는 근로기준법과 노동기본권이 실질적으로 근로자를 보호하는데에 기여하지 못하고, 사회적 보호가 가장 필요한 취약 근로계층일수록 사회안전망의 사각지대에 놓여 있다는 것은 근로기준 행정과 복지 행정의 부실함을 여실히 드러낸다.

또한 110만 명으로 추산되는 특수형태 근로자들에 대한 법적 보호장치가 전혀 마련되어 있지 않은 것도 문제다. 도재형(2012)의 지적대로 '경제적으로 종속된 노동자'를 특수형태 종사자로 분류하여 근로기준법과 노동법의 적용에서 제외시켜 놓고 있는 것도 정상적인 제도의 운영이라고 볼 수 없다.[21] 이에 따라 해고제한, 근로시간 규제, 퇴직금과 사회보험 등 근로조건과 사회보장에 관한 중요한 노동법의 보호를 받고 있는 근로자와 일부 또는 아예 보호를 받지 못하는 근로자로 분열된 노동시장(teared labor market) 상황을 감안하여 제도의 결핍인지 제도 집행의 실패인지를 구분하여 개선방안을 마련해야 할 것이다(강성태, 2012; 최영기·윤상진, 20013). 그러나 법과 제도적 뒷받침 이전에 노동계 스스로도 노동시장 약자의 사회안정망 강화에 적극 나서야 한다.[22]

21 2007년 6월 노사정위원회 논의 결과를 모아 의원입법 형태로, 특수형태 종사자 보호 등에 관한 법률이 제안된 바 있지만 폐기되었다. 다만 2007년 12월 정부가 산재보험법을 개정하여 레미콘 기사를 비롯한 4개 직종에 산재보험을 임의가입토록 했으나 가입률은 매우 저조한 상태다(최영기 · 윤상진, 2013, 13).

22 사회안전망과 노동조합의 역할에 대한 보다 자세한 내용은 어기구·노정희·이선희(2015)를 참조.

(8) 노동교육의 강화

지금까지 노사관계와 관련된 각종 설문조사나 심층면접에서 많은 근로자와 사용자를 만나게 되었는데, 그들 중 대다수가 단체교섭과 노사협의제가 어떻게 다른지, 단체교섭에서 어떤 문제를 어떻게 다루어야 하는지를 제대로 알지 못했으며, 심지어 노조간부나 인사·노무부서의 담당자들조차 정확히 이해하지 못하는 경우도 있었다. 이것은 지금까지의 우리나라 교육에서는 노동조합이나 노사관계에 대해서 거의 가르치지 않았기 때문으로 볼 수 있다.

그 결과 노동조합에 대한 오해만이 광범하게 확산되어 건전한 노사관계를 저해하게 되었고, 이것이 악순환을 거듭하는 파행적 노사관계의 한 원인이 되어 왔다. 곧 가르치지 않았기 때문에 근로자나 경영자 모두가 노사관계에 대한 올바른 인식 없이 자기주장만을 강조하다 보니 노사관계가 힘의 대결이나 감정싸움으로만 전락되는 불행이 계속되었던 것이다.

지금처럼 대학의 경영·경제학과 졸업생조차 노사관계에 대해 잘 알지 못하고 있는 상황에서 건전한 노사관계를 기대하기는 실로 어려운 일이다. 따라서 정부는 이제부터라도 중·고등학교부터 대학교에 이르기까지 관계 교과과정에 노사관계에 관한 내용을 단계적으로 포함시켜 모든 국민이 노사관계에 대하여 올바른 지식을 갖도록 적극적인 교육을 실시하여야 한다.

지금까지 정부차원에서도 노사관계와 관련하여 많은 교육을 전개해 왔다. 정부는 신뢰와 협력의 노사문화에 대한 국민들의 인식을 높이고, 합리적 노사문화와 관행을 정착시키기 위해 다양한 계층을 대상으로 한 노동교육을 실시해오고 있다. 특히, 노사관계 교육의 효과적 추진과 질적 제고를 위해서 수준별·대상별 교육과정을 차별화하여 운영하고, 기관별 특성에 적합하도록 현장 맞춤식 교육으로 다각화하였으며, 그리고 다양한 교육 수요에 부응한 프로그램을 운영하여 전문적이고 내실 있는 교육이 되도록 노력해오고 있다(고용노동부, 2015.11, 291-292).

이러한 정부의 노력과 병행하여 노동계 스스로도 현상에 대처하고 노동운동을 보다 높은 차원으로 발전시키기 위해 광범한 노동교육 활동을 전개해야 한다. 오늘날의 노동교육은 우리나라 노동자들의 높지 않는 의식수준을 높여 노동의 정당한 자기 몫을 실현하기 위한 권리의식을 갖게 하는 것이어야 한다. 그것은 현상을 과학적으로 인식하는 능력만이 아니라, 시민적 편견을 극복하고 자기들이 갖는 미래에 대한 무한한 가능성을 제시할 수 있는 힘을 갖게 하는 것이어야 한다(박현채, 1983).

▣ 참고문헌

고용노동부(2014), 「2013년 노동조합 조직현황」, 11.

______(2015.11), 「2014년 전국노동조합 조직현황」, 3-292.

______(2016.10), 「2015년 전국노동조합 조직현황」, 2-3.

______(2016), 「2016년판 고용노동백서」, 697.

김경동(1988), 「노사관계의 사회학」, 경문사, 1988, 78.

김경일(1992), 「일제하 노동운동사」, 창작과 비평사, 309.

김금수 외(1985), 「한국노동운동론 1」, 미래사, 78-79.

______(1985), "한국노사관계의 구조적 특성," 배무기·임종철 편, 「한국의 노동경제」, 문학과 지성사, 184.

김금수(1990), "현단계 노동운동의 과제," 고려대 평화문제연구소 편, 「한국사회의 갈등구조」, 한길사, 367.

김기우·송태수·김성규(2014), 「2014 단체협약 분석: 한국노총 제조업 사업장을 중심으로」, 한국노총 중앙연구원.

김낙중(1982), 「한국노동운동사」, 청사, 54.

김대일(2008), 「외환위기 이후 노동시장의 변화와 분석」, 한국경제연구원, 149-225.

김동배·오계택(2008), 「노사관계 국민의식조사 보고서」, 한국노동연구원, 82.

김동원 편(2003), 「세계의 노사관계 변화와 전망」, 한국국제노동재단, 31-218.

김봉수(2016.10.21), "직장인 76% '노조 필요'…파업엔 부정적", 「아시아경제」.

김상온(1997), 「한국과 미국의 단체교섭 비교분석」, 박사학위논문, 연세대학교 대학원, 7.

김성수(1985.12), "노사관계의 구조와 바람직한 정립방향 -한국노사분쟁사의 특성을 중심으로-," 「사회과학논총」, 경희대학교, 제3집, 93.

______(1997), 「신노사관계론」, 법경사, 99-100.

김성진(1979), 「한국의 노동조합」, 한국노동문제연구소.

김수곤(1992), 「한국노사관계론」, 경문사, 24-356.

김승묵(2009), "우리나라 노사관계의 시대별 변화에 관한 연구 -1940년대에서 2000년대까지의 노동운동을 중심으로-", 「기업경영연구」, 32, 285-309.

김영래(1986), 「한국이익집단에 대한 조합주의적 분석-한국노총과 전경련을 중심으로」, 박사학위논문, 연세대학교 대학원.

김원배(2003), “노사관계정책,”「한국의 노동」, 한국노동연구원, 170–171.

김윤환 외(1982),「한국노동문제의 인식」, 동녘, 104–208.

______(1970),「한국노동운동사」, 일조각, 5–23

김윤환(1972), “한국경제의 근대화와 노동운동,”「노동문제논집」, 고려대 노동문제연구소, 제3집, 12.

______(1982),「한국노동조합운동사 1: 일제하 편」, 청사, 211.

______(1983), “한국노동자운동의 성격,” 한국기독교 사회문제연구원 편,「노동자운동과 산업민주주의」, 민중사, 75–81.

______(1990), “90년대 노동조합운동 방향과 노동조합의 사회경제정책 방향,”「노총정책세미나 발표논문」, 한국노동조합총연맹, 18–20.

______(1992), “전환기의 노동운동,” 송종래 편저,「민주화시대의 노사관계」, 법문사, 24–25.

김정한(1998),「노동조합의 재정자립에 관한 연구」, 한국노동연구원, 3–4.

김진균(1995), “87년 이후 민주노조운동의 구조와 특징: ‘전국노동조합협의회’의 전개과정과 주요활동을 중심으로,”「산업노동연구」, 1(2), 197–255.

김태현(2014.11.10), “부산항운 노조, 노무공급 독점 포기,”「한국경제신문」, A30.

김형배(1980), “한국노동법의 변천,” 임종철·배무기 편,「한국의 노동경제」, 문학과지성사, 269–273.

______(1992), “노동운동과 노동법의 기능변화,” 송종래 편저,「민주화시대의 노사관계」,법문사, 32.

노동부(1981),「노동통계연감」, 334.

______(2006),「2005년 노동조합 조직현황」, 8.

______(2015.11),「2005년 전국노동조합 조직현황」, 2.

노사정위원회(2003),「노사정위원회 5년 백서: 전개과정과 활동성과」, 11.

노중기(2009), “이명박 정부 출범 1년의 노동정책,”「경제와 사회」, 봄호, 131–156.

노진귀(2015),「노동조합 조직화 방안연구」, 한국노총 중앙연구원.

대한상공회의소(1990),「한국자본주의: 현상과 과제」, 321.

민남식(1997), “한국노사관계의 발전과정: 정치·경제적 상황과 노사관계의 변화,”「한국노사관계의 발전방향과 과제」, 다산출판사, 48.

박세일(1991), “우리나라 노동조합운동의 이념적 발전방향,”「노동운동의 발전방향에 관한 토론회 발표논문」, 한국노동연구원.

박현채(1971), “해방후 한국노동쟁의와 대책,”「노동문제론집」, 제2집, 고려대학교 노동문제연구소, 5-8

______(1983), “한국노동운동의 현황과 당면과제-70년대를 중심으로-,”「한국노동문제의 인지」, 동녘, 384.

배규식·조성재(2003), “노동운동,” 이원덕 편,「한국의 노동 1987-2002」, 한국노동연구원, 107-109.

배무기(1987), “경제발전과 노사관계,” 조순 외,「한국경제의 이론과 현실」, 서울대학교 출판부, 117-123.

______(1991),「한국의 노사관계와 고용」, 경문사, 76-94.

배손근(1992), “노동운동의 이념과 경제민주화,” 송종래 편저,「민주화시대의 노사관계」, 법문사, 95-102.

서관모·심성보(1989),「현단계 한국사무직 노동조합」, 태암, 78-89.

신두범(1970),「한국노동정책론」, 숭의사, 19-21.

신수식·김동원·이규용(2005),「현대 고용관계론」, 제2판, 박영사, 43-44.

신수식·김종진(2005),「노사관계론」, 개정판, 한국방송통신대학교, 55.

신유근(1988),「한국의 경영노사관계」, 대한상공회의소, 7-14.

신철우(2005),「신노사관계론: 이론/제도/사례」, 신론사, 60-61.

안태정(2005),「조선노동조합전국평의회」, 현장에서 미래를.

어기구·노정희·이선희(2015),「사회안전망과 노동조합의 역할 - 한국노총을 중심으로」, 한국노총 중앙연구원.

옥원호(1987), “산업민주주의의 시각에서 본 한국의 노사관계,”「노동복지연구」, 경남대학교 노동복지연구소, 제6집, 13.

유범상(2003), “사회적 합의,”「한국의 노동」, 한국노동연구원, 124-149.

______(2005), “한국노동운동 이념의 풍경화: 이념의 빈곤과 정체성의 딜레마.”「동향과 전망」, 63, 11-64.

______(2005),「한국의 노동운동이념」, 한국노동연구원, 2-8.

______(2003), “외환위기 이후 노동정치와 사회적 대화: 등장, 전개, 해석,”「동향과

전망」, 한국노동연구원, 봄호, 137.

윤성천(1989), "노동입법과 노사관계," 아산사회복지사업재단, 「복지사회와 노사관계」, 437-438.

윤여덕(1989), "한국노동운동의 투쟁이념으로서의 사회주의 영향," 「현대사회」, 98-101

이덕로(1989), 「한국기업의 노사관계특성에 관한 실증적 연구」, 박사학위논문, 연세대학교 대학원, 162.

______(2012), 「최신 인적자원관리」, 집현재, 18.

이병례(2002), "특집: 한국근현대 노동운동과 노동자경험; 일제하 전시체제기 노동자의 경험세계," 「역사연구」, 역사학연구소, 11, 53-79.

이병태(1989), "노동조합의 민주성과 노사관계," 아산사회복지사업재단, 「복지사회와 노사관계」, 13.

이병훈·유범상(1998), "한국노동정치의 새로운 실험: 노사관계개혁위원회와 노사정위원회에 대한 비교평가," 「산업노동연구」, 4(1), 1998.

이원보(1978.11), "한국노동운동사연구," 「산업논총」, 경희대학교 산업관계연구소, 제3집, 94-97.

이준범(1997), 「현대노사관계론」, 박영사, 144-145.

______(2000), 「현대노사관계론」, 제2전정판, 박영사, 258-259.

이태욱(1987), "한국노사관계의 근본문제," 「경상논총」, 서강대학교 경제·경영연구소, 14, 139.

인간사 편집부(1985), 「간추린 한국노동운동사」, 인간사, 59-62.

임송자(2004), "1946~1952년 대한노총의 내부갈등과 그 성격," 「한국 근현대사 연구」, 28, 113-142.

임종철(1975), "해방후 한국의 공업발전," 「경제논집」, 서울대학교 경제연구소, 14(2), 1-21.

전국경제인연합회(1993), 「한국경제연감 '93」, 126.

정종진(1983), 「새인사관리」, 법문사, 268-271.

정종진·이덕로(2007), 「신노사관계론」, 제3판, 법문사, 37-38.

______(1998), 「인적자원관리」, 제2판, 법문사, 426-431.

朝鮮銀行(1948), 「朝鮮經濟年報」, 208-209.

조선총독부(1933), 「공장 및 광산에서의 노동상황조사」, 64-69.

조창화(1978), 「한국노동조합운동사 5」, 한국노동문제연구소.

최영기 외(2000), 「한국의 노사관계와 노동정치(Ⅰ)-'87년 이후 사회적 합의를 중심으로-」, 한국노동연구원, 203-211.

최영기·윤상진(2013), "박근혜 정부의 고용노동정책은 성공할 것인가?," 「산업관계연구」, 23(1), 1-30.

최인이(2011), "한국노총과 민주노총의 조직과 운동전략 비교: 양대 노총의 제도적 매개역할(1997~2005)을 중심으로," 「기억과 전망」, 24, 79-130.

최장집(1988), 「한국의 노동운동과 국가」, 열음사, 180-184.

최제훈(2005.5.24), "CEO와 직원간 노조설립 의견차," 「데이터뉴스」.

최종태(1987), "한국기업의 국제화과정에 있어서 노무 및 노사정책 과제와 전개방향," 「경영논집」, 서울대학교 경영연구소, 21(3), 68-69.

추 헌(1980), 「국제비교면에서의 한국노사관계의 제도론적 특징에 관한 연구」, 박사학위논문, 중앙대학교 대학원, 135.

탁희준(1972), 「임금제도와 노동경제」, 대한상공회의소, 63-64.

하경효(2006), "노동조합의 민주성과 재정운영의 투명성," 「산업관계연구」, 16(2), 29-55.

한국경영자총협회(1980), 「저성장과 노동정책과제」, 11-12.

한국경제인협회(1965), 「노사관계와 경영의 근대화」, 148-149.

한국노동연구원(2005), 「2005년 KLI 노동통계」, 148.

______(2016), 「2016 KLI 해외노동통계」, 126.

______(2016), 「2016 KLI 비정규직 노동통계」, 6.

______(2015), 「2015 KLI 해외노동통계」, 120.

한국노동조합총연맹(1979), 「한국노동조합운동사」, 270-280.

한국사회사연구회편(1991), 「한국의 노동문제와 노동운동」, 문학과 지성사, 13-14.

Barbash, J.(1981), "Reflections on Positive Collective Bargaining," *Labor and Society, January-March*, 82.

Blanpain, R.(1987), *Comparative Labour Law and Industrial Relations*, 3rd ed.,

Deventer, The Netherlands: Kluwer Law and Taxation Publishers, 149–170.

Carter, A.M. & Marshall, F.R.(1968), *Labor Economics*, Homewood, Illinois: Richard D. Irwin, 54–70.

Clawson, Dan(2003), *The Next Upsurge: Labor and the New Social Movements*. Ithaca and London: Cornell University Press.

Choi Jang Jip(1980), *Conflict and Political Control in South Korea: A Study of Labor Union in Manufacturing Industries*, 1961–1980, Ph.D. Dissertation, The University of Chicago.

Choi, Young-Gi, & Dae Il Kim(2003), "Changes in the Labor Markets and Industrial Relations," in D. Chung and B. Eichengreen (eds.), *The Korean Economy Beyond the Crisis*, Northampton MA : Edward Elgar Publishing Inc.

Fantasia, R. & Voss K.(2004), *Hard Work: Remaking the American Labor Movement*, Berkeley, Los Angeles: University of California Press.

Ganz, M.(2000), "Resource and Resourcefulness: Strategic Capacity in the Unionization of California Agriculture, 1959–1966," *American Journal of Sociology*,105(4), Jan., 1003–1062.

Gorden, A.(1998), *The Wage of Affluence: Labor and Management in Postwar Japan*, Cambridge, MA, Harvard University Press.

Green, G, D.(1991), *Industrial Relations*, 3rd ed., London: Pitman Publishing, 13.

Kerr, C., Dunlop, J. T., Harbison, F. H., and Myers, C. A.(1960), *Industrialism and Industrial Man:The Problems of Labour and Management in Economic Growth*, Cambridge, Mass.: Harvard University Press.

Lipson, E.(1954), *The Growth of English Society*, London: A & C Black, 401–402.

Marshall, R., King, A.G., & Briggs, V.M. Jr.(1984), *Labor Economics: Wages, Employment, and Trade Unionism, and Public Policy*, 5th ed., Homewood, IL: Irwin, 31–33.

Poole, M.(1987), *Industrial Relations: Origins and Patterns of National Diversity*, London: Routledge and Kegan Paul, 75.

Rifkin, J.(1995), *The End of Work: The Decline of The Global Labor Force and The Dawn of The Post-Market Era*, New York: G.P. Putnam's Sons.

Labor management relations

제 3 장

노동조합

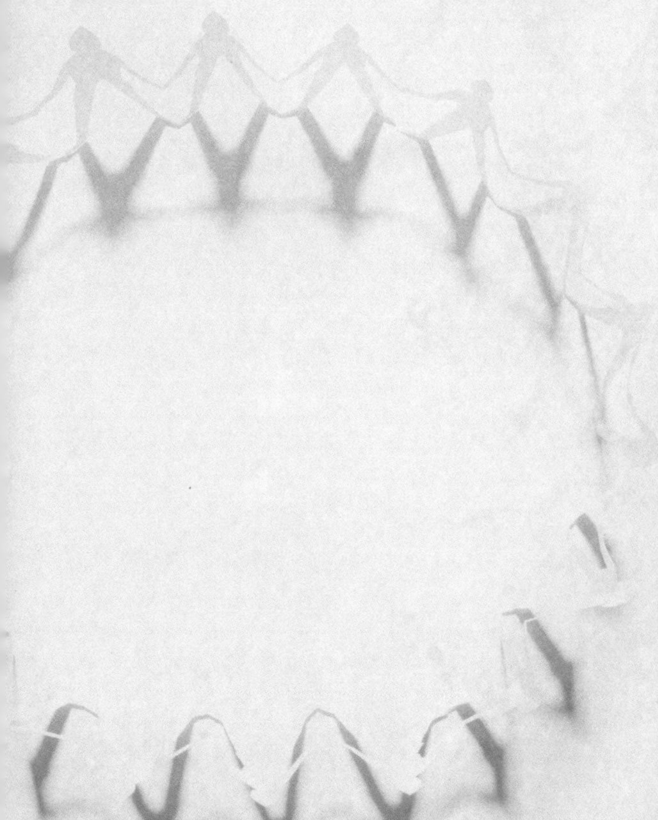

제 3 장

노동조합

제 1 절 노동조합의 의의

1. 노동조합의 의의

시드니 웹과 비아트리스 웹(Sidney Webb & Beatrice Webb)은 「노동조합주의의 역사」에서 "노동조합이란 임금근로자들이 그들의 근로생활의 제조건을 유지·개선할 목적으로 조직한 항구적인 단체(A trade union is a continuous association of wage earners for the purpose of maintaining or improving the conditions of their working lives.)"라고 정의내리고 있다(Webb & Webb, 1920). 콜(D.H. Cole)은 노동조합을 "한 종류 또는 두 종류 이상의 직업에 종사하는 노동자들의 결사이며, 그 조합원들의 일상적인 작업과 관련된 경제적 이익의 보존을 추진하는 것을 주요 목적으로 하여 운영되고 있는 결사체"로 정의내리고 있다.

2006년 말에 출범한 국제노동조합총연맹(ITUC)의 전신 중 하나였던 국제자유노동조합연맹(ICFTU)에서는 "노동조합이란 노동자가 직장에서 단체교섭을 통하여 근로조건을 유지·개선하고 보다 나은 삶을 영위할 수 있도록 하는 한편, 사회문제에 대하여 노동자들의 의사를 대변함으로써 노동자들의 권익을 보호하고자 조직된 계속적, 항구적, 민주적 그리고 자주적 단체"라고 보고 있다. 그리고 헤너만과 요더(H.G. Heneman, Jr. & D. Yoder)는 "노동조합이란 사용자와의 협상을 통해서 양보를 얻어내고, 그 협상결과의 집행을 감시하기 위하여 만들어진 조직된 노동자들의 상설단체"라고 정의하였다(Heneman, Jr. & Yoder, 1965).

이상의 정의들을 종합적으로 살펴보면 노동조합은 다음의 세 가지의 공통된 의미를 지니고 있음을 알 수 있다.

첫째, 노동조합은 근로자의 자주적인 단체이다. 곧 노동조합은 근로자의, 근로자에 의한, 근로자를 위한 조직체(organization of the employees, by the employees, for the employees)이다. 근로자는 사용자와의 개별적인 교섭으로는 그들에게 유리한 근로조건을 획득할 수 없어 단결체를 조직함으로써 이를 배경으로 하여 집단적으로 교섭하고자 하며, 이와 같은 목적을 달성하기 위하여 근로자가 자주적으로 조직한 단체가 바로 노동조합이다. 여기서 근로자란 직업의 종류를 불문하고 임금, 급여, 기타 이에 준하는 수입에 의하여 생활하는 자(노조 및 조정법 제24조)를 말한다.

둘째, 노동조합은 어디까지나 근로조건의 유지나 개선을 주목적으로 해야 한다. 비록 근로자가 주체가 되어 자주적으로 조직된 단체라 하더라도 그 목적하는 바가 순전히 정치적 또는 종교적 이념을 실현하고자 하는 단체라면 노조라 얘기할 수 없다. 이러한 맥락에서 근로자 상호간에 공제만을 위한 단체도 공제조합이지 결코 노동조합은 아니다.

그러면 근로조건의 유지 내지 개선이라는 목적은 무엇인가? 여기에 어떤 명확한 목표가 있는 것은 아니지만 1965년 영국의 도노반위원회(Donovan Commission)에서 노동조합회의(TUC: Trade Union Congress)는 노조의 목적으로 ① 고용조건의 개선, ② 작업장에서의 환경 개선, ③ 완전 고용의 달성, ④ 고용과 수입의 안정 도모, ⑤ 사회적인 안정의 개선, ⑥ 국민소득과 국부에서의 공정한 몫의 달성, ⑦ 산업민주주의의 달성, ⑧ 공공 및 사회서비스의 개선 등을 들고 있다(Green, 1991, 9).

셋째, 항구적인 단체라야 한다. 노동조합은 일시적으로 존재해서는 노동조합 본연의 목적을 제대로 달성할 수 없다. 따라서 노동조합은 특별한 일이 없는 한 항구적으로 존재하는 단체라야 한다.

우리나라 노동조합 및 노동관계조정법 제2조 제4호에서 "노동조합이라 함은 근로자가 주체가 되어 자주적으로 단결하여 근로조건의 유지·개선 기타 근로자의 경제적·사회적 지위의 향상을 도모함을 목적으로 조직하는 단체 또는 그 연합단체를 말한다."라고 규정하고 있다. 이러한 현행 노동법상의 노동조합에 관한 정의는 1884년 1월 4일 그 명칭이 채택된 페이비언 협회(Fabian Society)의 회원이면서 페이비언 협회의 주요 정책을 결정한 핵심적인 인사인 시드니 웹과 비아트리스 웹의 노동조합에 관한 정의와 유사하다(정상익, 2007).

2. 노동조합 가입에 관한 이론

노동자들은 왜 노동조합에 가입하는가? 이러한 사실을 설명하는 이론적 근거는 크게 학제적 접근방법과 분석대상이나 범주에 따른 접근방법으로 나눌 수 있다. 학제적 접근방법이라고 하면 우선 노조가입의 동인을 개인의 효용극대화 혹은 비용-편익 분석으로 설명하는 경제학적 방법이 있고, 개인의 불만족을 해소하는 수단으로 노동조합에 가입하게 된다는 심리학적 접근, 그리고 개인의 이념이나 정치적 견해에 따라 노조활동을 하게 된다는 사회학 혹은 정치학적 관점이 있을 수 있다.

분석대상이나 범주에 따른 접근방법에는 크게 미시적 접근방법과 거시적 접근방법이 있다. 전자의 경우 노조조직률의 변동이 개인의 노동조합 가입성향에 의해 결정된다고 보고 개인의 노조 가입성향을 결정하는 요인에 관해 연구하는 방법으로, 대표적으로 미시 노동경제학에서 노조가입을 설명하는 것을 떠올릴 수 있다. 노동경제학에서는 개인이 합리적이기 때문에 노조에 가입한다고 설명한다. 즉 노동조합에 참여할 때 발생되는 비용과 얻게 되는 편익을 비교하여 편익이 비용을 초과할 때 노동조합에 가입한다는 것이다(Farber & Saks, 1980; Hirsh & Addison, 1986). 이때 개별 노동자가 노동조합에 참여함으로써 발생하는 각종 비용들, 즉 조합비와 같은 직접적이고 금전적인 손실은 물론이고 파업에 참여할 때 잃게 되는 소득, 노조활동으로 인해 소비되는 시간 등은 모두 비용에 포함된다. 그러나 동시에 노동자들이 노조에 참여함으로써 누리게 되는 임금프리미엄이나 노동조건의 개선사항, 고용보호 등은 노조가입으로 인한 편익이 된다.

이런 미시적 접근방법은 노동조합 가입의 논리를 분명하게 설명할 수 있다는 장점이 있지만, 동시에 산업구조 변화나 노사관계 주체들의 구조, 행태 변화 등 집단적 이유에 의한 노동조합 조직률 변화를 제대로 규명하지 못하는 약점이 존재한다. 보다 근본적으로는 H. S. Farber(2001)가 지적했듯이 개인의 노조 가입 성향을 분석하기 위해서는 반드시 해당 사업장에 노동조합이 존재해야 한다는 비현실적인 전제를 포함하고 있다.

미시적 접근법에서 배제하고 있는 요인들은 주로 노동수요와 관련된 변수들이다. 예컨대 해당 기업의 수익성, 노동수요의 탄력성, 기업규모, 해당 직무의 특성 등의 요인들은 노동조합 조직화에 큰 영향을 미치는 구조적 요인 변수들이지만 실제 분석모형에 모든 변수들을 포괄하기란 쉽지 않다(김정우, 2014. 11-12).

한편 거시적 접근방법은 노사관계를 둘러싼 산업구조, 고용구조 등 객관적 조건과 노사관계 주체들의 구조변화라는 노사관계 환경변화를 중심에 놓고 연구하는 방법이다. 이러한 접근방법은 노동자 개개인의 노동조합 가입성향에 영향을 미치는 미시 변수를 제대로 파악하기 어렵다는 한계를 지니게 된다.

이상의 미시적 접근방법과 거시적 접근방법의 한계를 극복하기 위한 대안으로 등장한 것이 노동조합 수요공급 이론인데, 이는 노동조합 조직률을 개인의 노조가입 선택(노동조합 수요측면)과 이를 제약하는 제도적·구조적 요인(노동조합 공급측면)과의 상호작용으로 설명하고 있다. 노동조합 수요 측면은 개별 노동자의 노조 가입성향을 뜻하며, 노동조합 공급측면은 개별 노동자들에게 노조가입 기회가 얼마나 주어지는가를 의미한다. 동시에 노동조합 공급은 그 자체로 노동조합 조직화에 따른 편익과 비용에 의해 결정되는데, 즉 노조가 조직되면 공급되는 노조 서비스인 단체교섭, 고충처리, 파업 등과 이에 소요되는 비용이 함께 고려된다. 또한 노조조직화에는 노조조직화의 주체가 지닌 조직적 목표와 조직화 자체에 드는 비용, 단체교섭의 법·제도적 구조 등도 영향을 미친다.

만약 개별 노동자가 노동조합에 가입하기를 원하는 즉시 가입할 수 있는 기회가 주어진다면, 그만큼 노조조직률은 높아질 것이다. 반면에 노조가입자격에 대한 법률적·제도적 규제나 사용자의 반노조활동 등과 같은 직접적 제약뿐 아니라 기업규모, 산업, 직종 등의 특성으로 인한 간접적 제약 등에 의해 노조조직화가 어렵거나, 노동조합의 내부 구성이나 조직형태 등에 기인해 조직화 노력이 미흡해지면, 결국 노동조합에 대한 가입기회가 봉쇄되는 것이며, 이 경우 노조조직률은 낮아질 것이다.

노조조직률 결정에 관한 노동조합 수요공급 이론은 기업별 노조 체제에 있는 한국에 더 큰 시사점을 제공해 줄 수 있다. 예컨대 노동조합이 없는 소규모 영세 업체에 취업하고 있는 노동자는 이직을 하지 않는 이상 노조가입 의지가 아무리 높더라도 실제 노조에 가입할 가능성이 원천적으로 배제된다고 볼 수 있기 때문이다. 또한 정규직 중심의 노조조직 구성 역시 비정규직의 노조가입을 제약하는 구조적 요인이 될 수 있다(김정우, 2014, 13).

3. 노동조합 가입 이유

종업원들이 노조에 가입하려는 이유에는 여러 가지가 있다. 종업원들이 노동조합에 참여하고자 하는 가장 주된 이유는 그들이 경영자에 의해 독단적으로, 부당하게, 혹은 불공정하게 대우받고 있다고 느끼기 때문이다. 이러한 일들은 주로 종업원과 상사 사이의 원활하지 못한 의사소통으로 야기된다. 이와같이 상사나 회사측의 독단적인 행동에 대한 두려움이 친노조 감정의 주된 이유이다(DeMaria, 2007). 그러나 노조가 형성되고 종업원들이 노조에 가입하는 데에는 또 다른 중요한 이유가 있는데, 구체적으로 [그림 3-1]과 같이 여섯 가지로 나누어 설명해 보기로 하겠다(Mondy, Noe, & Premeaux, 1999).

그림 3-1 노조가입 이유

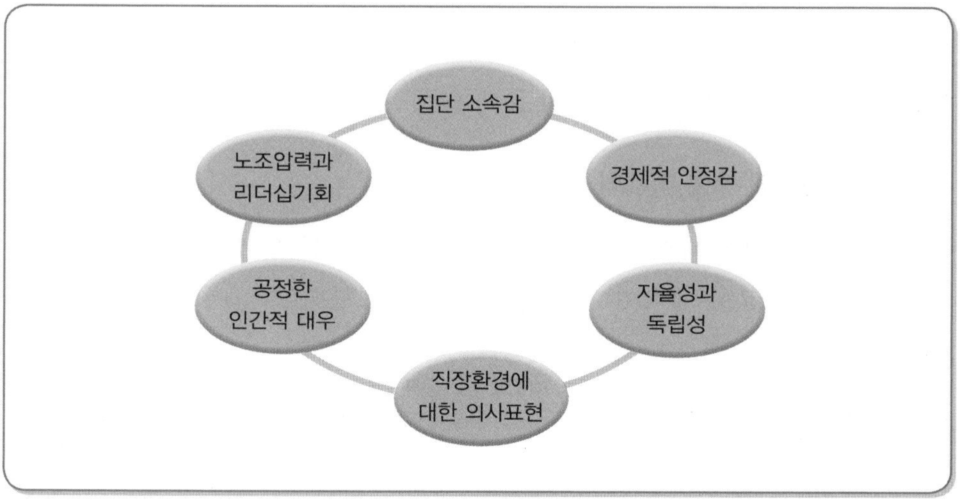

(1) 경제적 안정감

근로자들이 노동조합에 가입하는 가장 주된 이유는 고용안정과 높은 경제적 보상을 얻기 위해서이다. 선진국의 경우 노조운동이 전개된 이후 근로자의 직장은 안정되었고 경제적 보상도 경제발전과 더불어 많이 개선되었다. 따라서 일반 근로자들은 이러한 결과가 노동조합의 단체교섭 덕택이라고 믿고 노동조합에 가입하려 한다(Brett, 1980).[1]

(2) 집단 소속감

소속감은 공동체(사회, 조직, 집단) 구성원으로서의 개인이 해당 공동체에 대하여 선험적으로 갖고 있는 지각적 귀속 감정이다(김철호, 2013). 인간의 속성이 그러하듯이 근로자들 또한 자기들의 공통된 신분이나 목적을 중심으로 자신들 나름대로의 집단을 형성하여 이와 동일시(identify)하려고 한다. 그렇게 함으로써 이에 소속감을 느끼게 되고, 소속 구성원들 상호간에 존중하는 관계를 맺고자 하며, 그리고 계속해서 상호작용하고 싶어한다.

(3) 자율성과 독립성

근로자들은 자신들의 일과 문제를 해결해 나가는 것과 관련하여 그들 자체의 자율적인 능력, 주도적인 역할 및 독립된 지위를 갖고자 한다. 환언하면 다른 집단의 도움이나 다른 사람들의 영향이나 관섭을 받지 않고 자신들의 희망에 따라 독자적으로 자신들의 문제를 해결해 나가는 주체성을 원한다.

(4) 직장환경에 대한 이해와 의사표현

근로자들은 직장 내에서 일어나는 크고 작은 모든 일에 대하여 알고 싶어하며 당면한 상황에 대하여 자신들의 의사를 표현하고 싶어한다. 그들은 직

1 실제로 김정우(2014, 42–68)는 「고용형태별 근로실태조사」와 「경제활동인구 부가조사」 2012년도 자료를 활용하여 정규직과 비정규직의 노동조합 임금효과를 임금근로자 전체 표본의 최소자승법(OLS: Ordinary Least Square) 추정을 통해 추정한 결과 노동시장 내에서 가장 우월한 지위를 가질 것으로 예상되는 정규직 조합원의 임금효과 계수 값이 정규직 비조합원, 비정규직 조합원, 비정규직 비조합원과 비교했을 때 가장 높게 나타나 정규직 조합원 집단의 노조 임금효과를 확인할 수 있었다.

장의 상황파악과 이에 대한 의사표시 그리고 나아가 기업경영과 관련된 주요 의사결정에 참여하는 것은 근로자 개인보다 단체행동을 통하여 보다 효과적으로 이루어질 수 있다고 믿고 있다.

(5) 공정한 인간적 대우

근로자들은 작업현장에서 단순히 하나의 생산도구로서만 인정받지 않고 실제적으로 인간적인 대우를 원한다. 따라서 그들은 경영층의 임의적인 결정이나 독단적인 결정에 대하여 호소할 수 있고, 이에 따라 공정한 결정과 대우를 받을 수 있는 기회를 원한다. 이러한 기회는 근로자 개개인의 힘으로는 불가능한 것이 사실이다.

(6) 노조압력과 리더십기회

단체교섭에서 보다 유리한 고지를 차지하기 위해 단결력을 보다 공고히 하고자 하는 노동조합으로부터의 유형·무형의 압력과 유니온 숍(union shop) 규정도 근로자들을 노조에 가입시키는 실질적인 이유로 작용한다. 또한, 노조활동과 노조조직에서의 리더십역할을 자아실현의 기회로 생각하며 노조에 가입하려는 근로자들도 있다(이학종, 2000; 이학종·양혁승, 2005).

제 2 절 노동조합의 기능

전통적으로 노동조합은 좁은 의미로 보아 [그림 3-2]와 같이 경제적 기능, 공제적 기능 및 정치적 기능 등으로 나누고 있다(김성수, 2000; 박상필, 1994; 최종태, 1996, 95). 이들 기능 중에서 현대 노동조합의 가장 기본적인 기능은 어디까지나 경제적 기능이며 공제적 기능이나 정치적 기능은 노동조합의 경제적 기능을 보완하는 성격을 지니고 있다. 그러면 좁은 의미에서의 노동조합의 기능에 대해 각각 살펴보기로 하자.

그림 3-2 노동조합의 주요 기능

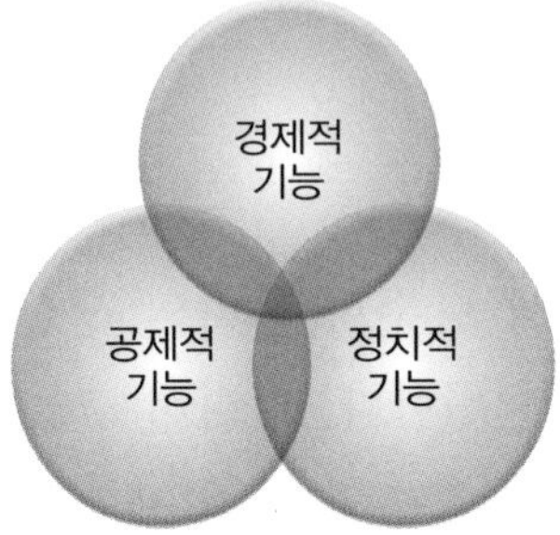

1. 경제적 기능

노동조합의 여러 기능 중에서도 경제적 기능은 가장 기본적인 기능이라 할 수 있다. 초기의 노동조합이 직업별 조직형태를 취하고 노동의 배타적 독점을 꾀하여 수요에 대한 공급을 조절함으로써 임금의 적정수준을 유지한 것은 다름 아닌 노동시장에 대한 배타적인 통제기능인 것이다. 그리고 노동조합의 이러한 기능은 사용자와의 단체교섭을 통해서만 달성될 수 있는 것이므로 시드니 웹이 단체교섭을 노동조합의 3대 기능 중의 하나로 지적한 것은 실로 당연한 일이다. 이와 같이 사용자들로 하여금 노동조합과의 교섭을 통하지 않고서는 필요로 하는 노동력을 조달할 수 없는 상태로 이끄는 것과 같은 노동조합의 기능을 경제적 기능 또는 산업적 기능이라고 한다.

노동조합이 이러한 기능을 충분히 발휘하기 위해서는 그 전제로서 사용자가 노동조합을 대등한 교섭당사자로 인정할 필요가 있으며, 아울러 노동조합의 단체교섭권을 끝까지 뒷받침할 수 있는 쟁의권이 보장되어야 한다. 사실 노동조합의 정당한 쟁의행위가 보장되지 않는다면 단체교섭은 그 실효성을 거둘 수 없는 것이다.

던롭(J. T. Dunlop)은 노동조합이 정치적 성향도 있지만 임금수준의 인상, 근로조건 개선의 극대화를 추구하는 경제적 주체라고 말한다. 노동조합이 경제적인 기능을 발휘함에 있어서는 여러 가지 방법이 있으나, 그것을 정리하면 후술하는 바와 같이 단체교섭(제4장), 경영참가(제5장), 노동쟁의(제7장)

등으로 대별할 수 있다(최종태, 1996, 96).

2. 공제적 기능

노동조합이 조합원의 생활을 안정시키기 위하여 착수한 활동 중에서 중요한 것이 바로 공제활동이다. 노동자는 예기치 아니한 질병이나 재난을 당하기도 하고, 실업자가 되기도 하며, 불시에 노동능력을 잃게 되는 경우도 있다. 그러나 사회보장제도가 발달하지 못한 초기단계에서는 이러한 불행을 당했을 경우 자선단체의 신세를 질 수밖에 없었기 때문에 노동조합은 상호부조를 하기 위하여 준비된 조합기금 중에서 질병, 상해, 실업, 재난, 노령자의 부양이나 구직을 위한 여비, 작업도구의 교환비 등을 지불하게 되었다.

이와 같이 노동조합발달의 초기에는 오늘날과 같은 사회보험이나 다양한 복리후생시설 등이 발달되지 못하였기 때문에 노동조합의 조합원 상호간에 공제활동이 성행되었다. 이러한 공제적 활동은 근로자를 노동조합으로 유도하고 조합원과의 유대를 갖도록 해주고, 적립된 조합기금은 조합의 교섭력을 직간접적으로 지탱시켜 주는 자금원이 되어 조합재정을 강화시켜 줄 수 있으며, 그리고 조합원의 생활고에 의한 노동력 궁핍판매를 방지하고 표준적 근로조건의 유지를 가능하게 해줌으로써(김광욱, 1990; 신용존, 1998) 본격적인 조합활동의 기반을 마련하기에 이르렀다.

오늘날에 와서는 국가차원의 사회보장이나 기업차원의 복리후생이 잘 갖추어지고 있기 때문에 종래와 같이 노동조합이 중심이 되어 모든 면에서 공제활동을 벌일 필요는 없어졌다. 또한 근래에 들어 각 기업체들은 극심한 시장경쟁에 대하여 생존할 수 있는 길은 작업조건의 향상 및 개선에 의한 노동생산성의 향상임을 인식하고 종업원의 복리후생에 앞장서고 있어 노조의 공제적 기능의 중요성은 다소 약화된 바 있다. 그러나 제도로서의 사회보장이나 기업의 복리후생제도에는 여러 가지 결함 또는 한계가 있어 아직도 착수하지 못한 부분이나 미비한 부분이 아직도 많은 편이다. 따라서 앞으로 노조는 이러한 부분에 보다 많은 관심을 기울일 필요가 있다.

3. 정치적 기능

앞서의 경제적 기능이 사용자와의 단체교섭을 통해서 발휘되는 데 비하여 정치적 기능은 그 상대가 사용자가 아니라 국가나 지방자치단체이다. 노동조합의 정치적 활동, 즉 정치적 기능은 경제적 기능과 불가분의 관계에서 발생하는 기능이라고 할 수 있다. 왜냐하면 노동조합은 경제적인 목적을 달성하기 위하여 부득이 정치적인 활동을 전개하지 않을 수 없기 때문이다. 즉 노동관계법의 개정과 제정, 세제·물가정책, 사회보험제도, 임금가이드라인, 기타 사회복지정책의 개정이나 집행과 관련하여 그들에게 유리한 방향으로 이루어지도록 하기 위해서 특정 정당을 지지하거나 반대하는 활동을 전개하게 된다.

여기서 유의하여야 할 것은 노동조합이 정치적 기능을 하더라도 어디까지나 경제적 기능, 즉 단체교섭기능을 중추적인 기능으로 하는 단체라야 한다는 점이다. 이러한 맥락에서 우리나라의 구 노동조합법 제12조에서는 노동조합의 공직선거에 있어서 특정정당의 지지, 특정인을 당선시키기 위한 행위, 조합원으로부터의 정치자금의 징수 및 노동조합기금의 정치자금에의 유용 등의 정치활동을 각각 금지한 바 있다.

그러나 근로조건을 유지·향상시키기 위한 노동조합의 목적이 반드시 경제적 기능만으로 실현될 수 있는 것은 아니므로 노조 본연의 목적달성을 위한 부수적 정치활동이 허용되어야 한다는 주장이 받아들여져 1997년 개정 노동법에서는 정치활동 제한규정을 삭제하였다. 그 대신 개정 노동법은 노동조합이 정치단체화하는 것을 방지하기 위하여 노동조합의 결격사유의 하나로 '주로 정치운동을 목적으로 하는 경우'를 신설하였다(노조 및 조정법 제2조 제4호 마목)(김재훈, 1997). 그러다가 1998년 2월 7일 IMF 극복을 위한 제2기 노사정 위원회의 대타협으로 노조의 정치활동을 보다 자유화하게 되었다.

노동계에서 생각하는 정치활동은 다음과 같다. ① 노동계 인사가 직접 총선이나 지방자치단체선거에 출마하는 것[2]. ② 특정정당이나 후보를 공식적으

2 제19대 국회의원선거 비례대표 후보자의 구체적인 예로, 새누리당의 비례대표제 15번 최봉홍 전 국항운노동조합연맹 위원장, 민주통합당의 비례대표제 11번 한국노총 대외협력본부장 한정혜와 12번 금융노조 위원장 김기준, 통합진보당의 비례대표제 4번 정진후 전 전교조 위원장, 그리고 진보신당의 비례대표제 1번 민주노총 울산지역연대노조 부위원장 김순자 등을 들 수 있다.

로 지지하는 것. ③ 주요 행정부의 경제정책기구 등에 노조대표가 참여하는 것. ④ 정책결정기구에 건의서·청원서를 제출하거나 자료를 제출하는 것. ⑤ 정책결정자들에 대해 로비활동을 하는 것. ⑥ 담화문이나 성명서를 발표하며 공청회나 대중집회 또는 시위 등을 개최하는 것 등이다(이영면, 2000).

경제사회의 변화에 따라 노동조합의 활동도 크게 변화해 왔다. 따라서 노동조합의 기능을 경제적, 공제적, 정치적 기능으로 분류하는 것은 간단명료하다는 장점으로 과거의 조합기능을 설명하는 데에는 적합하지만 오늘날의 노동조합은 위의 세 가지 기능만으로는 이를 다 설명할 수 없는 여러 가지 기능을 수행하고 있다. 더욱이 노동조합으로서는 노동조합 자체를 조직하고 유지하는 기능이 가장 기본적인 기능임에도 불구하고 종래의 기능분류상의 개념에서는 등한시 되어왔다(변상우 외, 2015, 117-122). 따라서 노동조합의 기능을 넓은 의미에서 기본기능, 집행기능 및 참모기능 등으로 분류하기도 한다.

넓은 의미에서는 [그림 3-3]과 같이 비조합원인 노동자를 조직하는 1차적 기능과 노동조합에 가입해 있는 조합원들을 관리하는 2차적 기능을 하는 기본기능, 근로자들의 근로조건을 유지·향상시키기 위한 단체교섭기능과 그 이외의 경제적 기능, 그리고 정치적 기능과 같은 집행기능, 그리고 교육선전, 조사연구, 사회사업 등과 같이 노동조합의 기본기능과 집행기능이 더욱 효과적으로 수행될 수 있도록 보조하는 기능인 참모기능 등으로 분류하기도 한다(김성진, 1973; 신수식, 2014, 54-57; 이준범, 1997, 246).

그림 3-3 노동조합의 기능(광의)

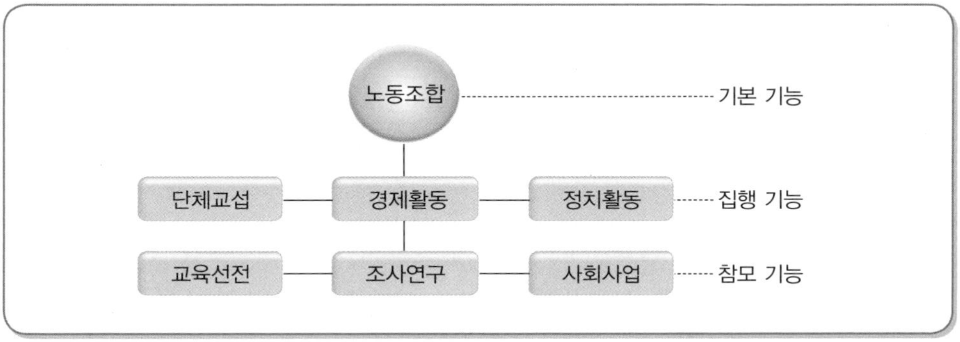

자료: 이준범(1997), 「현대노사관계론」, 제2전정판, 박영사, 246.

표 3-1 **노동조합의 목적** (단위: %)

구분 \ 목적	전체	규정 없음	규정 있음									
				경제적 지위 향상	정치적 지위 향상	사회적 지위 향상	문화적 지위 향상	민주적 노동운동발전	정신적 지위 향상	근로자 이익보호 및 추구	산업 평화	기타
전 체	100.0	1.2	98.8	95.7	44.0	94.4	15.2	6.7	0.3	49.6	3.2	15.3
99인 이하	100.0	1.5	98.5	96.7	45.8	95.7	12.6	5.0	0.0	48.1	2.5	13.6
100~499인	100.0	0.9	99.1	96.3	33.5	94.5	15.1	8.7	0.9	52.8	4.1	16.5
500~999인	100.0	1.8	98.2	91.1	51.8	91.1	26.8	1.8	0.0	53.6	1.8	14.3
1,000인 이상	100.0	0.0	100.0	92.4	58.2	89.9	20.3	12.7	0.0	45.6	5.1	21.5
상급단체별												
한국노총	100.0	1.6	98.4	97.0	30.5	95.0	8.4	7.1	0.2	54.9	3.6	16.9
민주노총	100.0	0.9	99.1	93.4	70.9	93.4	30.0	6.2	0.4	43.6	2.2	11.9
연맹 미가맹	100.0	0.0	100.0	95.2	41.7	94.0	10.7	6.0	0.0	38.1	3.6	16.7
결성시기별												
6월 29일 이전	100.0	3.3	96.7	96.6	36.1	91.6	10.1	8.4	0.0	53.8	3.4	19.3
6월 29일 이후	100.0	0.8	99.2	95.6	45.5	94.9	16.2	6.3	0.3	48.8	3.2	14.6
산업별												
제조업	100.0	1.2	98.8	95.7	41.7	94.2	19.0	7.7	0.3	53.1	3.1	14.1
비제조업	100.0	1.2	98.8	95.8	45.8	94.6	12.3	5.9	0.2	46.9	3.3	16.3
노조조직별												
기업별노조	100.0	0.8	99.2	96.2	42.7	94.2	15.5	6.8	0.3	52.1	2.4	15.2
분회·지부	100.0	5.6	94.4	91.2	47.1	94.1	11.8	2.9	0.0	44.1	8.8	23.5
산별노조	100.0	8.3	91.7	72.7	63.6	81.8	18.2	18.2	0.0	27.3	–	18.2
지역노조	100.0	2.2	97.8	97.8	55.6	100.0	13.3	4.4	0.0	22.2	11.1	11.1

자료: 김정한·윤문희·김재훈(2005), 「노동조합 규약분석(II)」, 한국노동연구원, 54.

지금까지 노동조합의 주요 기능에 대해 살펴보았는데, 그러면 우리나라 노조는 주로 어떤 것을 추구하고 있을까? 이것은 노조의 규약에 있는 목적을 통해 간접적으로 살펴볼 수 있는데, 〈표 3-1〉에서 알 수 있듯이 전체적으로 노동조합의 목적을 대부분의 노조규약(98.8%)에서 규정하고 있다. 여기서 경제적 지위향상(95.7%)과 사회적 지위향상(94.4%)을 규정한 경우가 압도적으로 많았고, 정신적 지위향상이나 산업평화 등이 각각 0.3%, 3.2%로 분석되었다(김정한·윤문희·김재훈, 2005, 54).

제 3 절 노동조합의 유형

노동조합은 분류하는 기준에 따라 여러 가지가 있는데 크게 노동조합에 가입하는 조합원의 자격에 의한 유형과 결합방식에 의한 유형으로 나누어 볼 수 있다(이상윤, 2013, 545). 전자는 노동조합의 일반적인 유형을 지칭하는 직업별 노동조합·산업별 노동조합·일반 노동조합·기업별 노동조합 등이 포함되는 대내적 유형이다. 반면에 후자의 결합방식에 의한 유형은 단위노동조합과 연합(체)노동조합으로 나눌 수 있는데, 여기서는 가장 일반적인 조합원자격에 따른 유형으로 〈표 3-2〉와 같은 네 가지로 살펴보고자 한다.

1. 직업별 노동조합

직업별 노동조합(craft union)이란 산업이나 기업에 관계없이 동일한 직업을 갖는 노동자들이 그들의 경제적 이익을 확보하기 위하여 결속한 횡적 조직체로서 노동운동사상 가장 일찍이 발달한 조직유형이다. 이 조합은 흔히들 직종별 조합, 직능별 조합이라고도 한다.

1840년대 말부터 1850년대에 걸쳐 영국의 기계공업에서 확립되기 시작한 이

표 3-2 노동조합의 유형

구분 / 유형	4대 기본유형	3대 기본유형	2대 기본유형	대표 유형
유 형	산업별 노조 직업별 노조 기업별 노조 일 반 노 조	산업별 노조 직업별 노조 기업별 노조	산업별 노조 직업별 노조	산업별 노조

자료: 최종태(2003), 「현대노사관계론」, 전정판, 경문사, 111.

조합은 인쇄공조합, 제화공조합, 선반공조합, 목공조합 등과 같이 숙련 노동자가 중심이 되어 직업독점'과 '노동력의 공급제한'을 목적으로 하는 데 그 특색이 있다. 여기서 공급독점이란 노동시장에 있어서 노동조합이 직업을 독점적으로 규제하는 것을 말한다. 즉 기능에 대응하는 일의 범위를 정하고 그것을 일정한 자격을 가진 조합원들에게만 독점케 하여 노동시장에 있어서의 수요측면에서 유리한 조건을 확보하는 것이다.

한편 직업별 조합은 노동력의 공급에 있어서도 제한을 가하여 항상 노동력의 공급량을 제한함으로써 사용자를 압박하여 자기들의 직업에 정해 놓은 표준임금률 및 노동조건을 확보하게 된다. 여기서 중요한 역할을 하는 것이 도제제도(apprentice system)와 무자격자에 대한 규제이다. 즉 노동조합은 엄격한 도제제도를 설치하여 도제의 수와 기능습득기간을 정하고, 그들의 임금수준을 낮게 함으로써 숙련노동자의 과잉화를 방지하는 동시에 조합원의 임금수준을 높은 수준으로 확보한다. 그리고 도제기간이 경과하지 않은 자는 전부 무자격자로서 조합원의 직장에서 배척한다. 즉 직업별 조합의 기본 원리는 조합원이 획득한 숙련기능에 대하여 강력한 습득권의식을 가지며, 도제제도를 통하여 노동력의 공급제한을 하려고 하는 소위 기득이익론, 일명 기득권론(doctrine of vested interest)과 수요공급론(doctrine of demand and supply)을 전제로 하고 있다(김성진, 1974, 89).

직업별 노조는 영국에서 일찍부터 발전하였으며, 미국의 미국노동총연맹(AFL: American Federation of Labor)을 비롯하여 지금도 세계 각국에서 그 유형을 볼 수 있다. 그러나 기계제산업이 급속히 진전됨에 따라 기술이 단순화되고 노동에 있어서의 숙련도와 미숙련도의 차이가 적어지는 한편, 새로운 생산시설의 등장으로 인하여 직종구분도 재편성되어 직업별 조합의 주도적 지위가 무너지게 되면서 새로운 노조유형인 산업별 조합이 발달하게 되었다(최종태, 2003).

직업별 노동조합의 장점으로는 ① 동일한 직업을 가지는 근로자들로 조직되기 때문에 통일된 입장을 제시할 수 있어 단체교섭 사항과 그 내용이 명확하며, ② 동직자로서의 유대의식이 강하기 때문에 조직의 단결력이 공고하여 어용화될 염려가 없으며, ③ 직장단위가 조직의 중심이 아니므로 실업자라 하더라도 조합가입이 가능하고, 조합원의 실업을 예방할 수도 있다.

그러나 이와는 반대로 직업별 조합은 다음과 같은 단점을 갖고 있다. ① 지나치게 배타적이고 독점적이어서 산업사회에 있어서 전체 근로자의 분열을 초래할 염려가 있어 근로자 전체의 경제적 및 사회적 지위의 향상을 위해서는 적당하지 않으며, ② 기업을 초월한 조직이기 때문에 조합의 자주성은 지킬 수 있으나 사용자와의 관계가 너무 희박하다.

2. 산업별 노동조합

산업별 노동조합(industrial union)이란 직업·계층에 관계없이 기업을 초월하여 동일산업에 종사하는 모든 근로자가 하나의 노동조합을 구성하는 조직형태이다. 예컨대 운수산업·섬유산업·철강산업 등에 종사하는 근로자가 자기가 종사하는 기업 또는 직종에 관계없이 자신이 속하는 산업을 중심으로 조합을 조직하는 형태를 말하는 것이다. 역사적으로 볼 때 직업별 조합이나 일반조합보다는 늦게 등장한 산업별 조합은 1930년대의 공황과 노동입법에 힘입어 미숙련 노동자가 노동시장을 수적으로 크게 차지하게 됨으로써 이들의 조직화를 위하여 발달한 조직형태이다(Fossum, 2002, 41-42).

우선 직업별 조합은 직업독점과 노동력공급제한에 의한 간접적 방법으로 표준적 노동조건을 확보하고자 했다. 그러나 노동의 단순화와 노동의 대체성이 증가하여 숙련노동자가 미숙련노동자로 대체됨에 따라 그의 기능은 한계에 도달했다. 또한 일반조합은 입법에 의하여 획일적으로 노동조건의 최저한도를 규제하고자 하였으나, 사용자는 이에 대하여 노동시장단일화에 의한 노동조건의 저위평준화 정책을 강행하였고, 기업별·공정별 격차정책을 채용하였다(Fossum, 2002, 42).

여기에서 노동조합은 생산현장에 있어서의 현실적인 작업조건에 대응하면서 기본적으로는 기업 또는 공장을 넘어선 표준적 노동조건을 규제하는 것이 필요하다. 따라서 산업별의 직접적인 단체교섭이 여기서는 가장 핵심적인 기능으로 나타난다. 산업별 조합의 기능상의 특징이 바로 이 점에 있다. 또한 오늘날 선진국가에 있어서의 노동조합의 일반적인 조직형태는 산업별 조합이다.

산업별 조합의 장점으로는 ① 기업과 직종을 초월한 조직이기 때문에 조합원수에 있어서 거대한 조직이며, 따라서 단결력을 강화시켜 커다란 압력단체로서의 지위를 확보할 수 있으며, ② 산업의 발전에 따른 자본의 집중화의 진행에 대응하여 교섭력의 산업적 통일화를 유지할 수가 있다. 그러나 이와는 반대로 ①

각 산업별 조직의 내부에서 직종 간에 이해대립과 반목을 초래할 염려가 있으며, ② 이와 관련하여 조직이 형식적인 단결에 그칠 것 같으면 큰 힘을 발휘할 수가 없다는 단점도 있다.

3. 일반 노동조합

일반 노동조합(general union)은 직업이나 산업에[3] 관계없이 하나 내지 여러 개의 산업에 걸쳐 흩어져 있는 일반 근로자들에 의해 폭넓게 조직되는 노동조합의 형태이다. 특히 초기 단계에 있어서는 이 조합은 직업별 조합에서 배제된 미숙련 노동자들을 중심으로 자신들의 입장을 옹호하기 위해 조직된 것이었다. 그리고 근대산업이 종래의 개인적 기능이나 숙련노동을 필요로 하지 않고 생산작업의 분업화·단순화·표준화를 확대시킴에 따라 일반 근로자들이 이른바 노동의 대체성을 보장받으면서 점차 산업분야에서 주체의식을 확고히 하게 되어 이 조합의 생성을 보게된 것이다.

직업별 조합이 기득이익론과 수요공급론에 기초를 두고 있는 데 반하여, 일반조합은 능률을 확보하는 데 필요한 최저한도의 권리, 즉 생활임금의 원리를 기초로 하고 있다. 왜냐하면 미숙련 노동자로서는 주장할만한 최저생활 필요조건을 확보하는 것이기 때문이다. 여기에서 그들은 안정된 고용의 확보, 노동시간의 최저한도 규제, 임금의 최저한도규제 등을 중요한 요구조건으로 한다(김성진, 1974, 93). 그리고 이러한 노동조건의 규제는 균일적인 성질의 것이어서 일반조합의 그것의 실현을 위하여 입법규제를 중시하게 된다. 더욱이 일반조합이 입법규제에 중점을 둔 또 하나의 이유로서는 조직상의 주체적 약체성을 지적하지 않을 수 없다. 즉 일반조합은 광범위한 단일적 노동시장을 가지는 관계로 노동시장을 자율적으로 규제하기란 쉽지 않다. 또 그 조직은 단지 양적으로만 팽배한 것이었을 뿐 내적으로는 통일과 단결이 약하여 입법규제에 의한 노동조건의 균일화를 도모하지 않을 수 없었던 것이다.

일반 노동조합은 영국에서 직업별 조합에 이어 일찍부터 발달해 왔는데, 그

---

3 산업에 관계가 없이 조직이 가능하다고 하나 현실적으로는 직업별 조합에서 배제되었던 제조공업 이외의 운수, 교통, 유통, 건설 등의 분야에 속한 미숙련노동과 잡노동에 종사하던 노동자들을 중심으로 조직이 이루어지고 있다.

대표적인 예로 영국의 거대 노동조합이였던 수송 및 일반 노조(Transport and General Workers' Union: 현재는 Unite)[4]와 '일반 및 자치단체 노조(National Union of General and Municipal: 현재는 General, Municipal, Boilermakers and Allied Trade Union, 즉 GMB)'[5]를 들 수 있다(Green, 1991, 17-21).

미국의 경우 노동기사단(Knights of Labor)(Holley & Jennings, 1997, 38-43)을 비롯하여 지금도 AFL-CIO 산하에 있는, 한때 세계 최대의 노조였던 트럭운전사 노조(Teamsters)는 전형적인 일반조합이라 할 수 있으며[6], 일본에서도 그 예를 볼 수 있다. 우리나라의 경우에는 한국노총산하의 전국연합노동조합연맹이 이에 해당된다고 볼 수 있다.

일반 노동조합의 장점은 단일기업 또는 단일산업 내에서 노동조합을 설립할 수 없는 중소기업의 근로자들이 광범위하게 하나의 노동조합을 조직할 수 있다는 점이다. 단점으로는 ① 단체교섭이나 쟁의행위에서 각 직종이나 기업의 특수성을 고려하기 어렵다. ② 각 기업이나 직종에 따라 근로자의 의식, 근로형태의 차이에서 연대의식을 갖기 어렵다. ③ 모든 근로자가 다 같이 참여하여 통일적인 행동을 하기 어렵다.

4. 기업별 노동조합

기업별 노동조합(enterprise union)이란 동일기업내 근로자들에 의해 조직되는 노동조합으로 일명 기업내 조합이라고도 한다. 앞서 설명한 세 가지 노조 형태가 초기업적인 횡단조직임에 비하여 기업별노조는 개별 기업을 존립의 기반으로 하고 있다. 전통적으로 산업별 노조형태가 보편화된 미국이지만 기업별 노조가 없었던 것은 아니다. 제1차 세계대전에서 1930년대 있었던 자주성 없는 노조가 바로 그것이다. 따라서 미국에 있어서는 기업별 노조라 하면 일반적으로 기업이 지

4 T&G Amicus와 합병하여 2007년 5월 1일에 새로 Unite로 창설되었다. UNISON에 이어 영국의 2대노동조합이다.

5 이전에는 National Union of General and Municipal Workers로 유명했으나 그 뒤 보일러 제조, 조선 노동자, 건축 노동자 노조 연맹, 사무 노동자 노조 연맹, 가구, 목재노조 연맹, 재봉사,재단사 노조 연맹을 흡수 합병하여 1982년에 현재의 이름으로 바꾸었다. UNISON, Unite 노동조합에 이어 세 번째로 큰 규모로 영국 노동당에 가입해 있는, 노동당의 중요한 재정적 후원 조직이다.

6 미국에서는 이를 일반조합이라 하는 대신 수정 직업별 조합(modified craft union)이라 하여 다른 조합과 구별하고 있다(Mills, 1982, 203).

배하는 노조(company dominated union), 즉 어용노동조합을 의미하고 있다(Beal & Begin, 1982). 1935년부터 1939년 사이에 미국노동관계위원회(NLRB: National Labor Relation Board)가 340개의 기업별 노조에 대해 해산명령을 내리고 난 뒤 기업별 노조는 그 존재기반을 잃게 되었다.[7] 오늘날 산업국가 중에서 이 기업별 노조형태를 취하고 있는 나라는 일본과 우리나라뿐이다.

우리나라에서는 해방 직후 본격적으로 태동하기 시작한 노동조합의 탄생과정에서 기업별 조직이 등장하였으며, 5·16혁명 직후 한 때 산업별 조직으로 개편되었으나 대부분이 기업별 조직으로 되어 있어 명목상 산업별이라고 하는 일종의 연합체와 같은 형식을 유지해 왔었다. 그러나 이것도 1980년 노동조합법의 개정으로 인하여 실질적인 기업별 조직으로 다시 개편되었다. 기업별 노동조합은 전통적으로 일본에서 크게 발달해 왔는데(김식현·정재훈, 1995), 그 이유로는 ① 종신고용제, ② 만성적 실업, ③ 노동시장의 이중구조, ④ 가족 중심의 화(和)·충(忠)의 사고방식에 기인한 것으로 보인다(김성수, 1997).

기업별 노조의 장점으로는 ① 조합간부가 현장조직에 존재함으로써 근로자들의 요구사항과 고충을 제대로 수렴할 수 있다. ② 노조원의식이나 계급의식보다는 종업원의식이 크다. ③ 조합원들의 직접적인 참여기회가 많아 노조간부가 노조를 민주적으로 운영할 수 있다. ④ 노사가 공동의 목표나 이해가치관을 가지기 쉬워 경영공동체의식의 형성에 도움이 된다. ⑤ 이해대립의식이 약하고 평소 적대의식이 없다는 점 등을 들 수 있다(김상호, 1999).

기업별 노조의 단점으로는 ① 노동자간의 계급연대의 입장에서 보면 통일된 노동운동을 저해한다. ② 미조직근로자와 퇴직근로자에 대한 조직화 노력이 부족하다. ③ 행정적·재정적인 비효율을 초래한다. ④ 개별 기업을 존립의 기반으로 하기 때문에 노조의 교섭력이 약하다. ⑤ 사용자의 직·간접적인 지배·개입이 용이하기 때문에 노동조합이 어용화될 가능성이 있다(김정한, 1999; Shirai, 1983). ⑥ 복수노조가 발생할 가능성이 있다[8](한국연구개발원, 1987).

---

7 서양에서는 이 유형이 거의 사용되지 않기 때문에 학자에 따라서는 노조형태의 일반유형으로 전술한 세 가지 외에 서기, 비서, 감독, 관리자, 컴퓨터 조작자, 기술자 등을 포함한 비육체근로자들을 중심으로 조직되는 스탭 노조(staff union)를 들기도 한다(Green, 1974, 20−21).

8 이것은 복수노조가 나쁘다는 의미가 아니라 노조가 난립할 가능성과 그에 따른 폐해를 이야기한 것으로 보인다.

표 3-3 노동조합의 유형별 특성

유 형 내 용	직업별 조합	산업별 조합	기업별 조합	일반조합
환 경	초기공업시대 산업자본시대 숙련공의 직업 독점시대 도제제도의 전성 시대	기계생산시대 직종의 분화시대 작업분업화시대 반숙련공, 미숙 련공의 다수등장 시대	사용자 주도의 노사관계 조직 가족주의적 노사 패턴에서 갈등적 노사패턴으로의 이양기 조직	미숙련공 다수 등장시대 직업별 조합에서 제외된 산업의 조직 직업별과 산업별 의 중간산물
직업원리	1직업 1조합 횡단적	1산업 1조합 횡단적	1기업 1조합 종단적	전산업 1조합 횡단적
조직기반	숙련공	반숙련공 미숙련공	기업	미숙련공 잡노동자
조직성격	완전 폐쇄적	개방적	폐쇄적	완전 개방적
조직관리	공제활동 중앙집권화	조합민주주의	복지활동 조합민주주의	중앙집권적 관료주의
노동시장 통제방법	직업독점 도제제도	단체교섭, 파업 경영참가	노사협의 단체교섭	입법규제 단체교섭, 파업

자료: 최종태(1996), 「현대노사관계론」, 전정판, 경문사, 115.

지금까지 본 노동조합의 유형을 살펴보았는데, 이것을 다양한 기준에 따라 비교해 보면 〈표 3-3〉과 같다.

제 4 절 노동조합의 설립요건

노동조합은 설립에 있어서 대외적으로는 자주성을, 대내적으로는 민주성을 갖추어야 한다. 전자의 자주성을 확보하는 문제는 이른바 노동조합의 실질적 요건에 관한 것이며, 후자의 민주성의 확보는 형식적 요건에 관한 것이다. 노동조합이 법의 보호를 받기 위해서는 실질적 요건과 형식적 요건을 다 갖추어야 한다. 다시 말하면 이러한 요건들을 갖추지 못할 경우 노동조합은 법률상의 불이익을 면치 못하게 되거나 또는 노동조합으로서의 자격을 가질 수가 없게 된다. 따라서 노동조합의 자주성과 민주성은 근로자의 헌법상 단결권 보호를 위한 최소한도의 필요조건이라고 말할 수 있다(이상윤, 2015, 572).

우리나라에서도 노동조합의 자격을 인정받을 수 있는 실질적·형식적 요건에 대해 노동조합 및 노동관계조정법 제2조 제4호, 제10조 및 제11조를 통해 규정하고 있다. 그러면 노동조합의 설립요건에 대해 구체적으로 살펴보기로 하자.

1. 실질적 요건

우리나라 노동조합 및 노동관계조정법 제2조 제4호 본문에서 노동조합을 "근로자가 주체가 되어 자주적으로 단결하여 근로조건의 유지·개선 기타 근로자의 경제적·사회적 지위의 향상을 도모함을 목적으로 조직하는 단체 또는 그 연합단체를 말한다."로 정의내리고 있고, 그 단서조항에서 "다음 각목의 1에 해당하는 경우에는 노동조합으로 보지 아니 한다."라고 규정하고 있다.

가. 사용자 또는 항상 그의 이익을 대표하여 행동하는 자의 참가를 허용하는 경우.
나. 경비의 주된 부분을 사용자로부터 원조 받은 경우.
다. 공제·수양 기타 복리사업만을 목적으로 하는 경우.
라. 근로자가 아닌 자의 가입을 허용하는 경우. 다만, 해고된 자가 노동위원회에 부당노동행위의 구제신청을 한 경우에는 중앙노동위원회의 재심판정이 있을 때까지는 근로자가 아닌 자로 해석하여서는 아니 된다.
마. 주로 정치운동을 목적으로 하는 경우.

이와 같이 노동조합 및 노동관계조정법 제2조 제4호에 규정되어 있는 노동조합의 요건을 적극적 측면과 소극적 측면으로 나누어 설명하면 다음과 같다.

(1) 적극적 요건

노동조합은 주체 및 목적이라는 관점에서 적극적 요건[9]을 충족시키는 경

9 적극적 요건을 ① 주체·목적의 둘로 분류하는 견해(김형배, 2009, 662), ② 자주성·목적성·단체성의 셋으로 분류하는 방법(김유성, 2001, 56-57), ③ 주체·자주성·목적·단체성의 넷으로 분류

우에 한하여 성립되는데, 우리나라 노동조합 및 노동관계조정법 제2조 제4호 본문에서 다음의 두 가지일 것을 요구하고 있다(이상윤, 2015, 574).

첫째, 노동조합은 근로자가 주체가 되어 자주적으로 조직한 단체이어야 한다. 근로자가 주체가 된다 함은 집단적 노사관계의 당사자인 사용자의 지배로부터 노동조합이 독립할 것과 비근로자는 노조원이 될 수 없다는 것을 의미한다. 노동조합의 자주성은 우선 대내적으로는 근로자들이 자발적으로 단체를 조직할 적극적 의사를 가질 것을 필요로 할 뿐만 아니라 대외적으로는 행정관청·정당 또는 사용자로부터 독립할 것을 요건으로 한다. 전자의 경우 노동조합의 민주적 운영과 관련하여 문제가 되며, 후자는 노동조합의 자주성을 해치는 사용자의 부당노동행위와 관련하여 특히 문제가 된다.

둘째, 집단적 노사관계도 개별적 노사관계가 전제되지 않는다면 아무런 존재의의가 없기 때문에 노동조합은 개별적 노사관계의 내용인 근로조건의 유지·개선을 통하여 근로자들의 경제적·사회적 지위의 향상을 도모하는 것을 그 주된 목적으로 한다. 이러한 목적을 달성하는 방법으로는 단체교섭의 전개, 단체협약의 체결 및 쟁의행위 등이 있다.

(2) 소극적 요건

노동조합 및 노동관계조정법 제2조 제4호 단서에서는 노동조합의 소극적 요건, 즉 결격요건을 규정하고 있다. 이와 같은 소극적 요건은 노동조합의 지위를 부인하게 되는 사유로서, 이에 해당되면 노동조합으로 인정되지 않는다. 각 경우를 나누어 설명하면 다음과 같다.

첫째, 노동조합은 사용자 또는 항상 그의 이익을 대표하여 행동하는 자의 참가를 허용하여서는 아니 된다(노조 및 조정법 제2조 제4호 가목). 그러한 자들의 참여를 허용하면 노동조합의 결성·운영에 있어서 노동조합이 자주성을 확보할 수 없으며, 나아가 어용조직화할 가능성이 있기 때문이다(이상윤, 2015).

여기서 사용자의 이익을 대표하는 자의 개념 및 범위에 관하여는 형식적인 직

하는 견해(이병태, 2008, 107) 등이 있다. 자주성·단체성 또는 주체·자주성을 광의의 주체로서 통일하여 파악하는 경우 이들 견해 간에 커다란 차이점은 없는 것으로 보고 있다(이상윤, 2013, 560).

급이나 직책보다는 각 기업에 있어서 개별기업 운영실태에 따라 구체적으로 이를 판단하여야 한다(김형배, 2015, 368-369). 대체적으로 ① 회사임원, 이사회 또는 이에 유사한 기관의 구성원, ② 공장지배인, 인사과장, 경리과장 및 인사업무에 관한 비밀정보에 접하는 지위에 있는 자, ③ 종업원의 고용, 전직, 해고의 권한을 가진 자 및 생산관리, 근로관계, 대외부관계, 법규, 기타 전문적 사항에 관한 회사의 정책결정에 관한 권한을 가지며 혹은 직접 이에 참여하는 자, ④ 명칭 여하에 불구하고 근무부서의 상부직원, ⑤ 비서 및 인사근로관계에 관한 기밀의 업무를 취급하는 자, ⑥ 회사 내의 재산의 보호, 출입자의 감시, 순찰 등의 경찰적 업무를 담당하는 자, ⑦ 사용자의 지시를 받아 근로자에 관한 감시·감독적 지위에 있는 감사담당 부서의 직원 등을 들 수 있다(김치선, 1997, 369).

둘째, 노동조합은 그 경비의 주된 부분을 사용자로부터 원조를 받아서는 아니 된다(노조 및 조정법 제2조 제4호 나목). 이것은 재정적인 면에서 노동조합이 사용자로부터 자주성을 유지하기 위하여 필요한 일이다(김형배, 2015, 369). 여기서 경비라 함은 노동조합의 조합규약 기타에 의하여 활동을 하는 데 소요되는 일체의 비용을 말한다. 이에는 조합사무소의 설비·비품, 조합사무처리를 위하여 고용하는 서기의 급료 및 조합대회 기타 회의에 출석한 조합원에 대한 수당, 여비 등의 제경비뿐만 아니라 조합간부의 급여도 포함된다. 그리고 원조의 방법도 현금지급은 물론 현물 또는 부담·책임의 면제 등의 금전 외적 이익공여도 이에 해당된다. 이러한 경비를 노조가 지출하는 데 있어서 주로 사용자로부터 재정적 원조를 받아서는 아니 된다는 것이다.

이때 '주된' 이란 말은 사용자로부터의 원조를 조금도 받아서는 아니 된다는 것을 의미하는 것이 아니라 '대부분' 이라는 뜻이며, 따라서 경비의 일부분은 사용자로부터 받아도 무방하다는 의미이다(김치선, 1994, 307; 이상윤, 2015, 563-564). 그러나 어느 정도의 원조를 과연 일부분의 원조라고 할 수 있느냐함은 대단히 어려운 문제이다. 결국 본조의 입법취지가 노동조합의 자주성을 확립하려는 데 있음에 비추어 볼 때 이러한 판단의 표준으로서는 사용자의 어떤 원조가 노조의 자주성을 위태롭게 하느냐 하지 않느냐에 달렸다고 할 것이다. 따라서 이러한 견지에서 볼 때에 사용자로부터 최소한의 규모의 노동조합사무소의 제공을 받는다든가 혹은 근로자의 후생자금 또는 경제상의 불행 기타 재액의 방지와 구제 등을 위한 기금의 기부(노조 및 조정법 제81조 제4호)는 자주성을 상실하는 것이라고는 볼 수 없을 것이다.

셋째, 노동조합은 공제(共濟)·수양(修養) 기타 복리사업만을 목적으로 하여서는 아니 된다(노조 및 조정법 제2조 제4호 다목). 이것은 노동조합의 목적에 비추어 당연한 일이므로, 조합원의 근로조건의 유지·개선이라는 본래의 목적을 도외시한 채 공제·수양 기타 복리사업만을 목적으로 하는 것은 노동조합이라고 할 수 없다. 그러나 노동조합이 조합원의 근로조건의 유지·개선이라는 목적을 추구하면서 합리적인 범위 안에서 공제사업 기타 복리사업을 영위하는 것은 당연히 무방하다(김형배, 2015, 812).

넷째, 노동조합은 '근로자가 아닌 자'의 가입을 허용하여서는 아니 된다(노조 및 조정법 제2조 제4호 라목). 여기서 구체적으로 근로자가 아닌 자'의 정의가 문제가 되는데, 전통적으로 고용노동부의 해석은 "해당 직장에서 실제 근로하지 않는 자"라는 입장을 취하였다. 그러나 현행 노동조합 및 노동관계조정법상 근로자가 되기 위하여 사용자와의 근로계약관계가 반드시 전제되는 것은 아니다.[10] 우리나라 노동법은 기업별 노동조합 이외에도 다양한 형태의 노동조합을 인정하고 있기 때문이다(이상윤, 2013, 565). 따라서 현재 구체적 근로계약관계를 맺고 있으면서 현실적으로 취업하고 있는지의 여부는 문제되지 않으며, 실업자나 해고된 근로자라 하더라도 노동조합 및 노동관계조정법상의 근로자에 해당된다고 볼 수 있다(김형배, 2016, 812-813).

이와 같이 근로자가 아닌 자의 의미는 노동조합이 자율적으로 선택한 조직형태에 따라 달라질 수 있다. 곧 산업별· 직종별·지역별 노동조합에 있어서는 원래부터 일정한 사용자에의 종속관계를 조합원의 자격요건으로 하는 것이 아닌 점에 비추어(이상윤, 2013, 560) 실업중인 근로자에게도 구성원의 자격을 부여하고 있는 것이 일반적이다. 그러나 기업별 노조의 경우 당해 기업에 고용된 취업자만이 조합원의 자격을 가지므로 사실상 문제가 될 수 있다.

아울러 노조 및 조정법 제2조 제4호 라목 단서에서 "다만, 해고된 자가 노동

---

10 노동조합법상 '근로자가 아닌 자'의 범위에 대하여 사용자와의 근로계약관계를 필요로 하는 견해와 사용자와의 근로계약관계를 필요로 하지 아니 하는 견해가 나뉘고 있다(김유성, 2001, 61; 김형배, 2009, 665; 박상필 1994, 399; 이병태, 2008, 115; 이영희, 2001, 152; 임종률, 2009, 46).

위원회에 부당노동행위의 구제신청을 한 경우에는 중앙노동위원회의 재심판정이 있을 때까지는 근로자가 아닌 자로 해석하여서는 아니 된다."라고 규정함으로써 해고의 효력을 다투는 자는 '근로자가 아닌 자'에 해당되지 않는다.

다섯째, 노동조합은 주로 정치운동을 목적으로 하여서는 아니 된다(노조 및 조정법 제2조 제4호 마목). 정치운동을 '주로' 하는 것만 금지되므로 '주로'의 기준이 문제될 수 있다. 정치운동은 정치관련 법령이 허용하는 한도 내에서 이를 자유로이 행할 수 있다. 다만 정치운동은 근로자의 근로조건의 유지·개선이라는 필요목적을 침해하지 않는 범위 안에서 행사되어야 할 것이다(이상윤, 2015, 583).

이 조항은 노동조합이 정치단체화하는 것을 방지하기 위한 것이다. 비록 1997년의 노동법 개정에서 구 노동조합법 제12조의 정치활동금지규정, 즉 ① 노동조합은 공직선거에 있어서 특정 정당을 지지하거나 특정인을 당선시키는 행위를 할 수 없다. ② 노동조합은 조합원으로부터 정치자금을 징수할 수 없다. ③ 노동조합기금을 정치자금에 유용할 수 없다. 등이 삭제되기는 했지만 그럼에도 불구하고 노동조합의 정치활동은 어디까지나 부수적인 목적활동에 그쳐야만 한다(김형배, 2009, 486)는 취지에서 마련된 것으로 보인다.

2. 형식적 요건

노동조합이 노동법상의 보호를 받으려면 앞서의 실질적 요건 이외에 노동조합 및 노동관계조정법 제10조 제1항의 설립신고서에 동법 제11조의 규약을 첨부하여 고용노동부장관, 특별시장이나 광역시장·도지사 및 특별자치시장·특별자치도지사·시장·군수·구청장(자치구의 구청장을 말한다.)에게 제출하여야 한다. 이를 노동조합의 형식적 요건이라 하며, 이것은 대내적인 민주성의 확보를 위한 것이다.

(1) 설립신고서 작성

노동조합을 설립하려면 노동조합 및 노동관계조정법 제10조 제1항의 설립신고서 기재사항에 동법 제11조의 규약의 기재사항을 첨부하여 고용노동부장관, 특별시장이나 광역시장·도지사 및 특별자치시장·특별자치도지사·시장·군수·구청장 등에게 제출하여야 한다.

구법 하에서 한때 "단위노동조합의 설립은 근로조건의 결정권이 있는 사업 또는 사업장 단위로 근로자 30인 이상 또는 5분의 1 이상의 찬성이 있는 설립총회의 의결이 있어야 한다"는 규정을 두어 기업별 노조를 강제한 적이 있었다. 그러나 이 조항에 대해서는 이것이 헌법에 보장된 자주적 단결권에 내재되어 있는 조직형태의 자율적 결정권리를 본질적으로 침해하는 위헌으로 규정되었을 뿐만 아니라 실제로 노조결성을 방해하는 독소조항으로 기능해 왔다는 점에서 많은 비난이 가해졌다. 따라서 1987년 11월 28일에 개정된 노동조합법에서는 이러한 주장을 받아들여 노동자들이 조직형태를 자유로이 선택할 수 있도록 이 조항이 삭제되었다(김치선, 1997, 317).

이렇듯 현행 노동조합 및 노동관계조정법은 1987년 이전에 개정된 구법과는 달리 노동조합의 설립요건과 절차를 대폭 완화하여 아무런 제한을 두고 있지 않은 것이 주요 특징 중 하나이다. 따라서 근로자는 기업별·산업별·직업별로 자유롭게 노동조합의 조직형태를 정할 수 있다. 또한 노동조합에 대해서는 민법상 사단(社團)에 관한 규정이 적용되므로 근로자 2인 이상이면 노동조합을 설립할 수 있다. 다만 노동조합을 설립하고자 하는 자는 설립신고서에 규약을 첨부하여 고용노동부장관이나 시장·도지사·군수·구청장에게 제출하여야 한다.[11]

그리고 근로조건의 결정권이 있는 독립된 사업 또는 사업장에 조직된 노동단체는 지부·분회 등 명칭 여하에 불구하고 노동조합 및 노동관계조정법 제10조 제1항의 규정에 의한 노동조합의 설립신고를 할 수 있다(노조 및 조정법 시행령 제7조). 노동조합의 설립신고에 있어서 지역별 또는 산업별 조직으로 된 경우에 문제가 될 것이다. 원래 노동조합이 지역별 또는 산업별 조직으로 되어 있는 경우에는 지역단위 노동조합이나 산업별 노동조합이 단체교섭권을 갖고 있으며, 그의 지부나 분회는 그들로부터 단체교섭권을 위임받아 행사하는 것이 원칙이다. 따라서 지부·분회에 대하여 독립된 노동조합의 설립신고를 할 수 있도록 한 것은 종전의 기업별 노동조합조직을 지향하는 것이라는 비판이 나오고 있다.

한편 노동조합 및 노동관계조정법 제10조 제1항은 설립신고서의 기재사항으로 다음의 여섯 가지를 들고 있다. ① 명칭, ② 주된 사무소의 소재지, ③ 조합원수, ④ 임원의 성명과 주소, ⑤ 소속된 연합단체가 있는 경우에는 그 명칭, ⑥ 연

---

11 구체적인 행정기관의 장에 대해서는 (3)설립신고 부분에서 보다 자세히 언급하기로 한다.

합단체인 노동조합에 있어서는 그 구성노동단체의 명칭, 조합원수, 주된 사무소의 소재지 및 임원의 성명·주소 등을 기재하여야 한다.

제1항의 규정에 의한 연합단체인 노동조합은 동종 산업의 단위노동조합을 구성원으로 하는 산업별 연합단체와, 산업별 연합단체 또는 전국 규모의 산업별 단위노동조합(예컨대, 전국담배인삼노동조합)을 구성원으로 하는 총연합단체(예컨대, 한국노총이나 민주노총)를 말한다(노조 및 조정법 제10조 제2항). 따라서 설립신고서에는 산업별 연합단체나 총연합단체의 명칭을 명시하여야 한다. 또한 이 연합단체는 단체협약의 체결능력의 보유 여하를 불문하고 노동조합 설립에 필요한 서류를 고용노동부장관에게 제출하여야 한다. 위의 신고사항, 특히 ① 명칭, ② 주된 사무소의 소재지, ③ 대표자의 성명, ④ 소속된 연합단체의 명칭 등에 변경이 있는 때에는 그 날부터 30일 이내에 행정관청에게 변경신고를 하여야 한다(노조 및 조정법 제13조 제1항).

(2) 규약 첨부

노동조합은 법인격을 가지는 경우이든 그렇지 않든 간에 하나의 사단(社團)으로서의 통일적인 조직체이다. 따라서 노동조합은 단체로서의 조직과 운영을 위한 규범이 필요하게 되는 바, 이 규범이 노동조합의 규약이다. 노동조합이 노동법상의 조합으로서의 완전한 보호를 받고자 한다면 그 조직의 자주적·민주적 운영을 보장하기 위하여 다음과 같은 내용의 규약을 갖추어야 한다.

노동조합 및 노동관계조정법 제11조는 조합규약의 필요적 기재사항으로서 다음과 같은 사항을 들고 있다. ① 명칭, ② 목적과 사업, ③ 주된 사무소의 소재지, ④ 조합원에 관한 사항(연합단체인 노동조합에 있어서는 그 구성단체에 관한 사항), ⑤ 소속된 연합단체가 있는 경우에는 그 명칭, ⑥ 대의원회를 두는 경우에는 대의원회에 관한 사항, ⑦ 회의에 관한 사항, ⑧ 대표자와 임원에 관한 사항, ⑨ 조합비 기타 회계에 관한 사항, ⑩ 규약변경에 관한 사항, ⑪ 해산에 관한 사항, ⑫ 쟁의행위와 관련된 찬반투표 결과의 공개, 투표자명부 및 투표용지 등의 보존·열람에 관한 사항, ⑬ 대표자와 임원의 규약위반에 대한 탄핵에 관한 사항, ⑭ 임원 및 대의원의 선거절차에 관한 사항, ⑮ 규율과 통제에 관한 사항 등이다.[12]

---

12 쟁의행위 찬반투표가 민주적으로 결정되고 신중하게 행사될 수 있는 내부 자율적인 통제기제를

(3) 설립신고

노동조합이 노동조합 및 노동관계조정법 제2조 4호의 실질적인 요건을 갖추고, 제10조 제1항의 설립신고서를 작성한 뒤 제11조의 규약을 구비한 경우에도 설립신고를 하지 않으면 노동법상의 완전한 보호를 받을 수 없다. 따라서 노동조합을 설립하고자 하는 자는 설립신고서에 노동조합의 규약을 첨부하여 연합단체인 노동조합과 2 이상의 특별시·광역시·특별자치시·도·특별자치도에 걸치는 단위노동조합은 고용노동부장관에게, 2 이상의 시·군·구(자치구를 말한다)에 걸치는 단위노동조합은 특별시장·광역시장·도지사에게, 그 외의 노동조합은 특별자치시장·특별자치도지사·시장·군수·구청장(자치구의 구청장을 말한다. 이하 제12조 제1항에서 같다)에게 제출하여야 한다(노조 및 조정법 제10조 제1항).

노조 및 조정법이 이와 같이 규약과 신고서의 제출을 요구하는 것은 노동조합의 민주성을 확보하기 위한 행정적 감독의 일환으로 이해된다(김형배, 2006, 686). 행정관청은 특별한 사정이 없는 한 3일 이내에 신고증을 교부하여야 한다. 그 예외가 되는 특별한 사정은 i) 설립신고서 또는 규약에 기재사항의 누락으로 보완이 필요한 경우(노조 및 조정법 제12조 제2항), ii) 노동조합의 자주성을 규정한 노조 및 조정법 제2조 제4호 단서 각목의 1에 해당하는 경우이다(노조 및 조정법 제12조 제3항). i)의 경우가 규약 및 설립신고서의 기재사항 중에 누락된 것을 확인하고 임원의 선거 또는 규약의 제정이 민주적 절차와 방법에 따라 행해졌는가를 심사하는 형식적 심사를 의미하는 것이라면, ii)의 경우는 그 노동조합이 자주성을 갖추고 있는가를 심사하는 것이므로 실질적 심사의 의미를 갖는다.

노조 및 조정법이 노동조합의 설립에 관하여 위와 같은 신고주의를 택하고 있는 취지는 소관 행정당국으로 하여금 노동조합에 대한 효율적인 조직체계의 정비·관리를 통하여 노동조합이 자주성과 민주성을 갖춘 조직으로 존속할 수 있도록 노동조합을 보호·육성하고 그 지도·감독에 철저를 기하기 위한 노동정책적인 고려에서 마련된 것뿐이다. 따라서 노동조합의 설립에 관한 법의 규정이 기본적으로 노동조합의 설립의 자유를 보장하면서 위와 같은 노동정책적 목적을 달성하기 위해 설립신고주의를 택하여 노동조합이 자주성과 민주성을 갖추도록 행정

마련하기 위해 2006년 12월의 노동법개정에서 제12호를 노조규약으로 정하도록 의무화하였다(노동부, 2007.1).

관청으로 하여금 지도·감독하도록 하게 한 것이 사용자에 대한 직접적이고 구체적인 이익을 부여하는 것이 아니다.

결론적으로 노동조합의 민주적 조직구성은 노동조합의 설립요건이면서, 동시에 그 이후로도 노동조합의 운영에 대한 법적 기본조건을 이루고 있다. 행정관청은 이와 같은 규정을 기초로 감독가능성을 부여받고 있으며, 노동조합의 민주적 운영에 대한 사법적 심사의 가능성도 열려 있다(하경효, 2006).

이와 같이 우리나라의 설립신고제도는 노동조합의 설립에 있어서 자유설립주의를 취하지 않고, 자유설립주의를 바탕으로 하는 신고주의를 채택하고 있다(김유성, 2001). 따라서 노동조합의 성립에 있어서의 현행법상 설립신고를 하지 않고서는 무자격조합임을 면할 수 없다.

제 5 절 노동조합의 운영

현대 자본주의사회의 필수적인 산물인 노동조합은 오늘날 그 조직뿐만 아니라 운영에 있어서도 대외적으로는 자주성을, 그리고 대내적으로는 민주성을 그 요건으로 하고 있다.

1. 노동조합의 자주성

노동조합의 자주성이란 노동조합의 결성과 운영에 있어서 근로자가 외부로부터 일체의 부당한 간섭이나 개입을 배제하고 스스로의 주체성을 확보하면서 조직 및 활동을 영위하는 것을 말한다. 노동조합에 대한 외부로부터의 간섭이나 개입의 주체로 첫째는 국가, 둘째는 정당, 셋째는 사용자를 들 수 있으며, 오늘날의 노동조합은 이 중에서도 사용자로부터의 자주성 확보에 가장 역점을 두고 있다.

우리나라의 노동법은 노동조합의 자주성을 확보하기 위하여 사용자와 사용자의 이익을 대표하여 행동하는 자를 노동조합에 참여시키는 경우에는 법률상 조합으로 인정하지 않고 있다(노조 및 조정법 제2조 제4호 가목). 이때에 노동조합의 참가가 허용되지 않는 사용자의 범위는 “사업주, 사업의 경영담당자 또는 그 사업의 근로자에 관한 사항에 대하여 사업주를 위하여 행동하는 자"로 규정하고 있다(노조 및 조정법 제2조 제2호).

고용노동부의 유권해석에 따르면 "사업주를 위하여 행동하는 자"란 이사회 또는 이와 유사한 기관의 구성원, 공장지배인, 인사 및 회계책임자·비서와 인사·회계 및 노무관계에 관한 기밀사무를 담당하고 있는 자, 회사의 정책결정에 대한 권한을 갖거나 혹은 이에 관여하는 자, 노무부서의 직원, 회사경비를 맡은 수위 등을 지칭하고 있다.

그러나 실제에 있어서는 노사간에 단체교섭에 따라 노조가입범위를 정하고 있다. 우리나라의 경우 김기우·송태수·김성규(2014)가 한국노총 산하의 제조업 사업장을 대상으로 단체협약을 분석한 결과를 보면 대부분(91.4%)의 단체협약서에서 조합원 범위에 관한 규정을 두고 있다. 여기서 직급별, 업무별로 조합원의 자격을 제한하는 비중은 〈표 3-4〉와 같다.

먼저 직급별로 보면 부장이상, 과장이상, 대리이상, 또는 사업장의 특수한 직급분류에 따라 소정의 직급이상 조합원자격을 제한한 경우인데, 부장의 2.9%, 과장의 25.5%, 대리의 13.3%, 그리고 기타의 41.0%정도에서 조합원자격을 제한하고 있는데 업종별로도 거의 비슷한 것으로 나타났다.

표 3-4 업종별 조합원의 범위 (단위: 수, %)

업종별	구 분	규정 없음	규정 있음	직급별 제한				업무별 제한						
				부장	과장	대리	기타	인사	경리	경비	비서	기획	전산	기타
전체	협약수	278	24	254	8	71	37	114	193	177	120	158	78	73	160
	비율	100	8.63	91.37	2.88	25.54	13.31	41.01	69.42	63.67	43.17	56.83	28.06	26.26	57.55
식품	협약수	17	0	17	0	4	3	6	9	8	7	10	5	3	9
	비율	6.12	0	100	0	23.54	17.65	35.29	52.94	47.06	41.18	58.82	29.41	17.65	52.94
화학	협약수	111	6	105	5	29	14	47	85	78	50	72	28	21	66
	비율	39.93	5.41	94.59	4.50	26.13	12.61	42.34	76.58	70.27	45.05	64.86	25.23	18.92	59.46
섬유·유통	협약수	31	2	29	0	9	3	16	27	23	16	16	6	15	21
	비율	11.15	6.45	93.55	0	29.03	9.68	51.61	87.10	74.19	51.61	51.61	19.35	48.39	67.74
금속	협약수	119	16	103	3	29	17	45	72	68	47	60	39	34	64
	비율	42.81	13.45	86.55	2.52	24.37	14.29	37.82	60.50	57.14	39.50	50.42	32.77	28.57	53.78

자료: 김기우·송태수·김성규(2014), 「2014 단체협약 분석; 한국노총 제조업 사업장을 중심으로」, 한국노총 중앙연구원, 70.

업무별 제한은 인사·노무, 경리·회계, 경비, 임원비서 또는 운전기사, 기획, 감사, 산업안전, 전산·통신 등의 업무담당자의 조합원자격을 제한한 경우이다. 〈표 3-4〉에서 인사에는 인사·노무·총무를, 경리는 경리·회계를, 경비는 경비·통신을, 비서는 비서·운전기사를, 기획은 기획·감사를, 전산은 전산·산업안전을, 기타는 기타로 앞서의 업무담당자 이외에 조합원자격을 제한받은 경우이다. 수치는 위와 같은 업무담당자들을 포괄하여 계산하였다. 인사의 69.4%, 경리의 63.7%, 경비의 43.2%, 비서의 56.8%, 기획의 28.1%, 전산의 26.3%, 기타의 57.6%에서 조합원자격을 제한하고 있었다(김기우·송태수·김성규, 2014, 70).

한편 노동조합의 재정은 국가나 사용자 등 제3자로부터 간섭을 받지 아니하고 조합이 자주적· 민주적으로 이를 확보·관리·사용하여야 한다. 이를 '조합재정자치의 원칙'이라고 한다(이상윤, 2015, 622). 노동조합의 재정에 있어서도 노조는 사용자의 원조를 받아서는 아니 되고 단지 가입비나 정기조합비에 의한 수입에 의존해야만 자주성을 확보할 수 있다. 그러나 우리나라의 경우 노조가입률이 낮은데다 조합비의 징수율마저 떨어져 재정적으로 심각한 위기에 봉착해 있다.

게다가 노동조합은 조합비를 마음대로 거둘 수 없었던 적도 있었다. 구 노동조합법은 노동조합의 조합비는 매월 그 조합원의 임금의 100분의 2를 초과할 수 없다는 규정을 두었다(구노동조합법 제24조 제1항). 이에 대해 노동조합의 조합 자체에 대한 과도한 간섭이라는 비판이 고조되어 1997년에 개정된 노동조합 및 노동관계조정법에서는 조합비 징수에 대한 제한 규정을 삭제하여 조합비 징수방법, 액수 및 지출용도 등을 노조에서 결정할 수 있도록 하고 있다.

그러면 우리나라의 경우 조합비를 어떤 기준에 따라 징수하는가에 대해 알아보기로 하자. 김정한 등이 2004년 전국의 2,400개 노조를 대상으로 조합비 징수기준을 분석한 결과 〈표 3-5〉에서 알 수 있듯이 기본급의 1.1%~2%로 정한 경우가 24.1%로 가장 많았고, 기본급의 1% 이하로 정한 경우가 12.5%, 통상임금의 1% 이하로 정한 경우가 7.4%, 통상임금의 1.1%~2%로 정한 경우가 11.2%, 임금총액의 1% 이하로 정한 경우가 12.5%, 통상임금의 1% 이하로 정한 경우가 7.4%, 통상임금의 1.1%~2%로 정한 경우가 11.2%, 임금총액의 1% 이하로 정한 경우가 8.4%, 임금총액의 1.1%~2.0%로 정한 경우가 11.0%, 기본급+상여금의 2% 이하로 정한 경우 2.7%, 그리고 정액을 비롯한 기타가 13.4%로 나타났다(김정한·윤문희·김재훈, 2005, 187-188).

열악한 조합재정을 감안하여 우리나라에서는 노동조합의 자주성이 침해되지 않는 범위 내에서 사용자의 원조를 허용해 왔다. 이를테면 ① 노조전임자의 급여·

표 3-5 조합비 징수기준 (단위: %)

구분 \ 기준	전 체	규정 없음	규정 있음								
				기본급의 1% 이하	기본급의 1.1~2%	통상임금의 1% 이하	통상임금의 1.1~2%	기본급+상여금 2% 이하	임금총액1% 이하	임금총액1.1~2%	기 타
전 체	100.0	88.5	11.5	12.5	24.1	7.4	11.2	2.7	8.4	11.0	13.4
99인 이하	100.0	88.8	11.2	10.4	20.8	7.6	11.9	3.5	8.6	11.7	15.8
100~499인	100.0	90.0	100.0	13.7	29.1	7.3	11.8	1.8	10.9	7.2	8.3
500~999인	100.0	92.9	7.1	21.5	32.2	5.4	10.7	1.8	5.4	7.2	7.2
1,000인 이상	100.0	80.0	20.0	13.8	21.3	7.5	6.3	1.3	2.6	21.3	19.0
상급단체별											
한국노총	100.0	90.8	9.2	13.3	25.4	6.9	11.2	1.6	10.3	13.0	5.8
민주노총	100.0	84.3	15.7	10.0	23.7	6.6	12.1	5.7	6.5	8.7	15.9
연맹 미가맹	100.0	88.1	11.9	15.5	15.4	11.9	8.3	0.0	3.6	7.1	26.3
결성시기별											
6월 29일 이전	100.0	87.7	12.3	14.0	22.1	9.8	9.0	0.8	11.5	16.4	8.2
6월 29일 이후	100.0	88.7	11.3	12.2	24.5	6.9	11.6	3.0	7.8	10.0	14.3
산업별											
제조업	100.0	93.3	6.7	18.8	27.9	9.7	11.8	0.9	10.0	7.2	4.5
비제조업	100.0	84.8	15.2	7.7	21.2	5.6	10.8	3.9	7.2	14.0	20.1
노조조직별											
기업별노조	100.0	89.5	10.5	14.0	24.5	8.0	11.6	2.8	9.2	9.5	12.5
분회·지부	100.0	66.7	33.3	2.8	33.3	0.0	11.2	0.0	2.8	33.4	8.3
산별노조	100.0	75.0	25.0	0.0	0.0	0.0	0.0	16.6	0.0	0.0	58.3
지역노조	100.0	95.7	4.3	2.2	17.3	6.5	8.7	0.0	4.3	19.6	19.6

자료: 김정한·윤문희·김재훈(2005), 「노동조합 규약분석(II)」, 한국노동연구원, 187-188을 토대로 재작성.

그림 3-4 **노조전임자 임금지급 주체**

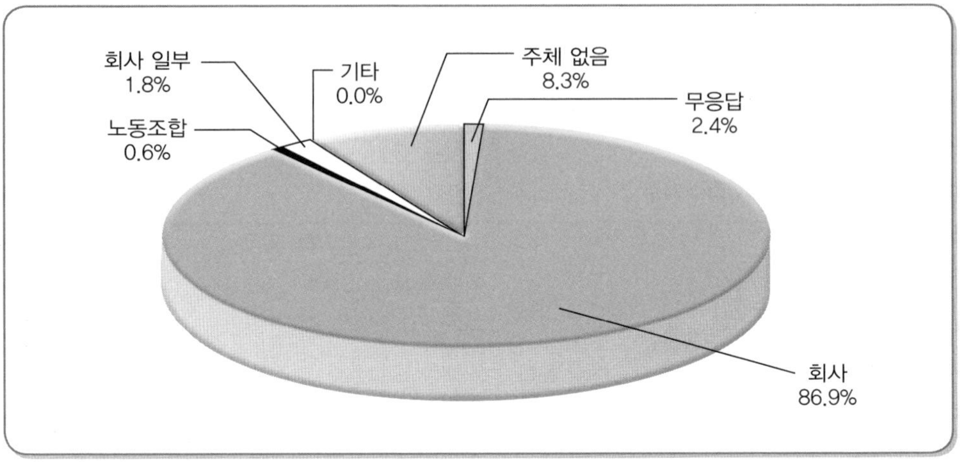

자료: 대한상공회의소(2006), 「중소기업의 노조전임자 실태조사」, 2.

출장비 등을 사용자가 부담하는 것, ② 조합사무실을 사용자가 제공하는 것, ③ 단체교섭이나 노사협의에 참석하는 시간에도 임금을 지급하는 것 등이다.

실제로, 2006년에 대한상공회의소가 종업원 100인 이상~300인 이하의 중소기업중 노동조합이 있는 327개 기업을 대상으로 실시한 '중소기업의 노조전임자 실태조사' 결과에서 노조전임자에 대한 임금지급 주체를 묻는 설문에 [그림 3-4]와 같이 "기업이 전액 지급하고 있다" 는 응답비중이 86.9%,[13] "기업이 임금 일부를 지급한다"는 비중이 1.8%를 차지하고 있으며, "노동조합이 지급하고 있다"는 응답은 0.6%에 불과해 기업이 노조전임자에 대한 임금지급을 대부분 부담하고 있는 것으로 나타났다. 노조전임자에 지급하고 있는 평균연봉은 3,110만 원 정도인 것으로 조사되었다(대한상공회의소, 2006).

이와 같이 노동조합의 자주성이 침해되지 않는 범위 내에서 사용자의 노조전임자에 대한 임금지원을 허용해왔다. 그 결과 원래 노조전임자 급여를 사용자가 전적으로 지급하는 것이 하나의 관행이 되어왔다. 그러나 1997년의 노동법 개정에서 노동조합의 전임자에게 급여를 지원하거나 최소한의 규모 이상의 노동조합 사무소 제공을 부당노동행위로 규정하였다. 다만 5년간의 경과규정을 두어 2002

13 2005년 한국노총 조사에서도 85.3%의 기업에서 전임자의 임금을 지급하였다(김기우, 2005).

년 1월 1일부터 시행하도록 하였다.

5년간의 경과규정을 두었음에도 불구하고 우리나라의 경우 〈표 3-6〉과 같이 2015년 12월 말 기준으로 노동조합 1개소 당 평균조합원이 338.0(2005년 252.2)명에 불과하고, 300인 미만의 노조가 전체 노조 수의 87.8%를 차지하며, 특히 50인 미만의 노조가 54.6%에 이를 정도이다. 이와 같이 영세규모의 노조들이 대부분을 차지하고 〈표 3-7〉과 같이 노조의 조직률이 낮아(30인 미만 0.1%, 30-99인이 2.7%)(고용노동부, 2016, 9) 조합재정이 여전히 빈약하다.

노동조합 전임자에 대한 사용자의 임금지급 금지 등 변화하는 환경에 대처하기 위해 노동조합에게 재정적 자립은 그 어느 때보다 절실히 요구되고 있으나 안정화(2002)가 한국노총 28개 연맹 중 23개 연맹에 소속된 411개 노동조합의 단체협약을 중심으로 분석한 결과에서는 재정자립기금에 대한 협정률이 매우 낮은 것으로 나타났다. 노동조합의 재정자립기금을 단체협약에 명시한 비율은 전체

표 3-6 조합원 규모별 조직현황 (단위: 개소, 명, %)

구 분	50미만	50~99	100~299	300~499	500~999	1,000명 이상	총 계
노조수 (비율)	3,133 (54.6)	887 (15.5)	1,018 (17.7)	244 (4.3)	211 (3.7)	243 (4.2)	5,736 (100)
조합원수 (비율)	49,986 (2.6)	62,898 (3.2)	167,970 (8.7)	93,639 (4.8)	145,413 (7.5)	1,418,839 (73.2)	1,938,745 (100)

주: 총연합단체와 연합단체 노동조합수는 제외
자료: 고용노동부(2016), 「2015년 전국노동조합 조직현황」, 9

표 3-7 사업체 규모별 조직현황 (단위: 명, %)

구 분	30명 미만	30~99명	100~299명	300명 이상
임금근로자수	11,319,000	3,783,000	1,913,000	2,472,000
조합원수	14,901	102,228	235,279	1,554,335
조직률	0.1	2.7	12.3	62.9

주: * 임금근로자수 자료 출처: 경활자료 / 2015년 12월말 현재
* 위 숫자는 총조합원 1,938,745명 중 기업 규모 산정이 적절하지 않거나 불가능한 경우(예: 일부 공무원, 교원, 초기업노조 지부·분회 중 사업체 규모산정이 어려운 경우 및 노동단체카드에 기업 규모가 명시되지 않은 경우 등)를 제외한 1,906,743명을 기준으로 계산
자료: 고용노동부(2016), 「2015년 전국노동조합 조직현황」, 9.

의 3.4%로서 아직까지는 매우 미미함을 알 수 있다 특히 제조업과 부동산 및 사업서비스업은 각각 1.7%와 0.0%로 매우 낮은 비율을 보이고 있다 조합원 규모별로 볼 때 100인 미만이 1.3%인데 반해 1000인 이상이 16.2%로 규모가 클수록 노조 재정자립기금을 협정하고 있는 비율이 높은데 이는 상대적으로 규모가 클수록 기업의 재정적 여유가 있기 때문으로 풀이된다.

이러한 현실하에서 노조전임자에 대한 임금을 조합재정에서 부담하라는 것은 사실상 절반 이상의 노동조합으로 하여금 간판을 내리라고 하는 것과 다름없다(허영구, 1996). 실제로 2002년부터 사용자로부터의 임금금지가 전면적으로 실시되었을 경우 많은 노조가 휴면노조화하거나 해산할 가능성이 높고 일부 대공장노조만 생존할 가능성이 없지 않았다. 일부 생존한 대공장노조의 경우에도 어용노조화하지 않을 경우 궁극적으로는 사라질 운명에 처할 것으로 예상되었다.

그러던 중 2001년 2월 9일의 노사정위원회의 합의에 의해 유예기간을 5년 연장됨으로써 2006년 12월 31일까지 임금지원이 가능하게 되었다. 그러나 제도시행에 대한 노사간 견해차가 커 전면시행 시 노사갈등과 산업현장의 혼란이 불가피하다는 인식하에(노동부, 2007.1), 2006년 9월 노사정대표자회의에서 시행시기를 3년간 유예키로 합의하여 제출한 개정안이 통과됨으로써 노조전임자 임금지급금지 규정은 제정 후 13년간 시행을 유예하는 기록을 세우고 2010년 7월 1일부

표 3-8 노동조합의 재정자립기금 (단위: %)

구분 \ 규정 유무		규정 있음	규정 없음	전 체
산업별	제조업	1.7	98.3	100.0
	운수업	10.0	90.0	100.0
	금융 및 보험업	20.0	80.0	100.0
	부동산 및 사업서비스업	0.0	100.0	100.0
	기타산업	14.7	85.3	100.0
규모별	100인 미만	1.3	98.7	100.0
	100-299인	2.2	97.8	100.0
	300-499인	2.3	97.7	100.0
	500-999인	4.9	95.1	100.0
	1,000인 이상	16.2	83.8	100.0
	전체	3.4	96.6	100.0

자료: 안정화(2002), 「경제위기 전후 단체협약 분석」, 한국노총 중앙연구원, 28.

터 마침내 시행되게 되었다.

이에 따라 2010년 1월 1일의 노조 및 조정법의 개정은 전임자 급여지급의 금지를 제도적으로 시행하면서 이와는 별도로 "사용자와의 협의·교섭, 고충처리, 산업안전 활동 등 이 법 또는 다른 법률에서 정하는 업무와 건전한 노사관계 발전을 위한 노동조합의 유지·관리업무"를 행하는 근로자에게 유급으로 근로시간을 면제하는(time-off) 제도(일명 타임오프제도)를 도입하였다.

새로 신설된 노조 및 조정법 제 24조 제4항은 "단체협약으로 정하거나 사용자가 동의하는 경우에는 사업 또는 사업장별로 조합원 수 등을 고려하여 제24조의2에 따라 결정된 근로시간 면제한도를 초과하지 아니하는 범위에서 근로자는 임금의 손실 없이 사용자와의 협의·교섭, 고충처리, 산업안전 활동 등 이 법 또는 다른 법률에서 정하는 업무와 건전한 노사관계 발전을 위한 노동조합의 유지·관리업무를 할 수 있다."고 규정하고 있다. 또한 근로시간 면제한도를 정하기 위하여 근로시간면제심의위원회를 고용노동부에 두고(노조 및 조정법 제 24조의 2 제1항) 근로시간 면제한도는 위원회가 심의·의결한 바에 따라 고용노동부장관이 고시하되, 3년마다 그 적정성 여부를 재심의하여 결정할 수 있도록 하였다(노조 및 조정법 제 24조의2의 제2항).

이와 같이 개정된 노조법으로 인하여 기존의 유급 전임자제도가 전면 폐지된 타임오프제도는 노·사간의 단체협약으로 정하거나 혹은 사용자의 동의에 의해 타임오프한도 내에서 사용자와의 협의·교섭할 수 있도록 한 것이다. 개정 노조 및 조정법은 노사가 합의하는 경우 노조전임자를 둘 수 있는 반면에 노조전임자에 대한 사용자의 급여 지급은 금지하고 이들에 대한 급여는 노동조합이 스스로 부담하도록 하도록 하였다. 또한 기존 노조전임자와는 별도로 개정 노조법이 정한 소정의 활동에 대해 임금의 손실 없이 그 활동을 할 수 있도록 타임오프제도를 인정하였다(정영화, 2012; 우태현·노광표, 2013).

타임오프제도의 적용한도는 네 가지 원칙에 따르는데, 먼저 타임오프제도를 개별 사업장에서의 효율적으로 활용하기 위해 고시된 한도 내에서 노사가 협의하여 총 사용시간과 사용인원을 확정하여야 한다. 둘째, 사용자와의 교섭·협의나 근로자의 고충처리 및 산업안전교육 등 개정 노조법 또는 다른 법률에서 정하는 업무나 건전한 노사관계 발전을 위한 노동조합의 유지·관리 등에 관한 업무는

표 3-9　조합원 규모별 근로시간 면제한도

<table>
<tr><th>조합원 규모</th><th>연간 시간 한도</th><th>사용가능 인원</th></tr>
<tr><td>99명 이하</td><td>최대 2,000 시간 이내</td><td rowspan="10">• 조합원수 300명 미만의 구간: 파트타임으로 사용할 경우 그 인원은 풀타임으로 사용할 수 있는 인원의 3배를 초과할 수 없다.

• 조합원수 300명 이상의 구간: 파트타임으로 사용할 수 있는 인원의 2배를 초과할 수 없다.</td></tr>
<tr><td>100명～199명</td><td>최대 3,000 시간 이내</td></tr>
<tr><td>200명～299명</td><td>최대 4,000 시간 이내</td></tr>
<tr><td>300명～499명</td><td>최대 5,000시간 이내</td></tr>
<tr><td>500명～999명</td><td>최대 6,000 시간 이내</td></tr>
<tr><td>1,000명～2,999명</td><td>최대 10,000 시간 이내</td></tr>
<tr><td>3,000명～4,999명</td><td>최대 14,000 시간 이내</td></tr>
<tr><td>5,000명～9,999명</td><td>최대 22,000 시간 이내</td></tr>
<tr><td>10,000명～14,999명</td><td>최대 28,000 시간 이내</td></tr>
<tr><td>15,000명 이상</td><td>최대 36,000 시간 이내</td></tr>
</table>

주: '조합원 규모'는 노동조합 및 노동관계조정법 제24조 제4항의 '사업 또는 사업장'의 전체조합원 수를 의미하며, 단체협약을 체결한 날 또는 사용자가 동의한 날을 기준으로 산정한다.

근로시간면제자가 반드시 우선적으로 수행하여야 한다. 셋째, 근로시간면제자가 근로시간 중에 두 번째에 규정된 업무 이외의 업무를 하는 경우, 사용자는 해당 업무 수행시간에 대하여는 원칙적으로 급여를 지급하지 않는다. 마지막으로 타임오프제도의 사용인원과 관련하여 노사는 선정기준과 절차 등을 정하고 노동조합은 사용자에게 확정된 대상자 명단을 사전에 통보하여야 한다(장석인, 2015; 정영화, 2012, 223-256).

노동조합의 재정적 자립(자주성)과 적정한 전임자수의 유지라는 관점에서 유급 근로시간 면제제도를 도입한 2010년 1월 1일의 노동조합 및 노동관계조정법의 개정은 노사관계의 선진화에 기여할 것으로 생각된다. 새로 도입된 이 제도는 전임자 급여의 노조부담원칙하에 노사 공동의 업무에 종사하는 시간에 대하여 이를 근로시간으로 인정해 주는 것으로서 선진외국에서 비교적 널리 활용되고 있다[14](김형배, 2015, 887). 참고로 고용노동부 고시 제2013-31호에 따른 근로시간 면제한도는 〈표 3-9〉와 같다.

근로시간 면제제도 도입으로 노사관계, 특히 노조전임자수에 실제로 어떤 변

14 독일, 영국, 미국 및 일본 등의 선진 각국의 근로시간면제제도에 대해서는 장석인(2015)을 참조.

표 3-10 근로시간 면제제도 도입전후의 근로시간면제자 및 노조전임자 변화 (단위: 명)

도입 전후 / 구 분	근로시간 면제제도 도입 이전		근로시간 면제제도 도입 이후			
	노조전임자수		근로시간 면제자(유급)		무급 노조전임자	
	풀타임	파트타임	풀타임	파트타임	풀타임	파트타임
전체 전임자수	2.44	0.82	1.53	1.16	0.30	0.08
사업장	2.41	0.72	1.48	1.19	0.25	0.08
상급단체 파견	0.07	0.00	0.01	0.03	0.01	0.00
회사지원 사무보조	0.07	0.02	0.03	0.02	0.00	0.00

자료: 이성희(2012.6), "근로시간면제제도 도입과 노사관계 변화", 한국노사관계학회 「하계학술대회자료집」, 17.

화가 왔을까? 시행된 지 몇 년 되지는 않았지만 이성희(2012.6)가 2012년에 454개 사업장을 대상으로 실시한 근로시간 면제제도 도입전후의 근로시간면제자 및 노조전임자 변화를 보면 〈표 3-10〉에서 알 수 있듯이 풀타임 유급노조 전임자의 숫자가 많이 줄어든 것으로 나타난 반면, 파트타임 노조전임자의 숫자는 제도 도입이후에 다소 증가한 것으로 나타났다. 아울러 상급단체 파견 유급전임자 수도 0.07명에서 0.01명으로 감소한 것으로 나타났다.

아울러 시설·편의 제공을 보면 2013년 말 기준 727개의 단체협약에 대한 고용노동부의 실태조사에서는 노동조합에 필요한 시설을 제공한다는 시설편의에 대한 규정이 있는 경우가 86%로 나타났는데, 2001년 94.9%, 2009년의 92.1%와 비교해서 전반적으로 약간의 하락세를 보이고 있었다. 규정을 두고 있는 경우들 가운데 회사건물의 제공(약 72.2%), 비품집기의 제공(약 64%), 그리고 전화·통신·전기·수도의 제공(약 30%) 등의 순서대로 단체협약 내에서 노조에게 제공하는 것으로 나타났다. 다만 노동조합에 대한 시설·편의제공 중에서도, 노동조합이 단체협약을 통하여 노동조합 전용 사무실을 회사 내에 제공받고 있는 비중은 29.8%에 불과했다(박명준·조성재·문무기, 2014, 343-344).

한편 2004년의 한국노동연구원의 조사에서도 회사의 노조에 대한 사무실 제공의 정도는 70.6%로 많은 노조에서 사용자로부터 노동조합의 사무실을 제공하고 있는 것으로 나타났다. 그리고 이 밖의 편의제공으로 노조사무실에 교환전화가 100% 제공되었고, 직통전화도 69.6%의 노조에 설치되었으며, 그리고 39.1%의 노조에서는 설치비용과 전화요금을 모두 부담하고 있었다. 회사의 차량이용 여부에 대해 78.3%의 노조가 실제 이용하고 있는 것으로 나타났다. 끝으로 근무시간 중의 단체교섭이나 노사협의와 관련된 회의참석에 대해서는 연구 대상의 노조 모두에서 유급으로 처리되었으며 외부노동단체(연맹, 노총 등)의 교육 및 회의참석도 유급으로 처리되었다.

2. 노동조합의 민주성

노동조합조직이 거대화되면 조합내부운영의 민주화가 중요한 문제로 등장하게 된다. 평조합원(rank and file)의 조합활동에 대한 무관심은 오늘날 세계적인 경향으로 되어 있다. 영국에서는 요직인 전국조합의 서기장(general secretary)이 종신제가 많고, 미국에서는 노조위원장(president)의 1인독재가 많다.[15] 전국조합이 하부조합의 요구를 들어주지 않음으로써 비공인파업(wildcat strike)이 미국이나 영국에서 자주 일어나고 있는 것은 당연한 결과라고 하겠다. 근로자의 이익을 옹호하기 위하여 등장한 노동조합조직이 오히려 근로자를 지배하고 착취하는, 이른바 노동의 귀족화를 막기 위하여 영국에서는 직장내 노조간부운동(shop steward movement)이 일어났고, 미국에서는 정부의 입법을 통한 규제와 조합 스스로의 노력이 가해지고 있다.

이러한 추세에 발맞추어 우리나라 노동조합 및 노동관계조정법 제14조 제1항은 노동조합의 민주적 운영을 위하여 조합설립일로부터 30일 이내에 그 주된 사무소에 ① 조합원 명부(연합단체인 노동조합에 있어서는 그 구성단체의 명칭), ② 규약, ③ 임원의 성명·주소록, ④ 회의록, ⑤ 재정에 관한 장부와 서류를 비치하도록 함과 동시에 회의록 및 재정에 관한 장부와 서류는 3년간 보존할 것을 규정하고 있다. 또한 노동조합의 대표자는 회계연도마다 결산결과와 운영상황을 공표

15 AFL의 곰퍼스(S. Gompers)는 38년간, 그린(W. Green)은 28년간, AFL-CIO의 미니(G. Meany)는 24년간, 키르크랜드(W. Kirkland)는 15년간, 강력한 노동운동을 공언해온 존 스위니(J. Sweeney)는 1995년부터 14년간 재임해왔다. 현재는 전미광산노조 변호사 출신인 리처드 트럼카(Richard L. Trumka)가 지난 2009년 AFL-CIO 위원장으로 선출돼 8년째 노조를 이끌고 있다(AFL-CIO, 1985).

하여야 하며, 조합원의 요구가 있을 때에는 이를 열람하게 하도록 하고 있다(노조 및 조정법 제26조). 노동조합은 행정관청이 요구하는 경우에는 결산결과와 운영상황을 보고하여야 한다(노조 및 조정법 제27조).

아울러 노동조합은 매년 1회 이상 총회를 개최하여야 한다(노조 및 조정법 제15조 제1항). 그 뿐만 아니라 노동조합의 대표자는 필요하다고 인정할 때에는 임시총회 또는 임시대의원회를 소집할 수 있고(노조 및 조정법 제18조 제2항) 노동조합의 대표자는 조합원 또는 대의원의 3분의 1 이상(연합단체인 노동조합에 있어서는 그 구성단체의 3분의 1 이상)이 회의에 부의할 사항을 제시하고 회의의 소집을 요구한 때에는 지체 없이 임시총회 또는 임시대의원회를 소집하여야 한다(노조 및 조정법 제18조 제2항). 임원의 선거에 있어서는 다수결원칙을 채택함으로써(노조 및 조정법 제16조 제3항) 총의를 통하여 1인독재를 막고, 조합원의 권리를 균등하게 보장함으로써 조합의 모든 문제에 함께 참여할 수 있는 기회를 열어 놓았다. 규약의 제정·변경을 포함하여 임원의 선거·해임에 관한 사항은 조합원의 직접·비밀·무기명 투표에 의하도록 함으로써(노조 및 조정법 제16조 제4항) 자유의사의 반영을 도모하고 있다. 끝으로 종신적·제왕적 지배구조를 차단하기 위해서는 조합원들의 선거에 의한 임원의 선출뿐만 아니라 임기제도 또한 필요하다. 이러한 취지에서 임원의 임기는 규약으로 정하되 3년을 초과할 수 없도록 하고 있다(노조 및 조정법 제23조 제2항).

제 6 절 노동조합의 조직화

노동조합이 정치적·사회적·경제적으로 합법적 조직으로 인정을 받기까지는 많은 시간이 걸렸다는 것을 우리는 서구 각국의 노동운동사를 통해서도 잘 알고 있다. 이러한 노조가 조직체로서 갖는 힘은 두 가지 점에서 찾아볼 수 있다. 그 하나는 조합원의 구성이고, 다른 하나는 조합의 활동에 필요한 자금의 확보이다. 이것은 보다 구체적으로 살펴보면 양적인 측면의 노조가입방법과 질적인 측면의 조합비 징수방법인데, 그러면 이들 각각에 대해 살펴보도록 하자.

1. 노조가입방법

노조결성형태, 즉 근로자가 노동조합에 가입하는 방법에는 클로즈드 숍(closed shop), 오픈 숍(open shop), 유니온 숍(union shop) 등과 같은 기본적인 형태와 이들의 변형형태인 에이전시 숍(agency shop), 메인티넌스 숍(maintenance shop) 및 프레퍼렌셜 숍(preferential shop) 등이 있다.

(1) 클로즈드 숍

클로즈드 숍은 기업의 노동자 또는 종업원 요건이 노동조합원을 전제로 하는 것이다. 즉, 노동조합에의 가입이 고용조건의 전제가 되는 것으로 노동조합측에 가장 유리한 제도이다.[16] 따라서 회사와 노동조합의 단체협약으로서 종업원의 채용, 해고 등을 노동조합의 통제에 맡기고 노동조합원 이외에는 종업원을 채용하지 않고 반드시 조합원 중에서 채용하여야 한다는 제도이다. 이 제도는 노동조합의 권리와 단결을 지키는 데 필요하다.

미국의 경우 이 제도는 와그너법(Wagner Act, 1935)에서 인정되었으나 노조의 지나친 권력남용을 우려하여 태프트 하틀리법(Taft-Harley Act, 1947)에 의해 불법화되었다. 다만 건설업에 한하여 1959년에 다시 합법화되었다.

영국에서는 이 방식이 많이 사용되어 왔는데 1978년에 실시된 한 조사에 따르면 근로자의 23% 정도가 이 제도의 적용을 받고 있는 것으로 나타났다(Green, 1991). 그러나 1979년 5월에 들어선 마거릿 대처(Margaret H. Thatcher)의 보수당 정부가 영국병(복지병)에 찌든 영국을 시장경제국가로 살려내기 위해 영국노동시장을 개혁하면서 클로즈드 숍이 급속히 쇠퇴하여 1980년에는 520만 명 이상이 클로즈드 숍의 적용을 받고 있었으나, 10년이 지난 1990년에는 단지 30만 명만이 적용받고 있는 것으로 나타났다(Millward, Stevens, & Smart, 1992). 그나마 1990년 이후에는 법규상으로는 금지되어(입직후 클로즈드 숍은 1988년에, 입직전 클로즈드 숍은 1990년에 법률로 금지되었다) 노조의 가입은 전적으로 개인의 자유에 따르도록 함으로써(이명숙, 1998) 앞으로 더욱 줄어들 것으로 보인다(임무송, 1997.10).

---

16 입직전 클로즈드 숍(pre-entry closed shop)은 고용되지 전에 조합원 자격이 요구되고, 입직후 클로즈드 숍(post-entry closed shop)은 근로자가 고용되자마자 조합에 가입해야 하는 제도이다(이명숙, 1998).

표 3-11 생산성, 임금, 수익성 및 고용에 대한 노조의 영향

구 분	기 준	클로즈드 숍	비클로즈드 숍으로 노조인정	비노조
노조원의 수(백만)	1978년도	5.2	7.9	9.1
	1987년도	3.0	7.3	10.8
노동 생산성	엔지니어링기업 1978/82 (비노조와 비교했을 때)	상당히 부정적	어느 정도 부정적	–
상대임금	비노조에 대한 프리미엄(%)	9–14	4–7	–
수익성	1984년도 평균 이상의 재정적 성과를 보고한 기업(%)	25	44	60
고용변화 (1980–84)	20%이상 고용손실을 보고한 기업의 비중(%)	37	27	15
	20%이상 고용이 증가한 기업의 비중(%)	9	18	33

자료: Blanchflower, Oswald, & Garrett(1990), Metcalf(1989), Stewart(1987), 이명숙(1998).

참고로 생산성, 임금, 수익성 및 고용에 대한 노조의 영향을 영국을 중심으로 살펴보면 〈표 3-11〉와 같다.

(2) 오픈 숍

오픈 숍은 고용관계에 있어서 고용주가 노동조합의 가입조합원뿐만 아니라 조합원 이외의 노동자까지도 자유로이 고용할 수 있는 제도이다. 클로즈드 숍이 조합원을 강제로 압박하는 수단이 되기 쉬운 반면, 이 제도는 고용주에 의한 조합 약화의 수단으로 작용하기 쉽다.

우리나라의 경우는 노동조합 및 노동관계조정법 제81조 제2호에서 근로자가 어느 노동조합에 가입하지 아니할 것 또는 탈퇴할 것을 고용조건으로 하거나 특정한 노동조합의 조합원이 될 것을 고용조건으로 하는 행위를 부당노동행위로 규정함으로써 오픈 숍제가 주종을 이루고 있다. 미국의 경우 한 때 와그너법에 의해 오픈 숍제가 불법화되기도 했다.

이 경우 제4장 단체교섭제도의 제6절 단체협약에서 보다 자세히 언급하겠지만 비조합원도 단체협약의 체결로 협약상의 각종 혜택을 누릴 수 있으므로 무임승차자(free rider)의 문제가 생길 수 있다(신수식·김동원·이규용, 2014, 70).

(3) 유니온 숍

유니온 숍은 앞선 두 가지 숍의 중간형태이다. 이 제도는 고용주가 노동조합의 조합원 이외의 노동자까지도 자유로이 고용할 수 있으나 일단 고용된 노동자는 일정기간 중에 조합원이 되지 않으면 안 되는 제도이다. 따라서 종업원이 그 회사에 채용되기 위해 반드시 노조원일 필요는 없지만, 대신에 그 사람은 그 회사에 의해 채용되어 남아있기 위해서는 일정기간의 수습(보통은 30일 이내)(Holley, Jr., Jennings, & Wolters, 2012)이 지난 후에는 노조원이 되지 않으면 안 된다.

새로 채용되는 근로자를 노동조합원으로 조직화하고 기존 조합원이 조합으로부터 탈퇴하는 것을 방지하려는 목적으로 체결되는 협정이다. 다만 유니온 숍협정은 노조에 들어갈 자유가 있으면 들어가지 않을 자유도 보장받아야 하는, 근로자의 선택자유를 침해할 수도 있으므로 우리나라 노동조합 및 노동관계조정법에서는 근로자의 3분의 2이상을 조직하고 있는 노동조합이 있을 경우에만 이 협정을 둘 수 있도록 하고 있다. 이에 대해서는 뒤에서 좀 더 살펴보기로 하겠다.

이러한 유니온 숍제가 클로즈드 숍제와 다른 점은 후자가 고용되기 이전부터 조합원이어야 한다는 데 대하여 유니온 숍제는 비조합원도 고용된 후 일정기간 이내에는 조합에 가입할 것을 규정하는 것이다. 따라서 조합이 제명처분하거나 조합원 본인이 가입을 거부하면 해고를 당하게 된다.

유니온 숍의 수정형태로 종종 변형 유니온 숍(modified union shop)이 사용되기도 하는데, 이 협약의 체결 이후 신입근로자는 입사 후 일정기간 이내에 노동조합에 가입하여야 하며, 기존근로자 중 노조원이 아닌 경우에는 노동조합에 가입하지 않아도 된다(김동원, 1997).

(4) 메인티넌스 숍

메인티넌스 숍은 미국에서 제2차 대전 중에 나타난 것으로 전시노동위원회(War Labor Board)가 이 제도를 유니온 숍을 바라는 노조 측 요구와 강제적인 비조합주의를 바라는 경영자 측 주장 사이의 타협안으로 승인하게 됨에 따라 상당한 인기를 얻게 된 제도이다. 조합원자격유지 숍이라고도 하는 이 제도는 일단 단체협약이 체결되면 협약체결일 현재 조합원인 근로자는 일정기간(window period) 중에는 노조에서 탈퇴할 수 있으나 그 기간 중 탈퇴하지 않는다면 협약기간 중 노동조합원 자격을 유지(maintenance)하여야 한다. 단, 신입사원이나 기존의 비조합원은 노동조합에 가입할 필요가 없다.

(5) 에이전시 숍

에이전시 숍은 종업원들이 노조에 가입하도록 강제되지는 않지만 조합원들의 단체교섭활동을 지원하기 위하여 비조합원들도 조합원들의 가입비(initiation fee)와 조합비(due)에 상당하는 금액을 정기적으로 노동조합에 불입하도록 하는 제도이다. 유니온 숍과 유사하지만 조합비 지급만 강제할 뿐 조합원자격을 요구하지 않는(Noe, Hollenbeck, Gerhart, & Wright, 2016, 502) 이 제도는 근로자들이 비조합원으로서 조합비 납부의 업무를 회피하면서도 타조합원들과 동일한 혜택을 향유하려는 무임승차(free riding)심리를 줄이려는 노조의 주장과 조합원자격을 자발적으로 하고자 하는 경영자의 주장 사이의 타협에서 나온 것이다.

비조합원들이 낸 조합비는 노조활동비뿐만 아니라 자선단체에의 기부금, 정치적인 자금 등으로 사용되어 왔으나 1988년의 대법원 판결과 1992년의 죠지 부시(George Bush) 대통령의 대통령명령의 발동으로 이 자금을 오로지 단체교섭용으로만 사용하도록 하고 있다.

(6) 프레퍼렌셜 숍

프레퍼렌셜 숍은 비조합원의 고용도 가능하기는 하지만 조합원에 대하여는 고용상에 차별적인 우대(preference)를 해주는 제도이다. 따라서 이 제도의 효율성은 노·사 쌍방이 차별적 대우를 어떻게 적용하는지에 달려있다. 차별적 대우의 한 예는 고용 시 조합원에게는 우선 순위를 두어 채용하는 것을 들 수 있다. 이 조항은 테네시주 스프링 힐에 위치해 있는 새로운 새턴(Saturn) 제조공장을 둘러싸고 전미자동차노조(UAW: United Auto Workers)와 GM 사이에 교섭이 이루어진 뒤 전국노사관계위원회(NLRB)에 의해 확정된 바 있다(DeCenzo & Robbins, 2007).

이상의 여러 조항들이 폭넓게 사용되고 있는데 일반적으로 미국의 경우 유니온 숍이 가장 흔히 사용되고 있으며(62%)[17] 그 다음으로 에이전시 숍(11%) 그리고 기타 등등을 들 수 있다(Jennings & Holley, 1994).

17 30개 주에서 유니온 숍이 허용되고 있다(Werther & Davis, 1996).

표 3-12 우리나라의 숍제도 (단위: 개소, %)

숍 / 구 분	전 체	규정 없음	규정 있음	유니온 숍인정	클로즈드숍 인정	오픈숍 인정	유니온숍 +오픈숍
민간부문	590(100.0)	18.0	82.0(100.0)	(37.8)	(3.9)	(55.2)	(3.1)
공공부문	75(100.0)	26.7	73.3(100.0)	(25.2)	(1.8)	(65.5)	(7.3)
농림어업,광업	14(100.0)	71.4	28.6(100.0)	(75.0)	(25.0)	–	–
제조업	330(100.0)	14.5	85.5(100.0)	(34.8)	(3.5)	(58.5)	(3.2)
전기·가스및 수도업	10(100.0)	70.0	30.0(100.0)	–	–	(100.0)	–
건설업	13(100.0)	15.4	84.6(100.0)	–	–	(100.0)	–
도소매 및음식숙박업	11(100.0)	27.3	72.7(100.0)	(50.0)	–	(50.0)	–
운수·창고 및 통신업	101(100.0)	5.9	94.1(100.0)	(58.9)	(3.2)	(35.8)	(2.1)
금융 및 기타업	34(100.0)	38.2	61.8(100.0)	(23.8)	(9.5)	(57.1)	(9.5)
사회 및 개인서비스업	152(100.0)	24.3	75.7(100.0)	(27.0)	(3.5)	(64.3)	(5.2)
99인 이하	270(100.0)	20.7	79.3(100.0)	(27.6)	(2.3)	(68.7)	(1.4)
100~299인	150(100.0)	16.0	84.0(100.0)	(42.9)	(5.6)	(49.2)	(2.4)
300~999인	117(100.0)	16.2	83.8(100.0)	(43.9)	(6.1)	(45.9)	(4.1)
1,000인 이상	72(100.0)	23.6	76.4(100.0)	(47.3)	–	(40.0)	(12.7)
전 체	609(100.0)	19.0	81.0(100.0)	(36.9)	(3.7)	(56.0)	(3.4)

주: 금융 및 기타업은 금융·보험·부동산 및 사업서비스업을 말함.
자료: 김정한·문무기·윤문희(2003, 12), 「단체협약분석」, 한국노동연구원, 69를 토대로 재작성.

그러면 우리나라의 경우는 어떠한가? 한국노동연구원의 김정한 연구위원팀이 2003년에 조사한 결과에 따르면 〈표 3-12〉와 같이 분석대상협약 중 숍제도에 관하여 규정이 있는 비율은 81.0%로, 1990년의 87.2%에 비하여 점차 낮아지는 경향을 보이고 있는 반면 1996년 분석의 81.3%, 2001년 분석 78.9%와는 비슷한 수준이다. 사업체 성격별로 보면 민간부문, 산업별로는 금융보험업, 조합원 규모별로는 100~299인 규모에서 규정률이 상대적으로 높다.

숍제도에 관한 규정이 있는 협약 중 숍제도의 내용을 보면 오픈 숍 56.0%, 유니온 숍 36.9% 등의 순으로 오픈숍의 규정비율이 높게 나타나 이전 분석과 비슷한 경향을 보이고 있다. 사업체 성격별로는 민간부문이 공공부문에 비해 상대적으로 유니온 숍 규정비율이 높은 편이다. 산업별로는 숍제도에 큰 차이를 보인다. 도소매 및 음식숙박업, 금융보험업, 농림어업 및 광업에서는 유니온 숍 규정비율이 50% 이상으로 오픈 숍에 비해 높은 반면, 전기·가스 및 수도업, 건설업에서는 오픈 숍이 압도적으로 높은 비중을 차지한다. 조합원규모별로는 규모가 클수록 유니온 숍 규정비율이 높아 유니온 숍 협정을 통해 조직유지 및 조직확대를 도모하려는 것으로 나타났다(김정한·문무기·윤문희, 2003.12, 69-70).

지금까지 살펴 본 여러 가지 숍제도는 노조가 안정적으로 그 세력을 유지하기 위한 노력과 이에 대한 사용자들의 집요한 반대 노력의 결과로서 다양하게 나타난 것이다. 따라서, 노사 쌍방은 입법과정을 통해 어떤 형태의 숍제도를 허용할 것인지를 규정하고자 해왔다. 미국의 경우 태프트 하틀리법에서 클로즈드 숍제도를 불법화시켰을 뿐만 아니라 각 주에서 유니온 숍을 불법화시켰을 경우에는 그 주법이 우선한다고 규정함으로써, 종업원들로 하여금 고용조건으로 노조에 가입하도록 요구하는 것을 불법화하는 '취업권법(right to work law)'[18]의 의의를 살리려고 하였다(Katz & Kochan, 2004).

우리나라에서는 1980년에 개정된 구 노동조합법 제39조 제2항에서 "근로자가 어느 노동조합에 가입하지 아니할 것 또는 탈퇴할 것을 고용조건으로 하거나 특정한 노동조합의 조합원이 될 것을 고용조건으로 하는 행위"를 부당노동행위로 규정함으로써 유니온 숍제도를 금지해 왔다. 그러나 1987년의 개정을 통해서 다음과 같은 단서를 첨부하였다. 즉, "다만, 노동조합이 당해 사업장에 종사하는 근로자의 3분의 2 이상을 대표하고 있을 때에는 근로자가 그 노동조합의 조합원이 될 것을 고용조건으로 하는 단체협약의 체결은 예외로 하며"라고 하여 근로자들의 3분의 2 이상을 대표하는 노동조합일 경우에는 유니온 숍을 체결할 수 있도록 하였다. 이어서 "이 경우 사용자는 근로자가 당해 노동조합에서 제명된 것을 이

18 취업권법이란 헌법에서 선언적으로 보장하기 좋아하는 근로권과 혼동하기 쉽다. 후자는 실업퇴치의 개념에서 일할 능력이 있는 사람에게 일할 기회를 국가가 부여해야 한다는 뜻에서 근로권 또는 노동권이라 말하는데 반해, 취업권이란 어느 개인이 취업할 수 있는 자격이 있음에도 불구하고 노동조합의 가입 또는 비가입을 이유로 고용기회를 박탈당하는 경우에 그것은 경쟁사회의 공평원리에 어긋난다는 점에서 나온 것이다. 누구나 취업할 권리가 있음에도 불구하고 노동조합이 숍제도를 사용자와 체결함으로써 비조합원의 취업권을 박탈하는 것을 불법화시킨 것이다. 이를 노동법학자들은 '소극적 단결권'이라고 표현한다.

표 3-13 유니온 숍 규정

업종별			규정 없음	규정 있음	규모별			규정 없음	규정 있음
전체	협약수	278	96	182	전체	협약수	278	96	182
	비율	100	34.53	65.47		비율	100	34.53	65.47
식품	협약수	17	7	10	~99	협약수	100	36	74
	비율	6.12	41.18	58.82		비율	39.57	32.73	67.27
화학	협약수	111	58	53	~299	협약수	116	365	80
	비율	39.93	52.25	47.75		비율	41.73	31.03	68.97
섬유·유통	협약수	31	3	28	~499	협약수	32	15	17
	비율	11.15	9.68	90.32		비율	11.51	46.87	53.13
금속	협약수	119	108	91	~999	협약수	14	5	9
	비율	42.81	23.53	76.47		비율	5.04	35.71	64.29
					1,000	협약수	6	4	2
						비율	2.16	66.67	33.33

자료: 김기우·송태수·김성규(2014), 「2014 단체협약 분석; 한국노총 제조업 사업장을 중심으로」, 한국노총 중앙연구원, 68.

유로 신분상 불이익한 행위를 할 수 없다"(노조 및 조성법 제81조 제2호)고 규정함으로써 노조가 유니온 숍을 악용하여 조합원 신분을 박탈할 수 있는 가능성을 배제하였다[19].

그러다가 2006년 12월 노동조합 및 노동관계조정법 제81조 제2호 단조조항의 개정에서 "이 경우 사용자는 근로자가 그 노동조합에서 제명된 것 또는 그 노동조합을 탈퇴하여 새로 노동조합을 조직하거나 다른 노동조합에 가입한 것을 이유로 근로자에게 신분상 불이익한 행위를 할 수 없다"고 규정함으로써 다수노조의 단결력 강화로 사업장 노사관계를 안정시키고 복수노조 하에서 단결선택권을 보호하기 위해 현행과 같이 '유니온 숍'제도는 허용하되, 그 노조를 탈퇴하여 다른 노조를 조직하거나, 다른 노조에 가입하는 경우 해고 등 불이익을 줄 수 없도록 하고 있다.

19 반면에 노조원이 노조를 탈퇴할 경우, 해고를 시킬 수도 있지만 노조의 제명조치에 의해서는 제명된 조합원에게 해고와 같은 신분상의 불이익한 행위를 할 수 없으므로 매우 불완전한 유니온 숍제를 인정하고 있다(임준택, 1999).

끝으로 김기우·송태수·김성규(2014)가 한국노총 제조업 사업장을 중심으로 2014 단체협약 분석결과에 따르면 〈표 3-13〉과 같이 65.5%의 사업장에서 유니온 숍 규정을 두고 있었다. 업종별로는 섬유유통이 90.3%로 가장 높았고 다음으로 금속산업이었다. 규모별로는 대규모사업장일수록 비중이 낮은 것으로 나타났다.

2. 노동조합비

숍제도가 양적인 의미에서의 노조안정책이라면 질적인 측면에서의 노조안정책이 바로 체크오프 시스템(check-off system)이다. 체크오프 시스템이란 노동조합과 사용자 사이의 협정에 근거하여 사용자가 조합원인 근로자의 임금으로부터 조합비를 공제하고, 그것들을 일괄해서 노동조합에 인도하는 것으로(임종률, 2007; 최영진, 2007), 조합비의 일괄공제제도를 말한다. 즉 조합이 조합비를 징수하는 방법에는 조합원 개개인을 찾아다니며 조합비를 걷는 방법과 사용자가 노동조합을 위하여 조합원인 근로자의 임금으로부터 조합비 기타 노동조합의 징수금을 공제하여 직접 노동조합에 인도하는 방법이 있는데(이승길(1997), 후자를 조합비공제제도 또는 원어대로 체크오프 시스템이라고 한다.

노조는 우선 자금확보면에서 뿐만 아니라 조합의 안정성 확보라는 이유에서도 단체교섭에서 조합비공제제도의 채택을 사용자측에 요구하는 것이 일반적이다. 여기서 조합비라는 개념에는 조합원이 매월 정기적으로 납부하여야 하는 정상적인 조합비는 물론 더 나아가 조합의 가입비, 정조합원에게 부과되는 벌금 및 특별부과금까지 포함한다. 따라서 이러한 조합비를 사용자와 합의에 의하여 일괄 공제징수한다는 것은 노동조합의 입장에서는 노동조합의 재정을 안정시키고 시간과 경비의 절약뿐만 아니라 조합비 납부를 정례화하여 간접적으로 조합원의 참가의식을 조성하는 단결강화기능을 수행한다(김유성, 1997, 110-112).

그러나 사용자측은 조합비공제제도에 대하여 호의적인 반응을 보이지 않는 경우가 일반적이며, 조합의 회비징수원이 작업장을 번번이 찾아다니는 것보다 오히려 이 제도를 선호하는 경우는 드물 것이다. 그러나 일단 유니온 숍제도를 허용하는 한 사용자는 이 조합비공제제도 자체를 단체교섭의 주요한 쟁점으로 삼는 경우는 거의 없다. 이 조합비공제제도는 조합안정책의 발달과 더불어 현저하게 성장하고 있는 추세이다.

예컨대 미국의 경우 1946년 모든 단체협약의 약 40%가 조합비 징수를 위한 일괄공제제도를 채용하고 있었던 것이 1954년에 이 비율은 약 75%로 증가하였고, 오늘날에는 약 90%를 넘고 있다(Holley & Jennings, 1997; Holley, Jennings, & Wolters, 2012). 일본에서도 93%의 노조가 체크오프시스템의 적용을 받고 있으며, 노조가 조합비를 직접 징수하는 경우는 6.5%밖에 되지 않는다. 아울러 조합원규모가 클수록 실시하는 비율이 높고 규모가 작을수록 직접 징수하는 노조의 비율이 높아가는 현상을 보이고 있다.

한편 우리나라의 경우 김기우·송태수·김성규 연구팀이 한국노총소속 제조업 사업장을 중심으로 조사한 단체협약 분석결과를 보면 〈표 3-14〉와 같이 대다수의 협약서들은 조합비 공제에 관한 규정을 갖고 있었다(81.29%). 여기서 화학을 제외한 3개 노련의 규정비율이 모두 높았고, 규모별로는 500인 이상 999인 이하와 1,000인 이상의 사업장에서 높았다. 대체적으로, 조합비를 급여지급일 다음날 혹은 3일 이내까지 일괄 공제한다는 내용을 두고 있었다(김기우·송태수·김성규, 2014, 85-86). 여기서 단체협약에 규정되어 있지는 않으나 관례적으로 징수해주는 경우가 적지 않을 것으로 보이기 때문에 실제적으로는 90%를 훨씬 넘을 것

표 3-14 조합비 공제규정

<table>
<tr><th colspan="3" rowspan="2">업종별</th><th colspan="2">조합비 공제</th><th colspan="3" rowspan="2">규모별</th><th colspan="2">조합비 공제</th></tr>
<tr><th>규정 없음</th><th>규정 있음</th><th>규정 없음</th><th>규정 있음</th></tr>
<tr><td rowspan="2">전체</td><td>협약수</td><td>278</td><td>52</td><td>226</td><td rowspan="2">전체</td><td>협약수</td><td>278</td><td>52</td><td>226</td></tr>
<tr><td>비율</td><td>100</td><td>18.71</td><td>81.29</td><td>비율</td><td>100</td><td>18.71</td><td>81.29</td></tr>
<tr><td rowspan="2">식품</td><td>협약수</td><td>17</td><td>0</td><td>17</td><td rowspan="2">~99</td><td>협약수</td><td>110</td><td>27</td><td>83</td></tr>
<tr><td>비율</td><td>6.12</td><td>0</td><td>100</td><td>비율</td><td>39.57</td><td>24.55</td><td>75.45</td></tr>
<tr><td rowspan="2">화학</td><td>협약수</td><td>111</td><td>48</td><td>63</td><td rowspan="2">~299</td><td>협약수</td><td>116</td><td>19</td><td>97</td></tr>
<tr><td>비율</td><td>39.93</td><td>43.24</td><td>56.76</td><td>비율</td><td>41.73</td><td>16.38</td><td>83.62</td></tr>
<tr><td rowspan="2">섬유·유통</td><td>협약수</td><td>31</td><td>1</td><td>30</td><td rowspan="2">~499</td><td>협약수</td><td>32</td><td>5</td><td>27</td></tr>
<tr><td>비율</td><td>11.15</td><td>3.23</td><td>96.77</td><td>비율</td><td>11.51</td><td>15.62</td><td>84.38</td></tr>
<tr><td rowspan="2">금속</td><td>협약수</td><td>119</td><td>3</td><td>116</td><td rowspan="2">500인 이상</td><td>협약수</td><td>20</td><td>1</td><td>19</td></tr>
<tr><td>비율</td><td>42.81</td><td>2.52</td><td>97.48</td><td>비율</td><td>7.20</td><td>7.14</td><td>95</td></tr>
</table>

자료: 김기우·송태수·김성규(2014), 「2014 단체협약 분석; 한국노총 제조업 사업장을 중심으로」, 한국노총 중앙연구원, 68.

으로 보인다.

이러한 사실은 이전조사에서도 잘 드러나고 있다. 박덕제·박기성(1990)의 1990년 조사에서는 단체협약규정에 따라 회사가 조합비를 일괄 징수해 주는 경우가 91.6%나 되고 있을 뿐만 아니라 협약에 규정되어 있지는 않으나 관례적으로 징수해 주는 경우가 7.6%나 되기 때문에 사실상 노조가 조합비 징수에 회사의 절대적인 도움을 받고 있는 것으로 나타났다. 2001년 한국노동연구원 분석에서도 94.1%로 거의 비슷한 수준으로 나타났다(김정한·문무기·전재식, 2003). 안정화(2002)가 한국노총 28개 연맹 중 23개 연맹에 소속된 411개 노동조합의 단체협약을 중심으로 분석한 결과에서도 조합비 일괄공제방식을 채택한 경우는 분석대상 협약중 93.6%였다. 이처럼 조합비일괄공제 형식으로 조합비를 공제·인도하는 경우가 높은 이유는 조합원을 상대로 한 경비조달에 관한 한 그만큼 노동조합의 위상이 강화되었다는 것을 의미한다(김유성, 1997).

조합비공제제도에서의 공제대상은 정기적인 조합비뿐만 아니라 가입비·특별부과금·벌금 등 조합원으로부터 징수해야 할 각종 부과금이 여기에 대부분 포함된다. 따라서 때로는 회사가 종업원으로부터 매월 징수해야 할 금액이 지나치게 많아지는 경우도 있다. 따라서 이러한 경우에 대비하여 어떤 협약에서는 회사가 특정 월에 일괄공제하게 되는 최고액에 대하여 합의해 두는 경우도 있다.

그러나 어떠한 경우이든 조합비공제제도가 단체교섭에서 중요한 사항의 하나임에는 틀림없지만, 그것이 사용자측과 조합원측간에 커다란 쟁점으로까지 확대되지는 않고 있다. 그는 조합의 안정문제와 관련시켜 볼 때 상호대립되는 대상은 아니며, 단체교섭에 있어서 양 당사자에 난제로 제기되는 다른 문제들에 비하면, 파업에까지 확대될 수 있는 성질의 것도 아니다. 사실 조합비공제제도가 조합의 제도적 요구를 충족시켜주는 것이기는 하지만 사용자도 이 제도를 채택함으로써 몇 가지 이점을 얻을 수도 있다. 그는 조합의 회비징수원이 회비징수를 위하여 작업장을 수시로 방문함으로써 발생하는 작업방해를 예방할 수 있을 뿐만 아니라 회비미납부자에 대한 해고 등의 문제가 발생하는 것을 방지할 수 있다(이준범, 2000, 97).

제 7 절 한국노동조합의 체계

우리나라 노동조합의 조직구조는 기본적으로 3중구조로 이루어져 있다. 즉 기업별, 지역별, 직종별로 조직되어 있는 단위노조, 이들을 구성원으로 하는 산업별 연합단체, 그리고 이 산업별 연맹과 전력노조, 금융산업노조, 담배인삼노조 및 체신노조(이상 한국노총 산하)와 대학노조와 교직원노조(민주노총 산하) 등과 같은 전국규모의 산별 단위노조를 구성원으로 하는 총연합단체로 조직되어 있다.

2015년 말 현재 우리나라 노동조합의 조직현황을 보면 노동조합원수는 〈표 3-15〉와 같이 1,938,745명(이 중에서 남자가 1,456,255명이고, 여자가 482,490명)으로 복수노조 시행이후 조합원수 증가추세는 계속 이어져 종전 최고치인 1989년의 1,932,415명을 조금 넘어서고 있다. 조직률을 보면 1989년에 19.8%를 기록한 뒤 하락세를 보여 2010년에는 처음으로 한 자릿수인 9.8%로 떨어졌다. 그러다 2011년 사업장 단위 복수노조가 허용되면서 조합원수 증가추세가 계속 이어졌으나 조직대상 근로자수의 증가폭 또한 계속 증가함에 따라 조직률은 10%대 회복에 그쳐 2015년 말 현재 10.2%이다.

1. 총연합단체

전국중앙조직은 총연합단체로 전국의 기업별 또는 산업별 조직을 회원조직으로 하여 구성되어 있는 협의체로서의 기능을 수행한다. 따라서 이 중앙조직은 가맹조합공동의 문제에 대하여 방침을 수립하고 상호 연락과 지원, 국제노동단체와의 제휴, 입법·행정에 대한 정치활동에 기여한다. 2017년 1월 말 현재 총연합단체에는 한국노총, 민주노총, 전국노총 등이 있다. 총연합단체에는 산하에 산업별 연합단체, 산별노조 및 직할노조 등을 두고 있다.

2015년 12월 말 현재 총연합단체별 조직현황을 보면 한국노총에는 가입 노조수 2,372개이며, 조합원 수는 843,442명으로 전체조합원의 43.5%를 차지하고 있고, 민주노총에는 가입 노조수 366개에, 조합원 수는 636,249명으로 전체조합원의 32.8%를 차지하고 있다. 2015년에 발족한 전국노총에는 가입노조수 21개에 조합원수는 13,451명이며, 기타 미가맹노조 소속이 단위노조 3,028개에 조합원수 445,603명이다. 총연합단체별 노동조합수 비교는 〈표 3-16〉과 같다. 아울러

표 3-15 연도별 노동조합 조직현황 (단위: 개소, 명, %, 2015년 12월 31일 기준)

연 도	노동조합수			조합원수			조직대상 근로자 (천명)	조직률 (%)
	연합 단체	단위 노조	분 회	계	남	여		
1966	16	359	2,359	326,974	250,665	76,318	–	–
1967	16	386	2,619	377,576	286,576	91,000	–	–
1968	16	385	2,732	412,906	309,876	103,030	–	–
1969	16	417	2,939	444,783	333,317	111,466	–	–
1970	17	419	3,063	473,259	357,881	115,378	–	–
1971	17	446	3,062	497,671	373,985	123,686	–	–
1972	17	430	2,961	515,292	380,706	134,586	–	–
1973	17	403	2,865	548,054	392,071	155,983	–	–
1974	17	432	3,352	655,785	463,132	192,653	–	–
1975	17	488	3,585	750,235	508,966	241,269	–	–
1976	17	517	3,854	845,630	559,486	286,144	–	–
1977	17	538	4,042	954,727	634,961	319,766	3,752	25.4
1978	17	552	4,305	1,054,608	696,885	357,743	4,229	24.9
1979	17	553	4,394	1,088,061	723,583	364,478	4,461	24.4
1980	16	2,618	3,227	948,134	600,383	347,751	4,516	21.0
1981	16	2,141	–	966,738	628,259	338,479	4,649	20.8
1982	16	2,194	–	984,136	633,106	351,030	4,878	20.2
1983	16	2,238	–	1,009,881	673,411	336,470	5,212	19.4
1984	16	2,365	–	1,010,522	683,542	326,980	5,588	18.1
1985	16	2,534	–	1,004,398	691,911	312,487	5,956	16.9
1986	16	2,658	–	1,035,890	724,566	311,324	6,177	16.8
1987	16	4,086	–	1,267,457	900,129	367,328	6,853	18.5
1988	21	5,598	–	1,707,456	1,232,400	475,056	8,764	19.5
1989	22	7,861	–	1,932,415	1,402,106	530,309	9,752	19.8
1990	22	7,698	–	1,886,884	1,384,730	502,154	10,264	18.4
1991	22	7,656	–	1,803,408	1,341,745	461,663	10,483	17.2
1992	22	7,531	–	1,734,598	1,323,521	411,077	10,568	16.4
1993	27	7,147	–	1,667,373	1,275,859	391,514	10,679	15.6
1994	27	7,025	–	1,659,011	1,285,627	373,384	11,450	14.5
1995	27	6,606	–	1,614,800	1,254,133	360,667	11,687	13.8
1996	27	6,424	–	1,598,558	1,259,932	338,626	12,020	13.3
1997	41	5,733	–	1,484,194	1,194,414	289,780	12,192	12.2
1998	43	5,560	–	1,401,940	1,148,435	253,505	11,166	12.6
1999	45	5,637	–	1,480,666	1,173,239	307,427	12,455	11.9

연도별	노동조합수			조합원수			조직대상 근로자 (천명)	조직률 (%)
	연합 단체	단위 노조	분 회	계	남	여		
2000	46	5,698	−	1,526,995	1,221,117	305,878	12,701	12.0
2002	43	6,506	−	1,605,972	1,306,221	299,751	13,839	11.6
2003	45	6,257	−	1,549,949	1,223,330	326,619	14,144	11.0
2004	44	6,017	−	1,536,843	1,211,952	324,891	14,538	10.6
2005	45	5,971	−	1,506,172	1,182,535	323,637	14,692	10.3
2006	54	5,889	−	1,559,179	1,215,252	343,926	15,072	10.3
2007	53	5,099	−	1,687,782	1,317,467	370,315	15,651	10.8
2008	56	4,886	−	1,665,798	1,290,682	375,116	15,847	10.5
2009	55	4,689	−	1,640,334	1,285,965	354,369	16,196	10.1
2010	54	4,420	−	1,643,113	1,272,274	370,839	16,804	9.8
2011	64	5,120	−	1,719,922	1,328,055	391,867	17,090	10.1
2012	66	5,177	−	1,781,337	1,358,699	422,638	17,338	10.3
2013	68	5,305	−	1,847,568	1,404,821	442,765	17,961	10.3
2014	69	5,445	−	1,905,470	1,452,619	452,851	18,429	10.3
2015	68	5,794	−	1,938,745	1,456,255	482,490	19,007	10.2

주1) 조직률 산정방식: 조합원 수÷조직대상근로자〔임금근로자(상용, 임시, 일용)−공무원(5급 이상, 6급 이하 중 사용자에 해당하는 자, 교원 중 교감이상 관리자 제외)〕× 100

주2) 연합단체는 전국규모 산별단위노조를 포함한 숫자임

주3) 단위노조는 연합단체를 포함한 전체 노조수임

자료: 고용노동부(2016.10),「2015년 전국노동조합 조직현황」, 1−13.

표 3−16 상급단체별 노동조합수 비교 (단위: 명)

총연맹	'14년	'15년	증 감
한국노총	2,396(44.0%)	2,372(40.9%)	△24(△1.0%)
민주노총	366(6.7%)	373(6.4%)	7(1.9%)
전국노총	-	21(0.4%)	21(-)
미가맹	2,683(49.3%)	3,028(52.3%)	345(12.9%)
전 체	5,445(100%)	5,794(100%)	349(6.4%)

자료: 고용노동부(2016.10),「2015년 전국노동조합 조직현황」, 11.

총연합단체별 조합원수 추이는 [그림 3−5]와 같다.

노조조직률을 부문별로 보면 2015년말 현재 민간부문의 조직률은 9.1%, 교원

그림 3-5 총연합단체별 조합원수 추이

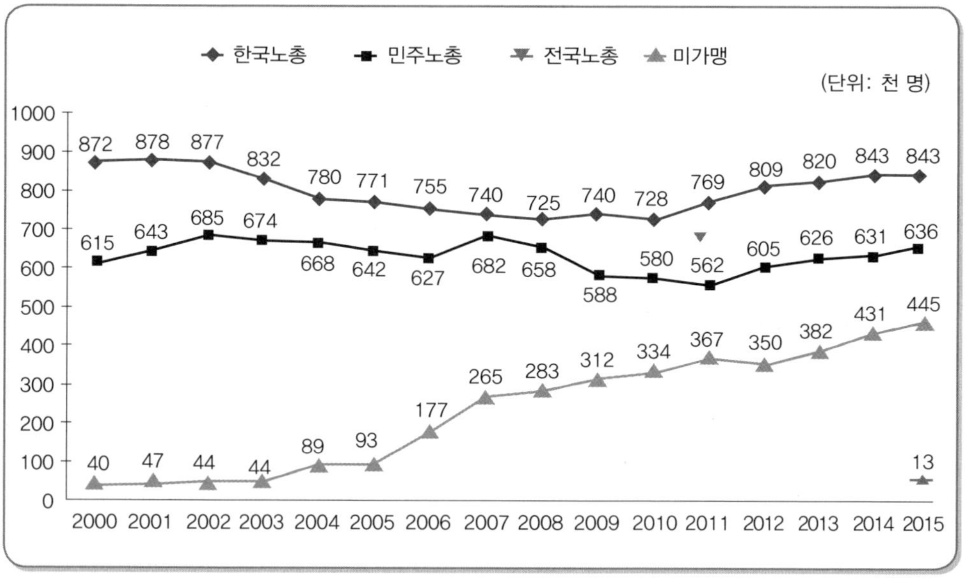

자료: 고용노동부(2016.10), 「2015년 전국노동조합 조직현황」, 7.

그림 3-6 부문별 노조조직률 변화추이 (단위: %)

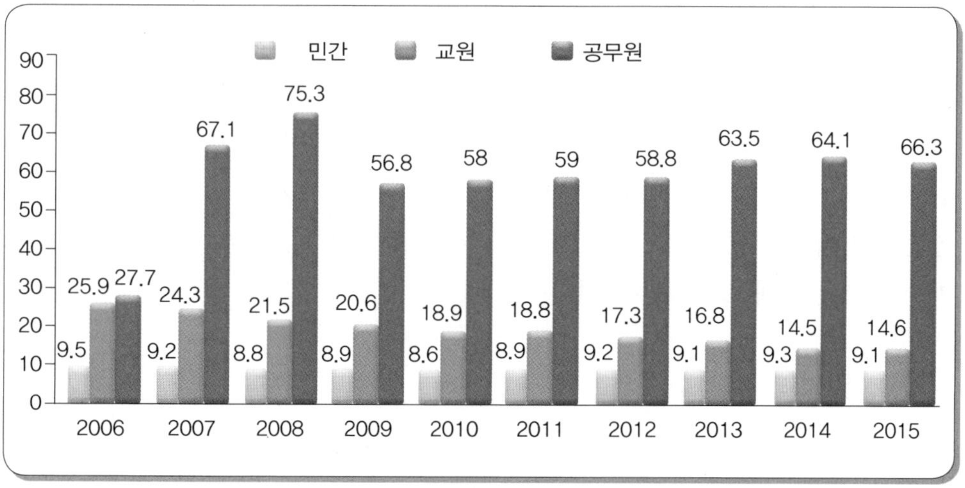

자료: 고용노동부(2016.10), 「2015년 전국노동조합 조직현황」, 7을 토대로 재작성.

그림 3-7 초기업노조의 조합원과 비율추이

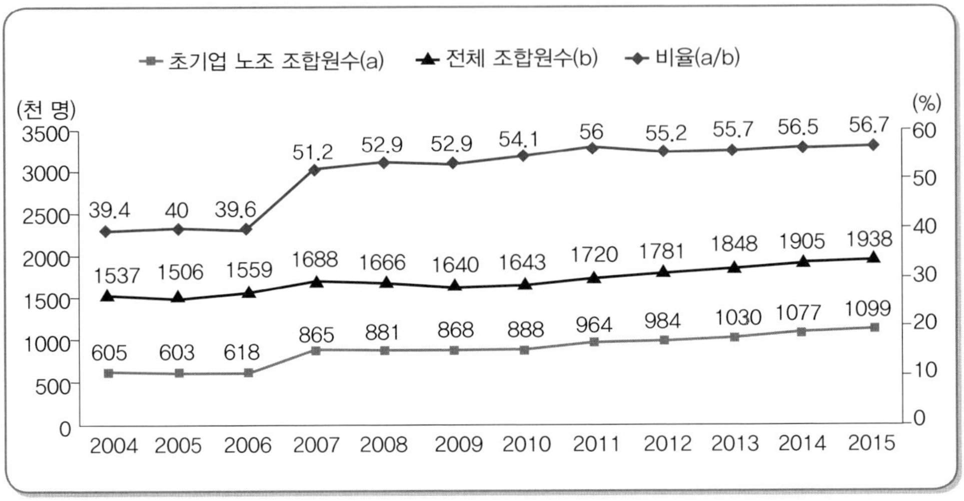

자료: 고용노동부(2016.10), 「2015년 전국노동조합 조직현황」, 11을 토대로 재작성.

부문은 14.6%, 공무원부문은 66.3%로 민간부문에 비해 공무원과 교원부문의 노조조직률이 월등히 높았다(고용노동부, 2016. 10. 7). 부문별 노조조직률 변화추이를 보면 [그림 3-6]과 같다.

최근 들어 두드러진 특징 중의 하나는 초기업노조가 증가하고 있다는 점이다. 2015년말 현재 초기업노조는 노조수 576개, 조합원수 1,099,020명으로 전체 조합원수의 56.7%를 차지하여 전년(56.5%)에 비하여 그 비중이 다소 증가하여 [그림 3-7]과 같이 초기업노조화 추세를 이어가고 있다. 초기업 노조화 정도는 총연합단체에 따라 차이를 보이고 있는데, 민주노총이 초기업노조화가 가장 높고 미가맹 노조는 상대적으로 낮은 편이다.

2. 산업별 연합단체

전국중앙조직인 총연합단체 다음으로 단위노조를 구성원으로 하는 산업별 연합단체가 있다. 산업별 연합단체, 즉 산업별 연맹은 가맹 단위노조를 위하여 여러 가지 활동을 하는데, 주요 활동은 다음과 같다.

(1) 조직활동

노동조합의 힘은 대동단결에서 나오기 때문에 산업별 연맹의 가장 중요한 활동 중의 하나는 단연 조직활동이다. 이 조직활동은 신규로 노동조합을 설립하려는 노동자들에 대한 지원으로 신규조직방법 및 조합운영에 대한 전반적인 지도를 해 주는 일이다.

(2) 교육활동

축적된 지식과 경험을 가맹단위노조에 전수하는 것으로, 통상 자체적인 교육프로그램을 통해 노조의 조직과 운영, 단체교섭강화 및 임금인상전략, 노동관계법 해설, 노사관계론, 노동통계 해설 및 회계업무처리 등 노조활동에 필요한 전반적인 지식을 가르친다.

(3) 조사통계활동

단위노조가 사용자와의 단체교섭을 유리하게 이끌어나가기 위해서는 사용자의 논리에 대응할 수 있는 기초자료가 필요하다. 따라서 산업별 연맹은 국민경제의 전반적인 흐름, 노동시장에 관한 정보뿐만 아니라 동업종의 임금 및 근로조건을 조사·정리하여 가맹단위노조에 알려준다.

(4) 단체교섭활동

전국적인 규모의 단일노조인 철도노조, 전력노조, 담배인삼노조, 체신노조 등은 실질적으로 단위노조로서의 기능을 하고 있으므로 임금을 비롯한 근로제조건에 대한 단체협약권을 갖고 실제로 단체교섭활동을 전개하게 된다.

(5) 재정활동

산업별 연합단체는 이상의 제활동을 위해 상당한 예산을 필요로 한다. 이를테면 의무금, 인건비, 유지비, 여비, 회의비, 판공비, 사업비 등등이 필요한데 대부분의 비용은 가맹단위노조가 납부하는 가맹비(조합비)로 충당되고 나머지는 잡수입, 이월금, 대외지원금 등에 의존한다.

3. 단위노조

각 사업장에는 최하부 단위의 노동조합으로서 단위노동조합을 조직하게 되는데, 이는 지역단위와 기업단위로 설치된다. 우리나라의 단위노동조합의 조직체계는 [그림 3-8]과 같이 본부, 지부 및 분회 등으로 이루어져 있었다.

(1) 본부

이는 단위노동조합의 본부를 가리키는 것으로 통상 '○○회사노동조합'이라고 호칭되는 노동조합이 독립단위이다. 2015년 12월 31일 현재 우리나라에는 이러한 단위노동조합이 5,794개 존재한다.

이 같은 노조의 본부는 스스로 규약을 제정·개정할 수 있는 능력을 가지며 산하 각 조직에 대하여 적용하는 운영방침과 기타 감독권행사 등 폭넓은 독자적 기능을 발휘한다. 그리하여 그 기업의 사용자와 대등한 위치에서 해당 기업의 전체 근로자를 대표하는 교섭 및 권익신장 활동을 수행하는 것이다.

비교적 큰 규모인 기업별 조합본부의 운영주체는 통상 상무집행위원회로 되어 있다. '상무집행위원회'는 보통 그 노조의 하부조직인 각 지부의 지부장 중에서 선출된 위원장·부위원장 등이 최고책임자가 되고 그 밑에 상무집행위원으로 구성되는 사무부장과 총무·조직·교육홍보·산업안전·쟁의·조사통계·기획·여성 등의 각 부장이나 실장을 두고 있다. 따라서 상무집행위원회는 총회나 대위원회가 정한 기본방침과 제규약 및 사업계획을 실행에 옮기는 집행기구인 것이다.

(2) 지부

단위노조의 지부란 기업별 노조나 산별 단위노조에 직속되어 있는 하부단위를 가리킨다. 보통 대규모 기업인 경우 산하의 공장 또는 기타 사업소 혹은 사업부별로 종업원들이 모여 지부단위를 결성하고 있다. 그러나 중규모 이하의 기업일 경우는 지부나 분회를 두지 않는 때가 많다.

지부에서는 기업별 단위노동조합(본부)의 기본방침과 제규범에 따르면서 스스로 지부조직에 맞는 사업계획을 수립하여 집행하고 하부단위로서 분회를 두었을 때는 이를 지도한다. 지부의 운영기구도 역시 상무집행위원회'를 두고 기업별

그림 3-8 단위노동조합의 체계

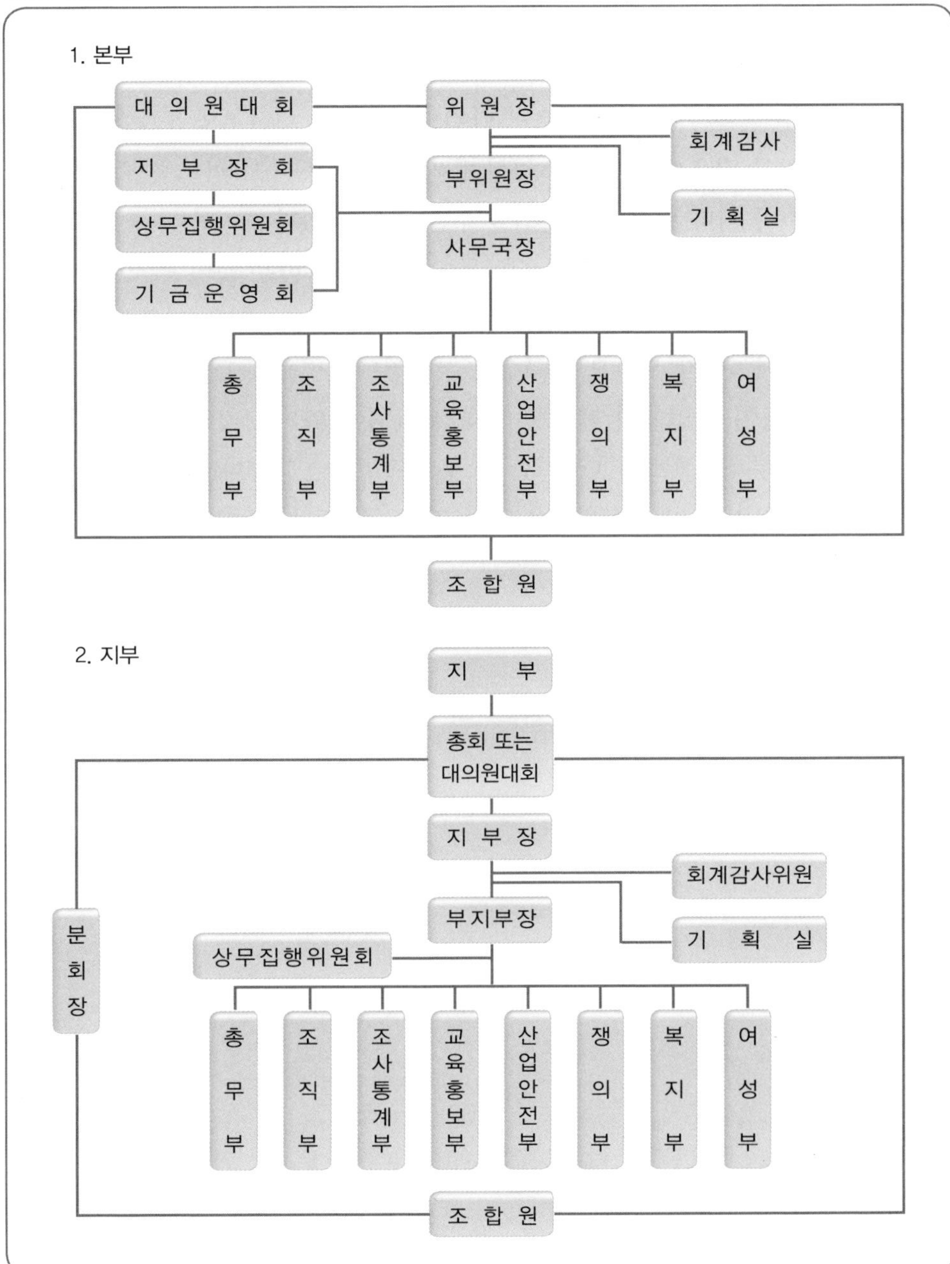

자료: 고용노동부(2015.11),「2014년 전국노동조합 조직현황」, 13.

본부와 같이 여러 개의 부장직을 두어 운영하기도 한다.

(3) 분회

분회는 지부 밑에 속하는 단위로서 단위노동조합의 최하부의 노동조합조직이다. 대규모조직인 경우에는 지사나 공장에 지부를 두고 다시 어느 정도의 독자성을 갖는 영업소나 기타 현장별로 분회를 두는 경우가 있다.

분회는 지부의 기본방침과 사업계획 등에 따라 운영하는 것이 원칙이다. 여기에서도 분회장이 위원장이 되는 '상무집행위원회'를 두며 총무, 교육선전, 법규, 조사통계, 부녀 등의 각 부장으로 구성된 상무집행위원을 둘 수 있다. 분회를 구성하는 조합원들이 사업장의 배치상 멀리 분산되어 있거나 인원이 다수일 경우에는 분회의 하부조직으로서 다시 '반'을 두기도 한다. 그러나 반에는 따로 집행기구를 두지 않고 반장이 조합원들을 직접 지휘·통솔하는 것이 일반적이다.

▣ 참고문헌

김광욱(1990), 「노사분규의 해결과 예방」, 한국실무노동법연구회, 193-194.

김기우(2005), 「2005년 단체협약분석」, 한국노총 중앙연구원, 19-24.

김기우·송태수·김성규(2014), 「2014 단체협약 분석 ; 한국노총 제조업 사업장을 중심으로」, 한국노총 중앙연구원, 70.

김동원(1997), “미국의 노사관계와 한국에의 시사점,” 「시사포럼」, 한국경영자총협회 노동경제연구원, 제7집, 38.

김상호(1999), 「산별 조직화와 산별 노사관계에 관한 법적 고찰」, 한국노총 중앙연구원, 5-6.

김성수(1997), 「신노사관계론」, 법경사, 130.

______(2000), 「지식경영사회의 노사관계론」, 삼영사, 120-127.

김성진(1973), 「노동경제론」, 법문사, 99-101.

______(1974), “단체교섭권의 규칙에 따르는 문제점,” 「경영과 노동」, 8.

김수곤(1992), 「한국노사관계론」, 경문사, 533-535.

김식현·정재훈(1995), 「노사관계론」, 학현사, 227-229.

김유성 (1997), 「노동법(Ⅱ)」, 법문사, 110-112.

______(2001), 「노동법 Ⅱ」, 법문사, 56-72.

김재훈(1997), “신노동법: 달라지는 노사관계,” 「분기별 노동동향분석」, 한국노동연구원, 2/4분기, 68.

김정우(2014.8), 「노동조합과 비정규 고용」, 한국노동연구원, 10-13.

김정한(1999), 「단체교섭 구조변화와 정책과제」, 한국노동연구원, 6-7.

김정한·문무기·윤문희(2003.12), 「단체협약분석」, 한국노동연구원, 69-70.

김정한·문무기·전재식(2003), 「단체협약분석Ⅲ」, 한국노동연구원, 71.

김정한·윤문희·김재훈(2005), 「노동조합 규약분석(Ⅱ)」, 한국노동연구원, 54-188.

김철호(2013), “상호작용성, 소속감, 정보 수용자의 만족, 그리고 부정적 구전 감소 의지,” 「사회과학연구」, 충남대학교 사회과학연구소, 24(1), 235-255.

김치선(1997), 「노동법강의」, 박영사, 202-369.

김형배(2006), 「노동법」, 신판 제2판, 박영사, 686.

______(2009),「노동법」, 제18판, 박영사, 662–665.

______(2015),「노동법」, 제24판, 박영사, 368–369.

______(2016),「(새로 쓴) 노동법」, 제25판, 서울 : 박영사, 812–813.

노동부(2007),「노사관계 선진화 입법 설명자료」, 8–46.

대한상공회의소(2006),「중소기업의 노조전임자 실태조사」, 1–3.

박명준·조성재·문무기(2014),「단체협약 실태조사」. 고용노동부, 343–344.

박덕제·박기성(1990),「한국의 노동조합(Ⅱ)」, 한국노동연구원, 63–64.

박상필(1981),「한국노동법」, 대왕사, 130–132.

______(1994),「한국노동법」, 문왕사, 399.

변상우·허갑수·채규옥·이상우·정현우(2015),「글로벌시대의 노사관계론」, 피앤씨미디어, 117–122.

신수식·김동원·이규용(2014),「현대고용관계론」, 제6판, 박영사, 54–70.

신용존(1998), "우리나라 노동조합의 기능에 관한 실증분석,"「산업혁신연구」, 14, 217–235.

안정화(2002),「경제위기 전후 단체협약 분석」, 한국노총 중앙연구원, 25–28.

양운섭(1993),「신노사관계론」, 범론사, 217–218.

우태현·노광표(2013),「근로시간면제제도 도입이 노사관계 및 노동운동에 미치는 영향 연구」, 한국노총 중앙연구원.

이명숙(1998), "영국 노동조합의 경제적 효과,"「국제지역연구」, 7(2), 59–80.

이병태(2008),「최신 노동법」, 중앙경제, 107–115.

이상윤(2013),「노동법」, 제13판, 법문사, 545–560.

이성희(2012.6), "근로시간면제제도 도입과 노사관계 변화",「한국노사관계학회 하계학술대회자료집」, 17.

이승길(1997), "체크오프제(조합비 일괄공제제도),"「노동법연구」, 서울대학교, 제6호, 430–469.

이영면(2000),「고용관계론–새로운 노사관계의 모색을 위하여–」, 경문사, 124–12

이영희(2001),「노동법」, 법문사, 152.

이준범(1997),「현대노사관계론」, 박영사, 97.

______(2000),「현대노사관계론」, 제2전정판, 박영사, 99.

이학종(2000), 「전략적 인적자원관리」, 세경사, 181-183

이학종·양혁승(2005), 「전략적 인적자원관리」, 박영사, 147-148.

임무송(1997.10), 「영국의 노동정책변천사」, 한국노동연구원, 300.

임종률(2007), 「노동법」, 제6판, 박영사, 82.

______(2009), 「노동법」, 제8판,박영사, 46.

______(2014), 「노동법」, 제12판, 박영사, 46

임준택(1999), 「단체교섭과 쟁의행위」, 한국노총 중앙연구원, 34-35.

장석인(2015), "노동조합 전임자의 임금제도 비교연구 -독일, 영국, 미국 및 일본의 Time-off(근로시간면제)제도를 중심으로," 「인적자원개발연구」, 18(3), 147-176.

정상익(2007), "노동조합의 조직형태," 「홍익법학」, 8(3), 161-184.

정영화(2012), "최근 노동법 및 노동제도 변화와 헌법사실의 관계," 「홍익법학」, 13(1), 223-256.

최영진(2007), "복수노조 및 교섭창구 단일화에 따른 개별문제: 유니언숍,체크오프, 일반적 구속력을 중심으로," 「법학연구」, 15(2), 193-213.

최종태(1996), 「현대노사관계론」, 전정판, 경문사, 96-115.

______(2003), 「현대노사관계론」, 전정판, 경문사, 111.

하경효(2006), "노동조합의 민주성과 재정운영의 투명성," 「산업관계연구」, 16(2), 40-44.

한국연구개발원(1987), 「노사관계발전을 위한 정책간담회: 제3주제-외국의 노사관계」, 7-8.

허영구(1996), "임금·퇴직금제도/노조활동," 「노동관계법 개정을 위한 토론회」, 노사관계개혁위원회, 32.

DeMaria, A. T.(2007), "Why Employees May Want to Join Unions," *Management Report*, 30(4), 3-4.

AFL-CIO(1985), "A Short History of American Labor," in Richard L. Rowan, ed., *Readings in Labor Economics and Labor Relations*, 5th ed., Homewood, IL.: Irwin, 88-101.

Beal, E. F. & Begin, J. P.(1982), *The Practice of Collective Bargaining*, 6th ed.,

Homewood, Illinois: Richard D. Irwin, Inc., 64–65.

Blanchflower, D.G., Oswald, A.J., & Garrett, M. D.(1990), "Insider Power in Wage Determination," *Economica*, 57, 143–170.

Brett, J. M.(1980), "Why Employees want Unions," *Organizational Dynamics*, 8(4), 47–49.

DeCenzo, D.A. & Robbins, S.P.(2007), *Fundamentals of Human Resource Management*, 9th ed., Hoboken, NJ: Wiley, 590.

Farber, H. S.(2001), "Notes on the Economics of Labor Unions," Working paper, No. 452, Princeton University, Department of Economics, Industrial Relations Sections.

Farber, H. S. & Saks, D. H.(1980),"Why Workers Want Union: The Role of Relative Wages and Job Characteristics," *Journal of Political Economy*, 88(2), 349–369.

Fossum, J. A.(2002), *Labor Relations: Development, Structure, Process*, 8th ed. Boston: Irwin/McGraw–Hill Book Co., 41–42.

Green, G, D.(1991), *Industrial Relations*, 3rd ed., London: Pitman Publishing, 223–225.

Heneman, H. G. Jr. & Yoder, D.(1965), *Labor Economics*, Cincinnati: South Western Publishing Co., 175.

Hirsch, B. T. & Addison, J. T.(1986), *The Economic Analysis of Unions: New Approaches and Evidence*, London: Allen & Unwin.

Holley, W.H. & Jennings, K.M.(1997), *The Labor Relations Process*, 6th ed., Fort Worth, Texas: The Dryden Press, 38–43.

Holley, W.H. Jr., Jennings, K.M., & Wolters, R.S.(2012), *The Labor Relations Process*, 10th ed., Mason, OH: South–Western Cengage Learning, 40–329.

Jennings, K.M., & Holley, W.H. Jr.(1994), *The Labor Relations Process*, 5th ed., Fort Worth: Dryden Press, 326.

Katz, H.C. & Kochan, T.A.(2004), *An Introduction to Collective Bargaining and Industrial Relations*, 3rd ed., Boston, Mass.: McGraw..Hill/Irwin, 126.

Metcalf, D.(1989), "Trade Unions And Economic Performance: The British Evidence," *LSE Quarterly*, 3, 21−42.

Mills, D.Q.(1982), *Labor-Management Relations*, 2nd ed., New York: McGraw−Hill Book Co., 203.

Millward, N., Stevens, M., & Smart, D.(1992), *Workplace Industrial Relations in Transition: The ED/ESRC/PSI/ACAS Surveys*, Dartmouth; Aldershot, 96−101.

Mondy, R. W.,Noe, R. M., & Premeaux, S. R.(1999), *Human Resource Management*, 7th ed., Upper Saddle River, NJ: Prentice-Hall, 515−517.

Noe, R.A., Hollenbeck, J.R., Gerhart, B.,& Wright, P.M.(2016), *Fundamentals of Human Resource Management*, 6th ed., New York, NY: McGraw−Hill Education, 502.

Stewart, M.B.(1987), "Collective Bargaining Arrangements, Closed Shops and Relative Pay," *The Economic Journal*, 197, 140−156.

Taishiro, S.(1983), "A Theory of Enterprise Unionism", in Taishiro Shirai ed., *Contemporary Industrial Relations in Japan*, Madison, Wis.: University of Wisconsin Press; The Univ. of Wisconsin Press, 140−141.

Webb, S. & Webb, B.(1920), *The History of Trade Unionism*, New York: Longmans Green, 1.

Werther, W.B. & Davis, K.(1996), *Human Resources and Personnel Management*, 5th ed., New York: McGraw−Hill, 377.

Labor management relations

제 4 장

단체교섭

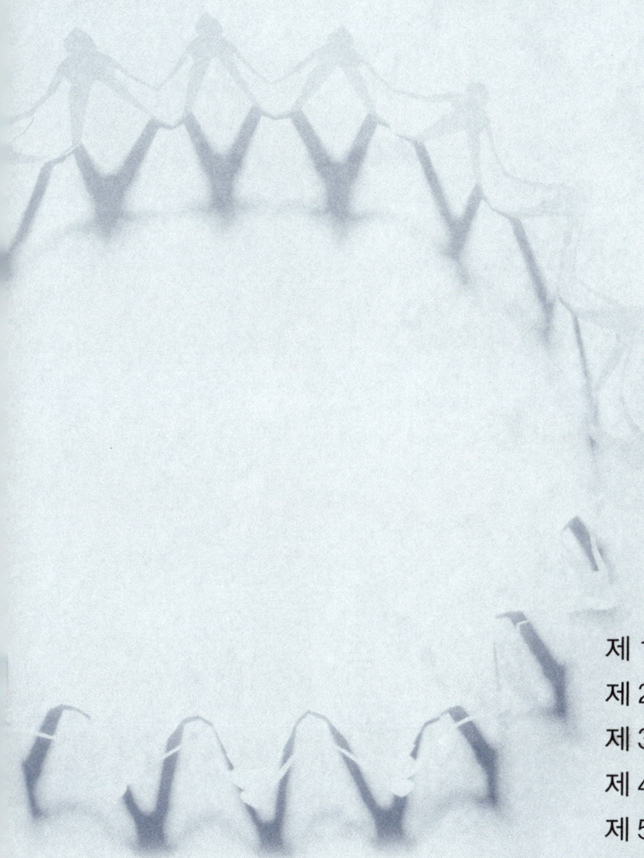

제 4 장

단체교섭

제 1 절 단체교섭의 의의

1. 단체교섭의 의의

단체교섭(collective bargaining)이란 용어는 1891년 영국의 비아트리스 웹(B. P. Webb)이 '영국의 협동조합운동'(Cooperative Movement in Great Britain)이라는 저서에서 처음으로 사용한 것으로 그녀의 부군과 함께 저술한 '산업민주주의'(Industrial Democracy)라는 책에서도 이에 대해 자세하게 논의하고 있다(김황조·김재원, 1993, 13-14).

단체교섭에 대해 그들은 명확한 정의를 내리고 있지는 않지만, 근로자들이 사용자에 대한 교섭력을 강화하기 위하여 사용하게 된 전략의 하나로, 기본적으로 이를 경제적 거래라고 보았다. 즉 웹 부처는 근로자 한 사람 한 사람이 개별적으로 사용자와 교섭하는 소위 개별교섭을 하는 것보다는 노동조합이라는 조직을 통하여 단체로 사용자와 교섭을 벌이는 것이 더욱 유리한 경제적 거래를 할 수 있을 것이라고 생각될 때 채택되는 전략의 하나가 바로 단체교섭이라고 보았다(변상우 외, 2015, 155).

단체교섭에 대한 정의와 관련하여 코캔과 카츠(T. A. Kochan & H. C. Katz)는 "단체교섭을 노사관계를 지배하는 하나의 시스템으로 파악하고, 고용계약과 신분을 확정하고 작업장에서 노동자와 경영진간 상호작용을 구조화하는 과정"으로 규정하고 있다(Kochan & Katz, 1988). 밀즈(D.Q. Mills)는 "단체교섭을 경영진과 노동조합이 고용조건을 확정하고 계약을 체결하는 과정"으로 정의하고 있다(Mills, 1994). 그는 교섭의 당사자가 개인이 아니라 교섭목적 달성을 위해 선발된 그룹에 의해 수행된다는 측면에서 단체교섭을 그룹간 교섭과정(negotiation process)으로 파악하고 있다(이철기, 1998). 소머스(G.G. Somers)는 "단체교섭을 고용제조건을 교섭할 목적으로 사용자와 특정 종업원 단위를 대표하는 노동조직 사이에 이루어지는 지속적인 관계"로 정의내리고 있다(Somers, 1980).

이상의 정의를 종합해 보면 단체교섭이란 근로자단체인 노동조합과 사용자 또는 사용자단체의 대표가 근로자의 임금, 근로시간, 기타 근로제조건과 관련된 사항에 대하여 상호 대등한 입장에서 행하는 교섭을 말한다(Webb & Webb, 1920; Jackson, 1983). 이와 같이 단체교섭은 노사 단체의 대표자를 통하여 교섭하는 것이므로 일반교섭과는 다르며 거기에는 단결이 당연히 전제로 되는 것이다(김치선, 1988). 그러므로 단체교섭은 조합원의 단결을 배경으로 계약자유의 원칙에 기반을 두고 사용자와 대등한 입장에서 공정거래를 하는 것을 의미하는 것으로써 소수의 조합대표가 경영자측과의 평화적 수단에 의해서 임금, 근로시간 및 기타 근로조건을 결정하는 과정인 것이다.

노동자들은 법적으로는 대등하지만 경제적으로는 대등하지 못한 약자로서 진정한 의미에서의 대등성을 획득하고자 오랜 세월의 투쟁을 거쳐 노동조직을 만들었다. 따라서 오늘날 많은 국가들은 노동조합의 필요성을 인정하여 법으로 보장하고 있다(김성진, 1974). 그러나 단결권은 노동자의 단결의 자유를 주 목적으로 하지만 단결 자체만으로는 무의미한 것이고 조직력을 배경으로 하여 사용자와 단체교섭을 전개함으로써 노동조합운동의 본래 목적을 달성할 수 있는 것이다.

이런 의미에서 노동조합의 기본은 단체교섭에 있고, 단결권의 보장은 단체교섭권 확립을 위한 것이며, 그리고 단체행동권의 보장은 효과적인 단체교섭권의 확보를 위한 것이라 할 수 있다.[1] 이러한 단체교섭은 집단적 노사관계의 축으로써 오늘날 노사간의 대립이나 갈등관계를 민주적이고 평화적인 방법에 의해 공존공영과 산업평화유지의 방향으로 유도하는데 불가결의 요소가 되고 있으며, 이를 위한 제도적 장치를 단체교섭제도라 한다.

단체교섭을 노동조합의 입장에서 볼 때는 조합원의 노동력을 가능한 가장 좋은 시장에서 가장 높은 가격으로 판매하려는 것으로 생각할 수 있다. 이에 반하

---

1 단결권의 보장이 근로자의 단결, 특히 노동조합의 결성, 노동조합에의 가입 내지는 노동조합의 존속에 대한 보장이라고 한다면 단체교섭권의 보장은 노동조합의 목적활동의 보장이라고 볼 수 있다.

여 사용자의 견지에서 볼 때 단체교섭은 지불되는 임금에 대하여 생산성을 최대한 높이려는 것, 즉 임금코스트에 관련된 최대로 유리한 노동자의 용역을 확보하려는 것으로 생각할 수 있다(최종태, 1980). 이러한 노동자와 경영자의 기대상충은 단체교섭을 통하여 비로소 조정될 수 있다.

이 단체교섭은 비단 노동자에게만 유리한 것이 아니라 기업가나 경영자에게도 유익하며, 나아가 국민경제 전체에도 공헌하게 된다. 즉 단체교섭은 근로자와 사용자 간의 근로조건에 관한 교섭에 있어 근로자의 단체인 노동조합을 당사자로 참여시킴으로써 실질적으로 대등·평등한 지위를 확보할 수 있도록 해준다(이상윤, 2015, 672). 또한 경영자측과 집단적으로 교섭함으로써 조직노동자측은 임금과 기타의 노동조건이 안정되고 적절한 형태로 확보될 수 있고 또 개인의 물질적 보전과 도덕적 존엄성에 합치할 수 있도록 한다는 합법적 기대와 직장이 합리적으로 확보되어야 한다는 기대를 가져오려고 노력하게 된다. 끝으로 단체교섭은 근로자 개인을 조직화 함으로써 노동조합의 단결강화에 이바지하고 있다(이상윤, 2015, 672).

이 밖에도 단체교섭에 있어서의 경영자측의 주된 이익으로 일정한 지역과 시기에 있어서의 산업평화의 유지를 들 수 있고, 노동자측의 주된 이익으로 일정한 지역과 시기에 있어서의 일정한 기준, 즉 작업배정의 기준, 고용안정기준의 설정과 유지를 들 수 있다. 물론 이러한 단체교섭의 기능은 그 중요성이 상대적이어서 나라에 따라 다르기는 하다. 그러나 시장통제와 작업배정 있어서의 그의 결정적 역할은 선진국일수록 더 중요성을 띠게 된다. 반면에 후진국의 경우 근로조건과 산업평화에 관한 기능이 더 중요시되고 있다(김치선, 1982).

2. 단체교섭의 법적 보장

대한민국 헌법 제33조 제1항은 "근로자는 근로조건의 향상을 위하여 자주적인 단결권·단체교섭권 및 단체행동권을 가진다."고 규정하며 근로자의 단결권·단체행동권과 더불어 단체교섭권을 근로자의 기본권으로 보장하고 있다.[2] 원래

2 헌법 제33조 ① 근로자는 근로조건의 향상을 위하여 자주적인 단결권·단체교섭권 및 단체행동권을 가진다. ② 공무원인 근로자는 법률이 정하는 자에 한하여 단결권·단체교섭권 및 단체행동권을 가진다. ③ 법률이 정하는 주요 방위산업체에 종사하는 근로자의 단체행동권은 법률이 정하는

근로자들은 "근로조건을 유지·개선함으로써 그들의 경제적·사회적 지위의 향상"을 도모하기 위하여 노동조합을 결성한다. 노동조합은 단결력을 배경으로 하여 때로는 쟁의행위에 호소하여 그 요구를 관철하기도 한다. 그러나 이와 같은 단결과 쟁의행위 사이에는 노동조합의 평화적인 방법에 의하여 그 목적을 실현하는 단체교섭이 존재한다. 즉 단결하고, 교섭하며, 교섭이 결렬되면 쟁의행위를 하는 것이나, 단체교섭이 전제되지 않는 단결과 단체행동이란 무의미하다.

한편 노동조합 및 노동관계조정법은 헌법 제33조 제1항을 근거로 하여 단체교섭권을 다음과 같이 구체적으로 보장하고 있다.

① 단체교섭권은 근로조건의 유지·개선과 근로자의 경제적·사회적 지위의 향상을 도모하기 위하여 보장한다(노조 및 조정법 제1조).

② 노동조합이 단체교섭·쟁의행위 기타의 행위로서 노동조합 및 노동관계조정법 제1조의 목적을 달성하기 위하여 한 정당한 행위는 형사상 면책된다(노조 및 조정법 제4조).

③ 사용자가 노동조합의 대표자나 그로부터 위임을 받은 자와 단체협약체결 기타의 단체교섭을 정당한 이유 없이 거부하거나 해태하는 행위를 부당노동행위로 규정하여 이를 금지하고 있다(노조 및 조정법 제81조 제3호).

④ 근로자가 근로시간 중에 사용자와 협의 또는 교섭하는 것을 사용자가 허용하고 그에 대하여 임금을 지불하더라도 지배·개입·경비원조에 해당되지 않는다(노조 및 조정법 제81조 제4호 단서조항)고 함으로써 근로시간중의 교섭까지도 원칙적으로 이를 인정하고 있다(이준범, 1997, 305-306).

제 2 절 단체교섭의 유형

단체교섭은 노사간 힘의 관계를 배경으로 하는 거래와 협상의 관계이다. 따라서 단체교섭의 방법 또는 형태는 노동운동의 성격, 노동조합의 조직형태, 기업규모 및 노동시장 등에 따라 여러 가지 상이한 양상을 보이고 있는데, 크게 다음과

바에 의하여 이를 제한하거나 인정하지 아니할 수 있다. 따라서 일반근로자, 법률이 정하는 공무원인 근로자 및 법률이 정하는 주요 방위산업체 이외에 종사하는 근로자는 노동3권을 가지고 있음을 알 수 있다.

같이 구분할 수 있다[3](이준범, 2000, 232-236).

1. 기업별 교섭

기업별 교섭이란 특정 기업 또는 사업장 단위로 조직된 독립된 노동조합이 단체교섭의 당사자가 되어 당해 기업주 또는 사용자와 교섭하는 방식을 말한다. 이 기업별 교섭에 있어서는 교섭의 양 당사자가 고용관계, 즉 사용자와 종업원이라는 종속관계로 말미암아 실질적으로 대등한 입장에서 교섭하기가 곤란하다는 단점이 있다. 반면에 노동조합이 회사 사정을 잘 알고 있기 때문에 무리한 요구나 이에 따르는 노사분규를 예방할 수 있다는 장점도 있다. 우리나라와 일본에서 전형적으로 채택되고 있다.

기업별 노조가 우리나라에서 중심적 조직형태로 자리잡게 된 것은 1980년 서슬 퍼렇던 국보위(국가보위비상대책위원회)에 의해 제정된 노동법이 기업별 노조형태를 강제하였다는 것이 가장 큰 이유라고 할 수 있다. 그 후 1987년 노동법 개정을 통해 기업별 노조의 강제조항은 폐지되었으나 이것이 아직도 기업별 노조가 기본 조직형태로 굳어져 온 이유가 된다. 예외적인 경우로 산별 규모의 단위노조가 존재한다. 즉, 한국노총 산하의 전국우정노동조합이나 전국담배인삼노동조합, 민주노총 산하의 전국철도노동조합 등은 하나의 산업을 대표하는 노조이나 이는 독점이라는 특수한 상황에서 하나의 기업이 그 산업을 대표하기 때문이라고 볼 수 있다(박우성, 1998).

2. 통일교섭

통일교섭이란 전국적 또는 지역적인 산업별 또는 직업별 노동조합과 이에 대응하는 전국적 또는 지역적인 사용자단체와의 교섭방식을 말한다. 노동조합이 산업별 또는 직업별로 전국적 또는 지역적인 노동시장을 지배하고 있는 반면에 기업의 규모는 그리 크지 않고 재정도 약하며, 또한 시장에서의 상호경쟁이 극심한 중소기업의 경우에 있어서 흔히 볼 수 있는 방식이다. 이 교섭방식은 복수사

3 한편 최종태 교수는 단체교섭의 방식을 중앙집권식 교섭, 다원적 교섭, 선도형 교섭, 임의적 교섭 등으로 구분하고 있다(최종태, 1980).

용자교섭(multiemployer bargaining)이라고도 하며 영·미를 비롯한 유럽 각국에서 채택되고 있다(Reynolds, Masters, & Moser, 1998).

우리나라에서 통일교섭이 이루어지고 있는 대표적인 경우는 한국노총 소속의 전국항운노동조합연맹과 한국항만하역협회 사이에 체결되는 단체협약으로 항운노련은 40개의 각 회원조합에서 교섭권을 위임받아 한국항만하역협회와 직접 임금을 포함한 단체협약을 체결한다(박우성, 1998). 이 밖에도 금융노조와 은행연합회, 금속산업노조와 금속산업사용자협의회, 그리고 보건의료노조와 병원협회 사이의 교섭에서도 쉽게 찾아볼 수 있다.

또한 산업별 연맹 중 우정, 철도, 담배인삼 등에서는 그 노동조합의 조직 자체가 산업별 노조의 성격이 강하므로 외형상 산업별 노조 중심의 통일교섭이 이루어지고 있다. 그러나 이 경우에도 기업별 조합의 연합체로서의 업종별 공동교섭이 아니고 사실상 하나의 노동조합과 하나의 사용자 사이에 교섭이 이루어지고 있는 실정이어서 실질적으로는 기업별 교섭이라고 볼 수 있다.

3. 대각선교섭

대각선교섭이란 전국적·지역적인 산업별 또는 직업별 노동조합과 이에 가입되어 있는 하부단위의 노동조합이 소속된 개별 기업의 사용자 사이에 이루어지는 교섭방식을 말한다. 이것은 산업별 노동조합에 대응할만한 사용자단체가 없거나 설령 사용자단체가 있다고 하더라도 각 기업에 특수한 사정이 있을 때 사용되는 방식이다.

노사간의 대등성을 견지하고 요구조건을 산업별·지역별로 통일할 수 있다는 점에서 노동조합측에 유리한 교섭방식(배무기, 2013)인 대각선교섭은 교섭력이 상대적으로 취약한 중소규모의 기업별 노조가 상급단체에 교섭권과 협약체결권을 위임하여 개별 사용자와 교섭하는 경우 많이 이용되고 있다(김정한, 1999).

미국의 경우 General Motors, U.S. Steel 등과 같은 대규모회사가 이 방식을 사용하고 있다(Sloane & Witney, 2006, 61). 우리나라의 경우 IMF외환위기 이후 산별노조로 전환한 전국손해보험노동조합과 개별 손해보험회사간의 교섭(김정한·문무기·전재식, 2002)과 1994년부터 2003년까지 보건의료산업분야에서 병원노련에서 조직전환을 한 전국보건의료산업노동조합과 개별 병원들 사이에 이루어진

교섭 등을 들 수 있다(김동원외, 2013).

한편 우리나라에서는 면방업계가 임금에 대해서는 전국섬유유통노동조합연맹과 대한방직협회가 통일교섭으로 정하고 있으나 기타 사항에 대해서는 단체협약기준안을 작성하여 각 기업체 또는 사업장별로 다시 협약을 체결하고 있는데, 이런 경우의 협약은 통일교섭과 대각선교섭의 혼재형태로 볼 수도 있다(김치선, 1990, 337).

4. 집단교섭

집단교섭이란 수 개의 노동조합지부가 공동으로 이에 대응하는 수 개의 기업들과 집단적으로 교섭을 전개하는 방식을 말한다. 이 방식은 노동조합측이나 사용자측이 산업별로 연합전선을 형성하여 교섭하는 것으로, 이를 연합교섭이라고도 하며 유럽 각국에서 많이 볼 수 있는 교섭형태이다(최종태, 1981).

우리나라에 있어서는 구법과는 달리 현행 노동조합 및 노동관계조정법 제29조 제3항에서 "노동조합과 사용자 또는 사용자단체로부터 교섭 또는 단체협약의 체결에 관한 권한을 위임받은 자는 그 노동조합과 사용자 또는 사용자단체를 위하여 위임받은 범위 안에서 그 권한을 행사할 수 있다" 고 규정하고 있으므로 산업별 노동조합 연합단체가 특정 분야에 대하여 사용자단체와 단체교섭을 하거나, 혹은 기업별 단위노동조합의 대표자들이 연명으로 사용자단체와 단체교섭을 할 수 있는 바 이 경우를 집단교섭이라고 볼 수 있다(이덕로, 2002).

실제로 우리의 경우 집단교섭은 보건의료노조와 금속노조 등 정규직 중심의 일부 산업별 노조가 '선도적으로' 해오고 있을 뿐이다. 이 밖에 신발, 소모방, 민영탄광, 시내버스, 택시사업, 제지, 시멘트, 시중은행, 국책은행에서 지역별로 간헐적으로 집단교섭이 이루어지고 있다(박우성, 1998).

최근에 늘 고용불안에 시달리는 '청소 아줌마'들이 집단교섭을 이루어내 화제가 된 적이있다. 고려대, 고려대병원, 경희대, 연세대, 이화여대, 홍익대 등에서 청소·경비·시설관리 업무를 맡고 있는 12개 하청업체 대표자들과 민주노총 산하의 전국공공운수사회서비스노동조합연맹에 소속되어 있는 해당 기관의 지회 노조원들 사이에 2011년부터 이루어져온 집단교섭이 바로 그것이다.

최저임금이 곧 '최고임금'이던 청소노동자들의 노동조건은 집단교섭으로 점차

그림 4-1 서경지부 소속 대학 간접고용 노동자(청소 노동자)의 집단교섭현황

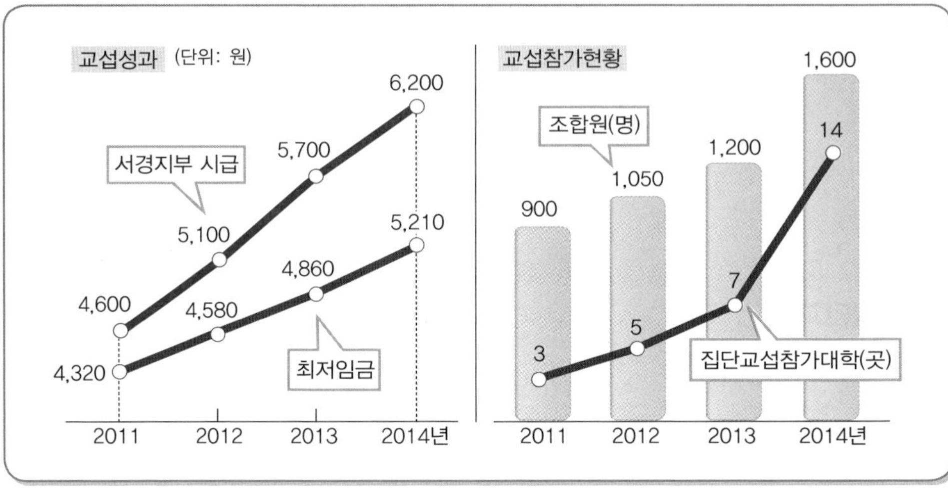

자료: 전종휘(2014.06.29), "'빗자루 연대'의 기적…청소노동자들의 삶을 바꾸다," 「한겨레신문」.

개선된 것으로 나타났다. 2011년 첫해 집단교섭을 통해 이화여대·고려대·연세대 청소노동자들은 최저임금 4,320원보다 280원 많은 시급 4,600원에 합의했고 '산별 교섭(집단교섭)에 참가한다', '인력조정시 노조와 사전 합의한다', '계약직 채용을 제한한다'는 내용을 단체협약에 명문화할 수 있었다(김소연, 2012.1.25).

이런 식으로 서울 시내 대학 환경미화, 경비, 시설 노동자들이 이뤄낸 성취는 놀랍다. [그림 4-1]에서 알 수 있듯이 2011년 4,600원이던 시급은 3년 만에 6,200원이 됐다. 3년간 임금상승률이 34.8%에 이른다. 4만여 원에 불과하던 한 달 식대는 9만원이 됐고, 5만원 수준의 명절상여금은 18만원까지 올랐다. 임금뿐만 아니라 전반적인 노동조건 역시 눈에 띄게 좋아졌다. 예전엔 용역업체는 물론 대학 쪽의 부당한 요구에 제대로 항의조차 못하고 응해야했으나 지금은 사정이 달라졌다. 이숙희 서경지부 홍익대분회장은 "노조가 없을 땐 학교 이사장 집에 가서 설거지를 해주는가 하면, 경비 노동자가 아침마다 지게를 지고 학교 안 언덕 위까지 쓰레기를 날라야 했으나 이젠 그런 게 없어졌다."고 말했다.

5. 공동교섭

공동교섭이란 상부단체인 산업별·직업별 노동조합이 하부단체인 기업별 노조

나 기업 단위의 노조지부와 공동으로 개별 기업의 사용자와 교섭하는 방식을 말한다. 이 교섭은 거대 사용자의 근로자들이 다수의 지역별 노조로 결성되어 있을 때 근로조건의 통일을 기하기 위하여 지역별 노조들과 이들의 연합체가 공동으로 단일사용자와 교섭하는 경우에 이용되는 형태이다(신수식·김동원·이규용, 2014, 112-113).

공동교섭 방식은 기업별 노조에 있어서 기업별 교섭이 갖는 약점을 어느 정도 보완해 줄 수 있다는 장점이 있다. 하지만 상급단체가 단체교섭을 주도하는 경우 개별 기업의 실정에 대한 고려가 부족하여 노사간의 갈등이 증가하게 되는 단점이 있다(윤희준, 2008).

일반적으로 노동조합은 대각선교섭 또는 공동교섭을 전개할 때 유형교섭(pattern bargaining)이라는 교섭전략을 활용하는 경향이 있다. 이는 일종의 각개격파전략으로서 노동조합에 가장 좋다고 생각되는 특정 기업과 우선 단체협약을 체결한 뒤 이 협약모형을 타기업에 강요하는 전략이다(Reynolds, Masters, & Moser, 1999; Greeberg, 1968).

예컨대 전미철강노조(USW)는 US Steel과 전미자동차노조(UAW)는 General Motors와, 그리고 합동전기노조(UE)는 General Electric이나 Westinghouse와 임금협정체결을 목표로 유형교섭을 전개하고 있다. 선발된 대기업과 전국 조합과의 단체교섭이 타결될 때까지 해당 산업 내 타기업의 노사 양측은 단체교섭의 타결을 보류하고 그 추이를 관망하고 있다가, 주요 기업의 교섭결과가 판명되면 일제히 관련 기업들이 이에 따르기 때문에 이를 기준교섭(key bargaining)이라고 부르며 교섭결과 타결된 조건은 유형화한다. 이렇게 한 산업을 횡단적으로 조직화하는 데 성공한 산업별 조합은 해당 산업 내 임금결정의 매개적 역할을 담당하며, 이러한 패턴설정은 다른 산업의 임금결정에까지 영향을 준다. 그러므로 실제적으로 패턴결정은 산업별 교섭과 별로 다를 바 없는 기능을 수행하고 있는 측면이 있으며 이러한 단체교섭절차는 미국 특유의 것이라고 할 수 있다.

제2차 세계대전 후 GM에 의해 처음으로 이루어진 이 교섭방식은 1950년대 초까지만 해도 미국 3대 자동차 회사에 있어서는 하나의 관행이었으나 1980년대 이후부터는 가중되는 경쟁에 직면하여 점차 사라져 가고 있다(Luria, 1986). 그러다가 1987년에 Ford와 GM의 단체교섭에서 유형교섭이 부활되어 사용되고 있다.

이밖에도 미국에서 종종 사용되는 교섭방식으로 조정교섭(coordinated bargaining)이 있다. 미국의 경우 하나의 기업 내에 수 개의 노조가 있을 경우 사용자는 복수노조와 교섭을 하지 않을 수 없다. 이때 사용자는 먼저 가장 약한 노조에 초점을 맞추어 여기서 유리한 협약을 맺은 다음 다른 노조들로부터 유사한 양보를 얻어내는 전략을 쓰는 경우가 많다. 여기에 대응하여 여러 군소노조들은 자신들의 결점을 상쇄하기 위한 교섭을 전개하게 되었는데, 이러한 새로운 교섭방식이 바로 조정교섭으로 일명 연합교섭(coalition bargaining)이라고도 한다. 1966년 GE와 Westinghouse 사이에 처음 실시된 이래 Union Carbide, Camphell Soup, American Home Products, Olin 및 General Telephone 등에서 사용되고 있다(Sloane & Witney, 2006, 221−222).

지금까지 살펴본 단체교섭의 유형을 정리하면 [그림 4−2]와 같다.

그러면 이어서 우리나라의 단체교섭 방식에 대해 살펴보기로 하자. 우리나라의 경우 기업별 노조의 전통이 강하기 때문에 20년 전만 하더라도 단체교섭은 대부분 기업단위에서 행해지고 있으나 일부 업종에서는 기업의 단위를 벗어나 지역· 업종별 공동교섭이 행해지고 있다. 보다 구체적으로 한국노동연구원이 우리나라의 1,186개 노조를 대상으로 임금교섭을 위한 현황을 살펴본 결과를 보면 기

그림 4−2 단체교섭의 유형

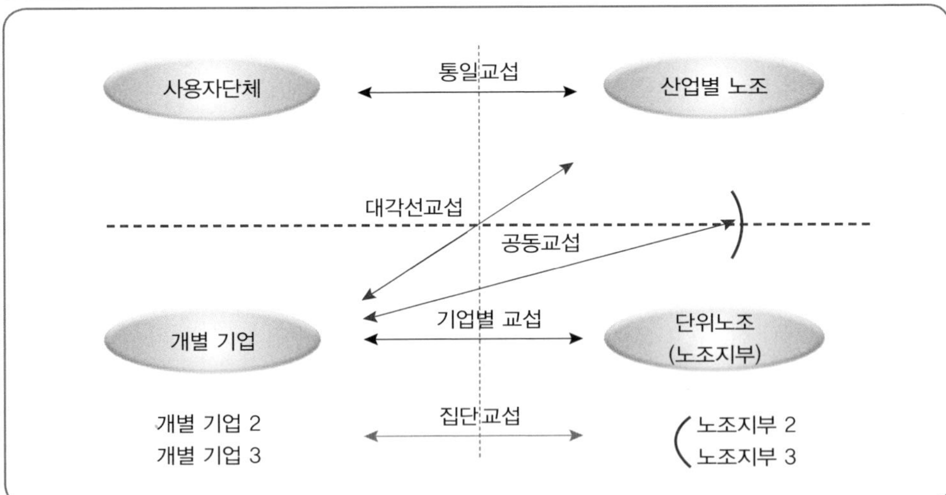

표 4-1 우리나라 노동조합의 교섭방식별 조직현황 (단위: 개소, 천 명, %)

교섭방식 \ 조직현황	단체교섭		임금교섭	
	조합수	조합원수	조합수	조합원수
전 체	5,696[1)] (100.0)	1,484(100.0)	5,696[1)] (100.0)	1,484(100.0)
기업별 교섭	4,841(85.0)	1245(83.9)	4,829(84.8)	1,245(83.9)
공동(통일, 대각선, 집단, 공동)	855(15.0)	239(16.1)	867(15.2)	239(16.1)

주: 1) 교섭주체가 아닌 총연합단체 및 산업별 연합단체 제외.
 2) 공동교섭은 상급노동단체가 교섭에 참여하는 교섭을 의미함.
 3) ( )안의 수치는 각 교섭방식의 비중임.
자료: 노동부(1998). 「1997년 전국노동조합 조직현황」, 9.

업별 교섭이 57.2%, 지역·업종별 공동교섭이 27.8%, 그리고 공장·사업부별 교섭이 15.0%로 나타났다(박덕제·박기성, 1990, 101). 여기서 공장·사업부별 교섭 또한 넓은 의미에서 기업별 교섭의 범주로 볼 수 있기 때문에 기업별 교섭이 주를 이루고 있음을 알 수 있다.

노동부(1998)에서 조사한 '1997년 전국노동조합 조직현황'에서도 〈표 4-1〉에서 알 수 있듯이 임금교섭을 포함한 단체교섭에서 기업별 교섭이 85%에 가깝고 공동(통일, 대각선, 집단, 공동)교섭은 15% 가까이 나타났다.

이후 집계방식의 변경으로 더 이상 기업별 교섭과 공동(통일, 대각선, 집단, 공동)교섭으로는 통계가 나오지 않을 뿐만 아니라 주기적으로 단체교섭을 분석해 오던 한국노동연구원이나 한국노총 중앙연구원에서도 우리나라의 단체교섭방식에 대해서는 더 이상의 자료가 나오지 않아 조직형태별 통계치를 통해 기업별 교섭과 초기업별 교섭으로 나누어 살펴보기로 하겠다.[4]

외환위기와 그에 따른 구조조정의 여파로 2000년대 들어서면서 기업 수준의 파편화된 교섭단위를 극복하려는 노동운동의 의도적 노력으로 인해(이주희, 2009) 초기업단위를 지향하는 노조의 수나 이에 소속된 조합원 수가 급격히 늘어

4 물론 초기업단위 조직형태를 취한다고 해서 반드시 초기업단위 교섭에 참여한다는 것은 아니다. 대체로 초기업단위 조직형태를 취하는 비율보다 초기업단위 교섭에 참여하는 비율이 낮은 편이다(이주희, 2009, 69).

표 4-2 조직형태별 조합수, 조합원수 비교 (단위: 개소, 명)

구 분	조합수			조합원수		
	'14년	'15년	증감	'14년	'15년	증감
기업별노조	4,885	5,218	333	828,517 (43.5%)	839,725 (43.3%)	11,208 (Δ0.2%p)
초기업노조	560	576	16	1,076,953 (56.5%)	1,099,020 (56.7%)	22,067 (0.2%p)
전 체	5,445	5,794	349	1,905,470 (100%)	1,938,745 (100%)	33,275

주: 초기업노조: 산별노조, 지역별·업종별 노조를 포함하는 개념. 다만, 여기에서 초기업노조수를 계산할 때는 총연맹수, 연맹수도 포함
자료: 고용노동부(2016), 「2015년 전국노동조합 조직현황」, 10.

나기 시작했다.

2015년말 기준 초기업노조 소속 조합원수는 〈표 4-2〉와 같이 1,099,020명으로 전체 조합원수의 56.7%를 차지하고 있다. 산별노조운동이 두드러졌던 2005년 이후 계속된 초기업노조 소속 조합원수의 증가추세는 계속 유지되고 있으며, 초기업노조수도 2009년 이후 계속 증가하고 있다. 상급단체별로 보면 한국노총은 기업별노조 소속 조합원이 전체 조합원의 53.9%(454,790명)를 차지하고 있는 반면에, 민주노총은 초기업노조 소속 조합원이 전체 조합원의 83.6%(531,819명)를 차지하여 서로 대비되고 있다.[5]

이상의 자료로 통해 이제는 전통적으로 사용되어왔던 기업별 교섭보다는 초기업단위의 공동교섭이 더 많이 이루어지는 것으로 생각할 수 있다.

제 3 절 단체교섭의 대상

1. 단체교섭의 대상

단체교섭의 대상이란 법률의 규정 또는 노사 당사자간의 합의에 의하여 단체

5 최근 결성된 전국노총 또한 초기업노조의 조합원이 96.7%(13,011명)로 압도적 다수를 차지하고 있다. 그러나 미가맹 기업별 노조가 62.9(280,065명)으로 나다났다(고용노동부, 2016.10).

표 4-3 단체교섭의 의무사항

임금, 근로시간, 해고, 중재(arbitration), 유급휴일, 유급휴가, 협약기간, 고충절차, 일시해고(layoff), 조합비, 경제적 파업자의 복직, 시간급에서 봉급으로의 지불의 변경, 노조안정과 일괄공제(checkoff), 취업규칙, 성과급 인상, 작업일정, 점심시간, 휴일시간, 연금계획, 정년, 상여금, 각종 보험, 승진, 선임권(seniority), 배치전환, 작업할당, 파업금지조항, 초과근무수당, 배치전환에 있어서 선임권의 취소, 자사 제품에 대한 할인, 교대차별, 퇴직수당, 공장규율, 안전, 노조 간부에 대한 초선임권, 부분적인 공장폐쇄, 공장폐쇄와 공장이전, 조업변경, 직무공시절차, 공장재개, 종업원 신체검사, 교섭준비, 이익분배계획, 사택, 인종차별방침, 노조가 설정한 생산한계, 최호혜국조항, 경영권 조항, 에이전시 숍, 병가(sick leave)

자료: D. Yoder and H. G. Heneman, Jr. eds.(1979), *ASPA Handbook of Personnel and Industrial Relations*, Washington: Bureau of National Affairs, 7-128.

교섭의 주제 또는 목적으로 부의(附議)된 사항을 말한다(이상윤, 2013, 684). 이 단체교섭의 대상을 어디까지로 하느냐 하는 문제는 노동조합의 성격이나 구조, 산업간의 성격과 구조, 그리고 경영의 목표에 따라 차이가 있다. 독일, 이탈리아, 스웨덴, 영국, 미국 등 선진공업국가들은 "협약이 법률에 반하든지, 법률이 정한 기준에 미달하는 고용조건을 규정해서는 안 된다"는 제약을 제외하고는 교섭사항의 범위는 전적으로 당사자가 자유로이 정하도록 하고 있다.

구체적으로 미국의 미국노동관계위원회가 기준으로 설정한 단체교섭의 영역을 검토해 보면 동위원회는 교섭의무사항(mandatory subjects), 교섭임의사항(permissive subjects) 및 교섭금지사항(prohibited subjects) 등으로 구분하고 있다(Davey, Bognanno, & Estenson, 1982, 49-50).

첫째, 교섭의무사항은 태프트 하틀리법(Taft-Hartley Act) 제8조 (d)항에 규정되어 있는 임금, 근로시간 및 기타 근로조건을 말한다. 자세한 내용은 〈표 4-3〉과 같다(Rowland & Ferris, 1982).

둘째, 교섭임의사항은 임금, 근로시간 및 기타 근로조건의 영역에 해당되지 않는 사항으로 이들 사항에 대한 교섭은 완전히 임의적이다. 따라서 이들 사항은 단체협약에 포함시킬 것을 요구함으로써 노동쟁의의 단계에 이르는 것은 위법이며, 노동조합측의 부당노동행위에 해당된다. 예로써 퇴직자에 대한 연금 및 기타 혜택, 회사제품의 가격결정에의 노조참가, 생산방법상의 기술변화, 산업촉진책

(Kleiman, 1997, 2009), 회사 식당에서의 식사요금, 파업시도자(strike seeker)에 대한 고용조건에 관한 규정, 협약내 감독의 포함문제, 교섭단위 규모와 자격에 관한 규정, 파업보험 및 단체협약에 대한 비밀투표를 요구하는 조항 등이다(Carrell & Heavrin, 2007). 다만 그 동안 교섭의무사항으로 생각되지 않았던 사항들이 교섭임의사항으로부터 교섭의무사항으로 이행되고 있는 것이 일반적인 경향이었는데, 그 까닭은 임금, 근로시간 및 근로조건에 대하여 보다 더 진보적인 해석을 하게 되기 때문이다(Davey, Bognanno, & Estenson, 1982, 51).

셋째, 교섭금지사항은 불법적이며 전국노사관계위원회에 의해 금지된 사항이다. 이들 사항에 대한 교섭은 허용되지 않으며, 설령 상대방이 동의했다 하더라도 인정되지 않는다. 클로즈드 숍(closed shop)을 비롯하여, 인종, 성, 종교에 의한 종업원선발 및 차별대우에 관한 교섭, 무노동 유임금요구, 즉 페더베딩(featherbedding)(Carrell & Heavrin, 2001), 건설업과 의류업을 제외한 산업에서의 핫카고조항(Hot Cargo clause)[6] 등이 전형적인 예이다.[7]

2. 우리나라의 단체교섭대상

미국과는 달리 우리나라의 경우 단체교섭에 관하여 명백한 법 규정을 두지 않고 있다. 다만 노동조합 및 노동관계조정법 제2조 제4호 노동조합의 정의에서 "근로조건의 유지·개선 기타 근로자의 경제적·사회적 지위의 향상을 도모함을 목적으로 조직하는 단체 또는 그 연합단체를 말한다."라고 하고 있고, 동법 동조 제5호에서는 노동쟁의의 정의로 "노동조합과 사용자 또는 사용자단체간의 임금, 근로시간·복지·해고 기타 대우 등 근로조건의 결정에 관한 주장의 불일치로 인하여 발생한 분쟁상태를 말한다." 라고 표현하고 있어 단체교섭의 대상이 광의의 근로조건 전반으로 해석되고 있다.

실제로 한국노동조합총연맹이 조사한 단체협약분석집에서도 노조활동, 교육훈련, 고용 및 인사, 근로시간, 기타 근로조건, 복지후생, 비정규직, 복수노조,

---

6 핫 카고조항이란 단체협약의 체결에 있어서 노동조합의 방침에 어긋나는 어떠한 사용자와도 거래하지 않겠다는 협약상의 관행으로 보통 강제적인 성질을 띠고 있다.

7 이에 대한 보다 자세한 내용은 Rabin, Vocino, Hildreth, and Miller(1994)와 Katz & Kochan(2004) 등을 참조 바람.

경영참여, 산재대상이나 보호범위 여성근로자, 장애근로자 보호, 단체교섭 및 단체협약 체결 및 관리, 노사협의회, 노동쟁의 등을 다루고 있으며(김기우, 2005), 민주노총 산하의 전국보건의료산업노동조합의 '2013년 단체협약 비교자료집'에서도 제1장 총칙, 제2장 노조활동, 제3장 인사, 제4장 고용보장, 제5장 임금, 제6장 근로조건, 제7장 복지후생, 제8장 양성평등과 모성보호, 제9장 노동안전보건, 제10장 병원의 사회적 책무, 경영참가, 제11장 단체교섭, 제12장 노사협의회, 제13장 노동쟁의, 부칙 등(전국보건의료산업노동조합, 2013) 노사관계전반을 다 포함하는 것으로 나타났다.

이와 같이 우리나라의 경우 노사관계 전반을 단체교섭 대상으로 하고 있기 때문에 강제적 교섭사항을 명문으로 규정하고 있는 미국의 제도에 비해 융통성이 있다는 장점이 있으나, 반면에 단체교섭사항을 둘러싸고 분쟁을 일으킬 소지가 많다는 점이 지적되고 있다(박상필, 1994). 실제로 사용자는 임금 근로시간 등 순수한 근로조건에 관련 사항만을 단체교섭의 대상으로 국한하고 있는 것에 반하여 근로자는 경영참가 이윤분배 및 인사권 등 사용자의 경영권까지 단체교서의 대상으로 확대하고 있다(이상윤, 2013, 684).

한 예로 1990년대에 들어서면서부터 한국노동계에 크게 대두되어온 "징계위원회에 노사대표 동수의 구성을 비롯한 인사 및 경영사항 등은 과연 단체교섭의 대상이 될 수 있는가?"라는 문제이다. 이러한 사항은 노사간의 합의에 의하여 교섭대상에 포함될 수 있는 임의적 교섭대상으로 볼 수도 있지만 그 인사·징계·경영 사항이 근로조건과 직간접적으로 관련되느냐 안 되느냐에 따라서 상당한 의견의 대립이 생기고 있다(김형배, 2015; 윤성천·이선·김정한, 1990).

단체교섭의 범위를 노사관계 전반이라고 했을 때, 그러면 우리나라 노조는 구체적으로 어떤 대상에 얼마나 관심을 보이고 있을까? 김기우·송태수·김성규 연구팀이 한국노총 산하 278개 제조업 사업장을 중심으로 조사한 〈표 4-4〉의 2014년의 단체협약 분석결과를 보면 먼저 단체협약의 교섭사항을 규정하고 있는 단체협약의 비율은 63.67%로 나타나 단체교섭 의무조항 채택비율 82.73%보다는 크게 뒤진다. 단체협약 교섭사항을 명시하고 있는 협약의 비율은 금속(68.91%)과 화학(65.77%)에서 높다는 것과 섬유·유통의 경우 41.94%로 평균보다 크게 뒤진다는 점이 특별히 지적될 수 있다. 사업장 규모에 따라서는 1,000인 이상 사업장

표 4-4 단체교섭 사항 - 업종별

업종별		단체교섭 사항 (복수)													
		규정 없음	규정 있음	단체 협약 체결 갱신 사항	임금	기타 근로 조건	단체 협약 해석 및 적용	복리 후생	작업 환경 개선	생산 실적 경영 성과	산업 안전 보건 및 재해	조합 활동	근로 시간	생산 기계 속도 및 작업 강도	기타
전체	278	101	177	91	155	163	18	80	28	14	79	107	82	15	113
	100	36.33	63.67	32.73	55.76	58.63	6.47	28.78	10.07	5.04	28.42	38.49	29.50	5.40	40.65
식품	17	12	9	4	9	9	1	9	4	0	3	7	6	0	6
	6.12	47.06	52.94	23.53	52.94	52.94	5.88	52.94	23.53	0	17.65	41.18	35.29	0	35.29
화학	111	38	73	43	53	62	9	33	12	2	28	38	31	7	48
	39.93	34.23	65.77	38.74	47.75	55.86	8.11	29.73	10.81	1.80	25.23	34.23	27.93	6.31	43.24
섬유·	31	18	13	6	13	12	7	13	6	1	6	6	13	1	5
유통	11.15	58.06	41.94	19.35	41.94	38.71	22.58	41.94	19.35	3.23	19.35	19.35	41.94	3.23	16.13
금속	119	37	82	38	80	79	1	25	6	11	42	56	32	7	54
	42.81	31.09	68.91	31.93	67.23	66.39	0.84	21.01	5.04	9.24	35.29	47.06	26.89	5.88	45.38

자료: 김기우·송태수·김성규(2014), 「2014 단체협약 분석 ; 한국노총 제조업 사업장을 중심으로」, 한국노총 중앙연구원, 196.

단체협약은 100% 전체가 단체교섭 사항을 명시하고 있는 점이 두드러진다.

명시된 단체교섭의 교섭사항 중 임금(87.57%) 및 포괄적인 근로조건(92.09%)에 관한 사항에 대한 언급이 약 90%로 가장 많았고, 조합 활동에 관한 사항이 60.45%로 그 다음을 이으며, 단체협약 체결 갱신사항(51.41%), 복리후생(45.20%), 산업안전보건 및 재해(44.63%), 근로시간(46.33%) 등에 관한 사항은 45% 정도였으며, 작업환경 개선(15.82%), 단체협약 해석 및 적용(10.17%), 생산기계 속도 및 작업 강도(8.47%), 생산실적 및 경영성과(7.91%)에 관한 사항 등의 순서를 보이고 있다(김기우·송태수·김성규, 2014, 194-195).

이러한 결과는 〈표 4-5〉와 같은 한국노동연구원의 박덕제·박기성(1990)의 25년전 노동조합 실태조사와 크게 다르지 않은 것으로 나타나 노동조합은 우선적으로 조합원의 임금 및 근로조건의 향상을 위한 대기업(對企業)활동을 하고 있으며, 이런 점에서 경제적 조합주의(business unionism)에 입각한 노조활동을 하

표 4-5 노조 중점활동의 한·일 비교 (단위: %, 순위)

중점활동의 내용	한 국	일 본
임금·상여금 인상활동	61.3(1)	89.1(1)
기업내 후생복리문제	52.2(2)	27.1(5)
노동조합원 교육·선전활동	35.1(3)	14.1(7)
노동조합조직 확대활동	32.9(4)	13.9(8)
근로시간단축	32.3(5)	68.9(2)
작업환경개선 및 산업재해문제	30.6(6)	
퇴직금·연금문제	23.5(7)	44.2(3)
승진·승급문제	15.1(8)	10.6(10)
조업시간단축 반대	1.5(20)	
직급·학력 및 성별에 따른 차별대우 시정	14.4(9)	
주택·교육 등에 대한 회사의 지원요구	12.8(10)	
부당노동행위에 대한 대책활동	11.4(11)	6.6(12)
경영참가문제	10.8(12)	7.2(11)
배치전환·직종전환	5.9(16)	29.4(4)
정년제 문제	6.5(15)	25.1(6)
고용확보문제	8.0(13)	
조사·통계·기획활동	5.5(17)	
노사대책·쟁의법규활동	4.7(18)	
문화·체육활동	2.9(19)	
상조활동	1.4(21)	11.9(9)
해고자 복직활동		
기술혁신대책활동		2.9(16)
조합원생애생활개선 복지비전		4.1(13)
사회활동·지역활동		3.1(14)
감세 등 정책요구		3.1(14)
육아휴업, 가정간호 휴가문제		2.1(17)
개발도상국에 대한 원조, 국제협력		0.2(18)
불 명		2.2

주: 1) ( )은 순위임.
2) 한국의 노조는 4개를 선택하고 일본의 노조는 4개까지 선택함.
자료: 박덕제·박기성(1990), 「한국의 노동조합(II)」, 한국노동연구원, 165.

고 있다고 할 수 있다(정종진·이덕로, 2007, 152-153).[8]

8 물론 박덕제·박기성(1990)의 연구는 노조 중점활동을 본 반면, 김기우·송태수·김성규(2014)의 연구는 단체교섭의 교섭사항을 복수로 명시한 것이고 양자의 설문 문장이 일치하지 않아 단순 비

제 4 절 단체교섭의 당사자와 담당자

1. 단체교섭의 당사자

단체교섭의 당사자란 사실 행위인 단체교섭 그 자체를 행할 수 있는 사람, 곧 단체교섭의 권리주체를 말한다. 그러면 그 권리주체를 근로자측(사실상 노동조합측)과 사용자측으로 나누어 각각 살펴보기로 하겠다.

(1) 근로자측 당사자

우리나라 헌법 제33조 제1항에서 근로자는 단체교섭권을 가진다고 정하여 단체교섭권을 직접 개개 근로자에 대해 보장하는 형식을 가지나 이 권리는 그 성질상 단결을 통해서만 행사할 수 있다. 따라서 단체교섭의 당사자는 근로자측의 경우 바로 근로자의 단체로, 전형적인 당사자는 근로조건의 유지·개선을 목적으로 근로자가 결합한 노동조합 그 자체이다. 노동조합 및 노동관계조정법 제29조 제1항에서는 "노동조합의 대표자는 그 노동조합 또는 조합원을 위하여 사용자나 사용자단체와 교섭하고 단체협약을 체결할 권한을 가진다"라고 규정하고 있다. 이때 노동조합의 조직과 관련하여 근로자가 직접 그 구성원이 되어 있는 단위노동조합은 기업별 조직이건 산업별 조직이건 간에 단체교섭의 당사자가 되며, 상부단체인 연합단체도 실질적 요건(노조 및 조정법 제2조 제4호)을 갖춘 경우에는 단체교섭당사자의 지위를 가질 수 있다. 또한 개별사업장에서의 복수노조가 허용됨에 따라 노동조합이 복수로 있는 경우에는 제29조의 2에 따라 결정된 교섭대표노동조합의 대표자는 교섭을 요구한 모든 노동조합 또는 조합원을 위하여 사용자와 교섭하고 단체협약을 체결할 권한을 가진다(김형배, 2015, 897).

한편 사업소, 출장소, 공장 및 작업장 등의 기업하부조직에 결성되는 단위노조의 하급단체로 지부나 분회와 같은 하부조직이 있는데, 이들이 과연 독자적인 단체교섭의 당사자가 될 수 있는가에 의문의 여지가 있다. 이에 관해서는 다음과 같이 해석해야 할 것이다. 즉 지부 또는 분회 자체가 노동조합으로서의 조직을 갖추고 있으면 그 조직과 관련된 사항에 관해서는 자신의 단체교섭권을 보유할

교에 어느 정도 한계가 있기는 하다.

수 있다고 보아야 할 것이다(김형배, 2015, 902).

(2) 사용자측 당사자

단체교섭의 사용자측 주체라 함은 근로자의 단체교섭요구에 대하여 이의 응낙의무를 지는 단체교섭의 상대방으로서의 사용자를 말한다(이상윤, 2015, 685). 노동조합 및 노동관계조정법 제29조 제1항에 "노동조합의 대표자는 그 노동조합 또는 조합원을 위하여 사용자나 사용자단체와 교섭하고 단체협약을 체결할 권한을 가진다."라고 규정하고 있어 사용자측 당사자는 사용자 또는 사용자단체이다. 노동조합에 대한 단체교섭의 당사자가 되는 사용자는 근로계약에 의하여 근로자들을 채용한 계약의 당사자이다. 그러므로 사용자는 개인의 경우를 비롯하여 주식회사 등의 영리법인이냐 또는 비영리법인이냐는 묻지 않는다.

노동조합 및 노동관계조정법 제29조 제1항은 사용자단체에 대하여도 단체교섭의 당사자가 될 수 있다고 규정하고 있는데, 여기서 사용자단체라 함은 "노동관계에 관하여 그 구성원인 사용자에 대하여 조정 또는 규제할 수 있는 권한을 가진 사용자의 단체"를 말한다. 여기서 근로관계에 관하여 조정 또는 규제할 수 있는 권한을 가진다고 함은 근로관계의 집단적 조정에 관하여 그 구성원에 대하여 실질적인 통제력을 가지는 것을 의미한다. 따라서 이러한 내용이 규약이나 정관에 명시되어 있는 것이 일반적이다.

2. 단체교섭의 담당자

단체교섭의 담당자라고 함은 단체교섭의 주체인 노동조합과 사용자를 대표하여 실제로 단체교섭을 직접 담당하는 자를 말한다. 단체교섭의 담당자는 실제로 노사문제와 관련하여 대화를 하는 자를 가리키기 때문에 단체협약이 체결된 경우에 협약상의 권리·의무의 주체가 되는 단체교섭의 당사자와는 구별된다.

(1) 근로자측 담당자

노동조합(복수노조의 경우 교섭대표노동조합)의 대표자 또는 노동조합으로부터 위임을 받은 자는 그 노동조합 또는 조합원을 위하여 사용자나 사용자단체와 교섭하고 단체협약을 체결할 권한을 가지므로(노조 및 조정법 제29조 제2항, 제3항)

근로자측 단체교섭의 담당자가 될 수 있다.

기업별 노동조합의 대표자는 사업 또는 사업장별로 행하여지는 단체교섭에 있어서의 당연한 교섭담당자일 뿐만 아니라 산업별 또는 직종별로 행하여질 수 있는 사용자단체와의 교섭에 있어서도 그 담당자가 될 수 있다. 여기서 노동조합의 대표자라 함은 조합규약에서 정하는 바에 따라 노동조합의 대외활동에서 노동조합을 대표할 자로 총회에서 선임된 임원을 말하는데, 그 명칭은 위원장이든 조합장이든 구애받지 않으며 조합장이나 위원장 이외에도 부위원장, 집행위원 또는 상임위원이나 그 밖에 단체교섭비상대책위원 등이 이에 해당된다(이병태, 2008, 221).

대표자의 교섭권한은 규약이나 총회에서 이를 제한할 수 있으나, 아무 제한이 없을 때에는 모든 사항에 관하여 교섭권한이 있다고 해석된다. 왜냐하면 노동조합의 대표자는 단체의 장으로서 당연히 그와 같은 권한을 가져야 하기 때문이다.

노동조합으로부터 단체협약의 체결에 관한 권한을 위임받은 자라 함은 사실행위인 단체교섭을 행할 권한을 위임받은 자를 말한다. 조합의 위임을 받은 자에 관하여는 특히 노동조합 및 노동관계조정법이 정하는 바는 없으나 조합 내부의 자이건 또는 외부의 자이건 이를 묻지 않는다. 또한 위임의 방식에 관해서 노동조합 및 노동관계조정법은 아무 규정을 두고 있지 않다. 따라서 민법 제680조[9]의 위임에 관한 절차는 필요하지 않고, 다만 사용자와의 교섭에 있어서 조합의 위임이 있었음을 증명하면 된다. 이와 같은 위임의 존재를 증명하지 못하면 사용자가 단체교섭을 거부하더라도 부당노동행위가 되지 않는다.

단체협약 내에는 노동조합이 조합원 이외의 제3자에게 단체교섭을 위임하지 않겠다는 내용의 조항을 협정하는 예가 있다. 이것을 제3자 위임금지조항이라고 하는데, 사용자측이 조합원 이외의 제3자가 단체교섭의 담당자로서 나오는 것을 꺼려하여 이러한 협정이 생긴 것이다.

그러나 단체협약 내의 제3자 위임금지조항에 대해서는 노동조합 및 노동관계조정법 제29조 제2항의 규정과 관련하여 다음과 같은 문제가 있을 수 있다. 즉 단위노동조합이 제3자위임금지조항을 체결한 바 있으나 단체교섭상 특수한 사정

9 민법 제680조 (위임의 의의) 위임은 당사자일방이 상대방에 대하여 사무의 처리를 위탁하고 상대방이 이를 승낙함으로써 그 효력이 생긴다.

이 발생하여 연합단체인 노동조합에 교섭을 위임한 경우에 사용자는 제3자 위임금지조항의 체결을 이유로 연합단체인 노동조합과의 교섭을 적법하게 거부할 수 있는가? 이에 대하여는 제3자 위임금지조항의 성질과 노동조합 및 노동관계조정법 제29조 제2항의 교섭위임의 성질을 어떻게 파악하느냐에 따라 견해가 달라질 것이다. 즉 동조항의 유효를 인정하는 견해에 의하면 사용자의 단체교섭거부는 부당노동행위에 해당하지 않게 될 것이며, 동조항의 체결 자체를 단체교섭의 기능에 대한 부당한 제약으로 보는 견해에 의하면 사용자의 단체교섭거부는 부당노동행위가 될 것이다.

이 문제에 관해서는 다음과 같이 판단한다. 즉 노동조합 및 노동관계조정법 제29조 제2항에서 말하는 연합단체인 노동조합은 단위노동조합과의 관계에서 보면 상부단체에 해당할 것이므로 그 노동조합을 '제3자'라고 할 수는 없을 것이며, 오히려 연합단체와 단위노동조합 사이의 내부관계에 있어서는 조직상의 일체성을 지니고 있는 것이다. 그러므로 제3자 위임금지조항에 의하여 연합단체인 노동조합에의 교섭위임을 배제할 수 없으며, 단위노동조합의 교섭권을 연합단체에 위임하는 것을 금지하는 조항을 체결한다고 하면 노동조합의 자율성을 부인하는 것이므로 무효라고 판단된다(이상윤, 2015, 695).

(2) 사용자측 담당자

사용자측 교섭담당자는 사용자를 위하여 사실행위로써 교섭을 하고 법률행위인 단체교섭을 체결할 권한을 가진 자이다. 우리나라의 경우 사용자측 교섭담당자는 사용자 또는 사용자단체의 대표자이다(노조 및 조정법 제29조 제1항). 아울러 사용자 또는 사용자단체로부터 교섭 또는 단체협약의 체결에 관한 권한을 위임받은 자도 역시 단체교섭권한을 보유하고 있다(이상윤, 2015, 699).

개인기업에 있어서는 사용자 개인이 단체교섭의 당사자이므로 그가 직접 노동조합과 교섭을 할 때에는 별 문제가 없다. 또한 주식회사의 대표이사가 직접 단체교섭을 담당하는 경우에도 마찬가지이다. 그러나 본점 또는 지점의 지배인이 단체교섭을 담당하는 경우에는 지배인의 대리권(상법 제11조 제1항)[10]을 기초로

10 제11조 (지배인의 대리권) ① 지배인은 영업주에 갈음하여 그 영업에 관한 재판상 또는 재판외의 모든 행위를 할 수 있다.

하여 단체교섭의 담당자가 될 수 있다.

사용자측에서도 근로자측과 마찬가지로 자유로이 단체교섭권한 또는 단체협약체결에 관한 권한을 타인에게 위임할 수 있다. 따라서 사용자측으로부터 정당한 절차를 거쳐 교섭권한을 위임받은 개인 또는 단체의 대표자는 위임받은 범위 안에서 단체교섭권한을 행사할 수 있다(노조 및 조정법 제29조 제2항). 구체적으로 특별한 법적 요건이 없으므로 기업 내부의 자는 물론 외부의 전문가 등 교섭권한의 위임에 제한이 없다. 따라서 주식회사의 노무부장 또는 과장도 일정한 범위의 특별위임을 근거로 단체교섭의 담당자가 될 수 있다.

초기업적 산별체제에서는 사용자단체가 교섭당사자이고 그 대표자는 교섭담당자가 된다. 그러나 사용자의 경우에 단체교섭의 담당자로서 사용자단체가 활동하는 경우는 그다지 많지 않다. 상급단체로서의 사용자단체가 활동하는 경우라도 노동조합의 경우처럼 강력한 통제력을 가지고 있지 않으므로 그 단체의 규약에 의하여 일정한 범위 내에서 단체교섭의 담당자가 되는 것이 보통이다(김형배, 2015, 917).

제 5 절 단체교섭의 과정

우리나라에서 단체협약이 갱신되는 시기는 봄철인 3월 내지 4월에 전체의 약 3분의 2가 집중되어 있다. 따라서 통상 이 시기에 단체교섭이 시작된다. 단체교섭에 대비하여 한국노총이나 민주노총과 같은 전국적인 중앙조직이나 산업별 연맹에서는 임금인상에 대한 지침을 발표하게 되는데, 각 기업별 단위노동조합은 이들 상급단체의 임금인상 요구지침을 참고로 하면서 해당 기업에 대한 경영분석과 유사 기업 내지 동일지역 내의 임금수준을 참작하여 독자적인 교섭안을 만들게 된다(배무기, 1991). 기업들 또한 한국경영자총협회를 비롯한 사용자단체에서 비슷한 방법으로 준비한 대응자료를 참고하여 단체교섭에 임하게 된다(경제단체협의회, 2000).

단체교섭의 과정은 보는 관점에 따라 여러 단계로 구분되고 있다(김태기, 1993). 그러나 일반적으로 단체교섭은 [그림 4-3]과 같이 4단계를 거쳐 최종적으로 단체협약에 이르게 된다.

그림 4-3 단체교섭의 과정

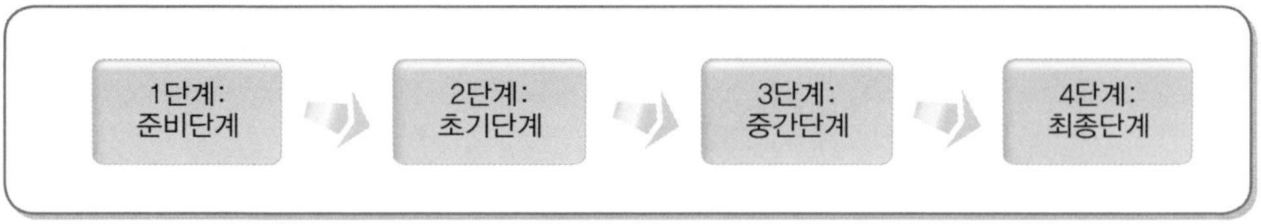

자료: M. Harris(1997), *Human Resource Management: A Practical Approach*, Fort Worth, Tex.: Dryden Press, Harcourt Brace College Publishers, 419.

1. 준비단계

단체교섭이 본격적인 협상에 들어가기 전에 행해지는 기초작업단계가 준비단계(preliminary stage)로 단체교섭의 출발점이다. 오늘날 단체교섭과정에서 교섭준비가 중요한 이유는 다음과 같은 세 가지이다.

첫째, 교섭준비는 교섭팀으로 하여금 파업 또는 직장폐쇄 전에 교섭목적과 양보할 수 있는 범위를 결정하게 한다는 점에서 의의가 있다. 그러므로 교섭요구안은 주의깊게 마련되어야 하며, 우선순위에 따라 분류되어야 한다.

둘째, 교섭준비는 교섭팀으로 하여금 자신의 요구안을 구체화하고 방어를 가능하게 한다. 단체교섭과 밀접한 관련이 있는 정보를 수집하고 조직함으로써 교섭위원들은 논의중인 단체교섭의 내용과 연관이 있는 중요한 각종 자료를 신속하게 참고할 수 있게 된다.

셋째, 교섭준비는 교섭팀으로 하여금 상대방의 요구를 예견할 수 있도록 해준다. 따라서 철저한 준비는 교섭석상에서 발생할 수 있는 예상외의 일들을 최소화시킬 수 있다(Leap, 1995).

준비단계에서는 주로 교섭시기, 교섭장소, 교섭위원, 그리고 교섭내용 등을 결정하게 된다. 먼저 단체교섭을 언제 시작할 것인가를 결정해야 한다. 서두에서 언급한 바와 같이 우리나라 산업에 있어서 단체협약시기는 대체로 춘기에 집중되어 있다. [그림 4-4]에서 알 수 있듯이 예[11]나 지금이나 변함없이 교섭은 3-4

11 25년전인 1991년의 조사에서도 실제로 100명 이상 고용한 사업체 6,801개소의 월별 임금교섭계획과 협약진도율을 살펴본 결과 56.3%가 3월에, 15.7%가 4월에, 6.3%가 5월에 계획된 것으로 나타났다(김수곤, 1992).

그림 4-4 2015년 임단협 요구 예상 시기

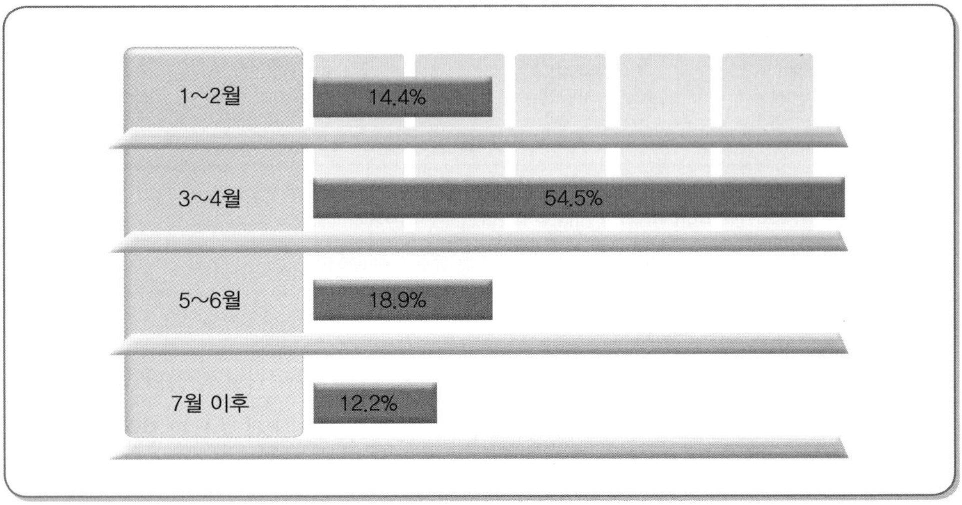

자료: 한국경영자총협회(2014.12), 「2015년 노사관계 전망조사」, 13.

월에 집중되어 있다.[12]

나아가 임금교섭을 근무시간 중에 할 것인가 아니면 근무시간이 끝난 뒤에 할 것인가도 결정해야 한다. 전자의 경우 노조의 전임직원은 문제가 되지 않으나 전임직원 이외의 자의 경우 문제가 될 수 있다. 그러나 현행 노동조합 및 노동관계조정법 제81조 제4호 단서조항에서 "근로자가 근로시간 중에 사용자와 협의 또는 교섭하는 것을 사용자가 허용함은 무방하며"라고 규정하고 있기 때문에 많은 기업에서 단체협약이나 노사협의에 참가하는 것을 노조의 자율성을 해치는 것으로는 보지 않고 있다.

후자의 경우 근로자들은 그렇지 않아도 연장근로, 휴일근로 등으로 지쳐 있는 상황에서 근로시간 외에까지 단체교섭을 하게 되면 노사 양측에 거의 도움이 되지 않는다. 따라서 마라톤 교섭으로 근로시간을 넘겨 회의를 여는 것을 제외하고는 통상 일과중에 교섭을 전개하는 것이 바람직하다고 생각한다.

실제로 김기우·송태수·김성규 연구팀이 한국노총 제조업 사업장을 중심으로

12 그러나 예외적으로 2016년 임 · 단협은 국회의원 선거(4월), 노동시장 개혁 및 노동시장 개혁 후속조치 관련(취업규칙 변경 지침 등) 논란 등으로 조기에 개시되기 어려울 것으로 전망되었다. 실제로 7월 이후에 집중될 것으로 전망하는 기업이 33.3%로 가장 많았으며, 3-4월은 29.0%에 불과했다(한국경영자총협회, 2015.12, 8).

2014년에 조사한 단체협약 분석결과에서도 잘 나타나고 있다. 86.33%에 해당하는 협약서가 취업시간 중 조합 활동의 범위에 관한 규정을 두고 있었는데, 이때 취업시간 외의 조합활동을 원칙으로 하고 있었다. 다만, 예외적으로 사전에 회사에 통보하고 협의한 후 혹은 동의를 얻은 경우에 대부분의 사업장에서 근무시간 중 조합 활동을 인정하는 것으로 나타났다. 이 밖에도 총회/대의원회나 단체교섭 및 준비에도 상당부분 근무시간 중 조합 활동을 인정하였다(김기우·송태수·김성규, 2014, 82).

단체교섭의 장소로는 회사 내 대소 회의실에서 행해지는 것이 보통이다. 이 경우 의자나 테이블의 배열에도 세심한 주의를 기울여야 한다. 따라서 가능한 사각형 테이블보다는 원형 테이블을 준비하여 노사가 대등하다는 인상을 심어주고 보다 화기애애한 분위기를 연출하도록 하는 것이 보다 효과적이다.

교섭대표에 대해서는 사전에 단체협약에 규정해 두는 것이 좋다. 만약 단체협

표 4-6 근무시간 중 조합활동 – 업종별

업종별			근무시간 중 조합 활동(복수)											
			규정 없음	규정 있음	회사와 통보/협의/동의	총회/대의원회	단체교섭 및 준비	상급단체회의	노조 교육	노조 지도부 선거	노조 회계 감사	노사협의회/안전 보건/고충처리	사내 복지 기금	기타노사합의 사항
전체	협약수	278	38	240	210	152	132	86	118	97	81	121	11	100
	비율	100.0	13.67	86.33	75.54	54.68	47.48	30.94	42.45	34.89	29.14	43.53	3.96	35.97
식품	협약수	17	2	15	15	7	7	6	8	3	4	10	2	8
	비율	6.12	11.76	88.24	88.24	41.18	41.18	35.29	47.06	17.65	23.53	58.82	11.76	47.06
화학	협약수	111	27	84	69	55	47	20	31	13	28	36	2	40
	비율	39.93	24.32	75.68	62.16	49.55	42.34	18.02	27.93	11.71	25.23	32.43	1.80	36.04
섬유	협약수	31	0	31	30	12	12	5	10	6	8	12	0	9
	비율	11.15	0	100	96.77	38.71	38.71	16.13	32.26	19.35	25.81	38.71	0	29.03
금속	협약수	119	9	110	96	78	66	55	69	28	41	63	7	43
	비율	42.81	7.56	92.44	80.67	65.55	55.46	46.22	57.98	23.53	34.45	52.94	5.88	36.13

자료: 김기우·송태수·김성규(2014), 「2014 단체협약 분석 ; 한국노총 제조업 사업장을 중심으로」, 한국노총 중앙연구원, 82.

약이 규정되어 있지 않으면 교섭 전에 대표자나 실무자의 사전조율을 거쳐 결정하도록 하는 것이 좋다. 사용자의 교섭대표는 통상 회사대표가 임명하지만 노조의 교섭대표는 좀 다르다. 우리나라의 경우 교섭위원을 위원장이 임명한 노조는 전체 노조의 28.8%이며, 총회 또는 대의원회에서 선출하는 노조는 45.4%이고, 상무집행위원회 및 기타 회의에서 선출하는 노조는 25.9%이다(박덕제·박기성, 1990, 102).

2. 초기단계

초기단계(initial stage)란 수차례의 회합을 통해 자기측의 주장을 상대방에게 알리는 한편 상대측의 설명을 듣는 가운데 그들의 진의를 파악하는 단계, 바로 정보탐색의 단계이다. 통상 노조의 경우 조합원들의 다소 무리한 주장도 고려하지 않을 수 없는 정치적 입장으로 〈표 4-7〉과 같이 최초 요구수준이 터무니없이 높은 반면, 사용자의 경우 최초에는 제시수준을 상식 이하의 낮은 수준으로 제시한 뒤 그 수준을 점차 높여 가는 경향이 있다. 이러한 최초 요구수준이나 최초 제시수준은 협상의 전망을 결정하는 중요한 변수가 된다.

그러면 실제에 있어서 노조나 사용자는 이 최초 수준들을 결정할 때 각각 어떤 변수들을 어느 정도 고려할까?

한국경영자총협회의 설문조사 결과에 따르면 사용자는 임금조정 과정에서 가장 중요하게 고려하는 요소는 〈표 4-8〉에서 알 수 있듯이 '기업의 지불능력'이 30.2%로 가장 많았고, '최저임금 인상률' 20.1%, '타 기업 임금수준 및 조정결과' 15.2% 순으로 나타났다(한국경영자총협회, 2015.10). 참고로 1990년의 대한상공회

표 4-8 임금조정과정의 주요 고려 요인 (단위: %)

구 분	기업 지불 능력	최저 임금 인상률	타기업의 임금 수준 및 조정결과	물가 상승률	경영계 임금조정 권고	노조의 요구	통상 임금 범위 조정	60세 정년 의무화
비 율	30.2	20.1	15.2	10.6	8.1	6.4	5.9	3.4

자료: 한국경영자총협회(2015.10), 「2015년 임금조정 실태조사 결과」, 7.

표 4-7 주요 노사단체의 임금인상 요구율과 제시율 추이 (단위: %)

	임금인상 제시율/요구율			협약임금인상률		명목임금 상승률
	한국경총	한국노총	민주노총	임금총액 기준	통상임금 기준	
1992	4.7~6.7	16.8	25.4	–	6.5	15.2
1994	5.0~8.7		16.4	–	7.2	12.7
1996	4.8	12.2	14.8	–	7.8	11.9
1998	인건비 20%감축	4.7	5.1~9.2	−2.7	0.0	−2.5
2000	5.4	13.2	15.2(±2)	7.6	7.2	8.0
2002	4.1	12.3	12.5(±1.5)	6.7		11.2
2003	4.3	11.4	11.1(±2)	6.4		9.2
2004	3.8% (또는 동결)[2]	10.7	10.5(±2)	5.2		6.0
2005	3.9% (또는 동결)[3]	9.4	9.3(±2)	4.7		6.6
2006	2.6% (또는 동결)[4]	9.6	8.0~12.6 (정규직)	4.8		5.7
2007	2.4% (또는 동결)[5]	9.3	9.0	4.8		5.6
2008	2.6% (또는 동결)[6]	9.1 (비정규 18.1)	8.0 (비정규 20.2)	4.9		4.4
2009	노사민정 합의에 따라 제시하지 않음		4.9[7]	1.7		2.2
2010	동결	9.5	9.2	4.8		6.4
2011	3.5	9.4	비정규직 24.0	5.1		-0.9
2012	2.9	9.1	9.3	4.7		5.3
2013	–	8.1	–	3.5		3.8
2014	2.3	8.1	–	4.1		2.4
2015	1.6	7.8	–	3.7		3.3
2016	동결	7.9	–	–		–

주: 1) 300인 이상 기업은 동결, 300인 미만 기업은 3.8%인상을 제시함.
2) 1,000인 이상 기업은 동결, 1,000인 미만 기업은 3.9% 인상을 제시함.
3) 수익성이 저하되는 기업과 전 산업 평균임금의 1.5배를 상회하는 고임금 대기업의 임금동결 주장.
4) 대졸 초임 및 고임 대기업은 임금 동결.
5) 고임 대기업은 임금 동결.
6) 민주노총 요구안 4.9%를 근거로 각 가맹·산하조직별 자체요구안 수립.

자료: 한국노동연구원(2015), 「2015 KLI 노동통계」, 149; 한국노동연구원(2016), 「2016 KLI 노동통계」, 149.

의소의 설문조사 결과에서도 사용자는 기업의 지불능력(51.9%)을 가장 크게 고려하였고, 그 다음으로 타기업의 임금인상(12.2%) 및 근로자측의 요구(12.2%)를 고려하였다.

한편 노조의 경우에는 그 최초 요구수준을 결정하는 가장 중요한 변수가 총연합단체나 산별노조의 임금인상지침(34.4%), 물가 및 생계비 상승(33.3%)이었다. 그런데 총연합단체나 산별노조의 지침은 물가 및 생계비 상승을 그 기준으로 삼고 있으므로 결국 물가 및 생계비상승이 1차적으로 고려되고 있는 경우가 전체의 67.7%로 압도적이라고 할 수 있다. 그리고 기업의 지불능력(11.5%)이나 타기업의 임금인상률(8.2%), 노동생산성(4.9%) 등은 노조의 최초 요구수준 결정에 별로 중요한 변수가 되지 못하고 있다(대한상공회의소, 1990).

2015년의 경우 임금협상 과정에서 노조는 평균 8.4% 인상을 요구한 반면, 사용자는 평균 2.5%를 제시(통상임금 기준), 그 격차가 5.9%p로 나타나 지난해인 2014년의 5.4%p(노조요구율 8.1%, 사용자제시율 2.7%)보다 늘어났다. 〈그림 4-5〉에서 알 수 있듯이 전년에 이어 격차가 계속 벌어지고 있는 이유는 노사가 통상임금, 정년연장 등 제도변화 과정에서 각자에게 유리한 입장을 관철하기 위해 전략적으로 임금인상률을 활용하는 경향 때문인 것으로 풀이된다.

오보일과 로스(T.F. O'Boyle and T. Roth)는 일반적으로 대면교섭이 시작될 때

그림 4-5 노조요구율과 사용자제시율 격차 추이 (단위: %p)

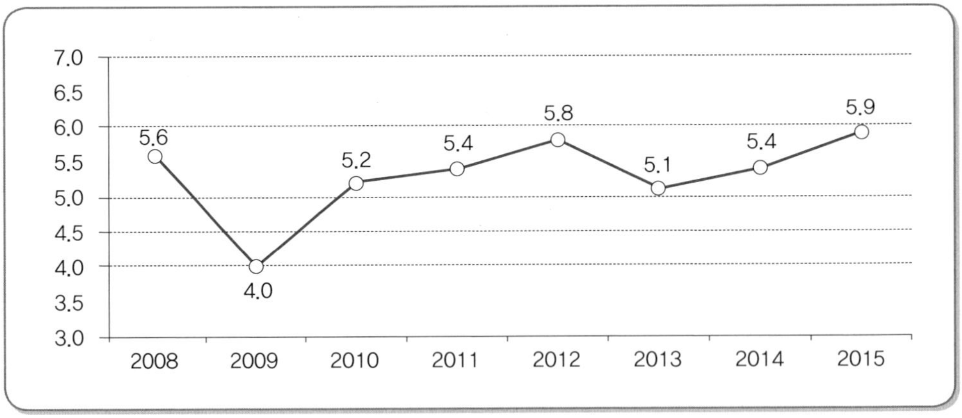

자료: 한국경영자총협회(2013.12), 「2013년 임금조정 실태조사 결과」, 7; 한국경영자총협회(2015.12), 「2015년 임금조정 실태조사 결과」, 8.

〈표 4-9〉에 열거되어 있는 지침들을 따르도록 권유하고 있다. 그렇지 않으면 불필요한 지체나 심지어 파업까지도 불러일으킬 수 있는 혼란을 야기할지 모른다고 주장한다(O'Boyle & Roth, 1985).

그러나 General Electric은 이러한 교섭지침을 따르는 대신 교섭 초기에 노조에 최종오퍼(final offer)를 내는, 이른바 블워리즘(Boulwarism)이라는 속전속결식의 접근방식을 취한 바 있다. 교섭에서 주도권(initiative)을 확보하기 위한 하나의 관리전략인(Katz & Kochan, 2004) 이 블워리즘은 1946년 당시 GE의 노사관계 담당 부사장이었던 블워(Lemuel R. Boulware)가 교섭에 따른 시간을 절약하기 위하여 개발한 것으로 회사측이 교섭 초에 포괄적인 교섭안을 제시하여 노조로 하여금 찬반(yes or no)을 양자택일하도록 하는 교섭방식을 말한다. 이 방식하에

표 4-9 교섭지침

교섭준수사항
• 귀하가 받으려고(혹은 주려고) 하는 이상을(혹은 이하를) 추구하라. • 매체를 통하지 말고 사적으로 교섭하라. • 쌍방이 다 이기게끔 하라. 그렇지 않으면 상대방이 보복할지 모른다. • 가능한 한 쉬운 이슈부터 시작하라. • 합의에 도달함에도 불구하고 교섭이 좀처럼 끝나지 않음을 명심하라. 결국 그 협약은 재교섭될 것이다. • 과거의 진전, 다른 점 혹은 대응제안을 강조함으로써 교착상태를 해결하라. • 만약 파업이 일어날 것 같으면 당국의 지원을 받아라.
교섭금지사항
• 먼저 최대 오퍼를 내지 마라. 그러면 상대방이 보다 많은 것을 기대한다. • 원치 않는 변화를 모색하지 마라. 귀하가 그것을 얻을지 모른다. • 특별한 경우가 아니면 절대로 '안 된다'라고 말하지 마라. • 어떠한 경우에도 신뢰를 저버리지 마라. • 너무 조급하게 해결하려 하지 마라. 노조원들은 빠른 해결이 좋은 해결이 아니라고 생각할지 모른다. • 상대방이 귀하의 팀을 뛰어 넘어 직접 최고경영자에게 가도록 하지 마라. • 최고경영자들을 대면교섭에 실질적으로 참여하게끔 하지 마라. • 왜냐하면 그들은 종종 경험이 부족하고 정보에 어둡기 때문이다.

자료: W.B. Werther, Jr. & K. Davis(1996), *Human Resources and Personnel Management*, 5th ed., New York: McGraw-Hill Book Co., 538.

서는 먼저 종업원들이 바라는 복리후생과 근로제조건에 관한 상당한 정보를 알아내고, 이를 바탕으로 구체적인 안을 마련한 뒤, 종업원과 일반 대중들에게 대대적인 홍보를 통하여 자신들의 패키지안을 받아들이게 하는 과정을 밟게 된다(Nierenberg, 1995; Walton & McKersie, 1991; Northrup, 1964).

이러한 접근방법은 노조가 GE의 최초 오퍼가 최대의 오퍼라고 믿지 않았기 때문에 혼란을 불러 일으키게 되었다. 정치적으로 노조의 리더들은 양자택일식(take-it-or-leave-it)의 교섭방식을 감히 받아들일 수 없었다. 그 결과 치열한 파업이 일어났다. 결국 전국노사관계위원회는 이러한 접근방법이 교섭을 진실하게 하려는 것이 아니라고 보아 불법으로 규정하게 됨에 따라 이 블워리즘은 점차 자취를 감추게 되었다. 그럼에도 불구하고 아직도 많은 GE의 경영자들은 이 방식이 아주 성공적이었다고 믿고 있다. 심지어 1980년대까지도 AME, Timken, Allis, Chalmers, J.P. Stevens 및 프로야구나 프로축구의 사용자들은 이 방식을 사용하여 상당한 효과를 보았다(Sloane & Witney, 2006).

3. 중간단계

초기단계에서 양측의 최초요구 및 허용수준이 제시되면 다음으로 중간단계(middle stage)에서는 이를 바탕으로 타결수준을 향해서 활발한 협상을 전개하는 단계이다(Kennedy,Benson, & McMillan, 1982). 노조측의 최초의 요구수준이나 사용자측의 최초의 제시수준은 앞서 살펴보았듯이 그 결정요인들이 근본적으로 다르기 때문에 상당한 차이가 있을 수밖에 없다.

따라서 협상타결을 위해서는 노사 양측은 [그림 4-6]과 같이 각자의 최초요구수준 및 제시수준으로부터 점진적으로 양보를 하게 되는데, 이 양보가 무한정 이루어질 수 있는 것은 아니다. 일반적으로 노조와 사용자의 입장에서 볼 때 더 이상 양보할 수 없다는 저항점의 수준까지 양보가 이루어진다. 즉 단체교섭의 두 번째 단계는 노사 양측이 최초요구 및 제시수준으로부터 각자의 유보수준을 향해서 양보를 해 가는 단계라고 할 수 있다. 여기서 노조의 저항점이 올라가고 사용자측의 저항점이 낮아져 타결될 수 있는 공유영역인 해결범위 부분이 없어질 경우 교섭은 계속 공전되고 마침내 최종단계로 넘어가게 된다.

그러므로 협상의 둘째 단계를 특징짓는 중요한 요소는 노사 양측의 유보수준

그림 4-6 **배분적 교섭과정**

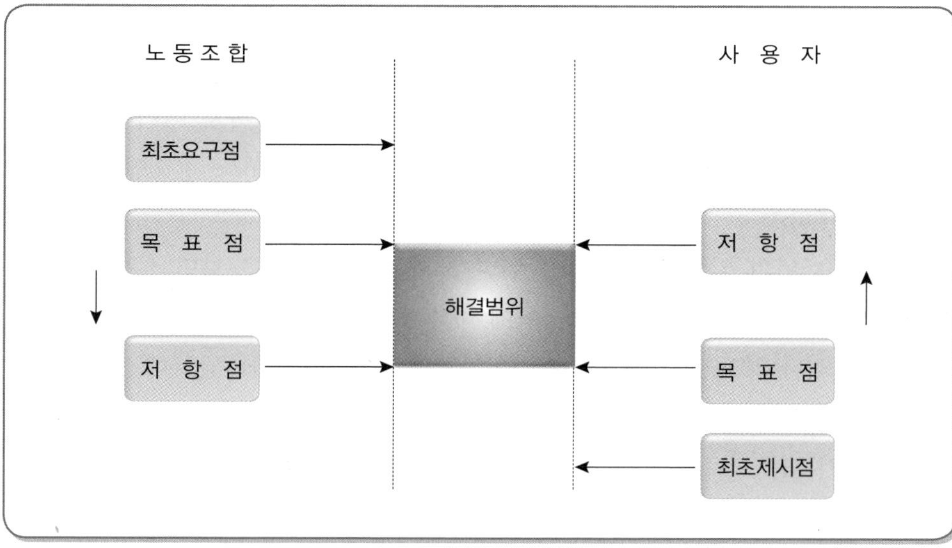

자료: S.E. Jackson & R.S. Schuler(2000), *Managing Human Resources: A Partnership Perspective*, 7th ed., Cincinnati, Ohio: South-Western College Publishing, 627.

과 유보수준을 향하여 양보해 가는 양보속도라고 할 수 있다. 특히 이 단계에서 양측 유보수준이나 양보속도에 관한 정보가 얼마만큼 상호 교환될 수 있는가가 단체교섭의 효율성을 증대시키고 노사분규의 가능성을 줄이는 데 중요한 역할을 하게 된다(대한상공회의소, 1990).

4. 최종단계

단체교섭의 최종단계(final stage)란 그 동안 진행되어온 교섭을 사실상 마무리하는 단계이다. 이전의 단계까지 교섭이 순조롭게 진행되어 왔다면 그다지 문제가 없으나 교섭이 교착상태에 빠져 더 이상의 진행이 어려운 경우가 문제이다. 이 때에는 실무회의, 축소회의, 확대회의, 연석회의, 대표자회의 혹은 조정회의 등 갖가지 이름의 회합에 교섭위원 전원이 참석하거나 아니면 최고실력자 끼리의 1 대 1 담판을 열어 어떻게든 파업이나 직장폐쇄와 같은 파국만은 막아보려고 애를 쓰게 된다. 그 결과 대부분의 교섭은 최종단계에서 극적인 타결을 보게 된다.

이런 과정을 통하여 단체교섭이 타결된 경우에는 그 내용을 문서화하여 확인해 두어야 한다. 그리고 그 결과를 조합원뿐만 아니라 회사 내의 모든 구성원들에게 알려줌으로써 필요 이상의 오해와 혼란을 사전에 예방할 수 있게 된다.

지금까지 단체교섭의 준비단계에서 시작하여 최종단계까지 살펴보았다. 이어서 실제로 우리나라의 경우 단체교섭이 시작되어 타결되기까지 여러 차례의 교섭을 전개하게 되는데, 노사간의 교섭횟수와 교섭기간이 어느 정도인가를 살펴보기로 하자.

먼저 2015년의 임금교섭 타결을 위한 노사의 협상횟수를 보면 〈표 4-10〉에서와 같이 평균 5.9회로 전년의 6.5회에 비해 협상횟수가 소폭 감소한 것으로 나타났다. 그러나 2014년 이전 보다는 다소 높은 수준으로 나타났는데, 이는 지난해 이후 통상임금 범위 확대, 60세 정년 의무화 등을 둘러싼 노사 간의 대립이 지속되고 있기 때문으로 분석됐다.

협상횟수는 기업규모가 클수록 증가했는데, 100~299인 기업은 협상횟수가 3.5회로 가장 적은 반면에 1,000인 이상 기업은 협상횟수가 14.2회로 가장 많았다. 산업별로는 운수·창고 및 통신업이 7.8회로 가장 많았고, 도매 및 소매업이

표 4-10 규모별 · 산업별 임금 협상횟수 (단위: 회)

구 분	1규모 (100~299인)	2규모 (300~499인)	3규모 (500~999인)	4규모 (1,000인 이상)	전 체
제조업	3.6 (3.5)	6.9 (6.5)	9.5 (14.3)	14.2 (19.6)	5.3 (6.6)
건설업	4.2 (4.4)	8.4 (6.8)	13.0 (8.5)	16.3 (9.6)	7.5 (6.9)
도매 및 소매업	2.2 (4.8)	4.3 (7.0)	12.0 (9.8)	13.0 (13.0)	4.4 (6.0)
운수·창고 및 통신업	5.2 (5.3)	8.3 (6.8)	11.0 (8.3)	13.3 (12.0)	7.8 (6.9)
금융 및 보험업	3.5 (4.8)	6.5 (6.8)	13.0 (9.7)	15.0 (11.5)	6.8 (7.2)
전 체	3.5 (4.2)	7.0 (6.6)	10.7 (9.0)	14.2 (14.9)	5.9 (6.5)

주: ( )안은 2014년 조사결과
자료: 한국경영자총협회(2015.10), 「2015년 임금조정 실태조사 결과」, 9.

4.4회로 가장 적은 것으로 나타났다.

한국경영자총협회는 이에 대해 "기업 규모가 클수록 임금 및 단체교섭에서 노조의 요구사항이 다양하고 노사간 협의 사항이 많아 협상횟수가 늘어났고, 특히 2016년부터 정년 60세가 의무화되는 300인 이상 기업에서 협상기간이 전년에 비해 확대돼 임금교섭에 진통을 겪고 있다"고 밝혔다(한국경영자총협회, 2015).

아울러 임금교섭이 타결되기까지의 소요기간을 보면 〈표 4-11〉에서 알 수 있듯이 평균 2.4개월로 전년의 2.6개월에 비해 기간이 소폭 감소했다. 협상기간은 기업규모가 클수록 증가했는데, 100~299인 기업은 협상기간이 1.4개월로 가장 짧게 나타난 반면, 1,000인 이상 기업은 협상기간은 5.6개월로 가장 길게 조사됐다. 산업별로는 도소매업이 2.1개월로 가장 짧았고, 운수·창고 및 통신업이 3.9개월로 가장 길게 나타났다. 특히, 2016년부터 정년 60세가 의무화되는 300인 이상 기업에서는 협상기간이 전년에 비해 확대되어 합의에 진통을 겪은 것으로 풀이된다(한국경영자총협회, 2015).

끝으로 2010년 이후 임금교섭의 협상기간을 살펴보면 〈표 4-12〉에서와 같이

표 4-11 규모별 · 산업별 임금협상 기간 (단위: 개월)

구 분	1규모 (100~299인)	2규모 (300~499인)	3규모 (500~999인)	4규모 (1,000인 이상)	전 체
제조업	1.0 (1.8)	2.2 (2.6)	3.5 (3.8)	3.8 (4.6)	1.6 (2.4)
건설업	1.9 (2.4)	6.2 (2.8)	7.5 (3.5)	5.7 (5.2)	3.7 (3.2)
도매 및 소매업	1.5 (2.4)	1.0 (3.5)	7.0 (3.8)	6.3 (4.3)	2.1 (2.7)
운수·창고 및 통신업	2.5 (1.8)	5.0 (2.5)	5.3 (3.0)	6.3 (3.8)	3.9 (2.2)
금융 및 보험업	1.6 (2.5)	5.4 (2.8)	9.0 (4.0)	6.3 (4.2)	3.7 (2.9)
전 체	1.4 (2.1)	3.5 (2.7)	4.7 (3.6)	5.6 (4.6)	2.4 (2.6)

주: ( )안은 2014년 조사결과
자료: 한국경영자총협회(2015.10), 「2015년 임금조정 실태조사 결과」, 9.

표 4-12 최근 5년간 임금협상 교섭기간 조사 결과

연 도	2011년	2012년	2013년	2014년	2015년
교섭기간	1.8개월	2.2개월	1.9개월	2.6개월	2.4개월

자료: 한국경영자총협회(2015.10), 「2015년 임금조정 실태조사 결과」, 9.

1.8개월(2011년)에서 2.6개월(2014년)에 이르는 것으로 나타났다. 이는 포괄단체교섭의 경우 협상시작 후 협약이 체결되기까지 평균 52.6일(임금교섭의 경우 32.2일)이 소요된 것으로 나타났던 25년 전의 한국생산성본부(1989)의 연구결과와 비교해볼 때 다소 늘어난 편이다. 이전이든 최근의 조사이든 관계없이 우리나라의 경우 교섭소요기간이 다소 길다는 점은 부인하기 어렵다.

교섭소요기간은 노사 양 당사자의 교섭전략, 교섭내용의 다소 등에 따라 결정되어야 할 사항이지만, 교섭기간의 지나친 장기화는 노사 모두에게 좋지 않은 영향을 미칠 수 있음을 부인하기 어렵다.

먼저 사용자측에서는 대표이사를 비롯한 적지 않은 임원들이 교섭에만 매달려 신시장개척, 신수종개발, 중장기 경영계획 마련 등과 같은 중요한 경영사항을 상대적으로 소홀히 하는 결과를 초래할 수 있어 궁극적으로 기업경영에 부정적인 영향을 미칠 수 있다. 특히 전문경영인의 경우 오너(owner)가 노동조합과 노동쟁의에 대해 아주 부정적인 견해를 갖고 있을 경우 전문경영인은 다른 경영상의 중요한 업무보다 쟁의행위의 예방에 많은 관심을 기울일 가능성이 많기 때문에 기업경영을 등한시할 가능성이 있을 수 있다.

노동조합측 또한 교섭이 장기화될 경우 교섭결과에 대한 조합원들의 기대심리가 높아져 보다 나은 교섭결과를 얻어야겠다는 부담을 안게 될 뿐 아니라 일상적인 노조 활동을 등한시하게 되는 등 집행부로서는 이중의 부담을 안게 된다. 또한 조합원들은 교섭이 진행될 경우 교섭과정과 교섭결과에 많은 관심을 두기 때문에 본연의 직무수행을 교섭이 없는 시기에 비해 상대적으로 소홀히 하여 산업재해가 더 많이 발생하는 등 부정적인 결과를 초래할 수 있다(김정한, 1997).

이와 같이 교섭기간의 장기화는 노사 모두에게 좋지 못한 결과를 낳아 기업경쟁력을 저하시키고 대외이미지를 실추시킬 가능성이 높은 만큼 적정교섭기간을 정확하게 규정할 수는 없으나 교섭에 소요되는 기간을 최대한으로 단축시키려는 자세와 이를 위한 노력이 보다 바람직한 것으로 보인다.

제 6 절 단체협약

1. 단체협약의 의의

노동조합은 사용자와 임금 등 근로조건에 관한 단체교섭을 수행하며 단체교섭의 결과 합의된 사항에 관하여 협약을 체결하게 된다. 물론 단체교섭이 실패하는 경우에는 근로자들은 단체행동권을 행사하여 쟁의행위를 단행함으로써 사용자에게 협약을 체결할 것을 강요하게 된다. 이렇게 평화적인 단체교섭이나 쟁의행위의 결과 사용자와 합의된 사항을 협약이라는 형태로 서면화한 것이 단체협약(collective agreement)이다(이상윤, 2015, 721).

이와 같이 단체협약이란 노동조합과 사용자간의 단체교섭에 의한 합의로서 성립하는 것이며, 근로조건 기타 근로자의 대우에 관한 기준을 정하고 협약당사자 상호간에 채권·채무의 설정을 목적으로 한다(임종률, 2002, 123). 즉, 단체협약은 근로자의 단결체(노동조합)와 사용자 또는 사용자단체 사이에 단체교섭을 통하여 합의·결정된 임금, 근로시간 등의 근로조건 및 기타 노사관계에 관한 제반사항에 대한 합의이며 이를 서면으로 작성한 문서라고 할 수 있다.

근로자의 근로조건이나 처우 등을 규율하는 자치규범에는 개별근로자와 사용자간에 체결되는 근로계약이나 사용자가 임의로 작성하는 취업규칙(회사의 제반 규정들의 총체)도 있지만 단체협약이 체결되면 이 모두는 단체협약의 영향을 받게 된다. 단체협약은 단체교섭권 행사의 산물이고 단결권과 단체행동권은 단체교섭권 행사의 실효성 제고를 위한 수단으로서의 기능을 가진다고 볼 때 노동3권 행사의 결정체라고 할 수 있다. 따라서 단체협약은 노사가 자치적으로 정한 각종 사적 규범 중 최상위에서 노사관계를 규율한다는 점에서 노사관계의 헌법(industrial constitution)이라고 할 만큼 산업현장에서 그 중요성이 지대하다(김정한·문무기·윤문희, 2003). 특히, 단체협약은 노사관계 최상위 규범이며, 정부에 의한 각종 규범, 노사협의를 통한 노사협약, 개별적 근로계약 및 취업규칙 등의 제반 노사관계 규범과 상호 강하게 연관된다는 측면에서 그 중요성이 크다.

근대노동법의 중심을 점하는 노동기본권 중에서도 집단적 노사관계가 중시되고 있는 까닭은 노동조합의 활동으로서 단체교섭 또는 단체행동을 통하여 단체교섭이라는 법률행위를 기대하는 데 있다. 아무리 국가의 법이 노사관계의 모든 내용을 규제하고 있다고 하여도 노동자의 경제적 지위향상을 지향하기 위해선 노사간의 자치적 법률에 의한 단체적 노동협약의 체결의 중요성을 부인할 수가 없다. 노사관계의 실질적 대등을 실현함에는 결국 노동자의 단체교섭권의 보장을 통한 단체협약의 성립에 의존할 수밖에 없다(김형배, 2016, 548).

원래 선진국가의 노동조합운동사를 살펴보면 그 초기의 노사합의는 극히 불안정한 임시적 타협에 불과하였다. 노동조합은 경제적 생존을 유지하고자 임금을 비롯한 근로제조건의 향상을 목적으로 평화적으로 교섭을 기도하였으나 여의치 않아 그 목적이 달성되지 않음으로 동맹파업 등 실력행사에 의하여 사용자를 압박함으로써 일시적인 근로조건의 향상을 획득하였다. 그러나 일시적인 근로조건향상의 성공은 언제라도 사용자가 일방적으로 다시금 인하할 수 있는 불안정한 타협으로서 안심을 불허하는 상태하에 있었다. 여기서 노동조합은 일단 획득한 근로조건의 향상에 대하여 일정한 객관적 표준으로서 사용자와 협정함으로써 일정한 기간중 안정의 확보를 필요로 하게 되었다.

반면 사용자의 입장에서 생각하더라도 종업원의 노동조건 및 기타의 제경영표준이 일정한 협정으로서 안정성이 확보되어 있지 않다고 할 것 같으면 계획적이고도 안정적인 기업경영에 지장이 됨은 물론 노동조합의 쟁의행위의 계속적 발생가능성은 지속가능한 기업경영을 불가능하게 한다. 뿐만 아니라 노사분쟁은 양 당사자의 물적·정신적 소모를 강요함은 물론 사회의 일반적 공익에도 유해하게 되기 때문에 노사의 근로조건에 대한 일정한 기준을 협정하여 일정한 기간에 있어서는 상호위반할 수 없는 확정적 단체협약이 등장하게 된다. 이 단체협약은 노동자와 사용자간의 집단적 노동조건의 기준과 노사협약의 내용을 지도하는 데 그 의의가 있으며 재래 시민법상의 계약적 관계인 채권채무의 성질 이외의 법규범적 성질까지 인정되고 있다.

2. 단체협약의 기능

(1) 근로조건의 개선

단체협약은 노동자에게 유리한 근로조건을 확보시켜주는 기능을 한다. 즉 단체협약은 근로자 한 사람 한 사람이 개별적으로 사용자와 교섭 내지 협상해서는 얻을 수 없는 보다 나은 근로조건을 단체협약의 유효기간 중 확보하게 된다는 것이다(변상우 외, 2015, 197). 계약자유의 원칙이 노사관계에 그대로 적용되면 노동조건의 결정을 사용자의 일방적 의사에 맡기게 될 가능성이 크기 때문에 현실의 노동조건의 결정에 있어서 유리한 근로조건의 확보를 위한 수단으로서 단체협약 제도가 생성된 것이므로 이것은 노동자에게 유리한 근로조건을 확보시켜 주는 기능을 하는 것이다(이준범, 2000).

(2) 기업의 민주화

단체협약은 노사의 공동의사에 의한 새로운 기업질서로서 기존의 1대 1의 관계 하에서 이루어진 근로계약이나 취업규칙에 우선하는 것이다(단체협약의 우위성). 따라서 기업에 있어서의 소유권의 전제를 막을 뿐만 아니라 임금을 비롯한 근로제조건의 유지 내지 향상에 이어 다양한 경영참가를 가능하게 하여 기업을 민주화시키는 기능을 한다.

(3) 노조의 조직력 강화

단체협약은 노동조합과 사용자 사이에 임금, 근로시간 및 근로제조건과 관련하여 단체교섭과정을 거쳐서 비로소 체결되는 것으로 근로자가 개인적으로 근로계약을 체결하는 것보다 일반적으로 근로제조건이 보다 유리하게 결정된다. 이와 같이 단체협약에 의한 근로제조건의 유지 내지 개선은 노동조합의 조직력을 강화시키는 기능을 하게 된다.

(4) 산업평화의 유지

단체협약은 산업평화를 유지시키는 기능을 한다. 왜냐하면 단체협약의 유효기간 중에는 노사 쌍방이 이를 존중하고 준수할 의무를 져야 하기 때문이다. 구체적으로 사용자는 약속한 근로조건에 따라 종업원을 사용하여야 하며 그렇지 않을 경우 노동조합에 대해 약속위반의 책임을 져야 한다. 단체협약의 내용을 성실히 준수해야 할 의무는 비단 사용자에게만 있는 것은 아니다. 그러한 의무는 노동조합이나 근로자에게도 있다(변상우 외, 2015, 197). 따라서 단체협약 유효기간 중에는 일체의 쟁의행위를 할 수 없어 산업의 평화를 유지할 수 있다.

(5) 기업경영의 안정화

단체협약은 그 유효기간 중에는 임금, 근로시간 및 근로제조건이 일정 수준으로 유지·고정되므로 기업의 입장에서 볼 때는 비용의 예측이 가능하므로 기업경영의 안정화를 도모할 수 있다. 또한 단체협약이 산업별로 행하여지는 경우에는 당해 산업에 속해 있는 기업간의 근로조건의 평준화를 통하여 불필요한 경쟁을 방지할 수 있다(이상윤, 1997). 이와 같이 단체협약은 노사관계에 일정한 질서를 제공하고 기업경영의 안정화를 도모하는 기능을 하게 된다.

3. 단체협약의 작성

단체협약은 서면으로 작성하여 당사자 쌍방이 서명 또는 날인하여야 한다(노조 및 조정법 제31조 제1항). 따라서 서면에 의하지 않은 단체협약은 아무런 효력이 없다. 이 때 명칭은 반드시 단체협약이라고 할 필요는 없고 (임금)협정, 협약, 단체교섭의사확인서, 심지어 각서(이상윤, 2015, 730) 등 어떻게 해도 무방하다.

이러한 요식행위를 둔 취지는 노사 사이의 제반관계를 규율한 단체협약은 규범계약으로서의 성질을 가지므로 그 내용을 둘러싸고 후일에 분쟁이 생기는 것을 방지하기 위한 것이다. 그러므로 협약당사자는 그들의 최종적 합의의 내용을 명확히 서면화하고, 특히 규범적 부분에 관한 합의에 있어서는 그 객관적 해석근거가 되도록 해야 한다(정종진 · 이덕로, 2007, 176).

그런데 이와 같은 요식행위를 갖추지 않은 단체협약의 효력에 관해서는 견해가 갈라져 있다. 첫째의 견해는 단체협약상의 요식을 법이 정한 것은 정책적인 배려에서 나온 것이기 때문에 이러한 요식을 따르지 않은 단체협약이라 하더라도 그 본래적인 효력인 규범적 효력은 인정해야 하고(이병태, 2008, 304) 다만 정책적 제도인 단체협약의 효력확장은 이를 부인해야 한다는 것이다. 둘째의 견해는 노동조합 및 노동관계조정법 제31조가 정한 요식행위가 단체협약의 효력발생 요건이라고 함으로써 이 요식에 따르지 않은 단체협약은 아무런 효력이 없다고 한다. 단체협약의 효력이 노동조합 및 노동관계조정법에 의하여 발생되는 것은 아니라 하더라도 단체협약의 보호적 내지 규범적 기능과 안정적 기능을 고려할 때 후설이 타당한 것으로 보고 있다(김유성, 2000).

단체협약이 체결되면 단체협약의 당사자는 단체협약의 체결일로부터 15일 이내에 이를 행정관청에게 신고하여야 한다(노조 및 조정법 제31조 제2항). 행정관청은 단체협약 중 위법한 내용이 있는 경우에는 노동위원회의 의결을 얻어 그 시정을 명할 수 있다(노조 및 조정법 제31조 제3항). 그러나 이에 대해 전문가들은 단체협약이 노사의 자치에 의하여 이루어지는 것이므로 협약의 내용 중에 위법·부당한 것이 있을 때에는 협약당사자들이 이를 스스로 시정하거나 무효·취소를 주장할 수 있는 것인데 구태여 노동부장관에 대하여 변경·취소권을 준다는 것은 별 의미가 없는 것으로 생각하고 있다(김형배, 2014, 555-556) 아울러 강행법규에 위반하지 않는 한 과태료 부과(동법 제96조 제2항)에도 불구하고 단체협약의 효력은 유지되는 것이기 때문에 행정관청에 대한 신고가 반드시 단체협약의 효력요건은 아니라고 보고 있다(김형배, 2006).

4. 단체협약의 유효기간

단체협약은 유효기간, 즉 존속기간의 만료에 의하여 소멸된다. 단체협약이 유효하게 효력을 유지하는 기간은 국가나 기업의 제사정에 따라서 다를 수 있다. 우리나라의 경우 단체협약 유효기간의 골격을 노동조합 및 노동관계조정법 제32조에서 규정하고 있다.

첫째, 동법 제32조 제1항은 "단체협약에는 2년을 초과하는 유효기간을 정할 수 없다."라고 규정하고 있다. 이와 같이 단체협약의 유효기간은 2년을 초과할 수 없다고 함으로써 유효기간의 최장기간만을 규정하고 있다. 따라서 2년을 초과하지 않은 기간에 대해서는 협약당사자의 자유에 맡기고 있다.

둘째, 동법 제32조 제2항은 "단체협약에 그 유효기간을 정하지 아니한 경우 또는 제1항의 기간을 초과하는 유효기간을 정한 경우에 그 유효기간은 2년으로 한다."라고 규정함으로써 그 유효기간을 정하지 않거나 초과할 경우에도 역시 그 유효기간을 2년으로 보고 있다.

셋째, 동법 제32조 제3항은 "단체협약의 유효기간이 만료되는 때를 전후하여 당사자 쌍방이 새로운 단체협약을 체결하고자 단체교섭을 계속하였음에도 불구하고 새로운 단체협약이 체결되지 아니한 경우에는 별도의 약정이 있는 경우를 제외하고는 종전의 단체협약은 그 효력만료일로부터 3월까지 계속 효력을 갖는다."라고 규정함으로써 종전의 단체협약은 그 만료일로부터 3월까지 계속 효력을 가지게 되므로 유효기간은 최고 2년 3개월이 되는 셈이다.

이처럼 우리나라의 노동조합 및 노동관계조정법이 단체협약의 유효기간을 제한하는 규정을 둔 것은 변화하는 산업사회의 사회적·경제적 여건의 적응, 당사자의 부당한 구속 방지, 적절한 근로조건의 유지 및 노사관계의 안정에 그 목적이 있다(김정한·문무기·윤문희, 2003, 24).

그러면 이러한 규정하에서 실제로 우리나라 단체협약의 유효기간을 살펴보기로 하자. 단체협약의 유효기간은 〈표 4-13〉에서처럼 97.84%의 협약에 반영되어 있을 정도로 대부분의 협약에서 규정하고 있으며, 협약의 유효기간은 1년, 1.5년 및 2년으로 유형화할 수 있다. 단체협약 유효기간을 1년으로 정한 비율은 19.42%, 1.5년 2.88%, 그리고 2년 75.18%로 나타나, 2년 유효기간의 단체협약이 가장 많은 것을 알 수 있다. 한 가지 재미있는 사실은 2년의 유효기간을 정한 비중이 1996년 52.0%, 2001년 61.0%, 2003년 65.7%, 2005년 75.0%, 그리고 2014년 75.2%로 분명히 증가추세에 있음을 알 수 있다.[13]

이는 노동조합 및 노동관계조정법 제32조 제1항에서 유효기간의 한도를 2년으로 정하고 있는 것의 영향이 크다고 할 수 있다. 섬유·유통의 경우 1년 유효기간의 협약 비율이 38.71%로 여타 산업·업종에 비해서 매우 높다는 것이 특이점으로 꼽힐 수 있다. 조합원 규모의 차이에 따른 협약 유효기간의 차이는 두드러지지 않았다(김기우·송태수·김성규, 2014, 221).

1997년 노동법 개정 이전에 우리나라 단체협약의 유효기간은 1년(단, 임금 이외에는 2년)이었다. 그러다가 1997년 개정 노동법에서 일률적으로 2년으로 늘어

13 1996년 자료는 한국노총 중앙연구원(1996), 2001년 자료는 김정한·문무기·전재식(2002), 2003 자료는 김정한·문무기·윤문희(2003), 2005년 자료는 김기우(2005), 그리고 2014년 자료는 김기우·송태수·김성규(2014)를 참고하였음.

표 4-13 단체협약의 유효기간

업종별			협약 유효기간				
			규정 없음	규정 있음	1년	1.5년	2년
전체	협약수	287	6	272	54	8	209
	비율	100	2.16	97.84	19.42	2.88	75.18
식품	협약수	17	0	17	3	0	14
	비율	6.12	0	100	17.65	0	82.35
화학	협약수	111	1	110	17	3	91
	비율	39.93	0.90	99.10	15.32	2.70	81.98
섬유·유통	협약수	31	3	28	12	1	15
	비율	11.15	9.68	90.32	38.71	3.23	48.39
금속	협약수	119	2	117	22	4	91
	비율	42.81	1.68	98.32	18.49	3.36	76.47

규모별			협약 유효기간				
			규정 없음	규정 있음	1년	1.5년	2년
전체	협약수	278	6	272	54	8	209
	비율	100	2.16	97.84	19.42	2.88	75.18
~99	협약수	110	2	108	17	2	88
	비율	39.55	1.82	98.18	15.45	1.82	80
~299	협약수	116	4	112	23	6	83
	비율	41.73	3.45	96.55	19.83	5.17	71.55
~499	협약수	32	0	32	9	0	23
	비율	11.51	0	100	28.13	0	71.88
~999	협약수	14	0	14	3	0	11
	비율	5.04	0	100	21.43	0	78.57
1,000 이상	협약수	6	0	6	2	0	4
	비율	2.16	0	100	33.33	0	66.67

자료: 김기우·송태수·김성규(2014), 「2014 단체협약 분석; 한국노총 제조업 사업장을 중심으로」, 한국노총 중앙연구원, 221.

났다. 여기서 유효기간 2년은 선진 각국의 유효기간 장기화 추세에 비추어 볼 때 아직도 다소의 논란의 여지가 있다.

일본의 경우, 단체협약의 유효기간을 3년으로 하고 있으며 유효기간을 정하지 아니한 단체협약의 경우 90일간의 예고로써 협약을 해약할 수 있도록 하고 있다. 미국의 경우 단체협약의 유효기간을 법으로 정하고 있지는 않으나 경제의 안정과 더불어 단체협약의 유효기간을 점차 장기화하고 있다. 1960년에 3년의 유효기간을 가진 기업이 전체의 40%에 불과하던 것이 1980년에는 70%로 늘어났다. 독일의 경우에도 단체협약의 유효기간은 3～5년으로 장기적인데, 다만 임금협약은 위와는 별도로 통상 1년마다 행해지고 있다(Markovits, 1986). 이러한 국제적 추세를 어느 정도 반영하여 우리나라 단체협약의 유효기간이 2년으로 늘어나게 된 것으로 보인다.

단체협약의 유효기간이 장기화됨에 따라 선진 각국에서는 단체협약내에 생계비조정(COLA: Cost of Living Adjustment)조항이나 임금재교섭(wage reopener)조항을 삽입하기 시작했다. 생계비조정조항이란 물가변동에 대해 임금을 생계비지수를 토대로 제조정하기 위한 조항을 말한다. 미국에서 이 방식을 많이 사용하는데 최근의 생계비를 감안한 임금을 받는 근로자의 비율은 〈표 4-14〉와 같다. 가장 흔한 조정방식은 소비자 물가지수(CPI: Consumer Price Index)가 0.3%P 오를 때마다 시간당 1센트를 올려주는 방식이다(Jennings & Holley, 1997, 395).

오늘날 이 생계비조정조항은 비단 단체협약에서 뿐만 아니라 단체교섭영역 밖에서도 점차 흔해져 가고 있다. 예를 들면 미국의 경우 3,100만 명의 사회보장 수혜자와 20만의 군 및 공무원 퇴직자들에게도 현재 적용되고 있다. 따라서 5,000만 명 이상의 미국 시민들이 현재 어느 정도 자동적인 생계비조정을 받는 임금을 받고 있는 셈이다(Jennings & Holley, 2012).

임금재교섭조항이란 단체협약의 유효기간 중에도 임금을 다시 조정할 수 있도록 하는 조항을 말한다. 이러한 절차는 단체협약 중 일정한 간격으로 임금이슈와 관련된 단체협약을 재개하도록 허용하고 있다. 예를 들면 단체협약의 유효기간이 2년이라면 1년마다 다시 교섭을 할 수 있다.

생계비조정조항과 임금재교섭조항 사이의 두드러진 차이점은 전자가 임률(wage rate)의 자동적인 증가를 명시하고 있는 반면, 후자는 양 당사자의 합의에

표 4-14 단체협약에서 생계비조정이 이루어지는 근로자의 비율

연 도	생계비조정 비율	연 도	생계비조정 비율
1972	41%	1984	57%
1973	39%	1985	56%
1974	39%	1986	48%
1975	51%	1987	40%
1976	59%	1988	38%
1977	61%	1989	40%
1978	60%	1990	39%
1979	59%	1991	39%
1980	58%	1992	32%
1981	58%	1993	24%
1982	57%	1994	24%
1983	60%	1995	22%

자료: W.H. Holley, Jr., K.M. Jennings, & R. S. Wolters(2012), *The Labor Relations Process*, 10th ed., Mason, OH: South-Western Cengage Learning, 500.

의해 임률변경을 교섭할 수 있다는 점이다(Allen &Keaveny, 1988, 357). 임금재교섭조항은 생계비조정조항만큼 일반적인 것은 아닌 편이지만 그대로 일부 기업에서 활용되고 있다.

5. 단체협약의 효력

단체협약의 효력은 영향을 미치는 법률상의 효력에 따라 크게 규범적 효력, 채무적 효력 그리고 조직적 효력 등 세 가지 유형으로 나누어볼 수 있는데, 이들의 확대적 적용인 일반적 구속력과 지역적 구속력 등에 대해서도 아울러 살펴보기로 하겠다.

(1) 규범적 효력

단체협약의 각 조항 내지 내용 가운데 근로조건 및 기타 근로자의 대우 등에 관한 기준을 정하는 부분이 있는데, 이를 규범적 부분이라 한다. 예를 들면 임금, 임금지급방법, 누진퇴직금, 상여금, 복리후생, 근로시간, 유급휴가, 안전보건, 직장환경, 재해보상의 종류 및 그 산정, 교육훈련, 승급, 전직, 정년제 등이 이에 속한다(김형배, 2015, 939). 이 외에 근로조건과 직접적 관련이 있는 복무규율·징계·휴직·해고 등도 근로기준법 제30조 이하의 규정에 반하지 않는 한 규범적 부분에 속한다. 그러나 근로계약성립 전의 '채용'에 관한 협약규정은 규범적 효력을 가질 수 없다. 규범적 부분은 그 적용대상인 개별적 근로계약관계를 전제로 하기 때문이다.

이 규범적인 부분에 대해서 강행적, 직접적[14](보충적), 그리고 자동적으로 적용되는 효력을 규범적 효력이라 한다. 단체협약의 규범적 효력은 근로조건의 개선을 목적으로 하는 단체협약의 핵심적 기능을 시현하는 부분이기 때문에 이러한 규범적 부분이 전무한 협정은 단체협약이라고 할 수 없다.

이러한 맥락에서 우리나라 노동조합 및 노동관계조정법 제33조 제1항에서는 "단체협약에 정한 근로조건 기타 근로자의 대우에 관한 기준에 위반하는 취업규칙 또는 근로계약의 부분은 무효로 한다."라고 하고, 동조 제2항에서는 "근로계

14 직접적 효력이라 함은 단체협약이 개별적 근로관계에 대하여 직접 지배적인 효력을 미치는 것을 말한다(김형배, 2015, 941).

약에 규정되지 아니한 사항 또는 제1항의 규정에 의하여 무효로 된 부분은 단체협약에 정한 기준에 의한다."라고 규정하고 있다.

예를 들어 단체협약에서 1일의 근로시간을 8시간으로 정했을 경우, 그 협약의 적용을 받는 개개의 근로자와 그 협약을 체결한 사용자 사이에 별도의 계약으로써 근로시간은 9시간이라고 정한다 하더라도, 이 부분은 법률상 무효가 되는 것이다. 따라서 그 근로자는 8시간을 초과해서 근무할 의무를 지지 않는다. 또 고용될 때의 계약에서는 퇴직금에 대해 아무런 규정이 없었을 경우에도, 단체협약에서 1년 이상 근속한 뒤 퇴직하게 되면, 1년당 평균임금의 1개월에 해당하는 퇴직금을 지급한다고 정했을 경우, 그 근로자는 협약에 규정한 대로의 퇴직금 청구권을 사용자에 대해 갖게 되다.

협약의 근로조건 기준조항에 부여되는 이와 같은 규범적 효력은 근로계약의 내용이 근로기준법 중의 근로조건 기준규정에 위반했을 경우의 법률상의 효과와 같다. 근로기준법이 정하는 근로조건기준에 달하지 않는 근로조건을 정한 근로계약은 그 부분이 무효이고, 무효가 된 부분은 근로기준법의 근로조건규정은 협약에 이를 따로 규정하지 않더라도 당연히 강행법규로서의 효력을 갖기 때문이다.

그러나 근로계약이 단체협약내의 기준보다 유리한 근로조건을 규정하고 있을 때에는 단체협약은 강행적 효력을 갖지 않는다. 왜냐하면 단체협약은 근로자들을 보호하기 위하여 근로조건의 최저기준을 정한 것으로 이해되기 때문이다. 따라서 사용자가 자발적으로 단체협약의 기준보다 유리한 급부를 하거나 또는 근로계약에 의하여 단체협약의 기준 이상의 급부를 약속하는 것은 얼마든지 유효하다. 그러므로 단체협약과 다른 규정은 그것이 근로자에게 유리하게 규정되어 있을 때에는 이를 우선하여 적용하게 하는 원칙을 말한다.[15]

(2) 채무적 효력

단체협약의 여러 조항 내지 내용 가운데 협약당사자간의 권리·의무에 관한 사항을 정하는 부분이 있는데, 이와 같은 협약당사자의 권리·의무에 관한 단체협약의 내용을 채무적 부분이라 한다. 이 채무적 부분에 대해서 적용되는 효력을

---

15 이를 '유리한 조건 우선의 원칙' 또는 '유리성원칙'이라고 한다(이상윤, 2015, 737). 이에 대한 보다 자세한 내용을 김형배(2015, 943-950)를 참조.

채무적 효력이라 한다. 채무적 부분은 협약당사자인 노동조합과 사용자 또는 사용자단체에 대하여서만 권리·의무가 발생하는 조항이며, 단체의 구성원인 개개의 조합원과 사용자 또는 사용자단체에 대하여 권리·의무가 발생하는 조항은 아니다. 또한 채무적 부분은 단체협약에만 고유한 것은 아니기 때문에 채무적 부분만으로 이루어지는 단체협약, 다시 말하면 규범적 부분이 없는 단체협약은 본래적인 의무의 단체협약이라고는 할 수 없다.

단체협약의 채무적 효력은 노동조합의 단체협약준수의무와 사용자의 단체협약준수의무로 크게 나누어 볼 수 있는바, 전자는 단체협약의 내용 중 채무적 부분에서, 후자는 규범적 부분에서 그 특징을 보이고 있다(이상윤, 2015, 742)[16]. 다만 구체적으로 어떤 조항들이 채무적 부분에 속하느냐 하는 것은 명백하지가 않은데, 그 이유는 현행 우리나라의 노동법은 이에 대하여 아무런 규정을 두고 있지 않기 때문이다. 일반적으로 채무적 부분으로는 ① 평화의무조항, ② 단체교섭위임금지조항, ③ 유일교섭단체조항, ④ 조합활동에 관한 편의제공 조항, ⑤ 숍(shop)조항, ⑥ 단체교섭의 절차와 인원 등에 관한 조항, ⑦ 시설 이용에 관한 조항, ⑧ 쟁의행위에 관한 조항 [17]등을 들 수 있다(이준범, 2000, 369).

이와 같은 협약조항에 법률상 어떠한 효력이 인정되느냐에 대해서는 현행법상 특별한 규정이 없다. 그러나 학설은 일반적으로 협약이 노동조합과 사용자 또는 사용자단체 사이의 합의에 의해서 성립되는 광의의 계약의 일종임을 근거로, 협약 당사자간에 계약법상의 권리·의무관계, 즉 합의된 사항에 따르는 채권·채무관계가 생기는 것으로 보고 있다. 그 때문에 협약의 이 같은 조항에 위반한 당사자의 일방에 대해 다른 일방의 당사자는 법원에 제소해서 채무불이행의 책임을 추궁할 수 있는 것으로 생각된다.

예로써, 단체협약에서 “노동조합으로부터 탈퇴하거나 혹은 제명된 자는 해고된다”라고 규정한 경우에, 사용자는 조합에서 탈퇴하거나 혹은 제명된 자를 해고해야 할 협약상의 채무를 조합에 대해 지며, 만약에 사용자가 이러한 자를 해고하지 않을 때, 조합은 사용자에 대해 채무불이행의 책임을 추궁할 수 있다는 것이다.

16 이러한 취지에서 노동조합의 단체협약준수의무를 ‘평화의무’, 사용자의 단체협약준수의무를 ‘실행의무’로 분류하는 학자들(김치선, 1990, 359-360; 김유성, 2001, 170)도 있다.

17 한 예로 쟁의조항은 노사의 쌍방 또는 일방이 쟁의행위를 함에 있어서 취해야 할 절차 또는 쟁의 중에 지켜야 할 사항을 협의한 조항을 말한다.

(3) 조직적 효력

단체협약의 여러 조항 중 경영에 있어서의 제도, 기관의 조직과 운영 등에 관한 조항과 같이 집단적 노사관계에 적용되면서도 개별적인 근로관계와도 관련이 되는 부분이 있는데, 이를 조직적 부분이라 한다.[18] 이 조직적 부분에 적용되는 효력을 조직적 효력이라고 한다. 종래 이는 조합원인 종업원의 해고에 관한 협의·동의조항, 노사협의회와 고충처리기관 등의 조직과 운영에 관한 조항 내지 협정 등을 말해 왔는데, 오늘날 노사간 협력적 관계가 부각되고 보다 긴밀해지면서 이 조직적 부분의 중요성은 더욱 강조되고 있다.

원래 인사에 속하는 근로자의 채용, 배치전환, 해고 등은 사용자의 전권적 사항이지만 근로기준법 제30조 제1항에 의하면 사용자는 근로자에 대하여 정당한 이유없이 해고, 휴직, 정직, 전직, 감봉, 기타 징벌을 하지 못한다. 따라서 단체협약 내에 해고협의 또는 동의 조항을 노동조합과 사용자가 약정한다는 것은 근로기준법의 규정을 전제로 해서 이루어지는 것이다. 따라서 정당한 이유, 동의 및 협의에 대해서는 다음과 같이 해석하는 것이 타당하다.

첫째, 근로기준법상 정당한 이유가 없는 해고는 설혹 해고협의기구를 거쳤거나 또는 노동조합의 동의를 얻었다고 하더라도 무효이다. 왜냐하면 노동조합과 사용자는 근로기준법의 강행규정의 효력을 부인하는 협정을 체결할 수 없기 때문이다(김형배, 2014, 440).

둘째, '동의'는 인사에 관하여 조합이 동의를 전제로 하여 노사의 합의에 의하여 인사권을 행사할 것을 사용자가 승인한 것이라고 볼 수 있다. 그러나 동의조항이 있는 경우에도 기업의 유지·존속과 경영질서의 확립을 위하여 부득이한 사정이 있는 데도 불구하고 조합측이 정당한 사유없이 동의를 거부하는 경우에는 동의권의 남용으로 보아 동의를 얻지 않고 해고한 경우에도 동의조항에 위반한 것이라고 보지 않는다.

셋째, '협의'는 노사가 타결점을 발견하기 위하여 성실하게 심의하는 것을 의미하며, 합의점에 도달할 필요는 없다. 그러나 일방적인 설명이나 형식적으로 양해를 얻는 정도로는 협의라고 볼 수 없다(박상필, 1995, 224−225).

---

18 학자에 따라서는 조직적 효력을 제도적 효력이라고도 한다(이상윤, 2015, 750−753).

넷째, '협의결정'은 노사 쌍방이 협의를 거듭하여 의견의 일치에 노력한다는 뜻이며, 동의와 협의의 중간형태라 할 수 있다.

우리나라에 있어서는 근로자 참여 및 협력증진에 관한 법률에 의하여 근로자의 복지증진, 교육훈련, 노사분규예방, 고충처리 등에 관한 사항뿐만 아니라 이와 관련하여 징계·해고 등 인사에 관한 협의기관의 구성 및 운영 등은 노사협의의 대상(근참법 제20조)이 될 수 있으므로 단체협약에 있어서 조직적 부분의 의의는 상대적으로 약화되었다고 볼 수 있다(김형배, 2015, 957).[19]

김기우·송태수·김성규 연구팀이 한국노총 제조업 사업장을 중심으로 조사한 단체협약 분석결과를 보면 〈표 4-15〉와 같이 협약서에서 인사위원회도 징계위원회와 마찬가지로 조합원의 징계 관련사항에 어떻게 관여하느냐에 관해 규정하고 있었다. 인사위원회를 두도록 한 경우는 20.14%였고, 징계위원회를 구성하도

표 4-15 인사위원회 또는 징계위원회의 구성

업종별			인사위원회 구성		징계위원회 구성		규모별			인사위원회 구성		징계위원회 구성	
			규정 없음	규정 있음	규정 없음	규정 있음				규정 없음	규정 있음	규정 없음	규정 있음
전체	협약수	278	222	56	125	153	전체	협약수	278	222	56	125	153
	비율	100	79.86	20.14	44.96	55.04		비율	100	79.86	20.14	44.96	55.04
식품	협약수	17	12	5	11	6	~	협약수	110	89	21	46	64
	비율	6.12	70.59	29.41	64.71	35.29	99	비율	39.57	80.91	19.09	41.82	58.18
화학	협약수	111	95	16	54	57	~	협약수	116	91	25	54	62
	비율	39.93	85.59	14.41	48.65	51.35	299	비율	41.73	78.45	21.55	46.55	53.45
섬유·	협약수	31	27	4	22	9	~	협약수	32	27	5	15	17
유통	비율	11.15	87.10	12.90	70.97	29.03	499	비율	11.51	84.37	15.63	46.87	53.13
금속	협약수	119	88	31	38	81	~	협약수	14	10	4	9	5
	비율	42.81	73.95	26.05	31.93	68.07	999	비율	5.04	71.43	28.57	64.29	35.71
							1,000	협약수	6	5	1	1	5
							~	비율	2.16	83.33	16.67	16.67	83.33

자료: 김기우·송태수·김성규(2014), 「2014 단체협약 분석 ; 한국노총 제조업 사업장을 중심으로」, 한국노총 중앙연구원, 94.

19 징계 · 해고 · 인사에 관한 사항은 근로조건에 직접적 관련이 있는 한 규범적 부분이 될 수 있음은 물론이다(김형배, 2016, 948-952).

록 한 경우는 55.04%였다. 양자를 다 규정한 경우도 있었으나, 협약서에는 양자 중 하나만 명시한 경우가 훨씬 많았다. 노련별로 인사위원회 구성은 식품과 금속이, 징계위원회 구성은 화학과 금속이 높은 비율을 보였다. 규모별로 인사위원회 구성은 500인 이상 999인 이하 사업장에서 높았고, 오히려 징계위원회 구성은 500인 이상 999인 이하 사업장에서 낮았다. 다른 규모에서는 대체적으로 50% 중반대의 징계위원회 구성 비율을 보였는데, 1,000인 이상 사업장에서는 83.33%라는 높은 구성 비율을 보였다(김기우·송태수·김성규, 2014, 94).

참고로 한국노총이 산하 600개 노동조합을 대상으로 IMF외환위기 이전인 1996년에 단체협약을 분석한 결과에 따르면 징계위원회에 노동조합의 참여 여부를 규정하고 있는 단체협약이 44.2%로 가장 많았고, 둘다 참여하는 경우는 26.4%, 그리고 인사위원회만 참여하는 경우는 1.7%에 불과했다(한국노총 중앙연구원, 1996). 또한 안정화(2001)가 2001년에 한국노총 28개 연맹 중 23개 연맹에 소속된 411개 노동조합의 단체협약을 중심으로 분석한 결과에서는 인사위원회에 노동조합의 참여 여부를 규정하고 있는 단체협약은 전체의 9.6%, 징계위원회에 노동조합의 참여 여부를 규정하고 있는 단체협약은 전체의 48.0%였다. 따라서 지난 20년에 걸쳐 큰틀에서는 차이가 없으나 인사위원회에 노조의 참여를 규정한 경우가 특정 산업(식품)이나 특정 규모의 사업장에서 많은 변화가 있었음을 알 수 있다.

이어서 인사위원회나 징계위원회에서의 노조의 참여형식을 보면 위원회에 따라 상반된 참여방식을 보이고 있다. 안정화(2001)가 28개 연맹 중 23개 연맹에 소속된 411개 노동조합를 대상으로 단체협약을 분석한 결과는 〈표 4-16〉, 〈표 4-17〉과 같다. 여기서 알 수 있듯이 인사위원회의 경우 노조대표 참여가 35.9%로 가장 많았고, 다음으로 노사동수참여(33.3%), 노조와의 협의(12.8%) 순으로 나타났다. 그러나 징계위원회의 경우 미세한 차이이기는 하지만 노사동수참여(44.4%)로 가장 많았고, 다음으로 노조대표 참여(42.3%), 노조와의 협의(5.6%) 순으로 나타났다(안정화, 2001, 30-31).

(4) 사업장 단위의 일반적 구속력

앞서 설명한 단체협약의 규범적 효력을 원용해서 협약이 규정한 근로조건을

표 4-16 인사위원회 노조참여 (단위: %)

		규정 있음	노사동수 참여	노조대표 참여	노조와 협의	참여하지 않음	별도 규정	규정 없음	전 체
산업별	제조업	9.6	37.9	34.5	10.3	3.4	13.8	90.4	100.0
	운수업	3.4	100.0	0.0	0.0	0.0	0.0	96.6	100.0
	금융 및 보험업	0.0	–	–	–	–	–	100.0	100.0
	부동산, 사업서비스업	8.3	33.3	33.3	0.0	33.3	0.0	91.7	100.0
	기타 산업	17.6	0.0	50.0	33.3	0.0	16.7	82.4	100.0
규모별	100인 미만	10.0	26.7	40.0	6.7	13.3	13.3	90.0	100.0
	100-299인	7.4	30.0	30.0	10.0	0.0	30.0	92.6	100.0
	300-499인	9.1	25.0	25.0	50.0	0.0	0.0	90.9	100.0
	500-999인	14.6	66.7	16.7	16.7	0.0	0.0	85.4	100.0
	1000인 이상	10.8	25.0	75.0	0.0	0.0	0.0	89.2	100.0
전 체		9.6	33.3	35.9	12.8	5.1	12.8	90.4	100.0

자료: 안정화(2001), 「경제위기 전후 단체협약 분석」, 한국노총 중앙연구원, 30.

표 4-17 징계위원회 노조참여 (단위: %)

		규정 있음	노사동수 참여	노조대표 참여	노조와 협의	참여하지 않음	별도 규정	규정 없음	전 체
산업별	제조업	47.9	40.7	47.6	4.8	4.1	2.8	52.1	100.0
	운수업	66.7	80.0	10.0	5.0	0.0	5.0	33.3	100.0
	금융 및 보험업	20.0	0.0	100.0	0.0	0.0	0.0	80.0	100.0
	부동산, 사업서비스업	36.1	76.9	7.7	7.7	0.0	7.7	63.9	100.0
	기타 산업	50.0	11.8	58.8	11.8	5.9	11.8	50.0	100.0
규모별	100인 미만	53.3	47.5	40.0	3.8	3.8	5.0	46.7	100.0
	100-299인	47.8	56.9	30.8	3.1	4.6	4.6	52.2	100.0
	300-499인	43.2	15.8	68.4	15.8	0.0	0.0	56.8	100.0
	500-999인	46.3	31.6	52.6	10.5	5.3	0.0	53.7	100.0
	1000인 이상	35.1	23.1	61.5	7.7	0.0	7.7	64.9	100.0
전 체		48.0	44.4	42.3	5.6	3.6	4.1	52.0	100.0

자료: 안정화(2001), 「경제위기 전후 단체협약 분석」, 한국노총 중앙연구원, 31.

자기의 근로계약의 내용 내지 근로계약상의 권리로서 주장할 수 있는 것은 협약의 성질상 그 협약을 체결한 노동조합의 조합원에 한한다. 따라서 원칙적으로 해당 조합의 조합원만이 협약의 상대방 당사자인 사용자에 대해서 규범적 효력을 주장할 수 있을 뿐 비조합원에게는 그 효력이 미치지 않는다. 그러나 우리나라 노동조합 및 노동관계조정법은 단체협약의 규범적 효력을 협약의 적용을 받는 노사 당사자 이외의 사람들에게도 확장·적용하는 제도를 두고 있다. 즉 동법 제35조는 "하나의 사업 또는 사업장에 상시 사용되는 동종의 근로자 반수 이상이 하나의 단체협약의 적용을 받게 된 때에는 당해 사업 또는 사업장에 사용되는 다른 동종의 근로자에 대하여도 당해 단체협약이 적용된다."고 규정하고 있는데, 이것을 '사업장 단위의 일반적 구속력' 혹은 '일반적 구속력' 이라고 한다.

이는 만약 절반 이하의 사람이 협약을 체결한 조합이 조합원이 아니라고 해서, 사용자가 이들을 협약이 정한 기준보다 낮은 근로조건으로 사용하는 일을 그대로 방임해 둔다면 협약의 기능이 현저하게 줄어들어 특히 사용자는 보다 나은 근로조건에서 일하는 협약조합의 조합원인 종업원을 기회 있을 때마다 해고시키고 보다 낮은 조건에서 일하는 근로자로 대체하려고 할 위험성이 있기 때문이다.

이 제도에 있어서 유의해야 할 점은 다음과 같다.

첫째, '하나의 사업 또는 사업장'이라고 정한 것은 우리나라의 단체협약이 사업장별로 체결되는 현실을 감안한 규정이라고 생각된다. 그러므로 단체협약의 효력이 확장되려면, 그 사업 또는 사업장의 근로자의 반수 이상이 단체협약의 적용을 받아야 한다. 따라서 하나의 기업이 수개의 사업 또는 사업장으로 되어 있는 경우에는 사업 또는 사업장별로 각기 계산해야 된다(김유성, 2001, 170; 이상윤, 2015, 757).

둘째, '상시 사용되는 근로자'라 함은 사실상 계속적으로 사용되는 근로자를 의미한다. 이 요건은 단체협약이 반수 이상의 근로자에게 적용되고 있느냐를 판단하는 기초가 되는 것으로서 상시 사용되고 있는 근로자들의 총수에 중점을 둔 것이므로 사회통념에 의하여 객관적으로 판단하여 상태적(常態的)으로 존재하는 수를 기준으로 해야 한다. 그러므로 여기서 '사용' 되는 근로자라 함은 당해 사업장에 계속 근무하는 근로자뿐 아니라 그때그때 필요에 의하여 상용되는 일용근로자를 포함하는 것으로 해석된다[20](김형배, 2015, 971).

셋째, 여기서 '동종의 근로자' 라고 규정한 부분을 실제로 어떻게 해석할 것이냐도 문제가 된다. 동종이라 함은 직종의 동질성을 의미하는 것이지만 우리나라의 노동조합의 형태가 대부분 사업장을 단위로 하는 기업별 노조의 형태를 취하고 있기 때문에 이를 동일한 직종에 종사하는 근로자로 한정하는 것은 동조의 근로자의 범위를 지나치게 축소함으로서 동 제도의 취지를 약화시킬 우려가 있다. 그러므로 어떤 업무가 사업 또는 사업장에서 이루어지는 정상적인 기업활동의 업무에 해당되는 경우에는 모두 동종의 근로자에 해당되는 것으로 넓게 해석하여야 한다(이상윤, 2015, 757-758). 즉 이같은 일반적 조항에 대해서는 직종에 따라서 각각 반수 이상의 비율을 계산할 필요는 없는 것이다(이덕로, 1996).

(5) 지역단위의 일반적 구속력

노동조합 및 노동관계조정법 제36조 제1항은 "하나의 지역에 있어서 종업하는 동종의 근로자 3분의 2 이상이 하나의 단체협약의 적용을 받게된 때에는 행정관청은 당해 단체협약의 당사자의 쌍방 또는 일방의 신청에 의하거나 그 직권으로 노동위원회의 의견을 얻어 당해 지역에서 종업하는 다른 동종의 근로자와 그 사용자에 대하여도 당해 단체협약을 적용한다는 결정을 할 수 있다"라고 규정하고 있으며, 동법 제36조 제2항에서는 "행정관청이 제1항의 규정에 의한 결정을 한 때에는 지체없이 이를 공고하여야 한다"라고 규정하고 있는데, 이것이 '지역단위의 일반적 구속력', 즉 지역적 구속력으로 동일지역에 있어서의 동일노동, 동일임금의 원칙을 실현하기 위한 목적에서 비롯된 것이다.

앞서 살펴본 사업장 단위의 일반적 구속력이 하나의 사업장 내에 있어서 상시 사용되는 동종의 근로자의 반수 이상이라는 비율만으로써 자동적으로 발생하는 데 대해서, 지역단위의 일반적 구속력의 경우에는 행정관청이 협약 당사자의 한쪽 또는 쌍방에서 확장 적용의 신청을 받거나, 또는 자체의 직권으로써 노동위원회의 의결을 얻어 결정을 내리도록 되어 있다.

---

20 '상시 사용되는'의 의미가 문제되는 근로자는 일용직 근로자, 임시직 근로자 또는 파트타임 근로자 등인바, 계약의 형식에 불구하고 업무의 내용과 성격에 따라 실질적으로 판단하여야 한다(이상윤 ,2015, 757).

사업장 단위의 일반적 구속력은 근로자에 대해서만 협약의 확장적용이 이루어지는 데 대해서, 지역단위의 일반적 구속력에서는 동일 지역 내의 근로자 측뿐만 아니라 사용자 측에 대해서도 확장 적용이 이루어진다. 따라서 이 경우에는 협약을 체결한 다수자조합의 지위확보와 동시에 협약소정의 기준에 달하지 않는 낮은 근로조건으로 근로자를 사용하는 협약의 사용자도 협약의 확장적용 밑에 들어오게 함으로써 근로자간 근로조건에 대하여 형평성을 도모하고, 근로조건이 지나치게 높거나 낮은 수준의 근로자를 고용한 기업이 다른 기업에 비하여 부정 경쟁력을 확보하는 것을 방지하는 데에 있다(이상윤, 2015, 762).

이와 같이 확장적용을 받아야 할 노사가 독자의 단체협약을 가지고 있을 경우 어떻게 할 것인가가 문제이다. 독일의 학설은 이 경우 확장되는 협약을 적용할 것을 통설로 하고 있다. 그러나 지역단위의 일반적 구속력제도는 산업별 노조가 체결하는 횡단적 단체협약을 주요 대상으로 하고 있으므로 기업별 노조가 지배적이어서 대체로 기업별로 협약이 체결되고 근로조건도 기업별로 분산되어 있는 우리나라에서는 중요성이 작고(김유성, 2001, 193; 이상윤, 2015, 762), 현실성이 낮을 뿐 아니라, 지금까지 별로 뚜렷한 실시 예가 없는 실정이다.

▣ 참고문헌

경제단체협의회(2000),「2000년 임금협약 체결지침」, 2000, 2-22.

고용노동부(2016),「2016년판 고용노동백서」, 260.

김기우(2005),「2005년 단체협약분석」, 한국노총 중앙연구원, 13-149.

김기우·송태수·김성규(2014),「2014 단체협약 분석 ; 한국노총 제조업 사업장을 중심으로」, 한국노총 중앙연구원, 85-221.

김동원(1997), "미국의 노사관계와 한국에의 시사점,"「노사포럼」, 한국경영자총협회, 노동경제연구원, 제7호, 4, 43.

김동원외(2013),「한국의 노사관계: 산업별 동향과 전망」, 박영사, 322-326.

김성진(1974), "단체교섭권의 규칙에 따르는 문제점,"「경영과 노동」, 8.

김소연(2012.01.25), "5개대학 청소 아줌마들 '연대' 정규직도 힘든 집단교섭 해냈다,"「한겨레신문」, 2.

김수곤(1992),「한국노사관계론-총체적 인적자원관리를 위한 학제적 접근-」, 경문사, 422-423

김유성(2000),「노동법 Ⅱ」, 법문사, 166.

______(2001),「노동법 Ⅱ」, 법문사, 170-243.

김정한(1997),「단체교섭실태에 관한 연구」, 한국노동연구원, 51-52.

______(1999),「단체교섭 구조변화와 정책과제」, 한국노동연구원, 52-53.

김정한·문무기·전재식(2002), 단체협약분석Ⅲ, 한국노동연구원, 133.

김정한·문무기·윤문희(2003),「단체협약분석」, 한국노동연구원, 24-70.

김정한·문무기·전재식(2002), 단체협약분석(III), 한국노동연구원.

김치선(1982), "단체교섭의 활성화연구,"「법학」, 22(3), 서울대학교 법학연구소, 28-43.

김치선(1988),「노동법강의」, 박영사, 334-337.

______(1990),「노동법강의」, 박영사, 371-434.

김태기(1993),「단체교섭의 절차와 기법」, 한국노동연구원, 70-77.

김형배(2016),「(새로 쓴) 노동법」, 제25판, 박영사, 548-952.

______(1997),「노동법」, 제9판, 박영사, 671-672.

______(2004),「노동법강의」, 제8판, 신조사 667.

______(2006), 「노동법」, 신판 제2판, 박영사, 623.

______(2014), 「노동법」, 23판, 박영사, 554-556.

______(2014), 「노동법」, 제23판, 박영사, 831-914

______(2014), 「노동법」, 제23판, 박영사, 545-903.

______(2015), 「노동법」, 제24판, 박영사, 943-950.

______, 전게서, 554-555.

김황조(1990), 「주요국 단체교섭의 특징과 동향」, 한국노동연구원 57-58.

김황조·김재원(1993), 「단체교섭론」, 법문사, 13.

노동부(2006), 「2005년 전국노동조합 조직현황」, 6-7.

대한상공회의소(1990), 「한국자본주의: 현상과 과제」, 336-337.

박덕제·박기성(1990), 「한국의 노동조합(Ⅱ)」, 한국노동연구원, 100-101.

박상필(1994), 「한국노동법」, 전정판, 대왕사, 181-182.

______(1995), 「한국노동법」, 대왕사, 578.

박우성(1998), 「복수노조와 단체교섭」, 한국노동연구원, 41-45.

배무기(1991), 「한국의 노사관계와 고용」, 경문사, 149.

______(2013), 「노동경제학」, 전정판, 경문사, 431-432.

변상우·허갑수·채규옥·이상우·정현우(2015), 「글로벌시대의 노사관계론」, 피앤씨미디어, 155-197.

신수식·김동원·이규용(2014), 「현대고용관계론」, 제6판, 박영사, 112-156.

______(2003), 「현대고용관계론」, 수정증보판, 박영사, 225-226.

윤성천·이선·김정한(1990), 「단체협약분석」, 한국노동연구원, 207-210.

윤희준(2008), 「노동법 해설(2008 최신 개정판)」, 한국경제신문, 406.

이덕로(1996), 「기술인력 관리실태와 개선방향」, 대한상공회의소, 28-29.

______(2012), 「최신인적자원관리」, 집현재, 396-397.

이병태(1997), 「노동법」, 현암사, 213.

______(2008), 「최신 노동법」, 중앙경제, 213-304.

______(1996), 「최신노동법」, 증보판, 현암사, 223.

이상윤(1997), 「노동조합법」, 박영사, 254.

______(2013), 「노동법, 13판」, 법문사, 836-904.

______(2015),「노동법」, 제14판, 법문사, 569-672.

이준범(2000),「현대노사관계론」, 제2전정판, 박영사, 355.

이철기(1998),「단체교섭결과의 영향요인에 관한 실증적 연구, -행위적 교섭모형을 중심으로-」, 박사학위논문, 성균관대학교 대학원, 7.

임종률(2002),「노동법」, 박영사, 123.

______(2014),「노동법」, 제12판, 박영사, 230.

전국보건의료산업노동조합(2013),「2013년 단체협약 비교자료집」.

전종휘(2014.06.29), "'빗자루 연대'의 기적…청소노동자들의 삶을 바꾸다,"「한겨레신문」.

정종진·이덕로(2007),「신노사관계론」, 제3판, 법문사, 176.

최종태(1980),「서독의 사회복지와 노사관계」, 서울대학교 사회과학연구소, 145-150.

최종태(1981),「현대노사관계론」, 경문사, 301.

한국경영자총협회(2013.12),「2013년 임금조정 실태조사 결과」, 7.

한국경영자총협회(1988),「'88 노동통계연감」, 245.

______(2015.10),「2015년 임금조정 실태조사 결과」, 7-15.

______(2015.12),「2016년 노사관계 전망조사」, 8-13.

한국노동연구원(2015),「2015 KLI 노동통계」, 149.

______(2016),「2016 KLI 노동통계」, 149.

______(1991),「분기별 노동동향 분석」, 3/4분기, 38.

한국노총 중앙연구원(1996),「'96 단체협약 분석을 위한 노동조합 실태조사」, 42.

한국생산성본부(1989),「한국의 산업사회와 노동문화」, 171-173.

Allen, R.E. & Keaveny, T.J.(1988), *Contemporary Labor Relations*, 2nd ed., Massachusetts: Addison-Wesley Publishing Company, 357.

Carrell, M.R. & Heavrin, C.(2001), *Labor Relations and Collective Bargaining: Cases, Practices, and Law*, 6th ed., Englewood Cliffs, N.J.: Prentice-Hall, Inc., 397.

Davey, H.W., Bognanno, M.F., & Estenson, D.L.(1982), *Contemporary Collective*

Bargaining, 4th ed., Englewood Cliffs, New Jersey: Prentice-Hall Inc., 49–51.

Greeberg, D. H.(1968), "Deviations from Wage..Fringe Standard," *Industrial and Labor Relations Review*, January, 197–209.

Harris, M.(1997), *Human Resource Management: A Practical Approach*, Fort Worth, Tex.: Dryden Press, Harcourt Brace College Publishers, 419.

Holley, W.H. Jr. & Jennings, K.M.(1997), The *Labor Relations Process*, 6th ed., Fort Worth: The Dryden Press, 498.

Holley, W.H. Jr., Jennings, K.M. & WoltersR. S.(2012), *The Labor Relations Process*, 10th ed., Mason, OH: South-Western Cengage Learning, 500.

Jackson, M.P.(1983), *Industrial Relations: A Textbook*, 2nd ed., London: Croom Helm, 118–120.

Jackson, S.E. & Schuler, R.S.(2000), *Managing Human Resources: A Partnership Perspective*, 7th ed., Cincinnati, Ohio: South-Western College Publishing, 627–630.

Katz, H.C. & Kochan, T. A.(2004), *An Introduction to Collective Bargaining and Industrial Relations*, 3rd ed., Boston, Mass.: McGraw-Hill/Irwin, 40–56.

Kennedy, G., Benson, J., & McMillan, J.(1982), *Managing Negotiations*, Englewood Cliffs, N. J.: Prentice..Hall, 46–47.

Kleiman, L. S.(1997), *Human Resource Management: A Tool for Competitive Advantage*, New York: South-Western, 373.

______(2009), *Human Resource Management: A Managerial Tool for Competitive Advantage*, Mason, OH: South-Western Cengage Learning.

Kochan, T. A. & Katz, H. C.(1988), *Collective Bargaining and Industrial Relations*, 2nd ed., Homewood, Illinois: Irwin, 1–3.

Leap, T. L.(1995), *Collective Bargaining and Labor Relations*, 2nd ed., Englewood Cliffs, N. J.: Prentice-Hall, 291.

Luria, D. D.(1986), "New Labor-Management Models from Detroit?" *Harvard Business Review*, Sep.-Oct. 26.

Markovits, A. S.(1986), *The Politics of the West German Trade Unions: Strategies of*

Class and Interest Representation in Growth and Crisis, Cambridge, London: Cambridge University Press, 42.

Michael, R. C.l & Heavrin, C.(1988), *Collective Bargaining and Labor Relations: Cases, Practice and Law*, 2nd ed.. Columbus: Merrill Publishing Company, 119.

Mills, D. Q.(1994), *Labor-Management Relations*, 5th ed., New York: McGraw-Hill, 357.

Nierenberg, G. I.(1995), *The Art of Negotiating: Psychological Strategies for Gaining Advantageous Bargains*, New York: Barnes & Noble Books, 8–15.

Northrup, H. R.(1964), Boulwarism: *The Labor Relations Policies of the General Electric Company*, Ann Arbor: Bureau of Industrial Relations.

O'Boyle, T. F. & Roth, T.(1985), "War and Peace: Labor Relations Vary at Two Steelmakers," *The Wall Street Journal*, Western ed., Sept. 17, 1–24.

Rabin, J., Vocino, T., Hildreth, W. B., and Miller, G. E.(1994), *Handbook of Public Sector of Labor Relations*, New York: Marcel Dekker, Inc., 51–71

Reynolds, L. G., Masters, S. H., & Moser, C. H.(1991), *Labor Economics and Labor Relations*, 10th ed., Englewood Cliffs, N.J.: Prentice Hall, 306–307.

______(1998), *Labor Economics and Labor Relations*, 11th ed., Upper Saddle River, N. J.: Prentice Hall, 312–319.

Rowland, K. M. & Ferris, G.R.(1982), *Personnel Management*, Boston: Allyn and Bacon, Inc., 427–428.

Sloane, A. A. & Witney, F.(1977), *Labor Relations*, 3rd ed., Englewood Cliffs, New Jersey: Prentice..Hall, Inc., 61–227.

Sloane, A. A. & Witney, F.(2006), *Labor Relations*, 12th ed., Englewood Cliffs, N. J.: Prentice-Hall, 61–222.

Somers, G. G.(1980) ed., *Collective Bargaining: Contemporary American Experience*, Madison, WI: Industrial Relations Research Assoc., 553–556.

Walton, R. E. & McKersie, R. B.(1991), *A Behavioral Theory of Labor Negotiations: An Analysis of a Social Interaction System*, 2nd ed., Ithaca, N.Y.: ILR Press,

13–46.

Webb, S. & Webb, B.P.(1920), *Industrial Democracy*, London: Longmans Green & Co., 12–28.

Werther, W. B. Jr. & Davis, K.(1996), *Human Resources and Personnel Management*, 5th ed., New York: McGraw-Hill Book Co., 538.

Yoder, D. & Heneman, H.G. Jr. eds.(1979), *ASPA Handbook of Personnel and Industrial Relations*, Washington: Bureau of National Affairs, 7–128.

Carrell, M. R. & Heavrin, C.(2014), *Labor Relations and Collective Bargaining : Private and Public Sectors*, 10th ed., Upper Saddle River, N. J.: Pearson, 392–396.

Carrell, M. R. & Heavrin, C.(2007), *Labor Relations and Collective Bargaining: Cases, Practices, and Law*, 8th ed., Upper Saddle River, N. J.: Pearson/Prentice-Hall, Inc., 396–399.

Labor management relations

제 5 장

경영참가제도

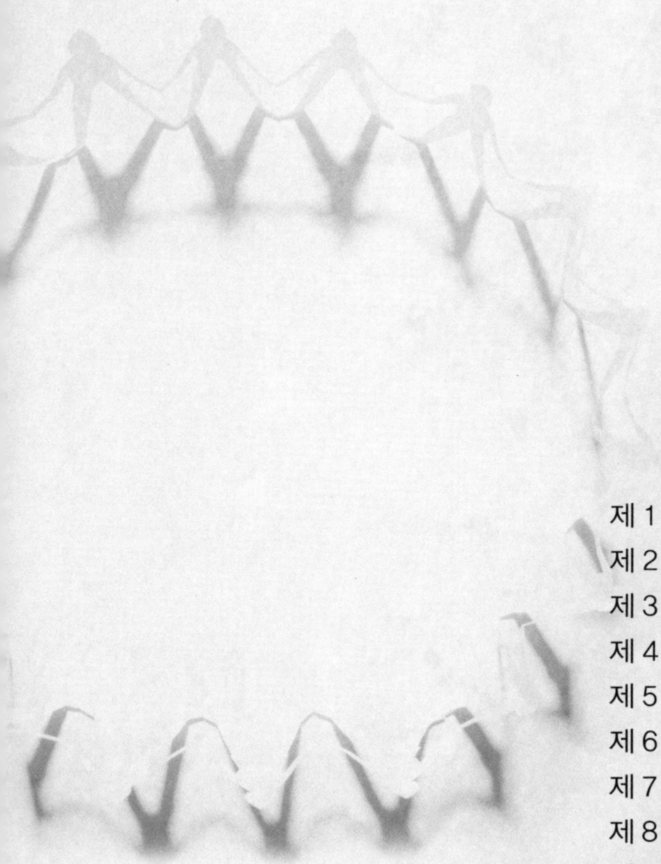

제 5 장

경영참가제도

제 1 절 경영참가제도의 의의

1. 경영참가제도의 의의

근로자들이 그들의 권익을 유지·발전시키기 위해 단결권, 단체교섭권, 단체행동권 등 노동3권을 갖고 있듯이 경영자들 또한 여기에 상응하는 권리를 갖고 있다. 이것이 바로 인사권, 조직권, 각종 관리권 등의 경영권(right to manage) 내지 경영전권(management prerogative)으로 경영자만이 누릴 수 있는 고유한 권한이다(Baer, 1973). 그러나 기업목표는 경영자나 근로자 중 어느 한 쪽의 일방적인 노력에 의해서는 결코 효율적으로 달성하기가 어렵다. 그것은 경영자와 근로자가 상호 협력적인 관계에 있을 때 비로소 달성 가능한 일이다. 따라서 노사협력의 증진을 도모하기 위하여 나타난 제도 중의 하나가 바로 근로자의 경영참가제도(worker's participation in management)이다(대한상공회의소, 2004).[1]

근로자의 경영참가와 관련하여 일반적으로 참가, 근로자참가, 노동조합참가, 노동의 인간화, 소유참가, 분배참가, 작업장 참가, 경제민주주의, 산업민주주의, 공장민주주의, 근로자대표의 정책참여, 근로자통제, 자주관리 등 수많은 개념들이 일정한 기준 없이 편의에 따라 혼용되고 있다(이주희·이승협, 2005). 그 이유

1 참여(參與)는 "어떤 일에 끼어들어 관계함" 또는 "참가하여 관계함"으로 정의되고 있고 참가(參加)는 "모임이나 단체 또는 일에 관계하여 들어감" 또는 "관여하여 참석하거나 가입함"으로 정의되어 있어서 참가는 어떤 행사에 관여하여 참석하는 것이고 참여는 참석하여 관계를 하는 것으로 풀 수 있다. 따라서 관계가 있어서 참가하는 것은 행사에 얼굴을 보인다는 의미로, 참가하여 관계한다는 것은 행사에 참석하여 이것저것을 주도한다는 것으로 볼 수 있으므로 참가보다는 참여가 더 적극적인 의미를 담고 있다고 할 수 있다. 이러한 의미에서 경영참가보다는 경영참여가 더 적절한 표현이라고 주장하는 학자도 있다(이영면·성상현·이동진, 2011, 29).

는 근로자의 경영참가제도가 각 국의 사회적·경제적·정치적 조건의 차이나 노사관계의 성격과 힘에 따라 다양하게 전개되어 왔기 때문이다. 따라서 그 내용이나 형태는 물론 참가방법이나 참가제도의 도입경위와 목적에 있어서도 국가별로 차이를 보이게 된다. 그러나 오늘날 각국의 경영참가제도가 그 내용과 형태 및 명칭에서 다양성을 보이면서도 한 가지 공통되는 사실은 사용자의 독점적 영역으로 인식되어 왔던 기업경영에 대하여 근로자가 어떠한 형태로든 개입·간여할 수 있도록 제도적으로 길을 터놓고 있다는 것이다(안성포, 2005, 12).

이러한 경영참가의 개념에 대해 샐러먼(M. Salamon)은 "조직의 의사결정에 근로자가 경영층과 같이 참여하고자 하는 개인적 혹은 집단적 필요성과 권리를 인식하는 조직관리의 철학이나 유형"으로 보고 있다. 제인(H. C. Jain, 1980)은 근로자의 경영참가를 "근로자 또는 노동조합이 여러 계층에서 경영관리의 의사결정에 참가하여 영향력을 행사하는 과정"이라 정의하고 있다. 그리고 국제노동기구에서는 "근로자의 경영참가를 임금과 근로조건, 고용과 해고, 직업훈련, 기술적 변경과 생산기구의 조직 및 사회적 영향, 투자 및 계획 등의 문제에 관하여 기업수준에서 여러 가지 결정을 하거나 이를 준비하는 데 있어서 근로자들의 영향력을 행사하는 것"이라고 규정하고 있다(김식현·정재훈, 1996).

이와 같이 근로자의 경영참가제도란 근로자 또는 노동조합이 경영자와 공동으로 기업의 경영관리기능을 담당·수행하는 것을 말한다. 환언하면 근로자 자신 또는 노동조합이 기업의 주요 의사결정에 참가하여 경영자와 함께 경영상의 권한과 책임을 나누어 갖는 제도이다.

근로자의 경영참가는 서구 국가들의 경우 이미 오래전부터 제도화되어 노사관계의 핵심적인 사항으로 다루어지고 있다(이주희·이승협, 2005, 11-17). 따라서 오늘날 정도의 차이는 있을지언정 대부분의 나라가 노사협력을 증진시키기 위해 근로자의 경영참가를 인정함으로써 1974년 근로자 경영참가에 관한 오슬로 심포지엄에서 국제노동기구는 "근로자의 경영참가는 이제 실시하느냐 않느냐의 문제가 아니라 어떻게 실시하느냐의 문제(Worker's participation is no longer a question of 'whether' but of 'how': success and problems)"라고 강조한 바 있다(장석인, 2009; Cordova, 1982).

경영참가의 실현에 있어서 근로자와 사용자간에 여러 가지 문제점도 제기될 수 있다. 이를테면 사용자측의 '경영권 침해'문제, 노동조합 측의 '노동조합의 기능약화', 그리고 근로자들의 부족한 경영지식을 악용한 '사용자 이해조종작업의 창구수단'으로 악용될 가능성 등도 없지는 않다. 그러나 이러한 문제점에도 불구하고 경영참가는 노사 간의 상호 이해와 신뢰의 증진을 위한 가장 대표적인 노사 간 의사소통 방식의 하나로 인식되고 있다(강성태 외, 2005).

영국이나 미국은 노사관계의 기본을 단체교섭에 두고 있으면서도 비록 독일과 같은 공동의사결정제도는 아니지만 근로자의 경영참가제도를 그들의 보조 수단으로 노사만의 자율적인 결정에 의해 인정하고 있으며, 독일과 프랑스 같은 나라는 입법에 의해 경영참가제도를 강행하고 있다.

우리나라는 1963년에 개정된 노동조합법 제6조에서 노사협의제도의 도입을 처음으로 규정한 뒤 1980년 12월 31일 노사협의회법을 독립입법으로 만들었으며, 1997년 3월 13일에는 '근로자 참여 및 협력증진에 관한 법률'로 경영참가제도를 더욱 강화·발전시켜 나가고 있다.

2. 경영참가제도의 유형

경영참가제도의 유형, 즉 종업원이 경영에 참가하는 방식은 각국의 문화만큼이나 다양하고 또한 정치적 민주주의가 경제적 민주주의를 포용해가고, 더 나아가 사회적 민주주의로 확대해 가는 범위의 수준이 다른 만큼이나 차이가 있다(김진균, 1981). 슈레글(J. Schregle)과 같은 학자는 심지어 단체교섭까지 포함하여 경영참가의 유형을 크게 네 가지로 제시하고 있으나(Schregle, 1976), King & Van De Vall(1978)을 비롯한 많은 학자들은 단체교섭방식을 참가의 유형에 포함시키지 않고 있다. 일반적으로는 〈표 5-1〉과 같이 근로자가 직접적으로 참가하느냐 혹은 간접적으로 참가하느냐에 따라 직접참가와 간접참가로 대별하고 있다. 직접참가에는 성과(이익)참가와 협의의 경영참가(의사결정참가)가 있으며 간접참가에는 자본참가가 있다(최종태, 1988; 이달휴, 2002).

성과참가에는 성과배분제(gainsharing plan)와 이익배분제(profit sharing plan)의 두 가지의 기본적인 유형이 있다. 전자는 종업원이 기업의 성과를 향상시키기 위해 투입한 노력, 예를 들면 비용절감, 생산품질개선 및 생산성 향상 등에 의해 발생한 이익을 노사간에 사전에 합의해둔 배분방식으로 배분하는 제도로 대표적

표 5-1 경영참가의 유형

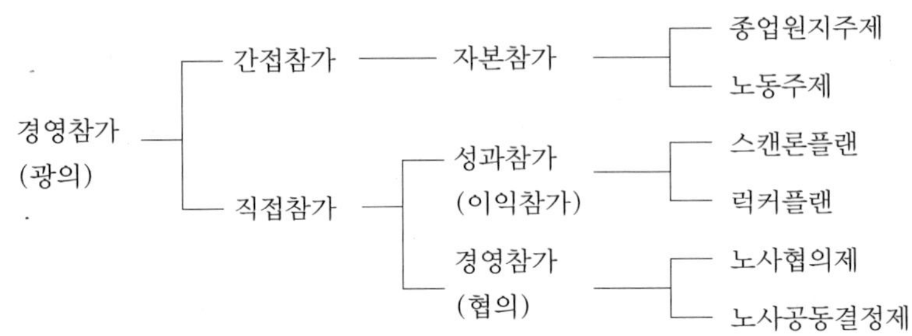

인 예로 스캔론 플랜(scanlon plan)을 들 수 있다. 성과배분제는 보상을 이윤보다는 생산성이익에 연결시킨다는 점에서 이익배분제와 다르다(Robbins & Judge, 2015). 따라서 종업원은 조직이 수익을 내지 못하더라도 인센티브를 받을 수 있다.

이익배분제는 정기적인 임금에 덧붙여 기업의 최종적인 경영성과인 이익의 일정몫을 종업원에게 배분해 주는 제도로서 회계기준 말에 즉시 지급하는 현금급부와 수년 후 지급하는 이연급부로 나눈다. 즉 이익배분은 분배대상성과를 이익으로 보고, 통상 지불되는 임금에 부가되어 지급되며 이익배분방식은 노사간의 교섭에 의하여 결정되는 제도이다(신수식·김동원·이규용, 2014, 250). 최고경영자를 비롯한 임원들에게 주로 부여되는 스톡옵션제가 전형적인 예이다(Kruse, Freeman, & Blasi, 2010; Zhang et al., 2008).

협의의 경영참가, 즉 의사결정참가란 근로자 또는 노동조합이 기업경영상의 제문제에 관하여 의견발표의 기회나 의결권행사의 기회를 갖는 제도로, 근로자 경영참가에 있어서 가장 핵심적인 역할을 한다. 노사협의제와 노사공동결정제가 이에 해당된다(Jain, 1980). 광의의 경영참가는 앞서 얘기했던 성과참가를 비롯하여 의사결정참가와 자본참가를 포함하지만(이성천, 1978) 일반적으로 협의의 경영참가를 얘기할 때 바로 이 의사결정참가만을 지칭하게 된다.

그리고 자본참가란 기업의 자본에 근로자의 참가기회를 제공하여 자본의 출자자로서 기업경영에 참가시키는 제도로 소유참가 혹은 재산참가라고도 한다. 즉, 근로자들로 하여금 자본의 출자자로서 기업경영에 참가시키고자 하는 것이다. 종업원인 근로자의 자본참가는 근로자 재산형성이라는 목적이외에도 기업에서 필요한 양질의 자본조달에 큰 기여를 한다. 특히 자본이 부족한 기업 또는 신규투자를 계속해야 할 기업(특히 중소기업)들은 종업원의 자본참가방식을 통하여 최소의 자본조달비용을 들여 양질의 장기자본을 쉽게 마련할 수 있는 것이다. 전형적인 예로 종업원지주제도를 들 수 있다(신유근, 2000; 최종태, 1997).

이러한 경영참가제도의 유형이외에도 본서에서는 자본참가, 성과참가 및 협의의 경영참가(의사결정참가) 등의 3대 경영참가 이외에 아이디어참가로 제안제도, 브레인스토밍 및 복수경영제도 등을 추가시켰다. 그러면 이들 각각에 대한 논의에 앞서 경영참가제도의 배경과 문제점에 대해 먼저 살펴보도록 하겠다.

제 2 절 경영참가제도의 배경

오늘날 경영참가제도는 전 세계에 걸쳐 다양한 형태로 폭넓게 보급되어 있는데, 경영참가제도가 이렇게 확산된 배경으로 다음과 같은 여섯 가지의 이유를 들 수 있다(이준범, 1997, 495-498).

1. 노동자측의 상황변화

과거에 노동자들을 하나의 노동계급으로 결합시켜온 것은 다름 아닌 노동의 동질성과 근로자의 빈곤, 그리고 공통적인 불평·불만 등이었으나, 이것들이 오늘날에는 많이 변화하고 있다. 우선 미국 등 선진공업국가에 있어서의 노동은 전문화·고도화되고, 다양화되어 있어 전에 없이 이질성을 띠어가고 있다. 또 근로자라 하더라도 상당수가 자신의 주택을 갖고 있으며 적지 않은 근로자들이 자사주 뿐만 아니라 일반주식마저 소유하고 있어 반드시 무산자라고만 볼 수 없게 되었다(강석인, 1982, 233).

한편 불평·불만에 대해서도 근로자들이 과거와 같이 그것을 토로하거나 호소할 길이 전혀 없는 그런 상태가 아니다. 오늘날에는 인사상담제도나 고충처리제도와 같은 여러 가지 제도에 의해 그들의 마음 속에 있는 의사를 알아내고 이를 기업경영에 반영시킬 수 있는 제도적 장치가 잘 마련되어 있다. 뿐만 아니라 과거에 근로자는 평생을 일반근로자로 지내야 할 처지에 있었지만, 오늘날의 근로자는 본인의 역량과 노력여하에 따라 일선감독자(혹은 하위관리층)에서 중간관리자를 거쳐 심지어 최고경영자의 자리에까지 올라갈 수 있는 기회가 점차 늘어가고 있다.

2. 사용자측의 상황변화

사용자측에 있어서도 사정이 많이 달라지고 있다. 즉 종래 사용자의 기업목적은 단일목적(single goal)으로 저수준의 노동비용을 통한 기업이윤의 극대화를 도모하는 것이었다. 따라서 이윤극대화에 매진하게 됨으로써 기업이 협력업체에 슈퍼갑질을 하는가 하면, 생산 활동을 등한시하거나 근로자를 착취하기도 하며, 나아가 탈세행위마저 저지름으로써 국민경제발전을 저해하고 사회로부터 온갖 지탄을 받기도 했다.

경제적·사회적 환경의 변화에 따라 이제 기업목적은 다원목적(multiple goals)으로 바뀌어 기업을 둘러싸고 있는 수많은 이해관계자들의 이해를 조정· 통합하지 않으면 우량기업이나 존경받는 기업은커녕 생존마저 보장할 수 없다(이원우·서도원·이덕로, 2008). 그리고 오늘날은 임금의 효율적 관리로 노동생산성을 높일 수만 있다면 구태여 저임금을 고집하지 않는다. 즉 고생산성 고임금의 정책으로 방향전환이 불가피하다는 것이다.

또한 과거에는 노사관계에 있어서도 노동조합이 주로 공세에 서고, 사용자는 수세에 서는 입장이었지만, 지금은 유능한 노동전문 스태프를 두거나 공인노무사나 노동전문 변호사와 같은 노동문제 전문가들의 조력이나 자문을 받아 오히려 사용자가 노사관계를 주도할 만큼 발전하였다. 따라서 오늘날에 있어서 대부분의 사용자들은 노동조합의 위상이나 입장을 이해하고 적대적 존재로서가 아니라 파트너(partner)로서의 역할을 인정하여, 적극적으로 상생관계나 공존관계를 이루어 가고자 노력하게 되었다.

3. 노동조합의 기능확대

이상과 같은 노사관계 당사자의 상황 변화는 기존 노동조합의 활동이나 기능에도 적지 않은 영향을 미쳐 노동조합의 역할이나 기능이 여러 가지 면에서 그 성격을 달리하게 되었다. 우선 노동운동이 과거와는 달리 상당한 정도로 성장하고 원숙해지면서 노동조합의 기능이나 역할도 종래의 경제적 지위의 향상에만 머물지 않고, 정치적·사회적·문화적, 심지어 교육적 기능으로까지 점차 확대되게 되었다. 이와 같이 노동조합의 활동범위가 급격히 확대됨에 따라 근로자나 노조원들의 다양한 수준에서의 경영참가에 대한 욕구를 자극하게 되었고, 그 결과 근로자의 경영참가를 자연스럽게 받아들이지 않을 수 없게 되었던 것이다.

우리나라에서는 외환위기 이후 구조조정이 본격적으로 허용되면서 고용안정을 보장받고 노동운동의 실질적 영향력을 확대하기 위해 유노조 기업에서의 경영참여 요구가 크게 증가하였다(이주희, 2005).

4. 기술혁신과 생산성향상

종래 기술혁신과 생산성향상은 노동자의 적으로 생각되어, 그들로부터 극렬한 반대에 봉착했던 것이 일반적인 현상이었다. 그러나 따지고 보면 이들은 노동자들이 근본적으로 반대해야 할 성질의 것이 아니다. 왜냐하면, 기술혁신이나 이에 따른 생산성향상은 궁극적으로는 노사 쌍방에 많은 이익을 가져다주었다는 것이 과거의 역사에서 증명되었기 때문이다. 따라서 기술혁신은 우리가 다같이 노력해서 기필코 바람직하게 발전·성취시켜야 할 역사적 과제라고 할 수 있다. 그러나 기술이든 조직이든 하나의 혁신인 이상 거기에는 과도기적으로 어느 정도의 희생이 뒤따를 수 있다. 문제는 그 희생을 최소한도로 줄이고, 또 사회 전체가 이것을 어떻게 공평하게 부담하고 신속하게 대처해 가느냐에 있다.

기술혁신에 의해 상대적으로 먼저 그 이익을 누릴 수 있는 쪽이 사용자라고 한다면, 상대적으로 먼저 많은 희생을 입을 수 있는 쪽은 근로자이다. 왜냐하면 기술혁신은 인력의 절감과 기술의 진부화 등으로 인하여 실업, 배치전환, 재교육, 나아가 노동강화 등의 현상을 초래할 가능성이 높기 때문이다. 그리고 이들은 결과적으로 격렬한 노사분쟁을 유발시켜, 생산성향상과 경쟁력제고에 오히려 역효과를 초래하기도 한다.

이와 같은 문제의 해결을 위해서는 노사간에 충분한 대화가 있어야 한다. 그리고 이 문제의 해결을 위한 대화에 있어서는 전통적인 단체교섭의 방식은 적당치 않다. 왜냐하면 단체교섭은 노사간의 이해가 상반되는 문제를 다루기 위해 마련된 제도이기 때문이다. 한편 생산성향상이란 노사간에 이해를 같이 하는 협조 관계에서만이 가능한 것이다. 따라서 기술혁신과 생산성향상을 통하여 증대된 경영성과를 노사간에 적절하게 배분할 수 있는 성과배분의 길이 마련되어야 한다(미국경제발전위원회, 1984).

5. 인간관계론의 등장

1924년부터 1932년에 걸쳐 Western Electrics의 호손공장(Hawthorne Work)을 중심으로 하버드대학교 사회학과 교수였던 메이요(E. Mayo) 교수 팀이 산업의 능률과 인간과의 관계를 규명하기 위하여 실시했던 일련의 실험이 바로 그 유명한 호손실험(Hawthorne experiment)이다. 이 호손실험의 결과로 1930년대부터 등장하기 시작한 인간관계론(human relations)은 경영관리제도에 중대한 변화를 가져오기 시작했다. 즉 종전의 과학적 관리론(scientific management)에 의하면 인간의 기본적인 작업동기는 임금을 비롯한 물질적인 조건에 있다고 가정하고, 그들에게 필요한 것은 관리자에 의한 철저한 과업관리와 감시·감독이라 생각하였다. 그러나 호손실험을 계기로 생산성을 좌우하는 것은 물질적인 조건보다는 오히려 종업원의 사기, 동료애, 책임감, 그리고 직무에 대한 만족감과 같은 심리적· 사회적 요소라는 사실이 밝혀지게 되었다(정종진, 1996).

이와같이 생산의 주도자이자 협력자인 근로자가 자발적·능동적으로 기업경영에 참가할 때 사기와 만족도는 더욱 고취되고, 생산성이 향상되어 기업 발전에도 기여하게 된다는 사실이 입증되면서 기업경영자들도 근로자들의 넘쳐흐르는 역동적인 힘을 다양한 형태로 기업경영에 반영하게 되었다.

6. 기업의 사회적 책임의 인식

오늘날에 있어서 기업의 조직규모가 거대화되면 기업은 구멍가게나 개인기업을 운영하던 때와 같은 사적 전유물이 아니라 하나의 공기(公器)가 된다. 따라서 기업의 사회적 책임(CSR: Corporate Social Responsibility)이 증대하게 될 뿐만 아니라(Farooq et al., 2014) 윤리적 잣대 또한 강화된다.

당초 노사간의 문제는 그들 상호간의 이해에 관계된 일종의 사적 문제와도 같은 것이어서 그의 해결은 당사자들의 자유의사에 맡겨져 있었던 것이다. 그러나 오늘날과 같이 기업의 규모가 대형화하고 거기에 대응해서 노동조합 역시 대규모화하면서, 노사관계가 국민경제에 미치는 영향이 지대하기 때문에 노사간의 분쟁은 단순히 어느 당사자간의 사적 분쟁으로만 볼 수 없게 되었다. 여기에서 노사 쌍방은 각기 자신의 사회적 책임을 인식하여 필요 이상의 갈등이나 분쟁행위를 가능한 한 회피하고, 노사문제를 될 수 있는 대로 신의성실의 원칙에 따라 합리적 이성에 입각한 대화를 통해서 평화적으로 해결하지 않을 수 없게 된 것이다(정종진·이덕로, 2007).

제 3 절 경영참가제도의 문제점

노사간의 협력을 공고히 하기 위한 근로자의 경영참가에 대한 필요성에 대해서는 앞서 언급한 바와 같이 결코 과소평가될 수는 없다고 본다. 그러나 경영참가를 실시해 나가는 데 있어서 적지 않은 문제점과 오해를 불러일으킬 수 있는데, 그 중 대표적인 것으로 다음과 같은 것을 들 수 있다. 즉 1990년부터 우리나라 노동계의 핫이슈가 되었던 경영권의 침해문제, 노조기능의 약화문제, 그리고 근로자의 경영참가 능력문제 등을 생각해 볼 수 있다.

1. 경영권의 침해문제

일반적으로 사용자가 경영참가에 대하여 가장 난색을 표시하고, 그 때문에 경영참가가 저해되는 큰 이유의 하나가 경영권 침해문제이다. 즉 경영은 원래 경영자가 누릴 수 있는 고유한 권한, 즉 경영전권에 속하는 것이기 때문에, 이에 대한 근로자의 발언은 일종의 월권이며 경영권에 대한 침해라는 것이다.

현대기업경영에 있어서 근로자의 조직인 노동조합 및 기타 단체에 의하여 경영권의 제약이 증대되고 있는 것은 사실이다. 단체교섭을 통해서 근로자의 임금이나 기타 노동조건을, 또 경영참가를 통해서 생산, 영업, 재무, 인사기능 등에 제안·자문 등의 협의와 결정을 행하기도 한다. 그러나 경영권 자체를 부정하는 것은 결코 있을 수 없는 일이다. 만일 경영권의 과격한 도전에 있어서 그의 확립과 존립을 위태롭게 한다면, 그 기업은 생존의 위협을 면치 못하게 될 뿐 아니라, 성장과 발전을 기대할 수 없다는 것은 자명한 사실로 인정되고 있음을 우리는 간과해서는 안 된다(최종태, 1984).

그러나 '경영권'의 내용은 본래 모든 것이 구체적인 세목에 이르기까지 고정화되어 있지 않을 뿐더러 그것의 발동은 시의에 맞추어 적절하게 신축성 있게 행사할 수 있는 성질의 것인 동시에 또 그렇게 하는 것이 바람직한 일이기도 하다. 오늘날에는 경영에 있어서 노동의 중요성을 이해하고, 근로자가 가진 지식과 경험을 기업경영에 살리며, 나아가 노사간의 연대의식을 북돋우기 위해, 어느 정도의 발언권을 인정하는 것이 기업경영을 더욱 발전시키는 것이다. 그렇다면 경영참가를 용인하는 것은 경영권의 침해가 아니라, 오히려 경영권의 고차적 발휘방식의 하나라고 할 수 있을 것이다.

문제는 발언 내지 참여의 방법에 있다고 볼 수 있다. 즉, 본질적으로 중요한 문제는 참가가 지나쳐 경영자의 기업경영에 대한 최종책임마저도 빼앗는 정도에까지 가느냐 안 가느냐 하는 것이다. 이러한 사항들은 실제에 있어서는 문제의 성질이나 상황 등에 따라서 적당히 해결되고 있어서 크게 우려할 바가 아니다. 요컨대 어떠한 경우에 있어서나 기업의 최종책임은 어디까지나 경영자에게 있다고 하는 원칙을 무시해선 안 되는 것이며, 또 노동조합은 경영에 참가한 범위 내에서는 책임을 지되, 그 이상의 책임은 질 수가 없는 것이다.

따라서 만약 이러한 한계를 넘어서 경영에 참가하려 한다면, 그것은 이미 경영참가가 아니라 경영권의 쟁취인 동시에, 노동조합의 목적에도 위배된다고 할 수 있다. 왜냐하면 노동조합이 원래 경영을 담당하기 위한 조직은 아니기 때문이다. 아울러 만약 경영자가 거기까지 경영참가를 허용했다고 한다면, 그것은 경영권과 경영자책임의 포기라고 할 수도 있을 것이다.

2. 노조기능의 약화문제

노동운동가들 중에는 노동조합의 목적은 어디까지나 임금 등의 '분배투쟁'에 있다고 보는, 이른바 '투쟁주의'의 입장을 고집하는 경우가 없지 않다. 이러한 견해는 미국의 노동운동가에서 많이 볼 수 있는 바, 기업경영상의 문제는 전적으로 경영자의 책임이라는 것이다[2](Sloane & Witney, 2006). 이러한 견해를 가진 경우에는 근로조건 이외의 경영상의 문제에 대해 사용자와 접촉을 가지면, 특히 일반적으로 기업 내의 종업원만으로 조직이 이루어지는 경향이 지배적인 우리나라의 노동조합에서는 이같은 우려가 전혀 없다고만 할 수는 없을 것이다.

한편 이론상으로 노동조합은 그 목적에 비추어 경영참가에까지 개입할 것이 아니라는 견해도 없지 않다. 그러나 근로자가 한편으로는 임금, 근로시간 및 근로제조건(주로 임금) 때문에 사용자와 이해를 달리하는 입장에 있다고 하더라도, 다른 한편으로는 협조의 입장에 있음은 사실이다[3]. 그러므로 기업의 발전과 연결되어 있다는 뜻에서 사실상 이해를 같이 하는 바가 있는 것이다.

그런 까닭에 근로자 자신의 이익을 보호하고 증진시키는 일을 목적으로 하는 조합이 경영에 참가해서 안 된다는 이유는 있을 수 없을 것이다. 노동조합을 약체화할 위험성이 있다면 그것은 오히려 조합의 비민주적 운영, 단체교섭이나 경영참가 등의 방법상의 부실, 말하자면 조합 자체가 가진 약점이나 또는 경영참가 기술의 미비 등에 그 원인이 있는 셈이다.

그럼에도 불구하고 근로자의 경영참가가 단체교섭의 기능약화를 초래하고, 이것이 이어서 노동조합활동의 위축을 가져오며, 결국 조직노조운동의 전반적인 침체를 가져올 수 있음을 배제하기 어렵다. 이 점에 있어서는 1974년의 ILO의 오슬로 회의에서 대부분의 개발도상국에 있어서 미약한 노동조합활동은 기업 내에서의 근로자대표를 '경영의 포로'로 만들 것이라고 지적한 필리핀 노동성차관의 지적은 매우 의미심장하다 하지 않을 수 없다(Schregle, 1978). 따라서 어떠한 형태의 경영참가도 노동조합의 강력한 뒷받침이 없이는 그 효과를 기대하기 어려운 바 경영참가와 노조기능약화 사이의 적절한 조화가 매우 중요하다.

3. 근로자의 능력문제

근로자들이 가진 기업경영에 대한 지식이나 경험은 물론 경영자의 그것과 반드시 같을 수는 없을 것이다. 만약 반드시 그러하기를 기대한다면 너무나 지나친 희망이자 요구라 아니할 수 없을 것이다. 그러나 근로자가 그들 나름의 처지에서

2 경영권과 조합활동에 대한 보다 자세한 논의는 정재훈 편저(1989)를 참조.
3 이에 대해서는 제1장 제1절의 노사관계의 이중성에서 이미 언급한 바 있음.

평소 경영에 종사하고 있기 때문에 그들에게도 참가가 가능한 상당한 능력은 있는 것으로 보아야 한다. 더구나 그들은 항상 경영의 보조자로서 체험과 연구를 거듭하고 있으며, 또한 교육의 광범위한 보급과 고도화는 그들의 능력의 한계를 더욱 넓혀 주고 있음을 잊어서는 안 된다.

특히 오늘날 근로자의 교육수준이 대단히 높아졌고 그 결과 의식수준도 높아져 근로자들은 근로를 단순한 생존의 수단으로서가 아니라 보람있는 생활의 일부로 느끼게 되었다. 즉 근로자들이 그들과 밀접한 관계를 갖고 있는 작업방식이나 생산체제 등 많은 문제에 대하여 자신의 의사를 표명하고 그 뜻이 받아들여지기를 바라게 되었다. 또한 기업의 경영규모가 커지고 작업공정이 단순·반복화되며 작업의 속도나 방법 등이 기술적·경영적 요인에 따라 지배되는 폭이 넓어지면서 노사간에 대화가 단절되고 근로자들은 소외감을 갖게 됨에 따라 근로의욕이 현저히 저하되고, 부주의로 인한 산업재해도 빈번히 발생하게 되는데 이러한 문제 등을 해결할 대화통로의 필요성은 전보다 더욱 커지게 되었다. 이러한 상황에서 과연 경영에 참여하는 근로자들의 전문능력, 풍부한 경험, 그리고 인간문제를 다루는 데 필요한 인품이 충분히 있는가에 대해서는 다소 회의적이다.

아울러 고도의 전문지식을 요하는 경영전반에 관해서 경영참가에 대비한 근로자대표의 훈련과 이를 위한 노동조합의 전력소모에 의해서 기대될 수 있는 효과에 대한 근로자측의 이해득실도 신중히 검토되어야 할 것이다. 마지막으로 경영에 참가하는 근로자대표가 조합원의식이나 근로자로서의 자세를 흩트리지 않고 근로자의 권익증진을 위해서 활동할 수 있는 조직내외의 풍토, 이를테면 노사간의 힘관계, 사용자의 대노동조합이나 근로자관, 근로자의 의식 등이 제대로 마련되어 있는가의 여부도 중대한 문제라 하지 않을 수 없다(윤성천, 1976).

제 4 절 종업원지주제도

1. 종업원지주제도의 의의

종업원지주제도(Employee Stock Ownership Plan: ESOP)란 회사의 경영방침에 의하여 종업원들에게 특별한 편의를 제공하여 그들로 하여금 자사주를 자발적으로 취득·보유하도록 하는 제도(유범준, 1981; Guthmann & Dougall, 1962)로, 근로자 주식매입제도 혹은 우리사주제라고도 한다. 종업원지주제도는 투자자가 소속 회사의 종업원이어야 하고, 투자대상이 자사주식이어야 하며, 그리고 회사가 종업원에게 특별한 편의를 제공한다는 특징을 지니고 있다. 따라서 종업원지주제도를 실시하기 위해서는 다음과 같은 요건을 구비하지 않으면 안 된다.

첫째, 회사의 경영방침으로 종업원에게 자사주를 보유하도록 추진하여야 한다. 따라서 회사측의 의사와는 아무런 관계없이 종업원이 독자적인 의사로 증권시장에게 자사주를 매입·보유하고 있는 경우에는 종업원의 주식보유 이기는 하지만 종업원지주제도는 아니다. 그러므로 동제도는 종업원에게 자사주를 보유케 하는 것을 회사가 경영방침으로 정하여 이를 장기적·계속적으로 추진하는 것이 원칙이다(안문택, 1984).

둘째, 회사가 종업원의 자사주 취득을 돕기 위하여 특별한 편의나 경제적 원조를 제공하여야 한다.[4] 즉 종업원이 자사주를 취득함에 있어서 회사로부터 아무런 편의를 제공받지 못한다면 이 또한 종업원지주제도로서의 실체를 구비하지 못한 것이다. 회사가 제공하는 특별한 편의 및 경제적 원조를 구체적으로 살펴보면 〈표 5-2〉와 같다.

셋째, 자사주의 취득 및 장기보유를 목적으로 하는 것이어야 한다. 즉 종업원이 구입하는 주식은 자사주이어야 하며, 또 원칙적으로 이를 타인에게 양도하지 않고 계속 보유할 것을 조건으로 하여야 한다. 이러한 조건은 동제도가 회사의 안정주주 확보라는 면에도 그 목적을 두고 있기 때문이다.

넷째, 자사주의 취득·보유가 제도화되어야 한다. 제도화에는 종업원이 자사주 투자를 목적으로 하는 단체를 조직하여 이 상설기구에 의하여 장기적·계속적으로 추진하는 방법[5]과 증자시 자사주 구입운동과 같이 일회로 끝나는 임시적인 것이 있는데, 엄밀한 의미에서의 종업원지주제도는 상설기구에 의해 지속적으로 운영되는 전자의 경우에 국한된다. 우리나라에서는 종업원지주제도를 실시하기 위하여 종업원의 자율적 자사주 투자모임인 '우리사주조합'을 결성하여 관련 업

---

4 그러나 미국 등 구미제국의 경우 편의제공의 주체가 기업이 아닌 경우도 많다(정경호, 1987).

5 여기에 해당하는 것으로 미국의 종업원주식구매제도(Employee Stock Purchase Plan)를 들 수 있다(Yoder, & Staudohar, 1982). Renaud, Stonge, & Magnan(2004)은 종업원의 주식구매제 참가가 근로자의 개별 직무성과의 향상과 개별 현금보상에 영향을 미친다는 사실을 밝히고 있다.

표 5-2 특별한 편의의 종류

특별한 편의	자금 보조	장려금의 교부	적립장려금
			배당장려금
		매매수수료의 부담	
	자금 대출	구입자금의 무이자·저리대부	
		구입자금의 분할변제	
		구입자금의 적립방식	
		구입자금의 융자알선·차입보증	
	증 여	신주인수권의 부여	
		저액 양도	
		공로주의 증여	

자료: 최종태(2000),「현대노사관계론」, 경문사, 318.

무를 담당하도록 하고 있다.

19세기 말 영국의 한 광산회사에서 최초로 도입된 이 제도는 그 후 얼마 동안 영국에서는 별다른 진전을 보이지 못하다가 서독에서의 근로자 재산형성목적과 미국에서의 경영민주화사상 고양과 더불어 크게 발전하였다(최종태, 1988). 영국의 경우 1978년부터 영국금융법(British Finance Act)에 힘입어 제조업체의 약 20%에서 이 제도를 도입·실시하고 있다(Bradley, Estrinm, & Taylor, 1990).

미국의 경우 1930년대 세계 대공황으로 한때 위축되기도 했으나 제2차 세계대전 이후에 본격적으로 발전·보급되었으며 1958년 샌프란시스코의 변호사인 루이스 켈소(Louis Kelso)의 제창과 루이지애나주 출신 상원의원 러셀 롱(Russel Long)의 주장으로 입법화되게 이르렀다(D'Art, 1992). 70년대 중반까지만 해도 반대입장을 취해왔던 노조도 80년대 중반부터는 종업원지주제도에 적극적으로 참여함으로써 1976년 종업원지주제를 실시하던 기업수가 약 1,000개에서(Pierce, Rubenfeld, & Morgan, 1990) 1992년에는 Avis, Lockheed, Polaroid, Procter & Gamble, Texaco 등을 비롯한 10,000여개 기업으로 늘어났으며, 참가하는 종업원수도 1,150만 명이나 되고, 주가로는 600억 달러에 육박하는 것으로 나타났다

(Nickels, McHugh, and McHugh, 1993).

2. 종업원지주제도의 목적

종업원지주제도는 그 역사적 근원이 노동자의 파업에 대한 자본가의 대응으로서의 자본분배 내지는 자본참가에 있는 만큼, 어디까지나 기업경영의 목적에서 출발하였다. 그러나 이 제도가 점차 확대됨에 따라 사회정치적으로까지 그 목적도 확대되어 나갔다. 따라서 종업원지주제도의 목적은 미시적 차원에서의 기업경영적 목적과 거시적 차원에서의 사회적·정치적 목적으로 체계화시킬 수 있다(Woodworth, 1981; 최종태, 1986).

(1) 경영적 목적

가우글러(E. Gaugler)는 종업원지주제도가 오로지 사회·정치적 목적으로만 추구되고 경영적 목적이 확립되지 않으면 장기적으로 보아 실패하기 마련이라는 점을 지적하고 있다. 그는 종업원지주제도를 비롯한 기타 배분모형이 장기적으로 성공하려면 경영적 목적을 기반으로 확립되어야 하며, 만약 경영적 목적을 도외시하고 오로지 사회가 직면한 문제의 해결 입장에서만 추진된다면 성공할 수 없다는 점을 강조하고 있다.

사실 종업원지주제도는 경영의 목적, 즉 경영의 성과·목적달성을 위해서 절실히 요청된다. 특히 경영의 안정적 성장을 위해서는 더욱 그러하다(Hearst, 1975). 종업원지주제도가 기업경영의 목적달성에 기여할 수 있는 효과에는 다음과 같은 것들이 있다.

경영상 유대관계강화의 측면에서 기업 내적으로 종업원의 애사심 함양, 인재의 확보와 이직방지로 인한 정착화, 근로의욕 및 생산성향상, 노사협조의 증진 등을 기대하고(김형배, 1978), 기업외적으로는 기업의 대외적 PR의 촉진도 가져온다. 특히 애사심 함양이나 동기유발, 자신의 노력 등이 회사의 이익과 주가에 공헌한다는 것 등을 깨닫게 해줌은 시사하는 바가 크다고 할 수 있다(Reum & Reum, 1976).

경영상 자금조달강화 측면에서는 자기금융적인 성격의, 양질의 자기자본 조달은 물론 장기 안정주주의 확보, 주가의 안정성 유지 등을 용이하게 한다. 아울러 증자의 여건을 개선하며 주식시장의 침체기에는 실권주처리도 가능하게 된다.

(2) 사회적 목적

종업원지주제도는 근로자의 존재기반을 확충시킴으로써 산업화 과정에서 발생하는 사용자와 근로자간의 이해관계의 대립과 갈등을 해소시키는 데 중요한 역할을 한다. 이러한 종업원지주제도의 사회안정목적에의 기여는 특히 다음 두 가지 기능에서 찾아 볼 수 있다.

1) 노사간의 긴장완화

종업원지주제도는 생산요소로서의 노동(근로자)과 자본(사용자) 사이의 긴장과 갈등을 해소시켜 준다. 즉 종업원지주제도는 이해관계를 달리하는 당사자들로 하여금 이해관계를 같이 하여 공동책임을 수행하도록 하는 동반자적 노사상호작용을 실현시킴으로써, 노사간의 갈등관계를 협력관계로 전환시키는 사회적 안정기능에 이바지한다.

2) 근로자의 경제적 활동영역의 확대

종업원지주제도는 경제적인 지원의 혜택, 장기간의 시간적 분산투자에 의한 적은 투자리스크, 간편함, 소액자금에 의한 투자가능성 등에 의하여 근로자 존립기반의 개선수단으로써 그들의 재산형성목적에 기여할 수 있다.

종업원지주제도는 근로자로 하여금 임금 이외에 배당이라는 보조적인 소득원천을 갖게 함으로써 그들의 일상생활과 더불어 노후생활보장에도 이바지하게 된다. 특히 사회복지정책·제도 및 지출이 충분치 못한 국가일수록 종업원지주제도의 사회보장기능의 의의는 더욱 크다고 할 수 있다(최승부, 1984).

(3) 정치적 목적

종업원지주제도는 앞에서 언급한 경영적 목적과 사회적 목적 이외에 정치적 목적을 또한 지니고 있다. 즉 종업원지주제도의 실현은 정치적 측면에서의 사회경제유지의 목적과 경제정치적 측면에서의 종합적 경제균형력 유지의 목적에 기여한다(Levin, 1985).

종업원지주제도의 사회·경제 질서유지와 관련된 사회·정치적 목적은 근로 대중의 기업자본에의 참여를 통해 사유경제질서를 보장하는 데 있다. 바람직한 사유의 구성형태는 그 사회의 소수인에 의한 소유보다는 다수인에 의한 소유형태로 구성되어, 중산층이 그 사회를 지배하고 빈부의 격차가 심하지 않도록 하는 것이다. 왜냐하면 진정한 민주주의의 실현은 빈부의 격차가 없는 선거시민들의 자아의식을 밑바탕으로 하여 이루어지기 때문이다. 이러한 점에서 종업원지주제도는 자유민주주의의 사회·정치적 실현에 주요한 기여를 할 수 있다.

3. 종업원지주제도의 형태

종업원지주제도의 운영형태는 현재 다양하게 나타나고 있다. 왜냐하면 이는 실시하는 회사의 목적에 따라 그리고 그 회사의 주어진 상황에 따라 임의적으로 적합하게 계획되어질 수 있기 때문에 나라마다 또는 회사마다 다양한 형태로 나타나는 것이 보통이며(한국증권금융, 1984). 오히려 이러한 현상이 정상이라 할 수 있겠다. 그러나 종업원지주제도에 대한 일반적인 구분으로는 참가형태, 자금조달원천, 관리운영주체라는 세 가지 관점에서의 분류기준을 사용하고 있다(National Industrial Conference Board, 1967).

(1) 참가형태에 따른 분류

주식구입에 참가하는 방법에 따른 분류기준으로서 주식을 종업원 개개인이 관리하느냐 아니면 공동으로 관리하느냐에 따라 종업원지주제도는 개별참가형과 공동참가형으로 구분되어진다.

1) 개별참가형

종업원지주제도하에서 종업원 각 개인이 독자적으로 주식을 취득·보유하게 하는 방법이다. 회사는 단순히 보조금을 지급하거나, 융자를 하거나, 싼 가격으로 자기회사 주식을 구입할 수 있도록 편의를 제공할 뿐이다. 종업원 각 개인이 독립하여 매입·보유하는 경우에도 종업원지주제도를 운영하기 위한 특별한 조직을 구성할 수 있다. 이 조직은 법제상의 불편을 덜기 위한 것이지 주식을 공동소유하기 위한 것은 아니다.

2) 공동참가형

이는 종업원이 지주조합이나 지주회 등과 같은 하나의 단체를 만들어 그 회원이 된 뒤, 회원들의 공동출자로 자기회사주식을 구입하는 형태이다. 회사는 개개의 종업원이 아닌 지주조합이나 지주회 등의 단체에 대하여 여러 가지의 편의를 제공한다. 이 경우의 주식은 그 단체의 재산이 되며, 종업원 각자는 그 단체재산에 대한 지분을 갖게 되며 주식에 대하여 공유관계를 갖게 된다. 오늘날은 공동참가형이 주류를 이루고 있다(안문택, 1988).

(2) 자금조달원천에 따른 분류

종업원의 자사주 구입자금이 어떠한 원천에서 조달되는가 하는 측면에서 분류해 보면 대체로 다음의 다섯 가지로 나누어 볼 수 있다.

1) 주식구입형

이는 종업원에게 전액출자시키고 회사는 원칙적으로 장려금을 주지 않지만 대금의 분할납입이나 자금의 일부대여 등 특별한 편의를 주는 방법, 즉 대여형식을 취하는 방법이다. 따라서 이 형식은 종업원은 자기자금으로 자기회사주식을 구입하고, 회사측에서는 여러 가지 편의를 제공함으로써 종업원의 자기회사주식 취득을 용이하게 하는 데 특색이 있다(Osborn, 1959).

회사측이 제공하는 편의로는 ① 시가보다 낮은 가격으로 자사주를 제공하거나 ② 구입자금의 일부를 대여해 주거나 ③ 주식취득에 따른 매매 수수료 등의 비용을 부담해 주는 것 등이 있다.

2) 저축장려형

이는 일정한 자격[6]을 갖춘 종업원으로 하여금 그들의 급여에서 일정액을 제공하거나 기타의 방법으로 일정기간 계속적으로 저축케 하고, 회사는 그 저축액에 대해 일정비율의 자사주를 교부하는 제도이다. 이 형태의 주요한 특색은 종업원의 저축액에 대하여 일정비율의 장려금을 지급하거나 무상주를 배분해 주는 데 있으며, 만일 소정의 저축기간이 경과하기 전에 탈퇴하는 경우 장려금이나 배분

---

6 종업원의 근무연수, 급여수준 및 근무성적 등을 종합적으로 고려하여 결정하는 것으로서 실시하는 회사마다 그 요건을 달리한다.

받은 무상주는 반환하여야 한다.

3) 이익분배형

이익분배형은 회사이익의 일부를 종업원에게 분배하고 이를 회사 내에 종업원명의로 적립한 다음에 계획에 따라 자기회사주식 또는 기타 유가증권에 투자하도록 하는 방법이다. 주식구입형·저축장려형과는 달리 자기자금을 필요로 하지 않는 것이 특징이다. 이 유형은 참가기간이 가장 길고 이 기한 전에 탈퇴하는 경우 회사이익분배금에 대한 지분이 상실되며 그 지분은 다른 종업원에게 재분배된다. 회사의 이익이 안정되어 있지 않으면 채용할 수 없으며 이를 도입·실시하는 회사는 우량기업에 한정될 수밖에 없다. 이른바 공로주도 이 범주에 속하는 것이라고 할 수 있다[7].

4) KELSO형

캘소형은 미국의 변호사이며 경제학자인 캘소(L. Kelso)에 의하여 제시된 새로운 형태의 종업원지주제도로서 1974년의 종업원 퇴직소득보장법(The Employee Retirement Income Security Act), 1975년의 감세법(The Tax Reduction Act)의 제정에 힘입어 70년대 중반 이후 미국에서 급속하게 늘어난 제도이다. 캘소형은 기업의 자금조달, 절세, 종업원의 재산형성 측면에서는 큰 의의를 갖지만, 어느 정도의 우량기업이 아니면 위험이 따르고 신주발행에 따라 주가의 희석화 현상이 초래되기 쉽다. 정부의 재정수입에도 상당한 영향을 미친다(Jochim, 1978).

5) 노동주제도

주식은 원칙적으로 주금(株金)과 그외 기타 재산의 출자에 의하여 발생되어지는 것이 보통인데 반하여, 종업원이 그 회사에 제공하는 노동을 일종의 출자로 인식하여 이에 대하여 주어지는 주식을 노동주라 한다. 노동주에 분배된 이익은 노조가 그 규정에 의거 조합원인 노동자에게 그것들을 재분배한다. 일찍이 프랑스나 뉴질랜드 등에서 채택된 바 있다.

이 밖에도 종업원지주제도를 관리운영하는 기관에 따라서 회사관리형, 종업원조직관리형 및 외부기관관리형 등으로 분류하기도 한다.

---

7 주식구입형, 저축장려형, 이익분배형 등의 장단점에 대해서는 한국증권금융(1984)을 참조.

4. 종업원지주제도의 효과와 문제점

(1) 종업원지주제도의 효과

종업원의 자본에 대한 경영참가를 통해 기업과 종업원 모두 적지 않은 이점을 얻을 수 있다. 먼저 종업원측에 대해서는 근로자의 복지향상과 재산형성을 촉진시키고, 자사주에 대한 투자가 용이하며 그리고 투자위험을 경감시킬 수 있다(양춘희·조은영, 2005.12)는 장점이 있다. 기업측은 종업원의 회사에 대한 귀속의식, 애착, 충성심, 몰입도 등의 심리적 소유감을 자극하여 구성원의 행동변화를 가져올 수 있고(Sieger, Zellweger, & Aquino, 2013), 주가안정의 유지, 자기자본의 조달기회 제공, 시장성 확보, 외부로부터 들어오는 경영참여 압력에 대항하는 사전방지책으로서의 안정주주를 확보할 수 있으며, 그리고 종업원의 복지향상과 소득분배를 통한 중산층의 육성에도 이바지할 수 있다. 이 밖에도 노사관계의 원활화와 경영민주화를 기할 수 있으며 자기자본 충실화를 통한 재무구조의 개선으로 국제경쟁력을 강화하는데 도움을 주기도 한다(한국상장회사협의회, 1986).

(2) 종업원지주제도의 문제점

앞서 종업원지주제도의 목적에서 종업원지주제도의 순기능, 즉 효과에 대해 자세히 살펴보았다. 그러나 종업원지주제도가 경영관리적, 경제적, 사회적, 정치적 측면에서 여러 가지 순기능을 가지고 있는 반면, 역기능도 있을 수 있는데, 회사측과 종업원 양측에 나타날 수 있는 문제점에 대해 살펴보면 다음과 같다.

첫째, 종업원지주제도가 제대로 실시되기만 하면 노사관계의 안정화·협력화 효과가 나타나지만 그렇지 못할 경우 종업원들의 발언권만 커져 경영자의 지위 안정에 역효과를 미칠 수도 있다.

둘째, 기존주주의 보호라는 측면에서 볼 때 종업원지주제도의 시행은 신주발행으로 인하여 주식수가 늘어남에 따라 기발행주식수의 실질적 가치절하를 초래하여 기존주주들의 부의 유출을 초래할 수도 한다.

셋째, 같은 기업 내에 자사주를 소유한 종업원과 소유하지 않은 종업원 사이에 갈등이 생길 수 있으며, 이것이 생산성을 떨어뜨리는 역할을 할 수 있다.

넷째, 자기급여의 상당부분을 자사주의 투자에 충당한다고 할 때에는 종업원이 임금과 저축 모두를 회사에 의존하게 되어 높은 위험을 안게 된다. 특히 주가가 장기적으로 하락할 때에는 이 제도가 오히려 근로자의 재산형성을 저해하는 요인으로 작용하게 된다.

다섯째, 종업원이 퇴직 또는 이직(移職)시 자사의 주식을 회사에 다시 팔고자 할 때 회사는 그 주식을 구매해 줄 수 있는 여유자금이나 능력이 있어야 한다. 그러므로 종업원지주제도는 재무적인 기초가 탄탄한 기업이나 이익이 많이 발생하는 기업에 더욱 적합한 제도라고 할 수 있다(김성수, 2013; 변상우 외. 2015, 331).

여섯째, 우리사주조합에 의한 대량지분보유(block holding)가 경영진의 안주주의(management entrenchment)처럼 비효율을 가져오며, 이를 쉽게 제거하기 어렵다(Jensen & Meckling, 1976; Gordon & Pound, 1990).

일곱째, 종업원의 자기회사 주식소유는 무임승차문제(free-riding problem)를 가져오기 때문에 종업원지주제의 도입취지와는 달리 기업성과에 부정적인 영향을 주기도 한다(Blasi, Conte, & Kruse, 1996).

제 5 절 스캔론 플랜

1. 스캔론 플랜의 의의

스캔론 플랜(Scanlon plan)이란 1937년 전미철강노동조합(United Steel Workers Union)의 간부였던 조셉 스캔론(Joseph Scanlon)이 제안한 조직체 수준의 집단인센티브제도로 오늘날 이익분배제도 중 가장 일반적인 모형이다. 이 제도는 기업의 생산성향상을 노사협조의 결과로 보고 총매출액에 대한 노무비 절약분(labor cost savings)으로서의 이익을 인센티브 임금, 즉 상여금으로 모든 구성원들에게 나누어 주는 방식을 말한다(Moore & Ross, 1978; Dessler, 1988).

이 스캔론 플랜의 기초를 이루는 철학이란 인본주의에 입각한 참여와 협력의 철학으로 조직은 하나의 단일단위로서 기능을 해야 하며, 종업원들은 창의성과 자율성을 갖고 있어 아이디어 창출과 제안을 기꺼이 할 수 있고, 그리고 개선된 성과는 근로자들과 나누어 가져야 한다는 것인데(Robbins & Coulter, 2012; Miller & Schuster, 1987), 사실상 맥그리거(D. McGregor)의 Y이론과 상통하는 철학이다

(김영재, 1996).

1947년 이래 미국의 많은 기업체에 적용되어 좋은 성과를 거두어 왔던 스캔론 플랜은 오늘날에도 미국의 American Value, TRW, Weyerhauser, 그리고 Trans-Matic Manufacturing을 비롯하여 여러 기업에서 활용되고 있다(Sherman and Bohlander, 1992). 스캔론 플랜은 종업원의 참여를 원동력으로 해서 기업 혹은 전 공장을 하나의 팀으로 팀웍을 창출하여 노사간의 협조증대로 산업평화를 유지하고 인건비절감에 의한 생산성향상을 주된 목표로 한다. 스캔론 플랜의 원형은 기업 또는 공장의 전체 종업원을 대상으로 하여 적용되기도 하고 종업원의 참여는 노조가 결성되어 있지 않은 기업체도 널리 이루어지고 있다

2. 스캔론 플랜의 배경

스캔론 플랜의 기원은 1930년대 미국 철강업체의 침체에서 찾아볼 수 있다. 당시 스캔론은 Empire Steel[8]이라는 한 철강회사의 경리사원으로서 철강노조의 평범한 조합원에 불과했다. 그는 1936년~1937년에 철강노조의 조직부장이 되자 그의 동료 대부분을 노동조합에 가입시키는 데 성공했다. 그러나 그는 임금인상 요구나 노동시간의 단축 같은 투쟁적인 노조운동의 전개에는 한계가 있다는 것을 알게 되었다. 왜냐하면 1930년대의 세계적인 대공황으로 미국경제가 전반적으로 위기에 봉착해 있던 상황에서 노조가 기업과 대립해 가면서 노동운동을 계속하다가는 기업이 도산할 가능성이 높고 또 그렇게 되면 근로자들이 직장을 잃게 될 가능성이 컸기 때문이다.

따라서 스캔론은 노조가 기업과 대립·투쟁하기보다는 대화와 타협을 통한 노사관계개선으로만 이 난국을 타개할 수 있다고 보고 철강회사의 사장으로 하여금 노조중앙회를 방문하도록 설득하여 난국타개를 위한 노조와의 공동협력의 길을 모색하도록 하였다. 여기에서 스캔론은 제안제도를 통해 모든 종업원의 지식을 총동원하여 활용하는 노사생산성계획을 전개시켰는데, 이로 인해서 기업은 위기를 극복할 수 있었고 나아가 이익을 낼 수 있었으며 그 이익의 일부는 노동자에게 상여금으로 지급되었다. 이같은 성공이 세상에 알려지자 비슷한 상황에

8 Empire Steel은 6개의 보다 적은 철강회사의 합병으로 1927년에 만들어졌는데 종업원 5,000명에 생산능력은 압연강(rolled steel)제품 400,000톤이다(Wren, 2009).

있던 여러 회사들도 공동생산성향상에 이 제도를 도입하기 시작했으며 스캔론은 노조중앙회에 발탁되어 조사 및 생산 엔지니어링 부문의 책임자가 되었다.

이와 같이 스캔론 플랜은 종업원의 참여에 바탕을 둔 노사협력에 의한 생산성향상으로 불황기에 파산위기에 처했던 기업을 회생시켰을 뿐만 아니라, 경제사정이 호전된 후인 1944년에도 성과측정의 표준으로서 판매가치에 대한 인건비 총액의 비율을 개발하여 보다 세련된 계획을 Adamson[9]과 Lapointe Machine Tool에 적용한 결과 역시 성공을 거두었다. 이와 같이 스캔론 플랜은 불황기는 물론이고 호황기에 적용해도 생산성을 향상시킬 수 있다는 것이 입증됨으로써 스캔론의 이름과 아이디어는 전국에 널리 알려지게 되었고 당시 MIT대학의 교수였던 맥그리거(D. McGregor)의 추천으로 MIT대학교 경제 및 사회과학부 산업관계학과의 교수가 되었다.

스캔론이 MIT에 재직하는 10년 동안 그의 주도로 매년 '스캔론 플랜회의'가 열렸는데 이 회의는 이 계획에 관심을 가진 많은 기업과 노조의 간부들이 서로의 의견과 경험을 교환하는 곳이었다. 1956년에 스캔론이 죽고, 이어서 1964년에는 맥그리거도 죽었지만 그의 업적은 레슈(F.G. Lesieur)에 의해 계승되었으며 이 회의는 1980년대까지 계속되었다(Kenneth, 1979; Lesieur, 1975).

3. 스캔론 플랜의 특징

스캔론 플랜은 참가프로그램과 상여금지급을 통하여 조직 유효성을 증대시키는 체계적인 접근법으로 이 계획에 참가한 전종업원에게는 생산성향상 노력과 그 성과증대에 대하여 심리적 보상, 즉 참여감, 소속감, 자아실현욕구의 충족 등은 물론 경제적 보상이 집단적으로 주어짐으로써 종업원의 추가적인 노력을 자극하였다. 이러한 점에서 스캔론 플랜은 일종의 조직개발계획이며 조직체 수준의 집단인센티브제도로서의 성격도 아울러 갖는 이익분배제도라 할 수 있다.

이같은 성격의 스캔론 플랜은 종업원의 참여의식을 고취시키고 그들의 지식과 상상력을 충분히 활용할 수 있는 새로운 형태의 제안제도(suggestion system)와 기업의 성과를 종업원과 함께 합의한 기준에 따라 공정하게 배분하는 상여금제

---

9 The Adamson Company에 대한 보다 자세한 내용은 Wren(2009)을 참조.

도(bonus plan)를 양대 지주로 해서 운용되고 있다.

(1) 제안제도

스캔론플랜의 기본사고는 노사협력에 있으므로 제안제도 역시 기업의 생산성 향상을 도모하기 위한 노사협력의 방안으로서 전통적인 제안제도와는 그 성격을 달리한다. 즉 전통적 제안제도는 종업원 개인의 아이디어에 의존하고 보상 또한 개인에게 주어지는 개인중심이지만 스캔론 플랜에서는 개인중심이 아니고 조직 구성원들의 협력에 초점을 둔 집단중심이다. 경쟁에 있어서도 기업 내부의 경쟁보다도 외부경쟁에 주의를 기울이고 따라서 집단의 팀웍이 강조되며 보상 또한 집단 전체가 공유한다. 스캔론은 개인인센티브제는 집단을 희생시키는 데 반하여 집단인센티브제는 건설적인 협조에 기여한다고 생각하였던 것이다.

이러한 집단중심적인 스캔론 플랜의 제안제도는 부서 수준의 생산위원회(production committee)와 중역 수준의 심사위원회(screening committee)를 중심으로 운영된다.

1) 생산위원회

생산위원회는 공장위원회(shop committee)라고도 불리는 것으로 기업의 각 중요부문별로 설치되고 경영자측 대표 1명(생산부서의 경우 보통 직장이나 감독자)과 종업원측 대표 2명~5명으로 구성되며 보통 한 달에 두 번 정도 회의를 갖는다(Fossum, 2006, 432).

이 위원회는 종업원들의 활용되지 못하고 있는 독창력과 상상력을 활용하는 데 그 목적을 두고 생산성 향상, 품질개선, 낭비감소, 조직의 운영방법개선 등에 대한 종업원의 각종 제안을 개발하고 심사한다. 이 위원회는 또한 생산비용에 대한 종업원의 이해를 촉진시키고 이와 관련된 정보를 전 종업원에게 알리는 역할을 수행하기도 한다(Henderson, 1982).

이 중에서 종업원들의 제안이 우수하고 또한 그것이 특정비용범위 내의 것으로 다른 생산위원회의 활용에 영향을 주지 않는다면, 그 제안은 추가적인 승인없이 해당 생산위원회에 의해서 바로 실행될 수 있다. 그러나 그 제안에 문제가 있고 다른 부서에 미치는 영향이 매우 클 경우 경영자측 대표는 상위수준의 심사위원회에서 종업원의 제안을 재심할 것을 조건으로 하여 생산위원회의 결정을 거부할 권한을 가지고 있으며 채택되지 않은 제안은 심사위원회에 제출되어 다시 심사를 받게 된다. 일부 제도에서는 위원들이 다른 종업원들을 회의에 참석시키기도 한다(Miller & Schuster, 1987).

2) 심사위원회

심사위원회는 생산직 및 사무직 종업원 대표, 노조간부, 최고경영자 등 8~12명 정도의 노사 동수로 구성되고 월 1회 정도의 회합을 갖는다. 이 위원회는 전월의 경영성과와 그 원인을 분석·검토하고 매달 지급할 상여금 액수를 토의한다. 그 뿐만 아니라 생산위원회에서 채택되지 않은 제안을 제안자가 다시 재고를 원할 경우 이 제안을 다시 심사하는 일종의 상급법원으로서의 역할을 수행하기도 한다(Lesieur & Puckett, 1969).

이 밖에도 이 심사위원회는 비용절감, 생산상의 애로점, 고객의 불평, 품질문제, 원자재 부족문제, 그리고 입찰, 주문, 판매 및 선적방침, 시장전망 등 기업이 당면한 문제를 토의하고 조직개선을 위한 각종 제안 등을 심사하는 기능을 수행한다. 단 고충 및 단체교섭과 관련된 문제는 단체교섭기구에서 다루고 여기서는 취급하지 않는다. 심사위원회가 끝난 뒤에 회의록은 전 종업원에게 배포된다(Pigors & Myers, 1981).

(2) 상여금제도

스캔론은 상여금을 노동과 경영의 효율적인 결합의 결과로 보고 이것을 증대시키기 위해서는 최고경영자로부터 현장사원에 이르기까지 모두 적극적으로 참여하여야 하며, 아울러 그 배분에 있어서도 모든 구성원을 참여시키고 있다. 상여금의 배분은 구체적으로 다음과 같은 방법으로 이루어진다.

① 먼저 일정 기간 동안의 기준(표준)노무비율을 산정한다. 기준노무비율은 노무비절약분을 산정하는 기준이 되는데, 일정기간 동안의 생산물의 판매가치(sales value of production)에 대한 총노무비(total labor cost)의 비율이다.

② 매출액에 재고품이나 반품(returned goods)의 가액을 가감하여 매월의 판매가치를 계산하고 이를 노사협조의 결과로 이룩된 경영성과로 본다. 그리고 이 같은 성과를 달성하기 위하여 실제로 지급된 매월의 실제 노무비를 계산한다.

③ 앞에서 계산된 당해 월의 생산물의 판매가치에 기준노무비율을 곱하여 산

출한 기준노무비에서 실제노무비를 차감한 잔액이 생산성향상에 의한 노무비 절약분, 즉 상여금재원(bonus pool)이다.

④ 실제 상여금 재원의 배분은 회사의 재정형편에 따라 다를 수 있지만 일반적으로 노무비가 기준노무비를 초과할 경우를 대비하여 25%는 적립금으로 유보하고 나머지 75%를 종업원과 회사에 각각 75%와 25%, 즉 3:1의 비율로 배분한다. 그리고 개별 종업원에 대한 배분액은 노무비총액에 대한 상여금 총액의 비율을 구해서 이를 각 개인의 월급여액에 곱하여 결정한다. 그리고 결손월을 대비해 매월 적립된 유보액은 연말에 가서 역시 상여금으로 지급된다(Sherman, Bohlander, & Snell, 1996).

이상의 상여금 배분방법을 간단한 예를 들어 살펴보자. 만약 기준노무비율 45%, 판매가치 1,200,000달러, 노무비 504,000달러, 사내유보율 33.3%라고 가정했을 때 스캔론 플랜에 따른 상여금 계산은 〈표 5-3〉과 같다.

이와 같이 스캔론 플랜의 상여금산출공식은 생산물의 판매가치와 노무비와의 관계에 기초를 두고 있어 모든 종업원들이 쉽게 이해할 수 있다는 점이 가장 큰 장점이다. 그리고 전통적인 이윤배분제도가 분배의 기준인 이윤의 성격이 복합적이기 때문에 종업원이 노력과 노동성과 및 보상의 관계가 불명확한데 비해서 스캔론 플랜은 노동성과로서의 노무비절약분이라는 명확한 기준에 의하여 보상이 제공되어 노동성과와 보상이 직결되고, 또한 성과의 배분도 전통적인 이윤분

표 5-3 스캔론 플랜의 상여금 계산 (단위: 달러)

- 기준노무비율 $= \dfrac{\text{노무비}}{\text{생산물의 판매가치(과거)}} = \dfrac{450,000}{1,000,000} = 0.45$
- 실제노무비율 $= \dfrac{\text{노무비}}{\text{생산물의 판매가치(현재)}} = \dfrac{504,000}{1,200,000} = 0.42$
- 기준노무비 = 기준노무비율 × 판매가치(현재) = 0.45 × 1,200,000 = 540,000
- 노무비절약분 = 기준노무비 − 실제노무비 = 540,000 − 504,000 = 36,000
- 월이용가능상여금 = 노무비절약분 − 사내유보 = 36,000 − 12,000 = 24,000
- 상여금지급비율 $= \dfrac{\text{이용가능한 상여금}}{\text{실제노무비}} = \dfrac{24,000}{504,000} = 0.0476$
- 개인별 상여금 = 상여금지급비율 × 개인당 월급 = 0.0476 × 2,500 = 119.00

표 5-4 스캔론 플랜, 럭커플랜, 임프로세어의 비교

구 분	스캔론 플랜	럭커플랜	임프로세어
배경이론	조직개발이론	노동경제이론	산업공학
기본철학	참가형 경영	효율적 경영	효율적 경영
주요 구조	생산위원회, 조정위원회	조정위원회	생산성 향상 팀
제안제도	있음	있음	없음
집단보너스 기본공식	노동비용/생산액	노동비용/부가가치	실제생산시간/표준생산시간
보너스 지급주기	월별 또는 분기별	월별 또는 분기별	주별 또는 격주별
보너스 분배 (노 : 사)	75:25	50:50	50:50

자료: 김동원(1996), 「종업원경영참가제도의 이론과 실제」, 한국노동연구원, 59.

배제도에서는 결산기에 연 1~2회 정도 실시되는데 반하여, 스캔론 플랜에서는 보통 1개월마다 계산되어 지급되기 때문에 임금의 동기부여요인으로서의 작용도 커서 인센티브효과가 여타의 성과배분제도, 즉 럭커플랜(Rucker plan)과 임프로세어(Improshare)[10]보다 훨씬 크다고 할 수 있다.[11]

1940년대에 등장한 럭커플랜은 스캔론 플랜의 보너스 산정방식을 보다 안정된 계산방식으로 수정한 것으로 노동비용을 부가가치로 나눈 비율을 보너스 산정공식으로 사용하며, 1970년대 초에 등장한 임프로세어는 실제생산시간을 표준시간으로 나눈 비율을 보너스산정공식으로 사용하였다. 이 제도는 산업공학의 원칙을 이용하여 보너스를 산정하는 것이 그 특징이다. 스캔론 플랜, 럭커플랜, 임프로세어를 비교하면 〈표 5-4〉와 같다.

최근에는 기존의 정형화된 프로그램을 각 기업의 환경과 상황에 맞추어서 수정하여 적용하는 성과배분제로 커스텀플랜(customized plan)이 있다. 이 제도하에서는 성과측정의 기준으로 노동비용이나 생산비용, 생산성 뿐만 아니라 품질향

10 스캔론 플랜이 성과보너스로 산정하는 기준은 생산물의 판매가치에 대한 인건비의 비율인 반면 럭커플랜은 부가가치에 대한 인건비의 비율이며 임프로세어는 제품생산에 필요한 기준시간이다(박우성, 1998).

11 이 스캔론 플랜과 럭커플랜, 임프로세어는 약간의 차이가 있는데 이들의 비교는 Werther & Davis(1996), Schulhop(1979), Hoerr(1983), Deshpande(1999) 등을 참조.

상, 소비자 만족도 등이 사용되기도 한다(신수식·김동원·이규용, 2014, 253-254).

4. 스캔론 플랜의 효과와 문제점

(1) 스캔론 플랜의 효과

스캔론 플랜을 실시한 많은 기업에서 노사협력, 생산성향상 및 동기부여와 같은 효과가 있었던 것으로 나타났다. 한 예로 스캔론 플랜을 실시한 10개 회사를 대상으로 한 Puckett(1958)의 연구에서는 첫 2년 동안 각각 10.3%와 39.2%로 평균 23.1%의 생산성향상을 가져온 것으로 나타났다. 이 제도의 긍정적인 효과를 보다 구체적으로 살펴보면 다음과 같다(Frost et al., 1974; Shuster, 1983; Bullock & Lawler, 1984; Collins, 1998; Mericle & Dong-One, 2004).

① 생산성과 능률의 향상
② 제안의 증가
③ 보다 많은 혁신의 도입
④ 제품과 서비스품질의 개선
⑤ 고충의 감소
⑥ 결근의 감소
⑦ 보너스, 공평감 및 분배공정성의 공유
⑧ 근로생활의 질(QWL: quality of working life)의 향상
⑨ 변화에 대한 저항 감소
⑩ 안정적인 고용수준 및 노사관계의 개선 등이다.

물론 이러한 효과들이 모든 연구에서 다 나타난 것은 아니며 아울러 이들이 중요도 순으로 나열된 것은 더더욱 아니다.

(2) 스캔론 플랜의 문제점

앞서 스캔론 플랜의 다양한 효과를 살펴보았는데 스캔론 플랜에도 문제점이

없는 것은 아니다. 이 제도를 잘못 설계하고 이를 운영하게 되면 스캔론 플랜이 실패할지도 모른다. 그런 의미에서 스캔론 플랜의 효과를 제한할 수 있는 문제점들에 대해 다음과 같은 것들을 생각해볼 수 있다.

1) 계산공식

스캔론 플랜에서 사용되는 공식은 조직 내에서 일어나고 있는 것을 정확히 반영하여 측정할 필요가 있으며, 변화하는 상황에 탄력적인 적응이 가능하여야 한다. 때때로 종업원들의 행동을 반영하지 않는 경직된 공식(rigid formula)이 개발되는데, 그것이 실패를 자초할 수 있다.

2) 지불수준

이윤분배제도 시행의 초기에는 반드시 어느 정도의 상여금이 지불되어야 하는 것이 중요하다. 그러나 때때로 초기에 상여금이 지불되지 않을 때도 있다. 그것은 달성해야 할 업적수준, 즉 상여금 계산의 근거가 되는 업적수준이 너무 높게 설정되었기 때문이다.

3) 관리자 태도

만약 관리자들이 종업원의 참가에 호의적이 아니라면, 스캔론 플랜은 조직의 관리방식에 적합하지 않을 것이다. 어떤 조직에서는 스캔론 플랜이 관리방식과는 관계없이 단지 임금인센티브제도로서 시행해 온 결과 관리방식과 조화되지 못해 끝내 실패하고 말았다.

4) 제도의 초점

많은 제도들은 단지 노무비 절약에 초점을 맞추고 있다. 이것은 다른 비용규모가 크고 그것이 종업원의 통제하에 있는 조직에서는 문제가 된다. 이렇듯 노무비에만 초점을 둠으로써 다른 비용이 무시되거나 노무비를 줄이기 위하여 심지어 다른 비용이 증가될 수도 있다.

5) 커뮤니케이션 결여

스캔론 플랜이 제대로 운영되기 위해서는 종업원이 보다 나은 업적을 올리면 임금이 증가할 것'이라고 믿을 수 있을 만큼 충분히 그 제도를 이해하고 신뢰하지 않으면 안 된다. 이러한 신념을 불러일으키기 위해서는 상당한 정도의 개방적인 커뮤니케이션과 교육이 필요하다. 이것이 무시되면 그 제도는 결국 실패하고 만다.

6) 노조의 협력부족

스캔론 플랜이 성공하기 위해서는 노동조합의 전폭적인 지원이 뒤따라야 한다. 스캔론 플랜을 실시하고 있는 대부분의 조직에서 노동조합은 스캔론 플랜을 지원하고 있었다. 그러나 노조가 스캔론 플랜을 충분히 지원하지 않았던 상황에서는 실패한 경우가 많았다.

7) 감독에 대한 위협

스캔론 플랜은 감독의 역할을 변화시킨다. 왜냐하면 감독은 종업원의 많은 제안을 다루지 않을 수 없으며, 자신의 능력이 새로운 방법으로 시험받게 되기 때문이다. 만약 감독이 이러한 변화에 대비하고 그 같은 변화를 수용하지 않는다면 스캔론 플랜은 실패할 수도 있다.

제 6 절 협의의 경영참가제도

협의의 경영참가제도는 경영참가의 본질적인 부분으로 흔히 의사결정참가라고도 한다. 협의의 경영참가제도는 근로자 또는 노동조합이 기업의 각종 의사결정에 참가하여 사용자와 공동결정권을 갖고 있느냐의 여부에 따라서 노사협의제와 노사공동결정제로 대별해 볼 수 있다.

1. 노사협의제도

(1) 노사협의제도의 의의

노사협의제도는 주로 공장이나 기업수준에서 노사간의 협조증진·생산성향상 및 이와 관련된 제 경영문제에 대해 근로자에게 발언권을 제공하기 위하여 노사합동기구를 통해 경영에 참가하는 방식이다. 이 제도는 1944년 미대통령 프랭클린 루스벨트(F. Roosevelt) 노동부장관 프랜시스 퍼킨스(F. Perkins), ILO 사무총장 등 전 세계 정부, 기업, 노동자 대표들의 회의 결과로 국제노동기구가 '노동은 상품이 아니다(Labour is not a commodity)'[12]라고 천명한 필라델피아 선언 이래 오늘날 세계 각국에서 널리 도입·실시되고 있다(유병진, 1986).

노사협의제도에 대한 ILO의 정의를 살펴보면 "경영자와 근로자가 대등한 입장에서 단체교섭에서 취급하지 않는 사항으로서, 노사쌍방이 이해관계를 공통으로 하는 사항에 대하여 협의함으로써 서로간의 이해를 넓히고 협력하는 기능을 가진 제도"라고 하고 있다(ILO, 1962).

ILO의 이와 같은 정의를 기초로 노사협의제를 보다 구체적으로 정의하면, ① 기업의 민주화와 생산성향상을 목적으로 한 근로자와 경영자의 대화의 광장으로, ② 단체교섭사항에 포함되지 않는 경제적 사항(예컨대, 채용, 교육훈련, 배치전환 등) 및 기타 주로 노사의 이해가 공통되는 문제에 대하여, ③ 노사가 조직적으로 협력하기 위하여, ④ 자주적 대등한 입장에서 대화하여, ⑤ 협력에 필요한 상호이해를 촉진하는 협의·협력제도라 하겠다(이호준, 1982). 이 노사협의제의 기조는 어디까지나 노사 상호간의 인간성의 존중, 노사권리의 상호존중, 노사의 상호신뢰관계에서 찾아볼 수 있다(김원경, 1982).

이 제도가 경영참가의 한 방식으로 매우 효과적이라는 사실이 널리 알려지면서 국제노동기구는 1952년 제35차 총회에서 기업별 노사협의회를 세계 각국에 권고한 바 있다.

(2) 노사협의제의 안건

노사협의회의 참가범위, 환언하면 협의안건의 범위는 나라마다 시대마다 극히 다양하지만, 이를 몇 가지로 대별해 보면 다음과 같다(박세일 외, 1983). 즉 ① 기술 및 생산적 사항: 생산계획, 생산방법, 직무조직, 개발계획, ② 고용 및 인사·노무 사항: 채용, 승진, 배치전환, 교육훈련, 작업환경개선, 근로자복지, 업무평가, 급료 및 부가급료, 지불방법, 해고, 일시해고, 산업재해, ③ 경제적 사항: 투자계획, 가격정책, 이윤배분정책, 자금운용계획, ④ 기타 사항: 회사 최고경영자의 임명, 공장이전, 공장의 부분폐쇄결정, 합병과 같은 회사존립에 관한 사항

---

12 이 밖에도 필라델피아 선언의 주요 내용은 다음과 같다. ① 표현과 결사(結社)의 자유는 진보를 위해 불가결한 요건이다. ② 일부의 빈곤은 사회 전체의 번영에 있어 위험이 된다. ③ 어려움을 해결하기 위해서는 정부·노동자·사용자 대표들이 계속적이고 협조적인 국제적 노력을 기울여야 한다.

등이다.

이상과 같이 노사협의제를 통하여 기업의사결정에 참가하는 범위는 대단히 다양하고 포괄적이나, 각국이 일정 시점에 위의 모든 사항을 협의회 안건으로 하는 것은 아니다. 협의회 발전 초기에는 주로 근로자 복지, 작업환경 개선 등의 협의가 중심이 되었으나 점차 그 참가자의 폭이 확대되었으며, 참가방식은 초기의 정보전달·의사표명의 단계를 지나 공동협의·공동결정의 방향으로 진전되어 있다. 또한 경우에 따라서는 고용·인사 사항은 공동 결정방식을 취하나 경제적 사항 및 기타 사항은 단순한 통지·설명방식을 택하는 경우도 있어, 취급 안건별로 참가정도가 다양해질 수 있다.

우리나라는 1987년 법 개정 이전의 노사협의회에서 협의사항으로 생산성 향상 및 근로자의 복지증진에 관한 사항을, 근로자의 교육 훈련에 관한 사항, 노사분규예방에 관한 사항, 기타 노사협조에 관한 사항, 보고사항으로 경영방침 및 실적에 관한 사항, 분기별 생산계획과 실적에 관한 사항, 인력계획에 관한 사항 등을 명시해 두고 있었으나, 법 개정으로 협의사항에 노무관리의 합리적 운영을 위한 제도개선사항이, 보고사항에 기업의 경제적·재정적 사항이 추가되었다. 그러다가 1997년 3월 13일의 근로자 참여 및 협력증진에 관한 법률에서 협의사항이 대폭 확대되고 의결사항이 신설되었는데, 보다 자세한 내용은 제6장 제2절에서 다루기로 한다.

(3) 단체교섭과의 관계

최근 기업 또는 직장차원의 노사관계에 대한 실증적 연구나 국제 비교연구가 활발해지고 있는데, 이들에 관한 연구의 상당수가 단체교섭과 노사협의제를 중심으로 이루어지고 있다. 따라서 노사문제의 본질을 정확히 이해하기 위해서는 노사협의제와 단체교섭과의 관계에 대한 올바른 인식이 선행되어야 한다.

흔히 단체교섭이 주로 노사간의 이해관계가 대립되어 있는 임금, 근로시간, 기타 근로조건에 관한 사항을 집단적으로 교섭하는 것이라 한다면, 노사협의제는 기업의 종업원이라는 입장에 서서 주로 노사간의 이해관계가 일치하는 생산적 사항, 사회적 사항 또는 경영경제적 사항 등을 협의하는 것이라 할 수 있다. 그렇기 때문에 단체교섭이 노사간의 '대립'을 전제로 하는 것이라 한다면, 노사협의는 노사간의 '협력'을 바탕으로 하는 데 그 특징이 있다(한국개발연구원, 1983). 환언하면, 노사협의는 '파이(pie)의 확대'를 위한 협조이고, 단체교섭은 '파이의 분배'[13]에 관한 노사의 협상절차라는 것이다.

그러나 이와 같은 구분은 어디까지나 상대적인 것에 불과하다. 단체교섭과 노사협의도 합의추구과정인 점에는 다를 바 없고 또 단체교섭의 대상이 인사정책, 새로운 기계의 도입, 신공장 건설계획, 부서변경 및 자동화 계획 등 이전에 경영전권[14]으로 여겨졌던 분야에까지 확대되어 가고 있는 세계적인 추세 등을 생각하면 전통적인 단체교섭과 노사협의제의 고전적 구분은 사라지고 있다. 그렇기 때문에 마쉬(A. I. Marsh)와 쿠커(E. E. Cooker)는 영국기계공업의 직장내 노조간부를 실증적으로 분석한 후 "단체교섭과 노사협의제에 대한 고전적 구분은 부자연스러운 것이다."라고 결론짓고 있으며(Marsh & Cooker, 1963), 스텀탈(A. Sturmthal)도 '근로자협의회(Worker's Councils)'에서 각국의 직장차원의 근로자조직을 분석한 후, "단체교섭과 경영참가간의 차이는 점점 중요하지 않게 될 것이다." 라고 전망하고 있다(Sturmthal, 1984).

더구나 우리나라의 경우 단체교섭은 기업의 울타리 밖에서, 노사협의는 기업내에서 행하는 서구사회와는 달리 여전히 기업별 노조를 기본으로 하고 있어서, 노조가 있는 곳에서는 교섭도 협의도 똑같은 사용자와 똑같은 노조임원들간에 행해지기 때문에(정재훈, 1982) 이론상으로나 실제상으로 교섭과 협의를 구별하기란 매우 불가능하다.

2. 영국의 노사협의제도

영국에서는 기본적인 노동조건에 관해서는 단체교섭으로 결정짓고, 단체교섭사항 이외의 문제는 노사협의에 의해서 결정하는 바, 기업 외에서는 단체교섭제를, 기업 내에서는 노사협의제를 채택하고 있다. 다만 노사협의에 있어서 그 결정권은 사용자측에 있으며, 이러한 권한을 근로자측은 인정하고 있다. 이와 같이 영국에서는 단체교섭제와 노사협의제라는 두 제도가 노사관계의 중축을 이루고

13 노동운동의 초기에 있어서의 노동조합은 기업 밖의 존재로서 근로자를 위한 '파이의 분배' 에만 주로 관심을 가져왔다(이호준, 1982).

14 이에 대한 보다 자세한 내용은 최종태(1988)를 참조.

있다(신두범, 1976). 이러한 영국의 대표적 노사협력제도에 대하여 구체적으로 살펴보고 1970년대 이후 발전하고 있는 신경향에 관하여 언급하기로 한다.

(1) 직장내 노조간부

직장내 노조간부, 즉 샵 스튜어드(shop steward)가 등장하게 된 것은 공장내의 동일조합원들의 일상작업조건에 관하여 사용자와 교섭하기 위해서이다. 초기단계에 있어서의 직장내 노조간부의 권한은 조합원의 카드점검, 새로 고용된 근로자의 조합가입권유, 조합규약과 단체협약의 준수 및 개별적 불만의 조정 등에 국한되었으나, 후에는 숙련공과 미숙련공과의 마찰 등 특히 그들의 배치와 급료에 관하여 사용자와 상담하게 되었고, 또 적정임금의 지급에 관한 근로자들의 불만처리를 담당하게 되었다. 특히 영국의 노동조합은 석탄산업을 제외하고 조합비 일괄공제제도가 없으므로 직장내 노조간부의 주요 임무의 하나는 조합원을 확대하고 조합비를 징수하는 것이다.

이와 같이 기업 내 노조간부의 활동은 성질상 조합원에게만 국한될 수는 없었던 것이므로 공장내의 전근로자에게 확대되었고 드디어 공장위원회(Workshop Committee)를 탄생시키게 된 것이다. 이 위원회는 원래 근로자들로만 구성되는 단독위원회였으나 점차 노사쌍방에 의한 조합위원회로 발전하였다. 이 위원회는 자연발생적인 것이었으며 그 권한은 각 공장위원회에 따라 상이하였다. 그러나 일반적으로는 교섭기관으로서의 성격을 가지고 있었으며 공장 내의 분쟁해결을 담당하면서 산업평화를 유지하고 생산증강에 협력하게 되었다. 대체로 제1차 세계대전 전까지는 자본주의체제 속에서 그들의 근로조건의 유지·개선만을 도모하던 근로자들은 일보 전진하여 사용자와 협의하면서 경영 내의 제문제를 해결하기 시작하였다(한국산업은행, 1977). 따라서 이 공장위원회제도는 얼마 안가서 정부가 제창한 휘틀리식 공장위원회 방식의 노사협의기구가 보급됨에 따라 이에 흡수되거나 대체되어 노사협의제도로 급속한 발전을 보이고 있다.

(2) 휘틀리위원회

영국에서는 이미 제1차 세계대전 중인 1916년에 당시 하원의장이었던 휘틀리(G.H. Whitley)를 위원장으로 하는 관·민으로 구성된 휘틀리위원회(The Whitley

Committee)를 설치하여 ① 노사간의 관계를 영구적으로 개선하기 위한 방안을 연구하고, ② 노사간의 관계에 영향을 미치는 산업상의 제조건을 개선하기 위한 연구를 시작하였다.

이 위원회는 1917년에 제출한 보고서에서 "전시중에 발휘된 모든 협력이 전후에 있어서도 지속되는 것은 사회를 위해 절실히 필요하다. 노사간의 관계에 있어서는 더 한층 그러하다"고 주장하면서 근로자의 실질적 지식과 경험을 보다 효율적으로 이용하고 생산공정과 기계·조직의 개선 및 경영상 또는 노사관계상의 실험을 협의하기 위해 자문기관적인 협의회의 설립을 권고하였다(안종태, 1982). 그 결과 각 산업별로 전국합동산업협의회(National Joint Industrial Council)를, 지역별로 지역협의회(District Council)를, 그리고 각 기업에는 공장위원회(Works Committee)를 설치하게 되었다.

그리고 이 위원회는 70% 이상의 높은 노동조합 조직률을 표준으로 한 산업에서 노사간의 제문제는 양자의 자주적 협의에 의하여야 한다는 것과 노사협의의 기구를 산업별로 전국·지역·기업의 3단계로 설치할 것을 정부에 대하여 권고하였다. 정부는 휘틀리위원회의 건의를 받아들여 각 산업에 대하여 다음과 같은 노사협의회의 설치를 권장하였다.

1) 전국합동산업협의회

전국합동산업협의회(National Joint Industrial Council) 혹은 합동산업협의회(Joint Industrial Council)는 각 산업별로 전국단위로 설치된 노사협의기관으로 당해산업에 있어서 사용자대표 및 노동조합대표의 동수의 위원으로 구성되고 의결은 원칙적으로 다수결에 의하여 근로조건·분쟁해결·생산방법 등을 포함한 산업 전반에 관한 제문제를 조사·연구함을 그 임무로 한다.

2) 지역협의회

지역협의회(District Council)는 전국합동산업협의회의 하부기관으로서 지역별 특성을 감안하여 지역단위로 설치되고 당해지역 내에 있어서 당해산업에 관한 제문제를 취급하는 협의기관으로 상부기관의 결정사항의 이행상태를 감시하는 임무를 가지며 노사 동수로 구성된다. 이 기구가 지역단위의 노사협력에 상당한 공헌을 하였으나 전술한 전국합동산업협의회와 마찬가지로 다소 추상적이라는 단점을 지니고 있다.

3) 공장위원회

공장위원회(Works Committee)는 사용자와 종업원 사이에 승인된 협의의 기구로서, 그 목적은 ① 종업원으로 하여금 근로조건에 대해 경영층의 관심과 보다 많은 책임을 지니게 하며, ② 전국 또는 지방단위로 체결된 단체협약에 포함된 규정을 실행하며, ③ 노사간의 갖가지 마찰과 오해를 예방하기 위해서이다. 위원회의 구성은 사용자측 2~4명, 근로자측 5~12명 정도로 이루어진다. 권한은 전국 또는 지역협의회의 권한 또는 결정과 모순되거나, 노동조합과 사용자단체 사이에 체결된 협정에 위배되지 않는 범위 내에서 협정을 체결하거나 그 밖의 활동을 행할 수 있다.

그리고 이밖에도 공장위원회는 취업규칙, 복리후생시설, 고충처리 및 고용조건 등을 취급하도록 되어 있다. 이 위원회는 요컨대 노동조합이 행하는 단체교섭의 대상인 노동조건 이외의 사항을 다룸과 동시에, 고충처리 등을 위한 자문적 성격의 임의기관인 것이다.

당초 휘틀리위원회는 일선 근로자들의 적극적인 조합운동을 저지하기 위한 한 수단으로서 고안된 것이었다. 정부의 이같은 노력이 주효해 제1기에 해당하는 1917년부터 1921년까지 전국에 걸친 전국합동산업협의회의 설치 수는 73개였으나, 이것이 경제적 불황기였던 제2기에 있어서는 1926년 47개, 1938년 45개로 줄어들었다.

그 주요 이유는 이 계획이 당초 사적 소유권이나 이윤을 위한 생산을 유지하면서 노동자들을 산업방침에 협력케 하려 한 것이 적지 않은 비판을 불러일으키면서 점차 감소한 것이다. 그러나 제2차 세계대전을 계기로 제3기에 들어가서는 1952년 193개로 증가되었고, 1960년에는 약 200개의 협의회나 그와 비슷한 성격의 기구가 생겨났다.

(3) 합동생산위원회

휘틀리위원회 방식에 의하여 일반적으로 영국에서 보급되고 있는 노사협의제로 합동협의기구(Machinery for Joint Consultation)가 있다. 이것은 제2차 세계대전 개전 초에 근로자들의 불만을 방지하고 군수생산을 증강시키기 위하여 단체교섭제와는 별도로 당해 산업 또는 개별 기업의 상설협의기관으로서 합동생산위원회(Joint Production Committee)가 설치되어 1943년 7월에는 250만 명의 근로자를 포함하는 4,169개에 이르고, 또한 전국합동생산자문회의(National Joint Production Advisory Council)도 설치되었다.

전쟁의 종결과 함께 이러한 합동생산위원회는 급격히 감소하였다(신두범, 1976). 그러나 전후에 노사의 대립관계가 악화되자 다시금 합동생산위원회의 필요성이 인식되어 1947년 1월에는 전국합동자문협의회(National Joint Advisory Council)가 "합동생산위원회를 설치하지 않은 기업에는 생산문제에 대해 노사간의 의견을 정기적으로 교환하기 위해 합동협의기관을 설치하도록" 권고하였다. 이것은 임의적·자문적 성질의 것으로 정부의 권장과 아울러 전후의 경제위기 등에 자극되어 노사합동협의기관이 상당히 보급되었다.

특히 국유산업에서는 제법률의 규정에 의하여 노사의 협약을 갖고 노사협의를 위해 전국·지역 그리고 사업장별로 Consultative Council(석탄), Joint Advisory Council(전력), Joint Consultative Committee(가스) 등이 설치되었다. 그 중 전력사업에 있어서는 1949년 체결하여 1957년에 개정된 단체협약에 의하여 중앙에 전국합동자문협의회(National Joint Advisory Council), 지역에 지역합동자문협의회(District Joint Advisory Council), 지구내 또는 일정의 사업범위에 관하여는 지구자문위원회(Local Advisory Committee)가 설치되었는데, 그 목적은 안전·위생·복지·교육훈련·지능증진 등에 관하여 협력하는 것이었다.

그러나 국유산업에 있어서, 경영참가의 성격과 관련하여 노동조합총연맹(TUC)의 "전후재건에 관한 중간보고"를 둘러싼 논의, 즉 공동결정인가? 공동협의인가? 라는 논의가 전개되어, 다수의 노동조합은 공동결정방식의 노사협의제에 대해서 노동조합의 자주성을 훼손하는 것이라는 비판적 태도를 취하였다. 또한 국유산업에서는 기업의 관리기관에 1명 또는 복수의 근로자멤버가 개인적 자격이지만 항상 참가해 왔었다. 1967년의 법개정으로 철강업에 3명의 근로자 이사가, 1970년에는 16명의 전일제 근로자가 노동조합총연맹의 지명에 의해 이사로 선임될 수 있게 되었다(안종태, 1982).

그러나 1960년대와 1970년대에는 공동협의제도가 많은 비판을 받아 왔는데, 그 주된 이유는 사업장에서의 어떤 문제가 정말 중요하다면 이는 경영자가 근로자나 노조의 견해를 구하는 협의 정도가 아니라 단체협상과 같이 노사간의 명백한 합의로서 나타나는 공동규제의 성격을 가져야 한다는 것이다(장영철, 1997).

따라서 1973년부터 영국노동조합회의는 근로자 대표가 경영자 대표들과 동수로 이사회를 구성하도록 노력해 왔다. 이러한 접근은 의회에 의하여 노동당의 선거강령으로서도 채택된 바 있다. 그러나 정부도 이 목적을 어떻게 수행할 것인가에 대해 다소 불확실한 입장에 놓이게 되자 윌슨(Harlod Wilson)이 이끄는 노동당 정부는 1975년 12월 옥스퍼드대학교 역사학 교수였던 블럭(L. Bullock)을 위원장으로 하는 '산업민주주의에 관한 조사위원회(Committee of Inquiry on Industrial Democracy)', 일명 블럭위원회(Bullock Committee)로 하여금 이 문제를 조사하도록 위임하였다.

동 위원회는 1977년 1월 이사회 구성 비율에 관한 '2X+Y 공식(2X+Y Formula)'[15]이라는 유명한 보고서를 제출했는데, 이 보고서는 광의로 보아 노동조합회의의 의견에 매우 호의적이었으나 많은 사용자단체의 대대적인 반대운동에다 노동조합 내부진영의 분열로 사용자들과 약간의 단위 공장별 노조들의 저항에 직면하다가(Thomson, 1977) 1979년 5월 하이예크(Friedrich Hayek)의 신자유주의사상에 입각하여 시장의 자유를 제약하는 각종 규제를 완화 혹은 철폐하는(김호진, 2000) 이른바 시장경제혁명이라는 새로운 패러다임을 제시한 마거릿 대처(Margaret Thatcher)의 보수당이 정권을 장악하게 됨에 따라 실현되지 못하였다.

1980년대 들어서면서 공동협의의 감소추세가 멈추기는 하였으나, 한 조사연구(ACAS, 1991)에 의하면 공동협의위원회를 두고 있는 사업장은 조사대상 537개 사업장 중 40%에 지나지 않았고, 다사업장 기업체들(약 3/4이 이에 해당) 중 19%만이 사업장 수준 이상(즉 본사, 사업부 수준)에 공동협의위원회를 두고 있는 것으로 나타났다. 1990년대에 들어서는 약 4분의 1 가량의 사업장들에서 공동협의위원회를 운영하고 있는 것으로 전해지고 있다. 이는 노조가입률의 감소와 대기업의 격감 추세를 반영하는 것이지, 공동노사협의회의 상대적인 약화를 의미하는 것은 아니다(Marchington, 1995).

---

15 주주와 노조가 각각 x수의 이사를 선임한 뒤 이 2x가 제3의 이사인 y를 호선하게 된다. 이 때 y는 홀수여야 하고 반드시 3보다 크거나 같아야 하며 전체 이사수의 3분의 1보다는 적어야 한다. 보다 구체적인 내용은 Johnston(1980)을 참조.

이와 같이 영국에서 노사협의제가 활발치 못한 이유 중 그 첫째는 노사협의제의 대다수가 당사자의 자발적인 의사에 따라 설치, 운영되어 왔기 때문에 이에 대한 법제도적인 보장이 없다는 점이며, 둘째는 근로자의 경영참가가 형식에 보다 더 치우친다는 점이다. 따라서 공동결정이 아니고 합동협의 내지는 의사교환에 그치기 때문에 근로자의 참가의욕이 낮다는 점이다. 이전의 합동생산위원회와 같은 노사협의제는 노사가 비록 합의하더라도 최종결정자는 경영주이므로 근로자의 의사나 입장을 충분히 반영시킬 수 없었다.

그 결과 사업장단위의 교섭이 증가하고, 1950년대 이후의 공식적 노사협의제는 그 기능이나 역할이 크게 위축되었다. 즉, 영국의 노동조합은 횡단적인 노동조합을 형성하여 단체교섭의 강화를 통한 산업민주주의 실현에 치중하였으며, 노사협의에 대해서는 별 관심을 나타내지 않았던 것이다. 그리고 1950년대 이후 직장교섭의 확대는 직장수준의 단체교섭 담당자로서의 직장내 노조간부들이 구성한 공장위원회의 지속적인 증가를 가져 왔다(송봉근, 2008, 40–41).

3. 독일의 노사공동결정제도

노사공동결정제도란 노사협의제도의 3대 주요 기능, 즉 문제제기, 의견교환 및 정보제공에서 한 단계 더 나아가 기업의 주요 문제에 대한 공동결정까지 할 수 있는 것을 특징으로 하는 경영참가이다. 이 노사공동결정제도의 가장 대표적인 모형은 독일의 노사공동결정제로 아래에서는 이에 대해 살펴보기로 하겠다.

(1) 공동결정제도의 기본원리

공동체원리를 기반으로 하는 공동결정방식은 독일식 산업민주화의 모형으로서 유럽 대륙에 널리 퍼져 있다. 이는 앞서 언급한 영·미식 단체교섭의 방식과는 대조적으로 노조를 경영과 대립된 힘(power)으로 보지 않고, 노조가 경영에 참가하여 의사결정의 권리와 책임을 나누어 갖는 경영참가의 형태라 할 수 있다.[16]

요컨대 독일의 노동조합은 그들의 활동영역을 기업의 경영층 내에 있다고 생

16 독일의 경우 기업이나 공장 수준에서는 어떤 단체교섭도 이루어지지 않는다. 기업수준에서는 경영협의회와 사용자가 법령의 범위 내에서 교섭을 하게 된다. 주요 교섭은 사용자 단체와 노조연합 사이에서 이루어지게 된다(Schlesinger, 1989).

각한다. 따라서 그들은 다수의 미국 노조의 관점과는 정반대의 입장을 취하고 있다. 이를테면 독일의 근로자들은 경영층의 대항세력으로 존재하는 대신 경영층의 일부로 남아 있기를 원한다. 이와 같이 노조가 경영층과 함께 기업을 대표하는 것이 좋다고 생각하는 데에는 다음 두 가지의 주요 근거가 있다.

첫째, 경험적으로 보면 기업에 좋지 못한 일이 닥쳐왔을 때, 그것이 무엇이든지 간에 여론에 의해서 노동조합도 그 책임을 면치 못한다는 것이다. 둘째, 노동조합이 책임을 벗어나기 위해서는 오히려 경영문제의 본질과 핵심에 대하여 충분히 알고 있어야 한다. 따라서 기업의 경영활동 및 경제적 상황에 대하여 자세히 알기 위해서는 근로자 내지 노조대표가 기업정책을 결정하는 경영층에 참가할 때만 비로소 가능하다는 것이다.

이상과 같이 노조가 경영층의 대항세력으로 존재하기보다는 경영층의 일부로 공동활동의 영역을 지님으로써 독일의 노사관계를 흔히들 '친권적 노사관계' 라고도 한다. 이것은 미국식의 '경쟁적 노사관계' 나 프랑스식의 '계급투쟁적 노사관계' 의 입장에서 볼 때, 독일의 노사관계는 가족의 관계처럼 유지되고 있다고도 볼 수 있다. 이러한 관계의 밑바탕에는 사용자가 노동자의 임금·노동조건 등을 공정하고 성실하게 개선해 주고 노동자도 직무 및 작업에 대한 책임과 충성심을 갖고 협력하는 것으로 노사 쌍방이 다 같이 신의와 성실로써 의무를 다하고 있다는 것이다.

이와 같이 근로자의 경영참가제도가 입법으로 보장되고 있는 이면에는 노동조합의 힘이 강한 점도 큰 배경이 되고 있지만, 그 밖에도 정부 및 사용자가 합리적인 노무관리 및 근로자의 지위향상을 보장해 주고 있기 때문에, 사용자에 대한 충성심도 생기고 부지런히 일하겠다는 성취동기도 일깨워 주고 있다. 환언하면 대부분의 미국 근로자들은 근본적으로 기업경영자와 대립하고 파업이나 중재를 통해 욕구를 해결하려 하지만 독일의 노사공동결정제도는 이와 상이한 접근방법을 취하고 있다. 즉 근로자를 경영과 대립된 '힘'으로 보지 않고, 노동이 경영에 참여하여 의사결정의 권리와 책임을 동시에 지는 경영참가의 태도를 견지하고 있다고 할 수 있다(최종태, 1996).

(2) 공동결정제도의 배경

독일에 있어서 근로자의 경영참가는 1920년의 경영협의회법(Betriebsratgesetz)의 제정에 의해 급속히 진전되었지만, 그 배후에는 100년에 걸친 독일의 전통적인 경영참가의 역사가 있다. 1848년 모든 공장에 공장위원회의 설치가 제안된 것을 효시로 하여 1891년의 경영조례의 개정에 의하여 프러시아의 광업법에는 상시 100인 이상의 근로자를 사용하는 광산에는 노사의 협력 및 고정처리, 취업규칙의 제정에 관한 의견표명 등을 하는 근로자위원회를 반드시 설치하도록 규정하였다. 이는 독점자본주의체제로의 이행과 더불어 독일의 경영참가제도는 노동공세에 대한 자본주의의 한 방위책으로서 고안·강화되었던 것이다.

제1차 대전과 함께 전시생산의 필요상 근로자의 적극적 협력을 얻기 위하여 1919년의 바이마르헌법 제165조에 의거 1920년에 제정된 경영협의회법은 20인 이상의 근로자를 사용하는 모든 경영체(공장·사업장)에는 원칙적으로 경영협의회를 설치하도록 하였다. 그 기능은 ① 경영능률에 관한 조언, ② 신작업방법도입에 관한 사용자와의 협력, ③ 취업규칙 등의 공동결정, ④ 종업원의 채용·해고에 관한 관여, ⑤ 종업원보호의 법령·협약 등의 감시, ⑥ 안전·위생·복지에 관한 사용자와의 협력, ⑦ 고정처리, ⑧ 감사역회에의 경영협의대표 1～2명 참석, ⑨ 경영상태, 대차대조표의 제시·설명의 요청 등이다. 그리고 이 경영협의회는 종업원 대표들만으로 구성되고 노동조합과는 직접적인 관계가 없어, 법률적으로는 개별적인 것으로 파악되었다. 그러므로 경영협의회를 “노동조합에 대항하는 전술적 수단으로 이용”하려는 사용자들의 의도에 의한 것이라 할 수 있다.

제2차 세계대전의 종료와 동시에 독일은 동서로 분해되어, 서독의 각주에서는 경영협의회제도가 실시되었으나, 노사의 계급적 대립이 심각해지고 근로자의 생활상태가 악화하면서 1951년 철강·탄광 등의 주요 사업에서 대규모의 파업이 발생하였다. 이를 계기로 1951년 독일노동총연맹, 아데나워 정부 및 기업경영자·사용자집단 사이에 대타협이 이루어져 석탄·철광업 중 종업원 1,000명 이상을 가진 기업에 대해 감사역회를 노사 동수로 구성하도록 하는 “광업 및 제철·제강업의 감사회 및 이사회에 있어서의 피용자의 공동결정에 관한 법률,” 즉 공동결정법(Mitbestimmungsgesetz)을 제정하였다.

또한 1952년에는 공동결정법을 보다 소극적으로 개정하는 동시에 500～2,000

명의 중소기업에도 확장 적용하도록 하는 경영조직법(Betriebsverfassungsgesetz)을 제정하였다. 그리고 1976년에는 석탄·철강업을 제외한 일반산업 중 2,000명 이상의 종업원을 가진 대기업에 대해 감사역회를 노사 동수로 구성하도록 하는 신공동결정법(Gesetz über die Mitbestimmung der Arbeitnehmer)을 제정하였다. 이같은 연방법의 공시에 따라 각 주의 '경영협의회법'은 폐지되고 ① 감사역회에 있어서의 공동결정, ② 경영협의회와 경제위원회를 통한 노사협의(경영조직법)라는 2대 지주로 된 노사협력제도가 형성되었다.

이와 같이 독일은 노사협력체제의 다원화를 도모하기 위하여 경제적 문제, 경영참가 등을 철저히 입법화하여, 주식회사법(1965), 공동결정법(1951), 공동결정보충법(1967 개정), 신공동결정법(1976), 경영조직법(1952), 노동협약법(1969 개정), 경영조직법(1972 개정) 및 직원대표법(1974 개정) 등과 같은 8개의 법제로서 노동문제를 해결하고 있다. 이러한 노사협력에 관한 법률 중에서도 3가지 기본법, 즉 '공동결정법', '신공동결정법' 및 '경영조직법'을 모체로 한 공동결정제도가 건전하게 발전되고 있다.

(3) 공동결정제도의 유형

독일의 기업은 종업원수와 업종에 따라 다음과 같이 네 종류로 분류되는데, 그에 따라 공동결정제도의 유형을 각기 달리하고 있다. 1차적 분류로는 석탄 및 철강기업과 일반기업으로 분류한다. 그 다음 2차적으로 일반기업을 다시 종업원수에 따라 2,000명 이상의 대기업, 500~2,000명 사이의 중소기업, 500명 이하의 영세기업으로 분류한다. 따라서 공동결정제도의 기본모형을 〈표 5-5〉와 같이 네 종류로 요약할 수 있다. 그러면 이들 각각에 대해 살펴보기로 하겠다.

1) 종업원 1,000명 이상의 석탄·철강업에서의 공동결정

종업원 1,000명 이상의 석탄·철강업[17]에 적용되는 공동결정의 유형으로 1951년에 제정된 공동결정법에 따라 감사역회가 구성된다. 감사역회의 구성은 노동자측 5명, 주주측 5명, 그리고 5대5의 교착상태를 막기 위한 중립의 1명 등 총 11명으로 구성된다. 여기서 주주측 감사역 5명은 주주대표 4명, 이해관계가 없는

17 독일에서는 석탄과 철강산업을 몬탄 산업(Montan industry)이라 부른다. 따라서 공동결정법을 몬탄공동결정법(Montanmitbestimmungsgesetz)이라고도 한다(Ruysseveldt & Visser, 1996).

표 5-5 독일공동결정제도의 유형

참가수준	적용범위	기 구	본법 및 유형		
완 전 평등참가	종업원 1,000명 이상의 석탄·철강 기업	감사역회 경영협의회	공동결정법	세 가지 기본공동 의사결정	공동결정의 네 가지 유형
동등참가	종업원 2,000명 이상의 일반기업	감사역회 경영협의회	신공동결정법		
1/3참가	종업원 500명 이상 2,000명 이하의 일 반기업	감사역회 경영협의회	경영조직법		
무참가	종업원 500명 이하의 영세기업	경영협의회	경영조직법		

자료: 최종태(1998), 「현대경영참가론-성과참가, 재산참가, 의사결정참가-」, 경문사, 273.

중립자 1명을 주주측에서 선출한다. 노동자측 감사역 5명은 2명이 종업원대표(생산직 1명, 사무직 1명)이고, 2명은 노동조합 대표이며, 나머지 1명은 이해관계가 없는 중립자로 노조중앙조직이 공장노조 및 경영협의회와 협의하여 선출한다.

11번째 중립적 입장의 의장은 대체로 은행가, 변호사 또는 전직중역 출신으로 노사 쌍방의 감사역 3명 이상의 동의를 받아 주주총회에서 결정한다. 여기서 중립의 1명은 사실상 주주측의 몫이므로 실질적으로는 주주측 대 노동자측의 비율은 6:5가 되는 셈이다. 아울러 근로자의 이익보호와 참여기회를 부여하기 위하여 중역 중 근로자측 감사역의 과반수 동의를 얻은 1명의 노무담당이사(Arbeitsdirektor)를 반드시 두어야 한다.

일반기업보다 석탄·철강기업에서 먼저 근로자의 경영참가가 실현된 이유는 이 업종에 육체노동자수가 절대적으로 많았으며 작업내용이 힘들고 에너지를 많이 소모하기 때문에 근로자의 권익을 보다 더 옹호하려 했기 때문이다. 뿐만 아니라 경험적으로 이 산업에서 노사분쟁이 제일 많이 일어났고, 쟁의강도가 대단히 강한 데에도 그 이유가 있다.

2) 종업원 2,000명 이상의 일반기업에서의 공동결정

석탄·철강산업을 제외한 일반산업분야 중 종업원 2,000명 이상을 가진 독일산업의 큰 비중을 차지하는 대기업에 적용되는 공동결정의 유형으로 1976년 3월에 의회를 통과하여 7월에 실시하게 된 신공동결정법에 따라 감사역회가 구성된다. 이 법에 따라 종업원 2,000명 이상의 일반기업들은 이전에 경영조직법의 적용을 받아서 감사역회 구성이 근로자측 1/3, 주주측 2/3로 되었던 것을 공동결정법과 같이 1/2로 증가시키게 되었다.

독일의 기업 정관에 따르면 기업은 최대한 20명의 감사역을 둘 수 있다. 감사역회 구성원의 수는 모든 자회사를 포함한 전종업원수에 따라 결정된다. 즉 종업원수가 1만명 미만인 기업은 12명, 1만명 이상 2만명 미만은 16명, 2만명 이상은 20명의 감사역으로 구성된다. 감사역의 수가 12명인 경우에는 근로자측 대표 6명 중 2명은 노동조합의 대표자로 구성된다. 감사역의 수가 16명인 경우에도 근로자측 대표 8명 중 2명은 그 기업의 노동조합 대표자로 구성되고, 그리고 감사역수가 20명으로 근로자측 대표가 10명인 경우에는 3명이 노조대표로 구성된다. 노동조합은 그들의 후보자 추천을 비조합원 중에서도 할 수 있다. 감사역회의 종업원측 대표 중 나머지 인원은 모두 그 기업의 종업원이라야 한다.

기업의 근로자측 감사역의 피선자격은 1년 이상 근무한 만 18세 이상의 근로자라야 한다. 감사역의 임기는 이사의 임기와 마찬가지로 5년으로 되어 있다. 근로자측 감사역은 종업원 8,000명 이상의 기업에 있어서는 선거인에 의한 간접선거, 그 미만의 기업에 있어서는 종업원에 의한 직접선거에 의한다. 근로자측 감사역은 임기 5년 만료 전이라도 감사역회 구성원의 4분의 3의 청구가 있으면 해임된다. 그리고 기업의 업무집행기관인 이사회의 이사선출은 감사회의 2/3 결의에 의해 이루어진다.

3) 종업원 500~2,000명의 일반기업에서의 공동결정

석탄이나 철강산업을 제외하고 종업원 500~2,000명의 일반기업에 적용되는 공동결정의 유형으로, 1952년 제정된 경영조직법(1972년에 개정)에 따라 감사역회가 구성된다. 이 공동결정의 특징은 감사역회 구성에 있어서 종업원측의 참가비율을 1/3, 주주측의 참가비율을 2/3로 함으로써 주주측의 권한을 절대적으로 인정하고 있다는 점과 종업원측의 대표는 육체근로자와 사무직원으로만 구성되어 관리직원은 포함시키지 않는다는 점이다.

그리고 감사역회 이외에 경영협의회(Betriebsrat)의 기능을 적극적으로 활용함으로써 종업원의 관리적 내지 업무적 의사결정을 초점으로 한 경영참가를 강조하고 있다.

4) 종업원 500명 이하의 영세기업에서의 공동결정

독일에서는 종업원 500명 이하의 기업을 영세기업이라고 하는데, 이 영세기업에서는 관리적 내지 업무적 의사결정 기구인 경영협의회만 구성하도록 되어 있고 감사역회는 구성하지 않아도 된다. 따라서 전략적 차원의 의사결정은 사용자측만이 행한다. 즉 1952년에 제정된 경영조직법은 종업원 5인 이상을 고용하고 있는 모든 기업에 있어서의 경영협의회의 구성, 협의회 회원의 권리와 의무, 그리고 기업경영참가 등에 대해 강제규정하고 있다(최종태, 1998, 258-270).

(4) 공동결정제도의 기구

독일에 있어서 경영참가를 제도화하기 위한 기구에는 네 가지, 즉 감사역회, 경영협의회(Betriebsrat), 경제위원회(Wirtschaftausschuß) 그리고 경영총회(Betriebsersammlung) 등이 있다. 이 중 공동결정을 위한 기구는 감사역회와 경영협의회이므로 주로 이들에 초점을 맞추어 살펴보기로 하자.

1) 감사역회

독일의 공동의사결정의 가장 핵심적인 기능을 담당하는 기구가 바로 감사역회이다. 독일의 기업 조직은 영·미의 기업조직과는 달리 감사역회라는 최고의사결정기구가 경영을 담당하는 이사회 위에 있고, 이것의 구성은 노사 양측에서 동등한 비율로 이루어지게 된다는 데 그 특징이 있다. 그렇기 때문에 공동의사결정에 근로자의 경영참가란 말이 나오게 된다.

[그림 5-1]에서 보는 바와 같이 독일의 주식회사는 ① 주주, ② 감사역회, ③ 이사회 등의 세 통치기구로 구성된다. 이 세 기구의 기능과 권한은 법에 의해 명확히 규정되어 있다. 이 중에서 사실상 가장 막강한 감사역회는 기업활동을 조사하고 평가하며 질의에 대한 특별보고서나 회답을 제출할 것을 이사회에 명령할 권한을 갖는다. 감사역회는 일상적인 업무를 담당하지는 않지만, 중대한 투자와 같은 주요한 기업활동은 감사역회의 동의 없이 이루어질 수 없다. 만약 감사역회가 승인을 보류하는 기업활동의 경우에는 이사회에는 주주총회에서 3/4 이상의 찬성을 획득해야만 수행할 수 있고, 이사는 동시에 감사역을 맡을 수 없다. 따라

그림 5-1 독일기업의 구조

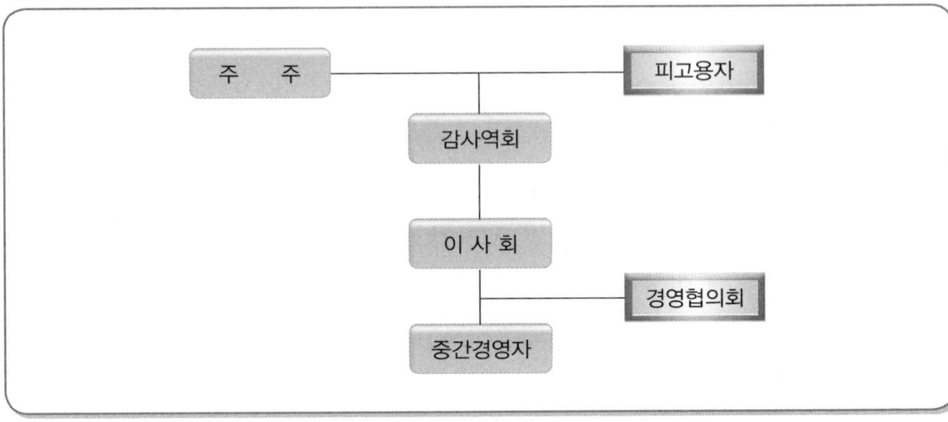

서 감사역회의 주요 업무는 다음 세 가지로 요약할 수 있다.

① 이사의 임면(任免)
② 주요 경영전략(예: 중대한 투자)의 결정
③ 경영에 대한 조사 및 평가

감사역회 구성방법을 살펴보면, 공동결정법에서의 감사역회는 근로자와 주주측대표 각 5명, 중립대표 1명 등 총 11명으로 이루어져 있다. 신공동결정법하에서 감사역회는 노사 동수로 구성되지만 구성원의 수는 종업원에 따라 다르다. 즉 2,000명 이상 10,000명 미만의 규모에서는 근로자 대표와 주주측 대표는 각각 6:6, 10,000명 이상 20,000명의 규모에서는 각각 8:8, 20,000명 이상의 회사에서는 각각 10:10으로 구성된다. 경영조직법에서도 감사역회에의 근로자 투표참가를 규정하고 있는데 주주측의 권한을 인정하여 근로자측 대표의 참가비율 1/3로 하고 있다. 따라서 노사 동권적인 공동결정은 불가능하다.

2) 경영협의회

경영협의회[18]는 기업의 관리적·업무적 의사결정에 근로자대표가 참여하는 노

18 Betriebsrat는 국내에서 연구자들에 따라서 경영협의회, 종업원평의회, 사업장평의회, 사업장협의회 등의 용어가 다양하게 사용되고 있다(김기우·하경효·이광택·김상호, 2012).

표 5-6 독일 경영협의회 위원의 수 (단위: 명)

사업장 규모(근로자수)	경영협의회 위원	전임위원
5～20	1	–
21～50	3	–
51～150	5	–
151～300	7	–
301～600	9	1
601～1,000	11	2
1,001～2,000	15	3
2,001～3,000	19	4
3,001～4,000	23	5
4,001～5,000	27	6
5,001～7,000	29	7–8
7,001～9,000	31	9–10
9,001～12,000	33	11–14
12,001～15,000	33	15–18

출처: 독일 경영협의회법 제9조 및 38조.

사협력기구로서 종업원 5명 이상의 기업체에서는 경영조직법에 의하여 구성된다. 위원의 임기는 4년이며 위원의 수는 〈표 5-6〉과 같이 경영규모에 따라 다르다.

감사역회가 경영의 최고 의사결정단위인 전략적 의사결정에 적극적으로 참가하는 조직인 데 비하여, 경영협의회는 경영의 하위 의사결정단위인 관리적·업무적 의사결정에 참가하여 공익의 고려하에 기업과 종업원의 이익을 도모하기 위하여 경영자와 협력하는 역할을 한다. 이러한 경영협의회는 노사 쌍방이 모여 공동으로 구성하지 않고 전적으로 종업원의 선출로 구성되므로 노동조합의 하위기관이나 주주권익의 대표기관은 아니고, 오로지 종업원단체의 대표기관인 동시에 노사의 공동경영을 위한 기관이다. 즉 노사공동으로 구성되는 통상의 노사협의회와는 달리 근로자측으로만 구성되고, 또한 노동조합과는 별개의 순수한 종업원 대표기관이다.

경영협의회의 권한은 공동결정권, 자문권, 제안권, 감독권, 고충처리권 등으로 구분할 수 있는데, 이중에서 가장 중요한 것은 종업원의 복지향상과 더불어 생산성향상을 위한 제언 및 동의거부 또는 이의제기 등으로 공동결정권을 수행

표 5-7 경영협의회의 권한 내용권한

내용 \ 권한	내 용
공 동 결정권	협의회는 임금지불방법 및 체계, 상여금비율, 할증 및 성과급제, 작업일정(근로일의 개시와 종결), 휴일일정, 초과근무, 근로시간단축, 그리고 작업의 인간화 등과 같은 사회정책 이슈와 모집, 배치전환, 승진 및 해고 등과 같은 인사정책이슈에 대해 강력한 발언권을 갖는다.
자문권	공장부지 결정, 도로설치, 공장환경, 전문교육문제 등에 관해 협의회는 자문 역할을 하며, 이에 관해 통고받을 권리가 있다. 고용, 직무분류, 이동, 종업원 분류의 변경 등과 같은 인사문제는 협의회의 동의가 있어야만 집행된다. 해고나 퇴직에 대해서도 사용자는 협의회와 협의해야 한다. 사용자는 계획된 회사정책의 변경, 즉 공장폐쇄, 조업단축, 공장이동, 주요 부서이동, 합병, 조직구조의 변경, 새로운 공정이나 작업의 도입, 기업방침의 변경 등이 종업원들에게 상당한 손해가 될 것 같으면 협의회에 통보해야 한다.
제안권	경영협의회는 제안에 의해서 경영의 개선과 노동관계에 있어서의 계획과 실천에 참가하며 경영의 효율성을 높이는 방법을 제안한다.
감독권	경영협의회는 근로기준법 등에 정해진 노동조건의 실행이나 사용자의 종업원에 대한 공정평등한 취급 등을 감시할 권한이 있다. 그러나 경영협의회는 경영자의 상위기관은 아니다.
고 충 처리권	공동작업 또는 개인적인 노동관계로부터 생기는 각 종업원의 고정을 경영협의회가 심사하여 그것을 사용자에게 제출하여 해결해 주는 기능을 가지고 있다.

자료: 최종태(1996), 「현대노사관계론」, 전정판, 경문사, 468.

하는 것이다. 즉 종업원의 고용 및 사회복지를 중심으로 경영인사 및 사회문제에 대하여 경영층에 제안하고, 협의하며 또 공동으로 결정하기도 한다.

이 밖에 생산성 향상을 위한 새로운 작업방법의 도입, 업무적 차원의 조직변경 등에 대하여 협의와 공동결정을 수행한다. 이와 같은 경영협의회의 주된 권한을 구체적으로 살펴보면 〈표 5-7〉과 같다.

3) 경제위원회

상시 종업원이 100명 이상인 사업장에서는 경영협의회와는 별도로 3~7명의 종업원만으로 구성되는 경제위원회를 설치해야 한다[19]. 이는 경영자와 경영협의

---

19 이전에는 노사 동수로 구성되었으나 1972년에 개정된 신경영조직법 제107조 1항에서 이 기구의 구성원을 종업원만으로 하도록 규정을 바꾸었다.

회간의 상호신뢰 및 협력관계를 촉진하기 위하여 매월 1회의 회합을 갖고 기업의 경제적 사항에 대하여 기업주와 협의하고, 경영협의회에 정보를 제공하는 것이다. 제공해야할 경제적 사항으로 ① 기업의 경제적·재정적 상황, ② 생산·판매상황, ③ 생산·투자계획, ④ 합리화계획, ⑤ 제조방법·작업방법, 특히 새로운 작업방법의 도입, ⑥ 사업장·사업장 일부의 축소 또는 폐쇄, ⑦ 사업장·사업장 일부의 이전, ⑧ 사업장의 합병, ⑨ 사업장 조직 또는 그 목적의 변경, ⑩ 기타 근로자의 이익에 중대한 영향을 미치는 사항·계획 등등이다(김훈, 2000).

4) 경영총회

이상의 세 기구 이외에 종업원들이 전체적으로 모이는 경영총회가 있다. 경영협의회는 매 4분기마다 경영총회에 활동보고서를 제출하여야 하는데, 경영총회는 모든 종업원의 참가로 이루어진다.

지금까지 독일에 있어서 경영참가를 제도화하기 위한 네 가지 기구를 살펴보았는데, 이상의 공동결정제도들 중에서 공동결정을 할 수 있는 기구는 어디까지나 감사역회와 경영협의회이다(최종태, 1988, 258-270; 최종태, 1996, 469).

제 7 절 제안제도

1. 제안제도의 의의

유기적인 기업조직이 근대화되고 분업화되면 모든 작업이나 업무가 전문적으로 세분화되어, 모든 구성원의 행동이 거의 기계적으로 움직이게 되어 결국 타성에 의한 매너리즘(mannerism)이 지배하게 된다. 이러한 타성적 행동은 직무수행에 적극성이 결여되어 결과적으로 경영의 유지·발전이 어렵게 된다. 특히 오늘날과 같은 지식경영시대는 아이디어가 경쟁력의 주요 원천인 창의성의 시대, 창조성의 시대라고 말할 수 있다. 따라서 조직내 모든 구성원들의 기발한 아이디어가 경영발전에 획기적인 공헌을 할 수 있음은 물론이며 또한 체질 개선과 기술혁신의 원천이라고 할 수 있다. 이러한 의미에서 현대경영상황에서는 종업원의 아이디어를 살리는 방법으로서 제안제도(suggestion system)를 설치할 필요성이 대두되게 되었다(유기현, 1989).

이러한 맥락에서 등장한 제안제도란 종업원으로 하여금 기업이 생산하는 제품, 작업방법, 설비·기계 및 작업환경의 개선이나 원가절감과 매출액신장을 가능케 하는 방법 내지 새로운 아이디어를 제안하도록 권고하고 그것이 채택된 경우에는 이익액 내지 절약액에 따라 적절하게 보상을 해주는 제도이다.

Kim(2005)은 제안제도가 노사협의회(labor-management committee), 품질분임조(quality circle), 자율관리팀(self-managing team)과 같은 근로자 참여제도(employee involvement)의 근본적인 요소로 보고 있으나, 제안제도는 이러한 집단적 참여제도만이 아니라 개별적인 참여도 가능하다는 점에서 그러한 집단적인 참여제도에 한정되지 않는다. 즉, 근로자들은 그러한 집단적 참여제도를 통하여 제안활동을 할 수 있으나 개별적인 참여제도를 통해서도 자신들의 지식과 아이디어를 제안할 수 있다. 경영진이 갖고 있지 않는 중요한 정보를 근로자들이 제공함으로써 주요한 의사결정에 공헌할 수 있게 된다(Levine & Tyson, 1990).

2. 제안제도의 연혁

제안제도는 그 제도 자체로서는 그다지 새로운 것이 아니다. 문헌에 따르면 이 제도는 이미 1880년 스코틀랜드의 조선업자인 윌리엄 데니(William Denny)가 제안함(suggestion box)이라는 형식을 통하여 구성원들의 가치 있는 창의 또는 착상을 경영면에 반영토록 한 데에서부터 비롯되었다. 그러나 이것이 선진산업사회에서 널리 보급된 것은 1930년경부터였다(김중양, 2002). 물론 그 당시의 제안제도는 오늘날 우리가 채택하고 있는 것과는 질적으로 다른 소박한 것이라 하더라도 구성원들의 지혜를 경영면에 반영시켰다는 점에 있어서는 일치한다.

미국에서는 1894년 National Cash Register가 처음으로 제안제도를 채택하였으며, 이어서 1898년부터 1910년 사이에 Eastman Kodak, Westinghouse Electric 등이 제안제도를 채택하였고, 그 후 얼마 되지 않아 유럽 제국으로 건너가 The Royal Austro Hungarian Railroad와 Swiss Railroad 등에서 이 제도를 정식으로 채택한 것으로 전해지고 있다(유기현, 1989, 407-408; Denz, 1948).

이와 같이 제안제도의 역사는 결코 짧은 것은 아니었지만, 오늘날의 제안제도의 발달은 무엇보다도 제2차 대전 중 또는 그 후 미국에 있어서의 보급과 발전에 기인된 것이라고 말할 수 있다. 즉, 미국에서는 제2차 세계대전 초 비축에 필요한 탄약이나 군수품의 생산량을 급격하게 증대시키기 위하여 전시생산추진운동이 전개되었는데, 이러한 운동의 구체적인 시책의 하나로서 제안제도를 채택하였던 것이다. 이와 같이 군수성 노동관리부의 직접 지도하에 이의 실시가 추진되고 또한 장려되었기 때문에 이 제도는 급속히 보급되었으며, 1942년에는 전미제안제도협의회(National Association of Suggestion System)가 결성되어 제1회 회합을 시카고에서 개최할 정도로 진전되었던 것이다. 이 협의회는 제안제도에 관한 상호의견과 정보를 교환하고 공보활동을 전개함으로써 제안제도의 육성발전에 박차를 가하여 왔다. 특히 미연방정부에서는 모든 정부직원이 적극적으로 행정의 능률화와 경비의 절약을 행하도록 의욕을 높이기 위하여 1954년 9월 1일 법률 제163호로 정부직원장려보상법(The Government Employee's Incentive Award Act)을 제정하고 동년 11월 3일에 시행함으로써 미연방정부에 있어서 통일적인 제안제도를 확립시켰다.

위에서 말한 바와 같이 제안제도는 주로 제2차 세계대전 중에 급속한 발전을 이룩한 것인데, 그것은 대전 중에 있어서 생산성향상이란 당연한 시대적 요청이라고 볼 수 있다. 한편 이러한 운동에 병행하여 주로 1930년대부터 전개되기 시작한 근대적 인사관리의 발달, 특히 엘톤 메이요 교수를 중심으로 하는 인간관계론의 전개, 그리고 경영에 있어서 인간관계의 조정 및 관리의 중요성 등과 결합하되 생산성의 증대를 1차적인 목적으로 하는 재래적인 사고방식으로부터 인간관계의 개선을 촉진하는 제도로 발전하여 오늘날에 이른 것이다.

일본에서는 주로 각 기업체에서 1950년에 TWI(Training Within Industry)의 작업개선방법을 중심으로 하는 감독자훈련의 도입과 더불어 제안제도가 도입된 이래 상당히 활발하게 채택되고 있다. 이미 1958년에 일본경영자단체연맹에서 조사한 자료에 의하면, 조사대상 1,053개 회사 중에서 제안제도를 채택하고 있는 회사가 570개 회사로 54.1%를 상회하였다.

3. 제안제도의 효과

(1) 커뮤니케이션의 촉진효과

제안제도가 설치된 곳에 있어서는 모든 직원들이 그들의 창의력을 기초로 한

착상과 의견을 직접 경영자나 관리자에게 전달할 수 있으므로 상호간의 사회적·심리적 장벽을 쉽게 제거할 수가 있다. 그런 의미에서 제안제도는 하의상달(下意上達) 커뮤니케이션 수단으로서 효과적인 역할을 한다.

(2) 사기앙양의 효과

제안제도에 의하여 구성원의 한 사람이 제출한 제안이 채택되어 실시되는 경우에는 그 제안을 제출한 종업원의 착상과 의견이 직접 경영자에 의하여 인정을 받게 되는 것이므로, 이러한 제안을 한 종업원의 사기가 앙양될 수 있을 것이다.

(3) 일체감과 신뢰감의 증진효과

제출된 제안이 채택된다면 조직에 대한 제안자의 가치가 인정되는 것이므로 제안자는 자사의 경영자나 관리자에게 호의와 신뢰감을 갖게 된다. 이것이 이어서 조직과의 일체감 또는 귀속의식을 증대시킬 수 있는 계기가 될 수 있다.

(4) 경제적 효과

조직구성원에게 기대하는 제안의 대상은 직무수행방법에 있어서의 착상개선안이라는 점으로부터 경제적 효과를 기대하게 되는 것이다. 즉, 매출액을 증대시킬 수 있는 제안은 물론이고 작업방법이나 재료의 사용에 있어서의 낭비를 제거할 수 있는 어떤 제안도 채택되어 실시된 경우 그만큼 경비와 시간 등을 절약할 수 있으므로 경제적으로 커다란 효과를 가져올 수 있다.

(5) 합리적 · 효율적 경영관리의 효과

비록 제출된 제안이 경제적인 절약을 초래하지 못할 경우에도 그 제안에 의하여 작업방법을 개선하고 사무절차를 합리화시킨다든가 또는 작업의 안전도를 증대시키고 위험을 제거하여 종업원의 근로조건을 개선할 수 있으므로 궁극적으로 경영의 합리적이고 효율적인 관리에 공헌할 수 있다(박연호, 이종호, 임영제, 2013; 박연호, 1989; 이종향, 2011; 조문현, 2009).

(6) 직무에 대한 관심유발의 효과

제안제도를 실시하게 되면 종업원들로 하여금 각자의 직무에 대하여 보다 많은 관심과 흥미를 불러일으키게 할 수 있으므로 심리적·정신적으로 창의와 착상을 자극할 수 있게 되어 매사에 창의적 인간을 육성할 수 있다.

제 8 절 브레인스토밍

1. 브레인스토밍의 의의

브레인스토밍(brainstorming)이란 1939년 미국의 유명 광고회사인 BBDO (Batten Barton Dur stine and Osborn) 의 부사장이었던 오스본(A.F. Osborn)에 의하여 창안된 아이디어(idea)창출기법을 말한다. 미국에서는 Brainwashing이라고 불리기도 한다. 이 브레인스토밍은 두뇌(brain)에 폭풍(storm)을 일으킨다는 뜻에서 우리나라에서는 흔히들 두뇌습격법이나 두뇌착란법, 두뇌 폭풍, 두뇌 풀기, 두뇌 선풍, 자유 연상 등으로 번역되어 사용되고 있다(유봉현, 2001).

이 브레인스토밍은 10명 전후의 집단을 대상으로 10-60분간에 걸쳐 한 주제에 대하여 다각적인 토론을 통하여 대량의 아이디어를 얻는 자유연상법(free association)의 전형적인 방법이다(Litchfield, 2008; McGlynn et al., 2004; Osborn, 1963). 이 기법은 미국에서 Osborn이 광고 관계의 아이디어를 창출하기 위하여 전통적인 회의 방식에 불만을 품고 그것을 개선하여 고안해 낸 일종의 회의방식이다. 그는 처음에 광고 회사와 같이 아이디어를 양산하는 곳에서 조직적인 아이디어의 창출 기법으로만 사용했으나 그 이후 산업계와 교육계 등 많은 분야에서도 널리 사용되고 있다(Osborn, 1993).

브레인스토밍(brainstorming)은 비판을 하지 않는 가운데 대안을 조장함으로써 창의성을 저해하는 동조에 대한 압력을 극복할 수 있다. 브레인스토밍이 사실 아이디어를 불러일으키기도 하지만 아주 능률적인 방법은 아니다. 연구 결과 혼자 일하는 개인은 브레인스토밍 회의 내의 집단보다 더 많은 아이디어를 내는 것으로 일관되게 나타나고 있다. 이에 대한 한 가지 이유는 '생산장애'이다. 집단에서

그림 5-2 브레인스토밍의 과정

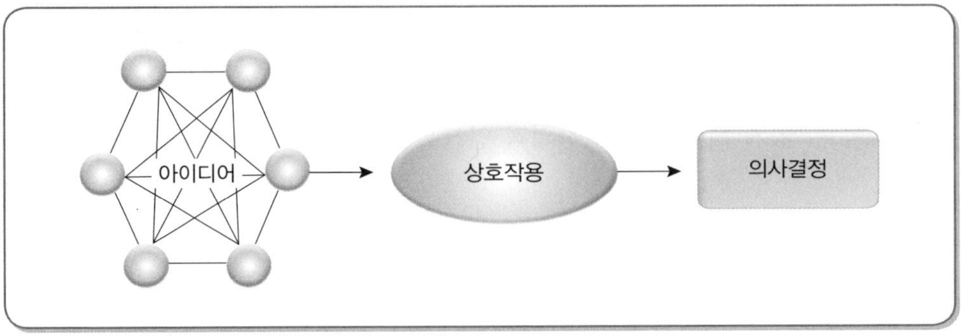

자료: D. H. Holt(1993), *Management: Principles and Practices*, 3rd ed., Englewood Cliffs, NJ: Prentice-Hall, 140.

아이디어를 낼 때 많은 사람들은 한 차례만 얘기함으로써 사고과정을 방해하고 궁극적으로 아이디어의 공유를 방해한다(Kerr & Tindale, 2004).

브레인스토밍의 과정은 [그림 5-2]와 같다.

브레인스토밍 방법을 실험적으로 시도하여 크게 성과를 거둔 것은 1948년 매사추세츠 공과대학(MIT)의 하놀드 교수였다. 그 후 이 방법은 미국 각지에서 연구·발전하여 지금은 창조적 개발의 기법으로 이용되고 있으며, 기업계는 물론이며 기업의 조직에서도 그 활용도가 높아졌고, 최근에 와서는 가정과 개인에게까지 적용되고 있다.

군사문제 연구에서 세계적인 권위를 갖고 있는 연구기관인 미국의 랜드 연구소(Rand Corporation)와 같은 대표적인 싱크탱크(think tank)가 이 기법을 종종 사용해왔다. 연구결과 브레인스토밍은 참가자가 56명으로 이루어진 집단일 때 가장 효과적인 것으로 나타났다. 특히 브레인스토밍은 충분한 시간이 허용될 때 좋은 결과를 가져올 수 있으나 서두르게 되면 참가자들이 협력적이기 보다는 전투적이 될 수도 있다(Hellriegel, Jackson, & Slocum, 2008).

오늘날에는 전자정보통신의 발달에 힘입어 전자 브레인스토밍(electronic brainstorming) 기법도 사용되고 있다. 전자 브레인스토밍 회의는 일반적으로 몇십대의 단말기가 있는 한 방 안에서 실시하기도 하고, 다른 장소에 있는 사람들과도 컴퓨터를 통해 실시하기도 한다. 전자 브레인스토밍 회의에 참석한 개개인은 자신의 아이디어를 언제든지 컴퓨터 단말기를 통해 익명으로 제시할 수 있으며, 제시된 아이디어는 참가자 모두가 무작위로 볼 수 있다. 이 회의에서 회의의 의장 혹은 사회자의 역할은 참여자들이 핵심 주제에서 벗어나지 않도록 하는 것이다(김경수·김공수, 2015).

Amabile(1983)은 직접적으로 창의력 훈련을 할 수 있는 프로그램으로 브레인스토밍, 시넥틱스(synectics), 창의적인 문제해결력, 기타 프로그램 등으로 분류하고 있는데, 이중 첫 번째로 브레인스토밍을 손꼽았다(Amabile, 1983). 실제로 브레인스토밍은 창의성을 증진시키기 위해서 널리 사용되어 왔고 그 효과성 또한 입증되었다(전경원, 1997).

2. 브레인스토밍의 원칙

브레인스토밍은 정형화된 범주를 탈피하여 다양한 사고활동으로 지각적 장애(perceptual blocks), 문화적 장애(cultural blocks) 그리고 감정적 장애(emotional blocks) 등의 장벽을 제거하여 창의적인 아이디어를 보다많이 생산하기 위한 학습도구이자 회의기법이다. 일반적으로 브레인스토밍은 비판금지의 원칙(criticism is ruled out), 결합개선의 원칙(combination and improvement are welcomed), 자유분방의 원칙(freewheeling is welcomed), 그리고 질보다 양 우선의 원칙(quantity and variety are welcomed) 등을 철저히 준수하고 있다(Thompson, 2003; Halloran, 1983).

(1) 비판금지의 원칙

집단회의란 새로 제안한 기발한 아이디어이거나 또는 상반된 것에 대하여 끝까지 비판하지 않을 때에 회의분위기가 부드러워지고 자유롭게 되어 보다 창의적 아이디어가 생산되는 것이다.

일상생활이나 사회생활에서 보통 경험하고 있는 바와 같이 일정 형태의 회의에서 발언을 꺼리는 것은 자신의 발언이 비판의 대상이 될 것을 두려워하는 공포감에 기인되는 것이다. 만약 비판을 허용하게 된다면 어떠한 내용의 제안이라 하여도 원숙하고 완전무결한 것은 없는 만큼 일단 비판의 대상이 된다. 따라서 자신의 제안이 비판을 받거나 또는 일축된 우려가 있다는 주저감이 생기게 되면 심리적으로 용기가 없어서 발언할 수 없는 상태로 정착하게 된다. 따라서 다른 사람이 낸 아이디어가 하찮은 것이라 하더라도 절대로 비판하지 않는다는 원칙을 준수하고 있다.

(2) 자유분방의 원칙

아이디어는 자유분방한 분위기가 아니면 창출되지도 않으며 또 착상도 되지 않는다. 다른 사람이 제기한 아이디어를 비판하기는 용이해도 창안이란 어려운 것이다. 가끔 고등교육이나 최고학부의 교육과정을 이수한 사람 가운데 기성관념에 사로잡혀 창의적·융통적 사고를 하지 못하고, 한정된 일정한 반응을 나타내는 경우가 있는데 이는 고차적인 교육과정에서 사고의 고착이 이루어지고 있는 현상이다.

파블로프(I. Pavlov)가 실험을 위해 이용한 침팬지는 부여한 문제를 해결하기 위해 열중하다가 먹이를 주어도 그것을 뿌리쳤다고 한다. 이는 문제해결의 인식과 흥미가 음식보다 강력히 작용한 것을 의미한다. 이 같은 호기심(curiosity)과 탐색욕구(investigation need) 및 스릴(thrill)에 대한 흥미는 인간에게는 더욱 강력한 것이며 이들은 인간의 사고활동을 강력히 자극한다. 브레인스토밍에서는 이러한 상태에서 기발한 아이디어를 구하고자 하기 때문에 돌풍이나 폭풍과 같은 발언으로 사고과정을 자극하는 이른바 폭풍을 일으키는 것을 바라고 있다.

따라서 효용성이 없고 현실성이 희박해 보이는 단편적이고 순간적인 아이디어를 자유롭게 발언할 수 있게 하는 자유분방을 제2원칙으로 준수하는 것이다.

(3) 질보다 양 중시의 원칙

정신분석학적으로는 양질의 아이디어를 많이 창출하려는 의식이 강력하게 작용하게 되면 두뇌 전반에 걸쳐 억제와 장애가 발생하게 된다. 즉, 필요 이상의 심리적 부담이 생기게 되면 자연발생적으로 창의성이 저해되거나 압박감을 받게 되며, 일반적으로 두뇌의 일부에 강한 흥분요인이 생기면 그 주변에 억제가 생기게 되는데 이것을 부유도(負誘導)라고 부른다. 즉, 무엇인가 탁월한 아이디어를 고안하려고 의식하게 되면 더욱더 두뇌의 특정부분에 흥분요인이 생겨서 이른바 부유도의 현상이 일어나 도리어 창의성을 저해하게 된다.

따라서 양적으로 많은 아이디어가 생산이 되면 그만큼 두뇌 전체의 활동수준이 높아지는 것이다. 그래서 양은 질을 동반한다는 이론을 믿고 비현실적·피상적·단편적·비논리적인 유치한 아이디어라 할지라도 양적인 증가는 환영한다는 원칙이다.

(4) 결합개선의 원칙

이는 자신의 아이디어에 우월성과 우수성을 고집하지 않고 타인의 아이디어의 특성과 우수성을 인정하며 동시에 자신이 발언한 아이디어와 타인의 아이디어를 폭넓은 사고로서 결합하고 개선하여 아이디어의 유효성과 유용성을 확립해야 하는 원칙이다. 앞에서 언급한 세 가지 원칙은 많은 아이디어를 생산하는 것인데, 결합과 개선원칙은 이미 생산된 아이디어를 결합하고 가공 및 개선하며 동시에 재생하는 것을 장려하는 까닭에 한층 적극적인 의미를 가지고 있는 것이다. 즉 타인의 아이디어를 외적으로 비판하지 않고 경청하며 함께 사고하여 그 내용에서 힌트를 얻어 연쇄반응을 일으켜 새로운 아이디어를 발전시키는 데 편승하는 것이다.

결국 앞의 세 가지 원칙은 아이디어의 산만한 제시에 그친다고 하면, 여기에서는 아이디어에 내적 비판을 가하여 취사선택을 해서 집약적으로 발전시키는 고차적 단계가 되는 것이다. 그러나 이렇게 결합·개선하는 과정은 개개인의 내면적 사고에 의해서 이루어지는 데 있는 것이다. 이런 과정에서 하나의 완숙한 아이디어로 확립이 되며, 앞의 세 가지 원칙의 경우보다는 그 질이 높을 가능성이 많을 것이다. 실제 회의에서 우수한 질의 아이디어를 제시하는 사람은 신속하게 아이디어의 결합·개선을 잘하는 사람으로 보아야 할 것이다(유기현 · 송병선 · 권용만, 2008).

3. 브레인스토밍의 효과와 문제점

브레인스토밍을 통하여 여러 가지 효과가 있는 것으로 나타났는데, 국내에서도 양훈모(1990)과 지옥정(1996)은 브레인스토밍기법을 이용하여 창의적 사고력 증진을 위한 문제 해결 기법과 관련하여 연구를 한 결과 브레인스토밍 기법이 효과가 있는 것으로 나타났다. 브레인스토밍을 통해 일반적으로 다음과 같은 효과를 얻을 수 있다.

(1) 인간관계의 원활화

조직구성원이 대등한 위치에서 자유로운 발언과 제안, 제시 및 건의가 보장되어 있기 때문에 개개 종업원은 정서적 안정감을 갖고 개인 상호간의 관계를 따뜻한 우정으로 결합시키게 되므로 목표지향적인 협력체계를 확립할 수 있다.

(2) 적극적 태도확립

성취와 달성의 쾌감을 느낄 수 있는 기회가 부여되고 있기 때문에 열등감과 소외감이 감소되고 이른바 자아개념(self concept)이 확립되어 적극적인 생활태도가 길러진다. 즉, 부단한 노력은 자신감과 성취감을 유발하여 적극적 생활태도확립을 촉진시킨다.

(3) 동기부여

잠재적 창의력을 발휘하기 위한 강한 동기를 부여한다. 즉, 인간 개인에게는 무한한 창의력이 잠재해 있는 바, 이를 효율적으로 발휘함으로써 자아실현이 이루어짐을 인식하고 그 창의력 발휘를 위하여 적극적으로 대처하는 자세가 이루어지게 된다.

(4) 창의적 태도배양

브레인스토밍을 통해서 타인의 의견을 경청하고 이를 이용하는 태도가 배양된다. 즉, 독선적인 사고방식을 버리고 발언자의 의견을 경청하는 가운데에서 힌트를 얻어 자기 아이디어를 발전시키는 자료로 활용함으로써 창의성 발휘에 밑받침이 되는 생활태도가 길러진다.

(5) 진취적 태도배양

새로운 것을 추구하여 그것을 연구 및 탐구하려는 진취적인 태도가 배양될 수 있다. 즉, 브레인스토밍을 통하여 항상 새로운 문제를 추구하며 새로운 사상과 지식 경험을 얻기 위하여 자신을 진취적으로 자극시키는 태도가 길러진다.

(6) 핵심파악의 기민성

집단회의 때 문제의 핵심을 파악하는 데 있어서 기민성이 배양될 수 있다. 즉, 항상 새로운 시야에서 새로운 안목으로 문제를 찾고 장래의 사태를 예측하여, 그의 개선을 위한 요지의 착안에 능숙해지기 때문에 모든 문제를 신속하게 그리고 능률적으로 처리하게 된다.

(7) 합리적인 습관의 증진

집단생활에서 합리적이고 창의적인 태도와 습관이 증진된다. 즉, 브레인스토밍의 숙련으로 창조적 생활의 훈련이 이루어지며, 이는 자기창조력을 스스로 자극 개발할 수 있게 되어, 항시 자기개발과 자기갱신을 위하여 시간을 유효적절하게 활용할 수 있게 된다(유기현·송병선·권용만, 2008).

지금까지 브레인스토밍 기법의 효과에 대해 살펴보았다. 그러나 브레인스토밍의 효과와 관련하여 초기의 열정과는 달리 그다지 효과적이지 못하다는 연구결과들이 보이며 브레인스토밍에 대하여 비판적인 시각으로 보는 학자들도 있다(Diehl & Stroebe, 1987; Stroebe, Diehl, & Abakoumkin, 1992; Paulus, Dzindolet, Poletes, & Camacho, 1993; 전경원, 1998). 이들은 이 기법은 확산적인 사고를 함양하기 위한 방법일 뿐 문제를 창의적으로 해결하거나 고급 수준의 창의적인 산출물이 나오는 것이 아니며 기발한 아이디어를 내는 데 도움을 줄 수 있으나 궁극적으로는 창의적인 생산성에는 별로 도움이 되지 않는다고 주장한다. 그들 중 Stroebe, Diehl, & Abakoumkin(1992)은 브레인스토밍 기법을 집단 효율성 착각(The Illusion of Group Effectiveness)으로, 그리고 Paulus, Dzindolet, Poletes, & Camacho(1993)은 집단 생산성의 착각(The Illusion of Group Productivity)이라고 주장하며 비판하고 있다.

브레인스토밍에 따른 구체적인 문제점으로는 ① 단순한 의사결정에만 적용가능함으로써 위험이나 불확실성이 큰 문제에는 적용하기 어렵고, ② 시간이 많이 걸리고 비용이 많이 들며, ③ 피상적인 아이디어밖에 얻지 못하게 되는 경우가 있으며, ④ 아디이어를 결합하기 위한 기법이 충분히 개발되지 못하고 있는 점이 지적되고 있다(정경섭, 1998).

제 9 절 복수경영제도

1. 복수경영제도의 의의

조직구성원들이 경영의사결정에 직접 참여하는 또 한 가지의 제도는 복수경영제도(multiple management 또는 bottom-up management)이다.[20] 1932년 미국의 식료품 포장판매회사인 McGormick and Company의 사장인 맥코르믹(C.P. McCormick)에 의해 창안된 복수경영제도의 주된 목적은 청년중역을 육성하는 데 있다(McCormick, 1938).

1930년 대공항에 휘말린 미국에서는 여러 기업이 도산에 직면하였는데, McCormick도 예외없이 영업실적이 부진한 데다 종업원들은 위에서 시키는 대로만 일하면 된다는 1인지배형의 경영방식이 경영부진을 더욱 가중시키고 있었다. 이런 불황으로부터 탈피하여 경영에 생기발랄한 기풍을 불어넣기 위하여 제2대 사장 찰스 맥코르믹(C. McCormick)은 이사회 밑에 청년이사회를 설치하여 젊은 사람들의 사고방식과 그들의 유용하고도 건설적인 제안을 제도적으로 받아들이고자 하였다. 이 제도는 중견간부이사회 또는 청년이사제도(junior board of directors)라고도 불린다.

복수경영제도란 과장급 이하의 중간 또는 하위관리자들 가운데서 선발한 청년사원들을 청년중역으로 임명해 기존의 임원회의나 중역회의(board of directors)와는 별도로 회사의 중요 안건이나 문제를 제안·토의·의결하게 하는 제도이다. 중견간부이사회는 일반적으로 주요 기능부서들을 대표하는 과장 내지 대리급 관리자 7명~12명으로 구성되어 6개월간의 임기 동안 2주일에 한 번씩 회의를 소집하는 방식으로 운영된다.[21]

중견간부이사회에서 결정된 사항은 대부분 최고경영층에서 받아들여지고 건의된 정책도 호의적으로 검토됨으로써 관리자들의 의미 있는 참여가 이루어질 수 있다. 이사회에서 선정된 관리자들은 그들의 임기 동안에 조직체 운영 전반에

---

20 권한의 폭넓은 위양을 촉진시켜 전사적인 참여를 모색하고자 했던 윌리엄 기븐(William B. Given)의 관리철학을 말한다(Leslie and Byars, 1992).

21 실제로 McCormick에서는 16개의 부문장 또는 그들의 보좌관에 의해 구성되었는데, 매 6개월마다 그들의 투표에 의해 6명을 탈락시킨 뒤 선거를 통해 공석을 메우곤 했다(김원경, 2005).

걸친 의사결정 경험을 통해서 그들의 자질과 능력을 개발하는 것도 복수경영제도의 중요한 목적이다.

우리나라에서도 1990년대 이후 대기업을 중심으로 주니어보드 제도가 도입되기 시작해 복수경영제도를 성공적으로 운영하여 조직체 내부에 참여분위기를 조성하려는 공사 조직체들이 많이 있다. 대표적인 예로 신세계백화점, KT, SK텔레콤, 한국철도공사, 삼성전자 등을 들 수 있다.

2. 복수경영제도의 효과와 문제점

근래에 우리나라에서도 중견간부이사회제도를 도입하여 성공적으로 운영하는 조직체들이 증가하고 있다. 일반적으로 중견간부이사들은 조직체의 문제해결에 열정적인 관심과 참여를 보인다. 그 결과 사원들의 복지문제해결과 근무환경의 개선, 그리고 조직체가 당면한 문제에 대한 참신한 의견제시 등 많은 공헌을 하고 있다. 그리고 사장이나 임원을 간부이사회에 초청하여 사원들의 의견도 대변함으로써 계층간의 상호이해를 도모하고 있다. 이러한 결과는 기존의 중역회를 자극하고 중견관리자들의 능력을 개발함은 물론, 구성원의 사기를 증진시키고 상하간에 신뢰적인 관계를 조성하는 효과도 가져온다(이학종, 1991; 이학종·양혁승, 2005).

그러나 특히 중견간부이사회의 초기운영단계에서는 중견간부이사들이 자기 기능분야만을 대변하는 경향이 있고, 또 경우에 따라서는 최고경영층에서 받아들이기 어려운 의사결정이나 건의를 너무 많이 하는 것도 흔히 지적되는 문제들이다. 그리고 복수경영제도가 장기적으로 성공적으로 운영되려면 최고경영층의 지속적인 관심과 후원이 필요하다. 그렇지 않고서는 복수경영제도는 도입 초기에 일시적인 효과가 있을 뿐, 그 이후에는 형식적인 제도에 지나지 않을 위험성이 높다(이학종, 2000).

▣ 참고문헌

강석인(1995),「노사관계관리론」, 신정 중판, 일조각, 233.

강성태·박수근· 조경배· 이승길(2005),「노사신뢰 구축을 위한 근로자 경영참가 방안」, 산업자원부, 12.

김경수·김공수(2015),「조직행동론: 분석수준 관점」, 법문사, 279-280.

김기우·하경효·이광택·김상호(2012),「공동결정제도 도입을 위한 연구」, 한국노총 중앙연구원, 6-7.

김동원(1996),「종업원경영참가제도의 이론과 실제」, 한국노동연구원, 59.

김성수(2013),「산업평화적 신노사관계론: 노사관계의 선진화」, 탑북스, 226-227.

김식현·정재훈(1996),「노사관계론」, 학현사, 459.

김영재(1996), "미국기업 성과배분제도의 특성과 노사관계,"「인사관리연구」, 20(1), 94-108.

김원경(2005),「전략적 인적자원관리」, 형설출판사, 228-232.

김중양(2002),「한국인사행정론」, 법문사, 265.

김진균(1981), "산업민주주의,"「사회과학과 정책연구」, 서울대학교 사회과학연구소, 3(2), 269.

김창호(2009), "종업원 경영 참가제도에 관한 연구: 독일 공동의사결정 참가를 중심으로,"「인적자원관리연구」, 35-53.

김형배(1978), "종업원지주제도와 노동주제도에 관한 연구-근로자의 재산형성제도와 관련하여,"「노동문제논집」고려대학교 노동문제연구소, 제6집, 209.

김 훈(2000),「노사협의회의 쟁점과 과제」, 한국노동연구원, 126-127.

대한상공회의소(2004),「한국형 근로자 경영참여모델 연구」, 3.

미국경제발전위원회 편, 유임수 역(1984),「산업성 향상과 기술진보」, 무역경영사.

박세일 외,「노사협의제연구」, 한국개발연구원, 1983, 34-35.

박연호(1989),「인간관계론」, 박영사, 368-387.

박연호, 이종호, 임영제(2013),「현대인간관계론」, 제8판, 박영사, 373-383.

박우성(1998),「성과배분제도의 도입실태와 개선방안」, 한국노동연구원, 5.

변상우·허갑수·채규옥·이상우·정현우(2015),「글로벌시대의 노사관계론」, 피앤씨미디어, 14.
송봉근(2008), 「노사협의제의 운영이 조직성과에 미치는 영향에 관한 연구」, 박사학위논문, 숭실대학교 대학원. 40–41.
신두범(1976), 「노사협력체의 강화와 임금문제」, 대한상공회의소, 67–75.
신수식·김동원·이규용(2014), 「현대고용관계론」, 6판, 박영사, 250–254.
신유근(2000), 「경영학원론 –시스템적 접근–」, 다산출판사, 461.
안문택(1984), "종업원지주제의 도입과 발전방향," 「상장협」, 한국상장회사협의회, 춘계호, 17.
______ (1988), 「종업원지주제도의 이해」, EM문고, 37.
안성포(2005), "근로자경영참가의 실정법상 한계," 「저스티스」, 통권 제83호, 한국법학원, 64.
안종태(1982), "노사협력제도의 국제비교에 관한 연구," 「사회과학연구」, 강원대학교, 16, 150–154.
양춘희·조은영(2005.12), "외국의 경영참가제도 운영 특성과 한국기업 적용 방향," 「동중앙아시아연구」, 16(2), 224–254.
양훈모(1990). 「집단 의사결정 기법들의 효율성 비교연구 – 상호작용집단, 브레인스토밍, 명목집단 및 델파이 기법을 중심으로 –」. 박사학위논문, 성균관대학교 대학원.
에드워드 로울러 저, 김남현·이덕로 공역(1991), 「임금과 조직개발」, 경문사, 214.
유기현·송병선·권용만(2008), 「인간관계론」, 전정판, 무역경영사, 315–316.
유기현(1989), 「인간관계론」, 무역경영사, 405–408.
______ (1994), 「인간관계론」, 제4판, 무역경영사, 340–341.
유기현·송병선·권용만(2008), 「인간관계론」, 무역경영사, 315–319.
유범준(1981), "한국 종업원지주제도에 관한 연구," 「연구논문집」, 울산공대, 12(2), 359.
유병진(1986), "경영참가제도에 관한 연구," 「관동대논문집」, 인문사회, 제14집, 273.
유봉현(2001), 「브레인스토밍기법이 창의적 사고력 증진에 미치는 영향에 관한 실험연구」, 박사학위논문, 연세대학교 대학원, 39.
윤성천(1976), "근로자의 경영참가문제: 참가방식과 이에 따른 문제의 검토를 중심으로,” 「노동경제논집」, 2(1), 87−106.

이달휴(2002), “근로자 경영참가제도의 법적 문제점”, 「법학논고」, 제18집, 경북대학교 법학연구소, 72.

이성천(1978), “노동자의 경영참가문제,” 「노동경제논집」, 2(1), 90.

이영면·성상현·이동진(2011), 「노사협의회 운영실태조사 및 개선방안 연구」, 고용노동부, 29.

이원우·서도원·이덕로(2008), 「경영학의 이해」, 박영사, 15.

이주희(2005), “경영참여와 노사관계: 사업체패널조사를 통한 실태분석,” 「사회과학연구논총」, 이화여자대학교 사회과학연구소, 14, 93−109.

이주희·이승협(2005), 「경영참여의 실태와 과제」, 한국노동연구원, 11−17.

이준범(1997), 「현대노사관계론」, 제2전정판, 박영사, 414−498.

이학종(1991), 「인적자원관리 − 현대인사관리론과 사례연구」, 세경사, 301−302.

______ (2000), 「전략적 인적자원관리」, 세경사, 412−413.

이학종·양혁승(2005), 「전략적 인적자원관리」, 박영사, 361.

이호준(1982), “한국의 단체교섭제도와 노사협의제,” 「노동경제리뷰」, 20−23.

전경원(1997), “브레인스토밍에 관한 문헌 고찰,” 「창의력교육연구」, 1(1), 49−64.

정경섭(1998), 「현대인사관리」, 법문사, 156−159.

정경호(1987), “종업원지주제도에 관한 고찰−회사법적 문제점을 중심으로,” 「증권금융」, 8−9.

정재훈 편저(1989), 「경영권과 노조활동」, 대영문화사, 9−88.

정재훈(1982), “단체교섭과 노사협의제의 기능상의 구분에 대한 인식 문제,” 「사회과학 논문집」, 인하대학교, 5, 99−177.

정종진(1996), 「경영학입문」, 법문사, 22−31.

정종진·이덕로(2007), 「인적자원관리」, 제3판, 법문사, 198−199.

지옥정(1996), 「프로젝트 접근법이 유아의 학습 준비도 및 사회, 정서 발달, 자아개념 및 프로젝트 수행능력에 미치는 효과」, 박사학위논문, 한국교원대학교.

최승부(1984), “종업원지주제도와 기업의 복지후생,” 「상장협」, 제9호, 춘계호, 78−79.

최종태(1984), 「기업경영과 경영권」, 대한상공회의소, 178−181.

______ (1986), "종업원지주제도의 기업경영적 목적과 사회정치적 목적," 「증권금융」, 7-13.

______ (1996), 「현대노사관계론」, 전정판, 경문사, 469.

______ (1997), 「전략적 노사관계론」, 경문사, 387.

______ (1998), 「현대경영참가론-성과참가, 재산참가, 의사결정참가-」, 경문사, 258-273.

______ (1988), 「기업경영과 경영권」, 대한상공회의소.

______ (1996), 「현대노사관계론」, 경문사, 462-464.

한국개발연구원(1983), 「80년대 노사관계발전을 위한 간담회 보고서」, 53-54.

한국산업은행(1977), 「조사월보」, 260, 18.

한국상장회사협의회(1986), 「종업원지주제도의 현황과 활성화를 위한 연구」, 연구보고서, 10.

한국증권금융(1984. 7), 「종업원지주제도(실무안내)」, 14-18.

황용연(2011), 「한국의 경영참가제도의 법적 구조와 개선방안에 관한 연구」, 박사학위논문, 고려대학교 대학원.

Amabile, T. M.(1983). "The Social Psychology of Creativity: A Componential Conceptualization," *Journal of Personality and Social Psychology*, 45(2), 357-376.

Baer, W. E.(1973), *Practice and Precedent in Labor Relations*, Lexington, Mass: D.C. Heath and Company, 325.

Blasi, J., Conte, M., and Kruse, D.(1996), "Employee Stock Ownership and Corporate Performance among Public Companies," *Industrial and Labor Relations Review*, 50(1), 60-79.

Bradley, K., Estrinm, S., & Taylor, S.(1990), "Employee Ownership and Company Performance," *Industrial Relations*, 29, 385.

Bullock, R. J. and Lawler, E. E. III(1984), "Gainsharing: a few questions and fewer answers," *Human Resource Management*, 23(1), 23-40.

Collins, D.(1998), *Gainsharing and Power: Lessons from Six Scanlon Plans*, ILR

Press of Cornell University Press, Ithaca, NY.

Cordova, E.(1982), "Workers' Participation in Decisions within Enterprise: Recent Trends and Problems," *International Labor Review*, 121(2), March–April, 125.

D'Art, D.(1992), *Economic Democracy and Financial Participation; A Comparative Study*, New York: Rouledge, 86.

Denz, F. A.(1948), *The Suggestion System: Your Public Relations*, New York: Clenn Crisworld, 508.

Deshpande, S. P.(1999), "Gainsharing and Power? Lessons from Six Scanlon Plans," *Journal of Labor Research*, 20(4), 620–621.

Dessler, G.(1988), *Personnel Management*, 4th ed., Englewood Cliffs, New Jersey: Prentice–Hall, Inc., 404–405.

Diehl, M. & Stroebe, W.(1987), "Productivity Loss in Brainstorming Groups: Toward the Solution of a Riddle," *Journal of Personality and Social Psychology*, 53(3), 497–509.

Fossum, J. A.(2006), *Labor Relations: Development, Structure, Process*, 9th ed. Boston: McGraw–Hill, 432.

Farooq, O., Payaud, M., Merunka, D., & Valette–florence, P.(2014), "The Impact of Corporate Social Responsibility on Organizational Commitment: Exploring Multiple Mediation Mechanisms," *Journal of Business Ethics*, 125(4), 563–580.

Frost, C. F., Wakeley, J. H., & Ruh, R. A.(1974), *The Scanlon Plan for Organization Development: Identity, Participation, and Equity*, East Lansing: Michigan State University Press, 5–26.

Gordon, L.A., & Pound, J.(1990), "ESOP and Corporate," *Journal of Financial Economics*, 27, 525–555.

Guthmann, H. C. & Dougall, H. E.(1962), *Corporate Financial Policy*, Englewood Cliffs, N. J.: Prentice–Hall, 423.

Halloran, J.(1983), *Applied Human Relations*, 2nd ed., Englewood Cliffs, N.J.: Prentice–Hall, Inc., 220.

Hearst, P.S.(1975) "Employee Stock Ownership Trusts and Their Uses," *Personnel*

Journal, 54(2), February, 104–106.

Henderson, R. I.(1982), *Compensation Management: Rewarding Performance*, 3rd ed., Reston, Virginia: Reston Publishing Co., Inc., 362.

Hoerr, J.(1983), "Why Labor and Management are Both Buying Profit Sharing," *Business Week*, Jan. 10, 84.

Holt, D. H.(1993), *Management: Principles and Practices*, 3rd ed., Englewood Cliffs, NJ: Prentice–Hall, 140.

ILO(1962), *Consultation and Cooperation between Employer at the Level of the Undertaking*, Labor–Management Relations Series, 13, 69–70.

Jain, H. C.(1980), *Worker Participation..Success and Problem*, N.Y.: Preager Publishers, 4.

Jensen, M. C. & Meckling, W. H.,(1976), "Theory of the Firm: Managerial Behavior, Agency Costs and Ownership Structure," *Journal of Financial Age*, 4, 305–360.

Kenneth, W. J.(1979), "The Scanlon Plan: Causes and Correlates of Success," *Academy of Management Journal*, 22(2), 292–312.

Kerr, N. L. & Tindale, R.S.(2004), "Group Performance and Decision–Making," *Annual Review of Psychology*, 55, 623–655.

Kim, D.(2005), "The benefits and costs of employee suggestions under gainsharing," *Industrial and Labor Relations Review*, 58(4), 631–652.

King, C. D. & Van De Vall, M.(1978), *Models of Industrial Democracy: Consultations, Codetermination and Worker's Management*, Mouton: The Hague.

Kruse, D., Freeman, R., & Blasi, J.(2010), *Shared Capitalism at Work: Employee Ownership, Profit and Gain Sharing, and Broad-Based Stock Options*, Chicago: University of Chicago Press.

Lesieur, F. G. & Puckett, E. S.(1969), "The Scanlon Plan had Proved Itself," *Harvard Business Review*, 47(5), Sep.–Oct., 111–112.

Lesieur, F. G.(1975), *The Scanlon Plan: A Frontier in Labor-Management Cooperation, Cambridge*, MA: MIT Press, 30.

Levin, W. R.(1985), "The False Promise of Worker Capitalism," *The Yale Law Journal*, 85, Nov., 149.

Levine, D. I., & Tyson, L. D.(1990), "Participation, productivity and the firm's environment," In Blinder, A. S.(ed.), *Paying for Productivity*. Washington D.C.: The Brookings Institution.

Litchfield, R. C.(2008), "Brainstorming Reconsidered: A Goal–Based View," *Academy of Management Review*, 33(3), 649–668.

Marsh, A. I. & Cooker, E. E.(1963), "Shop Steward Organization in the Engineering Industry," *British Journal of Industrial Relations*, 1(3), 184.

McCormick,, C. P.(1938), *Multiple Management*, New York: Harper & Row, Publishers.

McGlynn, R. P., McGurk, D., Effland, V. S., Johll, N. L., & Harding, D. J.(2004), "Brainstorming and Task Performance in Groups Constrained by Evidence," *Organizational Behavior and Human Decision Processes*, 75–87.

Mericle, K. & Dong–One, K.(2004), *Gainsharing and Goalsharing: Aligning Pay and Strategic Goals*, London: Praeger.

Miller, C. S. & Schuster, M.H.(1987), "Gainsharing Plans: A Comparative Analysis," *Organizational Dynamics*, 5, Summer, 46–50.

Moore, B. & Ross, T.(1978), *The Scanlon Way to Improved Productivity: A Practical Guide*, New York: Wiley, 2.

National Industrial Conference Board(1967), "Employee Stock Purchase Plans," *Studies in Personnel Policy*, 216, 22–23.

Nickels, W. G., McHugh, J. M., and McHugh, S. M.(1993), *Understanding Business*, 3rd ed., Homewoodl, IL: Irwin, 618–619.

Osborn, A. F. (1957), *Applied Imagination*, New York: Charles Scribner's Sons.

______ (1993). *Applied Imagination(3rd eds.)*. Buffalo, New York: Creative Education Foundation Press.

______ (1963), *Applied Imagination: Principles and Procedures of Creative Problem-solving*, 3rd ed., New York: Charles Scribner's Sons.

Osborn, R. C.(1959), *Corporation Finance*, New York: Harper & Brothers, 319.

Paulus, P. B., Dzindolet, M. T., Poletes, G., & Camacho, L. M.(1993), "Perception of Performance in Group Brainstorming: The Illusion of Group Productivity," *Personality and Social Psychology Bulletin*, 19, 78–89.

Pierce, J. L. Rubenfeld, S. A., & Morgan, S.(1991), "Employee Ownership: A Conceptual Model of Process and Effects," *Academy of Management Review*, 16(1), 121–144.

Pigors, P. & Myers, C. A.(1981), *Personnel Administration: A Point of View and a Method*, 9th ed. New York: McGraw-Hill Book Co., 391.

Puckett, E. S.(1958), "Productivity Achievement-A Measure of Successs," in Lesieur, F. G., The Scanlon Plan: A Frontier in Labor-Management Cooperation, New York: John Willey & Sons, 112–115.

Renaud, S., Stonge, S., & Magnan, M.(2004), "The Impact of Stock Purchase Plan Participation on Workers' Individual Cash Compensation," *Industrial Relations*, 43(1), 120–147.

Reum, W. R. & Reum, S.M.(1976), "Employee Stock Ownership Plans: Pluses and Minuses," *Harvard Business Review*, July–August, 133.

Robbins, S. P. & Coulter, M. K.(2012), *Management*, 11th ed., Upper Saddle River, NJ: Pearson Education, 199–200.

Robbins, S. P. & Judge, T. A.(2015), *Organizational Behavior*, 14th ed., Upper Saddle River Cliffs, N. J.: Pearson Education, Inc., 264–265.

Rue, L. W. and Byars, Loyd L.(1992), *Management: Skill and Application*, 6th ed., Homewood, IL.: Irwin, 38–39.

Ruysseveldt, J. V. & Visser, J.(1996), *Industrial Relations in Europe: Traditions and Transitions*, London: Sage Publications, 150.

Schlesinger, A. Jr.(1989), "Germany's Fate Will Determine Europe's," *The Wall Street Journal*, December 21, 1989, p.A..18.

Schregle, J.(1976), "Workers' Participation in Decisions within Undertaking," *International Labor Review*, 117(1), January-February, 6–13.

______ (1978), "Codetermination in the Federal Republic of Germany," *International Labor Review*, 113(3), January-February, 89.

Schulhop, R. J.(1979), "Five Years with the Scanlon Plan," *Personnel Administrator*, 55−92.

Shuster, M.(1983), "Forty years of scanlon plan research: a review of the descriptive and empirical literature", in Crouch, C. and Heller, F. A. (Eds.), *Organizational Democracy and Political Processes*, 1, NY; Wiley, 53−71.

Seta, C., P. B. Paulus, and R. A. Baron(2000), *Effective Human Relations: A Guide to People at Work*, 4th ed., Cincinnati, Ohio: South-Western, 221.

Sherman, A. W. Jr. and Bohlander, G. W.(1992), *Managing Human Resources*, 9th ed., Cincinnati, Ohio: South-Western Publishing Co., 369.

Sherman, A. W. Jr., Bohlander, G. W., & Snell, S.(1996), *Managing Human Resources*, 10th ed., Cincinnati, Ohio: South-Western College Publishing Co., 372−374.

Sherman, G.(1976) "Scanlon Plan: Its Capabilities for Productive Improvement," *Personnel Administrator*, July 1976.

Sieger, P., Zellweger, T., & Aquino, K.(2013), "Turning agents into Psychological Principals: Aligning Interests of Non-Owners through Psychological Ownership," *Journal of Management Studies*, 50(3), 361−388.

Sloane, A.A. & Witney, F.(2006), *Labor Relations*, 12th ed., Englewood Cliffs, NJ.: Prentice-Hall, 98−103.

Stroebe, W. Diehl, M. & Abakoumkin, G.(1992), "The Illusion of Group Effectivity," *Personality and Social Psychology Bulletin*, 18, 643−650.

Sturmthal, A.(1984), *Worker's Councils, Cambridge*, Mass.: Harvard University Press, 198−199.

Thompson, L.(2003), "Improving the Creativity of Organizational Work Groups," *Academy of Management Executive*, 17(1), 96−109.

Werther, W. B. & Davis, K.(1996), *Human Resources and Personnel Management*, 5th ed., New York: McGraw-Hill, 377.

Woodworth, F.(1981), "Toward a Labour-Owned Economy in the United States," *Labour and Society*, 41–43

Wren, D.(2009), "Joseph N. Scanlon: the man and the plan," *Journal of Management History*, 15(1), 20–37.

Yoder, D. & Staudohar, P.D.(1982), *Personnel Management and Industrial Relations*, 7th ed., Englewood Cliffs, N. J.: Prentice-Hall, 473–474.

Zhang, X., Bartol, K. M., Smith, K. G., Pfarrer, M. D., & Khanin, D.M.(2008), "CEOs on the Edge: Earnings Manipulation and Stock-Based Incentive Misalignment," *Academy of Management Journal*, 51(2), 241–258.

Labor management relations

제 6 장

우리나라의 경영참가제도

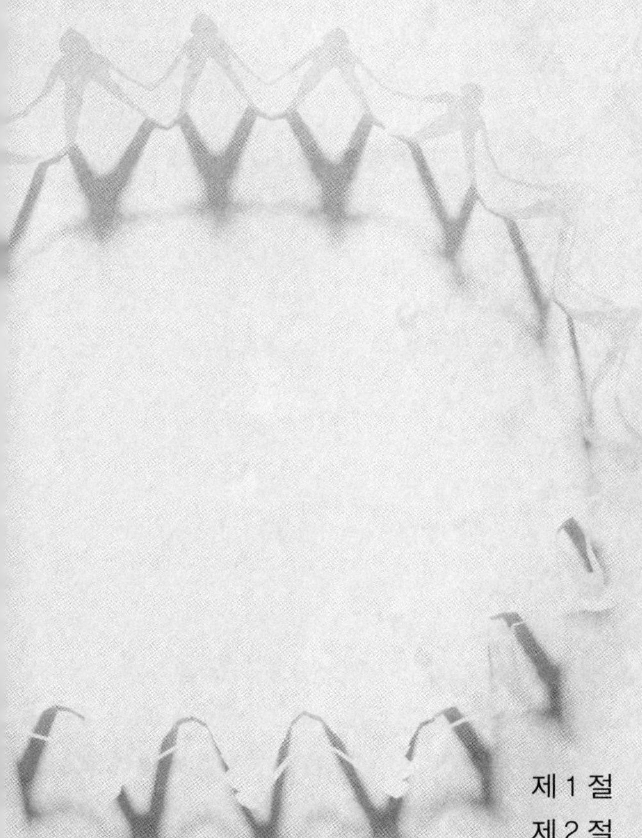

제 6 장

우리나라의 경영참가제도

근로자의 경영참가제도에 대해서는 제5장에서 크게 자본참가, 성과참가(이윤참가), 협의의 경영참가(의사결정참가) 등 세 가지로 구분하여 살펴보았다. 본 장에서는 이 틀에 준해서 우리나라의 경영참가제도를 살펴보도록 하겠다. 자본참가에 대해서는 이것의 대표적인 예가 종업원지주제도임으로 종업원지주제도에 대해서, 협의의 경영참가에 대해서는 우리나라에서 발전된 구체적인 제도인 노사협의제에 대해서, 그리고 성과참가(이윤참가)에 대해서는 비록 상당한 성과배분이 이루어지는 삼성그룹[1]과 같은 경우도 있지만 전반적으로는 미약하여 사내근로복지기금을 중심으로 살펴보기로 하겠다.

제 1 절 우리나라의 종업원지주제도

1. 발전 과정

(1) 초기단계

우리나라 기업체에 종업원지주제도[2]가 소개된 것은 해방 훨씬 이전이지만[3] 실

1 가장 공격적인 성과급 제도를 도입한 곳은 삼성이다. 삼성은 반기마다 한번씩 사업부별 성과에 따라 월 기본급 대비 성과급을 지급하는 생산성격려인센티브(TAI·옛 PI)와 매년 초에 전년도 성과를 토대로 연봉 대비 성과급을 주는 성과인센티브(OPI·옛 PS)가 있다.

2 엄밀한 의미에서 보면 한국형 종업원지주제인 우리사주조합과 미국식 종업원지주제도(ESOP)는 다음과 같은 차이가 있다. 첫째, 우리사주조합은 자사주만을 구입할 수 있다. 둘째, 우리사주 구입자금은 대부분 종업원들이 조달해야 한다. 회사에서 보조하는 경우가 있으나 세재혜택이 적기 때문에 회사보조는 그리 크지 않다. 한국증권금융이나 국민은행에서 대출해 주기도 하지만 결국에는 종업원들이 부담해야 한다. 셋째, ESOP는 수탁자(trustee)를 통해 자산 운영이 가능한데 비

제로 도입된 것은 1958년 10월 유한양행이 종업원지주제도를 실시하면서 부터이다. 유한양행은 근로자의 복지향상과 노사협력을 목적으로 근로자에게 회사의 주식을 지급했는데, 동사 간부들에게는 공로주를 주고, 사원들에게는 희망자에 한해 회사의 주식을 매입하도록 하되 그 대금을 상여금에서 공제하도록 하였다(한국증권금융, 2011). 따라서 우리나라의 종업원지주제도는 기껏해야 60년 가까운 역사밖에 되지 않는다. 1960년대 후반기에 들어오면서 삼양사, 대한해운공사, 해동화재, 남한제지 등에서 종업원지주제도를 채택하였으나 그 당시 기업들은 가족 위주로 폐쇄적이어서 조직적인 실시는 이루어지지 못하였다(한국증권금융, 1987).

종업원지주제도가 국가정책적 차원에서 인식되어 법적 뒷받침이 처음으로 마련된 것은 1968년에 이르러서였다. 동년 11월 '자본시장육성에 관한 법률'이 제정됨으로써 동법 제6조에 의거 "상장법인이 유상증자를 할 경우 당해 법인의 종업원은 신규발행주식의 총수에 대하여 10% 범위 내에서 우선 배정받을 권리가 있다"고 규정하였다.

그 후 1972년 12월 30일에는 '자본시장육성에 관한 법률'의 개정과 더불어 '기업공개촉진법'이 제정되었는데, 동법 제3조에서는 "기업공개의 명령을 받은 법인이 기업을 공개할 경우, 기 발행주식과 신규발행 주식총수의 10%까지는 그 종업원에게 우선적으로 배정하여야 한다"라고 규정함으로써 우선배정 범위를 확대하였다. 이와 같이 종업원에게 구주매출·유상증자분의 10% 상당의 자사주를 유리하게 주는 법적 근거는 마련하였으나 구체적인 실시방안이나 기업의 자발적인 도입을 유도할 수 있는 여건의 조성은 이루어지지 못하였다. 1972년 당시 종업원지주제도를 실시한 회사와 종업원지주비율을 보면 〈표 6-1〉과 같다.

(2) 확립단계

1973년 제1차 유류파동으로 인한 재무구조의 악화와 세계경제의 전반적인 침체 등의 불안으로 말미암아, 우리 기업들은 외국자본의 도입이 어렵게 되면서 고

해서, 우리사주조합은 한국증권금융에 예탁해야 한다. 넷째, ESOP의 신탁(trust)은 법적 실체임에 비해서 우리사주조합은 민법상의 '조합'이다.

3 유한양행의 설립자였던 고 유일한 회장이 1937년 발행주식의 0.667%인 25주를 유한사우공제회에 기증한 것이 효시이다.

표 6-1 종업원지주제도 실시회사의 지주종업원 점유율과 종업원 지주율 (1972.10. 당시)

회 사 명	자본금 (백만 원)	종업원수(명)	지주 종업원 수(명)	지주종업원점유율	종업원지주율
한국개발금융	1,633.5	67	55	85.0	0.14
세 기 상 사	600	190	190	100.0	3
한 국 제 지	692	600	66	11.1	2.8
유 한 양 행	552	856	36	4.2	0.3
한 국 유 리	2,275	1,000	63	6.3	0.4
락 회 화 학	2,500	2,279	1,086	47.7	3.3
신 진 자 판	750	497	341	68.6	10.2
대 한 전 선	1,500	1,756	151	8.6	1
대 한 제 당	400	230	51	22.2	0.25
서 울 미 원	600	1,233	34	2.8	0.2
내쇼날플라스틱	485	800	25	3.1	1.4
대한재보험공사	3,000	230	140	60.9	0.1
대 한 제 분	634	390	302	77.4	11.3
합 계	15,922.5	10,128	2,540	25.1	2.0

자료: 송기철(1972), "종업원지주제도에 관한 고찰,"「경영논집」, 고려대학교 상과대학, 17, 11.

금리사채에 의존하는 경향이 나타나 국민경제상 원리금상환부담의 과중 및 기업재무구조의 불안정 현상을 면하지 못하였다. 이에 정부는 경제발전에 소요되는 산업자금을 자본시장을 통하여 원활하게 조달할 필요가 있다고 판단하였다. 그리고 주식대중화를 통한 주식인구의 저변확대와 자본시장육성을 도모하기 위한 방법으로서 종업원지주제도를 적극 확대시키기로 하였다. 한편으로는 경제발전계획을 통한 고도성장정책을 추구하는 과정에서 부의 편재현상이 일어나 소득의 재분배 내지 중산층형성이라는 문제가 사회적인 관심사로 대두되면서 근로자재산형성제도의 일환으로서 종업원지주제도가 갖는 의의가 크게 주목을 받게 되었다.

따라서 침체된 자본시장을 육성하여 내자조달 및 기업체질개선을 도모할 목적으로 1974년 5월에 이른바 5·29조치, 즉 "기업공개와 건전한 기업풍토 조성을 위한 대통령의 특별지시"가 있었고(김영숙, 1988), 이에 따른 대응조치로 동년 7

월 13일에는 ① 종업원지주제도의 적용범위를 비공개법인까지 확대실시 ② 우리사주조합[4], 한국투자공사[5] 등의 관리기구 설치 ③ 각종 금융·세제상의 지원책 마련 ④ 취득주식의 1년 이상 의무예탁제 등을 골자로 하는 '종업원지주제도 확대실시방안'이 발표되기에 이르렀다. 이는 내자조달·기업체질개선 및 근로자재산형성을 위하여 종업원지주제도를 본격적으로 발전시키려는 국가정책으로서, 상설적이고 정착적인 성격을 갖는 기틀을 마련하게 되었다.

(3) 발전단계

1974년 12월 "국제수지개선과 경기회복을 위한 특별조치" 중 민간투자의 촉진과 소득균등분배정책의 일환으로 종업원지주제도는 확대되기에 이르렀다. 종업원에 대한 저리의 금융지원은 1974년 이후 기업공개의 증가와 더불어 우리사주조합이 본격적으로 결성되기 시작하는 원인이 되었다. 1979~1983년간은 기업공개의 부진으로 우리사주조합결성의 증가세가 둔화되었지만, 1985년 이후 증권시장 활황에 기인한 기업공개의 증가로 우리사주조합의 결성은 점차 늘어났다.

또한 1987년 11월 28일에 개정된 "자본시장 육성에 관한 법률"에서 우리사주 우선배정 비율을 10%에서 20%로 상향조정하였고, 취득자금에 대한 세액 공제도 15%로 대폭 확대하였다. 1988년 6월 22일 발표된 "종업원지주제도의 개선방안"에서는 우리사주조합원이 퇴직하는 경우와 예탁후 3년이 경과된 주식으로서 재무부장관이 정하는 부득이한 사유가 있는 경우에 한하여 주식을 인출한다는 내용을 우리사주조합규약에 담도록 하여 시세차익을 노린 종업원지주의 단기매각을 방지하고 우리사주의 장기보유를 유도하였다(김대한, 1995).

그러나 1989년 4월 1일 종합주가지주 1,007포인트를 기록한 후 보이기 시작한 증시의 장기침체는 종업원지주제도의 증가세를 점차 줄어들게 하였으며, 그 결과 1989년의 실권율 68%에 이어 〈표 6-2〉처럼 1990년에도 대량의 지속적 실

---

4 우리나라의 종업원지주제도인 우리사주제도는 기업 또는 정부의 각종 정책적 지원을 통하여 근로자가 자신이 근무하는 회사의 주식을 취득·보유할 수 있도록 하는 종업원주식소유제도로서 이때부터 근로자의 복지증진을 위한 소득보상적 차원에서 제한적으로 실시되었으나 자본소유의 분산 및 부의 공정한 분배를 통해 부익부 빈익빈의 자본 편중 현상을 시정할 수 있는 제도의 효용성으로 경제민주주의를 달성하기 위한 정책 수단으로 발전되게 된다.

5 1977년 해체 후에는 한국증권금융주식회사로 개편되어 오늘에 이르고 있다.

표 6-2 우리사주조합 실권현황(1990) (단위: 천주)

구분 회사명	할인율 (%)	배정 주식수	실권주	실권율 (%)	구분 회사명	할인율 (%)	배정 주식수	실권주	실권율 (%)
국제상사	30%	600	544	90.7	온양펄프	30%	191	167	87.3
조광피혁	〃	80	76	94.8	금호	20%	722	600	83.1
태흥피혁	〃	58	54	92.4	광주고속	〃	800	477	59.7
대도상사	〃	50	44	88.3	나우정밀	10%	38	32	84.3
강원산업(보)	〃	364	364	89.5	동신제지공업	〃	70	57	82.1
강원산업(우)	〃	72	72	90.6	한일합섬	〃	373	313	83.7
신화건설	〃	120	120	82.3	신일건업	〃	110	93	84.9
우단실업	〃	56	56	87.6	동서증권	〃	1,980	1,546	78.1
금강피혁	〃	40	40	90.1	태영판지	〃	32	29	92.0

자료: 「한국경제신문」, 1990.5.23.

권발생은 동제도가 실시된 이래 최대의 어려움을 맞게 되었다.

그 후 우리사주제도는 증권시장과 국가 경제의 성장·침체 등에 따라 표출되는 당면한 문제점들을 해소하기 위해 의무예탁기간과 세제 혜택 등을 수시로 조정하여 왔다. 즉 1988년 6월에 연장되었던 예탁기간(1년→퇴직 시까지, 특별인출: 3년 경과)이 1993년 7월에는 다소 단축되었다가(퇴직 시까지→7년, 특별인출: 2년 경과) 1999년 7월 개정법에서는 3년으로, 그러다가 1999년 8월 7일의 개정법에서는 의무예탁기간이 1년으로 더욱 단축되게 되었다(단 '99.12.31까지 3년 유지). 이러한 조치에 어느 정도 영향을 받아서인지 2000년대의 우리사주 실권현황은 〈표 6-3〉과 같이 매우 낮은 편이다.

(4) 전환단계: 신우리사주제도

앞서 설명한 바와 같이 우리사주제도를 활성화하기 위한 노력에도 불구하고 동 제도가 안고 있는 한계점, 즉 우선배정제 중심의 자사주 취득, 조합원 자기계산에 의존한 자금 조달, 장기보유 유도를 위한 세제·금융 지원 결여 등으로 인하여 제도 본연의 목적과 취지를 제대로 살리지 못함에 따라 1998년 IMF 외환위기 이후 기존 우리사주제도의 문제점과 한계를 근본적으로 극복하기 위한 논의가 사회 각계로부터 활발하게 진행되어 왔다. 그 결과, 근로자의 복지 향상과 기업생산성 향상이라는 우리사주제도 본래의 취지와 목적을 달성하기 위한 새로운

표 6-3 2000년대의 우리사주 청약 및 실권현황 (단위: 천 주)

연월중	총발행주수	배정주수	법인의 대출이 없는 경우		
			청약주수	실권주수	실권율
2002	665,134	129,241	92,368	12,853	12.2
2003	675,968	118,162	58,718	22,481	27.7
2004	479,707	79,338	28,262	24,769	46.7
2005	620,936	80,821	46,162	16,610	26.5
2006	621,049	92,547	51,649	27,942	35.1
2007	114,660	210,386	15,892	181	1.1
2008	530,665	68,931	46,038	10,896	19.1
2009	1,016,556	141,105	114,785	18,895	14.1
2010	840,741	127,656	103,769	17,738	14.6
2011	999,834	154,120	101,151	38,092	27.4
2012	733,832	104,398	65,697	24,455	27.1
2013	788,547	96,422	80,089	15,209	16.0
2014	916,690	125,898	102,295	21,869	17.6
2015	725,163	128,113	77,212	25,038	24.5

자료: 한국증권금융(주)(2014.10.31),「증권금융」, 제330호, 122; 한국증권금융(주)(2016.12.19),「증권금융」, 337, 86.

법률 체계의 필요성이 대두됨에 따라 2001년 8월 14일 우리나라 우리사주제도의 기본적 법률이 될 '근로자복지기본법'이 제정·공포되었으며 개선된 신제도 시행을 위해 근로자복지기본법시행령 및 시행규칙을 제정하여 2002년 1월 1일부터 시행하게 되었다. 이렇게 해서 시행하게 된 우리사주제도를 흔히들 신우리사주제도라 한다.

종전 우리사주제도는 증권거래법에 의거 우선배정제도(유상증자시 20% 우선매입권 부여)로 시행하였으나 근로자들이 자기자금으로 자사주를 매입하는 제도 특성상 주식시장 침체시 재산손실, 조기인출에 따른 장기보유 미흡 등의 문제점이 나타나게 되었다. 이에 따라 우리사주제도가 근로자 재산증식, 기업생산성 향상 등 제 기능을 발휘할 수 있도록 2001년 제정한 근로자복지기본법에 성과배분형 신(新)우리사주제도를 도입하여 사용자의 자사주 무상출연 등 자사주 취득기회의 다양화, 다양한 세제지원 방안을 새로이 마련하여 실시중이다.

신우리사주제도의 주요 개선내용은 다음과 같다.

① 성과급 형태의 자사주 취득 지원: 종전의 우선배정제도 이외에 사업주·대주주 등의 자사주 출연이나 사업주의 금전 출연(내지 근로자와 공동출연)으로 시장에서 자사주 매입이 가능토록 하는 등 성과급 형태로 근로자의 자사주 보유를 지원한다.

② 장기보유 시스템 마련: 기업의 지원에 의해 취득한 자사주는 조합계정에 보관후 3년이 되는 날부터 7년 이내에 조합원 개인별계정에 배정하되, 조합규약의 정함에 따라 일시 또는 연차적으로 배정되도록 하여 장기보유를 유도하며, 소득세 저율분리과세 등 장기보유를 위한 세제지원이 마련되었다.

③ 우리사주운영위원회 설치: 사업주의 우리사주조합에 대한 지원 내용·조건 등을 협의할 수 있도록 우리사주조합과 사업주를 대표하는 동수의 위원으로 구성(2인 이상 10인 이하)되는 우리사주운영위원회를 설치·운영한다. 이는 근로자참여 및 협력증진에 관한 법률상의 노사협의회와는 별도의 기구로 노사 모두에게 유리한 방향으로 우리사주제도를 적극 활용할 수 있는 방안을 협의하는 통로로서 기능한다. 참고로 우리사주조합의 운영체계를 보면 [그림 6-1]과 같다.

그림 6-1 우리사주조합의 운영체계

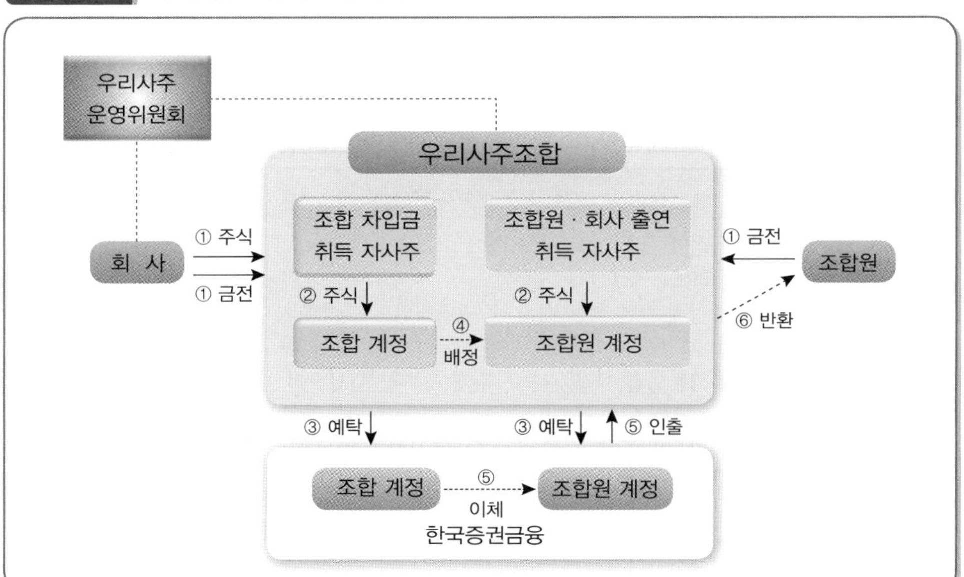

자료: 고용노동부(2016), 「2016년판 고용노동백서」, 605.

④ 자사주의 의결권 행사방법 명확화: 조합원 개인별 계정의 주식에 대한 의결권은 조합원의 의사표시에 따라 행사하며, 조합계정으로 보유중인 주식에 대한 의결권은 조합과 사업주가 협의하여 조합의 규약으로 정한 방식에 따라 행사한다.

⑤ 비상장법인의 우선배정에 관한 법적 근거 마련: 비상장법인의 경우에도 상장법인 또는 상정예정법인의 우리사주조합원에 대해 적용되는 우선배정비율 범위 내에서 자율적으로 우선배정을 실시할 수 있도록 우선배정에 대한 근거를 마련했다. 또한 자사주의 환금성을 지원하기 위하여 당해 기업에서 환매수준비금을 적립할 수 있도록 하고, 상법상 회사의 자사주 취득 금지규정(제341조)의 예외규정을 둠으로써 회사에서 우리사주 환금성 지원을 목적으로 자사주를 취득할 수 있도록 허용했다.

지금까지 우리사주제도의 발전과정에 대해 살펴보았는데 이것을 요약하면 〈표 6-4〉와 같다.

2. 세제 내지 금융상의 지원

(1) 세제상 지원

현행 우리사주제도에 대해서는 근로자, 조합, 회사 그리고 대주주 등에 대해

표 6-4 우리사주제도의 발전

연 도	주요 변화 내용
1968년	• 자본시장육성에 관한 법률 제정, 발행주식총수의 10% 이내에서 근로자에게 우선배정(1987년 20%까지 확대)
1997년	• 자본시장육성에 관한 법률 폐지, 증권거래법으로 이관
1999년	• 증권거래법 개정으로 의무예탁기간 단축 [7년 → 3년 → 1년(2000년부터)]
2001년	• 근로자복지기본법을 제정, 우리사주제도에 관한 일반적인 법적 근거 마련 무상출연 및 차입형 우리사주제도 도입
2005년	• 근로자복지기본법을 개정, 우리사주매수선택권 도입 등 제도개선 실시
2010년	• 근로자복지기본법과 사내근로복지기금법을 근로복지기본법으로 통합 수급업체 근로자조합원 자격에 포함되도록 규정
2014년	• 2014년 근로복지기본법 개정, 우리사주 취득강요 금지
2015년	• 2015년 근로복지기본법 개정, 우리사주조합 설립요건 완화, 우리사주저축제도 도입

소득세법, 상속세법, 증여세법, 조세감면법, 법인세법 등 각종 관련법을 통해 세제상의 지원을 하고 있는데 구체적인 내용은 〈표 6-5〉와 같다.

(2) 금융상 지원

1) 회사에 의한 지원

회사는 우리사주조합원이 우리사주조합을 통하여 해당 법인의 주식을 취득하는 경우에 취득 자금을 무이자 또는 저리로 대여해 줄 수 있다. 또한 회사는 우리사주조합이 외부 기관으로부터 자금을 차입하는 경우 담보 또는 보증을 제공할 수 있다. 회사는 우리사주조합에 자금을 대출해 주고 조합으로 하여금 동 자금으로 우리사주를 취득하게 한 후, 회사가 매년 일정금액을 조합에 무상 출연하여 그 자금으로 회사로부터의 차입금을 상환하도록 할 수 있다(회사 상환 차입형).

2) 금융기관에 의한 지원

우리사주조합원이 해당 법인의 주식을 취득하고자 하나 자금이 부족할 경우에는 한국증권금융 등 근로복지기본법령에 규정된 적격 금융회사를 통하여 필요한 자금을 대출 받을 수 있다.

우리사주조합은 회사의 상환 약정 및 보증 등으로 금융회사로부터 자금을 차입하여 우리사주를 취득하고 회사가 무상 출연한 자금으로 조합의 차입금을 상환할 수 있다(한국증권금융 우리사주지원센터, 2012.6).

3. 우리사주조합 운영 현황

(1) 우리사주조합 설립현황

앞서 언급한 바와 같이 우리나라의 종업원지주제도는 1974년 종업원지주제도 확대실시방안이 발표된 이후 투자모임인 우리사주조합을 통하여 꾸준히 실시되어 왔다. 그러면 우리나라의 종업원지주제도인 우리사주조합의 설립현황에 대해 살펴보기로 하겠다.

먼저 우리사주조합 결성회사수를 보면 1974년 말 8개 조합에 불과하던 것이 1975년에는 159개, 1978년에는 345개로 크게 늘어났고, 1999년에는 1,022개를 거쳐 2013년에는 3,043개로 늘어났다. 그러나 2013년을 정점으로 다소 줄어

표 6-5 **우리사주제도에 대한 세제지원**

<table>
<tr><th>수혜자</th><th colspan="2">혜택종류</th><th>혜택내용</th><th>근거규정</th></tr>
<tr><td rowspan="7">조합원</td><td colspan="2">출연금 소득공제</td><td>당해 연도 400만원까지 근로소득 공제
→ 인출시점에 근로소득으로 과세(과세이연)
• 2년 미만 보유: 100% 과세
• 2년~4년 미만 보유: 50% 비과세
• 4년 이상 보유: 75% 비과세
• 6년 이상 보유: 100% 비과세(조특법 시행령상 중소기업)
※ 기간은 의무예탁기간 종료 후 경과기간임</td><td>• 소득공제:
조세특례제한법 제88조의4 제1항
• 인출시점 과세:
조세특례제한법 제88조의4 제5,6항</td></tr>
<tr><td rowspan="2">무상 취득 주식 과세 이연</td><td>주주등 출연</td><td>배정시점에 과세하지 않고 인출시점에 과세</td><td>• 조세특례제한법 제88조의4 제3항</td></tr>
<tr><td>법인 출연</td><td>일정금액은 배정시점에 과세하지 않고 인출시점에 과세
일정금액 초과분은 배정시점에 과세
• 일정금액: 배정주식의 매입가액등 기준으로 조합원별 직전연도 총급여액의 20% 또는 500만원 중 큰 금액</td><td>• 조세특례제한법 제88조의4 제4,5항</td></tr>
<tr><td colspan="2">배당소득 비과세</td><td>소득세법 시행령상 소액주주인 조합원이 배당지급 기준일 현재 증권금융에 예탁중으로 액면 1,800만원 이하인 경우</td><td>• 조세특례제한법 제88조의4 제9항
• 동법 시행령 제82조의4 제16항</td></tr>
<tr><td colspan="2" rowspan="2">시가와 취득가의 차액 비과세</td><td>주식의 취득가액과 시가의 차액에 대해 증여세 비과세</td><td>• 상속세증여세법 제46조</td></tr>
<tr><td>출자금액이 400만원 이하: 주식의 취득가액과 시가의 차액에 대해 근로소득세 비과세
출자금액이 4백만원 초과: 초과분은 취득가액이 기준가액보다 낮은 경우 배정시점에 근로소득으로 과세
• 기준가액: 시가의 70% 또는 액면가액(우선배정의 경우)</td><td>• 조세특례제한법 제88조의4 제8항
• 동법 시행령 제82조의4 제9항</td></tr>
<tr><td colspan="2">주식 양도소득 비과세</td><td>1년 이상 예탁한 주식을 퇴직사유로 인출하여 조합에 양도하는 경우 액면 1,800만원까지 양도소득 비과세
→ 양도차액 3,000만원 초과의 경우 초과액 양도소득 과세</td><td>• 조세특례제한법 제88조의4 제14항</td></tr>
</table>

회사	출연금 손비인정	우리사주조합에 출연하는 자사주 및 금품 전액에 대해 손비인정	• 법인세법시행령 제19조 제16호
	조합을 통한 성과 지급액 손비인정	자기주식을 성과급으로 조합을 통해 지급 또는 우리사주를 취득한 조합에 성과급으로 대금 지급 시 지급액 손비 인정	• 법인세법시행령 제20조
	조합운영비 지원액의 손비인정	지원하는 조합운영비는 전액 복리후생비로 손비 인정	• 법인세법시행규칙 제45조
	조합원대여금 인정이자 익금불산입	조합원의 자사주 취득자금 저리 대출 또는 무이자 지원에 대해 인정이자 익금 불산입(근로자에게 상여 지급처리 안 함)	• 법인세법시행규칙 제44조
기타	대주주·법인의 조합 기부금 소득공제	대주주·법인이 조합에 기부금을 지출하는 경우 소득금액의 30% 범위 내에서 소득공제	• 조세특례제한법 제88조의4 제13항
	우리사주조합 비과세	기금이나 보유 자사주에서 발생하는 소득에 대해 전액 소득세 비과세	• 조세특례제한법 제88조의4 제2항
		유증 또는 출연받은 금액에 대한 상속세 및 증여세 비과세	• 상속세 및 증여세법 제12조, 제46조

자료: 고용노동부(2016), 「2016년판 고용노동백서」, 606.

2017년 1월 말 현재 우리사주조합은 [그림 6-2]와 같이 상장 법인 672개, 코스닥 법인 863개, 기타 법인 1,437개 등 총 2,972개사로 줄어들었다. 아울러 최근 몇 년간의 추이를 보면 〈표 6-6〉과 같다.

우리사주조합에 가입하고 있는 조합원현황은 1978년 174,816명에서 1997년에는 한때 110만을 넘기도 했으나 그뒤 100만 이하로 다시 떨어졌다. 2005년 말 1,029,809명(2003년 949천명, 2004년 999천명)으로 다시 100만을 돌파하여 2013년 말 현재 우리사주조합의 조합원수는 총 1,275,923명으로 늘어났다.

(2) 우리사주 주식 예탁 현황

전체 예탁주식 수는 2015년말 현재 상장 법인 299,935천주, 코스닥 법인 47,478천주, 기타 법인 70,535천주로 총 417,948천주이다. 우리사주조합의 1인당 소유주식수는 1979년 202주에서 2013년 337.7주, 2015년 말 현재 321주이다. 끝으로 지분율은 상장 법인 1.20%, 코스닥 법인 0.81%, 기타 법인 1.57%로 평균 1.18%이다. 우리사주조합의 1인당 소유주식수를 제외한 최근 몇 년간의 예탁현

그림 6-2 우리사주조합 설립현황 (2017년 1월 31일 기준)

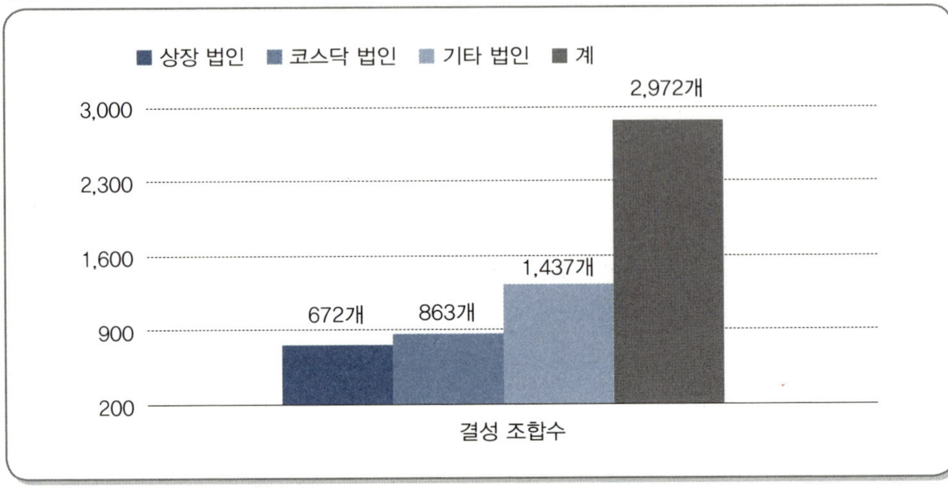

주: 대상법인수 중 기타 법인은 국세청 "2013국세통계연보"의 '12.12월말 현재 주식회사 수에서 기준일 현재 상장 법인 및 코스닥 법인 수를 차감하여 산정하였음.

자료: 한국증권금융

표 6-6 연도별 우리사주조합 설립현황 (단위: 개소, %)

구 분	계		상장 법인			코스닥 법인			기타 법인		
	결성 기업수	결성률	기업수	결성 기업수	결성률	기업수	결성 기업수	결성률	기업수	결성 기업수	결성률
2015년	2,832	0.54	770	664	86.23	1,152	825	71.61	520,734	1,343	0.26
2014년	2,706	0.55	773	653	84.48	1,013	779	76.90	482,472	1,274	0.26
2013년	3,034	0.67	777	675	86.87	1,009	823	81.57	452,734	1,542	0.34
2012년	2,897	0.70	791	680	85.97	1,031	805	78.08	423,588	1,502	0.35

자료: 고용노동부(2016), 「2016년판 고용노동백서」, 607.

황은 〈표 6-7〉과 같다.

(3) 우리사주 재원별 취득 현황

이어서 우리사주 재원별 취득 현황을 보면 〈표 6-8〉에서 알 수 있듯이 2013년말 현재 조합원 자기자금 3,067(25.9%), 법인 대출금 394억(3.3%), 증권금융 대출금 5,847억(49.4%), 은행 등 대출금 2,535(21.4%) 등 조합원 출연기금 11,843억원에 회사 대주주 무상출연 557억(2.9%)을 합쳐 총 18,998억원이다. 여

표 6-7 우리사주 예탁현황 (단위 : 개소, 천 주, %)

구 분		예탁조합수	예탁주식수(A)	예탁조합기업 총발행주수(B)	지분율(A/B)
2015년	상장	257	299,935	24,948,006	1.20
	코스닥	295	47,478	5,896,885	0.81
	기타	499	70,535	4,497,343	1.57
	계	1,051	417,948	35,342,234	1.18
2014년	상장	246	292,956	22,529,463	1.30
	코스닥	271	51,386	5,966,705	0.86
	기타	474	80,306	4,323,191	1.86
	계	991	424,648	32,819,359	1.29
2013년	상장	236	303,279	19,909,507	1.52
	코스닥	253	44,540	5,506,393	0.81
	기타	539	83,065	8,512,988	0.98
	계	1,028	430,884	33,928,888	1.27
2012년	상장	240	310,829	18,053,828	1.72
	코스닥	249	56,028	5,247,689	1.07
	기타	536	90,133	8,530,335	1.06
	계	1,025	456,989	31,831,852	1.44

자료: 고용노동부(2016), 「2016년판 고용노동백서」, 607.

기서 알 수 있듯이 회사 대주주 무상출연은 고작 2.9%로 지나치게 조합원출연에 편중되어 있다는 문제점을 안고 있다[6].

고용노동부에서는 우리사주제도를 모범적으로 운영하여 근로자의 재산형성과 노사협력을 통한 기업의 생산성 향상을 가져온 기업을 발굴 및 홍보하기 위하여 2006년부터 「우리사주대상」 기업을 선정하고 홍보하는 등 산업현장의 새로운 모델을 제시함으로써 우리사주제도의 저변을 확대하고자 노력해 오고 있다.

우리사주대상은 ① 우리사주제도 도입 목적의 명확성, ② 최고경영자의 의지 및 제도 확산 노력, ③ 회사의 지원정도, ④ 조합의 민주적 운영, ⑤ 우리사주제도 도입 목적달성을 위한 노력정도, ⑥ 우리사주제도 도입효과 등 6개 부분에 대한 추진실적을 심사하여 선발하고, 우리사주 대상기업으로 선정되면 증권담보대출 및 우리사주 취득자금 대출 시 금리를 우대하는 등 다양한 혜택이 부여되고 있으며, 향후 점차적으로 지원 및 우대를 확대할 예정이다(고용노동부, 2014).

6 현 제도의 개선방안에 대해서는 신범철(2005)을 참조.

표 6-8 우리사주 취득자금 현황 (단위: 억 원)

연 도	조합원 출현기금										회사 대주주 무상 출연	합 계
	조합원 자기지급		법인 대출금		증권금융 대출금		은행등 대출금		소 계			
	금액	구성비	금액	구성비	금액	구성비	금액	구성비	금액	구성비	금액	금액
2002	3,806	20.6	12,908	70.0	472	2.6	1,255	6.8	18,441	100.0	557	18,998
2004	3,059	50.0	2,104	34.4	457	7.5	500	8.2	6,120	100.0	2,289	8,409
2006	5,300	49.1	1,205	11.2	3,510	32.5	769	7.1	10,784	100.0	1,766	12,550
2007	892	41.9	51	2.4	1,090	51.2	96	4.5	2,128	100.0	16	2,144
2008	3,396	43.8	1,824	25.3	1,521	19.6	1,017	13.1	7,758	100.0	697	8,455
2009	6,963	50.2	570	4.1	4,930	35.5	1,410	10.2	13,873	100.0	499	14,372
2010	5,526	25.7	492	2.3	4,132	19.2	11,333	52.8	21,483	100.0	1,031	22,514
2011	4,815	25.2	781	4.1	10,750	56.3	2,752	14.4	19,098	100.0	1	19,100
2012	4,882	67.6	392	5.4	1,804	25.0	502	2.0	7,223	100.0	1,661	8,884
2013	3,067	25.9	394	3.3	5,847	49.4	2,535	21.4	11,843	100.0	842	11,914
2014	5,100	27.7	264	1.4	9,612	52.2	3,424	18.6	18,401	100.0	685	19,086
2015	5,650	37.6	310	2.1	4,039	26.9	1,304	8.6	15,043	100.0	1,114	16,156

자료: 한국증권금융(주)(2016.12.19), 「증권금융」, 제337호, 88-89.

2006년 12월 21일에 처음 실시된 「우리사주대상」 수상기업은 대우인터내셔널, 모두투어네트워크, 웹게이트, 쌍용건설, 서한 등이었으며, 최우수 기업으로 대우인터내셔널이 선정되었다(노동부, 2007).

제 2 절 우리나라의 노사협의제도

1. 노사협의제도의 연혁

우리나라의 노사협의제도는 노동법 개정의 역사와 그 운명을 같이 해 왔다. 즉 1963년 노동조합법이 처음으로 개정될 때에 노동조합법 제6조에서 노사협의제도에 관한 규정이 신설된 이래 1973년과 1974년의 노동조합법 개정으로 동규정이 확대·구체화되다가 1980년 12월 31일의 노동조합법 개정시에는 노사협의회법이 독립법률로 제정되게 되었다. 그 뒤 6·29민주화 조치의 여파로 1987년에 개정되었다가 1997년 3월 '근로자 참여 및 협력증진에 관한 법률(이하 근참법)'이라는 신법의 형태로 대폭 개편되어 오늘에 이르고 있다. 그러면 이에 대하여 보다 자세히 살펴보기로 하자.

우리나라의 노사협의제는 종업원의 경영참가와 산업민주화 요구에 부응하기 위한 조치의 일환으로 1963년 12월 7일자로 개정된 노동조합법에 처음으로 도입되었다. 1963년에 개정된 노동조합법은 제6조에서 "사용자와 노동조합은 노사협조를 기하고 산업평화를 유지하기 위하여 노사협의회를 설치하여야 한다"라고 규정하였다. 이는 당시 군사정권이 기업별 노동조합체제를 산업별 체제로 개편하고자 개정한 노동조합법에서 산업별 노조가 가지는 중앙집권적 단체교섭의 기능적 결함을 보완한다는 목적에서 법령화한 것이다(허찬영, 2000). 이에 따라 '노사협조조성합동연구위원회'와 '노사협조간담회' 등을 구성하여 노사협조의 증진에 노력하였으나, 노사협의회의 대표자는 단체교섭의 대표권을 가지고 있었기 때문에 노사협의회의 성격이 막연하여 사용자들이 기피하였다(이규창, 1996).

그러나 1973년에 노동조합법이 개정될 때 제6조의 규정은 제1항과 제2항으로 나뉘어져 제1항에서는 "사용자와 노동조합은 상호협조로써 생산성의 향상을 도모하기 위하여 노사협의회를 설치하여야 한다." 그리고 제2항에서는 "단체협약 또는 취업규칙의 범위 안에서 생산·교육훈련·작업환경·불만처리·협의회의 운영 등에 관하여 필요한 사항을 협의한다"는 내용으로 보다 구체화되었다. 그리고 1974년의 개정 노동조합법에서는 제2항의 규정 속에 노사협의회의 협의사항으로 노사분규의 예방이 추가되었으며, 제3항을 신설하여 노사협의회의 운영에 관해서 필요한 사항은 대통령령으로 정할 것을 규정함으로써 노사협의회의 설치와 운영을 한층 강화하였다.

1980년 12월 31일 신군사정권의 노동관계법의 전면 개편 과정에서 노사협의회법이 노동조합법으로부터 독립되어, 설치요건을 강화하고 운영규정을 세분화함으로써 정부가 강력히 지도·권장할 수 있게 되었다. 동시에 국가보위에 관한 특별조치법'의 폐지로 노동3권 유보의 해제와 노동조합법의 개정으로 기업별 노동조합의 형태를 취하게 되었다. 노사협의회법은 생산성 향상이라는 사업장 수준의 문제뿐만 아니라 근로자의 복지 및 기업의 건전한 발전을 노사협조로 이룩해 나간다는 목표와 이념을 명시하고 있었다.

이후 몇 차례의 개정·보완을 통해 노사간의 자율성을 강조하고 대상사업장을 확대함과 동시에 규제 및 감독조항이 최소화된 법체계를 유지하였다. 1981년 4월 8일 정부조직법의 개정으로 노동청이 노동부로 승격됨으로써 노사협의회법의 일부 개정이 있었고, 1987년 11월 28일에는 노사협의회의 자율성을 보장(정부의 지도·감독조항 폐지)하고, 근로자위원의 선출방법 및 절차 강화(근로자위원 직선제로 개정)와 사용자의 근로자위원에 대한 편의제공의무를 규정하고, 협의사항 및 보고사항을 확대하는 등의 법개정이 있었다(장영철, 1997).

그러던 중 노사관계개혁 차원에서 1997년 3월 13일 신법 제정의 형식으로 근로자참여 및 협력증진에 관한 법률(법률 제5312호)이 새롭게 제정되면서 커다란 변화를 겪게 되었다. 설치 범위는 노동조합의 유무와는 관계없이 30인 이상 모든 사업장으로 확대되었고, 근로자 대표성을 강화하고자 노동조합의 근로자위원 위촉권을 근로자 과반수로 조직된 노동조합에 한하여 인정하였다. 또한 협의사항을 확대하고 의결사항을 신설하였으며, 근로자위원에게 보고사항에 대한 자료제출 요구권 등을 신설하였다(김동헌, 2003). 따라서 노사협의회는 법적으로 단순한 노사간 의사교환 통로에서 실질적 내용인 의결권을 행사할 수 있는 근로자 경영참여의 제도적 기반을 갖추게 되었다. 2007년에는 노사협의회 협의사항을 14개에서 16개로 확대 조정하였다. 지금까지 살펴본 한국 노사협의제의 발전과정을 요약하면 〈표 6-9〉와 같다.

표 6-9 한국 노사협의제의 발전

연 도	주요 내용
1963	노동조합법 제6조: 노사협의회 설치 규정
1973	노동조합법 개정: 노사협의회 협의사항 규정
1975	노동조합법 시행령: 노동조합 조직사업체 노사협의회 설치 의무화
1980	노사협의회법 제정: 50인 이상 사업장 설치 의무화
1987	노사협의회 협의 및 보고사항 확대
1997	근로자 참여 및 협력증진에 관한 법률 제정: 30인 이상 사업장 설치 의무화, 협의사항 확대, 의결사항 신설, 자료제출 요구권 신설
2007	노사협의회 위원의 편의제공 확대, 근로자위원에 대한 사전 자료제공, 노사협의회 협의사항 조정

자료: 이주희·이승협(2005), 「경영참여의 실태와 과제」, 한국노동연구원, 122; 노동부(2007), 「노사관계 선진화입법 설명자료」, 49-59.

이와 같이 노사협의제도가 노동법 개정이 있을 때마다 강화·확대된 이유는 노사관계 제법의 개정이유 및 배경과 관련해서 이해되지 않으면 안 된다. 즉 1963년, 1973년, 1974년, 1980년, 1987년 및 1997년의 노동법 개정의 기본적 동기는 각각 경제성장, 안보우선정책에 따른 안정, 사회불안정의 제거, 정치적 안정의 확보, 산업평화유지, 노사협력 증대 등에 있었으며, 노동법 개정의 내용은 어느 경우를 막론하고 투쟁적 노사관계의 지양, 즉 쟁의행위의 제약을 의도하는 것이었다. 그러나 노사 사이의 대화의 통로 내지 교섭을 차단할 수는 없는 것이었으므로 평화적인 교섭형태로서 이해되는 노사협의제도가 도입·강화된 것이다.

따라서 우리나라의 노사협의제도는 노동법사적 관점에서 볼 때는 투쟁적 노사관계의 제약에 따른 반대급부로서 성장된 것이라고 할 수 있다. 그 결과 우리나라의 노사협의제도는 그 동안 단체교섭과의 구별이 명확하게 이루어지지 않은 채 이론상·실제상의 문제에 많은 혼란을 야기시켜 왔다. 그리고 1987년 11월 28일자로 이루어진 노동법 개정시에는 노사협의회의 자율성을 도모하고 그 기능을 활성화하기 위하여 근로자위원에 대한 결격사유, 관계공무원의 협의회에서의 의견진술권 그리고 노사협의회의 해산 및 위원개선명령 등을 삭제하여 행정관청의 개입범위를 축소하고, 근로자위원의 선출시 사용자의 개입이나 방해행위를 금지하며, 노사협의회의 협의사항 및 보고사항 등을 보완·확대하였으나 근본적인 문제점은 해결되지 않는 채 남아 있다.

2. 노사협의회의 설치

노사협의회란 근로자와 사용자가 참여와 협력을 통하여 근로자의 복지증진과 기업의 건전한 발전을 도모함을 목적으로 구성하는 협의기구를 말한다(근로자 참여 및 협력증진에 관한 법률 제3조). 이 노사협의회는 그동안 협의회의 형식적 운영, 협의회 구성의 불공정성 및 노사 쌍방의 미성숙 등으로 인하여 실질적인 효과를 충분히 거두지 못함으로써 1980년의 독립법 제정에 이어 1997년에 신법 형식의 추가적인 개정이 이루어지게 되었다.

우선 이 노사협의회의 설치범위를 보면, 노사협의회는 근로조건에 대한 결정권이 있는 사업이나 사업장 단위로 설치하여야 한다. 다만, 상시(常時) 30명 미만의 근로자를 사용하는 사업이나 사업장은 그러하지 아니하다(근참법 제4조 제1

그림 6-3 **노사협의회 설치 사업장수 변화** (단위: 개소)

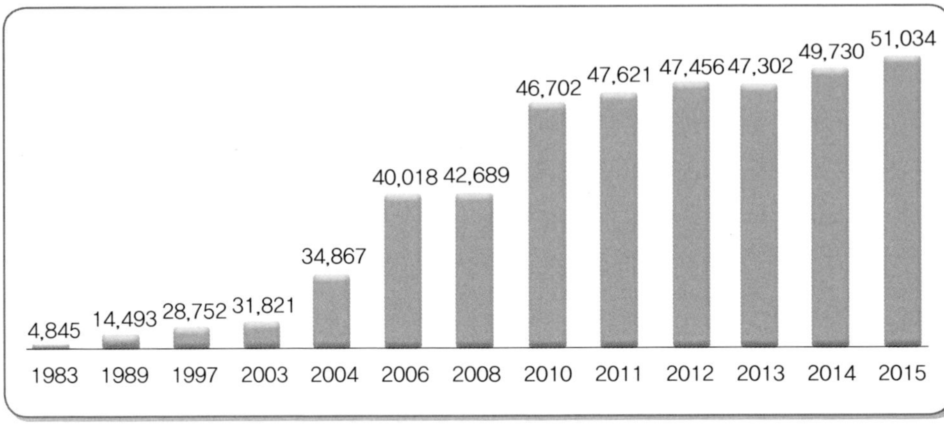

자료: 고용노동부(2016), 「2016년 고용노동통계연감」, 359.

항). 또한 하나의 사업에 지역을 달리하는 사업장이 있을 경우에는 그 사업장에도 설치할 수 있도록 함으로써(근참법 제4조 제2항) 지역적인 여건을 감안하여 사업장별로 따로 설치할 수 있도록 하였다.

위에서 노사협의회는 근로조건의 결정권이 있는 사업 또는 사업장 단위로 설치하여야 하지만, 단서조항에서 "상시 30명 미만의 근로자를 사용하는 사업이나 사업장은 그러하지 아니하다" 라고 규정하고 있다. 따라서 하나의 사업에 종사하는 전체근로자수가 30인 이상일 경우에는 당해 근로자가 그 주된 사무소에 노사협의회를 설치하여야 한다(노동부, 2007, 63-64).

1997년 개정 이전의 노사협의회법에서는 50인 미만의 사업장에는 설치하지 않아도 무방하고, 설령 50인이 넘는다 하더라도 ① 농업·수렵업·임업 및 어업, ② 금융·보험·부동산 및 용역업, ③ 제조업중 신문발행업, ④ 공사기간이 1년미만인 건설업인 경우에도 설치의무를 제외시켜 주었으나 이번 법개정에서는 노사협의회 설치의무 사업장의 범위가 상당 범위 확대되었다.

끝으로 구 노사협의회법과 현행 근로자 참여 및 협력증진에 관한 법률에 의거하여 설치된 기업내 노사협의회의 현황을 규모별로 살펴보면 1983년 4,845개에서 1989년 14,493개, 1997년 28,752개를 거쳐 2015년말 현재 51,034개소인데 이를 그림으로 나타내면 [그림 6-3]과 같다. 이를 기업의 종업원 규모별로 보면 〈표 6-10〉와 같이 2015년 말 현재 100인 미만 업체가 37,486개, 100~299인 업

표 6-10 규모별 노사협의회 설치현황 (단위: 개소)

<table>
<tr><th></th><th>2006</th><th>2008</th><th>2010</th><th>2012</th><th>2014</th><th>2015</th></tr>
<tr><td>노사협의회 설치(개소)</td><td>40,018</td><td>42,689</td><td>46,702</td><td>47,456</td><td>49,730</td><td>51,034</td></tr>
<tr><td>30～49인 사업장</td><td>16,797</td><td>18,423</td><td>19,922</td><td>18,925</td><td rowspan="2">36,629</td><td rowspan="2">37,486</td></tr>
<tr><td>50～99인 사업장</td><td>12,609</td><td>13,239</td><td>14,763</td><td>15,676</td></tr>
<tr><td>100～299인 사업장</td><td>6,272</td><td>7,222</td><td>8,027</td><td>8,778</td><td>9,152</td><td>9,528</td></tr>
<tr><td>300～499인 사업장</td><td>3,045</td><td>2,437</td><td>2,523</td><td>2,376</td><td>2,212</td><td>2,243</td></tr>
<tr><td>500～999인 사업장</td><td>783</td><td>828</td><td>885</td><td>1,034</td><td rowspan="2">1,737</td><td rowspan="2">1,777</td></tr>
<tr><td>1000인 이상 사업장</td><td>512</td><td>540</td><td>582</td><td>667</td></tr>
</table>

자료: 고용노동부(2016), 「2016년 고용노동통계연감」, 359.

체가 9,528개, 300～499인 업체가 2,243개, 그리고 500인 이상 업체는 1,777개 업체로 나타나 100인 미만 사업장이 주종을 이루고 있음을 알 수 있다.

3. 노사협의회의 구성 및 운영

(1) 노사협의회의 구성

노사협의회는 근로자와 사용자를 대표하는 동수의 위원으로 구성하되, 각 3인 이상 10인 이내로 한다(동법 제6조 제1항). 이와 같이 노사협의회는 근로자와 사용자의 대표위원이 동수로 구성되지만 그 수의 하한선(3인)과 상하선(10인)을 둔 것은 위원복수제의 원칙에 따라 원활하고 민주적인 운영을 기하기 위하여 3인 이상으로 하였으며, 또 위원수가 지나치게 많으면 의견의 분열 등의 악영향을 초래할 가능성도 있어 상한선을 10인으로 한 것으로 생각된다.

근로자를 대표하는 위원(이하 "근로자위원"이라 한다)은 근로자가 선출하되, 근로자의 과반수로 조직된 노동조합이 있는 경우에는 노동조합의 대표자와 그 노동조합이 위촉하는 자로 한다(동법 제6조 제2항). 노동조합의 대표자를 당연직 근로자위원으로 한 것은 조합원·비조합원을 포함하는 근로자 전체의 대표성을 약화시키게 되지만, 노사협의제도의 목적을 실질적으로 달성하려면 다수 노동조합의 역할을 존중해줄 필요가 있다는 취지에서 그렇게 한 것으로 생각한다(임종률, 2015).

여기서 노동조합의 위촉이라 함은 노동조합총회 또는 대의원회의 결의에 의한 위촉을 말한다. 이와 같이 노동조합이 있는 경우의 근로자위원 선출에 관해서 특히 규정을 둔 것은 노동조합 조직근로자와 비조직근로자간의 위원선출에 따른 분쟁을 방지하기 위한 것이다. 근로자위원에 결원이 생긴 경우에는 30일 이내에 보궐위원을 위촉해야 한다(동법 시행령 제4조).

근로자의 과반수로 구성된 노동조합이 조직되어 있지 아니한 사업 또는 사업장의 근로자위원은 근로자의 직접·비밀·무기명투표에 의하여 선출한다. 다만, 사업 또는 사업장의 특수성으로 인하여 부득이하다고 인정되는 경우에는 작업부서별로 근로자수에 비례하여 근로자위원을 선출할 근로자(위원선거인)를 선출하고 위원선거인 과반수의 직접·비밀·무기명투표에 의하여 근로자위원을 선출할 수 있다(동법 시행령 제3조 제1항). 근로자위원으로 입후보하고자 하는 자는 당해 사업 또는 사업장의 근로자이어야 하며, 당해 사업 또는 사업장의 추천을 받아야 한다(동법 시행령 제3조 제2항).

사용자는 근로자위원의 선출에 개입하거나 방해하여서는 아니 된다(동법 제10조 제1항). 고용노동부장관은 사용자가 이에 위반한 때에는 그 시정을 명할 수 있다(동법 제11조). 사용자가 정당한 이유없이 이 명령을 이행하지 아니한 때에는 벌칙이 과해진다. 또한 사용자는 근로자위원의 업무를 위하여 장소의 사용 등 기본적 편의를 제공하여야 한다(동법 제10조 제2항).

위원의 임기는 3년으로 하되, 연임할 수 있도록 함으로써 협의회 운영의 계속성 및 활성화를 기할 수 있도록 하고 있으며, 보궐위원의 임기는 전임자의 잔임기간으로 하며, 위원은 그 임기가 만료된 경우라도 후임자가 선출될 때까지 계속 그 직무를 담당한다(동법 제8조 제1항, 제2항, 제3항).

또 위원의 신분상의 중립과 업무수행상의 공정을 확보하기 위하여 근로자위원은 비상임·무보수로 하며, 사용자는 협의회 위원으로서의 직무수행과 관련하여 근로자위원에게 불이익을 주는 처분을 하여서는 아니 된다. 여기서 "불이익을 주는 처분을 받지 않는다" 함은 근로임금뿐만 아니라 기타 모든 근로조건상에서의 객관적으로 형평을 잃은 처분을 받지 않음을 의미하며, 따라서 근로자위원이 협의회 출석시간 및 이와 직접 관련된 시간으로서 제18조에 따른 협의회규정

표 6-11 노사협의회 근로자대표 선출방식(유노조사업체/ 인사노무담당자 응답) (단위 : 개, %)

		근로자들의 직접선거	근로자들의 간접선거	회사가 지명 또는 추천한 자를 근로자 선거로 승인	노조의 대표자 또는 위촉자가 당연직으로 선출	전 체
제조업	30~99인	426(46.5)	13(1.4)	0(0.0)	477(52.1)	916(100.0)
	100~299인	237(30.2)	41(5.2)	43(5.5)	464(59.1)	785(100.0)
	300인 이상	96(25.6)	35(9.3)	11(2.9)	233(62.1)	375(100.0)
	전체	759(36.6)	89(4.3)	54(2.6)	1,174(56.6)	2,076(100.0)
비제조업	30~99인	1,222(47.8)	110(4.3)	428(16.8)	795(31.1)	2,555(100.0)
	100~299인	639(39.7)	100(6.2)	163(10.1)	706(43.9)	1,603(100.0)
	300인 이상	262(35.8)	41(5.6)	65(8.9)	363(49.7)	731(100.0)
	전체	2,123(43.4)	251(5.1)	656(13.4)	1,864(38.1)	4,894(100.0)

자료: 김훈·김정우 (2011), "노사협의회의 운용 실태: 무노조사업체를 중심으로", 「노동리뷰」, 71, 50-71.

에서 정한 시간에 대하여 근로한 것으로 보아[7](동법 제9조) 소정의 임금을 지불할 수 있어 위원으로서의 업무수행에 최선을 다하게끔 하였다.

그러면 실제로 우리나라 사업장에서는 노사협의회 근로자위원이 어떤 식으로 선출될까? 이것은 노조 유무에 따라 다르기 때문에 유노조사업체와 무노조사업로 나누어서 살펴보도록 하자. 〈표 6-11〉에는 유노조사업체에서 노사협의회의 근로자대표(=근로자위원의 대표)가 어떠한 방식으로 선출되는지를 파악한 결과가 제시되어 있다. 이를 보면 먼저 '노조의 대표자 또는 그 위촉자가 당연직으로 선출'되는 비율은 제조업 56.6%, 비제조업 38.1%로 제조업에서 그리고 양 업종 모두 사업체규모가 클수록 그 비율이 높게 나타났다. 노조가 조직되어 있으나 과반수노조의 자격을 확보하지 못한 경우로 추정되지만 근로자들의 직접선거로 근로자대표가 선출되는 비율은 제조업 36.6%와 비제조업 43.4%로 비제조업에서 그리고 양 업종 모두 사업체규모가 작을수록 그 비율이 높았다. 간접선거로 선출되는 비율은 제조업 4.3%와 비제조업 5.1%로 낮은 수준이다. '회사가 지명하거나 추천한 사람을 근로자들이 선거로 승인'하는 사업체의 비율은 제조업은 2.6%에

7 개정 이전의 "협의회 출석에 소요되는 시간"은 지나치게 포괄적이고 노사협의회 위원의 전임화 우려가 있어 2006년 12월 22일의 개정 노동법에서 "협의회 출석시간과 이에 직접 관련된 시간으로서 제18조에 따른 협의회규정으로 정한 시간"으로 개정되었다.

표 6-12 노사협의회 근로자대표 선출방식(무노조사업체/ 인사노무담당자 응답) (단위: 개, %)

		근로자들의 직접선거	근로자들의 간접선거	회사가 지명 또는 추천한 자를 근로자 선거로 승인	회사 지명	기 타	전 체
제조업	30~99인	3,973(40.6)	1,374(14.0)	2,968(30.3)	1,419(14.5)	63(0.6)	9,797(100.0)
	100~299인	845(39.3)	475(22.1)	609(28.3)	222(10.3)	0(0.0)	2,151(100.0)
	300인 이상	160(54.8)	54(18.5)	63(21.6)	15(5.1)	0(0.0)	292(100.0)
	전체	4,978(40.7)	1,903(15.5)	3,640(29.7)	1,656(13.5)	63(0.5)	12,240(100.0)
비제조업	30~99인	3,932(47.4)	1,166(14.1)	1,751(21.1)	1,422(17.1)	27(0.3)	8,298(100.0)
	100~299인	1,463(56.9)	533(20.7)	435(16.9)	138(5.4)	0(0.0)	2,569(100.0)
	300인 이상	366(52.8)	126(18.2)	60(8.7)	141(20.3)	0(0.0)	693(100.0)
	전체	5,761(49.8)	1,825(15.8)	2,246(19.4)	1,701(14.7)	27(0.2)	11,560(100.0)

자료: 김훈·김정우(2011), "노사협의회의 운용 실태: 무노조사업체를 중심으로," 「노동리뷰」, 71, 50-71.

불과하지만 비제조업은 13.4%에 이르며 규모가 작을수록 그 비율이 높게 나타났다(김훈·김정우, 2011).

한편 노조가 조직되어 있지 않은 무노조사업체의 경우 노사협의회 근로자대표의 선출은 〈표 6-12〉에서와 같이 먼저 근로자들의 직접선거에 의한 비율이 제조업 40.7%, 비제조업 49.8%로 비제조업에서 그 비율이 다소 높게 나타난다. 근로자들의 간접선거로 선출되는 비율은 제조업 15.5%, 비제조업 15.8%로 거의 동일한 수준이다. 유노조사업체와 비교해서 두드러지게 나타나는 특징은 무노조사업체에서는 '회사가 지명하거나 추천한 사람을 근로자들이 선거로 승인'하는 비율이 제조업 29.7%와 비제조업 19.4%로 상대적으로 크게 높다는 점이다. 아예 '회사가 지명'하는 비율도 제조업 13.5%, 비제조업 14.7%에 달한다. 현행 근로자 참여 및 협력증진에 관한법상 사용자는 근로자위원의 선출에 개입하거나 이를 방해해서는 아니되며(제10조 제1항), 사용자가 이를 위반할 경우 노동부장관이 시정 명령을 내릴 수 있고(제11조), 이 명령을 사용자가 이행하지 않으면 벌금이 부과된다(제31조). 하지만 이러한 법규정에도 불구하고 무노조사업체에서는 사용자들이 직접 혹은 간접으로 근로자위원의 선출에 개입하는 사례가 상당히 많은 것으로 확인되었으며, 이와 같은 사실은 근로자들의 '독자적'인 이익대변기구로서의 노사협의회의 기능에 상당한 한계가 있음을 드러내고 있다(김훈·김정우, 2011).

표 6-13 규모별 노조유무별 노사협의회 개최횟수(사측응답기준): 2010

규 모	전 체			노조 무			노조 유		
	평균	N	표준편차	평균	N	표준편차	평균	N	표준편차
20~49	5.76	129	14.578	6.88	82	18.136	3.81	47	2.464
50~99인	4.66	217	9.594	3.73	150	3.467	6.73	67	76.365
100~299인	5.44	274	10.911	4.13	120	1.493	6.46	154	14.432
300~499	5.75	83	10.657	4.29	31	2.003	6.62	52	13.439
500~999인	4.73	64	2.709	6.00	16	3.670	4.31	48	2.194
1000인 이상	7.58	64	16.754	5.50	18	3.148	8.39	46	19.668
합계	4.17	820	3.479	3.99	414	2.656	4.36	406	3.149

자료: 이영면·성상현·이동진(2011),「노사협의회 운영실태조사 및 개선방안 연구」, 고용노동부, 284.

〈표 6-13〉은 규모별로 노조유무에 따른 노사협의회 개최횟수를 비교한 표이다. 규모별로 보면 노조가 없는 경우에는 소규모 사업장과 500-999인 규모에서 더 자주 회의를 개최했으나 노조가 있는 경우에는 50-499인 규모와 1,000인 이상 규모에서 더 자주 개최하는 것으로 나타났다.

노사협의회에 참여하는 근로자위원의 수를 이영면·성상현·이동진(2011)이 노사공동으로 응답한 679개 사업장을 대상으로 한 실태조사결과를 보면 〈표 6-14〉과 같이 대체로 3-5인 사이가 가장 많았다. 또한 기업의 규모가 커질수록 그 수가 많아짐을 알 수 있다. 한 가지 특이한 사항은 노사협의회에 참여하는 근로자위원의 수에 관한 한국노동연구원의 1991년의 실태조사(김훈, 1991)에서는 전체평균 7.5명으로 나타난데 비해 이영면 연구팀의 조사결과에서는 사측응답을 기준으로 했음을 감안하더라도 이전보다 훨씬 낮은 것으로 나타났다.

(2) 노사협의회의 운영

노사협의회는 3개월마다 정기적으로 회의를 개최하여야 하는데(동법 제12조 제1항), 이때 의장이 협의회의 회의를 소집하며 그 의장이 된다. 그리고 의장은 노·사 일방의 대표자가 회의의 목적사항을 문서로 명시하여 회의의 소집을 요구한 때에는 이에 응하여야 하고, 회의 개최 7일 전에 회의일시·장소·의제 등을 각 위원에게 통보해야 한다(동법 제13조). 근로자위원은 제13조 제3항에 따라 통보된 의제 중 제20조 제1항의 협의사항 및 제21조의 의결사항과 관련된 자료를 협

표 6-14 규모별 기업단위 노사협의회 위원의 수(사측 응답기준): 2011

위원수	규모별											
	30~49		50~99		100~299		300~499		500~999		1000인 이상	
	사용자	근로자	사사용자	근로자	사용자	근로자	사용자	근로자	사용자	근로자	용자	근로자
0	0	0	0	0	1	0	0	0	0	0	0	0
1	9	8	5	4	5	4	0	0	0	0	0	0
2	10	6	10	8	4	5	0	0	1	1	0	0
3	69	71	111	108	79	78	13	12	8	8	3	3
4	9	10	21	23	40	39	12	12	8	6	7	7
5	9	10	27	26	56	56	15	15	11	13	10	10
6	0	1	6	9	11	13	13	13	9	8	7	7
7	0	0	2	3	7	7	6	7	4	5	8	8
8	0	0	2	2	1	1	4	4	5	5	3	3
9	0	0	1	0	2	0	0		1	0	1	0
10	0	0	0	1	2	3	1	1	1	1	4	4
11	0	0	0	0	0	0	1	1	0	0	0	0
12	0	0	0	0	0	0	0	0	0	0	1	1
모름/무응답	3	3	1	2	6	8	0	0	2	3	1	2
합계	109	109	186	186	214	214	65	65	50	50	45	45

자료: 이영면·성상현·이동진(2011), 「노사협의회 운영실태조사 및 개선방안 연구」, 고용노동부, 283.

의회 회의 개최 전에 사용자에게 요구할 수 있으며 사용자는 이에 성실히 응하여야 한다. 다만, 그 요구자료가 기업의 경영·영업상의 비밀이나 개인정보에 해당하는 경우에는 그러하지 아니하다(동법 제14조)[8]. 회의는 근로자위원과 사용자위원의 각 과반수의 출석으로 개최하고 출석위원 3분의 2 이상의 찬성으로 의결한다(동법 제15조).

노사협의회 개최현황을 보면, 〈표 6-15〉에서 알 수 있듯이 연간 4회를 개최한 사업장이 24.8%, 5회 이상 개최한 사업장은 30.0%로 나타났다. 그러나 근로자 참여 및 협력증진에 관한 법률에 규정한 최소 개최규정을 이행하지 않는 기업인 4회 미만 개최한 사업장이 149개사로 45.2%에 달했으며, 이들 중 82.2%(115

8 노동부(2007.1a), 「노사관계 선진화 입법 설명자료」, 49-70; 노동부(2007.1b), 「근로자참여 및 협력증진에 관한 법률 일부 개정법률」, 4.

표 6-15 노사협의회의 연간 개최횟수 (단위: 개, %)

구 분	30~49인	50~99인	100~199인	200~499인	500~999인	1,000인 이상	전 체
3회 이하	67(65.0)	48(48.5)	17(26.6)	11(28.9)	4(25.0)	2(20.0)	149(45.2)
4회	15(14.6)	27(27.3)	24(37.5)	7(18.4)	8(50.0)	1(10.0)	82(24.8)
5회 이상	21(20.4)	24(24.2)	23(35.9)	20(52.6)	4(25.0)	7(70.0)	99(30.0)
전체	103(100.0)	99(100.0)	64(100.0)	38(100.0)	16(100.0)	10(100.0)	330(100.0)

자료: 허찬영(2000), "노사협의회 운영실태 및 활성화방안," 「2000년도 국제학술대회 발표논문집」, 한국노사관계학회, 9.

개사)가 종업원 규모 100인 미만인 소규모 사업장인 것으로 파악되었다. 특히 근로자 참여 및 협력증진에 관한 법률 제정으로 인해 노사협의회를 신규로 설치한 50인 미만 사업장의 경우에는 응답업체 103개 중 65.0%가 노사협의회를 3회 이하 개최한 것으로 나타났다.

협의회의 회의는 공개한다. 다만, 협의회의 의결로 공개하지 아니할 수 있다(동법 제16조). 협의회의 위원은 협의회에서 알게 된 비밀을 누설하여서는 아니 된다(동법 제17조). 위원의 비밀유지의무는 특히 근로자 참여 및 협력증진에 관한 법률 제22조와 관련하여 매우 중요한 의의를 갖는다. 예컨대 근로자위원이 회사의 기밀에 해당하는 경영계획 전반이나 생산계획을 다른 경쟁회사에 누설함으로써 그가 종사하고 있는 회사에 중대한 손해를 발생케 한 경우에는 사용자는 그 근로자를 해고할 수도 있을 것이다.

협의회는 회의의 개최일시 및 장소, 출석위원, 협의내용 및 의결된 사항, 그 밖의 토의사항 등을 기록한 회의록을 작성·비치하고(동법 제19조 제1항) 제1항에 따른 회의록은 작성한 날부터 3년간 보존하여야 한다(동법 제19조 제2항). 그리고 협의회는 그 조직과 운영에 관한 규정을 제정하고 이를 협의회의 설치한 날부터 15일 이내에 고용노동부장관에게 제출하여야 한다. 이를 변경한 경우에도 또한 같다(동법 제18조).

4. 노사협의회의 임무

일반적으로 노사협의회에서 다루어지는 사항은 세 가지, 즉 협의사항, 의결사항 및 보고사항 등이다. 협의는 노사공동이익의 증진을 위하여 노사협의회에서 협의해야 할 사항으로서 사용자가 설명한 사안에 대해 근로자대표가 의견제시를 할 수는 있으나 사용자는 그러한 의견제시에 대해 아무런 구속을 받지 않는다. 의결의 경우 설명된 사안에 대해 반드시 근로자대표의 동의를 얻어야 하며, 의결된 사항에 대해 사용자는 준수할 의무가 발생한다(이승엽, 2005). 보고는 사용자가 노사협의 시에 특정한 사안에 대해 정보공유를 목적으로 설명하는 것을 말하며, 이에 대해 근로자 대표는 아무런 개입도 할 수 없다.

우선 노사협의회에서 근로자위원과 사용자위원이 함께 협의하여야 할 사항(동법 제20조)은 다음과 같은 16가지이다.

1. 생산성 향상과 성과 배분
2. 근로자의 채용·배치 및 교육훈련
3. 근로자의 고충처리
4. 안전, 보건, 그 밖의 작업환경 개선과 근로자의 건강증진
5. 인사·노무관리의 제도 개선
6. 경영상 또는 기술상의 사정으로 인한 인력의 배치전환·재훈련·해고 등 고용조정의 일반원칙
7. 작업과 휴게 시간의 운용
8. 임금의 지불방법·체계·구조 등의 제도 개선
9. 신기계·기술의 도입 또는 작업 공정의 개선
10. 작업 수칙의 제정 또는 개정
11. 종업원지주제(從業員持株制)와 그 밖에 근로자의 재산형성에 관한 지원
12. 직무 발명 등과 관련하여 해당 근로자에 대한 보상에 관한 사항
13. 근로자의 복지증진
14. 사업장 내 근로자 감시 설비의 설치
15. 여성근로자의 모성보호 및 일과 가정생활의 양립을 지원하기 위한 사항
16. 그 밖의 노사협조에 관한 사항

이와 같은 사항에 관해서는 근로자위원과 사용자위원이 단순히 의견의 교환으로 그치지 아니하고 적극적으로 협의하여야 한다.

다음으로 사용자가 노사협의회의 의결을 거쳐야 할 사항(동법 제21조)은 다음과 같은 5가지이다.

1. 근로자의 교육훈련 및 능력개발 기본계획의 수립
2. 복지시설의 설치와 관리
3. 사내근로복지기금의 설치
4. 고충처리위원회에서 의결되지 아니한 사항
5. 각종 노사공동위원회의 설치

의결을 거친다는 것은 사용자가 의사결정을 하되 의결을 참작하거나 가급적 존중하여야 한다는 것이 아니라 의결에 구속되어 의사결정을 한다는 것을 의미한다. 따라서 노사협의회에서 의결된 사항에 대해서는 당사자 모두 성실하게 이행하여야 하고(동법 제24조), 이를 정당한 사유 없이 이행하지 아니한 자에게는 벌금(1,000만원 이하)에 처하도록 되어 있다(동법 제30조 제2호). 이렇듯 의결된 사항의 불이행에 대하여 벌칙규정은 가지고 있지만 법적인 효력 근거규정이 없어 그 실효성에 대하여 문제점을 가지고 있다. 또한 의결된 사항과 단체협약이나 근로계약과의 관계가 문제시될 수 있다(노사관계제도선진화연구위원회, 2003).

끝으로 사용자가 정기회의에 참석하여 성실하게 보고·설명하여야 할 사항(동법 제22조 제1항)은 다음과 같은 4가지이다.

1. 경영계획 전반 및 실적에 관한 사항
2. 분기별 생산계획과 실적에 관한 사항
3. 인력계획에 관한 사항
4. 기업의 경제적·재정적 상황

원래 경영계획·생산계획·인사계획 등은 경영의 최고의사결정자인 기업주의 전권적 사항에 속하는 것이며, 기업주는 이러한 사항에 대해서 아무에게도 설명·보고할 의무를 지지 않는 것이 원칙이다. 이와 같은 사항에 관하여 근로자 대표

표 6-16 노사협의회 협의사항의 취급 정도 (단위: %)

구 분	복지 증진	고충 처리	직업환경 개선, 건강 증진	생상성 향상	인사 제도 개선	노사 협조	임금 지불 방법	체육 교육 훈련	배치 전환 해고	직업 수칙 개정	직업, 휴게 시간	기 타	합 계
비율	27.0	19.4	10.2	10.1	8.1	6.4	6.3	3.9	2.1	2.0	2.0	2.5	100%

자료: 대한상공회의소(2006), 「노사협의회 운영실태와 개선방안 실태조사」, 2.

로 하여금 대등한 지위에서 협의·결정할 수 있도록 한다면 이는 명실 공히 공동결정제도라고 할 수 있다. 그러나 우리나라의 근로자 참여 및 협력증진에 관한 법률은 사용자로 하여금 이러한 사항을 근로자대표에게 보고·설명케 함으로써 소극적으로 근로자의 경영참가를 인정하고 있다(김형배, 2015, 1241)

참고로 노사협의회에서 가장 많이 다루어지는 협의사항으로는 〈표 6-16〉과 같이 '근로자의 복지증진'(27.0%), '근로자의 고충처리'(19.4%), '작업환경개선과 건강증진'(10.2%), 생산성 향상과 성과배분(10.1%) 순으로 조사되었다.

근로자 참여 및 협력증진에 관한 법률에 규정된 각종 안건에 대해서 실제로 각 기업의 노사협의회에서 이를 어느 수준으로 논의하였는 지에 대한 실태를 살펴보면, 〈표 6-17〉에서 알 수 있듯이 '보고사항'의 경우에는 평균값인 1점에 근접하여 법규정 준수상태가 대체로 양호하다고 할 수 있다. 그러나 '협의사항'과 '의결사항'의 경우에는 응답자 평균값이 1.1점대에 머물러 협의수준인 평균값 2점과 의결수준인 3점에 훨씬 미치지 못하고 있는 것으로 나타났다. 특히 신설된

표 6-17 노사협의회 안건에 대한 논의수준

구 분 \ 안 건		보고사항	협의사항	의결사항
노조유(과반수 이상)	평균(표준편차)	0.72(.607)	1.16(.590)	1.23(.728)
노조유(과반수 미만)	평균(표준편차)	0.75(.663)	1.10(.617)	1.12(.789)
노조무	평균(표준편차)	0.97(.661)	1.16(.707)	1.07(.775)
전 체	평균(표준편차)	0.89(.653)	1.16(.660)	1.10(.771)

주 ① 보고사항: F=3.879, p=0.023 협의사항: F=1.677, p=0.190 의결사항: F=1.912, p=0.150
② 각 항목별 평균값은 다루지 '않음'(0점), '보고'(1점), '협의'(2점), '의결'(3점) 순으로 가중점수를 부여하여 산정한 것임.
③ 업종상 또는 회사 사정상 해당 안건 자체가 발생하지 않아 노사협의회에서 다루지 않았을 경우에는 '비해당'으로 처리하여 비율 산정에서 제외함.

의결사항의 경우에는 협의사항보다도 논의수준이 낮게 나타났다.

이와 같이 대부분의 경우 '보고', '협의', '의결'사항을 구분하지 않고 모두 '보고' 수준에 머물고 있는 것으로 파악되었다. 이러한 조사결과는 우리나라 노사협의회가 근로자 경영참여의 제도로서 제 역할을 하지 못하고 있다는 사실을 입증하는 것이라 할 수 있다.

5. 고충처리제도

(1) 고충처리제도의 의의

고충(grievance)이라 함은 근로조건 및 근로환경 등에 대한 근로자 개인의 불만을 말하는 것으로서 집단적 성질을 가진 노동쟁의와는 구별된다. 고충처리제도라 함은 이러한 고충을 처리하여 주는 제도를 말한다. 본래 고충처리는 노사당사자가 자주적으로 해결하는 것이 원칙이나 현행 근로자 참여 및 협력증진에 관한 법은 사업 또는 사업장에 고충처리위원을 두어 이를 처리하는 고충처리제도를 마련하고 있다(이상윤, 2015, 1005).

(2) 고충처리위원

현행 근로자 참여 및 협력증진에 관한 법률 제26조에서 "모든 사업 또는 사업장에는 근로자의 고충을 청취하고 이를 처리하기 위하여 고충처리위원을 두어야 한다. 다만 상시 30명 미만의 근로자를 사용하는 사업이나 사업장은 그러하지 아니하다"고 규정하고 있다. 따라서 30인 이상의 근로자를 사용하는 모든 사업 또는 사업장에는 고충처리위원을 두어야 한다.

여기서 말하는 고충과 단체협약과 관련된 고정 사이에 용어해석상 및 기능상 혼란이 일어날 가능성이 많다. 그러나 동법 제5조에서 노동조합과의 관계에서 "노동조합의 단체교섭이나 그 밖의 모든 활동은 이 법에 의하여 영향을 받지 아니한다"고 규정하여 단체교섭과 노사협의를 구별하고 있으므로, 고정과 고충을 구별하여 사용하는 것이 타당하다고 생각된다. 즉 고정은 집단적 성질을 가진 노동쟁의와 관련되는 것으로 보고, 고충은 근로환경이나 근로조건에 관한 개별적 불만으로 본다는 것이다.

고충처리위원은 노사를 대표하는 3명 이내의 위원으로 구성하되, 협의회가 설치되어 있는 사업 또는 사업장의 경우에는 협의회가 그 위원 중에서 선임하고, 협의회가 설치되어 있지 아니한 사업이나 사업장의 경우에는 사용자가 위촉한다(동법 제27조 제1항). 고충처리위원의 임기는 노사협의회 위원과 동일한 규정이 적용되어 3년이다(동법 제27조 제2항).

(3) 고충처리절차

근로자가 고충사항이 있는 때에는 고충처리위원에게 구두 또는 서면으로 신고하고 신고를 접한 고충처리위원은 지체없이 이를 처리하여야 한다(동법 시행령 제7조)(이상윤, 2015, 1005-1006). 고충처리위원은 근로자로부터 고충사항을 청취한 경우에는 10일 이내에 조치 사항과 그 밖의 처리결과를 해당 근로자에게 통보하여야 한다(동법 제28조 제1항). 고충처리위원이 처리하기 곤란한 사항은 협의회의 회의에 부쳐 협의 처리한다(동법 제28조 제2항).

(4) 고충처리제도의 활용수준

이영면·성상현·이동진(2011) 연구진이 노조유무별로 우리나라 기업의 고충처리제도가 어느 정도 활용되는 가를 조사한 결과 〈표 6-18〉에서 알 수 있듯이 고충처리제도의 활용도가 중간인 '보통'이라는 응답이 노조유무와 관계없이 가장 많았다. 다음으로 '상당수준 활용된다', '활용되지 않는 편이다.' '매우 잘 활용된다' 순이었다. 한 가지 재미있는 사실은 고충처리제도의 긍정적 활용도가 노사 사

표 6-18 노조유무별 고충처리제도 활용수준에 대한 평가

노조 유무	응답 기준	고충처리 제도의 활용수준													
		전혀 활용 되지않음		활용되지 않는 편임		보 통		상당수준 활용됨		매우 잘 활용됨		모름/무응답		전 체	
		빈도	%	빈도	%	빈도	%	빈도	%	빈도	%	빈도	%	빈도	%
있음	노	6	1.8	49	15.1	146	44.9	88	27.1	27	8.3	9	2.8	325	100
	사	5	1.4	54	15.6	171	49.3	95	27.4	21	6.1	1	0.3	347	100
없음	노	11	3.9	51	18.1	150	53.4	51	18.1	12	4.3	6	2.1	281	100
	사	11	3.5	55	17.6	167	53.4	66	21.1	14	4.5	0	0.0	313	100

자료: 이영면·성상현·이동진(2011), 「노사협의회 운영실태조사 및 개선방안 연구」, 고용노동부, 379.

이에는 거의 차이가 없으나 노조가 있는 사업장이 없는 사업장보다 다소 많은 것으로 나타났다.

6. 노사협의제의 문제점

노사협의회의 필요성에 대한 이영면·성상현·이동진(2011)의 설문조사 결과를 보면 〈표 6-19〉에서 알 수 있듯이 노조가 있는 경우에 노측은 "매우 필요하다", 사측은 "어느 정도 필요하다"고 응답한 경우가 제일 많았다. 노조가 없는 경우에는 노사 모두 "어느 정도 필요하다"고 응답하는 경우가 가장 많았다.

대한상공회의소가 30인 이상 종업원을 고용하고 있는 서울 소재 500개 기업을 대상으로 실시한 노사협의회 '운영실태와 개선방안 실태조사'에서도 우리 기업들은 노사협의회 설치의 필요성에 대해 노동조합 유무를 불문하고(노동조합이 있는 기업 86.6%, 노동조합이 없는 기업 84.3%) 조사대상 기업의 85% 이상이 긍정적인 입장을 보이고 있는 것으로 조사되었다. 그 뿐만 아니라, 노사협의회가 [그림 6-4]와 같이 '복리후생 향상'(36.9%), '노사관계 안정'(20.8%), '임금인상'(11.8%) 등에 크게 기여하는 것으로 나타났다(대한상공회의소, 2006.11).

이와 같이 대부분의 기업들이 노사협의회를 설치해야 할 필요성에 대해 공감하고 실제로 노사협의회가 기업경쟁에 크게 기여하고 있다고 생각하고 있다. 그 뿐만 아니라 노사협의회 운영에 대한 평가결과에서도 〈표 6-20〉에서 알 수 있듯이 일부 부정적인 평가('완전히 유명무실함'에 대해서 8%, '유명무실한 편임'에 대해서

표 6-19 노조유무별 노사협의회 필요성에 대한 평가

노조 유무	응답 기준	전혀 필요없음		별로 필요없음		보 통		어느 정도 필요함		매우 필요함		모름/무응답		전 체	
		빈도	%	빈도	%	빈도	%	빈도	%	빈도	%	빈도	%	빈도	%
있음	노	8	2.1	20	5.1	68	17.5	139	35.7	152	39.1	2	0.5	389	100
	사	10	2.4	35	8.5	88	21.3	191	46.1	89	21.5	1	0.2	414	100
없음	노	3	0.8	29	7.5	130	33.5	163	42.0	59	15.2	4	1.0	388	100
	사	4	1.0	56	13.4	143	34.3	167	40.0	47	11.3	0.	0.0	417	100

(상위 헤더: 노사협의회의 필요성)

자료: 이영면·성상현·이동진(2011), 「노사협의회 운영실태조사 및 개선방안 연구」, 고용노동부, 381.

그림 6-4 노사협의회의 개최를 통한 성과 (단위: %)

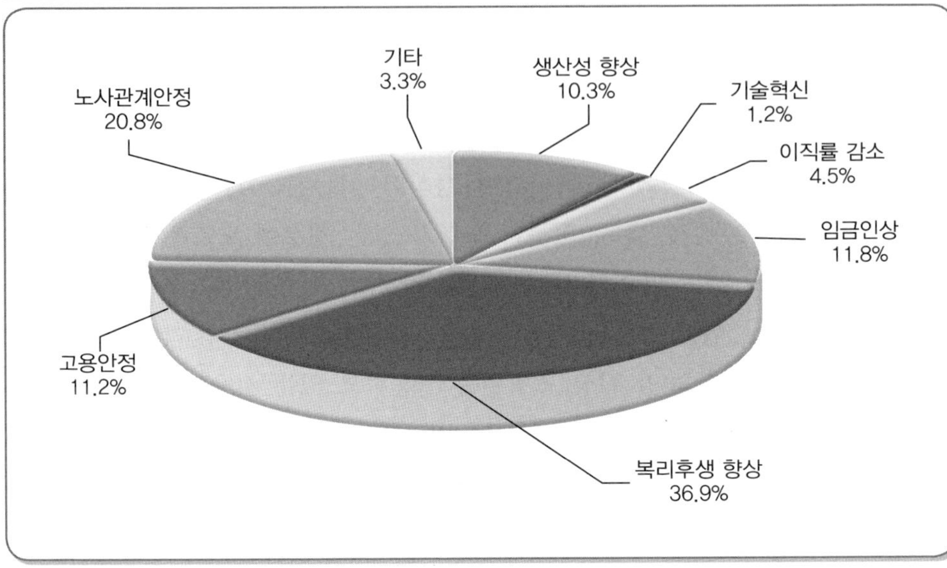

자료: 대한상공회의소(2006.11), 「노사협의회 운영실태와 개선방안 실태조사」, 2.

표 6-20 노사협의회 운영에 대한 평가

		노사협의회 운영에 대한 평가												전 체	
		완전히 유명 무실함		유명무실한 편임		보 통		실질적으로 운영되는 편임		매우 실질적으로 운영됨		모름/무응답			
		빈도	%	빈도	%	빈도	%	빈도	%	빈도	%	빈도	%	빈도	%
응답 기준	노	63	8.1	50	6.4	311	40.0	261	33.6	92	11.8	0	0	777	100
	사	62	7.5	54	6.5	329	39.6	283	34.1	103	12.4	0	0	831	100

자료: 이영면·성상현·이동진(2011), 「노사협의회 운영실태조사 및 개선방안 연구」, 고용노동부, 295.

6% 내외)가 있기는 하지만 '보통'의 평가와 '실질적으로 운영되는 편'에 대한 빈도수가 높아서 대체로 무난하게 운영된다고 할 수 있다.

그럼에도 불구하고 현행 노사협의제는 제도 자체와 운영상의 문제 또한 다소 있는 것으로 평가되고 있는데, 그러면 몇몇 문제점에 대해 살펴보도록 하자.

(1) 노사협의와 단체교섭의 혼재

현행 노사협의제는 생산성 향상과 성과배분, 근로자의 채용·배치 및 교육훈련, 노동쟁의 예방 및 인사·노무관리의 합리적 운영을 위한 제도개선을 협의함으로써 〈표 6-21〉과 같이 단체교섭과 구별하고 있다. 또한 근로자참여 및 협력증진에 관한 법률 제5조 '노동조합과의 관계'에서 "노동조합의 단체교섭 그 밖의 모든 활동은 이 법에 의하여 영향을 받지 아니한다"라고 규정하고 있다. 그러나 실제에 있어서 협의회 범위에 단체협약의 내용이 포함되어 있어 노사협의회의 기능이 단체교섭을 위한 비공식적 창구에 머무르고 있는 현실이다(김희성, 2006; 노사정위원회, 2004). 이러한 점이 노사협의회의 정상적인 운영과 발전을 저해시키는 요인이 될 수있다.

이러한 사실은 허찬영 교수가 노사협의회가 설치되어 있는 전국 5대도시의 330개 사업장의 660명을 대상으로 실시한 노사협의회의 운영실태조사(표 6-22)에서 잘 나타났는데, 동 조사에서 단체교섭과 노사협의회가 연결되어 있는 경우가 47.9%로 가장 많았으며, 특히 1,000명 이상의 대규모 사업장의 경우에는 연결형이 83.3%나 달하는 것으로 나타났다(허찬영, 2001).

대한상공회의소가 30인 이상 종업원을 고용하고 있는 서울소재 500개 기업을 대상으로 실시한 노사협의회 운영실태와 개선방안 실태조사에서도 유사한 결과가 나타났다. 동 조사에서 노동조합이 있는 기업만을 대상으로 노사협의회 안건과 노동조합에서 요구한 교섭사항 간 차이를 묻는 질문에 대해 대체로 동일하

표 6-21 노사협의회와 단체교섭간의 안건 구별 실태

구 분	노사협의회	단체교섭
근거법	근로자참여및협력증진에관한법률	노동조합및노동관계조정법
목적	노사공동의 이익증진	근로자의 지위향상 및 근로조건의 개선유지
사업장	30인 이상의 사업 또는 사업장	노동조합이 있는 사업장
구성(당사자)	노사협의회 근로자위원 및 사용자위원	노동조합 및 사용자(사용자단체)
활동	사용자의 기업경영상황 보고 안건에 대한 노사간 협의·의결	노사간 교섭 및 협약체결
기타	쟁의행위를 수반하지 않음	교섭결렬시 쟁의행위 가능

자료: 노동부(2007.1), 「노사관계 선진화 입법 설명자료」, 51.

표 6-22 노사협의회와 단체교섭의 비교 (단위: %)

구 분	분리형	연결형	협의회 대체형	단체교섭 대체형
30~49인	14.3	42.9	14.3	28.6
50~90인	24.0	36.0	24.0	16.0
100~199인	28.6	64.3	7.1	0.0
200~499인	16.7	33.3	44.4	5.6
500~999인	30.0	40.0	10.0	20.0
1,000인 이상	16.7	83.3	0.0	0.0
전체	23.4	47.9	19.1	9.6

주: $x^2=24.505$, $p=0.056$

자료: 허찬영(2001), "시사논단 1: 노사협의회의 운영실태 및 활성화 방안,"「임금연구」, 한국경영자총협회, 제1호, 2001, 146.

표 6-23 노사협의회 안건과 노동조합 단체교섭사항 구별 정도 (단위: %)

구 분	완전히 동일하다	대체로 동일하다	약간 차이가 있다	상당한 차이가 있다	완전히 구별된다	기 타	합 계
비율	4.7	40.0	38.0	14.7	2.0	0.6	100

자료: 대한상공회의소(2006.11), 「노사협의회 운영실태와 개선방안 실태조사」, 2.

다'(40.0%)와 약간 차이가 있다'(38.0%)는 응답비중이 가장 높은 것으로 나타났으며, 상당한 차이가 있다'(14.7%)와 완전히 구별된다'(2.0%)는 응답은 상대적으로 낮아 노사협의회 안건'과 단체교섭사항' 간에 큰 차이가 있지는 않은 것으로 조사되었다.

(2) 노사협의회 설치범위와 구성

노사협의회를 설치해야 할 사업 또는 사업장을 근로자수 30인 이상으로 한 것은 중소기업이 주종을 이루고 있는 우리 나라의 실정을 감안하거나 외국의 입법례를 비교해 보더라도 타당하다고 볼 수 없다. 따라서 노사협의회 적용대상기업을 근로기준법 적용대상 전사업장에 확대 적용하거나 20인 이상의 기업으로 하향조정하도록 하는 게 좋다고 생각한다.[9] 왜냐하면 중소 내지 영세기업일수록 근

9 외국의 예를 들어보면, 독일의 경영협의회가 5인 이상, 프랑스의 종업원대표위원회가 10인 이상, 공장위원회가 50인 이상, 오스트리아의 경영협의회가 5인 이상, 스웨덴의 노사합동위원회와 노

로조건이 상대적으로 열악하여 근로자의 이익을 대변해 줄 기구가 더욱 더 필요하다고 생각하기 때문이다.

아울러 근로자위원과 사용자위원의 수를 법에 의해 일률적으로 3인～10인으로 정하기보다는 외국과 같이 기업의 규모에 따라 신축성 있게 정하도록 하여야 하는 게 보다 바람직하다고 생각한다.

(3) 근로자위원의 신분

근로자 참여 및 협력증진에 관한 법률 제9조 제2항에서 "사용자는 협의회 위원으로서 직무수행과 관련하여 근로자위원에게 불이익을 주는 처분을 하여서는 아니 된다"라고 하고는 있으나 실제 불이익을 주는 처분을 받았을 경우에 이렇다 할 구제제도가 없다. 그러므로 노사협의회에 참석하여 기업경영에 대한 선의의 비판을 해야 할 경우에도 임기가 끝난 뒤 돌아올지도 모를 유형·무형의 보복으로 말미암아 제대로 자신의 솔직한 의견을 개진하지 못한 채 형식적인 회의로 끝나버리고 말 공산이 크다. 따라서 근로자위원의 신분·행동에 대한 보장이 충분히 이루어질 수 있도록 할 뿐만 아니라 독일처럼 사용자가 자의적인 비상해고 또는 전직에 의하여 근로자대표위원을 업무로부터 배제시키거나 기타의 방법으로 불이익을 줄 수 없도록 제도적 장치가 보완되어야 한다(황용연, 2011).

(4) 합의 및 의결사항의 효력

전술한 바와 같이 현행 근로자참여 및 협력증진에 관한 법률 제20조에는 16가지의 협의사항이 있으며, 또한 동법 제21조에는 5가지의 의결사항이 있다. 이와 관련하여 합의 내지 의결된 사항의 효력이나 합의 내지 의결된 사항에 대한 해석상의 분쟁이 발생했을 경우에 누가 어떻게 해결할 것인가 하는 점에 관해서 별다른 규정이 없다. 다만 동법 제24조에서는 근로자와 사용자의 의결사항의 성실한 이행을 규정하고 있고, 동법 제30조 제2호에서 정당한 이유없이 의결사항을 이행하지 아니한 노사 쌍방의 대표에게는 1천만원 이하의 벌금에 처하도록 하고 있다. 따라서 의결된 사항의 문서화, 그 효력 및 이행방법에 관하여 별도에 규정을 두는 것이 바람직하다(김형배, 2015, 1244).

르웨이의 생산합동위원회가 각 50인 이상이다.

(5) 근로자측의 미성숙

대기업의 근로자위원은 시장상황에 대한 분석력이나 시장의 변화를 이끌어갈 수 있는 역량을 가지고 있으며 노조결성의 유무에 상관없이 기업내의 인사관리나 노사관계에 대한 경험과 노하우를 가지고 있어서 대체로 자율적인 관계를 조성하고 관리할 수 있는 수준에 도달해 있다(이영면 외, 2007.11).

그러나 일부의 대기업을 제외하고 중소기업의 대부분은 노동조합의 규모가 크지 않은 동시에 통상 주체적 기능 역시 성숙되어 있지 못하다. 따라서 근로자대표로서 노사협력을 도모하는 데 있어서 주관적·객관적으로 추진력이나 공신력이 미약함을 면치 못한다. 또한 본격적인 노사협력은 근로자의 경영관리에 대한 적극적 참여라고 볼 때, 근로자들이 기업경영에 대한 상당한 전문적 지식을 가지는 것이 무엇보다도 중요하다.

근로자 참여 및 협력증진에 관한 법률에는 사용자의 보고·설명사항으로 기업의 경제적·재정적 상황이 포함되어 있으므로 그것을 분석·판단할 수 있는 전문적 지식을 갖출 필요성이 더욱 요구된다. 근로자참여 및 협력증진에 관한 법률 시행규칙 제5조에 ① 경영계획 전반 및 실적에 관한 다음 각 목의 사항(가. 단기 및 중·장기 경영계획, 나. 경영실적과 전망, 다. 기구 개편, 라. 사업확장, 합병, 공장이전 및 휴업·폐업 등 경영상 중요한 결정사항), ② 분기별 생산계획과 실적에 관한 다음 각 목의 사항(가. 분기별 생산계획과 실적, 나. 사업부서별 목표와 실적, 다. 신제품개발과 기술·기법의 도입), ③ 인력계획에 관한 다음 각 목의 사항(가. 인사방침, 나. 증원이나 감원 등 인력수급계획, 다. 모집과 훈련), ④ 기업의 경제적·재정적 상황에 관한 다음 각 목의 사항(가. 재무구조에 관한 일반 현황, 나. 자산현황과 운용 상황, 다. 부채현황과 상환 상황, 라. 경영수지 현황), ⑤ 그 밖의 다음 각 목의 사항(가. 사용자가 보고하도록 협의회에서 의결된 사항, 나. 근로자가 정당하게 보고를 요구한 사항) 등이 자세히 나와 있다.

근로자들의 학력과 경제일반상식이 많이 향상되기는 했으나 아직도 산업의 역사가 짧은 데다가 노조조직률마저 떨어지고 있는 상황에서 전문능력을 바탕으로 한 운영능력이 있는가 하는 데에는 의문이 든다. 근로자들 중에는 전문성과 운영기술의 부족을 면치 못하여 근로조건 이외의 안건에 있어서는 사용자의 일방적 회의진행에 그대로 이끌려 가거나 회의를 파행으로 이끌 가능성이 없지 않

표 6-24 노사협의회 운영상의 문제점 (단위: %, 개소)

구 분	계	산업별		규모별		
		제조업	비제조업	300인 미만	300~999인	1000인 이상
전 문 지 식 부 족	6.6	3.5	17.9	7.0	6.4	5.5
운 영 기 술 부 족	20.8	20.8	20.5	20.0	91.9	25.0
성의·신뢰부족(사측)	4.4	4.2	5.1	6.0	4.3	0.0
성의·신뢰부족(노측)	15.8	17.4	10.3	11.0	19.1	25.0
종업원 전문성 부족	31.1	34.7	17.9	33.0	38.3	16.7
기 타	21.3	19.4	28.2	23.0	12.8	27.8
계	100.0	100.0	100.0	100.0	100.0	100.0

자료: 한국경영자총협회(1997), 「1997 노동경제연감」, 226.

다. 한국경영자총협회가 우리나라 노사협의회 운영상의 문제점을 조사한 결과인 〈표 6-24〉에서 이러한 사실을 잘 알 수 있다.

(6) 사용자측의 무성의

이영면·성상현·이동진(2011)의 노사협의회 운영실태조사에서 노사협의회가 활성화되지 않는 이유에 대해 노측은 형식적 운영, 노사양측 무관심에 이어 사용자측의 무성의를 들었다는 사실에서도 알 수 있듯이 사용자측에도 적지 않은 문제점이 있다. 먼저 상당수의 사용자들이 행정관청의 지시나 지도에 따라 거의 피동적으로 노사협의회를 운용하고 있을 뿐, 이 제도의 생산적·건설적 기능을 올바로 인식한 뒤에 능동적으로 운용하고 있는 경우는 그리 많지 않다.

또한 노사대등의 의식이 바탕을 이루고 있지 않아 협의회에서 사용자의 생각이 크게 작용할 가능성이 농후하다. 사용자 일반은 조속히 노사협력의 참다운 의의를 깨닫고, 또한 민주적이고 합리적인 사고에 입각하여, 노사협의회를 슬기롭게 운용해 가는 바람직한 태도와 기량을 체득하여야 할 것이다.

더욱이 근로자 참여 및 협력증진에 관한 법률에 의하면 사용자는 기업의 경제적·재정적 상황에 대하여 보고·설명하도록 규정하고 있는 바, 이는 근로자의 경영참가에 있어 매우 중요한 의미를 갖는 것이다. 그리고 이것이 제대로 운영된다면 노사간의 불신감 해소와 생산성 증대를 위한 근로자의 협력을 얻는 데 중요한 역할을 하게 된다는 것을 명심해야 할 것이다(이준범, 2000).

(7) 형식적 운영

노사협의회가 활성화되지 않는 이유와 관련하여 〈표 6-25〉에서 알 수 있듯이 노사양측은 '형식적 운영'을 가장 많이 들었고, 다음으로 노사양측의 무관심, 운영기법 부족, 사용자측 무관심 등을 들고 있다. 이러한 결과는 노조유무에 따라 다소 다르게 나타났는데, 유노조의 경우 근로자측은 사용자측의 무성의와 형식

표 6-25 노조유무별 노사협의회 비활성화 이유(복수응답): 2011

노사협의회 비활성화 이유	응답기준	노 조				전 체	
		유노조		무노조		빈도	%
		빈도	%	빈도	%		
노사양측 무관심	노	9	10.59	39	27.08	48	20.96
	사	13	22.03	41	30.15	54	27.69
사용자측의 무성의	노	25	29.41	12	8.33	37	16.16
	사	6	10.17	5	3.68	11	5.64
근로자측의 비협조	노	2	2.35	7	4.86	9	3.93
	사	1	1.69	3	2.21	4	2.05
근로자의 무리한 요구	노	2	2.35	0	0.00	2	0.87
	사	4	6.78	4	2.94	8	4.10
노사간 상호불신	노	9	10.59	4	2.78	13	5.68
	사	1	1.69	6	4.41	7	3.59
운영기법 부족	노	6	7.06	16	11.11	22	9.61
	사	6	10.17	18	13.24	24	12.31
형식적 운영	노	24	28.24	54	37.50	78	34.06
	사	18	30.51	47	34.56	65	33.33
정부의 소극적 지도	노	4	4.71	5	3.47	9	3.93
	사	4	6.78	4	2.94	8	4.10
기 타	노	2	2.35	4	2.78	6	2.62
	사	3	5.08	5	3.68	8	4.10
모름/무응답	노	2	2.35	3	2.08	5	2.18
	사	3	5.08	3	2.21	6	3.08
전체	노	85	100.00	144	100.00	229	100.00
	사	59	100.00	136	100.00	195	100.00

자료: 이영면·성상현·이동진(2011), 「노사협의회 운영실태조사 및 개선방안 연구」, 고용노동부, 284.

적 운영을 들었으나 사용자측은 형식적인 운영과 노사양측의 무관심을 들었다. 무노조의 경우에는 형식적인 운영과 노사양측의 무관심을 들었다. 다만 운영기법의 부족에 대해서도 상당수에서 언급하였다(이영면·성상현·이동진, 2011, 284).

제 3 절 우리나라의 사내근로복지기금제도

개별 근로자나 전체 근로자는 통상 수령하는 임금 외에 추가적으로 성과에 따른 임금을 받게 되는 경우가 있다. 그 임금이 기업의 전체성과에 따라 지급이 결정되는 경우에는 성과참여라고 표현하고 영업성과 내지 생산성 평가에 따라 개별 근로자에게 특별임금이 지급되기로 약정된 경우에는 특별히 이를 성과배당금이라고 부른다.[10] 후자가 개별 계약상의 약정에 따라 개인적 차원에서 업적성과금으로 지급되는 데 비하여 전자는 기업의 영업성과에 따라 집단적으로 모든 근로자에게 추가적인 지급청구권이 발생함을 의미한다는 점에서 집단법적 성격을 지니고 있다. 일반적으로 근로계약 또는 단체협약이나 노사협정이 성과 또는 이윤참가의 법적 기초가 된다.

우리나라의 경우에는 개별근로자에게 그 기업의 이익을 임금에 준하여 분배하는 이윤참가 또는 성과참가에 대하여 직접 규율하는 법규정은 없다. 이윤 또는 성과금의 분배는 개별 근로계약이나 단체협약 또는 취업규칙에 의하여 규율되는 것이 보통이다. 다만 이윤참가 내지 성과참가의 변형된 형태로서 사내근로복지기금제도가 특별법으로 규율되고 있다(김형배, 2015, 1223-1224).

1. 사내근로복지기금제도의 의의

(1) 사내근로복지기금제도의 의의

사내근로복지기금제도란 기업이 이익의 일부를 기금(비영리 재단법인)에 출연하여 근로자의 생활안정지원 등 복지증진을 도모하는 기업복지제도이다. 곧 임금 기타 근로조건에 부가하여 근로자의 실질소득을 증대시키고 근로의욕과 노사

10 이는 종업원의 개별적 노무급부의 결과에 따라 직접적으로 그 금액이 결정되는 성과주의 임금제도와는 구별된다(김형배, 2015, 1223).

공동체 의식을 고취하기 위하여 기업이익의 일부를 출연하여 근로자의 복지증진 사업에 사용함으로써 근로자에게 복지 혜택을 보장하는 제도이다(노동부 ·근로복지공단, 2011). 기금제도를 기업에 도입하여 하나의 성과배분제도로 정착시키려는 정부 시책에 따라 1983년 5월 6일 「근로의욕 향상을 위한 사내근로복지기금 설치·운영준칙」에 의거 설치되어 준칙기금으로 운영되기 시작했으며 1991년 8월 10일 「사내근로복지기금법」이 제정되어 1992년 1월 1일부로 시행되었다.

2001년에는 당해연도 출연금 사용한도 확대(30 → 50%), 대부사업 재원 변경(수익금 → 원금), 기금합병, 분할합병에 대한 처리기준 마련한 제도 활성화 추진에 이어, 2003년에는 선택적 근로복지제도 도입 및 도입 기업에 대한 출연금 사용 한도가 확대(80%)되었다. 2010년 6월 8일 「근로자복지기본법」과 「사내근로복지기금법」이 「근로복지기본법」으로 통합되어 2010년 12월 9일부로 시행되었다. 2012년 8월 2일에는 사내근로복지기금법인 혜택을 수급업체 및 파견근로자까지 확대하였고, 2014년에는 제3차 근로복지증진기본계획(2012~2016)에 따라 중소기업 사내근로복지기금 사용한도를 확대(당해 연도 출연금의 50% → 80%)하여 중소기업 근로자의 근로복지격차를 해소하고, 사내근로복지기금법인 설립인가 방식을 예외적 금지 방식으로 전환하여 기금법인 설립을 용이하게 하는 내용으로 근로복지기본법이 개정되어 2014년 7월 29일부터 시행하고 있다.

2015년에는 법 개정을 통해 기업 간 또는 근로계층 간 근로복지 격차완화를 위해 대기업이 협력중소기업의 근로자(또는 사내 파견근로자)에게 복지를 지원할 경우 그 비용의 일부를 정부가 보전해 주는 새로운 형태의 사내근로복지기금 지원제도를 시행하였다(고용노동부, 2016, 330).

사내근로복지기금의 조성, 용도 및 관리는 〈표 6-26〉과 같다.

(2) 사내근로복지기금 제도의 장단점

우리나라의 사내근로복지기금제도의 장점을 살펴보면 다음과 같다.

첫째, 회사가 사내근로복지기금을 출연시 회사는 지정기부금으로 손비인정을 받을 수 있다. 손비인정 한도는 법인세차감전순이익의 10%이며 5년간 이월공제도 가능하다. 법인세차감전순이익이 2억원을 초과하고 200억원 미만인 회사가 기금법인에 5억원을 출연시 절세효과는 1억 1000만원이다.

표 6-26 사내근로복지기금의 조성, 용도 및 관리

구분	내용
기금조성	• 법인세 세전 순이익의 100분의 5 기준 임의출연
기금용도	• 주택 구입자금 보조 및 우리사주 구입비 지원(대부), 생활안정자금 대부, 장학금, 재난구호금, 체육·문화활동 및 근로자의 날 행사지원 등
기금관리	• 사내근로복지기금협의회(노·사위원 동수의 각 2인 이상 10인 이내)에서 출연금액, 임원선임(해임), 정관변경 등 중요의사 결정·노·사 동수의 임원(이사 각 3인 이내, 감사 각 1명)을 두어 사무집행 및 감사실시

둘째, 종업원이 기금법인으로부터 지급받는 재난구호금, 의료비(치료비)로서 사회통념상 인정되는 학자금 또는 장학금, 기념품, 축하금, 부의금 등과 무주택 근로자가 국민주택규모 이하 주택을 구입시 구입가의 5%, 임차시는 임차금액의 10% 이내에서 기금법인에서 지급하는 금품은 증여세가 비과세된다. 또한 기금법인에서 저리로 종업원에게 대부시 인정이자 적용이 배제된다.

셋째, 기금법인이 출연받은 금품에 대해 증여세가 비과세 되며, 이자수익과 배당수입, 신탁분배금, 종업원대부이자수익 등은 전액 고유목적사업준비금으로 설정할 수 있다. 기금법인을 설립시나 임원 등기시 등록세가 비과세되며 당해 연도 출연금의 50%(선택적 복지제도를 실시할 경우 80%) 범위 내에서 목적사업비로 사용이 가능하다.

넷째, 기금법인을 통해 지원시 법정복지비의 절감을 꾀할 수 있다. 2013년 법정복지비율을 살펴보면 회사분은 9.138~43.138%(건강보험 2.945%, 장기요양보험 0.1929%, 국민연금 4.50%, 고용보험 실업수당 0.65%, 고용안정기금은 인원규모에 따라 0.25 ~0.85%, 산재보험은 업종에 따라 0.6~34%) 본인분은 8.288%(건강보험 2.945%, 장기요양보험 0.193%, 국민연금 4.50%, 고용보험 실업수당 0.65%)이다.

다섯째, 회사의 청산시 종업원들에게 미지급한 금품이 있을 경우 사업주가 지불능력이 없음을 증명할 경우 기금법인에서 종업원들에게 미지급한 금품을 우선적으로 지급할 수 있고 종업원들에게 미지급한 금품을 지급후 잔액에 대해서는 복지기금협의회 의결로 기본재산 잔액의 50% 범위 이내에서 종업원들에게 생활안정자금으로 지급할 수 있다.

하지만 사내근로복지기금제도가 장점만 있는 것은 아니다. 기금법인을 설립하면 회사가 청산시나 기금합병 등 이외에는 해산이 불가하고 기본재산 사용비율이 제한되는 단점도 지니고 있다(김승훈·윤병섭, 2013, 143-144).

(3) 사내근로복지기금제도의 효과

사내근로복지기금을 실제로 산업현장에 적용해본 결과 방법론상의 한계가 일부 있기는 하지만 대부분 효과가 있는 것으로 나타났다. 사내근로복지기금제도가 도입된 이후 30여년이 지난 현재 기금제도에 대한 선행 연구나 실증분석 논문은 그다지 많지 않다. 이중 몇몇 연구를 중심으로 살펴보기로 하자.

신범철(2003)은 1992년~2002년까지의 상장 및 비상장기업을 중심으로 사내근로복지기금과 기업자료를 병용하여 기업복지 변화와 노동생산성에 미치는 효과에 대해 실증분석을 실시한 바 사내근로복지 증가가 생산요소와는 독립된 비체화효과 뿐만 아니라 노동의 질적 향상과 자본의 효율적 사용으로 유발되는 체화효과를 통해 생산성을 향상시키는 것으로 나타났고, 사내근로복지기금의 생산성효과가 대기업보다는 중소기업에서 더 크게 나타났다.

근로복지공단의 근로자복지사업 효율화방안 정책연구에서 사내근로복지기금 담당자의 사내근로복지기금의 효과에 대한 평가를 살펴보면 사내근로복지기금의 효과로 전체적으로 볼 때 근로의욕 제고, 면세혜택 공동이익, 노사관계 안정 등이 중간 이상의 결과로 도움이 되는 것으로 평가되었지만, 인력확보 도움, 임금인상자제는 평균이하로 도움이 되지 않은 것으로 나타났다(근로복지공단, 2008).

끝으로 2003년 노동부 학술연구용역사업의 일환으로 이루어진 연구용역 자료에서는 기금제도를 도입한 701개 기업을 대상으로 기금제도 도입동기를 질문한 결과(1순위 분석/중복응답 분석) ① 안정적인 복지비지출(61.1%/85.4%), ② 사원들의 욕구(25.5%/52.4%), ③ 면세혜택 이용(7.3%/26.5%), ④ 다른 해보다 당기순익이 많아서(2.6%/8.3%), ⑤ 기타(2.1%/2.1%), ⑥ 잘 모름, 무응답(1.4%/1.4%) 순위였지만, 기금제도를 도입 후 가장 크게 도움이 되는 것에 대한 응답에서는(1순위 분석/중복응답 분석) ① 안정적인 복지비지출(36.2%/53.2%), ② 사원들의 회사신뢰(23.3%/40.8%), 근로의욕 진작(21.7%/48.5%), ③ 면세혜택 이용(12.3%/34.8%), ④ 기타(3.1%/3.1%), ⑤ 잘 모름·무응답(3.4%/3.4%)으로 나타나 기금제도를 도입 후 사원들의 회사 신뢰와 근로의욕 진작에 긍정적인 효과를 준 것으로 나타났다(노동부, 2003).

중소기업이나 벤처기업은 종업원 임금과 복지혜택에 투입할 수 있는 재원에 한계가 있고 또 혜택을 늘린다고 경영성과로 바로 연결되는 것은 아니다(김승훈·윤병섭, 2013, 143). 그런 의미에서 이들 기업들이 사내근로복지기금제도를 통해 얻을 수 있는 효과는 적지 않다고 본다. 그럼에도 불구하고 2014년말 현재 설치율을 보면 바로 이어 자세히 나오지만 종업원 1,000명 이상 대기업은 57.0%임에 비해 300인 미만은 0.3%에 불과하여 현저하게 낮은 것으로 나타나(고용노동부, 2016, 633) 향후 이에 주목할 필요가 있고 정부의 지원 또한 필요하다.

김승훈(2016)은 KOSPI 200 기업의 2002년~2014년 재무자료를 중심으로 사내근로복지기금이 기업의 재무성과에 미치는 영향관계를 살펴본 결과 사내근로복지기금이 설립된 기업이 설립되지 않은 기업에 비해 근로자 1인당 매출액증가율과 부가가치생산성증가율이 높다는 것을 검증을 통해 증명하였다. 다만 매출액증가율에는 유의미하지 않은 것으로 나타나 매출액에 영향을 미치는 매개변수를 찾아야 하는 과제를 남기고 있다.

2. 사내근로복지기금의 도입 현황

2014년말 사내근로복지기금 조성현황은 보면 〈표 6-27〉과 같이 전체기금 수는 1,506개에 업체수는 276,693개로 설립률은 0.5%였다. 또한 총기금액은 71,034억원으로 기금 평균액은 42.2억이었다. 참고로 연도별 사내근로복지기금 조성현황은 〈표 6-28〉과 같다.

그러나 기업규모별 사내근로복지기금 설치·운영현황을 보면 종업원 1,000명

표 6-27 2014년도 사내근로복지기금 조성현황 (단위: 개소, 억 원, %)

구 분	계	299인 이하	300~499인	500~999	1,000인 이상
기금수(a, %)	1,506(100%)	881(58%)	166(11%)	192(13%)	267(18%)
업체수(b, 개)	276,693	274,078	1,533	914	468
설립률(a/b, %)	0.5	0.3	10.8	21.0	57
기금액(c, 억 원)	71,034	8,558	4,287	6,345	51,844
기금평균액(a/c)	47.2	10.4	25.8	33	194.2

주: 전체업체 수: 2014년 「사업체노동실태현황」 10인 이상 사업체수 기준.
자료: 고용노동부(2016), 「2016년판 고용노동백서」, 633.

표 6-28 연도별 사내근로복지기금 조성현황 (단위: 억 원)

구분	2002년	2003년	2004년	2005년	2006년	2007년	2008년	2009년	2010년	2011년	2021년	2013년	2014년
기금 총액	41,724	46,501	50,017	57,177	63,581	67,517	70,810	62,609	60,759	62,812	67,713	72,740	71,034
증감	2,930	4,777	3,516	7,160	6,404	3,936	3,293	▽8,201	▽1,850	2,063	4,901	5,027	▽1,706
평균 기금액	45.6	47.8	50.4	57.6	57.5	59.5	60.2	51.3	49.1	48.6	49.5	50.8	47.2
증감	2.4	2.2	4.9	14.3	11.2	6.2	4.9	▽11.6	▽2.9	▽0.5	0.9	1.3	▽3.6

자료: 고용노동부(2016), 「2016년판 고용노동백서」, 633.

표 6-29 정관상 비정규직 수혜대상 여부

	2006년 조사		2003년 조사	
	빈도	비율	빈도	비율
정규직만	321	53.4	409	58.3
비정규직 동일	84	14.0	119	17.0
비정규직 일부	121	20.1	153	21.8
기타	75	12.5	20	2.9
사례수	601	100.0	701	100.0

자료: 한국노동연구원(2006), 「사내근로복지기금 실태조사」; 한국노동연구원(2003), 「사내근로복지기금 실태조사」.

이상 대기업에 비해 300인 미만은 현저하게 낮은 것으로 나타났다. 실제로 기금수와 업체수에 있어서는 오히려 300인 미만의 사업장이 압도적으로 많지만, 설립률(57.0%대 0.3%)과 기금평균액(194.2억 대 10.4억)에 있어서는 1,000명 이상 대기업이 훨씬 많아 상대적으로 복지수준이 높은 대기업 내지 정규직 근로자를 중심으로 조직·운영되고 있으며, 300인 미만 중·소기업이나 간접고용 등 비정규직 근로자에 대해서는 그 혜택이 제대로 전달되지 않는 한계를 드러내고 있다. 더구나 정부에서는 연간 약 1,000억 원에 달하는 조세혜택을 부여하고 있기 때문에, 상대적으로 많이 가진 일부의 사람들에게 더 많은 혜택이 돌아가는 근로복지 정책에서의 역진성 내지 불평등성을 여실히 보여주고 있다.[11]

11 이러한 현실적·구조적 모순을 해결하기 위한 대안으로 최근 제기되고 있는 것이 이른바 "연합기

표 6-30 비정규직 고용형태별 고용여부 및 수혜여부

구 분 고용형태	고용여부	고용 시 수혜여부		
		개인별 보조금	복리시설	대부사업
기간제	49.4	45.1	63.0	24.9
용역	38.1	6.6	31.0	2.6
파견	30.4	15.3	40.4	5.5
일용	23.0	8.1	24.4	5.3
파트타임	18.1	11.0	36.7	5.5
사내하청	9.2	3.8	17.0	1.9
일시대체	4.5	18.5	37.0	3.7
기타	2.7	0.0	15.4	0.0

자료: 김동배·문무기·조성재·장지예(2006), 「사내근로복지기금조성 확대방안에 관한 연구」, 35-55.

사내근로복지기금이 근로복지의 하나로 내부노동시장적인 성격을 가질 것이라고 가정할 때 사내근로복지기금의 주된 수혜대상은 핵심근로자층인 정규직 근로자일 것이다. 실제 조사결과에서도 예상과 유사하게 나타났는데, 한국노동연구원의 2006년과 2003년의 조사에 의하면 정관상 정규직만 수혜대상인 경우가 각 53.4%, 56.7%로 나타나 50% 넘는 기업에서 정규직만을 수혜대상으로 하고 있었으며, 비정규직도 동일하게 적용되는 경우는 각각 14.0%, 17.0%로 나타났다.

2006년의 김동배·문무기·조성재·장지예(2006)의 연구를 보면 〈표 6-30〉과 같이 사내근로복지기금에 대한 비정규직 수혜는 기간제 근로자를 많이 고용하는 경우 비정규직 적용 가능성이 유의하게 높은 것으로 나타났다. 또한 기금사업별로 볼 때 비정규직 수혜율이 가장 높은 사업은 복리시설 활용이었고 가장 낮은 사업은 대부사업이었다(문무기, 2007.12).

급의 조성·운영" 즉, 대기업과 중소기업을 아우르는 초기업단위 사내근로복지기금을 조성, 운영하는 방안이다(문무기, 2007.12).

▣ 참고문헌

고용노동부(2014),「2014 고용노동백서」, 266

______ (2015),「2015 고용노동백서」, 598.

고용노동부(2016),「2016년판 고용노동백서」, 330-607.

근로복지공단(2008),「환경변화에 따른 근로자복지사업 효율화방안」, 104-111.

김 훈(1991), "우리나라 노사협의회의 현황과 과제,"「분기별 노동동향분석」, 한국노동연구원, 3/4분기, 68-69.

김대한(1995), "한국의 종업원지주제와 노사관계,"「산업노동연구」, 1(1), 226-229.

김동배·문무기·조성재·장지예(2006),「사내근로복지기금조성 확대방안에 관한 연구」, 한국노동연구원, 35-55.

김동헌(2003), "노사협의회 활성화의 영향요인,"「산업관계연구」, 13(1), 2-3.

김승훈(2016),「사내근로복지기금이 재무성과에 미치는 영향」, 박사학위논문, 서울벤처대학원대학교, 13-162.

김승훈·윤병섭(2013), "중소기업 및 벤처기업을 위한 사내근로복지기금 활용방안,"「한국산업경영시스템학회 학술대회 자료집」, 142-147.

김영숙(1988),「종업원지주제도가 종업원의 부에 미치는 영향에 관한 연구-우리나라 제조업을 중심으로」, 박사학위논문, 연세대학교 대학원, 56-57.

김형배(2015),「노동법」, 제24판, 박영사, 1222-1241.

김희성(2006), "한국에서의 기업지배구조와 노사협의제,"「경영법률」, 한국경영법률학회, 16(2), 732.

노동부·근로복지공단(2011),「선진기업복지제도 업무매뉴얼」, 251.

노동부(2003),「사내근로복지기금 실태조사 및 활성화를 위한 정책방안 연구」, 51-52.

______ (2007),「2006년 우리사주대상 우수사례집」.

______ (2007.1a),「노사관계 선진화 입법 설명자료」, 49-70.

______ (2007.1b),「근로자참여 및 협력증진에 관한 법률 일부 개정법률」, 4.

노사관계제도선진화연구위원회(2003),「노사관계법·제도 선진화 방안」, 46.

노사정위원회(2004),「단체교섭 유형별 실태조사 보고서」, 26-39.

대한상공회의소(2006.11),「노사협의회 운영실태와 개선방안 실태조사」, 1-2.

문무기(2007.12), "사내근로복지기금 초기업화를 위한 소고,"「법학논고」, 제27집, 165−193.

송기철(1972), "종업원지주제도에 관한 고찰,"「경영논집」, 고려대학교 상과대학, 제17집, 11−12.

신범철(2003), "사내근로복지기금제도를 통한 이윤공유참여의 생산성 효과,"「노동경제논집」, 26(3), 111−147.

______ (2005), "우리사주제도의 문제점과 정책과제,"「창업정보학회지」, 한국창업정보학회, 8(1), 111−137.

이규창(1996), "해고제도·노사협의제,"「노동관계법 개정을 위한 공개토론회」, 노사관계개혁위원회, 75−82.

이상윤(2015),「노동법」, 제14판, 법문사, 569−1005.

이승엽(2005),「한국노동자 경영참여의 현황과 전망」, 한국노총 중앙연구원, 30.

이영면·성상현·이동진(2011),「노사협의회 운영실태조사 및 개선방안 연구」, 고용노동부, 284.

이영면·김영조·나인강·박상언·성상현(2007. 11),「노사협의회 운영실태 조사 및 개선 방안 연구」, 노동부, 373.

이주희·이승협(2005),「경영참여의 실태와 과제」, 한국노동연구원, 122.

이준범(2000),「현대노사관계론」, 전정판, 박영사, 539−540.

임종률(2015),「노동법」, 제13판, 박영사, 641.

장영철(1997),「노사협의회 사례연구」, 한국노동연구원, 6−7.

한국경영자총협회(1994),「'94 노동경제연감」, 88−89.

한국노동연구원(2003),「사내근로복지기금 실태조사」.

______ (2006),「사내근로복지기금 실태조사」.

한국증권금융 우리사주지원센터(2012.6),「우리사주제도의 이해」, 47−48.

한국증권금융(1987.9),「종업원지주제도의 확대방안」, 29.

______ (2011),「우리사주제도의 이해」, 20.

허찬영(2000), "노사협의회 운영실태 및 활성화 방안,"「2000년도 국제학술대회 발표논문집」, 한국노사관계학회, 2.

______ (2001), "시사논단 1: 노사협의회의 운영실태 및 활성화 방안,"「임금연구」,

한국경영자총협회, 9(1), 138–154.

황용연(2011), 「한국의 경영참가제도의 법적 구조와 개선방안에 관한 연구」, 박사학위논문, 고려대학교 대학원

Labor management relations

제 7 장

노동쟁의 및 조정제도

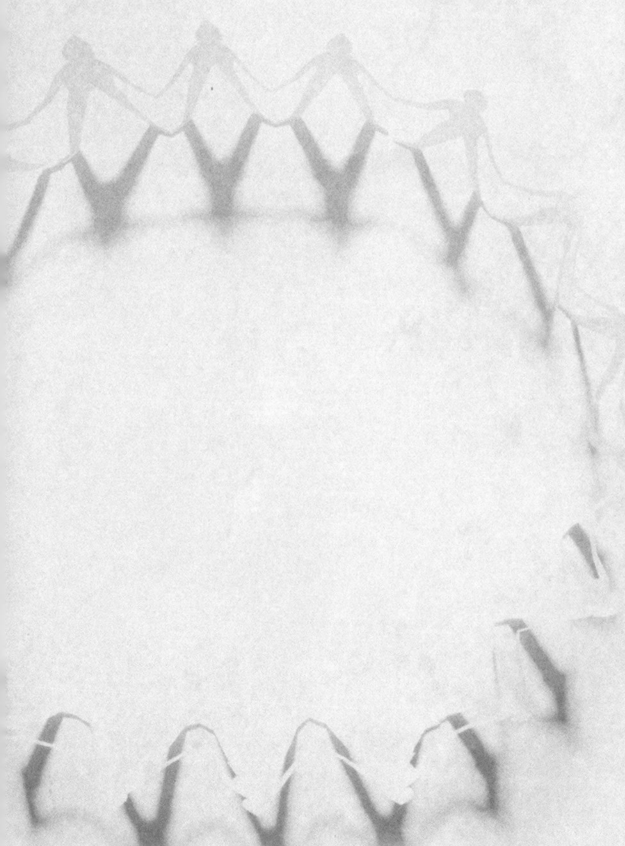

제 7 장

노동쟁의 및 조정제도

제 1 절 노동쟁의의 의의

1. 노동쟁의의 의의

근로자들은 단결권을 행사하여 노동조합을 결성하고, 단결된 힘을 바탕으로 사용자와 대등한 지위에서 근로조건의 유지 및 향상을 위하여 단체교섭을 행한다. 일반적으로 노사간에 있어서 이해관계가 대립되는 문제는 이와 같은 단체교섭을 통하여 해결되는 것이 가장 이상적이며, 또한 이것이 기대되어야 한다. 그러나 노사간의 이와 같은 대립적인 사항이 반드시 단체교섭에 의하여 해결된다고는 할 수 없다. 이와 같이 평화적 단체교섭에 의하여 노사 사이의 이해관계가 해결되지 않을 때 야기되는 것이 바로 노동쟁의(labor disputes)이다.

노동법상 노동쟁의라 함은 "노동조합과 사용자 또는 사용자 단체간에 임금·근로시간·복지·해고·기타 대우 등 근로조건의 결정에 관한 주장의 불일치로 인하여 발생한 분쟁상태"를 말한다(노조 및 조정법 제2조 제5호). 이 경우 '주장의 불일치'라 함은 당사자간에 합의를 위한 노력을 계속하여도 더 이상 자주적 교섭에 의한 합의의 여지가 없는 경우를 말한다. 이러한 분쟁상태가 실력행사로 이어질 때 이것을 쟁의행위라 한다.

쟁의행위라 함은 "파업·태업·직장폐쇄·기타 노동관계 당사자가 그 주장을 관철할 목적으로 행하는 행위와 이에 대항하는 행위로서 업무의 정상적인 운영을 저해하는 행위"를 말한다(노조 및 조정법 제2조 제6호). 따라서 쟁의행위는 파업·태업·직장폐쇄와 같은 구체적인 실력행사를 필요로 한다는 점에서 노동쟁의와 구분되며, 업무의 정상적인 운영을 저해한다는 점에서 반드시 업무의 정상운영을 저해하지 아니하여도 되는 단체과시와 구별된다(이상윤, 2015, 767).

이러한 노동쟁의는 그 원인에 따라 크게 두 가지, 즉 이익분쟁(interests disputes)과 권리분쟁(rights disputes)으로 나눌 수 있다. 이익분쟁이란 임금 및 근로제조건에 관한 새로운 단체협약을 체결하기 위하여 노사가 단체교섭을 하는 과정에서 합의에 도달하지 못함으로써 일어나는 분쟁을 말한다. 이에 반하여 권리분쟁이란 단체협약의 체결 이후 근로계약의 이행이나 계약문구의 해석 및 집행과정에서 일어나는 분쟁을 말한다.

여기서 유의할 점은 우리나라의 노동조합 및 노동관계조정법 제2조 제5호에서는 전술한 바와 같이 노동쟁의를 "임금·근로시간·복지·해고·기타 대우 등 근로조건의 결정에 관한 노동관계 당사자간의 주장의 불일치로 인한 분쟁상태"라고 정의함으로써 주로 이익분쟁을 전제로 하고 그 조정제도를 마련하고 있다는 점이다. 따라서 권리분쟁에 관한 것은 노동쟁의의 범주 속에 들어 있지 않다.

사실 파업이 제대로 허용되지 않았던 6·29선언 이전에 표출된 대부분의 노사갈등이 권리분쟁에 해당되는 것이었고, 그 때문에 당시의 노동쟁의조정법으로 조정할 수 없는 성질의 것이었을 뿐만 아니라 동법에서 말하는 쟁의로 간주할 수도 없었다. 그 결과 다소 애매하기는 하지만 [그림 7-1]과 같이 노사분규라는 표현을 써서 이익분쟁뿐만 아니라 권리분쟁을 포함한 일체의 표면화된 노사갈등을 지칭해 오고 있다. 그러므로 불법, 합법을 막론하고 노동조합이 있고 없고를 가리지 않고 집단적으로 노사간의 갈등이 일어나 생산에 차질을 가져오게 되면 노사분규라 불러 통계에 잡히게 된 것이다. 이렇게 볼 때 노사분규는 가장 포괄적인 개념의 노사분쟁이라고 정의할 수 있다(김수곤, 1992, 483).

노동쟁의는 노사대립관계에서 생기는 분쟁이며 이 대립관계는 근로자가 노동조합을 조직한 경우에만 가능하므로 쟁의의 당사자는 노동조합과 이에 대립관계에 있는 사용자나 사용자단체이다. 따라서 근로자 개인과 사용자간의 분쟁을 노동쟁의라고 하지는 않는다.

노동쟁의는 원래 관계 당사자 사이의 의견차이에서 발생하는 것이므로 자주적으로 해결하는 것이 바람직한 일이지만 이를 당사자의 자주적 해결에 일임할 경우에는 쟁의행위가 자주 발생하고 장기간 계속됨으로써, 기업의 정상적인 운영을 저해하게 되고 노사 쌍방에 적지 않은 손실을 초래하게 된다. 뿐만 아니라

그림 7-1 **노동쟁의, 쟁의행위 및 노사분규**

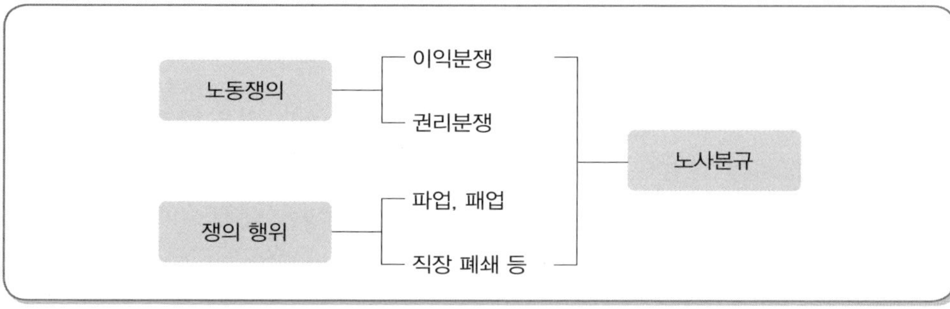

자료: 김수곤(1993), 「한국노사관계론 : 총체적 인력자원관리를 위한 학제적 접근」, 경문사, 483.

기업의 정상적인 운영의 저해와 노사 쌍방의 막대한 손실은 국민경제와 국민의 일상생활에도 커다란 영향을 미치게 된다.

그러므로 기업에 있어서의 노사간의 분쟁 내지 쟁의행위는 단순히 기업내적인 산업평화는 물론 국가적 차원에 있어서의 산업평화를 위해서도 가능한 한 회피하여야 한다. 따라서 오늘날 세계 각국은 노사간의 분쟁에 국가가 개입하여 이를 미연에 막거나 상호조정하는 제도를 마련하고 있다. 우리나라에서는 노동조합 및 노동관계조정법을 제정하여 노동쟁의의 평화적 해결을 도모하는 한편 노동위원회로 하여금 그 조정을 담당하도록 하고 있다.

2. 근로자의 쟁의행위와 면책

우리나라 노동법은 근로자의 쟁의행위가 적법절차를 따르고 있는 한 민사 내지 형사상의 책임을 면해 주고 있다. 노동조합 및 노동관계조정법 제3조는 "사용자는 이 법에 의한 단체교섭 또는 쟁의행위로 인하여 손해를 입은 경우에 노동조합 또는 근로자에 대하여 그 배상을 청구할 수 없다"고 하는 민사상의 면책(免責)을 규정하고 있다.

그러나 정당하지 않는 쟁의행위에 대해서는 단체협약의 불이행으로 인한 손해보상책임이나 불법행위로 인한 손해배상책임을 물을 수 있다(이상윤, 2015, 835). 실제로 우리나라의 많은 회사들이 기관으로서의 노동조합과 노조간부들을 상대로 손해배상소송을 제기해 왔다. 이를테면 포스코는 2006년 7월 13일에 발생한 포스코 건설노조노동자들의 포스코 본사건물 점거 사태와 관련하여 8월 25일 포항 건설노조 집행부와 구속자 및 수배자 62명을 상대로 총 16억3,278만원의 손해배상 청구소송을 포항지원에 제기한 바 있다.

현대자동차는 2007년 1월 8일 연말 성과급 50%(1인당 평균 100만원) 차등 지급에 반발한 노조의 잔업거부 등으로 생긴 생산차질과 시무식 폭력사태 등의 민사상 책임을 물어 박유기 노조위원장 등 노조간부 26명에 대해 10억원의 손해배상 소송을 울산지법에 제기했다. 최근 들어[1] 노조를 상대로 한 손해배상 청구소송금액이나 가압류금액이 크게 늘어나고 있는데, 주요 현황은 〈표 7-1〉과 같다.

아울러 노동조합 및 노동관계조정법 제4조는 헌법 제33조 제1항의 단체행동권을 구체화하여 "근로자들이 근로조건을 유지·개선하기 위하여 단체교섭·쟁의행위 등을 함에 있어서 그 행위가 정당성을 가지는 한, 형법 제20조의 사회상규(社會常規)에 위반하지 않는 행위로서 이를 처벌하지 않는다"고 하는 형사상의 면책을 규정하고 있다.

나아가 노동조합 및 노동관계조정법 제39조는 "근로자는 쟁의행위 기간중에는 현행범외에는 이 법 위반을 이유로 구속되지 아니한다"라고 규정한데 이어, 동법 제43조 제1항은 "사용자는 쟁의행위 기간중 그 쟁의행위로 중단된 업무의 수행을 위하여 당해 사업과 관계없는 자를 채용 또는 대체할 수 없다" 라고 규정하여 쟁의권의 정상적인 행사를 뒷받침하고 있으며, 그리고 동법 제81조 제5호에서는 근로자가 정당한 단체행위에 참가한 것을 이유로 그 근로자를 해고하거나 그 근로자에게 불이익을 주는 행위를 부당노동행위로 규정하여 쟁의행위에 대한 측면적 보장을 하고 있다.

이와 같이 노동조합 및 노동관계조정법에서는 근로자들의 정당한 쟁의행위에 대해서는 형사상·민사상의 면책을 규정하고 있는데, 이의 근거는 전술한 헌법 제33조에서 규정한 노동3권의 보장에 있다. 즉 헌법이 근로자에게 단체행동권 등을 보장한 기본취지는 근로자들의 경제적·사회적 지위의 향상을 위한 실력행사를 보장한 것일 뿐만 아니라 그와 같은 실력행사의 법적 효과로서 민사상·형사상의

1 코레일은 2016년 9월 27일 시작되어 74일간 지속된 역대 최장 철도파업과 관련하여 파업을 주도한 노조간부 25명을 상대로 403억원의 손해배상소송을 청구했다. 앞서 코레일은 2009년과 2013년 파업 당시에도 노조와 조합원들을 상대로 각각 약 70억원, 약 162억원의 손해배상 소송을 제기해 현재 재판이 진행 중이다(송학주, 2016.10.27).

표 7-1 노조 상대 손해배상 청구금액 및 가압류금액 (단위: 원)

사업장	손해배상 청구금액	가압류
쌍용자동차	302억	28억9000만
KEC	300억	5000만
한진중공업	158억1000만	–
코레일	313억2000만	116억
MBC	195억1000만	22억
유성	57억5000만	–
현대차 울산 비정규직	225억6000만	–
현대차 아산 사내하청	16억7000만	4000만
현대차 전주 비정규직	25억6000만	5000만
한국3M	2억6000만	4700만
발레오 만도	26억5000만	–
상신브레이크	10억	4억1000만
만도	30억	–
DKC	26억	10억
보쉬전장	2억1000만	–
콘티넨탈	3000만	–
기아차	3300만	–
합계	1691억6000만	182억8000만

주: 금속노조 (2014년 2월말 기준)
자료: 김은지(2014.3.6),"1,691억 '손배 폭탄' 배후에 정부가 있다,"「시사IN Live」.

면책을 위시하여 쟁의행위를 했다는 이유로 근로자에게 해고, 기타 불이익을 주는 것을 막으려는 데 있다. 이와 같은 법적 효과는 근로자가 쟁의행위로서 행한 모든 행위에 대하여 당연히 인정되지 않으면 안 된다.

그러나 여기서 쟁의행위라 함은 헌법에서 단체행동권을 보장한 취지에 적합한 것이어야 하며, 따라서 그 범위를 넘는 것은 정당성'을 가질 수 없다. 그러므로 쟁의행위는 헌법 제33조의 취지에 따라 노동조합에 의하여 근로조건의 유지·개선을 목적으로 업무의 정상적인 운영을 저해하지 않는 방법으로 행하여지는 경우에 한하여 정당한 행위'로 평가된다(김형배, 2015, 1010). 곧 쟁의행위의 정당성을 확보하기 위해서는 쟁의행위를 할 수 있는 주체가 근로자단체인 노동조합이어야 하고, 목적이 근로조건에 관한 자신들의 주장을 관철시키기 것이어야 하며, 그리고 수단은 업무의 정상적인 운영을 저해하는 것이어야 한다.

따라서 정당한 쟁의행위는 형사상 면책이 되어 당연히 처벌되지 않는다. 바꾸어 말하면 정당한 쟁의행위는 형사상의 면책을 받게 된다는 것은 정당성이 없는 쟁의행위는 형사상의 면책을 받을 수 없다는 것을 의미한다. 정당하지 아니한 쟁의행위에 대하여 부과되는 형사책임 중에서 가장 대표적인 것은 파업에 적용되는 업무방해죄이다(이상윤, 2013, 822). 정당성이 없는 쟁의행위는 형사상의 면책을 받을 수 없다고 해서 당연히 업무방해죄 등의 범죄를 구성한다는 것은 아니고, 그것이 업무방해죄, 폭행죄, 협박죄, 불법감금죄 등 일반형사법상의 구성요건에 해당하는 경우에는 범죄로서 처벌된다는 것이다(김형배, 2016, 1044-1099).

이와 같이 정당한 쟁의행위는 노동조합 및 노동관계조정법 제3조에 의한 민사상의 면책규정에 의하여 노동조합뿐만 아니라 개개의 조합원도 쟁의행위로 발생한 손해에 대하여 책임을 지지 않는다. 그러나 민사상의 책임의 면제는 정당한 쟁의행위에 대하여 개개의 근로자로서는 근로계약상의 의무불이행에 따른 손해배상의 책임을 지지 않는다는 것이며, 임금청구권을 상실하지 않는다는 것은 아니다. 따라서 쟁의행위로 말미암아 근로자가 현실적으로 노무제공을 거부하면 임금청구권을 상실하게 되는 것은 당연한 것이며, 일하지 않으면 임금을 받을 수 없다는 '무노동 무임금'(No Work, No Pay)의 원칙은 쟁의기간중에도 적용됨은 물론이다.[2]

이러한 원칙은 한국노총이 2005년 408개 노조를 중심으로 분석한 단체협약 결과에서도 그대로 반영되었는데, 〈표 7-2〉에서 알 수 있듯이 쟁의기간중에 임금을 지급하도록 규정한 협약은 전체 조사대상의 0.9%인 4개에 불과하였으며, "임금을 지급하지 아니한다"로 규정한 경우는 9.4%인 43개이고, 쟁의행위 기간중의 임금지급에 관한 규정이 없는 협약이 조사대상의 89.7%인 408개였다(김기우, 2005, 107).

그러나 우리나라의 경우 실제에 있어서는 많은 기업들이 파업에도 불구하고 갖가지 명목으로 실질임금을 보장해 주었으며 조합원수가 많은 노조일수록 파업기간에 대해서 임금이 지급될 가능성이 높았다. 파업기간에 대한 임금지급액은

2 그러나 임금이 근로시간에 비례하지 아니하는 경우, 이를테면 임금이 일의 완성여하에 따라 지급되는 도급제, 일의 성취도에 따라 지급되는 능률급은 임금이 근로시간에 비례하여 지급되는 것이 아니므로 '무노동무임금'의 원칙이 적용되지 아니하는 것이 원칙이다(이상윤, 2013, 847).

표 7-2 쟁의행위시 임금지급

부문별	규정 없음	규정 있음: 무노동 무임금 해당 단협수	무노동 무임금 비율(%)	임금 지급 해당 단협수	임금 지급 비율(%)	계
전체	408 (89.7)	43	9.4	4	0.9	47 (10.3)
제조	280 (87)	40	12.4	2	0.6	42 (13)
운수	98 (96.1)	3	2.9	1	1.0	4 (3.9)
공공	29 (96.7)	0	0	1	3.3	1 (3.3)
금융	1 (100)	0	0	0	0	0 (0)

조합원 수별	규정 없음	규정 있음: 무노동 무임금 해당 단협수	무노동 무임금 비율(%)	임금 지급 해당 단협수	임금 지급 비율(%)	계
전체	408 (89.7)	43	9.4	4	0.9	47 (10.3)
99인 이하	186 (88.2)	22	10.4	3	1.4	25 (11.8)
100~299인	129 (89.6)	14	9.7	1	0.7	15 (10.4)
300~499인	22 (84.6)	4	15.4	0	0	4 (15.4)
500~999인	40 (97.6)	1	2.4	0	0	1 (2.4)
1,000인 이상	31 (93.9)	2	6.1	0	0	2 (6.1)

자료: 김기우(2005), 「2005년 단체협약분석」, 한국노총 중앙연구원, 108.

통상임금의 평균 84.5%였으며, 심지어 통상임금의 100%를 지급한 노조도 66.9%나 되었다(박덕제·박기성, 1990).

그러던 중 1997년 노동법 개정에서 "사용자는 쟁의행위에 참가하여 근로를 제공하지 아니한 근로자에 대하여는 그 기간중의 임금을 지급할 의무가 없다(노조 및 조정법 제44조 제1항)"고 규정하고 있을 뿐만 아니라 "노동조합은 쟁의행위 기간에 대한 임금의 지급을 요구하여 이를 관철할 목적으로 쟁의행위를 하여서는 아니된다(노조 및 조정법 제44조 제2항)"고 금지하고 있으며 위반시 2년 이하의 징역 또는 2천만원 이하의 벌금에 처한다(노조 및 조정법 제90조)는 벌칙도 신설하였기 때문에 앞으로는 쟁의기간중에도 갖가지 명목의 임금을 지불해 왔던 관행이 점차 사라질 것으로 보인다.

실제로 김기우·송태수·김성규 연구팀이 한국노총 제조업 사업장 278개를 중심으로 단체협약을 분석한 결과 쟁의기간 중 임금지급 관련 조항은 전체 평균 6.12%로 낮은 수준을 보였다. 업종별로 볼 때 화학업종의 협약에서 11.71%로 높게 나타났는가 하면, 금속에서는 0.84%로 매우 낮게 나타나 대조적이었다(김기우·송태수·김성규, 2014, 199-200).

제 2 절 쟁의행위의 제한과 금지

비록 우리나라 헌법 제33조에서 노동3권을 보장하고 있고 나아가 노동조합 및 노동관계조정법에서 적법절차에 따른 쟁의행위에 대해서는 형사 내지 민사상의 책임을 면해주고는 있지만, 우리나라 노동운동의 역사가 선진국에 비해 매우 짧고 분단이라는 특수한 상황으로 말미암아 다음과 같은 특정인이나 특정의 상황에서는 쟁의행위에 어느 정도의 제한을 가하고 있다.

1. 공무원

헌법 제33조 제2항에 "공무원인 근로자는 법률이 정하는 자에 한하여 단결권·단체교섭권 및 단체행동권을 가진다" 고 규정하고 있다. 이러한 헌법의 규정과 국가공무원법 제66조 제1항 단서와 지방공무원법 제58조 제1항 단서에는 "공무원은 노동운동이나 그 밖에 공무 외의 일을 위한 집단 행위를 하여서는 아니된다. 다만, 사실상 노무에 종사하는 공무원은 예외로 한다" 라는 규정에 의하여(김중양·김명식, 2000) 사실상 노무에 종사하는 현업공무원은 단결권·단체교섭권 및 단체행동권을 행사할 수 있다.

그러나 '공무원의 노동조합 설립 및 운영 등에 관한 법률'에 의한 공무원노조는 쟁의행위의 금지를 규정한 제11조(노동조합과 그 조합원은 파업, 태업 또는 그 밖에 업무의 정상적인 운영을 방해하는 일체의 행위를 하여서는 아니 된다.)에 따라 단결권과 단체교섭권은 행사할 수 있으나, 일체의 쟁의행위를 할 수 없다.

따라서 근로기준법 제14조 '근로자'의 정의에서 "직업의 종류를 불문하고 사업 또는 사업장에 임금을 목적으로 근로를 제공하는 자를 말한다" 라는 점에 있어서는 공무원 또한 근로자임에는 틀림이 없으나 민간부문과는 달리 국민 전체의 봉사자로서의 역할을 수행할 뿐만 아니라 공무원의 복무사항이 대부분 법령에 의해 규제되고 있으므로 나라마다 다소 차이는 있으나 일반근로자보다 단체행동에 제약을 가하고 있는 것이 보편적 현상이다. 이와같이 현업에 종사하는 공무원 이외의 모든 공무원은 쟁의행위를 할 수 없다. 여기서 "사실상 노무에 종사하는 공무원"이라 함은 미래창조과학부 소속 현업기관의 작업 현장에서 노무에 종사하는 우정직공무원(우정직공무원의 정원을 대체하여 임용된 일반임기제공무원 및 시간선택제 일반임기제 공무원을 포함한다)으로서 다음 각 호의 어느 하나에 해당하지 아니하는 공무원으로 한다(국가공무원 복무규정 제28조).

1. 서무·인사 및 기밀업무에 종사하는 공무원
2. 경리 및 물품출납사무에 종사하는 공무원
3. 노무자의 감독사무에 종사하는 공무원
4. '보안업무규정'에 따른 보안목표시설의 경비업무에 종사하는 공무원
5. 승용자동차 및 구급차의 운전에 종사하는 공무원

이 밖에도 현역군인(군무원 포함)·경찰관리·형무관리·소방관리인 공무원도 노동3권을 가질 수 없으므로(군인복무규율 제13조, 경찰공무원복무규정 제20조, 국가공무원복무규정 제28조 단서) 쟁의행위를 할 수 없다(김형배, 2015, 1041). 아울러 교육공무원에게도 국가공무원법 제66조가 준용되므로(교육공무원법 제53조) 역시 쟁의행위를 할 수 없다.

1998년 초에 출범한 국민의 정부에서는 교원의 단결권과 일부의 교섭권에 전향적인 견해를 갖고 오던 중 1999년 1월 29일(법률 5727호)부로 '교원의 노동조합 설립 및 운영 등에 관한 법률'이 제정됨으로써 1999년 7월 1일부터는 교원도 단결권을 갖게 되었다. 하지만 여전히 교원[3]을 비롯한 공무원에 대한 노동3권은 지극히 제한된 범위 내에서만 인정되고 있다(서경석, 1999).

2. 주요 방위산업체 종사자 중 전력, 용수 및 주로 방산물자를 생산하는 업무에 종사하는 자

현행 헌법 제33조 제3항에 "법률이 정하는 주요 방위산업체에 종사하는 근로자의 단체행동권은 법률이 정하는 바에 의하여 이를 제한하거나 인정하지 아니

3 사립학교의 교원은 교육공무원이 아니지만 사립학교법 제55조 1항에 "사립학교의 교원의 복무에 관하여는 국·공립학교의 교원에 관한 규정을 준용한다"라고 하고 있다.

할 수 있다"고 규정하고 있다. 이러한 헌법규정을 기초로 하여 노동조합 및 노동관계조정법 제41조 제2항은 "방위사업법에 의하여 지정된 주요 방위산업체에 종사하는 근로자 중 전력, 용수 및 주로 방산물자를 생산하는 업무에 종사하는 자는 쟁의행위를 할 수 없으며 주로 방산물자를 생산하는 업무에 종사하는 자의 범위는 대통령령으로 정한다"라고 규정하고 있다.

여기서 "주요 방위산업체"라 함은 군용으로 제공되는 물자를 생산하는 업체로서 일정한 시설기준과 보안요건을 갖추어 정부의 지정을 받은 사업체를 말한다. 그리고 "주로 방산물자를 생산하는 업무에 종사하는 자"라 함은 방산물자의 완성에 필요한 제조·가공·조립·정비·재생·개량·성능검사·열처리·도장·가스 취급 등의 업무에 종사하는 자를 말한다(노조 및 조정법시행령 제20조).

원래 개정 이전의 헌법에서는 국가지방자치단체, 국공영기업체, 방위산업체, 공영사업 또는 국민경제에 중대한 영향을 미치는 사업체에 종사하는 근로자의 단체행동권을 법률이 정하는 바에 이를 제한하거나 인정하지 아니할 수 있다고 규정하고 있었다. 이것의 이론적 근거는 공공의 복지나 사업의 공공성으로서 각 나라에서 볼 수 있는 공통된 현상이다. 그러나 공무원을 비롯한 공공부문의 종업원들도 "직업의 종류를 불문하고 사업 또는 사업장에 임금을 목적으로 근로를 제공하는 자(근로기준법 제14조)" 임에는 틀림이 없으므로 그들의 노동3권을 지나치게 제한할 수 없다는 취지에서 오늘날과 같이 축소되었다.[4]

3. 필수유지업무

노동조합 및 노동관계조정법 제42조의 2는 필수유지업무에 대한 쟁의행위의 제한을 규정하고 있다. 이 법에서 '공익사업' 이라 함은 공중의 일상생활과 밀접한 관련이 있거나 국민경제에 미치는 영향이 큰 사업으로서 1. 정기노선 여객운수사업 및 항공운수사업, 2. 수도사업, 전기사업, 가스사업, 석유정제사업 및 석유공급사업, 3. 공중위생사업, 의료사업 및 혈액공급사업, 4. 은행 및 조폐사업, 5. 방송 및 통신사업을 말한다(노조 및 조정법 제71조 제1항).

'필수공익사업'이라 함은 제1항의 공익사업으로서 그 업무의 정지 또는 폐지

4 이 밖에도 선원법 제25조와 경호업법 제15조에 의거하여 선원과 특수경비원의 경우 몇몇 경우에 한해 쟁의행위를 제한하고 있다(이상윤, 2013, 778).

가 공중의 일상생활을 현저히 위태롭게 하거나 국민경제를 현저히 저해하고 그 업무의 대체가 용이하지 아니한 다음 각호의 사업을 말한다(노조 및 조정법 제71조 제2항).

1. 철도사업, 도시철도사업 및 항공운수사업
2. 수도사업, 전기사업, 가스사업, 석유정제사업 및 석유공급사업
3. 병원사업 및 혈액공급사업
4. 한국은행사업
5. 통신사업을 말한다.

'필수유지업무' 라 함은 노동조합 및 노동관계조정법 제71조 제2항의 규정에 따른 필수공익사업의 업무 중 그 업무가 정지되거나 폐지되는 경우 공중의 생명·건강 또는 신체의 안전이나 공중의 일상생활을 현저히 위태롭게 하는 업무로서 대통령령이 정하는 업무를 말한다(노조 및 조정법 제42조의 2의 제1항). 필수유지업무의 정당한 유지·운영을 정지·폐지 또는 방해하는 행위는 쟁의행위로서 이를 행할 수 없다(노조 및 조정법 제42조의 2의 제2항).

4. 쟁의행위 찬반투표에서 1/2 이하의 찬성

노동조합 및 노동관계조정법 제41조 제1항은 "노동조합의 쟁의행위는 그 조합원의 직접·비밀·무기명투표에 의한 조합원 과반수의 찬성으로 결정하지 아니하면 이를 행할 수 없다"고 규정하고 있다. 따라서 직접·비밀·무기명투표를 통해 과반수의 찬성을 얻지 못하면 쟁의행위는 정당성을 상실하게 되어 형사 내지 민사상의 책임을 면할 수 없게 된다.

노동조합의 자주성을 최대한으로 존중하여야 한다는 견지에서 본다면 쟁의행위의 결정은 노동조합의 내부적인 자치에 일임하는 것이 원칙이다. 그럼에도 불구하고 이와 같은 제한규정을 둔 것은 우리나라의 노동조합이 민주적인 방향으로 운영되도록 조성한다는 정책적인 배려에서 비롯된 것으로 보인다.

5. 폭력행위

노동조합 및 노동관계조정법 제4조 단서에 "어떠한 경우에도 폭력이나 파괴행위는 정당한 행위로 해석되어서는 아니된다"고 규정하고 있을 뿐만 아니라 동법 제42조 제1항에서도 "쟁의행위는 폭력이나 파괴행위 또는 생산 기타 주요 업무에 관련되는 시설과 이에 준하는 시설로서 대통령령이 정하는 시설을 점거하는 형태로 이를 행할 수 없다" 라고 규정함으로써 어떠한 이유로도 생명·신체의 안정을 해치거나 민주사회의 기본질서를 파괴하는 폭력을 사용한 쟁의행위는 그 정당성을 얻을 수 없음을 명시하고 있다.

이 규정을 위반했을 때에는 노동조합 및 노동관계조정법에는 아무런 벌칙규정이 없으나 그 행위가 폭행·협박·상해 또는 불법감금·명예훼손과 같은 범죄행위를 구성하는 한, 형법에 따라 처벌을 받는 것은 당연하다. 따라서 아무리 취지가 옳고 명분이 있다손 치더라도 폭력에 의존해서는 그 정당성을 회복할 수 없음을 명심하고, 적법 절차에 따라 평화적인 방법으로 쟁의행위를 하도록 하여야 한다.

다만 쟁의행위는 어느 정도의 집단적 위력을 과시하는 것이 그 성질상 당연히 허용되므로, 형법상의 폭행죄·협박죄 또는 손괴죄를 엄격하게 해석·적용하여서는 아니된다. 형법을 엄격히 적용하는 경우 이는 헌법상 보장된 단체행동권의 행사가 크게 제한받는 결과를 초래하게 될 것이다(김형배, 2014, 829; 이상윤, 2013, 793).

6. 안전보호시설의 정지 · 폐지 및 방해

노동조합 및 노동관계조정법 제42조 제2항은 "사업장의 안전보호시설에 대한 정상적인 유지·운영을 정지·폐지 또는 방해하는 행위는 쟁의행위로서 이를 행할 수 없다" 라고 규정하고 있다. 여기서 안전보호시설이라 함은 사람의 생명·신체의 위험을 예방하거나 위생상 필요한 시설로 용광로시설·동력시설·폭발물시설·낙방지시설·통신시설·위생시설·인명구호시설 등을 말하며, 이러한 시설은 일시적이라도 중단할 수 없는 성질의 것으로서 쟁의행위 중에도 계속되어야 한다.

따라서 쟁의행위는 사용자에게 생산중단 등에 의하여 경제적 타격을 주는 데 그쳐야 하며 안전보호시설을 정지·폐지 또는 방해하는 것과 같은 적극적 행위는 정당성을 상실하게 되므로 쟁의행위중이라도 안전보호시설을 그대로 유지해야 한다.

7. 노동쟁의 조정기간중

노동쟁의의 조정(調整)이 이루어지고 있는 중에는 쟁의행위를 할 수 없는 경우가 있다. 노동조합 및 노동관계조정법 제53조 제1항은 "노동위원회는 관계 당사자의 일방이 노동쟁의의 조정(調停)을 신청한 때에는 지체없이 조정을 개시하여야 하며 관계 당사자 쌍방은 이에 성실히 임하여야 한다"고 규정함으로써 외형상 조정신청주의가 채택되었다. 그러나 동법 제45조 제2항에서는 "쟁의행위는 제5장 제2절 내지 제4절의 규정에 의한 조정절차(제61조의2의 규정에 따른 조정종료 결정 후의 조정절차를 제외한다)를 거치지 아니하면 이를 행할 수 없다"는 조정전치주의(調整前置主義) 때문에 실질적으로는 조정이 강제되고 있다.

노동조합 및 노동관계조정법 제54조 제1항은 "조정은 제53조의 규정에 의한 조정의 신청이 있은 날로부터 일반사업에 있어서는 10일, 공익사업에 있어서는 15일 이내에 종료하여야 한다"고 규정하고 있다. 이 조정기간은 바로 과거의 냉각기간(cooling-off period)을 말하는데, 이러한 조정기간을 설정한 까닭은 쟁의당사자가 노동쟁의를 자주적이고도 평화적인 해결방법으로 다시 한번 노력해 줄 것을 기대한 데서 비롯된 것이다. 한 때 냉각기간은 공익사업에서는 40일, 일반사업에 있어서는 30일로 규정된 적이 있었으나 냉각기간이 지나치게 길다는 노동계의 요구를 반영하여 현재와 같이 개정되게 되었다. 다만 1997년 개정 노동법에서는 제54조 제2항에서 조정기간을 관계 당사자의 합의로 일반사업에 있어서는 10일, 공익사업에 있어서는 15일 이내에서 연장할 수 있도록 하고 있다.

노동조합 및 노동관계조정법 제63조에는 "노동쟁의가 중재(仲裁)에 회부된 때에는 그 날부터 15일간은 쟁의행위를 할 수 없다"고 규정하고 있다. 나아가 동법 제76조 제1항은 "고용노동부장관은 쟁의행위가 공익사업에 관한 것이거나 그 규모가 크거나 그 성질이 특별한 것으로서 현저히 국민경제를 해하거나 국민의 일상생활을 위태롭게 할 위험이 현존하는 때에는 긴급조정의 결정을 할 수 있다"고 규정하고 있으며 동법 제77조에서는 "관계 당사자는 제76조 제3항의 규정에 의한 긴급조정의 결정이 공표된 때에는 즉시 쟁의행위를 중지하여야 하며, 공표일로부터 30일이 경과하지 아니하면 쟁의행위는 재개할 수 없다"고 규정함으로써 중재에 회부된 때에는 15일간, 긴급조정이 공표된 때에는 30일간 쟁의행위를 중지하여야 한다.

제 3 절 근로자측의 쟁의행위

노동조합 및 노동관계 조정법 제2조 제6호에서는 쟁의행위를 "파업·태업·직장폐쇄 기타 노동관계 당사자가 그 주장을 관철할 목적으로 행하는 행위와 이에 대항하는 행위로서 업무의 정상적인 운영을 저해하는 행위"로 정의내리고 있다. 여기서는 먼저 근로자측의 쟁의행위에 대해 살펴보기로 하겠다.

1. 파업

파업(strike)이란 근로자들이 단결하여 근로조건의 유지·개선이라는 목적을 달성하기 위하여 사용자에 대해 집단적으로 노무의 제공을 거부할 것을 내용으로 하는 쟁의행위로 파업은 노동자측의 쟁의행위 중에서 가장 역사가 오래되고 또한 널리 행해지고 있는 쟁의행위이다. 파업은 종료 후에 계속 근무할 의사를 가지고 있다는 점에서 사직과 구별된다. 이 파업은 여러 가지 관점에서 구분해 볼 수 있으나 보통은 다음과 같이 나누어 볼 수 있다(Sloane & Witney, 2006).

(1) 경제파업

경제파업(economic strike)이란 노동조합원들이 임금인상이나 복리후생 등을 비롯한 경제적 보상의 요구를 관철시키기 위하여 전개하는 파업으로, 일반적으로 동·서양과 선·후진국을 불문하고 가장 빈번하게 전개하는 형태의 파업이다.

(2) 부당노동행위파업

부당노동행위파업(unfair labor practice strike)이란 노동법상 금지되어 있는 사용자의 부당노동행위에 항의하기 위하여 전개하는 파업을 말한다. 예를들면 단체교섭 중 사용자가 성실교섭(good faith bargaining)을 하지 않은 것에 항의하여 전개하는 파업이 이에 해당된다(Fossum, 2002).

(3) 동정파업

동정파업(sympathy strike)이란 한 노동조합과 사용자 사이에 분규가 있을 경우, 그 노동조합에 지지와 지원을 표시하기 위하여 다른 노동조합이 제3의 사용자를 대상으로 전개하는 파업으로 일명 연대파업이라고도 한다. 동정파업은 언제나 다른 노동조합이 행하는 원파업이 있어야 존재할 수 있는 부수적인 성격의 파업이다(이상윤, 2013, 789). 반면에 과업을 수행하는 근로자들 스스로의 주장을 관철하기 위해 전개하는 파업을 자조적 파업이라 한다(최종태, 1996, 377).

(4) 총파업

총파업(general strike)이란 위에서 언급한 동정파업이 더욱 확산되어 해당 지역이나 전국의 대부분의 노조들이 파업에 가담함으로써 쟁의행위가 일반화되는 파업이다. 과거에는 전국적인 규모의 파업만을 가리키는 의미로 쓰였으나, 최근에는 특정 지역에서 여러 분야의 산업이 일제히 파업을 실시하는 경우도 총파업이라고 하는 경향이 있다. 총파업은 일반적으로 국민경제에 미치는 영향이 가장 큰 파업이다.

(5) 불법파업

파업이란 현행법의 테두리하에서 노조집행부의 전략과 지시에 따라 일사분란하게 전개하여야 한다. 불법파업(outlaw or wildcat strike)이란 노조의 승인을 받지 않고 기존의 단체협약 내의 비파업조항을 어겨가며 소속 근로자들에 의하여 전개되는 파업을 말한다(Carrell & Heavrin, 2001).

미국의 경우 불법파업은 석탄산업과 같은 몇몇 산업에 집중되어 있는데, 일반적으로 파업참가자들은 아무런 법적 보호도 받지 못하며 징계조치를 받을 수도 있다(Fisher, Schoenfeldt, and Shaw, 1993).

(6) 연좌파업

연좌파업 혹은 직장점거파업(sit down strike 혹은 stay in strike)이란 조합원들이 작업장을 떠나지 않은 채 작업을 중단하는 파업을 말한다. 20세기 초 미국, 이탈리아, 폴란드, 유고슬라비아, 프랑스 등지에서 전개된 파업 방식이다. 이 파업은 1935년 와그너법이 통과되어 적법한 테두리 내에서 노동조합의 주장을 관철할 수 있는 길이 열리면서 서서히 자취를 감추게 되었다.

(7) 관할권파업

관할권파업(jurisdictional strike)이란 작업의 할당을 둘러싸고 2개 이상의 노조 사이의 분쟁으로 야기되는 작업중단을 말한다(Taylor and Witney, 1984). 예를 들면 한 사업장에서 철강노동조합과 기계공노동조합이 각각 다른 협상단위(bargaining unit)를 구성하고 근로자들을 대표하는 경우, 현재 철강노조원이 수행하고 있는 업무를 기계공노조원에게 맡기도록 사용자측에 압력을 넣기 위해 기계공노조가 파업을 하는 경우이다. 우리나라의 경우 컨테이너 야적장 근로자의 조직을 둘러싸고, 당시에 분리되어 있던 항만노조와 운수노조가 서로 관할권을 주장하면서 전개한 파업을 들 수 있다(변상우 외, 2015, 241). 관할권파업은 태프트-하틀리법에 의하여 불법으로 규정되었다(김동원, 1997).

2. 태업

태업(soldiering)은 사용자에게 압박을 가할 목적으로 근로자들이 단결해서 의도적으로 작업능률을 떨어뜨리는 행의행위를 말한다. 이를테면 불완전한 제품을 만든다든지 연료, 재료를 필요 이상으로 소모한다든지, 노동시간을 헛되이 보내는 것 등을 들 수 있다. 그러므로 이론적으로는 작업을 하지만 실제적으로는 작업을 하지 않거나 또는 필요 이상의 완만한 작업 또는 조잡한 작업을 하는 것을 말한다. 이러한 태업의 장점으로는 작업을 하는 가운데 사용자에게 적지 않은 타격을 가할 수 있다는 점과 태업은 파업에 비해 사회적으로 불안을 그다지 야기시키지 않는다는 점 등을 들 수 있다.

이에 반하여 사보타지(sabotage)는 기계제품의 파손과 불량제품의 생산 등 적극적인 생산시설 및 제품의 파괴행위로서 단순한 태업에 그치지 않고 의식적으로 생산설비를 파괴하는 행위까지를 포함하는 개념이다. 이 사보타지는 단지 소극적으로 작업능률을 저하시키는 소극적 사보타지와 적극적으로 사용자에 대해

방해행위를 하는 적극적 사보타지로 대별할 수 있다(최종태, 1996, 277).

파업이 노동력을 생산수단과의 결합상태에서 분리시키고 사용자의 노동력에 대한 지휘·명령으로부터 근로자들을 완전히 벗어나게 하는 것이라면, 태업 또는 사보타지는 다만 사용자의 지휘·명령을 그대로 따르지 않게 하는 데 그 특징이 있다. 따라서 태업은 노무를 제공하면서도 그 능률을 의식적으로 저하시키는 행위이므로 능률저하라고 하는 한도에 있어서는 그 정당성이 인정되지만 적극적인 사보타지는 본래의 쟁의행위라고 인정되기 어렵다(Carrell, 2007).

태업과 흡사한 것으로 준법투쟁(work to rule) 이라는 것이 있다. 준법투쟁이란 권리의무를 가진 피고용인들이 그들의 주장을 관철시키기 위하여 법 규정을 엄격히 준수하거나 법률에 정한 피고용인의 권리를 동시에 집단적으로 행사함으로써 사용자의 업무능률을 저하시키는 쟁의행위를 말한다. 곧 노동조합의 통제하에 다수의 근로자들이 근로기준법이나 노동조합 및 노동관계조정법 등 관련법령 및 단체협약, 취업규칙, 근로계약 등에 규정된 권리를 동시에 행사하거나, 의무를 동시에 이행하여 파업이나 태업과 같은 효과를 발생하는 것을 말한다(임종률, 2015, 192). 이러한 준법투쟁의 유형으로는 지하철열차운행전 규정에 정해진 모든 정비절차를 일시에 수행하여 지하철운행지연, 관행화되어 있는 연장근로의 집단적 거부, 연차·월차·병가 등의 집단적 사용 요구, 즉 일제휴가, 동시이행의 항변권행사, 집단사표 및 안전투쟁 등이 있다(이상윤, 2015, 847).

이상과 같은 태업, 사보타지 또는 준법투쟁에 대해서는 사용자가 직장폐쇄를 하는 것이 일반적이기 때문에 비단 쟁의행위로서의 정당성의 문제뿐만 아니라 경우에 따라서는 그 효과도 없다고 하겠다.

3. 보이콧

보이콧(boycott)이란 근로자들이 사용자에게 압력을 가할 목적으로 사용자나 그와 거래관계에 있는 제3자의 제품의 구입이나 시설의 이용을 거절하는 쟁의행위로써 흔히들 불매운동이라고들 한다. 보이콧은 1880년 영국의 한 귀족영지 관리인인 보이콧(C. C. Boycott)이 소작료를 체납한 소작인들을 그 토지에서 추방하려다가. 아일랜드 독립운동가인 찰스 파넬(Charles S. Parnell)의 지도 아래 단합한 전체 소작인들의 배척을 받고 물러난 데서 유래되었다(신수식·김동원·이규용,

2014). 보이콧은 쟁의행위의 효과를 높이기 위해 쟁의행위의 부수적인 수단으로 행하여지며 대체로 미국에서 일반적인 쟁의행위이다. 실제로 미국의 AFL-CIO는 정기적으로 보이콧리스트를 발표하고 이 리스트는 노동조합의 전단과 인터넷을 통하여 전국으로 배포된다.

보이콧은 회사의 이미지를 실추시키는 효과를 가지는데, 한번 실추된 이미지는 장기간 회복이 불가능하다는 점에서 큰 압력수단이 되기도 한다. 보이콧은 상대방이 누구냐에 따라 두 가지, 즉 1차적 보이콧(primary boycott)과 2차적 보이콧(secondary boycott)으로 분류된다(이상윤, 2015, 853). 먼저 1차적 보이콧은 노동조합이 조합원과 고객을 포함한 일반대중들로 하여금 분규의 직접적인 상대인 특정회사 제품의 구입이나 시설의 이용을 하지 말도록 압력을 가하는 것으로써 폭력적인 행위를 수반하지 않는 한 정당성이 인정된다. 한편 2차적 보이콧이란 노동조합이 사용자와 거래관계에 있는 제3자에게 사용자와의 거래를 단절할 것을 요구하고 불응시에는 제3자의 제품에 대한 구입이나 시설의 이용, 또는 노동력의 공급을 중단하겠다는 압력을 가하는 쟁의행위이다.

일차적 보이콧과 이차적 보이콧의 예는 [그림 7-2]와 같다.

2차적 보이콧의 정당성이 인정되는지의 여부에 관하여 국내의 경우 견해가 나뉘어 있다. 김유성과 박상필은 정당성을 인정하는 견해인 반면, 김형배, 임종률, 이병태 및 이상윤 등은 정당성을 부정하는 견해를 보이고 있다[5]. 일반적으로 이러한 2차적 보이콧은 제3자가 자발적으로 동의하지 않는 한 당사자관계의 흠결로 정당성을 상실하게 되며 업무방해죄 또는 손해배상 책임이 발생하게 된다.

미국에서 2차적 보이콧은 한때 합법적인 쟁의행위로 인정받기도 했으나 제3자에게 해를 끼칠 수 있기 때문에 태프트 하틀리법에 의해 불법으로 규정되어 오늘에 이르고 있다(Kleiman, 2009).

보이콧은 일반적으로 경제적 효과가 미미한 것으로 알려지고 있다. 실제로 보이콧을 한 회사의 주가가 보이콧이전 수준(preboycott level)으로 되돌아가기까지 약 15일이 걸리는 것으로 나타났다(Pruitt, Wei, and White, 1988). 이와 같은 보이콧은 실제에 있어서는 태업을 지원하기 위한 부수적인 수단으로 행하여지는 경

5 김유성, 2001, 243; 김형배, 2014, 831; 박상필, 1994, 539; 이병태, 2008, 304; 이상윤, 2013, 836-837, 임종율, 2015, 789.

그림 7-2 **일차적 보이콧과 이차적 보이콧의 예**

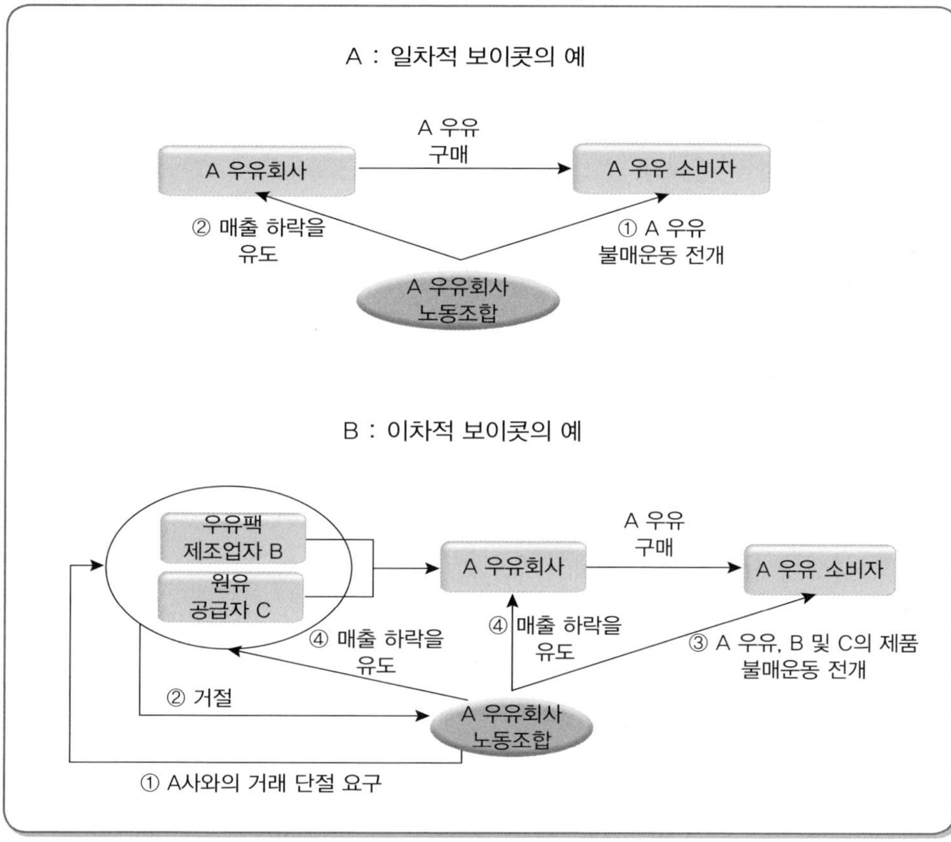

자료: 신수식·김동원·이규용(2014), 「현대고용관계론」, 제6판, 박영사, 156.

우가 많으며 주로 미국에서 그 예를 찾아볼 수 있다.

4. 생산관리

생산관리는 근로자들이 자신들의 요구를 관찰시키기 위하여 사용자의 지휘·명령을 거부하고 생산수단을 지배·통제하면서 자의로 기업을 경영하는 쟁의행위로 흔히들 생산통제라고도 한다. 이것은 근로자들이 종전의 경영방침을 그대로 따르면서 다만 근로자들이 직접 경영을 하되 수익금은 회사를 위하여 보관하고 임금을 종래대로 지급하는 이른바 이상형 생산관리와 회사자재를 마음대로 처분하거나 회사의 수익금을 일방적으로 인상한 임금에 충당하는 경우로 나누어 생각할 수 있다.

생산관리는 단순히 노무를 거부하는 것이 아니라 공장·사업장 또는 설비 등을 점유하여 사용자의 지휘·명령을 배재하기 때문에 생산수단에 대한 사용자의 소유권과 기업경영권을 침해하는 것으로(이준범, 1997) 원칙적으로 부당한 쟁의행위이다. 그러나 사용자의 생산태업에 대항해서 근로자들이 그들의 생활을 방어하기 위하여 사용자의 노무지휘권을 배제하고 종래의 생산방침의 범위 내에서 근로를 계속하는 경우에는 이를 당연히 위법이라고 할 수는 없을 것이다. 그러나 생산관리를 폭력에 의하여 개시하거나 종래의 경영방침을 무시하거나 또는 회사의 자재를 마음대로 처분하거나 생산관리 중 발생한 수익을 노동조합이 일방적으로 인상한 임금에 충당할 경우에는 어느 경우를 막론하고 위법성을 면치 못한다(김형배, 2014, 612–613).

이러한 쟁의행위는 제2차 세계대전 종전 직후에 일본에서 당시의 극도로 혼란한 사회 경제적 사정과 노사관계의 특수성 등으로 인하여 근로자 임금확보의 방법으로 크게 이용된 바 있었다. 그러나 그 후 경제관계가 안정화·정상화되고 노사관계도 점차 정상화되어 감에 따라서 현재는 그 예를 거의 찾아볼 수 없는 형편이다. 제1차대전 후 독일이나 이탈리아에서도 생산관리와 유사한 쟁의행위가 행하여지기도 했다.

5. 피케팅

피케팅(picketing)은 파업중인 근로자들이 그 파업을 유지하거나 강화하기 위하여 근로를 제공하고자 하는 근로자에게 작업장에 들어가지 말도록 파수, 설득 및 실력제지 등의 행동을 하는 쟁의행위를 말한다. 즉 파업중인 사업장의 사용자에 대하여 노동력의 제공을 철저히 차단함으로써 경제적인 타격을 보다 효과적으로 가하려는 것이다. 보통 피케팅은 사업장 또는 공장의 입구에서 플래카드를 들거나 확성기 등을 이용하여 출입자를 감시 내지 저지하고 작업희망자들에게 파업에 동참하도록 협력을 구하는 쟁의행위이다.

피케팅은 원래 파업이나 보이콧과 같은 주된 쟁의행위의 보조적인 수단으로 사용되고 있으며, 따라서 이는 파업이나 보이콧 자체가 쟁의 행위로서 위법하지 않은 경우에 적법하다. 또한 피케팅은 어디까지나 평화적인 설득에 머물러야 하며, 폭력행사를 하거나 공장 또는 사업장 입구에서 스크럼을 짜고 출입을 봉쇄하는 행위는 비조합원에 대해서는 물론이고 조합원인 근로희망자에 대해서도 위법이다[6]. 파업기간이라 하더라도 사용자는 특히 비조합원인 종업원을 사용하여 조업을 계속하는 것은 그의 자유이다. 다만 노동조합 및 노동관계조정법 제43조 제1항에 의하여 사용자는 쟁의행위기간 중 그 쟁의행위로 중단된 업무의 수행을 위하여 당해 사업과 관계없는 자를 채용 또는 대체할 수 없다(김성수, 2013).

6. 부수적인 쟁의행위

지금까지 언급한 근로자측의 쟁의행위이외에 부수적 쟁의수단으로 다음의 세 가지를 생각해볼 수 있다.

1) 쟁의관련 문서의 제작, 배포, 부착 및 현수막의 게시

노동조합은 조합원들의 쟁의행위 참가 및 참가설득을 위해 전단 및 벽보 등의 제작, 배포, 부착, 현수막의 게시 등을 하기도 한다. 이에 대한 사용자의 강제철거 및 금지명령은 위법이다. 단 표현내용이 신용 및 명예 등의 훼손, 업무에 대한 구체적인 지장을 줄 경우 형사상 책임이 부과될 수도 있다.

2) 리본·완장·머리띠·어깨띠 등의 부착

조합원들이 항의를 표시하거나 단결을 고취시키기 위해 리본·완장·머리띠·어깨띠 등을 부착하기도 한다. 이러한 행위는 통상적 업무에 지장을 초래하지 않으므로 위법이라고 하기는 어렵다. 다만 종사업무의 성질에 따라 노동력의 불완전한 제공이 될 경우 신중히 고려할 필요가 있다.

3) 직장점거

직장점거는 파업을 할 때에 사용자에 의한 방해를 막으면서 사용자의 의사에 반해서 사업장에 체류하는 행위이다(김형배, 2015, 1005). 파업에 참가한 피고용인이 단결을 유지하고 파업의 실효성을 확보하기 위하여 수반되는 부수적인 쟁의행위이므로 연좌 또는 농성을 하는 연좌파업의 모습을 띠는 경우도 있다(신수식·김동원·이규용, 2014, 158).

---

6 노조원의 대집단이 출근동료를 막아 서서 작업장에 들어가는 것을 매스 피케팅(mass picketing)이라 하는데 불법이다.

7. 노사분규 현황

지금까지 노동자측의 쟁의행위를 살펴보았다. 그러면 이어서 제1절 노동쟁의의 의의에서 언급한 바와 같이 포괄적인 의미에서의 노사분규 개념을 사용하여 우리나라 노사분규를 살펴보기로 하자.

우리나라의 노사분규는 1987년 6·29선언 이전만 하더라도 대체로 100건 전후로 비교적 안정적인 모습을 보여왔다. 그러다가 1987년 3,749건, 1988년 1,873건, 1989년 1,616건으로 홍역을 치렀다가 1990년부터 안정적인 모습을 보여왔다. 1997년 IMF외환위기후 분규가 조금씩 늘어나기 시작하여 2003년 320건, 2004년 462건, 2005년 287건을 보이기도 했으나 최근 들어서는 예년처럼 100건 전후 발생하고 있다.

2015년[7] 노사분규 발생건수는 〈표 7-3〉에서 알 수 있듯이 105건으로 전년 대비 5.4% 감소하였고, 분규참가자수는 76,749명으로 전년 대비 42.9% 감소하였

표 7-3 노사분규 현황 (단위 : 건, 천 명, 천 일, 일, %)

구 분	2004년	2005년	2006년	2007년	2008년	2009년	2010년	2011년	2012년	2013년	2014년	2015년
노사분규 발생건수	462	287	138 〈253〉	115 〈212〉	108 〈130〉	121 〈175〉	86 〈184〉	65 〈75〉	105 〈165〉	72 〈143〉	111 〈377〉	105
분규참가자수	185	118	131	93	114	81	40	33	134	113	133	77
근로손실일수	1,199	848	1,201	536	809	627	511	429	933	638	651	447
건당분규 지속일수	24.7	48.6	54.5	33.6	37.0	27.9	36.2	30.6	31.7	16.5	40.5	21.9
불법분규 건수(비율)	58 (12.6)	17 (5.9)	24 (17.4)	17 (14.8)	17 (15.7)	11 (9.1)	14 (16.3)	8 (12.3)	13 (12.4)	2 (2.8)	7 (6.3)	4 (3.8)

주1) ( )는 전체분규건수 대비 백분율, 〈 〉는 2006~2012년도 노사분규건수를 종전과 같은 방식(다수의 사업장이 산별노조 파업에 참가 시 사업장수대로 계상)으로 산출 시 현황임

주2) 2006년부터 노사분규 산정방법 변경(사업장단위 → 교섭단위) : ILO기준 등에 따라 금속노조, 보건의료노조 등 산별노조 파업에 다수의 사업장이 참가 시 종전에는 사업장수대로 계상하였으나 2006년부터는 1건으로 계상

자료: 고용노동부(2016), 「2016년판 고용노동백서」, 683.

7 2015년 10월 말 기준 노사분규건수는 95건으로 전년 동기 대비 1.1% 증가하였고, 근로손실일수는 431,307일로 전년 동기 대비 20.0% 감소하였다(한국경영자총협회, (2015.11)).

다. 근로손실일수는 446,852일로 전년 대비 31.4% 감소했고, 건당 분규지속일수는 21.9일로 전년 대비 45.9% 감소했으며, 그리고 불법분규발생건수는 4건으로 전년 대비 42.9% 감소했다.

이어서 우리나라 노사분규의 현황을 발생원인별, 규모별, 업종별(산업대분류별), 지역별, 상급단체별로 각각 살펴보고, 그리고 마지막으로 국제비교를 해 보기로 하자.

(1) 발생원인별 노사분규 발생추이

노사분규 발생건수를 발생원인별로 살펴보면 2015년의 경우 임금협약 및 단체협약 관련 노사분규가 102건으로 전체 노사분규건수의 97.1% 차지한 반면에 회사매각 반대, 체불임금 청산 등 기타 노사분규는 3건으로 2.9%에 불과하다. 발생원인별 노사분규 발생추이는 〈표 7-4〉와 같다.

(2) 규모별 노사분규 발생추이

노사분규 발생건수를 사업체규모별로 보면 2015년의 경우 상시근로자수 1,000인 이상 및 100인 미만 사업장의 노사분규는 총 56건으로 전체 노사분규건수의 53.4%를 차지하였고, 100-499인 사업장의 노사분규는 39건으로 37.1%를, 500~999인 사업장의 노사분규는 10건으로 9.5%를 차지하였다. 이에 대한 보다

표 7-4 발생원인별 노사분규 발생추이 (단위 : 건)

구 분	2004년	2005년	2006년	2007년	2008년	2009년	2010년	2011년	2012년	2013년	2014년	2015년
계	462	287	138	115	108	121	86	65	105	72	111	105
임금협상 (임금인상)	56	36	26	24	22	27	18	25	24	19 (26.4)	28 (25.2)	45 (42.9)
단체협상	37	42	19	21	13	17	9	8	12	7 (9.7)	4 (3.6)	10 (9.5)
임·단협	349	194	78	57	59	67	51	27	58	41 (56.9)	74 (66.7)	47 (44.8)
기 타	20	15	15	13	14	10	8	5	11	5 (6.9)	5 (4.5)	3 (2.9)

주) 기타 건수에는 회사매각 반대, 체불임금 청산, 사업주 처벌 등 포함

자료: 고용노동부(2016), 「2016년판 고용노동백서」, 685.

표 7-5 규모별 노사분규 발생추이 (단위 : 건)

구 분	2004년	2005년	2006년	2007년	2008년	2009년	2010년	2011년	2012년	2013년	2014년	2015년
계	462	287	138	115	108	121	86	65	105	72	111	105
50인 미만	91	40	18	11	11	15	21	9	15	13	11	16
50~99인	96	53	23	18	21	17	12	8	15	6	17	14
100~299인	150	106	30	36	28	36	16	18	25	14	24	34
300~499인	28	20	12	10	10	9	6	7	8	7	7	5
500~999인	41	30	15	11	15	16	10	6	12	13	13	10
1,000인 이상	56	38	40	29	23	28	21	17	30	19	39	26

자료: 고용노동부(2016), 「2016년판 고용노동백서」, 685.

자세한 내용은 〈표 7-5〉와 같다.

(3) 업종별 노사분규 발생추이

노사분규 발생건수를 업종별로 보면 2015년의 경우 제조업의 노사분규가 47건으로 전체 노사분규건수의 44.8%를 차지하였고, 사회·개인서비스업의 노사분규는 36건으로 34.3%를, 기타 사업의 노사분규는 10건으로 9.5%를, 운수·창고·통신업의 노사분규는 10건으로 9.5%를 차지하였다. 이에 대한 보다 자세한 내용은 〈표 7-6〉과 같다.

(4) 지역별 노사분규 발생추이

지역별(시도별) 노사분규 발생추이를 보면 2015년의 경우 수도권(서울·경기·인천)의 노사분규가 33건으로 전체 노사분규건수의 31.4%를 차지하였고, 부산·울산·경남의 노사분규는 28건으로 26.7%, 대전·충남·충북·세종의 노사분규는 11건으로 10.5%, 광주·전남·전북·제주의 노사분규는 17건으로 16.2%, 그리고 대구·경북의 노사분규는 11건으로 10.5% 차지하였다. 이에 대한 보다 자세한 내용은 〈표 7-7〉과 같다.

(5) 상급단체별 노사분규 발생추이

제2장에서도 언급한 바와 같이 우리나라의 양대 노총인 한국노총과 민주노총은 유사성도 적지 않지만 출발의 역사가 다르고 조직 성격, 이데올로기, 동원전

표 7-6 업종별 노사분규 발생추이 (단위 : 건)

구 분	2004년	2005년	2006년	2007년	2008년	2009년	2010년	2011년	2012년	2013년	2014년	2015년
전업종	462	287	138	115	108	121	86	65	105	72	111	105
○제조업	140	170	64	54	71	58	30	22	46	24	45	47
−화학공업	15	18	12	7	9	6	3	1	2	1	4	6
−기계·금속	104	136	41	33	44	36	23	13	30	19	28	27
−전기·전자	4	5	7	4	6	6	1	−	1	3	3	2
−섬유	−	2	−	−	−	−	−	−	1	−	−	−
−기타 제조	17	9	4	10	12	10	3	8	12	1	10	12
○운수, 창고, 통신업	165	35	14	17	8	9	13	11	13	10	10	10
−택시	104	9	7	2	3	2	2	6	0	−	1	−
−기타 운수	61	28	6	6	3	6	11	3	11	6	9	10
−창고, 통신 기타	−	−	1	9	2	1	−	2	2	4	−	−
○전기, 가스, 수도	−	−	2	−	−	6	−	1	2	−	−	−
○광업	−	−	−	−	−	−	−	−	−	−	−	−
○기타	157	82	58	44	29	−	43	31	44	38	56	48
−금융, 보험, 부동산, 사업서비스	32	15	12	16	6	6	1	4	7	2	6	2
−사회, 개인서비스	99	64	41	20	19	28	38	21	35	32	39	36
−기타 사업	26	3	5	8	4	14	4	6	2	4	11	10

자료: 고용노동부(2016), 「2016년판 고용노동백서」, 686.

략 등도 달라 차이점도 적지 않다. 파업과 관련해서도 양대 노총은 다른 결과를 보이고 있는데, 〈표 7-8〉에서 알 수 있듯이 진보성향의 민주노총이 보수성향의 한국노총보다는 압도적으로 높은 파업을 보이고 있다.

(6) 국가별 노사분규

지금까지 우리나라의 노사분규와 관련하여 살펴보았다. 이어서 이러한 쟁의행위를 발생건수, 폭(참가자 수) 및 영향력(노동손실일수) 측면에서 국가별로 비교해서 살펴보기로 하자. 노동쟁의행위는 파업 또는 직장폐쇄 및 기타 관련 쟁의행위를 수반하는 노사분규를 의미하며, 여기에는 집회, 준법투쟁, 폐업, 연장근로 거부 등이 포함된다. 본 서에는 원자료의 인용을 위해 노사분규와 쟁의행위를 혼용해서 사용하기로 한다.

표 7-7 지역별 노사분규 발생추이 (단위 : 건, %)

구 분	2004년	2006년	2008년	2009년	2010년	2011년	2012년	2013년	2014년	2015년
전국	462	138	108	121	86	65	105	72	111	105
서울	55(11.9)	28(20.3)	17(15.8)	24(19.8)	18(20.9)	14(21.5)	24(22.9)	21(29.2)	29(26.1)	16(15.2)
강원	12(2.6)	4(2.9)	1(0.9)	1(0.8)	4(4.6)	1(1.5)	1(1.0)	3(4.2)	5(4.5)	5(4.7)
부산	17(3.7)	7(5.1)	8(7.4)	10(8.3)	6(7.0)	2(3.1)	9(8.6)	4(5.6)	5(4.5)	2(1.9)
울산	30(6.5)	11(8.0)	5(4.6)	5(4.1)	7(8.1)	1(1.5)	8(7.6)	3(4.2)	11(9.9)	13(12.4)
경남	59(12.8)	11(8.0)	14(13.0)	17(14.1)	7(8.1)	6(9.2)	8(7.6)	11(15.3)	11(9.9)	13(12.4)
대구	41(8.9)	10(7.2)	5(4.6)	6(5.0)	4(4.7)	4(6.2)	3(2.8)	2(2.8)	4(3.6)	4(3.8)
경북	21(4.5)	7(5.1)	9(8.4)	13(10.7)	8(9.3)	4(6.2)	5(4.8)	3(4.2)	7(6.3)	7(6.7)
인천	35(7.6)	5(3.6)	4(3.7)	1(0.8)	2(2.3)	3(4.6)	3(2.8)	2(2.8)	2(1.8)	2(1.9)
경기	53(11.5)	20(14.5)	13(12.0)	12(9.9)	6(7.0)	7(10.8)	12(11.4)	8(11.1)	8(7.2)	15(14.3)
광주	37(8.0)	5(3.6)	1(0.9)	4(3.3)	4(4.7)	1(1.5)	2(1.9)	1(1.4)	6(5.4)	6(5.7)
전남	22(4.8)	7(5.1)	4(3.7)	8(6.6)	3(3.5)	4(6.2)	3(2.8)	3(4.2)	4(3.6)	7(6.7)
전북	17(3.7)	2(1.4)	4(3.7)	8(6.6)	6(7.0)	11(16.9)	5(4.8)	1(1.4)	4(3.6)	2(1.9)
제주	4(0.9)	2(1.4)	3(2.8)	1(0.8)	2(2.3)	2(3.1)	0(0.0)	0(0.0)	0(0.0)	2(1.9)
대전	14(3.0)	5(3.6)	4(3.7)	2(1.7)	1(1.2)	0(0.0)	11(10.5)	4(5.6)	1(0.9)	4(3.8)
충남	32(6.9)	11(8.0)	13(12.0)	6(5.0)	2(2.3)	4(6.2)	7(6.7)	3(4.2)	10(9.0)	5(4.7)
충북	13(2.8)	3(2.2)	3(2.8)	3(2.5)	6(7.0)	1(1.5)	4(3.8)	3(4.2)	4(3.6)	1(1.0)
세종	–	–	–	–	–	–	–	–	–	1(1.0)

자료: 고용노동부(2016), 「2016년판 고용노동백서」, 687.

한편 각국에서 쟁의행위 통계로 집계하는 노동쟁의행위에 대한 기준은 매우 상이하기 때문에 통계는 국가간 비교보다 각국의 시계열 추이를 파악하는 데 보다 유용하다. 노동쟁의행위에 대한 주요 지표로는 발생건수, 참가자 수, 그리고 근로손실일수 등이 있다. 그러나 이들 개별 지표들은 경제규모를 고려하지 못하는 한계가 있기 때문에 일반적으로 임금근로자 1,000인당 근로손실일수로 각국의 파업성향을 파악하고 있다(한국노동연구원, 2014, 106). 본 자료에서 이용한 노동쟁의행위의 통계는 〈표 7-9〉와 같다. 이어서 노동쟁의행위 발생건수의 국제비교는 〈표 7-10〉, 노동쟁의행위 참가자 수의 국제비교는 〈표 7-11〉, 그리고 노동쟁의행위에 따른 노동손실일수의 국제비교는 〈표 7-12〉와 같다.

표 7-8 상급단체별 노사분규 추이

(단위: 건수, %)

	전 체	한국노총	민주노총	무노조	상급단체 미가입
1997	78(100)	30(38.5)	48(61.5)	0(0)	0(0)
1998	129(100)	35(27.9)	90(69.8)	3(2.3)	0(0)
1999	198(100)	43(21.7)	151(76.3)	2(1.0)	2(1.0)
2000	250(100)	32(12.8)	208(83.2)	2(0.8)	8(3.2)
2001	234(100)	40(17.1)	182(77.8)	2(0.9)	10(4.3)
2002	314(100)	31(9.9)	283(90.1)	0(0)	0(0)
2003	327(100)	72(22.0)	255(78.0)	0(0)	0(0)
2004	462(100)	63(13.6)	396(85.7)	0(0)	3(0.7)
2005	287(100)	39(13.6)	244(58.0)	0(0)	4(1.4)
2006	138(100)	16(11.6)	119(86.2)	0(0)	3(2.2)
2007	115(100)	11(9.6)	120(88.7)	0(0)	2(1.7)
2008	108(100)	8(7.4)	100(92.6)	0(0)	0(0)
2009	121(100)	7(5.8)	112(92.6)	0(0)	2(1.6)
2010	86(100)	9(10.5)	76(88.4)	0(0)	1(1.1)
2011	65(100)	10(15.4)	50(76.9)	0(0)	5(7.7)
2012	105(100)	9(8.6)	89(84.8)	0(0)	5(4.8)
2013	72(100)	8(11.1)	59(82.0)	0(0)	5(6.9)
2014	111(100.0)	10(9.0)	95(85.6)	1(0.9)	5(4.5)
2015	105(100.0)	15(14.3)	79(75.2)	0(0)	11(10.5)

자료: 노동부·한국노동연구원, "노동쟁의 DB". 최인이(2011), "한국노총과 민주노총의 조직과 운동전략 비교 : 양대 노총의 제도적 매개역할(1997~2005)을 중심으로,"「기억과 전망」, 24, 88; 고용노동부(2016),「2016년판 고용노동백서」, 684 등을 토대로 재작성한 것임.

표 7-9 국가별 노동쟁의행위의 통계기준

국 가	통계자료
한 국(Korea)	지속일수 1일(8시간) 이상
일 본(Japan)	지속일수 1/2일 이상
호 주(Australia)	손실일수 10일 이상 및 참가자 10인 이상
프랑스(France)	손실일수 1일 이상(농업 및 공무원 제외)
스웨덴(Sweden)	손실노동시간 8시간 이상, 실제로 쟁의에 참가한 근로자
이탈리아(Italy)	손실일수는 7시간을 기준
영 국(U.K.)	손실일수 100일 이상인 경우에는 지속일수가 1일 미만이거나 참가인원이 10인 미만인 쟁의도 포함
유럽연합(EU)	제15차 노동통계국제회의(제네바, 2003)에서 채택된 기준
미 국(U.S.A.)	참가자 1,000인 이상 및 지속일수 1일 이상

자료: ILO(2014), *Yearbook of Labor Statistics*; 한국노동연구원(2014),「2014 KLI 해외노동통계」, 106.

표 7-10 노동쟁의행위 발생건수의 국제비교 (단위: 건)

	한국[1)]	일본[2)]	호주[3)]	영국[4)]	스웨덴[5)]	스페인[6)]	이탈리아[7)]	미국[8)]
1995	88	208	643	235	36	883	545	31
2000	250	117	700	226	2	750	966	39
2001	235	89	675	207	20	737	746	29
2002	332	74	767	162	10	688	616	19
2003	320	47	643	138	11	678	710	14
2004	462	51	692	135	9	708	745	17
2005	287	50	472	116	14	685	654	22
2006	138	46	202	158	9	783	587	23
2007	115	54	135	152	14	752	667	23
2008	108	52	177	144	5	811	621	16
2009	121	48	236	98	3	1,001	889	5
2010	86	38	227	92	5	986	–	11
2011	65	28	192	149	2	777	–	19
2012	105	38	204	131	8	878	–	19
2013	72	31	219	114	11	994	–	15
2014	111	27	209	155	–	777	–	11

주: 1)~3)은 해당국의 통계를 인용한 것임. 4)~8)은 ILO 자료.
자료: ILO(2015.5), *Yearbook of Labor Statistics*; 한국 고용노동부(2014), 「지방관서의 노동동향보고서 및 근로손실일수보고서」; 한국노동연구원(2016), 「2016 KLI 해외노동통계」, 109.

표 7-11 노동쟁의행위 참가자 수의 국제비교 (단위: 천 명)

	한국[1)]	일본[2)]	호주[3)]	영국[4)]	스웨덴[5)]	스페인[6)]	이탈리아[7)]	미국[8)]
1995	50	38	344	174	125	574	445	192
2000	178	15	325	183	0.2	2,067	687	394
2002	94	7	160	943	1	4,534	5,442	46
2003	137	4	276	151	81	729	2,561	129
2004	185	7	194	293	2	556	710	173
2005	118	4	241	93	1	405	961	100
2006	131	6	123	713	2	500	467	77
2007	93	21	36	745	4	497	906	193
2008	114	8	173	511	13	543	669	83
2009	81	4	89	209	1	654	267	13
2010	40	2	55	133	3	341	–	45
2011	33	2	134	1,530	–	222	–	113
2012	134	1	143	237	–	324	–	148
2013	113	2	132	395	–	448	–	55
2014	133	15	64	733	–	217	–	34

주: 1)~3)은 해당국의 통계를 인용한 것임. 4)~8)은 ILO 자료.
자료: ILO(2015.5), *Yearbook of Labor Statistics*; 한국 고용노동부(2014), 「지방관서의 노동동향보고서 및 근로손실일수보고서」; 한국노동연구원(2016), 「2016 KLI 해외노동통계」, 110.

표 7-12 노동쟁의행위에 따른 노동손실일수의 국제비교 (단위: 천 일)

	한국[1)]	일본[2)]	호주[3)]	영국[4)]	스웨덴[5)]	스페인[6)]	이탈리아[7)]	미국[8)]
1995	393	77	548	415	627	1,457	909	5,771
2000	1,894	35	469	499	0.3	3,617	884	20,419
2002	1,580	12	259	1,323	1	4,945	4,861	660
2003	1,299	7	439	499	628	792	1,962	4,077
2004	1,199	10	380	905	15	4,473	699	1,017
2005	848	6	228	224	1	951	907	1,348
2006	1,201	8	133	755	2	928	555	2,688
2007	536	33	50	1,041	14	1,188	930	1,265
2008	809	11	197	759	107	1,510	723	1,954
2009	627	7	133	455	2	1,291	-	124
2010	511	23	127	365	29	672	-	302
2011	429	4	242	1,390	0.3	485	-	1,020
2012	933	4	273	249	37	1,290	-	1,131
2013	638	7	131	444	7	1,098	-	290
2014	651	20	71	788	-	621	-	200

주: 1)~3)은 해당국의 통계를 인용한 것임. 4)~8)은 ILO 자료.
자료: ILO(2015.5), *Yearbook of Labor Statistics*; 한국 고용노동부(2014), 「지방관서의 노동동향보고서 및 근로손실일수보고서」; 한국노동연구원(2016), 「2016 KLI 해외노동통계」, 108.

제 4 절 사용자측의 대항행위

노동조합 및 노동관계조정법 제2조 제6호의 쟁의행위의 정의에 따르면 근로자측의 쟁의행위인 파업·태업뿐만 아니라 이에 대항하는 행위로서 업무의 정상적인 운영을 저해하는 행위도 쟁의행위에 포함된다. 그러면 이하에서는 사용자측의 대항행위에 대해 살펴보기로 하겠다.

1. 직장폐쇄

사용자측의 쟁의행위로서 직장폐쇄(lockout)가 있다. 직장폐쇄는 사용자가 자신의 주장을 관철하기 위하여 근로자의 집단에 대하여 생산수단을 차단함으로써 노무의 수령을 집단적으로 거부하는 행위이다. 이러한 직장폐쇄는 조업계속과 함께 사용자가 근로자의 쟁의행위에 대항하여 행하여지는 대표적인 수단 중의 하나이다(이상윤, 2015, 880).

직장폐쇄는 노사간의 의견의 불일치가 있는 경우에 사용자가 자기의 주장을 관철하기 위한 목적으로 행하는 것이어야 한다. 그러므로 사용자가 경영상의 사정으로 휴업을 한다든가 사업장을 폐쇄하는 행위 또는 다수의 근로자에 대하여 취업규칙위반 등을 이유로 출근정지처분을 하는 행위는 직장폐쇄가 아니다. 즉 직장폐쇄는 사용자가 근로자들의 노무의 수령을 집단적으로 거부함으로써 임금의 탈락에 의한 경제적 압력을 가하려는 것이며, 이는 마치 근로자들의 파업이 사용자에게 노무의 제공을 거부함으로써 경제적 타격을 주는 것과 마찬가지이다. 그러나 직장폐쇄에 있어서 사용자는 일단 쟁의행위가 종료하면 노무의 수령이 거부되었던 근로자들을 다시 취업시킨다는 것을 전제로 하고 있다. 따라서 직장폐쇄는 집단해고는 아니며, 직장폐쇄중 근로계약관계의 주된 권리·의무를 정지시킬 뿐이다(김형배, 2015, 1005-1006).

직장폐쇄는 시점을 기준으로 할 때 방어적 직장폐쇄(defensive lockout)와 공격적 직장폐쇄(offensive lockout)로 나누어 볼 수 있다. 방어적인 직장폐쇄란 근로자의 쟁의행위가 이미 개시되었거나 또는 개시될 위험 상태에 있을 때 취하게 되는 직장폐쇄이다. 반면에 공격적인 직장폐쇄란 노동조합이 파업의 의사를 확립하여 파업태세를 갖추고 있을 때 취하게 되는 직장폐쇄이다. 그 시점 자체가 대단히 애매하기 때문에 정당성의 기준으로서는 부적절하다.

미국에서는 직장폐쇄는 남용의 문제가 발생하지 않는 한 근로자의 쟁의행위에 대해서 선제적으로 행하거나 또는 부분파업에 대해서 전면적 직장폐쇄를 하더라도 위법이 아닌 것으로 보고 있다(Fossum, 2006). 우리나라의 경우 직장폐쇄의 요건으로 사용자는 노동조합이 쟁의행위를 개시한 이후에만 직장폐쇄를 할 수 있도록 하고 있다(노조 및 조정법 제46조 제1항). 아울러 직장폐쇄를 할 경우에는 미리 행정관청 및 노동위원회에 각각 신고하여야 한다(동법 제46조 제2항).

2. 공제자금제도

노동자는 사용자에게 파업이라는 최종무기를 통하여 경제적 압력을 가한다. 이에 대해 사용자측은 직장폐쇄로 맞선다. 오늘날 직장폐쇄는 매우 드물다. 노조가 어떤 사용자에게 파업을 했을 경우 이에 대해 사용자측에서 보복적일 경우에만 할 수 있도록 제한되어 있기 때문이다. 파업에 대하여 경영자측에서 직장폐쇄

대신 보통 이용하는 방법이 공제자금제도(mutual aid fund)의 활용이다.

산업에 따라서는 시간에 따른 가치(time value)를 가지고 있어서 파업중 사용을 위해 재고로 둘 수 없는 산업이 있다. 이를테면 신문, 철도, 항공, 버스 등이 대표적인 예들인데, 이들 산업에서 경영층이 파업에 따른 손실을 감소시키기 위하여 여러 번 사용해 온 것이 이 제도로 종종 파업보험(strike insurance)이라고도 한다(Flanagan, Smith, & Ehrenberg, 1984).

이러한 파업보험이 가장 잘 적용되어온 산업이 바로 미국의 항공산업이다. 미국의 경우 6대 항공사들에 의해 지난 1958년부터 공제협정(mutual aid agreement)을 맺어 참여 항공사들이 파업을 당한 항공사에 뜻밖의 과실지불(windfall payment)을 하도록 하였다. 각 참여 항공사의 뜻밖의 과실지불은 직접비용을 제하고 협정기간중 파업으로 인해 발생된 추가적인 수익 상당액이다(Unterberger & Koziar, 1975). 실제로 만약 파업당한 항공사가 상실하게 된 모든 사업이 다른 항공사로 옮겨가게 된다면, 뜻밖의 과실지불은 파업당한 항공사에 파업의 결과로 입게된 손실을 상당부분 보상하게 될 것이다.

3. 경쟁기업에의 하청

정해진 기일 내에 일을 마무리해야 하는 여러 주요 고객을 갖고 있는 사용자에게 있어서 파업은 심각한 결과를 가져올 수 있다. 특히 경쟁기업이 동일한 서비스를 제공할 경우에는 자칫 잘못하면 고객이 거래선을 바꿀지도 모르기 때문에 더욱 그러하다. 이때 파업을 겪고 있는 회사의 사용자가 취할 수 있는 대항행위 중의 하나가 바로 경쟁기업에 하청을 주는 것(contracting out)이다. 곧 그 기업은 심지어 경쟁관계에 있는 기업에 자기 회사의 일감을 임시적으로 맡아 주도록 하청을 주는 것을 말한다(Fossum, 2015, 404-411).

이 방식은 표면상 절대적으로 안전해 보인다. 즉 파업파괴자나 노조에게도 아무런 문제도 없으며 고객들은 제 시간에 주문한 제품이나 서비스를 공급받을 수 있다. 그러나 꼭 그런 것만은 아니다. 왜냐하면 만약 도급회사에 노조가 있을 경우 파업당한 회사에서 주문을 내더라도 도급회사의 종업원들은 법적으로 그 일의 수행을 거절할 수 있기 때문이다(Fossum, 2002, 395-396).

4. 조업계속

우리나라의 경우 노동조합이 쟁의행위를 전개하고 있는 단계에서 그 쟁의행위로 중단된 업무의 수행을 위하여 당해 사업과 관계없는 자를 신규로 채용하거나 대체해서 조업을 계속하는 것을 노동조합 및 노동관계조정법에서 금지하고 있다. 즉 사용자는 쟁의행위기간중 그 쟁의행위로 중단된 업무의 수행을 위하여 당해 사업과 관계없는 자를 채용 또는 대체할 수 없다(노조 및 조정법 제43조 제1항). 아울러 사용자는 쟁의행위기간 중 그 쟁의행위로 중단된 업무를 도급 또는 하도급 줄 수 없다고 규정하고 있다(노조 및 조정법 제43조 제2항).

다만 2006년 12월 30일자로 개정된 노동조합 및 노동관계조정법에서는 필수공익사업의 직권중재제도가 폐지됨에 따라서 필수공익사업 중 필수유지업무 대상이 아닌 업무의 경우 파업이 전면 허용되어 공익보호의 관점에서 보완 방안의 마련이 필요하게 되었다. 따라서 필수공익사업의 사용자는 당해 사업 또는 사업장 파업참가자의 100분의 50을 초과하지 않는 범위 안에서 채용 또는 대체하거나 도급 또는 하도급을 줄 수 있다. 이 경우 파업참가자 수의 산정 방법 등은 대통령령으로 정한다(노조 및 조정법 제43조 제4항)는 조항을 신설함으로써 필수공익사업 파업참가자의 50% 범위 내에서 대체근로를 허용하도록 하고 있다(노동부, 2007, 12-14.).

하지만 일반사업의 경우 쟁의행위의 당사자인 노동조합의 조합원 이외의 근로자로서 이미 근로계약관계에 있는 종업원 등 근로희망자를 사용해서 조업을 계속하는 것은 어느 규정에서도 금지하고 있지 않다. 그러나 노동조합의 운영자치에 개입해서 조합으로부터의 탈퇴를 종용하는 등 불법한 행위를 통해서 사용자가 조업을 계속하는 것은 당연히 단결권 침해라고 보아야 한다.

제 5 절 노동쟁의조정제도

1. 노동쟁의조정제도의 의의

집단적 노사관계는 단체협약에 의하여 평화적으로 규율되는 것이 가장 이상적이다. 그러나 노사간의 이해대립이 언제나 평화적으로 해결될 수는 없으며, 어떤 의미에서 협약자율은 집단적 이해관계의 대립을 힘에 의하여 해결할 수 있는 방법이 전제되어 있기 때문에 가능한 것이다. 실제로 노사간의 분쟁은 당사자들 자신에게 엄청난 경제적 손실을 가져올 뿐만 아니라 국민생활에 대하여도 적지 않은 영향을 미치게 된다. 따라서 각국은 노동쟁의의 평화적 해결을 위해 다양한 제도를 마련하고 있다.

우리나라의 현행 노동조합 및 노동관계조정법도 제1조 그 목적에서 "이 법은 헌법에 의한 근로자의 단결권·단체교섭권 및 단체행동권을 보장하여 근로조건의 유지·개선과 근로자의 경제적·사회적 지위의 향상을 도모하고, 노동관계를 공정하게 조정하여 노동쟁의를 예방·해결함으로써 산업평화의 유지와 국민경제의 발전에 이바지함을 목적으로 한다" 라고 규정하고 있다. 이어서 노동관계 당사자는 노동쟁의가 발생한 때에는 이를 자주적으로 해결하도록 노력하여야 한다는 당사자의 책무를 규정하고 있고(노조 및 조정법 제48조), 아울러 국가 또는 지방자치단체는 노동관계 당사자가 이를 자주적으로 조정할 수 있도록 조력함으로써 쟁의행위를 가능한 한 예방하고 노동쟁의의 신속·공정한 해결에 노력하여야 한다는 '국가 등의 책무' 를 또한 명시하고 있다(노조 및 조정법 제49조). 이와 같이 우리나라의 노동쟁의조정제도는 원칙적으로 노사간의 자주적 해결을 이상으로 하고 있는데 이는 실로 당연한 일이다.

그러나 우리나라와 같이 노동운동의 역사가 짧고 노사관계의 건전한 발전이 제대로 이룩되지 못한 상태에서 산업내 모든 것을 원칙적으로만 입법화한다는 것은 기대하기 어려운 일이기도 하다. 따라서 현행 노동관계법에 있어서는 노동쟁의에 대한 자주적 해결의 원칙을 명문으로 규정하고 있음에도 불구하고, 내용적으로 노동쟁의가 발생하면 즉시 당사자 일방의 신청에 의해 노동위원회의 조정이 이루어지게 된다.

노동쟁의의 조정(調整)방법으로 1997년 3월의 노동법 개정 이전까지는 알선[8], 조정(調停), 중재(仲裁) 및 긴급조정제도 등을 두고 있었으나 법 개정 때 알선과 조정을 통합하여 지금은 조정, 중재 및 긴급조정 등을 두고 있다. 또한 노동쟁의

8 알선(conciliation)이란 가장 간단한 쟁의조정 방법으로 분쟁의 중개자가 분쟁당사자를 만나 스스로 분쟁의 해결방안 모색하도록 도와주는 조정절차이다. 알선자는 해결안을 제시하지 않는 것이 일반적이다. 1997년 3월에 이루어진 노동법 개정 때 실효성에 문제가 있어 현행 법에서 삭제되었다.

를 담당하는 기구를 중심으로 볼 때에는 노사의 자주적 해결원리에 입각한 사적 조정방식과 노동조합 및 노동관계조정법의 규정에 의한 공적 조정방식이 있다. 양자의 관계에 있어서는 사적 조정에 관한 노사 당사자의 합의가 있는 경우에는 그 절차가 먼저 적용된다. 우리나라의 노동쟁의 조정절차를 그림으로 나타내면 [그림 7-3]과 같다.

2. 노동쟁의조정제도의 절차

종전의 노동쟁의조정절차에 의하면 노동쟁의의 신고가 행하여지면 조정절차에 성실하게 참여하지 않더라도 냉각기간의 경과 후 쟁의행위가 가능하게 되어 노동쟁의의 신고가 쟁의행위로 돌입하는 요식적인 절차로 남용되는 사례가 많았고 냉각기간중 알선·조정절차가 이분화되어 있어 조정기간이 부족하여 실질적인 조정을 하기가 어려웠다. 1997년 개정 노동법에서는 노동쟁의가 발생한 경우 어느 일방이 노동위원회에 조정을 신청하여 노동위원회의 조정이 행하여진 이후에야 쟁의행위가 가능하도록 하는, 이른바 조정전치주의(調整前置主義)를 규정하고 있다[9](김재훈, 1997). 그러면 구체적인 노동쟁의의 조정절차에 대해 각각 살펴보기로 하겠다.

(1) 조정

1) 조정의 의의

조정(mediation)은 중립적이고 공정한 제3자가 조정위원이 되어 노사당사자간의 의견을 충분히 듣고 서로 상대방의 입장을 이해하여 타협이 이루어지도록 설득하는 조정절차이다(고용노동부, 2016, 690). 조정은 상호간의 문제를 살펴보도록 권장함으로써 당사자가 스스로 해결책을 모색하도록 도와주는 알선 단계를 넘어 분쟁의 당사자에게 해결안(제안이나 추천 혹은 권고)을 제시하는 등 보다 적극적인 방식이기는 하지만 그 해결안에 구속당하지 아니하는 조정절차를 말한다

9 이와같이 현행 노조 및 조정법에서는 과거와는 달리 노동쟁의의 신고제도가 폐지되고 노동위원회에 의한 조정도 당사자의 신청에 의하여 개시되도록 함으로써 외형상으로는 조정신청주의가 채택되었다. 그러나 조정을 거치지 않으면 쟁의행위를 개시할 수 없기 때문에 실질적으로는 조정이 강제된다고 할 수도 있다. 이를 조정전치주의라고 한다(김형배, 2015, 1110).

그림 7-3 우리나라의 노동쟁의 조정절차

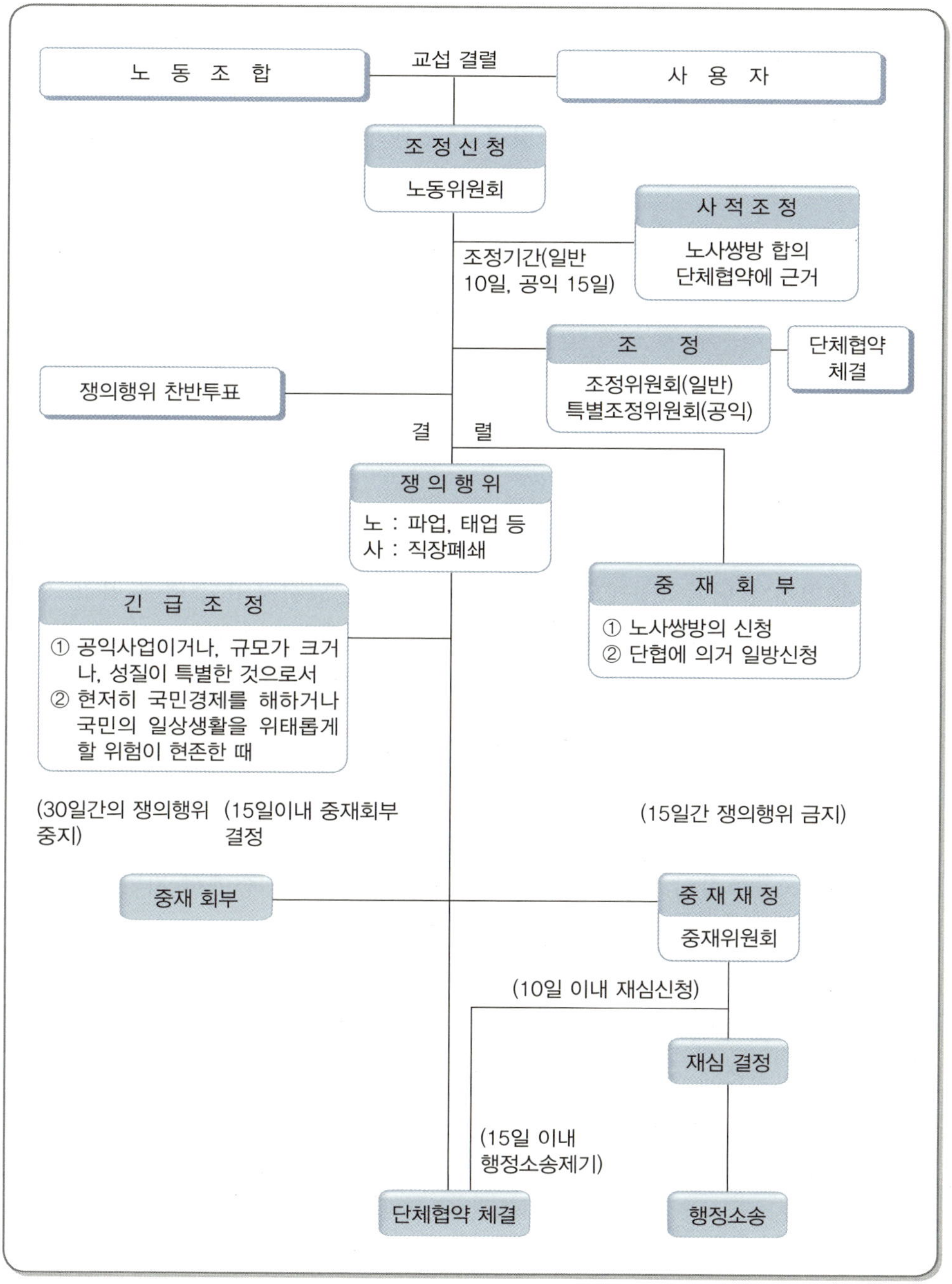

자료: 고용노동부(2016), 「2016년판 노동백서」, 668.

(Johnston, 1981, 146). 이와같이 제안, 추천 및 권고가 강제적이 아니라는 점에서 조정은 노사의 자주적 해결의 정신을 기초로 하고 있는 것이다.

2) 조정의 요건과 개시

노동위원회는 관계 당사자의 일방이 노동쟁의의 조정을 신청한 때에는 지체없이 조정을 개시하여야 하며, 관계 당사자 쌍방은 이에 성실히 임하여야 한다(노조 및 조정법 제53조 제1항). 이와 같이 일반적으로 조정의 절차는 당사자들의 신청을 전제로 하는 임의개시에 의한 조정을 원칙으로 채택하고 있다. 그러나 이와는 별도로 노동조합 및 노동관계조정법 제76조 제3항의 규정에 의하여 고용노동부장관이 긴급조정의 결정을 한 때에도 중앙노동위원회는 지체없이 조정을 개시하여야 한다(노조 및 조정법 제78조).

3) 조정의 기관과 활동

조정은 조정위원회 또는 단독 조정인[10]이 행하도록 하고 있다. 이와같이 우리나라 노동법에서 단독조정제도를 인정하는 이유는 당사자의 선택에 따라 신속하고 간편한 효과를 얻기 위한 것이다(이상윤, 2013, 896). 그러나 우리나라의 경우 조정은 대부분 조정위원회에서 이루어지고 있다. 조정위원회는 조정위원 3인으로 구성되며, 이 위원들은 당해 노동위원회의 위원 중에서 사용자를 대표하는 자, 근로자를 대표하는 자 및 공익을 대표하는 자 각 1인을 그 노동위원회의 위원장이 지명하되, 근로자를 대표하는 조정위원은 사용자가, 사용자를 대표하는 조정위원은 노동조합이 각각 추천하는 노동위원회의 위원 중에서 지명하여야 한다(노조 및 조정법 제55조). 이와 같이 상대방 당사자가 추천하는 노·사 대표위원 중에서 위원장이 지명하도록 한 것은 조정위원회에 대한 노사의 신뢰를 높이고 보다 합리적이고 신속한 분쟁 해결을 도모하기 위한 것이다(김형배, 2016, 1115). 그리고 조정위원회에 위원장을 두되 조정위원회의 위원장은 공익을 대표하는 조정위원이 된다. 다만 공익위원만으로 조정위원회가 구성될 경우 그 위원장은 조정위원 중에서 호선한다(노조 및 조정법 제56조).

---

10 노동위원회는 관계 당사자 쌍방의 신청이 있거나 관계 당사자 쌍방의 동의를 얻은 경우에는 조정위원회에 갈음하여 단독조정인에게 조정을 행하게 할 수 있다(노조 및 조정법 제57조 제1항). 제1항의 규정에 의한 단독조정인은 당해 노동위원회의 위원중에서 관계 당사자의 쌍방의 합의로 선정된 자를 그 노동위원회의 위원장이 지명한다(노조 및 조정법 제57조 제2항).

조정위원회의 활동은 분쟁의 현황과 당사자들의 의견을 파악하기 위한 주장의 확인, 조정안의 작성 및 수락된 조정안의 유권해석 등으로 크게 구분된다(김형배, 2016, 1116; 이상윤, 2015, 912). 당사자의 주장을 확인하기 위하여 조정위원회 또는 단독조정인은 기일을 정하여 관계 당사자 쌍방을 조정위원회에 출석하게 하여 주장의 요점을 확인하여야 한다(노조 및 조정법 제58조).

조정위원회의 활동 중 가장 중요한 것은 조정안을 작성하는 것이다. 조정위원회 또는 단독조정인은 조정안을 작성하여 이를 관계 당사자에게 제시하고 그 수락을 권고하는 동시에 그 조정안에 이유를 붙여 공표할 수 있으며, 필요한 때에는 신문 또는 방송에 보도 등 협조를 요청할 수 있다(노조 및 조정법 제60조 제1항). 조정위원회 또는 단독조정인은 관계 당사자가 수락을 거부하여 더 이상 조정이 이루어질 여지가 없다고 판단되는 경우에는 조정의 종료를 결정하고 이를 관계 당사자 쌍방에 통보하여야 한다(노조 및 조정법 제63조).

조정은 무한정 계속할 수 있는 것은 아니다. 조정은 관계 당사자가 조정신청을 한 이후 한정된 조정기간 동안에만 실시된다. 조정은 조정의 신청이 있는 날로부터 일반사업에 있어서는 10일, 공익사업에 있어서는 15일 이내에 종료하여야 한다. 그러나 이러한 조정기간은 관계 당사자간의 합의로 일반사업에 있어서는 10일, 공익사업에 있어서는 15일 이내에서 연장할 수 있다(노조 및 조정법 제54조 제1항, 제2항).

4) 조정의 효력

조정의 효력은 조정안이 수락된 경우와 조정안이 수락되지 아니한 경우로 나누어 볼 수 있다. 먼저 조정안이 관계 당사자에 의하여 수락된 때에는 조정위원전원 또는 단독조정인은 조정서를 작성하고 관계 당사자와 함께 서명 또는 날인하여야 한다(노조 및 조정법 제61조 제1항). 이 조정서의 내용은 단체협약과 동일한 효력을 가진다(노조 및 조정법 제61조 제2항).

조정안이 관계 당사자 쌍방에 의하여 수락된 후 그 해석 또는 이행방법에 관하여 관계 당사자간에 의견의 불일치가 있는 때에는 관계 당사자는 당해 조정위원회 또는 단독조정인에게 그 해석 또는 이행방법에 관한 명확한 견해의 제시를 요청하여야 하며, 조정위원회 또는 단독조정인은 그 요청을 받은 날로부터 7일 이내에 명확한 견해를 제시하여야 한다(노조 및 조정법 제60조 제3, 4항).

조정위원회 또는 단독조정인은 관계 당사자가 수락을 거부하여 더 이상 조정이 이루어질 여지가 없다고 판단되는 경우에는 조정의 종료를 결정하고 이를 관계 당사자 쌍방에 통보하여야 한다(노조 및 조정법 제60조 제2항). 이 경우 조정의 종료가 결정된 후에도 노동쟁의의 해결을 위하여 조정을 할 수 있다(노조 및 조정법 제61조의2). 당사자간에 중재를 하기로 합의한 경우에는 중재절차를 개시할 수 있다. 그러나 10일의 노동쟁의조정기간이 경과한 경우 노동위원회의 조정결정이 없더라도 조정절차를 거친 것으로 보아 노동조합은 쟁의행위를 개시할 수 있다(이상윤, 2015, 913).

지금까지 조정에 대해 살펴보았는데, 실제로 우리나라에서는 어느 정도의 조정이 신청되고 처리되는 가를 살펴보기로 하자. 2016년도 조정(調停)신청건수는 〈표 7-13〉에서 알 수 있듯이 822건인데 이중 처리건수는 796건이었다. 구체적으로 조정안수락이 161건, 합의취하가 249건으로 조정성립건수는 410건이었고, 조정안거부나 조정중지와 같은 조정불성립은 293건이었으며, 행정지도 14건, 취하철회 79건으로 나타났다.

최근 들어 노동위원회의 신속공정한 활동으로 〈표 7-13〉과 같이 2000년대 초반의 40%대에서 2013년까지 60%대 중반으로 조정성립률이 지속적으로 증가해왔다. 2013년도의 경우 산별교섭, 근로시간단축, 비정규직 보호, 통상임금 문제 등 첨예한 노사쟁점사항과 지속적인 세계 경기침체와 같은 어려운 여건 속에서도 65.0%의 조정성립률을 보였다. 2014년과 2015년은 각각 55.1%와 53.7%로 전년도에 비해 다소 낮아졌다가 2016년에 다시 58.3%로 증가하였다. 한 가지 특이한 점은 임금피크제, 구조조정 등 갈등 현안 및 조정건수의 증가에도 불구하고 중앙노동위원회에서의 조정성립률은 2015년 43.0%로 전년 대비 12.7%p나 크게 증가하였으나 2016년에는 성과연봉제로 말미암아 34.3%로 떨어졌다(중앙노동위원회, 2016, 2017).

연도별 조정성립률 추이를 지방노동위원회를 포함한 전체 성립률과 중앙노동위원 만의 성립률로 나누어 살펴보면 〈그림 7-4〉와 같다.

표 7-13 연도별 조정사건 신청접수 · 처리 현황 (단위: 건, %)

연 도	접수 건수	처리 건수	조정성립			조정불성립			행정 지도	취하 철회	기타	진행 중	조정 성립률
			소계 A	조정안 수락	합의 취하	소계 B	조정안 거부	조정 중지					
2016	822	796	410	161	249	293	32	261	14	79	0	26	58.3
2015	877	858	381	148	233	329	51	278	42	106	0	19	53.7
2014	886	864	401	169	232	327	43	284	45	91	0	22	55.1
2013	762	739	414	252	162	223	71	152	34	68	0	23	65.0
2012	752	741	394	179	215	243	92	151	38	66	0	11	61.9
2011	695	681	405	153	252	172	68	104	52	52	0	14	70.2
2010	708	694	381	181	200	210	99	111	53	50	0	14	64.5
2009	726	713	357	169	188	253	99	154	36	67	0	13	58.5
2008	851	839	480	262	218	252	110	142	55	51	1	12	65.6
2007	885	871	500	207	293	272	120	152	37	61	1	14	64.8
2006	758	739	340	106	234	303	97	206	22	64	10	19	52.9
2005	891	875	433	114	319	317	117	200	16	43	0	16	57.7
2004	868	852	379	89	290	407	144	263	29	37	0	16	48.2
2003	896	886	396	94	302	389	123	266	38	63	0	10	50.4
2002	1,042	1,030	382	123	259	485	192	293	90	73	0	12	44.1
2001	1,096	1,086	385	100	285	507	220	287	133	61	0	10	43.2

자료: 중앙노동위원회(2016.1.19), 「조정담당 공익위원 워크숍 자료집」, 3; 중앙노동위원회(2006), 「2005년도 노동위원회 연보」, 14; 중앙노동위원회.

그림 7-4 연도별 · 노동위원회별 조정성립률 추이

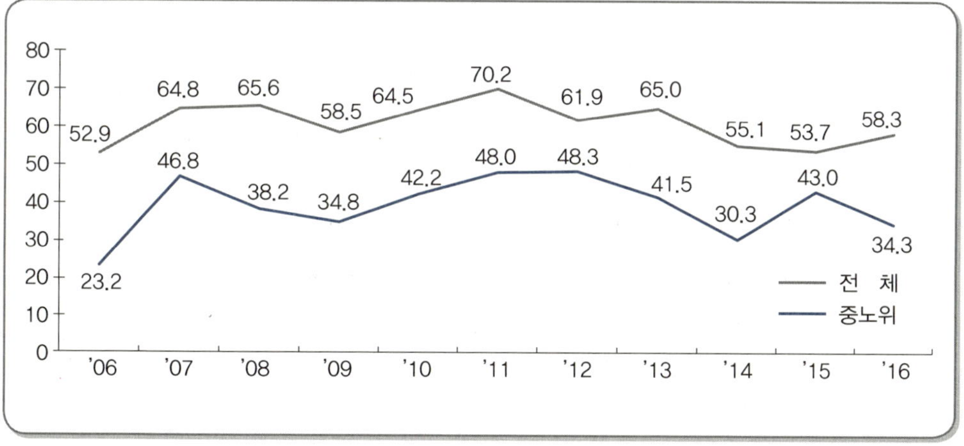

자료: 중앙노동위원회(2016.1.19), 「조정담당 공익위원 워크숍 자료집」, 4; 중앙노동위원회.

(2) 중재

1) 중재의 의의

중재(仲裁 arbitration)는 조정과정에서 당사자간의 합의가 이루어지지 아니하는 경우 개시되는 노동쟁의조정절차로 당사자 사이에 놓여있는 문제점을 해결하기 위하여 결정을 내리는, 노사의 자주적 해결의 원칙과는 거리가 먼 조정제도이다(Johnston, 1981, 14). 중재는 중재안이 당사자를 구속한다는 점에서 당사자가 구속되지 아니하는 조정과 구별된다. 이와 같이 중재는 조정방법으로는 가장 강력한 것이므로 국민의 생활을 위협하는 분쟁을 방지 내지 종결한다는 의미에서는 그 의의가 인정될 수 있는 것이지만, 임금인상과 같은 이익분쟁의 해결방법으로서는 반드시 적절한 방법이라고 할 수는 없다(김형배, 2015,1118).

2006년 12월 노동법 개정 이전에는 관계 당사자의 신청이 있을 때 그 절차가 개시되는 임의중재와 필수공익사업의 경우 노동위원회의 직권에 의해 개시되는 강제중재를 두고 있었다. 중재재정(仲裁裁定)은 당사자의 의사에 관계없이 당사자를 구속하는 것이므로 임의중재가 원칙이다. 임의중재는 일반사업과 공익사업에 다같이 적용되나 강제중재는 필수공익사업에만 적용된다.

어느 경우를 막론하고 중재재정은 관계 당사자를 구속하는 법률상의 효력이 있다. 그러나 직권중재제도는 쟁의권의 과도한 제약이라는 비판과 함께 위헌 논란과 국제기준 등을 감안하여 2006년에 개정된 노동법에서는 직권중재제도를 폐지(노조 및 조정법 제62조 제3호, 제74조 및 제75조)하고, 철도·도시철도, 수도·전기·가스 및 석유정제 및 석유공급, 병원, 한국은행, 통신사업 등 기존의 필수공익사업에 항공운수사업과 혈액공급사업을 추가하였으며(노조 및 조정법 제71조 제1항 및 제2항), 그리고 필수공익사업의 경우 그 업무가 정지되거나 폐지되는 경우 공중의 생명·건강 또는 신체의 안전이나 공중의 일상생활을 현저히 위태롭게 하는 업무로서 대통령령이 정하는 업무를 '필수유지업무'로 지정하고(노조 및 조정법 제42조 2) 이들에 대하여는 '필수유지업무 근무 근로자'를 지명하도록 하고 있다(노조 및 조정법 제42조의6).

2) 중재의 요건과 개시

우리나라 노동조합 및 노동관계조정법 제62조에서는 노동위원회는 다음 각 호의 어느 하나에 해당하는 때에는 중재를 행하도록 규정하고 있다.

① 관계 당사자의 쌍방이 함께 중재를 신청한 때

② 관계 당사자의 일방이 단체협약에 의하여 중재를 신청한 때

중재를 하게 된 때에는 지체없이 이를 서면으로 관계 당사자에게 각각 통지하여야 한다. 노동쟁의가 중재에 회부된 때에는 그 날부터 15일간은 쟁의행위를 할 수 없다(노조 및 조정법 제63조).

3) 중재의 기관과 활동

노동쟁의의 중재 또는 재심을 위하여 노동위원회에 중재위원회를 두도록 하고 있다. 이 중재위원회는 중재위원 3인으로 구성되며 중재기관으로서의 중재위원은 당해 노동위원회의 공익을 대표하는 위원 중에서 관계 당사자의 합의로 선정한 자에 대하여 그 노동위원회의 위원장이 지명한다. 다만 관계 당사자간에 합의가 성립되지 아니한 경우에는 노동위원회의 위원장이 공익을 대표하는 위원 중에서 지명한다(노조 및 조정법 제64조 제3항). 이와 같이 관계 당사자의 의사를 중시하고 공익을 대표하는 위원만이 중재위원으로 지명되도록 규정한 것은 중재재정이 가지고 있는 법률상의 구속력과 그 판단이 이해관계에 따라서 좌우되지 않도록 하기 위해서이다.

중재위원회는 기일을 정하여 관계 당사자 쌍방 또는 일방을 중재위원회에 출석하게 하여 주장의 요점을 확인하여야 한다(노조 및 조정법 제66조 제1항). 중재절차가 개시된 때에는 조정의 단계를 이미 거친 후이기 때문에 사실관계에 대해서는 분쟁해결을 위한 충분한 자료가 준비되어 있는 것이 보통이다. 따라서 구 노동조합 및 노동관계조정법은 관계 당사자의 의견을 직접 청취하는 절차를 마련하지 않고 간접적으로 관계 당사자가 지명한 노동위원회의 사용자를 대표하는 위원 또는 근로자를 대표하는 위원을 통하여 의견을 진술할 수 있는 기회를 부여하고 있을 뿐이었다(구 노조 및 조정법 제35조).[11] 그러나 관계 당사자가 수긍할 수 있는 공정한 중재재정을 내리기 위해서는 중재위원회가 직접 관계 당사자의 의

---

11 이와같이 당사자가 중재위원회에 직접 출석하지 못하고 간접적으로 의견을 전달하도록 하는 것은 중재절차가 당사자에게 대립되는 각자의 견해를 진술·청취하는 절차가 아니라 당사자의 견해는 이미 조정의 단계에서 확인되었다는 전제하에 이에 대한 판정을 내리는 절차라는 특성에 기인한다(이상윤, 2013, 898).

견과 자료를 제공받을 수 있는 기회가 법적으로 마련되는 것이 타당하다는 점을 감안하여(김형배, 2015, 1119) 중재위원회는 기일을 정하여 관계 당사자 쌍방 또는 일방을 중재위원회에 출석하게 하여 주장의 요점을 확인하여야 한다는 규정을 신설하였다(노조 및 조정법 제66조 제1항). 중재위원회의 위원장은 회의의 공정한 진행을 위하여 관계 당사자와 참고인 외의 자의 회의출석을 금할 수 있다(노조 및 조정법 제67조).

4) 중재의 효력

중재의 결과 작성된 중재안을 중재재정(仲裁裁定)이라고 한다. 중재재정은 서면으로 작성하여 이를 행하며 그 서면에는 효력발생 기일을 명시하여야 한다(노조 및 조정법 제68조 제1항). 노조 및 조정법 제68조 제1항에 따른 중재재정의 내용은 단체협약과 동일한 효력을 가진다(노조 및 조정법 제70조 제1항).

단체협약과 동일한 효력을 갖는다는 의미는 확정된 중재재정의 내용이 단체협약의 내용으로 되는 것을 의미하며, 노동조합 및 노동관계조정법상 단체협약에 적용되는 규정은 모든 면에서 원칙적으로 중재재정에도 적용되는 것으로 보아야 한다(이상윤, 2015, 915).

관계 당사자는 지방노동위원회 또는 특별노동위원회의 중재재정이 위법이거나 월권에 의한 것이라고 인정하는 경우에는 그 중재재정서의 송달을 받은 날부터 10일 이내에 중앙노동위원회에 그 재심을 신청할 수 있다(노조 및 조정법 제69조 제1항). 또한 관계 당사자는 중앙노동위원회의 중재재정이나 제1항의 규정에 의한 재심결정이 위법이거나 월권에 의한 것이라고 인정하는 경우에는 행정소송법 제20조의 규정에 불구하고 그 중재재정서 또는 재심결정서의 송달을 받은 날부터 15일 이내에 행정소송을 제기할 수 있다(노조 및 조정법 제69조 제2항).

최근의 중재신청사건의 접수 및 처리건수를 보면 〈표 7-14〉와 같이 2015년은 총 4건이 접수되어 중재재정 2건과 취하철회 1건이 처리되고 진행중인 사건은 1건이었다. 2016년엔 대폭 늘어 총 9건이 접수되어 중앙노동위원회에서 1건과 부산지방노동위원회에서 1건 중재재정이 이루어졌고 취하철회 1건에 진행중인 사건이 1건이었다.

표 7-14 중재사건 노동위원회별 접수 · 처리 현황(2015-2016)

위원회	연 도	접수건수	처리건수				진 행
			소 계	중재재정	행정지도	취하철회	
계	2016/12	9	9	3	0	6	0
	2015/12	4	3	2	0	1	1
중앙	2016/12	3	3	2	0	1	0
	2015/12	2	1	1	0	0	1
서울	2016/12	1	1	0	0	1	0
	2015/12	0	0	0	0	0	0
부산	2016/12	1	1	1	0	0	0
	2015/12	1	1	1	0	0	0
전남	2016/12	0	0	0	0	0	0
	2015/12	1	1	0	0	1	0
경남	2016/12	4	4	0	0	4	0
	2015/12	0	0	0	0	0	0

주: 지방노동위원회중 경기, 충남, 경북, 인천, 강원, 충북, 전북, 제주의 경우 한 건도 없어 제외했음.
자료: 중앙노동위원회.

(3) 긴급조정

1) 긴급조정의 의의

앞서 언급한 조정제도는 앞으로 발생할 쟁의행위에 대한 예방적 조치의 의의를 가지고 있는 반면에 이미 발생한 쟁의행위에 대해서는 긴급조치방식으로서 긴급조정제도가 있다. 쟁의행위는 일단 발생하게 되면 국가에 따라서는 자립경제 또는 경제부흥의 달성에 중대한 영향을 주게 되며 산업평화의 지속이 절단되고, 결국은 국민경제생활에 위협이 닥쳐오게 된다. 이러한 중대사태에 대처할 목적으로 등장한 것이 바로 긴급조정이다(김치선, 1997, 433).

따라서 쟁의행위가 공익사업에서 행해지거나 또는 그 규모와 성질이 특별한 것으로서 현저히 국민경제를 해하거나 국민의 일상생활을 위태롭게 할 위험이 현존하는 때에는 고용노동부장관의 결정에 의하여 강제적으로 특별한 조정절차를 가질 수 있게 된다. 긴급조정절차는 당사자의 의견과는 상관없이 고용노동부장관의 결정에 의하여 강제적으로 개시되고 쟁의행위가 이미 행하여진 후에도 이를 중지할 수 있으므로 쟁의권에 대한 중대한 제한을 가져온다. 따라서 긴급조정제도의 운영에 있어서는 쟁의행위가 비합리적으로 제한·금지되는 일이 없도록 법의 해석 및 적용을 엄격하게 하여야 한다(이상윤, 2015, 919).

2) 긴급조정의 요건

(가) 실질적 요건: 노동조합 및 노동관계조정법 제76조 제1항은 "고용노동부장관은 쟁의행위가 공익사업에 관한 것이거나 그 규모가 크거나 그 성질이 특별한 것으로서 현저히 국민경제를 해하거나 국민의 일상생활을 위태롭게 할 위험이 현존하는 때에는 긴급조정의 결정을 할 수 있다" 라고 규정하고 있다.

이 규정이 바로 긴급조정의 실질적 요건을 명시한 것으로 긴급조정을 발동하기 위해서는, 첫째, 쟁의행위가 공익사업에 관한 경우이고, 둘째 규모가 크거나 그 성질이 특별한 사업에 관한 경우이고, 셋째 그 쟁의행위가 현저히 국민경제를 해하거나 위태롭게 할 위험이 현존하는 경우 등이다. 여기서 공익사업이라 함은 노동조합 및 노동관계조정법 제71조 제1항의 각호에 규정되어 있는 1. 정기노선 여객운수사업 및 항공운수사업, 2. 수도사업, 전기사업, 가스사업, 석유정제사업 및 석유공급사업, 3. 공중위생사업, 의료사업 및 혈액공급사업, 4. 은행 및 조폐사업, 5. 방송 및 통신사업 등을 말한다. 그리고 특별한 성질의 사업이란 일시적이라도 국민 전체의 공익사업에 관계되는 사업, 즉 유행병 시기에 그 유행병에 대한 약품을 제조하는 사업이 좋은 예가 된다.

(나) 형식적 요건: 노동조합 및 노동관계조정법 제76조 제2항은 "고용노동부장관은 긴급조정의 결정을 하고자 할 때에는 미리 중앙노동위원회 위원장의 의견을 들어야 한다" 라고 규정하고 있다. 이 규정은 바로 긴급조정의 형식적 요건을 명시한 것으로서, 긴급조정을 발동하기 위해서는 비록 전항에서 규정한 실질적 요건이 구비되었다 하더라도 그 발동에 앞서 미리 중앙노동위원회 위원장의 의견을 충분히 존중하여야 한다. 고용노동부장관이 중앙노동위원회 위원장의 의견을 듣는다 함은 당해 의견에 구속된다는 것이 아니고, 이를 존중하여 참조한다는 의미로 해석되고 있다(김치선, 1997; 김형배, 2015; 박상필, 1995; 이상윤, 2015).

3) 긴급조정의 절차

고용노동부장관은 제76조 제1항 및 제2항의 규정에 의하여 긴급조정을 결정한 때에는 지체없이 그 이유를 붙여 이를 공표함과 동시에 중앙노동위원회와 관계 당사자에게 각각 통고하여야 한다(노조 및 조정법 제76조 제3항). 그리고 긴급조정의 결정의 공표는 신문·라디오 또는 기타 공중이 신속히 알 수 있는 방법으로 행하여져야 한다(동시행령 제32조).

중앙노동위원회는 고용노동부장관의 통고를 받은 때에는 지체없이 조정을 개시하여야 한다(노조 및 조정법 제78조). 이 경우 중앙노동위원회는 조정이 성립될 가망이 없다고 인정한 경우에는 긴급조정결정의 통고를 받은 날로부터 15일 이내에 공익위원의 의견을 들어 그 사건을 중재에 회부할 것인가의 여부를 결정하여야 한다(노조 및 조정법 제79조 제1항 및 제2항). 중앙노동위원회는 당해 관계 당사자의 일방 또는 쌍방으로부터 중재신청이 있거나 제79조의 규정에 의한 중재회부의 결정을 한 때에는 지체없이 중재를 행하여야 한다(노조 및 조정법 제80조). 긴급조정은 공익사업에 관한 것이므로 우선적으로 취급하고 신속히 처리하여야 함은 물론이다.

4) 긴급조정의 효력

관계 당사자는 노동조합 및 노동관계조정법 제76조 제3항의 규정에 의한 긴급조정의 결정이 공표된 때에는 즉시 쟁의행위를 중지하여야 하며, 공표일로부터 30일이 경과하지 아니하면 쟁의행위를 재개할 수 없다(노조 및 조정법 제77조). 쟁의행위의 금지기간의 기산일은 공표일이고 결정일이나 통지의 도달일은 아니다. 따라서 공표일 현재 파업이 진행되고 있는 경우는 즉시 그 파업을 중지하여야 하며 공표일로부터 30일간 파업에 재돌입할 수 없게 되는데, 이에 위반하면 2년 이하의 징역 또는 2천만 원 이하의 벌금과 같은 벌칙의 적용을 받는다. 뿐만 아니라 이와 같은 위반행위는 정당성이 없는 행위로서 민사상, 형사상의 면책의 보장을 받을 수 없고, 부당노동행위의 문제도 발생하지 않는다.

중앙노동위원회는 긴급조정결정의 통지를 받은 때에는 다른 사건에 우선하여 조정과 중재로써 그 사건의 해결을 도모하여야 한다. 이와같이 긴급조정에 의하여 조정안이 관계 당사자에 의하여 수락되거나 중재재정이 내려지면 동 조정안과 중재재정은 단체협약과 동일한 효력을 가진다(노조 및 조정법 제61조, 제70조). 따라서 동 조정안 또는 중재재정이 근로조건 기타 근로자의 대우에 관한 사항을 내용으로 할 경우에는 규범적 효력을 갖게 되며, 그 밖의 사항을 내용으로 할 경우에는 채무적 효력을 갖게 된다(김치선, 1997, 435).

지난 1963년 긴급조정권이 입법된 이후 우리나라에서 긴급조정권이 발동된 사례에는 1969년 대한조선공사 파업이 처음이었고, 1993년 현대자동차 노동조합의 파업, 그리고 2005년 8월의 아시아나항공 조종사 파업 및 2005년 12월 대한항공 조종사 노조의 파업 등이 있다. 이러한 긴급조정제도는 미국을 비롯한 선진 각국에서도 찾아볼 수 있는데, 미국의 경우 철도노동법(Railway Labor Act, 1926)과 태프트 하틀리법(1947년)에 의해 파업이나 직장폐쇄가 국민의 건강 또는 국가의 안정을 위협한다고 인정할 때 대통령은 조사위원회를 통해 최장 80일간(철도노동법하에서는 60일간)의 쟁의행위를 금하고 있다.

전통적으로 노사문제를 노사자율에 맡기고 있는 영국에서도 군수품법(The Munition of War Act, 1915), 국가비상권법(Emergency Powers Act, 1920)에 이어 산업관계법(Industrial Relations Act, 1971) 등에 의거하여 파업이 국민경제, 국가안전 또는 공중질서를 크게 위협하거나 국민의 생명을 위태롭게 한다고 판단하는 경우 법원의 재가를 받아 쟁의행위를 60일간 금지할 수 있도록 하고 있다(Bain, 1983). 끝으로 일본의 경우에도 우리나라와 유사한 경우에 긴급조정을 발할 수 있는데 긴급조정이 결정되면 50일간 쟁의행위가 금지된다[12].

(4) 사적 조정 · 중재

노동쟁의에 대한 조정절차는 일반적으로 노동위원회에 의한 공적 조정절차를 거치게 되지만 반드시 이를 강제하는 것은 아니다. 따라서 노사는 당사자의 합의에 의하거나 또는 단체협약에 근거하여 노동위원회가 아닌 사람이나 단체로부터도 사적 조정 또는 중재를 받을 수 있다. 또한 노사 당사자는 사적 조정 또는 중재가 진행되는 도중이라도 당사자간의 합의로 노동위원회에 조정 또는 중재를 신청할 수 있다.

현행 '노동조합 및 노동관계조정법'에서는 자주적 해결방식으로서 사적(또는 임의적) 조정제도를 인정하고 있다. 동법 제52조 제1항에 규정된 내용이나 절차와 다른 조정 또는 중재방법을 채택할 수 있다. 노사 당사자는 조정 또는 중재의 모든 사적 조정절차를 함께 규정할 수도 있고, 그 중에서 하나의 절차만을 둘 수도 있다. 따라서 사적 조정절차는 각 사업장의 특성에 맞추어 여러 가지 형태로

12 이에 대한 보다 자세한 논의는 윤성천(1992)을 참조.

구성될 수 있을 것이다. 또한 당사자가 합의한 사적 조정절차 노동조합 및 노동관계조정법상의 공적 조정절차보다 우선하는 것으로 해석한다. 이를 '사적 조정 우선의 원칙' 이라고 한다.

관계 당사자는 사적 조정절차에 의하여 노동쟁의를 해결하기로 한 때에는 이를 관할 노동위원회에 신고하여야 한다(노조 및 조정법 제52조 제2항, 시행령 제23조 제1항). 사적 조정절차에 의하여 조정 또는 중재가 이루어진 경우에 그 내용은 단체협약과 동일한 효력을 갖는다(노조 및 조정법 제52조 제4항). 그러나 사적 조정에 의하여도 노동쟁의가 해결되지 않을 경우 노사 쌍방은 동법의 조정 중재에 따른 조정을 노동위원회에 신청할 수 있다(노조 및 조정법 시행령 제23조 제3항).

이와 같이 개정 이전의 노동법은 노동위원회의 공적 조정이 아닌 당사자의 합의에 의한 사적 조정으로 분쟁을 해결하는 것을 허용하였다. 그러나 사적 조정 지원을 위한 법제도(사적 조정인의 수수료 불법) 및 인프라 구축이 미흡하여 제도가 활성화되지 않았다. 2006년 12월의 개정 노동법에서는 사적 조정인 또는 사적 중재인이 노동관계 당사자로부터 수수료, 수당과 여비를 받을 수 있는 법적 근거를 마련함으로써(노조 및 조정법 제52조 제1항 및 제5항) 전문성 있고 유능한 인력이 참여할 수 있는 여건을 조성하여 사적 조정의 활성화를 도모하고 있다(노동부, 2007).

▣ 참고문헌

고용노동부(2016), 「2016년판 고용노동백서」, 683−690.

______ (2015), 「2015 고용노동백서」, 649.

______ (2014), 「2014 고용노동백서」, 299.

______ (2014), 「2014 고용노동백서」, 652.

______ (2014), 「지방관서의 노동동향보고서 및 근로손실일수보고서」

김기우·송태수·김성규(2014), 「2014 단체협약 분석 ; 한국노총 제조업 사업장을 중심으로」, 한국노총 중앙연구원, 85−221.

김기우(2005), 「2005년 단체협약분석」, 한국노총 중앙연구원, 108.

김동원(1997), "미국의 노사관계와 한국에의 시사점," 「노사포럼」, 한국경영자총협회, 노동경제연구원, 제7호, 43.

김성수(2013), 「산업평화적 신노사관계론 : 노사관계의 선진화」, 탑북스, 195−196.

김수곤(1993), 「한국노사관계론 : 총체적 인력자원관리를 위한 학제적 접근」, 경문사, 243−245.

김유성(2001), 「노동법 Ⅱ」, 법문사, 243−246.

김재훈(1997), "신노동법: 달라지는 노사관계," 「분기별 노동동향분석」, 한국노동연구원, 2/4분기, 10(2), 86.

김중양·김명식(2000), 「공무원법」, 박영사, 351

김치선(1990), 「노동법강의」, 박영사, 371−434.

______ (1997), 「노동법강의」, 제2전정보정판, 박영사, 411−422.

김형배(2004), 「노동법강의」, 제8판, 신조사, 667.

______ (2014), 「노동법」, 23판, 박영사, 517−831.

______ (2015), 「노동법」, 24판, 박영사, 1010−1119.

______ (1997), 「노동법」, 제9판, 박영사, 671−672.

노동부(2006), 「2006 노동백서」, 116.

______ (2007), 「노사관계 선진화 입법 설명자료」, 12−37.

노동부·한국노동연구원, 「노동쟁의 DB」.

박덕제·박기성(1990), 「한국의 노동조합(Ⅱ)」, 한국노동연구원, 121−124.

박상필(1995), 「한국노동법」, 대왕사, 539-578.

박홍규(2000), 「노동단체법」, 삼영사, 399.

변상우·허갑수·채규옥·이상우·정현우(2015), 「글로벌시대의 노사관계론」, 고양 : 피앤씨미디어, 155-197.

서경석 편저(1999), 「'99 새 노동법」, 노문사, 247-253.

송학주(2016.10.27), "코레일, 노조 상대 403억원 파업 손배소송 청구," 「머니투데이」.

신수식·김동원·이규용(2003), 「현대고용관계론」, 수정증보판, 박영사, 225-226.

______ (2014), 「현대고용관계론」, 제6판, 박영사, 156.

윤성천(1992), "공익사업에 있어서의 파업문제," 송종래 편저, 「민주화시대의 노사관계」, 법문사, 165-175.

이병태(2008), 「최신 노동법」, 중앙경제, 304.

이상윤(2006), 「노동법」, 수정본, 법문사, 822-823.

______ (2013), 「노동법」, 13판, 법문사, 767-904.

______ (2015), 「노동법」, 14판, 법문사, 847-880.

이준범(1997), 「현대노사관계론」, 제2전정판, 박영사, 414.

임종률(2015), 「노동법」, 13판, 박영사, 192-789.

______ (2014), 「노동법」, 12판, 박영사, 230.

중앙노동위원회(2006), 「2005년도 노동위원회 연보」, 14.

______ (2016.1.19), 「조정담당 공익위원 워크숍 자료집」, 3-4.

______ (2006), 「2005년도 노동위원회 연보」, 14.

최인이(2011), "한국노총과 민주노총의 조직과 운동전략 비교 : 양대 노총의 제도적 매개역할(1997~2005)을 중심으로," 「기억과 전망」, 24, 88.

최종태(1996), 「현대노사관계론」, 전정판, 경문사, 377.

한국경영자총협회(2015.11), 「최신 노사관계 주요 통계」, 2.

한국노동연구원(2016), 「2016 KLI 해외노동통계」, 106.

______ (2004), 「2004 해외노동통계」, 90.

______ (2015), 「2015 KLI 해외노동통계」, 148.

______ (2014), 「2014 KLI 해외노동통계」, 106-108.

______ (2015), 「2015 KLI 해외노동통계」, 108.

Bain, G. S.(1983), *Industrial Relations in Britain*, Oxford: Basil Blackwell Inc., 365.

Carrell, M.R. & Heavrin, C.(2001), *Labor Relations and Collective Bargaining: Cases, Practices, and Law*, 6th ed., Englewood Cliffs, New Jersey: Prentice-Hall, Inc.,279.

______ (2007), *Labor Relations and Collective Bargaining Cases. Practice, and Law*, 8th ed., Englewood Cliffs, NJ: Prentice-Hall, 280-282.

Fisher, C.D. Schoenfeldt, L.F., & Shaw, J.B.(1993), *Human Resource Management*, 2nd ed., Boston: Houghton Mifflin Co., 709.

Flanagan, R.J., Smith, R.S., Ehrenberg, R.G.(1984), *Labor Economics and Labor Relations*, GlenviewGlenview, Ill.: Scott, Foresman and Company, 452-456.

Fossum, J.A.(2002), *Labor Relations: Development, Structure, Process*, 8th ed., Boston: McGraw-Hill, 386-396.

______ (2006), *Labor Relations: Development, Structure, Process*, 9th ed., Boston: McGraw-Hill, 411.

ILO(2015.5), *Yearbook of Labor Statistics*.

Johnston, T.L.(1981), *Introduction to Industrial Relations*, Estover, Plymouth: Macdonald & Evans, Ltd., 146.

Kleiman, L.S.(2009), *Human Resource Management: A Managerial Tool for Competitive Advantage*, 4th ed., Mason, OH : South-Western Cengage Learning, 352.

Pruitt, S.W. Wei, K.C.J., & White, R.E.(1988), "The Impact of Union-Sponsored Boycotts on the Stock Prices of Target Firms," *Journal of Labor Research*, 9, 285-290.

Sloane, A.A. & Witney, F.(2006), *Labor Relations*, 12th ed., Englewood Cliffs, NJ.: Prentice-Hall, 242-253.

Taylor, B. & Witney, F.(1984), *Labor Relations Law*, 4th ed., Englewood Cliffs, N.J.: Prentice-Hall, 478.

Unterberger, H.S & Koziar, E.C.(1975), "The Demise of Airline Strike Insurance," *Industrial and Labor Relations Review*, 29, 27.

Fossum, J.A.(2015), *Labor Relations: Development, Structure, Process*, 12th ed., Dubuque: McGraw-Hill Education, 404–411.

Labor management relations

제 8 장

부당노동행위제도

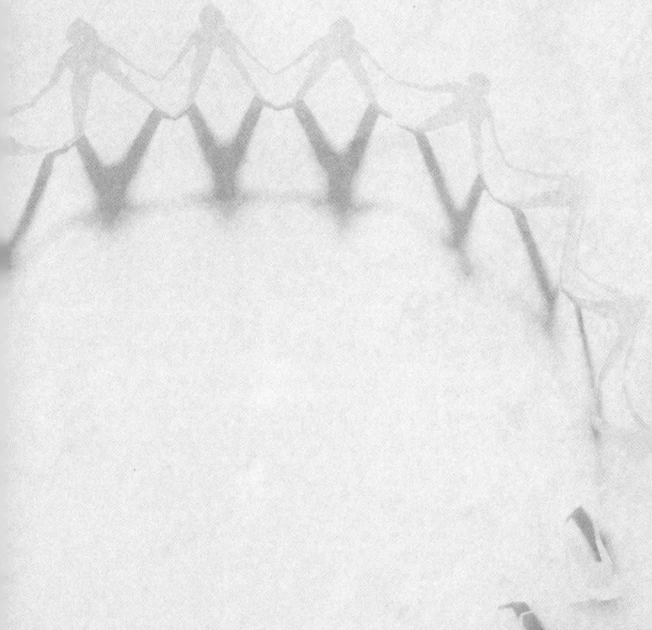

제 8 장

부당노동행위제도

제 1 절 부당노동행위제도의 의의

1. 부당노동행위제도의 의의

제3장, 제4장 및 제7장에서 노동조합, 단체교섭 그리고 노동쟁의 및 조정 등에 대해 살펴보았다. 이들은 모두 헌법 제33조 제1항 "근로자는 근로조건의 향상을 위하여 자주적인 단결권·단체교섭권·단체행동권을 가진다"라는 규정에 따라 노동조합의 존재를 인정하고 그들의 정당한 권리를 보장하는 데서 출발하고 있다. 그러나 사용자가 이들을 원천적으로 무시하거나 근로자측이 사용자의 정상적인 기업활동을 인정하지 않을 경우 헌법상의 기본권은 무용지물이 되고 자본주의의 근간은 무너지게 된다. 따라서 등장하게 된 것이 바로 부당노동행위(unfair labor practices)제도이다.

부당노동행위란 사용자가 노동조합과 근로자의 정당한 권리를 침해하거나, 반대로 노동조합이 사용자의 정당한 기업활동을 침해하는 일체의 행위를 말한다(Fossum, 2015). 미국의 경우 태프트하틀리법 제8조 a와 b에서 사용자측의 부당노동행위와 근로자 측의 부당노동행위를 규정하고 있다.

사용자측의 부당노동행위란 구체적으로 ① 노동조합의 결성이나 운영에 직접 개입하는 것, ② 노동조합에 재정상의 원조를 하는 것(다만, 근로자가 근무시간 중에 임금손실없이 사용자와 교섭 내지 협의하는 것은 가능), ③ 노동조합의 조합원이 되는 것을 장려하거나 방해하는 것을 목적으로 고용조건 등에 대해서 차별을 하는 것, ④ 노동관련법에 의하여 제소하거나 근로자가 전국노사관계위원회에서 증언한 것을 이유로 그 근로자를 해고하거나 기타의 차별적 대우를 하는 것, ⑤

임금, 근로시간, 작업환경 등의 근로조건에 대해서 근로자 대표와의 단체교섭을 거부하는 것 등을 들 수 있다.

한편 노동조합측의 부당노동행위는 구체적으로 ① 노동조합을 결성하고, 노동조합에 가입하고, 노동조합을 통해 단체교섭하는 권리 및 이들을 하지 않는 권리를 제한하는 것, ② 단체교섭에 관한 사용자의 행위의 제한, ③ 사용자에 대해서 노동조합 문제와 관련해 노동자의 차별적 대우를 요구하는 것, ④ 해당 노동조합이 대표권을 가지는 교섭 단위에 관계되는 임금, 근로시간 등의 노동조건에 대한 단체교섭을 거부하는 것, ⑤ 노동조합과 사용자단체로의 가맹, 노동조합 승인 등의 거래관계를 이용하여 파업, 피케팅, 보이콧을 하거나 위협하고 강요하는 것, ⑥ 노동조합 보증 조항 밑에서 차별적 또는 과대한 부담금을 징수하는 것, ⑦ 페더베딩(featherbedding), ⑧ 증명되고 있지 않은 노동조합에 의한 조직화, 사용권의 용인을 요구하는 피케팅 또는 위협하는 것, ⑨ 통고 없이 병원 등에서 파업, 피케팅을 하는 것 등을 들 수 있다.

부당노동행위제도는 원래 노동조합의 어용화를 방지하기 위하여 1935년 미국의 와그너법에 의해 처음으로 입법화되었다. 와그너법에서는 사용자의 조합활동에 대한 간섭, 조합지배, 차별대우, 산업발전의 위협 등을 부당노동행위로서 금지하는 조항을 두었다(김치선, 1990, 371). 그 후 입법적 보호를 받게 된 노동조합이 비대하게 되어 산업발전의 안정이 위협을 받게 되자, 1947년 태프트 하틀리법에서는 노사의 균형을 취하고자 노동조합측의 부당노동행위를 추가하게 되었으며, 1959년 랜드럼 그리핀법(Landrum Griffin Act)에서는 노조의 활동과 그들의 내부문제를 더욱더 규제하게 되었다(Noe et al., 2006; Katz & Kochan, 2004).

이 밖에도 ILO도 ILO조약 제98조에서 부당노동행위제도의 창설을 요구하고 있다. 이와같이 미국법과 ILO가 부당노동행위제도를 갖추도록 한 이유는 노사간의 힘의 균형을 꾀하기 위한 것이기도 하지만, 오히려 노사 사이의 자유로운 거래의 제약을 배제하려는 데 그 목적을 두고 있다. 그 후 이 제도는 국제적으로 보편화되어 일본·멕시코·캐나다 및 우리나라 등에서도 채택되고 있다.

사실 우리나라 헌법 제33조 제1항에서 노동3권을 보장하고 있듯이 많은 나라가 노동3권을 보장하고는 있지만 현실적으로 이러한 노동3권은 사용자에 의하여 침해를 받을 가능성이 현저하며, 또 그러한 예는 과거 세계 각국의 노동운동사에서 얼마든지 볼 수 있는 일이었다. 따라서 단결권 등의 실질적인 보장은 사용자로부터 침해가 배제됨으로써만이 실현될 수 있는 것이다.

현실적으로 사용자로부터 단결권 등의 침해를 받았을 때, 이는 헌법상 기본권으로서의 노동3권의 침해로 이해되므로, 근로자나 노동조합은 사법적인 절차에 의하여 구제를 받을 수 있음은 물론이다. 그러나 법원에 의한 사법적인 구제는 노동권 등의 보장책으로서는 적절한 방법이 될 수 없다. 우선 사용자의 침해행위에 대한 법원의 무효조치나 부작위명령 등이 급변하는 노사관계에 어느 정도의 실효성을 주게 될지 의문이다. 더욱이 불법행위로 인한 손해배상청구권을 인정한다고 하더라도 단결권 등의 침해는 경제적으로 환가(換價)될 수 없는 성질의 것으로 손해액의 산정도 극히 어려운 문제이다(박상필, 1995).

그러므로 이러한 사용자의 침해행위에 대처하기 위해서는 특별한 법률제도를 마련하여 침해행위 그 자체를 저지할 수단을 강구할 필요가 있다. 이 필요에 의해서 생겨난 제도가 부당노동행위제도이다. 따라서 우리나라의 경우 사용자가 노동조합의 정당한 권리를 침해하는 일체의 행위, 즉 노동조합 및 노동관계조정법 제81조에서 금지되는 행위만을 부당노동행위라 한다(문무기·김홍영·송강직·박은정, 2005, 4). 부당노동행위의 구제제도는 사용자가 근로자와 노동조합의 노동3권을 침해하는 행위를 금지함으로써 헌법상의 노동3권을 국가적 차원에서 적극적으로 보장하기 위한 제도임과 동시에 '공정한 룰'에 의한 노사관계 질서를 형성·정립하기 위한 제도이다.

사용자는 근로자들이 집단적으로 행동하여 단결체를 만들어 단체교섭을 요구하고 이것이 결렬되면 집단행동으로 나오는 것을 꺼려한다는 것은 예나 지금이나 변함이 없다. 그렇기 때문에 사용자들은 근로자들의 집단적 활동과 노동조합 세력의 활동이나 강화를 방해하려고 한다. 그러한 사용자들의 노동3권 침해행위에 대해서는 노동조합 스스로 방어해야 할 것이지만, 현실에서는 그렇지 못하기 때문에 객관적 가치질서로서 노동3권 침해행위를 방어해야 할 적극적인 책무를 부담하는 국가는 노동법상의 부당노동행위 구제제도에 의하여 노동3권을 보호해야 한다. 이러한 목적에서 현행법상의 부당노동행위 구제제도가 노동조합에 정착된 것이다(김영문·이상윤·이정, 2012, 3).

2. 부당노동행위제도의 특징

부당노동행위제도를 두고 있는 미국이나 일본과 비교할 때 우리나라의 부당노동행위제도의 특징은 노동위원회 기타의 행정기관의 개입에 의하여 피고용인의 단결권 등의 권리를 보장하고자 하는 데 있다. 그러므로 구제방법도 사법적인 것이 아니라 간편하고 신속하게 구제의 실효를 거두기 위하여 노동위원회에 의한 행정적인 구제방법을 채택하고 있는 특징을 갖고 있다.

미국은 부당노동행위에 대해서는 우리나라의 노동위원회와 유사한 전국노사관계위원회(NLRB)가 직권으로 부당노동행위에 대해 소추하고 구제할 권한이 있다. 그러나 우리나라는 당사자 신청주의에 입각하여 구제를 원하는 자의 신청이 있어야 구제절차가 시작되고, 신청한 사항에 대해서만 심사와 구제명령을 할 수 있다. 그런 점에서 직권조사가 배제되어 있는 우리나라의 노동위원회 제도는 미국에 비하여 소극적으로 운영된다는 특징이 있다.

미국은 조정과 중재를 담당하는 기관을 별도로 두어 연방조정위원회가 이를 담당하도록 하고 있다. 그러나 우리나라는 노동위원회가 조정과 중재를 동시에 할 수 있도록 하여 부당노동행위 처리 시에 심판과 판정 이외에 동시에 분쟁해결수단으로 활용할 수 있다(김영문·이상윤·이정, 2012, 6).

부당노동행위의 대책에는 처벌주의와 원상회복주의가 있다. 전자는 부당노동행위를 범죄로 규정하여 그 행위자를 처벌함으로써 부당노동행위의 발생을 막는다는 입장이고, 후자는 부당노동행위 자체를 범죄로 보지 않고 그 행위가 있기 전의 원상으로의 회복을 중요시하여 원상회복을 하도록 일단 명령을 내리고 이 명령에 위반했을 때는 이를 범죄로 보아 처벌하는 것이다. 또한 부당노동행위에 대한 구제는 시민법에 있어서의 손해의 배상과 같은 사후의 구제에 그 목적이 있는 것이 아니고 정상적인 고용관계의 회복에 주안점이 있다. 따라서 부당노동행위에 대한 구제는 사용자의 반조합적 침해행위를 배제하고 그 재발을 방지하는 원상회복적 행정구제의 특색을 가진다.

원래 부당노동행위제도의 목적은 사용자에 의해 침해된 노동 3권의 보장 내지 협약자율의 복원이다. 따라서 구제는 원상회복이 원칙이다. 그런 의미에서 일본은 부당노동행위 구제수단으로서 원상회복만을 규정한다. 그러나 원상회복만으로 노동3권 보장질서의 회복과 구제명령의 실효성을 확보할 수 없기 때문에 우리나라는 처벌주의의 병과를 통해 정당한 노동조합 활동을 보호하고 있다.

이와 같이 원상회복적 행정구제만으로는 실질적인 부당노동행위의 방지 및 재발의 실효성이 의심스러워 현행 '노동조합 및 노동관계조정법' 제89조에서는 확정된 구제명령 위반시 "3년 이하의 징역 또는 3천만원 이하의 벌금에 처한다"는 벌칙을 부과함으로써 원상회복주의와 더불어 처벌주의를 채택하고 있는 것이 특징이다(신수식·김동원·이규용, 2014).

실제로 처벌주의가 채택되는 것이 적지 않은데, 2015년 지방고용노동관서에 부당노동행위로 신고된 사건 481건 중에서 64건(13.3%)은 부당노동행위가 인정되어 기소의견으로 검찰에 송치되었다. 한편 196건(40.7%)은 부당노동행위로 볼 수 없어 불기소의견으로 검찰에 송치되었으며, 나머지 142건(29.5%)은 당사자 간 합의 등으로 행정 종결되었다(고용노동부, 2016, 688).

미국과 일본의 부당노동행위제도는 부당징계와 해고 및 차별 개선의 문제와 연계되지 않는다. 그러나 우리나라의 노동위원회는 부당노동행위 사건 이외에 이들 사건도 관할하는 특징이 있다. 따라서 노동위원회에 부당해고 구제신청을 하면서 동시에 부당노동행위 구제신청을 하는 경우가 많이 발생한다. 이는 부당노동행위에 대한 구제신청이 남발되면서 그 구제율이 낮아지는 원인이 되기도 한다(하갑래, 2010).

제 2 절 부당노동행위제도의 연혁

부당노동행위제도는 각국에 공통된 제도는 아니고 원래 미국의 와그너법을 중심으로 하여 각국의 실정에 따라 발전해 온 제도이다. 특히 우리나라의 부당노동행위제도는 미국법에서 수입해 온 것인 만큼 먼저 미국의 부당노동행위제도의 성립과 발전을 살펴보고 이어서 우리나라의 부당노동행위의 연혁에 대해 살펴보기로 하겠다.

1. 미국 부당노동행위제도의 연혁

(1) 전국산업부흥법

미국에 있어서는 일찍이 19세기 말경부터 철도노동법의 분야를 중심으로 차별대우 또는 황견계약을 금지하고 단결 및 단체교섭의 자유를 보장하는 법제가 등장하였다. 한 예로 1894년 뎁스(Debs)사건에서 클리블랜드(G. Cleveland) 대통령이 임명한 미 파업조사위원회(U.S. Strike Commission)의 보고서에서 사용자의 차별적 해고가 부당함을 지적하여, 그 싹을 보이기 시작한 부당노동행위에 관한 사고는 그 후의 여러 위원회의 활동을 통하여 더욱 강조되어 왔다. 그러다가 구체적인 모습을 나타낸 것은 1933년 뉴딜정책의 물결을 타고 제정된 전국산업부흥법(National Industrial Recovery Act)에서였다.

뉴딜정책은 1929년부터 시작된 세계 대공황을 극복하기 위한 대책으로 루즈벨트(F.D. Roosevelt) 대통령이 경제에 대한 종래의 자유방임정책을 버리고 국가적 통제를 대담하게 실시한 것이다. 그 기본적 특색은 공황에 의하여 큰 타격을 받아 공황으로부터 자력회복을 상실한 독점자본을 구제하기 위하여 국가권력이 경제과정에 강력하게 개입하고 지도하였다는 점을 들 수가 있다. 즉 독점자본과 국가와의 긴밀한 결부, 다시 말해서 국가독점자본주의가 미국에서는 이 시기에 본격적인 발전을 보았다. 뉴딜정책의 중심을 이룬 전국산업부흥법은 최저임금제, 최장노동시간제 등과 더불어 단결권, 단체교섭권의 승인을 선언하고, 특히 동법을 운용하는 노동행정기관에 의하여 사용자의 단체교섭 응낙의무를 인정하게 하고 어용조합에 대한 억제조치를 취하는 등 부당노동행위 구제제도의 최초의 형태가 구체적으로 나타나게 되었다(한용식, 1982, 1991).

동법 제7조 a항은 "① 피용자는 단결권 및 그들이 선출한 대표자를 통하여 단체교섭을 할 권리를 가지며 또 대표자의 지명, 단결체의 조직, 단체교섭 기타 상호부조 내지 보호를 위한 단체행동에 관하여 사용자 또는 대표적인 간섭·억압·강제를 받지 않는다. ② 피용자 및 고용희망자는 고용조건으로서 회사조합에 가입할 것 또는 자기가 선택한 노동조합에 가입하거나 원조하는 등의 행위를 하지 않을 것을 요구받지 않는다" 고 규정함으로써 근로자의 단체행동에 대한 사용자의 간섭·억압·강제행위, 즉 황견계약을 비롯하여 차별대우, 기업별 조합, 파업파괴 등 일체의 수단을 금지하여 근로자의 단결권, 단체교섭권 및 단체행동권을 보호하려고 하였다(김치선, 1990, 370).

(2) 와그너법

전국산업부흥법은 1935년 연방최고재판소로부터 위헌판결을 받고 말았다. 따라서 노사관계를 규율할 새로운 연방법의 제정이 시급히 요청되게 되었는데, 이에 호응하여 제정을 보게 된 법이 친노조법(pro-union law)[1]인 미국노동관계법(National Labor Relations Act, 1935), 즉 와그너법(Wagner Act)이다.

이 법의 입법취지는 제1조의 정책선언에서 명시하고 있는 바와 같이 근로자의 단결권, 단체교섭권을 보호·조장함으로써 노사교섭력의 평등화를 실현하는 동시에 주간 산업의 유통에 대한 장애를 제거하여 산업평화를 확립하는 데 있으며, 이 선언을 실질적으로 행하는 수단으로서 이들 근로자들의 권리를 침해하는 사용자의 행위유형을 열거, 이를 부당노동행위로 금지하였다.

즉, 동법 제7조는 근로자의 권리를 규정하고 제8조는 ① 제7조에서 보장하는 권리의 행사에 대하여 피용자에게 간섭·억압·강제를 가하는 것, ② 노동단체의 결성 또는 운영을 지배하거나 이에 개입하거나 이제 재정상의 원조를 주는 것, ③ 채용 또는 고용관계의 계속 혹은 고용조건에 대하여 차별대우를 하여 특정 노동자 조직의 구성원이 됨을 장려 또는 방해하는 것, ④ 피용자가 본법에 의하여 제소 또는 증언을 하는 것을 이유로 해고·기타의 차별대우를 하는 것, ⑤ 피용자의 대표와 단체교섭하는 것을 거부하는 것을 사용자의 부당노동행위라고 규정하고 있다.

또한 와그너법은 클로즈드 숍 제도를 인정하는 반면에 오픈 숍 제도는 금지하도록 하고, 개별계약보다는 단체협약에 대한 우위를 인정하는 등 노동조합주의를 지향하는 노동입법이었다(Sloane & Witney, 2006).

---

1 실제로 미국노동관계법은 미국노동관계위원회에 종업원이나 노조가 동법 조항을 위반하고 있다는 사용자의 클레임을 조사할 권한을 부여하고 있다는 점에서 그렇게 친노동은 아니라고 보기도 한다(Ehrenberg & Smith, 2006).

(3) 태프트 하틀리법

앞서 논한 바와 같이 와그너법은 노동조합 중심의 입법이었기 때문에 그 제정 이래로 미국노동법학계에서는 물론 전반적 시민의 여론이 개별노동자의 자유권을 무시하였다는 비판을 받고 있었다. 그리고 제2차 세계대전 중에는 노동조합도 사용자와 같이 국가의 통제정책에 따르지 않을 수 없었고 개인 노동자들 또한 조합의 통제하에 부자유스러운 생활을 하였다. 사실상 제2차 세계대전중에는 미국의 노동자는 물론 노동조합 그리고 사용자까지 전쟁의 종결에 따른 국가의 통제가 완화되기를 기대하였다. 마침내 제2차 세계대전이 끝나게 되자 모든 전시산업들은 평화산업으로 전환하게 되었고 노동조합들은 통제에서 벗어나 각 산업체에서는 쟁의행위가 활발하게 전개되었다(김치선, 1990, 56).

이처럼 와그너법에서는 개별 조합원의 자유를 과도하게 억압한다는 여론이 일게 됨과 더불어 공황으로부터 회복의 징조가 보이기 시작하자 경영자로부터 와그너법이 사용자에 대한 부당노동행위를 정당화한다며 적극적인 반대운동이 전개되어 마침내 미국노동관계위원회도 지금까지 엄격한 운용방침을 완화하게 되었다. 이러한 추세와 함께 1939년에 위스콘신 주법이 근로자의 부당노동행위를 규정한 것을 계기로 여러 주에서 근로자에 대한 부당노동행위를 규정·적용하여 1947년에 와그너법의 수정으로 친경영자법(pro-management law)인 태프트 하틀리법(Taft-Hartley Act)이 제정되게 되었다. 태프트 하틀리법은 일명 노사관계법(Labor Management Relations Act)이라고도 하며 노동자와 사용자측을 같이 보호하는 새로운 노동입법의 방향을 지향하는 법으로서 미국 상원의원의 이름을 따서 입안하였다.

태프트 하틀리법의 특색은 사용자측에만 적용되었던 부당노동행위를 노동조합에도 적용하였다는 점이다. 이 법의 주요 내용을 살펴보면 다음과 같다.

① 종래의 노동조합의 최대의 무기였던 클로즈드 숍 제도의 금지

② 조합원과 비조합원 간의 차별대우의 금지

③ 노동조합에 의한 종업원의 억압·협박 금지

④ 노동조합비의 과다한 징수나 차별적 징수의 금지

⑤ 동일 산업 전체를 상대로 하는 단체교섭의 금지

⑥ 쟁의발생시 60일간의 냉각기간의 설정, 연방중재위원회의 창설 및 긴급조정 조항의 적용
⑦ 공산당원의 노동조합간부취임의 금지
⑧ 2차적 보이콧, 관할권 파업 및 쟁의행위의 금지

이 태프트 하틀리법은 와그너법에 비하여 노동조합의 권한을 제한했던 것은 틀림이 없으나[2] 노사간의 세력균형을 위한 취지가 노사 모두에게 받아들여진 공통된 의사였다.

(4) 랜드럼 그리핀법

앞서 언급한 바와 같이 1947년의 태프트 하틀리법은 노동조합의 활동과 권한을 제한하는 특징을 갖고 있었다. 그러나 1935년의 와그너법 이래에 강력한 조직력과 단체행동을 과시해왔던 미국 노동조합은 법적 관계에 의한 단체활동의 제한에 만족할 리가 없었다. 따라서 노동조합 간부들은 조합 내부의 제사항을 처리함에 있어서 비민주적 또는 위법적 행동을 자행하게 되어[3] 이러한 노동조합 내의 불미스러운 모든 관계를 조사·규제할 목적으로 1959년에 친종업원법(pro-employee law)인 랜드럼 그리핀법(Landrum-Griffin Act)이 제정되었는데, 동법은 일명 노사 정보보고 및 공개법(The Labor-Management Reporting and Disclosure Act)이라고도 칭한다.

랜드럼 그리핀법의 입법목적은 크게 두 가지이다. 하나는 세세한 보고요건을 갖추어둠으로써 노조간부가 노조자금을 적절하게 사용하도록 하고 이를 위반한 경우 징역형도 선고할 수 있도록 하고 있다. 다른 하나는 조합원들에게 특정 권한을 줌으로써 노조가 보다 민주적이도록 하는 데 있다. 실제로 이 법의 제1장은 노동조합의 권리장전(Bill of Rights)이라고도 한다(Bohlander & Werther, 1979). 동법은 제7장으로 구성되어 있는데 각 장의 요지는 다음과 같다.

---

2 이러한 취지에서 노동조합에서는 이 법을 노예법(slave act)이라고 불렀다.
3 1950년대 이후에는 노동조합 간부의 부패가 큰 사회적 문제로 대두하였는데, 특히 항만노조(ILA)와 트럭운전사노조(Teamster) 등이 대표적으로 문제되었다. 1957년 연방상원의 특별위원회에서 폭로된 트럭운전사노조의 비리는 노동조합 간부에 대한 거액의 보수, 조합기금의 남용 및 횡령, 탈세, 마피아와의 결탁, 지부조합의 착취, 조합원의 협박, 사용자에게 유리한 조건을 인정하는 대가에 따른 금품수수 등 그 범위와 정도가 상상을 초월하였다(박지순, 2009, 188-189).

1) 제1장

조합원에 대한 기본 권리에 관한 사항을 규정하여 노조로 하여금 인종, 지역, 피부, 성 혹은 국적을 이유로 조합원자격을 거절하거나 조합원을 차별하지 못하게 하고 조합원들의 후보지명, 투표권행사, 노조회의참석, 조합비, 가입비 및 부과금(assessments)의 증액에는 민주적 절차를 따르도록 규정하고 있다. 따라서 이를 조합원의 권리장전이라고도 부른다(박지순, 2009, 185–188).

2) 제2장

주로 회계 기록 및 보고에 관한 것으로 노조간부에 대한 신상, 노조가입비 및 정기회비, 노조의 운영절차에 대하여 기술할 것을 요구하며 노조의 연간활동(회계) 보고서와 활동에 따른 경비내역을 노동성에 보고할 것을 규정하고 있다. 또한 사용자도 노조와의 사이에 이루어진 재무활동을 보고하도록 하고 있다.

3) 제3장

전국 또는 국제노조가 하부 조직인 지방노조를 대신하여 갖는 대표권행사(trusteeship)에 관한 규제와 조합임원의 신탁책임(fiduciary responsibility)에 관한 규정으로, 그 내용은 중앙노조 간부들의 지방노조에 대한 불법적 간섭행위를 금지하는 것이다. 이는 지방노조의 건전한 자유활동을 보호함으로써 지방자원의 개발과 발전에 기여함을 목적으로 하고 있다(박지순, 2009, 187–189).

4) 제4장

노조는 대내적인 민주성을 확보하여야 함에도 불구하고 노조선거에서 민주주의 원칙을 깨트린 경우가 많아 각급 조합임원의 선거횟수와 조합내의 노조간부에 대한 선거절차[4]가 공정하게 이루어지도록 하기 위하여 임기와 비밀·평등선거원칙, 후보지명, 선거절차, 후보자격, 선거캠페인규칙, 선거비용 등과 관련된 최소한의 기준을 규정하고 있다.

5) 제5장

개별 조합원의 권리에 보호규정을 두는 것으로 만일 노동조합의 간부가 수임사항을 불이행함으로써 손해가 발생했을 경우 조합원은 법원에 대하여 구제명령

4 선거에 관한 보다 구체적인 내용에 대해서는 임기엽(1999)을 참조.

을 신청할 수 있으며, 나아가 개별 종업원의 권리에 대한 여하한 침해행위에 대해서도 이는 형사상 책임을 구성할 수 있도록 규정하고 있다.

6) 제6장

노동조합은 조합간부에게 2천달러 이상의 대여를 할 수 없고, 특히 공산주의자의 조합간부 취임에 대한 금지와 사용자의 조합간부에 대한 무상급여 금지를 규정하며 노동성장관으로 하여금 남용행위에 대해서는 조사를 할 수 있도록 허용함으로써 태프트 하틀리법의 규정을 재확인하였다(Werther & Davis, 1996).

7) 제7장

노조가 다음과 같은 세 가지 조건, 즉 사용자가 다른 노조를 법적으로 인정했고, 적절한 선거가 실시되었으며, 그리고 피켓팅이 합리적인 기간(30일을 초과하지 못함) 동안 실시된 상태에서 기존 노동조합에 대항하여 새 노조를 노동자대표기구로 인정하기 위한 피켓팅(recognition picketing)을 불법화하였다. 또한 동법은 핫카고 계약을 금지하여 노동조합의 단체교섭권을 제한하였다(박지순, 2009; Witney & Taylor, 1996).

2. 우리나라 부당노동행위제도의 연혁

(1) 1953년 노동조합법과 노동쟁의조정법 제정

우리나라의 부당노동행위제도는 1953년에 제정된 노동조합법과 노동쟁의조정법에 처음으로 도입되었다. 그러나 당시의 부당노동행위 제도는 현재의 부당노동행위제도와는 상당히 차이가 있다. 부당노동행위의 유형은 노동조합법과 노동쟁의조정법의 여러 조문에 산재되어 있었고, 노동위원회를 통한 구제절차가 없이 다만 벌칙을 정하고 있는 이른바 '처벌주의'를 채택하였다.

(2) 1963년 노동조합법 개정

1963년 개정된 노동조합법은 종전의 노동조합법을 전면 개정하면서 노동조합법 및 노동쟁의조정법에 흩어져 있던 부당노동행위제도 관련 조문들을 부당노동행위로 통합하여 규정하였다. 또한 부당노동행위에 대해 처벌규정을 두던 것을 삭제하고, 대신 노동위원회가 구제명령을 내리는 구제제도를 규정함으로써 이른바 '원상회복주의'를 채택하였다(조정구, 2013).

(3) 1986년 노동조합법 개정

1986년 개정 노동조합법에서는 기존의 노동위원회를 통한 구제절차 이외에도 부당노동행위에 대한 처벌 규정이 추가되었다(노동조합법 제46조의 2: 1년 이하의 징역 또는 1,500만 원 이하의 벌금). 이로써 부당노동행위제도는 원상회복주의와 처벌주의를 병행하는 형태가 되어 현재의 부당노동행위제도에까지 유지되고 있다.

(4) 1997년 '노동조합 및 노동관계조정법' 개정

1997년 전면적으로 개정된 '노동조합 및 노동관계조정법'에서는 사용자가 노조전임자에게 급여를 지급하는 것을 지배개입(경비원조)의 부당노동행위로 명시하였다(노조 및 조정법 제81조 제4호). 이 규정은 노조전임자에게도 급여를 지급받는 것을 금지하는 규정(노조 및 조정법 제24조 제2항)과 함께 신설되었고, 시행일은 2010년 1월 1일부터이다. 사용자가 행정소송을 제기하였을 때 노동위원회의 구제명령을 이행하도록 명하는 긴급이행제도를 도입하였다(문무기 외, 2005, 8-10).

제 3 절 부당노동행위의 유형

부당노동행위의 유형은 나라마다 특색 있게 규정하고 있으나 산업평화와 노동3권의 실질적인 보장이라는 측면에서 볼 때 거의 대동소이한 편이다. 다만 우리나라의 경우 미국과는 달리 노동조합 및 노동관계조정법 제81조에서 사용자에 대한 부당노동행위만을 다섯 가지로 규정하고 있다.[5] 그러면 이들 각각에 대해 살펴보기로 하자.

---

5 복수노조가 허용되는 현 시점에서 교섭대표 노조가 소수노조의 단체교섭권을 침해할 소지도 있기 때문에 노동조합의 근로3권 보호와 공정질서의 수립과 관철이라는 목적에서 보면 이제는 노동조합의 부당노동행위를 인정할 시기에 와 있다고 보는 학자도 있다(김영문·이상윤·이정, 2012, 5-6).

1. 불이익대우

우리나라 노동조합 및 노동관계조정법 제81조 제1호는 "근로자가 노동조합에 가입 또는 가입하려고 하였거나 노동조합을 조직하려고 하였거나 기타 노동조합의 업무를 위한 정당한 행위를 한 것을 이유로 그 근로자를 해고하거나 그 근로자에게 불이익을 주는 행위" 를 부당노동행위로 규정하고 있다.[6]

여기서 불이익대우의 원인이 되는 요인으로는 크게 ① 노동조합에 가입 또는 가입하려고 한 것, ② 노동조합을 조직하려고 한 것, ③ 노동조합의 업무를 위해 정당한 행위를 한 것, ④ 정당한 단체행위에 참가한 것 등의 네 가지가 있다.

불이익대우의 형태로는 가장 전형적인 해고를 비롯하여 징계처분, 인사상의 불이익, 경제상의 불이익 및 정신상의 불이익 등을 들 수 있다. 부당노동행위로 인정되는 해고의 형태로는 징계해고, 기업의 합리화를 구실로 한 해고, 단순한 경력사칭을 이유로 한 해고, 강요에 의한 의원사직, 영업양도시의 일부 근로자에 대한 취업거부, 근로계약의 갱신거부, 계절근로자의 재채용거부, 경미한 무단결근 또는 무단이탈을 이유로 한 해고조치, 노동조합 탈퇴자 도는 비조합원에 대하여 감봉처분을 하면서 동일사안에 대하여 조합원에게는 해고처분을 한 경우 등이 이에 해당된다(이상윤, 2013, 926-927). 이 밖에도 시말서 제출, 견책, 근신, 경고, 좌천, 감봉, 강등 등의 징계처분, 배치전환, 출근정지, 휴직, 복직거부, 계약경신거부, 차별승급이나 승진·승급의 보류, 복지시설의 차별적 이용, 직종의 변경 그리고 능률급인 경우에 능률이 떨어지는 기계에의 배치 등이 있다.

다만 이들이 불이익대우로 성립되기 위해서는 노동조합 및 노동관계조정법 제81조 제1호와 사용자의 전술한 불이익대우 사이에는 인과관계가 존재하여야 한다. 노동조합 및 노동관계조정법 제81조 제1호와 제5호에서 "…한 것을 이유로" 라고 정하고 있는 것은 이와 같은 인과관계를 부당노동행위가 성립하기 위한 하나의 요건으로 하고 있는 것이다(이상윤, 2015, 946). 보통의 경우 사용자는 규

6 노동조합 및 노동관계조정법이 부당노동행위에서 보호하려는 노동3권의 행사 주체에는 정규직 근로자뿐만 아니라 비정규직 근로자도 포함된다. 그러나 법리적으로 제도를 통해 보호받을 수 있는 지위를 향유할 수 있는 자인지 여부를 떠나 현실을 볼 때 과연 비정규직 근로자에 대한 사용자의 부당노동행위 인정이 정규직 근로자에 대한 경우만큼 용이한 것인지 여부는 의문이다. 이러한 문제점을 해결하기 위하여 부당노동행위에서 구성요건 자체에 대한 수정이 검토되고 있는데 이에 대해서는 김성권(2014)을 참조.

정위반, 근무태만, 능력부족, 부서통폐합, 영업부진 등 적당한 구실을 붙이게 되므로 불이익임을 입증하기 위해서는 충분한 증거를 제시하여야 한다.

2. 황견계약

노동조합 및 노동관계조정법 제81조 제2호 본문은 "근로자가 어느 노동조합에 가입하지 아니할 것 또는 탈퇴할 것을 고용조건으로 하거나 특정한 노동조합의 조합원이 될 것을 고용조건으로 하는 행위"를 부당노동행위로 규정하고 있는데, 조합에의 불가입 또는 조합으로부터의 탈퇴를 고용조건으로 하는 이러한 계약을 황견계약(yellow dog contract) 또는 비열계약이라고 한다(임종률, 2016).[7] 다만, 노동조합이 당해 사업장에 종사하는 근로자의 3분의 2 이상을 대표하고 있을 때에는 근로자가 그 노동조합의 조합원이 될 것을 고용조건으로 하는 단체협약의 체결은 예외로 하며, 이 경우 사용자는 근로자가 그 노동조합에서 제명된 것 또는 그 노동조합을 탈퇴하여 새로 노동조합을 조직하거나 다른 노동조합에 가입한 것을 이유로 근로자에게 신분상 불이익한 행위를 할 수 없다.

개정 이전의 노동법은 사용자가 근로자에게 특정 노조 가입·탈퇴 등을 고용조건으로 하는 경우 부당노동행위로 규정·처벌하고 있으나 노동조합이 전체 근로자의 2/3를 대표하는 경우 노조가입을 강제하고 탈퇴시 해고토록 하는 '유니온숍' 협정 체결을 허용해왔다. 그러나 복수노조 허용시 유니온숍 협정은 근로자가 다른 노조를 조직·가입하기 위해 탈퇴하는 경우 해고하게 되어 노조선택권과 소수 노조의 단결권을 침해하는 문제가 발생하게 된다. 따라서 현행과 같이 '유니온숍' 제도는 허용하되, 그 노조를 탈퇴하여 다른 노조를 조직하거나, 다른 노조에 가입하는 경우 해고 등 불이익을 줄 수 없도록 함으로써(제81조 제2호) 다수노조의 단결력 강화로 사업장 노사관계를 안정시키고 복수노조 하에서 단결선택권을 보호하고 있다(노동부, 2007).

이 황견계약은 1920년대 미국에서 대량으로 발생했는데, 순종을 잘 한다고 하여 이와 같은 명칭이 붙여지게 되었다. 황견계약은 노동조합을 부인하거나 약화

7 영국에서는 비굴한 또는 비열한 사람을 yellow dog이라 하는데 고용계약에 있어서 조합에의 불가입·탈퇴·어용노조에의 가입 등 사용자가 시키는 대로 응낙하는 자를 말하고 그러한 계약을 yellow dog contract 이라고 한다(이준범, 1997, 231; 신수식·김동원·이규용, 2014, 174).

시키기 위하여 혹은 단체교섭을 회피하기 위한 수단으로서, 조합에 가입한 자는 그 조합으로부터 탈퇴할 것을, 또는 특정한 노동조합, 즉 어용조합을 만들어 새로 고용되는 자나 이미 고용되어 있는 자를 그 조합에 가입할 것 등의 내용을 갖는 계약이며, 이에 대한 대가로써 고용기회를 제공하는 것이다. 환언하면 노사간에 합의의 형식으로 근로자 개인의 단결권을 박탈하는 계약이다.

따라서 이러한 계약은 헌법 제33조의 정신에 정면으로 반하는 것으로서 당연히 무효라고 해야 할 것이다. 특히 우리나라와 같이 노동운동의 역사가 짧고 근로자의 권리의식이 상대적으로 약한 상황 아래서 황견계약의 체결이 허용된다면 자주적 결합은 그 자취를 감추고 말 것이다. 노동조합 및 노동관계조정법 제81조 제2호의 입법취지는 바로 여기에 있는 것이다(김치선, 1990, 380).

첫번째 유형의 불이익대우는 종업원이 된 자의 노동3권에 대한 보장활동을 억압하기 위한 것인데 비하여 황견계약은 종업원이 되기 전에 단결권활동을 봉쇄하려는 것이라는 점에서 불이익대우와 구별된다. 또한 이와 같은 반조합적 조건을 고용조건으로 하는 것은 반드시 근로계약의 체결시에 약정될 필요는 없으며, 종업원이 된 후에 고용계속의 조건으로 약정하는 것도 황견계약으로 보아야 한다. 한편 노동조합에 가입하더라도 조합활동을 하지 않는다는 것을 고용조건으로 하는 경우에도 이는 단결권에 대한 침해행위이므로 당연히 황견계약에 해당된다고 보아야 할 것이다.

3. 단체교섭의 거부

노동조합 및 노동관계조정법 제81조 제3호는 "노동조합의 대표자 또는 노동조합으로부터 위임을 받은 자와의 단체협약 체결 기타의 단체교섭을 정당한 이유없이 거부하거나 해태하는 행위"를 부당노동행위로 규정하여 이를 금하고 있다. 단체교섭은 노동조합의 본래적이고도 핵심적인 기능이므로 이와 같은 교섭을 사용자가 거부한다는 것은 조합의 존재이유를 무의미하게 하는 것과 같으므로 노동조합의 실질적 존재의의를 해하는 것이 되고, 나아가 단결권의 침해가 되므로 원활한 단체교섭의 실현을 위해 이것을 부당노동행위로 금지하고 있다.

우리나라의 경우 구노동조합법에서 한때 노동조합측의 단체교섭 거부도 부당노동행위로 규정하기도 하였으나 개정된 노동조합법에서 이를 삭제해 버렸다.

그러나 미국의 경우 단체교섭은 노사대표가 모두 성실성에 입각할 때 그 효과를 나타낸다고 봄으로써 노조의 단체교섭 거부도 부당노동행위로 규정하고 있다.

여기서 사용자의 단체교섭의무는 사용자가 성의(good faith)를 갖고 단체교섭에 임할 것을 강제하는 것이지 반드시 단체교섭을 타결시켜 단체협약을 체결할 의무는 있다는 뜻은 아니라는 점에 주의할 필요가 있다. 따라서 단체교섭을 계속하였으나 당사자간의 주장이 첨예하게 대립하여 더 이상 교섭을 계속하는 것이 무의미하여 교섭이 결렬상태로 된 경우에는 단체교섭을 중단하더라도 단체교섭의 거부는 아니다. 그러나 단체교섭이 타결되어 당사자간의 합의가 성립된다면 반드시 단체협약을 체결하여야 하며, 이것을 거부하면 단체교섭거부로 인한 부당노동행위에 해당된다(이상윤, 2013, 936).

또한 단체교섭에서 반드시 최고경영자가 직접 참석해야 하는 것이라 생각해서는 안 된다. 그가 권한을 위임한 교섭담당자로서 충분한 것이다. 예를 들어 전권대사가 신임장을 제시했으면 되는 것이지 일일이 국가원수가 나와서 외교협상을 한다고 하면 이 세상에서 될 일이 하나도 없을 것이다. 그러나 권한의 위임을 받았다는 교섭권자가 실질적으로 아무런 권한이 없어서 주고 받는 협상을 할 수가 없어 일일이 “대표이사나 사장의 허락을 받아서 답하겠다” 든가 하면서 결정을 할 수 없을 때에는 성의있는 교섭태도라 할 수 없다.

그렇다고 해서 위임받은 대표권자가 교섭테이블에서 합의한 것을 최종적인 것으로 인정해야 하는가? 그럴 수는 없다. 그것이 최고경영자의 손에 가서 거부당할 수도 있으며 이것은 노조측의 합의안이 전체 조합원투표에 의해 부결될 수도 있는 것과 마찬가지이다. 실제로 한국노동연구원이 1995년과 1996년에 걸쳐 조사한 결과에 따르면 95년에는 45.9%, 96년에는 49.2%의 단위노조에서 조합원 또는 대의원의 찬반투표를 실시했고 나머지 약 50%는 투표에 회부하지 않았다. 그리고 투표를 실시한 결과 약 76%는 인준되었으나 나머지 24%는 부결된 바 있다(이선·유경준, 1997).

그러나 그같은 권한은 언제나 전부 사용함으로써 효과가 있는 것이 아니라 때로는 극적으로 사용할 수도 있다는 유보상태로 교섭을 진행하는 경우에 교섭의 효과가 있는 것이다. 권한은 행사했을 때 이미 상당 부분은 소멸해 버리기 쉬운 것이고 오히려 그것을 언제라도 사용할 수 있다는 가능성, 즉 있는 권한의 사용을 유보하고 있는 상태'가 오히려 최대효력을 지닌 상태인 것이다.

그렇게 이해한다면 기업의 최고경영자도 그 유보상태에서 대부분 회사측 교섭담당자가 교섭해 온 것을 결재하는 것이 자기에게 유익하고, 노동조합 역시 조합원총회에서 번번히 교섭결과를 인준하기보다는 꼭 필요하면 인준절차를 밟을 수 있지만 구태여 매건마다 그 권한을 행사하여 권위를 떨어뜨릴 필요는 없을 것이라고 본다. 이같은 양 당사자의 이해증진이 바로 노사관계의 성숙도라고 하는 것이다(김수곤, 1992).

4. 지배 · 개입 및 경비원조

노동조합 및 노동관계조정법 제81조 제4호는 "근로자가 노동조합을 조직 또는 운영하는 것을 지배하거나, 이에 개입하는 행위와 노동조합의 전임자에게 급여를 지급하거나 노동조합의 운영비를 원조하는 행위"를 부당노동행위로 규정하여 이를 금지하고 있다. 근로자의 단결이 보호받기 위하여는 '자주성'이란 요건을 갖추어야 하는데, 이 자주성은 사용자에 대한 관계에 있어서 보통 '순수성'과 '독립성'을 의미하는 것이다. 여기서 지배·개입이란 바로 이 독립성을 침해하는 행위를 포괄하는 개념이라 할 수 있다.

그런데 이 지배·개입은 불이익대우나 황견계약처럼 사용자가 근로자 개개인에 대하여 행하는 행위가 아니라 근로자의 단결체인 노동조합 자체에 대하여 행하는 부당노동행위의 한 유형이다. 이러한 지배·개입의 양태로서는 조합의 조직결성과 운영에 대한 지배·개입 및 경비원조가 있다. 이들을 보다 구체적으로 살펴보면 다음과 같다.

첫째, 순수한 의미에서 이루어진 근로자에 의한 발의가 아니라 회사의 발의에 의해 사우회·친목회 등의 이름으로 어용조합을 만들어, 올바른 조합의 설립을 방해하거나 조합결성에 대해 사용자가 찬성의사를 표명하고 금전적 편의 또는 원조를 베풀거나, 회사의 이익대표자를 조합에 참가시키는 등 조합 결성을 적극적으로 방해하거나 원조하는 것이다.

반대로 조합결성에 적극적인 종업원들을 특히 비방하거나, 해고하거나, 차별적으로 취급하거나, 혹은 조합을 결성하면 해고하겠다든가, 회사가 해산될 것이라는 따위의 암시를 주어, 조합의 결성을 위협하고 불안을 조성하는 경우이다.

그럼으로써 조합의 결성을 단념하게 하려는 것이다. 이 방법으로는 회사의 간부들이 직접 개인별로 종업원과 면담하여 조합결성에 대한 의견을 물으면서, 암암리에 위협을 주어 결성을 방해하기도 하고, 휴일로 예정되어 있는 노조의 결성대회를 고려에 넣고, 그 날을 작업일로 변경함으로써 방해하는 등 여러 가지가 있다. 어떤 경우이든 사용자는 조합결성에 대하여는 적극적이든 소극적이든 전적으로 불간섭이어야 한다는 것이 근본취지이다.

둘째, 노동조합운영에 대한 지배·개입이다. 노동조합이 결성된 후에도 그 운영에 대해서 사용자는 불간섭이어야 하며, 모든 조합원의 자유의사에 맡기지 않으면 안 된다. 여기서 조합의 운영이라 함은 널리 조합활동의 모든 면에 걸치는 것이다. 그리고 사용자의 지배개입은 결성의 경우와 마찬가지로 어용화를 지향하는 적극적인 것과 조합궤멸을 지향하는 소극적인 것의 두 가지 면이 있으므로 그 양태는 극히 다양하다.

한편 사용자의 언론의 자유와 관련해서 지배·개입행위의 정당성이 문제되고 있다. 사용자가 조합운동의 경향이나, 노동조합의 강령 또는 운동방침에 대해서 비판적인 견해를 발표하는 것은 그것 자체로서는 헌법 제21조의 언론의 자유에 속하는 것이므로, 그것이 노동운동에 대해서 약간의 영향을 끼쳤다고 하여 당연히 부당노동행위가 되는 것은 아니다. 따라서 여기서 문제가 될 수 있는 것은 사용자라는 우세한 지위로부터 수반되는 위압적인 언론인 것이다. 말하자면, 강자의 약자에 대한 언론이요, 제한되어야 할 위협성을 지닌 언론이다. 그러므로 언론에 의한 부당노동행위를 언론이 자유 일반과 관련시켜 논한다는 것은 이 곳에서는 문제되지 않는다(김형배, 2016, 545-546).

셋째, 노동조합의 경비에 대하여 경리상의 원조를 주는 것이다. 조합대회의 비용, 출석의 비용 등을 지급한다면 물론 이에 해당한다. 조합활동은 취업시간 외에'라는 원칙에 따라서, 취업시간 중의 조합활동에 대하여는 임금에서 일정액을 공제함이 원칙이고, 시간 중에 단체교섭 또는 노사협의를 가짐에 있어서도 사용자가 인정했을 때에만 예외이고, 그 밖의 경우의 임금지불은 경비원조라고 할 수 있다. 그러나 노동조합 및 노동관계조정법 제81조 제4호 단서에서는 다음과 같은 예외적 범위를 규정하여 이러한 원조행위는 허용하고 있다.

① 근로자가 근로시간중에 노동조합 및 노동관계조정법 제24조 제4항에 따른

활동, 즉 사용자와의 협의·교섭, 고충처리, 산업안전 활동 등 이 법 또는 다른 법률에서 정하는 업무와 건전한 노사관계 발전을 위한 노동조합의 유지·관리업무 등을 사용자가 허용하는 것.

② 근로자의 후생자금 또는 경제상의 불행 기타 재액(災厄)의 방지와 구제 등을 위한 기금을 기부하는 것.

③ 최소한의 규모의 노동조합사무소를 제공하는 것.

경비원조에 해당되는 유형으로는 조합의 전임 임원에 대하여 급여 지급, 조합운영경비의 지급, 조합간부의 출장비 지급, 조합대회의 경비지원, 쟁의행위기간 중의 임금상당액의 지급 등을 들 수 있다. 그리고 이러한 것이 비록 사용자의 경비원조라 하더라도 노동조합이 이를 투쟁하여 쟁취한 것이라면 부당노동행위가 되지 않는다고 보는 견해도 있었으나, 조합간부의 급여나 조합의 경상비를 사용자가 지급하는 것은 노동조합의 자주성을 해칠 우려가 크기 때문에 1997년 개정된 노동조합 및 노동관계조정법 제81조 제4호에서 이러한 행위를 부당노동행위에 해당된다고 명문화하였다(김형배, 2016, 548).

그러나 그 후로도 우리나라의 경우 실제에 있어서는 많은 기업이 노조 전임간부에 대해 임금을 비롯하여 경비를 보조해 왔다. 한국노총이 전임자의 급여를 사용자로부터 지급받는 비율을 전임형태별로 조사한 결과는 〈표 8-1〉과 같다. 여기서 알 수 있듯이 완전전임의 경우 급여의 98.4%를, 부분전임을 포함한 전체는 95.2%를 사용자로부터 지급받았고, 그리고 부분전임의 경우에는 급여의 80.5% 정도를 사용자로부터 지급받고 있는 것으로 나타났다(조흠학·허윤정, 2005).

한편 우리나라와 같이 기업별 노조가 주종을 이루고 있는 일본의 경우를 보면 〈표 8-2〉에서 보는 바와 같이 2008년 12월말 현재 조합전임자[8]가 있다고 대답하는 비율이 전체의 17.1%에 이르고 있다. 이 비율은 2003년의 16.5%와 비교해 소폭 증가한 것이다. 다만, 기업규모가 큰 1,000명 이상 사업장의 경우 약 34%에 이르고 있기 때문에 기업규모의 영향을 받은 것으로 보인다. 또한 평균 전임자수는 5,000명 이상의 대기업의 경우에도 평균 6.1명에 불과하고, 전체적으로 평

8 일본에서는 조합업무만 보는 사람을 전종(專從)이라고 하는데, 여기서 회사의 신분을 떠나서 조합업무만을 보는 간부를 이적전종(離籍專從)이라 하고, 회사의 종업원 신분을 갖고 있으나 회사업무는 보지 않고 조합업무만을 보는 간부를 재적전종(在籍專從)이라 한다.

표 8-1 노조전임자 급여의 회사부담률 – 전임형태별 (단위: %)

구 분		완전 전임		부분 전임		완전 및 부분	
전 체	상급단체파견	98.4	97.8	80.5	75.2	95.2	95.6
	회사파견 사무보조		96.8		90.7		96.2
	노조상근		99.1		82.9		95.8
임·단협 시 추가		96.5		81.3		89.8	

자료: 조흠학·허윤정(2005), 「전임자 급여지급에 관한 실태와 당위성」, 한국노총 중앙연구원, 61.

표 8-2 일본의 기업규모별 노조전임자 (단위: %, 명)

구 분	2008년		2003년	
	비율	평균 전임자 수	비율	평균 전임자 수
5,000명 이상	23.6	6.1	19.2	4.9
1,000~4,999명	34.6	2.8	33.0	2.4
500~999명	29.5	1.5	21.9	1.3
300~499명	6.7	1.2	13.1	1.2
100~299	4.7	1.7	5.0	1.8
30~99명	1.3	2.0	2.0	1.0
평 균	17.1	3.4	16.5	2.7

자료: 조상균(2013), "일본의 노조전임자 제도," 「노동법논총」, 28, 428.

균 3.4명인 것으로 나타났다. 이와 같이 상대적으로 적은 숫자의 전임자를 두는 이유는 후술하는 바와 같이 조합전임자에 대한 급여를 조합 자체적으로 해결하여 조합비에서 인건비가 차지하는 비율의 상승을 염려하고 있기 때문이 아닌가 생각된다(조상균, 2013). 아울러 조합전임자에 대한 급여를 조합에서 자체적으로 부담하는 원칙에 위배되면 일본노동조합법 제7조의 '사용자에 의한 경비부담'이 되어 미국의 경우와 같이 부당노동행위가 되는(박덕제·박기성, 1990) 것은 주지의 사실인데, 이 또한 영향을 미친 것으로 보인다.

노조전임자 급여지급 금지조항은 그 동안 5년씩 두 차례나 유보되고서도 또다시 3년이 더 연기됨으로써, 법의 명분과 권위가 크게 훼손되었을 뿐만 아니라 노사관계의 불안요인이 되어왔음에도 불구하고 노사의 속내가 복잡하고 상충되어 여전히 '뜨거운 감자'로 되어왔다(김대환, 2011). 기업단위 복수노조 허용 및 교섭창구단일화와 함께 우리나라 노동관계법제의 가장 큰 쟁점중의 하나였던 노조전임자 급여지급 금지를 구체적으로 규정한 현행 노동조합 및 노동관계조정법(이하 '노조 및 조정법'이라 함) 개정안이 여야간 난상토론 끝에 2010년 1월 1일에 극적으로 가결 처리되었다.

이로써 지난 13여 년간 유예되어 왔던 노조전임자에 대한 급여지급 금지가 2010년 7월 1일부터 본격적으로 적용되게 되었다. 이와 함께 도입된 근로시간면제제도(time-off system)는 전임자급여 지급금지에 대한 예외로서, 임금의 손실없이 근로시간 동안 근로자들이 노조활동을 할 수 있는 여지를 보장하고 있다. 이를 통해 종래 우리나라 노사관계에서 이른바 "잘못된 노사관행의 전형"으로 지적되던 노조전임자에 대한 부당한 급여지급 관행이 근절되는 동시에, 기업의 인사노무에 대한 노동조합의 순기능도 발휘될 수 있는 선진적 노사관계가 정착될 것으로 기대된다(문무기, 2011).

노조전임자 급여지급 금지제도가 시행된 지도 벌써 수년이 흘렀다. 법안처리 과정의 우여곡절이야 주지하는 바와 같이 반전에 재반전을 거듭한 '드라마' 그 자체였지만(문무기, 2010) 보편적인 국제노동기준(global labor standards)에 부합하는 동시에 잘못된 노동관행을 시정하기 위한 정부와 정치권의 노동조합 및 노동관계조정법 개정 노력에도 불구하고 노사 대다수의 불만과 비판이 계속되고 있다(문무기, 2010). 따라서 근로시간면제제도와 관련하여 현재 다양한 형태로 전개되고 있는 노사간 다툼의 연장선상에서 노동위원회와 법원을 통한 법리 공방 역시 상당히 치열하게 전개되고 있다.

5. 보복적 불이익대우

노동조합 및 노동관계조정법 제81조 제5호는 "근로자가 정당한 단체행동에 참가한 것을 이유로 하거나 또는 노동위원회에 대하여 사용자가 이 조의 규정에 위반한 것을 신고하거나, 그에 관한 증언을 하거나, 기타 행정관청에 증거를 제출한 것을 이유로 그 근로자를 해고하거나 그 근로자에게 불이익을 주는 행위"도 역시 부당노동행위로 규정하고 있다. 이것은 미국의 보복적 차별대우를 승계한 것으로서 특수한 유형이다(변상우 외, 2015, 301-302).

이 보복적 불이익대우도 불이익대우와 마찬가지로 해고·전직·감봉 등의 대표적 사례로 나타나는 것이며 반드시 사용자측의 그럴듯한 구실과 타당성 있는 이유가 뒤따르게 되므로 보복적 불이익대우임을 입증할 수 있는 증거를 제시하는 것이 중요하다(김성수, 2013; 이규창·신건호·김길생·이승계, 2001).

그러나 사용자측의 부당노동행위는 내심의 것이므로 인과관계의 판단 및 입증은 용이하지 아니하다. 따라서 불이익처분이든 보복적 불이익처분이든 이들의 실질적 이유를 판단함에 있어 불이익처분 당시의 제반사정을 종합적·구체적으로 고려하여야 한다(김유성, 1999; 김형배, 2014; 박상필, 1994). 예컨대 사용자의 불이익처분 사유, 근로자의 조합활동 내용, 처분의 대상자·시기·경위, 사용자의 노동조합에 대한 호감도, 노사관계, 처분이후의 조합활동 약화여부 등을 종합적으로 비교·검토하여 판단하여야 한다(이상윤, 2015, 947–948).

지금까지 부당노동행위의 유형에 대해 살펴보았다. 이어서 우리나라의 부당노동행위 현황과 관련하여 구제신청건수를 행위유형별로 살펴보면 〈표 8–3〉과 같다. 이 표에서 알 수 있는 바와 같이 제1호인 불이익대우가 압도적으로 많았고,[9] 그 다음으로 제3호 관계(단체교섭 거부·해태)나 제4호관계(지배·개입)가 앞서거니 뒤서거니 하다가 최근에는 제4호관계가 훨씬 많아졌으며, 끝으로 제2호 관계인 황견계약이 가장 적었다.

전체적으로 불이익대우가 압도적으로 많다는 것은 부당노동행위의 대부분이 노동조합을 새로이 조직·결성하려 하거나 기존 조직의 확장을 위한 신규조합원의 확보과정 또는 정당한 조합활동의 과정에서 발생한다는 것을 의미한다. 또한 제3호와 제4호 관계도 1987년 6.29민주화선언 이전에 비해서는 다소 줄어들었지만 여전히 일정 부분을 보이는 것은 노사간에 단체교섭의 실행이 아직 정착되지 못하고 사용자의 반조합적 의식이 여전히 남아있음을 의미한다.

한편 사업(장) 단위에서의 복수노조제도가 시행된 지 수년이 지났다. 정부는 시행 초기에 있었던 많은 우려와 달리 복수노조제도가 현장에 빨리 안착되었다고 평가하고 있지만 아직도 운영상 문제점들이 노출되고 있다. 따라서 여러 가지

9 1964년부터 1979년까지의 각 지방노동위원회에서 처리된 사건 총수 4,182건 중 부당노동행위사건이 1,752건을 차지하는데, 이 중 구노동조합법 제39조 제1항에 관한 것이 1,129건으로 역시 전체의 64%를 차지하여 가장 많았다(중앙노동위원회, 1979, 462; 김형배, 1981, 481).

표 8-3 부당노동행위의 유형별 구제신청현황 (단위: 건, %)

연 도	계	불이익 대우	황견계약	단체교섭 거부 · 해태	지배 개입	보복적 불이익 대우
1980	163	144	1	5	10	3
1982	168	129	1	12	15	11
1984	238	191	-	26	14	7
1986	322	277	1	19	22	4
1988	1,439	935	6	380	98	20
1990	1,160	832	5	185	79	59
1992	689	585	13	63	19	9
1994	548	470	1	43	27	7
1996	539	419	7	77	32	4
1998	787	679	7	62	36	3
2000	1,285	831	2	79	124	4
2002	1,355	1,195	6	53	92	9
2004	908	761	-	90	53	4
2006	1,134	987	35	76	33	3
2008	936	195	3	64	67	7
2010	1,723	1342	3	27	348	3
2012	918	709	4	55	106	44
2013	823	745	4	14	55	5
2014	948	826	8	19	92	3
2015	947	793(83.7)	6(0.6)	51(5.4)	73(7.7)	24(2.5)

자료: 고용노동부(2016), 「2016년 고용노동백서」, 689, 고용노동부(2015), 「2015년판 고용노동백서」, 654; 고용노동부(2014), 「2014 고용노동백서」, 489; 노동부(2006), 2006년판 노동백서, 406를 토대로 재작성.

법제도적인 개선점이 남아 있지만 무엇보다 복수노조 사업(장)에서 사용자에 의한 부당노동행위가 우려되고 있다. 구체적으로 사용자가 친 기업적인 노동조합의 설립을 지원하거나 특정 노동조합에의 가입 또는 탈퇴를 유도하기도 하고 인사고과를 통한 특정노조 가입 근로자에 대한 불이익 취급시도로 노사는 물론이고 노·노 간의 갈등이 있을 수 있다(조성관, 2014).

제 4 절 부당노동행위의 구제제도

1. 부당노동행위 구제제도의 의의

부당노동행위의 구제는 근로자나 노동조합에 대한 노동3권의 침해를 구제한다는 점에서 '권리구제적 기능'을 갖는다. 부당노동행위가 이루어진 경우에 그것을 시정하는 방법에는 크게 두 가지가 있다. 하나는 법원에 제소하여 그 판결, 즉 사법처분을 기다리는 것이고, 다른 하나는 노동위원회에 구제를 신청해서 그 명령, 즉 행정처분에 따르는 것이다.[10]

법원에 의한 구제절차는 민사소송으로 기껏해야 차별적인 해고인 경우, 해고무효확인의 소(訴)나 종업원으로서의 지위보전의 가처분 등을 통한 구제를 기대할 수 있을 뿐이다. 이것이 경제적·시간적인 여유가 별로 없는 근로자에게 있어서 별반 실효성이 없는 조치임은 두말할 필요조차 없다. 더구나 단체교섭 거부나 기타의 부당노동행위유형에 대하여는 거의 묘책이 없다.

그러기에 보다 신속하고 강력한 구제를 도모할 수 있는 행정적 구제의 길을 열어 놓고 있다. 즉, 노동위원회에 신청해서 그 명령에 따르도록 한 것이다. 따라서 오늘날은 노동위원회에 부당노동행위에 대한 구제를 신청하여 행정처분에 따르도록 하는 것이 일반적이다.

경제성과 시간상의 제약으로 말미암아 실효성이 떨어지는 법원에 의한 구제제도와는 달리 노동위원회에 의한 구제는 노사관계를 전문적으로 다루는 준사법기관인 노동위원회가 사용자의 부당노동행위에 대하여 신속하고, 비용부담을 최소화하는 구제방법의 특수성을 갖고 있다(임종률, 2011, 247-248).

노동위원회에 의한 구제절차는 사용자의 부당노동행위에 대하여 근로자 또

---

10 이 밖에도 사용자가 부당노동행위를 한 경우에 근로자가 민사소송이나 노동위원회에 구제신청을 하지 않고, 노조법 제90조(2년 이하의 징역 또는 2천만 원 이하의 벌금)에 의해 처벌해 주도록 지방노동관서의 근로감독관에게 고소 또는 진정을 제기하는 방법이 있다. 형사처벌 대상자는 사용자 중에서 행위자와 사업주 모두가 해당된다. 형사처벌은 사용자가 스스로 또는 근로감독관의 권유에 의해 부당노동행위를 철회 또는 취소하는 방법이 사용되고 있으므로 간접적인 구제방법이다. 이와 같은 형사처벌제도는 형법상 법리와 절차에 따른 것으로 그 처벌에 있어 매우 엄격하게 적용된다. 만일 부당노동행위가 아니라는 형사적 판단이 이루어지는 경우 행정적 또는 민사적 구제절차에 좋지 않은 영향을 끼칠 수 있으며, 부당노동행위 자체를 감소시키거나 원상회복을 하는 본래의 취지와 달리 사용자와의 감정적 대립을 확대시킨다는 것도 문제가 되고 있다.

는 노동조합의 구제신청을 받아 심사한 후 구제명령을 발하는 기본적인 구조를 갖고 있다. 그러나 노사당사자는 구제명령에 불복하여 중앙노동위원회에 재심을 신청할 수 있고, 나아가 행정소송을 제기할 수도 있다. 그러나 그 명령 또는 판결이 확정된 경우에는 이에 위반될 수 없다.

우리나라의 경우 부당노동행위에 대하여 당초의 직벌주의, 곧 처벌주의로부터 1963년 원상회복주의로 전환되었던 것을 1986년 12월 31일 노동조합법 개정시 처벌주의를 다시 도입하여 오늘에 이르고 있다. 즉 현행 제도는 구제제도와 처벌제도를 함께 규정하고 있으며, 이 때의 처벌은 피해자의 명시된 의사에 따라 구제와 병과될 수 있다는 데 특색이 있다. 또한 구제절차에 있어서는 당사자주의를 채택하여, 구제절차의 개시를 당사자인 근로자 및 노동조합으로 하고 있다는 것이 특색이다. 이렇게 원상회복주의와 처벌주의를 병과한 것은 그 동안 행정적 구제방법만으로는 사용자의 부당노동행위를 사전에 효과적으로 억제하지 못했다는 노사관계의 현실을 반영한 것이다(윤성천, 1987).

2. 노동위원회에 의한 구제

우리나라의 노동위원회에 의한 부당노동행위의 구제절차는 사용자의 부당노동행위에 대하여 근로자 또는 노동조합의 구제신청을 받아 심사한 후 구제명령을 발하는 기본적인 구조를 취하고 있는데, 그 순서는 [그림 8-1]과 같다.

(1) 관할

부당노동행위는 지방노동위원회와 중앙노동위원회가 심급을 달리하는 2심제를 기본으로 하는데, 그 위에 행정소송을 인정하여 형식상 3심제를 이루고 있다. 초심(1심)은 부당노동행위가 발생한 사업장의 소재지를 관할하는 지방노동위원회가 관장하되, 2 이상의 관할구역에 걸친 사건은 주된 사업장의 소재지를 관할하는 지방노동위원회에서 관장한다. 그리고 특정 사항에 관한 것인 때에는 특별노동위원회가 초심으로서의 관할권을 갖는다.

재심(2심)에 해당하는 중앙노동위원회는 다음 각 호에 대하여 재심으로서의 관할권을 갖는다(노동위원회법 제3조 제1항).

그림 8-1 부당노동행위의 구제절차

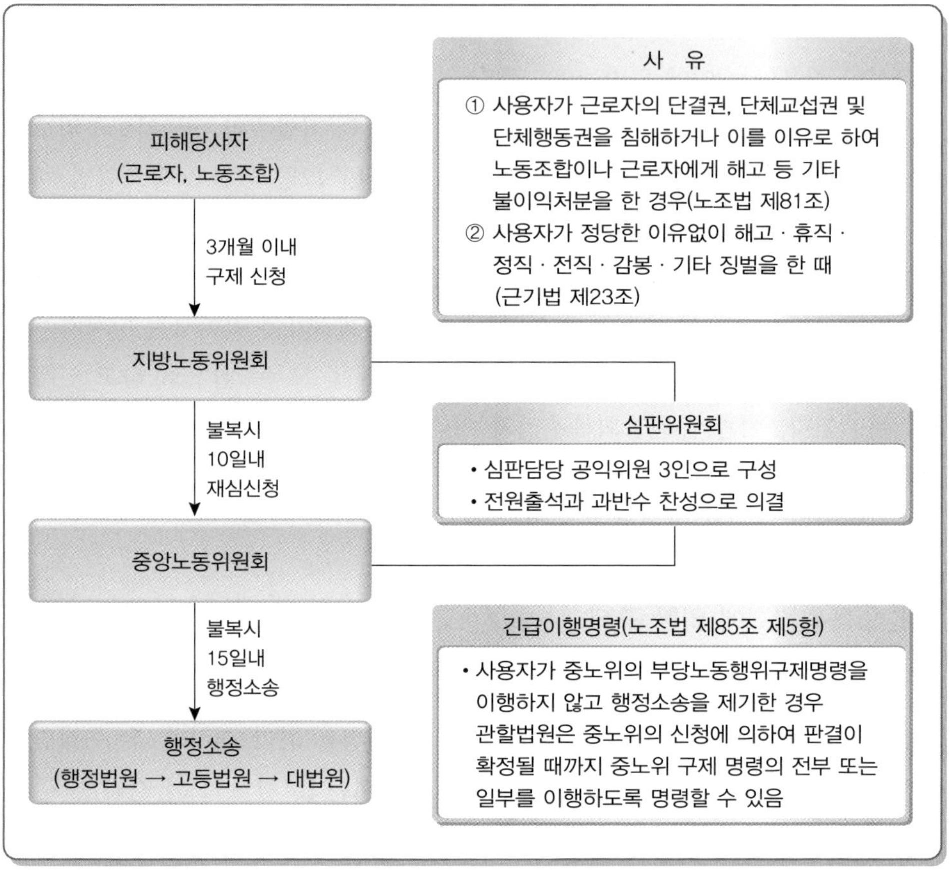

자료: 고용노동부.

1. 지방노동위원회 및 특별노동위원회의 처분에 대한 재심사건
2. 2이상의 지방노동위원회의 관할구역에 걸친 노동쟁의의 조정사건
3. 다른 법률에 의하여 그 권한에 속하는 것으로 규정된 사건

(2) 구제신청

사용자의 부당노동행위로 인하여 그 권리를 침해당한 근로자 또는 노동조합은 노동위원회에 그 구제를 신청할 수 있다(노조 및 조정법 제82조 제1항). 구제신청은 서면으로 하되 행위가 있은 날(계속하는 행위는 그 종료일)로부터 3월 이내에

행하여야 한다(노조 및 조정법 제82조 제2항). 이와 같이 부당노동행위의 구제신청에 제척기간(除斥期間)을 설정한 이유는 상당한 기간이 경과되면 증거수집 및 실정파악 등 사실관계의 입증이 곤란하고, 그 동안에 부당노동행위에 근거한 노사관계가 이미 정상화·안정화될 수 있으므로 이를 피하여 구제의 실효성을 확보하기 위한 것이다(이상윤, 2013, 950; 김형배, 2016, 1183). 구제신청의 상대방은 부당노동행위를 실제로 행한 자연인으로서의 대표이사나 중역이 아니라 구제의무를 부담하는 기업 자체가 된다.

(3) 심사

부당노동행위의 심사절차는 조사와 심문으로 구분된다(노조 및 조정법 제83조 제1항). 조사는 양 당사자의 주장과 입증방법을 명확하게 하여 쟁점을 정리하는 것이며, 노동위원회는 노동조합 및 노동관계조정법 제82조의 규정에 의한 구제신청을 받은 때에는 지체없이 필요한 조사와 관계 당사자의 심문, 증인심문, 증거제출, 증인에 대한 반대심문 등의 심문을 하여 부당노동행위의 성립 여부를 가려내어 구제명령 또는 기각결정과 같은 적절한 조치를 취하게 된다. 노동위원회의 조사 및 심문절차는 소송절차에 있어서의 변론과 증거조사에 해당하는 핵심적 부분으로서 민사소송에 있어서와 마찬가지로 당사자 쌍방에 공격과 방어의 기회를 공평하게 보장하고 공개주의를 채택함으로써 처리의 공정을 기하고 있다. 조사와 심문에 관한 절차는 중앙노동위원회 자체에서 정하도록 되어 있다(노조 및 조정법 제83조).

이와 같은 과정에서 때로는 상호대립이 불가피한 경우도 있지만, 원만한 화해를 통하여 구제신청의 취하를 할 수도 있다. 노동위원회(심판위원회)는 사건의 조사과정이나 심문회의 진행 중에 당사자에게 화해를 권고하거나 주선할 수 있다(노동위원회 규칙 제69조). 화해는 조사·심문·합의 등 어느 절차에서도 행하여 질 수 있으며, 화해가 성립된 때에는 절차가 종료되고, 위원회는 화해조서를 작성하여야 한다. 화해는 확정판결과 동일한 효력이 있으며, 당사자는 화해한 후 이에 불복할 수 없다(이상윤, 2015, 970).

전술한 바와 같이 노사관계는 쌍방이 서로의 주장을 달리 가지고 있을 뿐 아니라, 감정적인 작용도 크므로 판정만으로는 충분한 해결이 될 수 없는 경우가 적지 않다. 그러므로 그 판정에 앞서서 이해관계의 조정과 타결을 위한 노력이 요망된다. 우리 나라에서 노동조합 및 노동관계조정법이 부당노동행위에 대하여 처벌주의를 버리고 원상회복주의를 채택한 이유도 이런 점에서 찾아볼 수 있다.

(4) 구제명령

노동위원회는 노동조합 및 노동관계조정법 제83조의 규정에 의한 조사와 심문을 종료하고 부당노동행위가 성립한다고 판정한 때에는 사용자에게 구제명령을 발하여야 하며, 부당노동행위가 성립되지 아니한다고 판정한 때에는 그 구제신청을 기각하는 결정을 하여야 한다. 판정·명령 및 결정은 서면으로 하되, 이를 당해 사용자와 신청인에게 각각 교부하여야 한다(노조 및 조정법 제84조 제1항, 제2항). 이 구제명령을 위반하게 되면 3년 이하의 징역 또는 3,000만원 이하의 벌금에 처한다(노조 및 조정법 제89조 제2호).

구제명령의 내용은 부당노동행위에 의하여 침해된 상태를 회복하는데 필요하다고 생각되는 적절하고 구체적인 조치로 나타나야 하는데, 부당노동행위의 유형별로 다음과 같은 구제명령을 내릴 수 있다. 본고에서는 제1호와 제5호를 불이익대우로 묶어서 다루고자 한다.

1) 불이익대우

불이익대우의 전형이라 할 수 있는 해고에 대하여는 노동위원회는 해고된 근로자에게 원상회복으로서 원직 또는 원직에 상당하는 지위에 복귀시키도록 하는 동시에 해고에 의하여 근로자가 지급받지 못한 임금[11]의 소급지불(back pay)을 명하는 것이 원칙이다. 원직복귀에 있어서는 재고용이라는 형식으로 근로계약을 체결하는 것은 원상회복의 취지에 어긋나는 것이며 해고 전의 직 또는 그에 상당하는 직에 복귀시켜야 할 것이다. 불이익대우가 정직·감봉 등의 징계처분인 경우에는 그 처분을 취소하라는 명령을 내리면 된다. 소급지불에 있어서는 임금전액의 지불을 명하는 것이 보통이나 해고된 후 그 근로자가 다른 곳에 취업하여 얻은 수입을 공제할 것인가 하는 것이 문제가 될 수 있다. 부당노동행위의 구제는 원상회복에 있음을 고려하면 구제명령은 그에 필요하고 충분한 한도 이상의 것

11 임금은 근로기준법 제 18조에 규정된 임금을 말하며, 근로자가 계속 근무하였을 경우 그 반대급부로서 받을 수 있는 임금 전부의 지급을 요구할 수 있다(이상윤, 2015, 972).

이 되어서는 안 되기 때문에 그 금액을 공제하고 소급지불을 명하는 것이 이론상 타당하다고 생각된다.

2) 황견계약

황견계약의 경우에는 사용자가 해고조건으로 된 특정 조합에의 불가입, 조합 탈퇴, 특정 조합에의 가입 등을 강요하는 것을 중지하거나 이러한 황견계약을 파기하도록 명하면 된다.

3) 단체교섭거부

단체교섭거부의 경우에는 단체교섭을 즉각 개시하도록 하고 교섭사항(대상),

표 8-4 부당노동행위의 처리현황(초심) (단위: 건)

연 도	접수건수	처리내용					이 월
		소계	인정	기각	각하	취하	
1986	322	292	47	70	19	161	26
1987	522	441	79	110	21	231	81
1988	1,439	1,297	169	264	190	674	142
1989	1,721	1,546	194	352	94	906	175
1990	1,160	1,088	149	341	89	509	72
1991	784	746	75	311	43	317	38
1992	689	643	85	232	53	273	46
1993	619	589	87	189	24	289	30
2005	968	795	78	384	20	313	173
2006	1,134	992	113	563	49	267	142
2007	904	765	47	382	22	314	139
2008	936	828	78	398	29	323	108
2009	1,151	983	65	475	60	443	168
2010	1,723	1,567	33	682	289	563	156
2011	988	795	16	378	6	340	193
2012	918	825	56	448	23	298	93
2013	968	795	78	384	20	313	173
2014	948	840	44	369	11	416	108
2015	947	767	66	346	35	320	180

주: 2010년의 경우 한국철도공사(162건)와 금호타이어(167건)의 단일사건이 각 노동위원회별로 제기되었고, 1인이 동일한 내용으로 249건을 신청하여 접수건수가 일시적으로 증가하였다.

자료: 고용노동부(2016), 「2016년판 고용노동백서」, 689

교섭시기, 교섭방법 및 교섭담당자를 특정하여 신의성실의 원칙에 따라 단체교섭을 행할 것을 명하면 된다.

4) 지배·개입·경비원조

지배·개입·경비원조행위를 특정하여 이에 해당되는 행위를 하여서는 아니된다는 내용의 부작위명령, 사과문의 게시(post notice)명령 및 그 교부, 구제명령의 이행상황에 관한 보고명령, 반조합행위를 반복할 우려가 현존하는 경우에는 장래에 대해서 부작위명령 등을 내리면 된다(김형배, 2016). 하지만 이에 관한 구제는 대단히 곤란한 것으로 형식적 의의에서 원상회복은 불가능한 경우가 많다.

이어서 2015년도 부당노동행위 구제신청에 대한 초심에서의 처리현황을 보면 〈표 8-4〉와 같이 총 신청건수 947건 중 767건을 처리하였다. 구체적으로 처리사건 중 66건(8.6%)은 부당노동행위가 인정되어 구제명령을 하였고, 346건(45.1%)은 부당노동행위에 해당되지 아니하여 기각, 320건(41.7%)은 당사자 간 합의로 취하 또는 화해, 그리고 35건(4.6%)은 제척기간 도과(徒過) 등으로 각하하였다(고용노동부, 2016, 689).[12]

(5) 재심

지방노동위원회 또는 특별노동위원회의 구제명령 또는 기각결정에 불복이 있는 관계 당사자는 그 명령서 또는 결정서의 송달을 받은 날부터 10일 이내에 중앙노동위원회에 그 재심을 신청할 수 있다(노조 및 조정법 제85조 제1항). 다만 재심의 신청이 있더라도 초심명령은 그 효력이 정지되지 않으며 중앙노동위원회의 재심사에 의하여 취소 또는 변경이 있는 경우에 비로소 효력을 상실한다.

2014년도 부당노동행위 구제신청에 대한 재심에서의 처리현황을 보면 〈표 8-5〉와 같이 총 신청건수 278건 중 206건을 처리하였다. 구체적으로 15건은 부당노동행위가 인정되어 구제명령을 내렸고, 8건은 화해가 이루어졌으며, 133건

12 기각은 신청인의 신청의 내용을 이유 없다고 하여 배척하는 결정이며, 각하는 신청인의 구제신청이 요건을 갖추지 못하는 경우에 내리는 결정으로서 모두 근로자측의 패배를 뜻한다. 취하란 신청인이 심문 중에 신청의 전부 또는 일부를 처음부터 신청이 없었던 것으로 하는 행위이다. 그리고 화해란 노동위원회가 심사절차 중의 적절한 시기에 당사자에게 화해를 권고하여 사건을 종결시킴으로써 판정까지 가지 않고 구제의 목적을 신속하게 달성하려는 결정을 말한다(신홍, 1991, 15-16).

표 8-5 부당노동행위와 부당해고의 처리현황(재심)

연 도	부당노동행위							부당해고						
	신청건수	유형별 처리건수					이월	신청건수	유형별 처리건수					이월
	계	인정	화해	기각	각하	취하		계	인정	화해	기각	각하	취하	
2001	328	33	1	83	19	88	104	1,080	178	10	242	60	293	297
2002	432	23	-	179	17	105	108	1,179	179	17	346	43	312	282
2003	385	48	2	110	19	79	127	1,144	201	4	277	48	290	324
2004	354	39	1	119	18	71	106	1,347	206	3	302	52	339	445
2005	414	36	-	129	6	67	176	1,582	214	2	372	58	323	613
2006	495	25	-	207	19	108	136	1,784	290	12	528	87	393	474
2007	441	25	3	227	12	58	116	1,532	369	26	446	78	234	379
2008	356	24	7	197	10	72	46	1,335	350	50	429	110	248	148
2009	278	26	3	141	17	47	44	1,271	268	64	394	108	246	191
2010	601	18	5	153	8	56	361	1,703	222	58	456	95	271	601
2011	610	8	2	461	8	87	44	1,702	337	52	729	100	282	202
2012	337	15	4	142	7	44	125	1,539	285	46	395	112	234	467
2013	339	34	14	191	8	39	53	1,653	403	80	463	168	266	273
2014	278	15	8	133	4	46	72	1,619	351	102	423	119	314	310

자료: 중앙노동위원회; 고용노동부(2014), 「2014 고용노동통계연감」, 423; 고용노동부(2015), 「2015 고용노동통계연감」, 249.

은 부당노동행위에 해당되지 아니하여 기각하였고, 4건은 제척기간 경과 등으로 각하하였으며, 그리고 46건은 당사자간 합의로 취하한 것으로 나타났다(고용노동부, 2015, 249).

(6) 행정소송

중앙노동위원회의 재심판정은 일종의 행정처분이기 때문에 이에 대하여는 행정소송법상의 취소소송을 제기할 수 있다. 중앙노동위원회의 재심판정에 대하여 관계 당사자는 그 재심판정서의 송달을 받은 날부터 15일 이내에 행정소송법이 정하는 바에 의하여 소를 제기할 수 있다(노조 및 조정법 제85조 제2항). 규정된 기간 내에 재심을 신청하지 아니하거나 행정소송을 제기하지 아니한 때에는 그 구제명령·기각결정 또는 재심판정은 확정된다(노조 및 조정법 제85조 제3항). 제3항

표 8-6 행정소송 처리건수 (단위: 건, %)

연 도	소송제기건수			승 소	패 소			승소율	계류중		
	계	근로자	사용자		계	근로자 승소	사용자 승소		행정 법원	고법	대법
2001	253	139	114	94	22	10	12	81.0	161	120	57
2002	297	178	119	113	27	10	17	80.7	162	129	41
2003	258	142	116	134	39	13	26	77.5	192	118	22
2004	286	151	135	156	32	9	23	83.0	234	164	43
2005	356	206	149	148	44	21	23	77.1	257	196	59
2006	396	247	149	161	65	25	40	71.2	315	221	72
2007	449	289	210	236	68	26	42	77.6	364	162	75
2008	429	212	217	254	61	18	43	80.6	243	208	79
2009	367	207	160	264	67	18	49	79.8	242	163	72
2010	321	202	119	262	57	20	37	82.1	202	146	68
2011	457	264	193	274	46	19	27	85.6	276	145	60
2012	352	181	171	229	58	19	39	79.8	318	137	73
2013	443	224	219	234	41	20	21	85.1	346	151	87
2014	384	211	173	246	59	16	43	80.7	357	151	76

자료: 중앙노동위원회; 고용노동부(2014), 「2014 고용노동통계연감」, 427; 고용노동부(2015), 「2015 고용노동통계연감」, 253.

의 규정에 의하여 기각결정 또는 재심판정이 확정된 때에는 관계 당사자는 이에 따라야 한다(노조 및 조정법 제85조 제4항). 끝으로 노동위원회의 구제명령·기각결정 또는 재심판정은 행정소송의 제기에 의하여 그 효력이 정지되지 않으며(노조 및 조정법 제86조), 행정소송의 판결에 의하여 비로소 취소된다.

우리나라의 노동관련 행정소송 처리건수는 〈표 8-6〉과 같다.

3. 법원에 의한 구제

개인이 권리를 침해받았을 경우에 이를 구제하는 방법과 관련하여 지금까지 노동위원회에 의한 행정적 구제제도에 대해 살펴보았다. 그러나 노동위원회에 의한 부당노동행위 구제제도는 부당노동행위로 인해 발생한 노사간 권리·의무 관계의 확정, 그에 따른 손해의 전보 등을 위해서는 적합하지 아니하므로 사법적 구제제도가 별도로 필요하게 되었다(이상윤, 2000, 863-864).

개인이 침해당한 권리의 구제와 관련하여 일반적으로 이에 대한 국가의 최종적 보장은 재판에 있다. 근로자의 단결을 둘러싼 노사의 권리에 대하여서도 마찬가지이다. 가령 부당노동행위가 해고와 같이 사용자의 일방적 의사표시에 의하여 행하여질 경우에는 피해자는 법원에 제소하여 해고의 무효를 주장함으로써 종업원으로서의 대우를 사용자에게 청구할 수도 있고, 또 부당노동행위로 인하여 손해를 받은 근로자 또는 노동조합은 그 배상을 청구할 수도 있다. 이러한 소송은 일반 소송과 별 차이가 없으며 민사소송의 일종인 것이다.

일반적으로 민사소송에 의한 구제에는 본소(本訴)에 의한 구제와 본소가 확정될 때까지의 가처분제도에 의한 구제가 사용되고 있다. 노동사건은 그 본질이 지극히 유동적이고 탄력적인 것이기 때문에 많은 시일과 비용을 필요로 하는 본소에 의한 구제는 시간적·경제적 여유가 없는 근로자에게 적절한 것이 되지 못하고 가처분에 의한 구제가 많이 이용되어야 할 것이다.

그러나 본소와 가처분의 경우를 불문하고 법원에 의한(민사재판에 의한) 구제에는 다음과 같은 난점이 있다. 즉, 우리나라 법원에는 노동문제만을 전담하는 재판부가 없으므로 일반적으로 보아 법관들이 노동문제라는 특수분야에 정통하다고 볼 수 없으며, 재판은 아무리 가처분 절차라 할지라도 상당한 시일과 비용을 요하고 가처분의 필요성, 즉 본안소송을 기다릴 수 없다는 이유 유무가 문제가 된다. 또 재판은 불이익취득 중에서도 근로자에 대한 의사표시에 의해서 행해지는 법률행위(예컨대, 해고)만을 무효로 하고 그 간의 임금지불을 명할 수 있지만, 사용자에 대하여 단체교섭에 응할 것, 노동조합의 조직운영에 대한 지배·개입을 중지시키는 것, 해고된 근로자를 출근시키는 것 등의 사실행위를 명한다 해도 이를 강제수행할 방법이 원칙적으로 없다. 이상과 같은 난점이 있기 때문에 현단계에서는 민사재판에 의한 구제는 노동위원회에 의한 구제보다 실효성이 적은 것으로 보인다(김치선, 1990, 396).

▣ 참고문헌

고용노동부(2015), 「2015 고용노동백서」, 654–690.

______ (2016), 「2016년판 고용노동백서」, 689.

______ (2015), 「2015 고용노동통계연감」, 253.

______ (2014), 「2014 고용노동백서」, 489.

______ (2014), 「2014 고용노동통계연감」, 427.

______ (2014), 「2013 고용노동통계연감」, 404–408.

김대환(2011), "노사관계 선진화를 위한 제도 및 관행의 합리화 방안," 「제도와 경제」, 4(1), 91–105.

김성권(2014), "비정규직 근로자에 대한 불이익취급의 부당노동행위 재검토: 관련 판결례 및 판정례를 중심으로," 「법학논고」, 45, 447–480.

김성수(2013), 「(산업평화적)신노사관계론 : 노사관계의 선진화」, 제2판, 탑북스, 212–213.

김수곤(1992), 「한국노사관계론 –총체적 인력자원관리를 위한 학제적 접근」, 경문사, 391–393.

김영문·이상윤·이정(2012), 「부당노동행위제도와 원하청관계: 한국·미국·일본 제도 비교」, 법문사, 3–7.

김유성(1999), 「노동법 II : 집단적 노사관계법」, 전정판, 법문사, 327.

김치선(1990), 「노동법강의」, 박영사, 371–396.

김형배(1981), 「노동법」, 박영사, 481.

______ (2014), 「노동법」, 제23판, 박영사, 545–937.

노동부(2006), 「2006년판 노동백서」, 406–408.

______ (2007), 「노사관계 선진화 입법 설명자료」, 39–40.

문무기(2011), "노조법상 근로시간면제제도 시행 이후의 법리적 쟁점," 「법과 정책연구」, 11(4), 1665–1691.

______ (2010), "근로시간면제제도의 법리와 운영방향", 「법학논총」, 제32집, 전남대학교 법학연구소, 219–220.

문무기·김홍영·송강직·박은정(2005), 「부당노동행위제도 연구」, 한국노동연구원, 4–14.

박덕제·박기성(1990),「한국의 노동조합(Ⅱ)」, 한국노동연구원, 34-41.

박명준·조성재·문무기(2014),「단체협약 실태조사」. 고용노동부.

박상필(1981),「한국노동법」, 대왕사, 242.

______ (1994),「한국노동법」, 전정판, 대왕사, 492.

______ (1995),「한국노동법」, 대왕사, 242-244.

박지순(2009), "노동조합의 재정운영에 관한 비교법적 연구 -미국과 독일을 중심으로-,"「안암 법학」, 28, 185-228.

변상우·허갑수·채규옥·이상우·정현우(2015),「글로벌시대의 노사관계론」, 피앤씨미디어, 301-302.

신수식·김동원·이규용(2014),「현대고용관계론」, 제6판, 박영사, 156-246.

윤성천(1987), "부당노동행위에 대한 행정적 구제와 처벌주의의 병과,"「노동법학」, 한국노동법학회, 창간호, 143-148.

이규창·신건호·김길생·이승계(2001),「신노사관계론 : 개별적 근로관계와 집단적 노사관계의 통합」, 법문사, 419-420.

이상윤(2015),「노동법」, 제14판, 법문사, 941-951.

______ (2013),「노동법」, 제13판, 법문사, 919-933.

이선·유경준(1997),「1996년 임금교섭 실태와 과제」, 한국노동연구원, 23.

이준범(1997),「현대노사관계론」, 박영사, 231.

임기엽(1999), "랜드럼-그리핀 법에 있어서 조합민주주의,"「노동법논총」, 2, 27-43.

임종률(2011),「노동법」, 박영사, 247-248.

조상균(2013), "일본의 노조전임자 제도,"「노동법논총」, 28, 428.

조성관(2014), "복수노조 하의 부당노동행위 유형과 개선방안에 관한 연구,"「아주법학」, 8(1), 183-217.

조정구(2013),「복수노조시대의 부당노동행위제도와 행정적 구제제도 개선방안에 관한 연구 박사학위논문」, 호남대학교 대학원, 12-13.

조흠학·허윤정(2005),「전임자 급여지급에 관한 실태와 당위성」, 한국노총 중앙연구원, 61-66.

중앙노동위원회(1979),「노동위원회 판례집」, 462.

하갑래(2010),「집단적 노동관계법」, 중앙경제, 526.

한용식(1982), 「부당노동행위론」, 한국노동문제연구원, 17-18.

한용식(1991), 「부당노동행위론」, 홍익재, 20-24.

Bohlander, G. W & Werther, W. B. Jr.(1979), "The Labor Management Reporting and Disclosure Act Revisited," *Labor Law Journal*, Sept., 528-589.

Carrell, M. R. & Heavrin, C.(2007), *Labor Relations and Collective Bargaining : Cases, Practice, and Law*, 8th ed., Upper Saddle River, N.J.: Pearson/Prentice Hall.

Ehrenberg, R. G. & Smith, R. S.(2006), *Modern Labor Economics: Theory and Public Policy*, 9th ed., Boston, Mass. Pearson/Addison-Wesley, 410.

Fossum, J. A.(2015), *Labor Relations: Development, Structure, Process*, 12th ed. Dubugue: McGraw-Hill Education, 408-409.

Katz, H.C. & Kochan, T.A.(2004), *An Introduction to Collective Bargaining and Industrial Relations*, 3rd ed., Boston, Mass.: McGraw-Hill/Irwin, 54-59.

Mills, D. Q.(1994), *Labor-Management Relations*, 5th ed., New York : McGraw-Hill.

Noe, R. A., Hollenbeck, J. R., Gerhart, B., & Wright, P. M.(2006), *Human Resource Management: Gaining A Competitive Advantage*, Boston, Mass.: McGraw-Hill, 505.

Sloane, A. A. & Witney, F. (2006), *Labor Relations*, 12th ed., Englewood Cliffs, NJ: Prentice..Hill, 178-180.

Werther, W. B., Jr. & Davis, K.(1996), *Human Resources and Personnel Management*, 5th ed., New York: McGraw-Hill, Inc., 570-571.

Witney, F. & Taylor, B. J.(1996), *Labor Relations Law*, 7th ed., Englewood Cliffs, New Jersey: Prentice-Hall, 346-370.

Labor management relations

부록

주요 노동관련 법

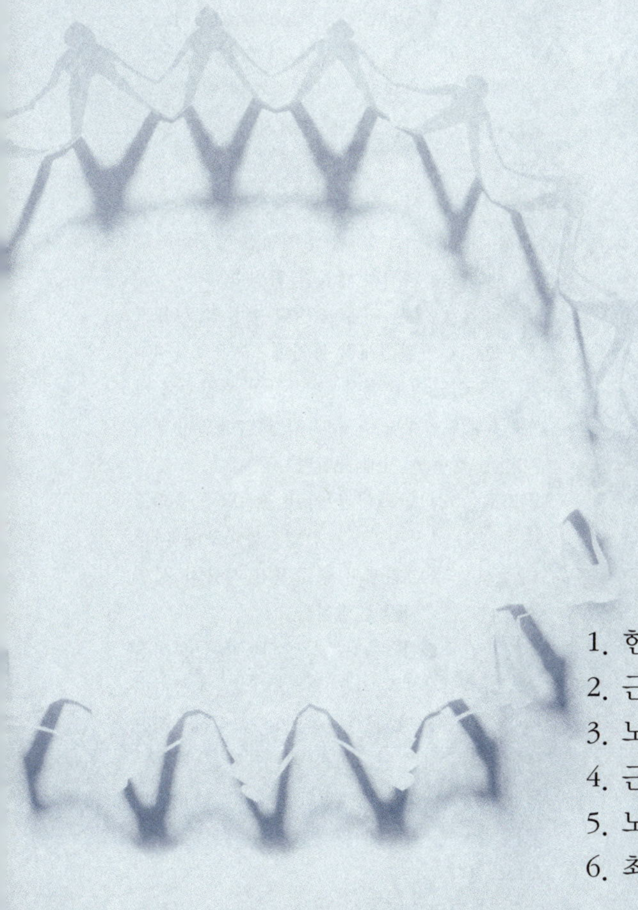

1. 헌법내 핵심노동관계 조항
2. 근로기준법
3. 노동조합 및 노동관계조정법
4. 근로자참여 및 협력증진에 관한 법률
5. 노동위원회법
6. 최저임금법

1. 헌법내 핵심노동관계 조항

제2장 국민의 권리와 의무

제32조

① 모든 국민은 근로의 권리를 가진다. 국가는 사회적·경제적 방법으로 근로자의 고용의 증진과 적정임금의 보장에 노력하여야 하며, 법률이 정하는 바에 의하여 최저임금제를 시행하여야 한다.

② 모든 국민은 근로의 의무를 진다. 국가는 근로의 의무의 내용과 조건을 민주주의원칙에 따라 법률로 정한다.

③ 근로조건의 기준은 인간의 존엄성을 보장하도록 법률로 정한다.

④ 여자의 근로는 특별한 보호를 받으며, 고용·임금 및 근로조건에 있어서 부당한 차별을 받지 아니한다.

⑤ 연소자의 근로는 특별한 보호를 받는다.

⑥ 국가유공자·상이군경 및 전몰군경의 유가족은 법률이 정하는 바에 의하여 우선적으로 근로의 기회를 부여받는다.

제33조

① 근로자는 근로조건의 향상을 위하여 자주적인 단결권·단체교섭권 및 단체행동권을 가진다.

② 공무원인 근로자는 법률이 정하는 자에 한하여 단결권·단체교섭권 및 단체행동권을 가진다.

③ 법률이 정하는 주요방위산업체에 종사하는 근로자의 단체행동권은 법률이 정하는 바에 의하여 이를 제한하거나 인정하지 아니할 수 있다.

2. 근로기준법

제정 : 1953. 6.10 법률 제286호
개정 : 2014. 3.14 법률 제12527호

제1장 총칙

제1조(목적) 이 법은 헌법에 따라 근로조건의 기준을 정함으로써 근로자의 기본적 생활을 보장, 향상시키며 균형 있는 국민경제의 발전을 꾀하는 것을 목적으로 한다.

제2조(정의) ① 이 법에서 사용하는 용어의 뜻은 다음과 같다.

1. "근로자"란 직업의 종류와 관계없이 임금을 목적으로 사업이나 사업장에 근로를 제공하는 자를 말한다.
2. "사용자"란 사업주 또는 사업 경영 담당자, 그 밖에 근로자에 관한 사항에 대하여 사업주를 위하여 행위하는 자를 말한다.
3. "근로"란 정신노동과 육체노동을 말한다.
4. "근로계약"이란 근로자가 사용자에게 근로를 제공하고 사용자는 이에 대하여 임금을 지급하는 것을 목적으로 체결된 계약을 말한다.
5. "임금"이란 사용자가 근로의 대가로 근로자에게 임금, 봉급, 그 밖에 어떠한 명칭으로든지 지급하는 일체의 금품을 말한다.
6. "평균임금"이란 이를 산정하여야 할 사유가 발생한 날 이전 3개월 동안에 그 근로자에게 지급된 임금의 총액을 그 기간의 총일수로 나눈 금액을 말한다. 근로자가 취업한 후 3개월 미만인 경우도 이에 준한다.
7. "소정(소정)근로시간"이란 제50조, 제69조 본문 또는 「산업안전보건법」 제46조에 따른 근로시간의 범위에서 근로자와 사용자 사이에 정한 근로시간을 말한다.
8. "단시간근로자"란 1주 동안의 소정근로시간이 그 사업장에서 같은 종류의 업무에 종사하는 통상 근로자의 1주 동안의 소정근로시간에 비하여 짧은 근로자를 말한다.

② 제1항제6호에 따라 산출된 금액이 그 근로자의 통상임금보다 적으면 그 통상임금액을 평균임금으로 한다.

제3조(근로조건의 기준) 이 법에서 정하는 근로조

건은 최저기준이므로 근로 관계 당사자는 이 기준을 이유로 근로조건을 낮출 수 없다.

제4조(근로조건의 결정) 근로조건은 근로자와 사용자가 동등한 지위에서 자유의사에 따라 결정하여야 한다.

제5조(근로조건의 준수) 근로자와 사용자는 각자가 단체협약, 취업규칙과 근로계약을 지키고 성실하게 이행할 의무가 있다.

제6조(균등한 처우) 사용자는 근로자에 대하여 남녀의 성(성)을 이유로 차별적 대우를 하지 못하고, 국적·신앙 또는 사회적 신분을 이유로 근로조건에 대한 차별적 처우를 하지 못한다.

제7조(강제 근로의 금지) 사용자는 폭행, 협박, 감금, 그 밖에 정신상 또는 신체상의 자유를 부당하게 구속하는 수단으로써 근로자의 자유의사에 어긋나는 근로를 강요하지 못한다.

제8조(폭행의 금지) 사용자는 사고의 발생이나 그 밖의 어떠한 이유로도 근로자에게 폭행을 하지 못한다.

제9조(중간착취의 배제) 누구든지 법률에 따르지 아니하고는 영리로 다른 사람의 취업에 개입하거나 중간인으로서 이익을 취득하지 못한다.

제10조(공민권 행사의 보장) 사용자는 근로자가 근로시간 중에 선거권, 그 밖의 공민권(공민권) 행사 또는 공(공)의 직무를 집행하기 위하여 필요한 시간을 청구하면 거부하지 못한다. 다만, 그 권리 행사나 공(공)의 직무를 수행하는 데에 지장이 없으면 청구한 시간을 변경할 수 있다.

제11조(적용 범위) ① 이 법은 상시 5명 이상의 근로자를 사용하는 모든 사업 또는 사업장에 적용한다. 다만, 동거하는 친족만을 사용하는 사업 또는 사업장과 가사(가사) 사용인에 대하여는 적용하지 아니한다.

② 상시 4명 이하의 근로자를 사용하는 사업 또는 사업장에 대하여는 대통령령으로 정하는 바에 따라 이 법의 일부 규정을 적용할 수 있다.

③ 이 법을 적용하는 경우에 상시 사용하는 근로자 수를 산정하는 방법은 대통령령으로 정한다. 〈신설 2008.3.21〉

제12조(적용 범위) 이 법과 이 법에 따른 대통령령은 국가, 특별시·광역시·도, 시·군·구, 읍·면·동, 그 밖에 이에 준하는 것에 대하여도 적용된다.

제13조(보고, 출석의 의무) 사용자 또는 근로자는 이 법의 시행에 관하여 고용노동부장관·「노동위원회법」에 따른 노동위원회(이하 "노동위원회"라 한다) 또는 근로감독관의 요구가 있으면 지체 없이 필요한 사항에 대하여 보고하거나 출석하여야 한다. 〈개정 2010.6.4〉

제14조(법령 요지 등의 게시) ① 사용자는 이 법과 이 법에 따른 대통령령의 요지(요지)와 취업규칙을 근로자가 자유롭게 열람할 수 있는 장소에 항상 게시하거나 갖추어 두어 근로자에게 널리 알려야 한다.

② 사용자는 제1항에 따른 대통령령 중 기숙사에 관한 규정과 제99조제1항에 따른 기숙사규칙을 기숙사에 게시하거나 갖추어 두어 기숙(기숙)하는 근로자에게 널리 알려야 한다.

제2장 근로계약

제15조(이 법을 위반한 근로계약) ① 이 법에서 정하는 기준에 미치지 못하는 근로조건을 정한 근로계약은 그 부분에 한하여 무효로 한다.

② 제1항에 따라 무효로 된 부분은 이 법에서 정한 기준에 따른다.

제16조(계약기간) 근로계약은 기간을 정하지 아니한 것과 일정한 사업의 완료에 필요한 기간을 정한 것 외에는 그 기간은 1년을 초과하지 못한다.

[법률 제8372호(2007.4.11) 부칙 제3조의 규정에 의하여 이 조는 2007년 6월 30일까지 유효함]

제17조(근로조건의 명시) ① 사용자는 근로계약을 체결할 때에 근로자에게 다음 각 호의 사항을 명시하여야 한다. 근로계약 체결 후 다음 각 호의 사항을 변경하는 경우에도 또한 같다. 〈개정 2010.5.25〉

1. 임금
2. 소정근로시간
3. 제55조에 따른 휴일
4. 제60조에 따른 연차 유급휴가
5. 그 밖에 대통령령으로 정하는 근로조건

② 사용자는 제1항제1호와 관련한 임금의 구성항목·계산방법·지급방법 및 제2호부터 제4호까지의 사항이 명시된 서면을 근로자에게 교부하여야 한다. 다만, 본문에 따른 사항이 단체협약 또는 취업규칙의 변경 등 대통령령으로 정하는 사유로 인하여 변경되는 경우에는 근로자의 요구가 있으면 그 근로자에게 교부하여야 한다. 〈신설 2010.5.25〉

제18조(단시간근로자의 근로조건) ① 단시간근로자의 근로조건은 그 사업장의 같은 종류의 업무에 종사하는 통상 근로자의 근로시간을 기준으로 산정한 비율에 따라 결정되어야 한다.

② 제1항에 따라 근로조건을 결정할 때에 기준이 되는 사항이나 그 밖에 필요한 사항은 대통령령으로 정한다.

③ 4주 동안(4주 미만으로 근로하는 경우에는 그 기간)을 평균하여 1주 동안의 소정근로시간이 15시간 미만인 근로자에 대하여는 제55조와 제60조를 적용하지 아니한다. 〈개정 2008.3.21〉

제19조(근로조건의 위반) ① 제17조에 따라 명시된 근로조건이 사실과 다를 경우에 근로자는 근로조건 위반을 이유로 손해의 배상을 청구할 수 있으며 즉시 근로계약을 해제할 수 있다.

② 제1항에 따라 근로자가 손해배상을 청구할 경우에는 노동위원회에 신청할 수 있으며, 근로계약이 해제되었을 경우에는 사용자는 취업을 목적으로 거주를 변경하는 근로자에게 귀향 여비를 지급하여야 한다.

제20조(위약 예정의 금지) 사용자는 근로계약 불이행에 대한 위약금 또는 손해배상액을 예정하는 계약을 체결하지 못한다.

제21조(전차금 상계의 금지) 사용자는 전차금(전차금)이나 그 밖에 근로할 것을 조건으로 하는 전대(전대)채권과 임금을 상계하지 못한다.

제22조(강제 저금의 금지) ① 사용자는 근로계약에 덧붙여 강제 저축 또는 저축금의 관리를 규정하는 계약을 체결하지 못한다.

② 사용자가 근로자의 위탁으로 저축을 관리하는 경우에는 다음 각 호의 사항을 지켜야 한다.

1. 저축의 종류·기간 및 금융기관을 근로자가 결정하고, 근로자 본인의 이름으로 저축할 것
2. 근로자가 저축증서 등 관련 자료의 열람 또는 반환을 요구할 때에는 즉시 이에 따를 것

제23조(해고 등의 제한) ① 사용자는 근로자에게 정당한 이유 없이 해고, 휴직, 정직, 전직, 감봉, 그 밖의 징벌(징벌)(이하 "부당해고 등"이라 한다)을 하지 못한다.

② 사용자는 근로자가 업무상 부상 또는 질병의 요양을 위하여 휴업한 기간과 그 후 30일 동안 또는 산전(산전)·산후(산후)의 여성이 이 법에 따라 휴업한 기간과 그 후 30일 동안은 해고하지 못한다. 다만, 사용자가 제84조에 따라 일시보상을 하였을 경우 또는 사업을 계속할 수 없게 된 경우에는 그러하지 아니하다.

제24조(경영상 이유에 의한 해고의 제한) ① 사용자가 경영상 이유에 의하여 근로자를 해고하려면 긴박한 경영상의 필요가 있어야 한다. 이 경우 경영 악화를 방지하기 위한 사업의 양도·인수·합병은 긴박한 경영상의 필요가 있는 것으로 본다.

② 제1항의 경우에 사용자는 해고를 피하기 위한 노력을 다하여야 하며, 합리적이고 공정한 해고의 기준을 정하고 이에 따라 그 대상자를 선정하여야 한다. 이 경우 남녀의 성을 이유로 차별하여서는 아니 된다.

③ 사용자는 제2항에 따른 해고를 피하기 위한 방법과 해고의 기준 등에 관하여 그 사업 또는 사업장에 근로자의 과반수로 조직된 노동조합이 있는 경우에는 그 노동조합(근로자의 과반수로 조직된 노동조합이 없는 경우에는 근로자의 과반수를 대표하는 자를 말한다. 이하 "근로자대표"라 한다)에 해고를 하려는 날의 50일 전까

지 통보하고 성실하게 협의하여야 한다.

④ 사용자는 제1항에 따라 대통령령으로 정하는 일정한 규모 이상의 인원을 해고하려면 대통령령으로 정하는 바에 따라 고용노동부장관에게 신고하여야 한다. 〈개정 2010.6.4〉

⑤ 사용자가 제1항부터 제3항까지의 규정에 따른 요건을 갖추어 근로자를 해고한 경우에는 제23조제1항에 따른 정당한 이유가 있는 해고를 한 것으로 본다.

제25조(우선 재고용 등) ① 제24조에 따라 근로자를 해고한 사용자는 근로자를 해고한 날부터 3년 이내에 해고된 근로자가 해고 당시 담당하였던 업무와 같은 업무를 할 근로자를 채용하려고 할 경우 제24조에 따라 해고된 근로자가 원하면 그 근로자를 우선적으로 고용하여야 한다.

② 정부는 제24조에 따라 해고된 근로자에 대하여 생계안정, 재취업, 직업훈련 등 필요한 조치를 우선적으로 취하여야 한다.

제26조(해고의 예고) 사용자는 근로자를 해고(경영상 이유에 의한 해고를 포함한다)하려면 적어도 30일 전에 예고를 하여야 하고, 30일 전에 예고를 하지 아니하였을 때에는 30일분 이상의 통상임금을 지급하여야 한다. 다만, 천재·사변, 그 밖의 부득이한 사유로 사업을 계속하는 것이 불가능한 경우 또는 근로자가 고의로 사업에 막대한 지장을 초래하거나 재산상 손해를 끼친 경우로서 고용노동부령으로 정하는 사유에 해당하는 경우에는 그러하지 아니하다. 〈개정 2010.6.4〉

제27조(해고사유 등의 서면통지) ① 사용자는 근로자를 해고하려면 해고사유와 해고시기를 서면으로 통지하여야 한다.

② 근로자에 대한 해고는 제1항에 따라 서면으로 통지하여야 효력이 있다.

③ 사용자가 제26조에 따른 해고의 예고를 해고사유와 해고시기를 명시하여 서면으로 한 경우에는 제1항에 따른 통지를 한 것으로 본다. 〈신설 2014.3.24〉

제28조(부당해고등의 구제신청) ① 사용자가 근로자에게 부당해고등을 하면 근로자는 노동위원회에 구제를 신청할 수 있다.

② 제1항에 따른 구제신청은 부당해고등이 있었던 날부터 3개월 이내에 하여야 한다.

제29조(조사 등) ① 노동위원회는 제28조에 따른 구제신청을 받으면 지체 없이 필요한 조사를 하여야 하며 관계 당사자를 심문하여야 한다.

② 노동위원회는 제1항에 따라 심문을 할 때에는 관계 당사자의 신청이나 직권으로 증인을 출석하게 하여 필요한 사항을 질문할 수 있다.

③ 노동위원회는 제1항에 따라 심문을 할 때에는 관계 당사자에게 증거 제출과 증인에 대한 반대심문을 할 수 있는 충분한 기회를 주어야 한다.

④ 제1항에 따른 노동위원회의 조사와 심문에 관한 세부절차는 「노동위원회법」에 따른 중앙노동위원회(이하 “중앙노동위원회”라 한다)가 정하는 바에 따른다.

제30조(구제명령 등) ① 노동위원회는 제29조에 따른 심문을 끝내고 부당해고등이 성립한다고 판정하면 사용자에게 구제명령을 하여야 하며, 부당해고등이 성립하지 아니한다고 판정하면 구제신청을 기각하는 결정을 하여야 한다.

② 제1항에 따른 판정, 구제명령 및 기각결정은 사용자와 근로자에게 각각 서면으로 통지하여야 한다.

③ 노동위원회는 제1항에 따른 구제명령(해고에 대한 구제명령만을 말한다)을 할 때에 근로자가 원직복직(원직복직)을 원하지 아니하면 원직복직을 명하는 대신 근로자가 해고기간 동안 근로를 제공하였더라면 받을 수 있었던 임금 상당액 이상의 금품을 근로자에게 지급하도록 명할 수 있다.

제31조(구제명령 등의 확정) ① 「노동위원회법」에 따른 지방노동위원회의 구제명령이나 기각결정에 불복하는 사용자나 근로자는 구제명령서나 기각결정서를 통지받은 날부터 10일 이내에 중앙노동위원회에 재심을 신청할 수 있다.

② 제1항에 따른 중앙노동위원회의 재심판정에 대하여 사용자나 근로자는 재심판정서를 송달받은 날부터 15일 이내에 「행정소송법」의 규정에 따라 소(소)를 제기할 수 있다.

③ 제1항과 제2항에 따른 기간 이내에 재심을 신청하지 아니하거나 행정소송을 제기하지 아니하면 그 구제명령, 기각결정 또는 재심판정은 확정된다.

제32조(구제명령 등의 효력) 노동위원회의 구제명령, 기각결정 또는 재심판정은 제31조에 따른 중앙노동위원회에 대한 재심 신청이나 행정소송 제기에 의하여 그 효력이 정지되지 아니한다.

제33조(이행강제금) ① 노동위원회는 구제명령(구제명령을 내용으로 하는 재심판정을 포함한다. 이하 이 조에서 같다)을 받은 후 이행기한까지 구제명령을 이행하지 아니한 사용자에게 2천만원 이하의 이행강제금을 부과한다.

② 노동위원회는 제1항에 따른 이행강제금을 부과하기 30일 전까지 이행강제금을 부과·징수한다는 뜻을 사용자에게 미리 문서로써 알려 주어야 한다.

③ 제1항에 따른 이행강제금을 부과할 때에는 이행강제금의 액수, 부과 사유, 납부기한, 수납기관, 이의제기방법 및 이의제기기관 등을 명시한 문서로써 하여야 한다.

④ 제1항에 따라 이행강제금을 부과하는 위반행위의 종류와 위반 정도에 따른 금액, 부과·징수된 이행강제금의 반환절차, 그 밖에 필요한 사항은 대통령령으로 정한다.

⑤ 노동위원회는 최초의 구제명령을 한 날을 기준으로 매년 2회의 범위에서 구제명령이 이행될 때까지 반복하여 제1항에 따른 이행강제금을 부과·징수할 수 있다. 이 경우 이행강제금은 2년을 초과하여 부과·징수하지 못한다.

⑥ 노동위원회는 구제명령을 받은 자가 구제명령을 이행하면 새로운 이행강제금을 부과하지 아니하되, 구제명령을 이행하기 전에 이미 부과된 이행강제금은 징수하여야 한다.

⑦ 노동위원회는 이행강제금 납부의무자가 납부기한까지 이행강제금을 내지 아니하면 기간을 정하여 독촉을 하고 지정된 기간에 제1항에 따른 이행강제금을 내지 아니하면 국세 체납처분의 예에 따라 징수할 수 있다.

⑧ 근로자는 구제명령을 받은 사용자가 이행기한까지 구제명령을 이행하지 아니하면 이행기한이 지난 때부터 15일 이내에 그 사실을 노동위원회에 알려줄 수 있다.

제34조(퇴직급여 제도) 사용자가 퇴직하는 근로자에게 지급하는 퇴직급여 제도에 관하여는 「근로자퇴직급여 보장법」이 정하는 대로 따른다.

제35조(예고해고의 적용 예외) 제26조는 다음 각 호의 어느 하나에 해당하는 근로자에게는 적용하지 아니한다.

1. 일용근로자로서 3개월을 계속 근무하지 아니한 자
2. 2개월 이내의 기간을 정하여 사용된 자
3. 월급근로자로서 6개월이 되지 못한 자
4. 계절적 업무에 6개월 이내의 기간을 정하여 사용된 자
5. 수습 사용 중인 근로자

제36조(금품 청산) 사용자는 근로자가 사망 또는 퇴직한 경우에는 그 지급 사유가 발생한 때부터 14일 이내에 임금, 보상금, 그 밖에 일체의 금품을 지급하여야 한다. 다만, 특별한 사정이 있을 경우에는 당사자 사이의 합의에 의하여 기일을 연장할 수 있다.

제37조(미지급 임금에 대한 지연이자) ① 사용자는 제36조에 따라 지급하여야 하는 임금 및 「근로자퇴직급여 보장법」 제2조제5호에 따른 급여(일시금만 해당된다)의 전부 또는 일부를 그 지급 사유가 발생한 날부터 14일 이내에 지급하지 아니한 경우 그 다음 날부터 지급하는 날까지의 지연 일수에 대하여 연 100분의 40 이내의 범위에서 「은행법」에 따른 은행이 적용하는 연체금리 등 경제 여건을 고려하여 대통령령으로 정하는 이율에 따른 지연이자를 지급하여야 한다. 〈개정 2010.5.17〉

② 제1항은 사용자가 천재·사변, 그 밖에 대통령령으로 정하는 사유에 따라 임금 지급을 지연하는 경우 그 사유가 존속하는 기간에 대하여는 적용하지 아니한다.

제38조(임금채권의 우선변제) ① 임금, 재해보상금, 그 밖에 근로 관계로 인한 채권은 사용자의 총재산에 대하여 질권(질권)·저당권 또는 「동산·채권 등의 담보에 관한 법률」에 따른 담보권에 따라 담보된 채권 외에는 조세·공과금 및 다른 채권에 우선하여 변제되어야 한다. 다만, 질권·저당권 또는 「동산·채권 등의 담보에 관한 법률」에 따른 담보권에 우선하는 조세·공과금에 대하여는 그러하지 아니하다. 〈개정 2010.6.10〉

② 제1항에도 불구하고 다음 각 호의 어느 하나에 해당하는 채권은 사용자의 총재산에 대하여 질권·저당권 또는 「동산·채권 등의 담보에 관한 법률」에 따른 담보권에 따라 담보된 채권, 조세·공과금 및 다른 채권에 우선하여 변제되어야 한다. 〈개정 2010.6.10〉

1. 최종 3개월분의 임금
2. 재해보상금

제39조(사용증명서) ① 사용자는 근로자가 퇴직한 후라도 사용 기간, 업무 종류, 지위와 임금, 그 밖에 필요한 사항에 관한 증명서를 청구하면 사실대로 적은 증명서를 즉시 내주어야 한다.

② 제1항의 증명서에는 근로자가 요구한 사항만을 적어야 한다.

제40조(취업 방해의 금지) 누구든지 근로자의 취업을 방해할 목적으로 비밀 기호 또는 명부를 작성·사용하거나 통신을 하여서는 아니 된다.

제41조(근로자의 명부) ① 사용자는 각 사업장별로 근로자 명부를 작성하고 근로자의 성명, 생년월일, 이력, 그 밖에 대통령령으로 정하는 사항을 적어야 한다.

② 제1항에 따라 근로자 명부에 적을 사항이 변경된 경우에는 지체 없이 정정하여야 한다.

제42조(계약 서류의 보존) 사용자는 근로자 명부와 대통령령으로 정하는 근로계약에 관한 중요한 서류를 3년간 보존하여야 한다.

제3장 임금

제43조(임금 지급) ① 임금은 통화(통화)로 직접 근로자에게 그 전액을 지급하여야 한다. 다만, 법령 또는 단체협약에 특별한 규정이 있는 경우에는 임금의 일부를 공제하거나 통화 이외의 것으로 지급할 수 있다.

② 임금은 매월 1회 이상 일정한 날짜를 정하여 지급하여야 한다. 다만, 임시로 지급하는 임금, 수당, 그 밖에 이에 준하는 것 또는 대통령령으로 정하는 임금에 대하여는 그러하지 아니하다.

제43조의2(체불사업주 명단 공개) ① 고용노동부장관은 제36조, 제43조, 제56조에 따른 임금, 보상금, 수당, 그 밖에 일체의 금품(이하 "임금등"이라 한다)을 지급하지 아니한 사업주(법인인 경우에는 그 대표자를 포함한다. 이하 "체불사업주"라 한다)가 명단 공개 기준일 이전 3년 이내 임금등을 체불하여 2회 이상 유죄가 확정된 자로서 명단 공개 기준일 이전 1년 이내 임금등의 체불총액이 3천만원 이상인 경우에는 그 인적사항 등을 공개할 수 있다. 다만, 체불사업주의 사망·폐업으로 명단 공개의 실효성이 없는 경우 등 대통령령으로 정하는 사유가 있는 경우에는 그러하지 아니하다.

② 고용노동부장관은 제1항에 따라 명단 공개를 할 경우에 체불사업주에게 3개월 이상의 기간을 정하여 소명 기회를 주어야 한다.

③ 제1항에 따른 체불사업주의 인적사항 등에 대한 공개 여부를 심의하기 위하여 고용노동부에 임금체불정보심의위원회(이하 이 조에서 "위원회"라 한다)를 둔다. 이 경우 위원회의 구성·운영 등 필요한 사항은 고용노동부령으로 정한다.

④ 제1항에 따른 명단 공개의 구체적인 내용, 기간 및 방법 등 명단 공개에 필요한 사항은 대통령령으로 정한다.

[본조신설 2012.2.1]

제43조의3(임금등 체불자료의 제공) ① 고용노동부장관은 「신용정보의 이용 및 보호에 관한 법률」 제25조제2항제1호에 따른 종합신용정보집중기관이 임금등 체불자료 제공일 이전 3년 이내 임금등을 체불하여 2회 이상 유죄가 확정된 자로서 임금등 체불자료 제공일 이전 1년 이내 임금등의 체불총액이 2천만원 이상인 체불사업주의 인적사항과 체불액 등에 관한 자료(이하 "임금등 체불자료"라 한다)를 요구할 때에는 임금등의 체불을 예방하기 위하여 필요하다고 인정하는 경우에 그 자료를 제공할 수 있다. 다만, 체불사업주의 사망·폐업으로 임금등 체불자료 제공의 실효성이 없는 경우 등 대통령령으로 정하는 사유가 있는 경우에는 그러하지 아니하다.

② 제1항에 따라 임금등 체불자료를 받은 자는 이를 체불사업주의 신용도·신용거래능력 판단과 관련한 업무 외의 목적으로 이용하거나 누설하여서는 아니 된다.

③ 제1항에 따른 임금등 체불자료의 제공 절차 및 방법 등 임금등 체불자료의 제공에 필요한 사항은 대통령령으로 정한다.

[본조신설 2012.2.1]

제44조(도급 사업에 대한 임금 지급) ① 사업이 여러 차례의 도급에 따라 행하여지는 경우에 하수급인(하수급인)이 직상(직상) 수급인의 귀책사유로 근로자에게 임금을 지급하지 못한 경우에는 그 직상 수급인은 그 하수급인과 연대하여 책임을 진다. 다만, 직상 수급인의 귀책사유가 그 상위 수급인의 귀책사유에 의하여 발생한 경우에는 그 상위 수급인도 연대하여 책임을 진다. 〈개정 2012.2.1〉

② 제1항의 귀책사유 범위는 대통령령으로 정한다. 〈개정 2012.2.1〉

제44조의2(건설업에서의 임금 지급 연대책임) ① 건설업에서 사업이 2차례 이상 「건설산업기본법」 제2조제11호에 따른 도급(이하 "공사도급"이라 한다)이 이루어진 경우에 같은 법 제2조제7호에 따른 건설업자가 아닌 하수급인이 그가 사용한 근로자에게 임금(해당 건설공사에서 발생한 임금으로 한정한다)을 지급하지 못한 경우에는 그 직상 수급인은 하수급인과 연대하여 하수급인이 사용한 근로자의 임금을 지급할 책임을 진다. 〈개정 2011.5.24〉

② 제1항의 직상 수급인이 「건설산업기본법」 제2조제7호에 따른 건설업자가 아닌 때에는 그 상위 수급인 중에서 최하위의 같은 호에 따른 건설업자를 직상 수급인으로 본다. 〈개정 2011.5.24〉

[본조신설 2007.7.27]

제44조의3(건설업의 공사도급에 있어서의 임금에 관한 특례) ① 공사도급이 이루어진 경우로서 다음 각 호의 어느 하나에 해당하는 때에는 직상 수급인은 하수급인에게 지급하여야 하는 하도급 대금 채무의 부담 범위에서 그 하수급인이 사용한 근로자가 청구하면 하수급인이 지급하여야 하는 임금(해당 건설공사에서 발생한 임금으로 한정한다)에 해당하는 금액을 근로자에게 직접 지급하여야 한다.

1. 직상 수급인이 하수급인을 대신하여 하수급인이 사용한 근로자에게 지급하여야 하는 임금을 직접 지급할 수 있다는 뜻과 그 지급방법 및 절차에 관하여 직상 수급인과 하수급인이 합의한 경우
2. 「민사집행법」 제56조제3호에 따른 확정된 지급명령, 하수급인의 근로자에게 하수급인에 대하여 임금채권이 있음을 증명하는 같은 법 제56조제4호에 따른 집행증서,「소액사건심판법」 제5조의7에 따라 확정된 이행권고결정, 그 밖에 이에 준하는 집행권원이 있는 경우
3. 하수급인이 그가 사용한 근로자에 대하여 지급하여야 할 임금채무가 있음을 직상 수급인에게 알려주고, 직상 수급인이 파산 등의 사유로 하수급인이 임금을 지급할 수 없는 명백한 사유가 있다고 인정하는 경우

② 「건설산업기본법」 제2조제10호에 따른 발주자의 수급인(이하 "원수급인"이라 한다)으로부터

공사도급이 2차례 이상 이루어진 경우로서 하수급인(도급받은 하수급인으로부터 재하도급 받은 하수급인을 포함한다. 이하 이 항에서 같다)이 사용한 근로자에게 그 하수급인에 대한 제1항제2호에 따른 집행권원이 있는 경우에는 근로자는 하수급인이 지급하여야 하는 임금(해당 건설공사에서 발생한 임금으로 한정한다)에 해당하는 금액을 원수급인에게 직접 지급할 것을 요구할 수 있다. 원수급인은 근로자가 자신에 대하여 「민법」 제404조에 따른 채권자대위권을 행사할 수 있는 금액의 범위에서 이에 따라야 한다. 〈개정 2011.5.24〉

③ 직상 수급인 또는 원수급인이 제1항 및 제2항에 따라 하수급인이 사용한 근로자에게 임금에 해당하는 금액을 지급한 경우에는 하수급인에 대한 하도급 대금 채무는 그 범위에서 소멸한 것으로 본다.

[본조신설 2007.7.27]

제45조(비상시 지급) 사용자는 근로자가 출산, 질병, 재해, 그 밖에 대통령령으로 정하는 비상(비상)한 경우의 비용에 충당하기 위하여 임금 지급을 청구하면 지급기일 전이라도 이미 제공한 근로에 대한 임금을 지급하여야 한다.

제46조(휴업수당) ① 사용자의 귀책사유로 휴업하는 경우에 사용자는 휴업기간 동안 그 근로자에게 평균임금의 100분의 70 이상의 수당을 지급하여야 한다. 다만, 평균임금의 100분의 70에 해당하는 금액이 통상임금을 초과하는 경우에는 통상임금을 휴업수당으로 지급할 수 있다.

② 제1항에도 불구하고 부득이한 사유로 사업을 계속하는 것이 불가능하여 노동위원회의 승인을 받은 경우에는 제1항의 기준에 못 미치는 휴업수당을 지급할 수 있다.

제47조(도급 근로자) 사용자는 도급이나 그 밖에 이에 준하는 제도로 사용하는 근로자에게 근로시간에 따라 일정액의 임금을 보장하여야 한다.

제48조(임금대장) 사용자는 각 사업장별로 임금대장을 작성하고 임금과 가족수당 계산의 기초가 되는 사항, 임금액, 그 밖에 대통령령으로 정하는 사항을 임금을 지급할 때마다 적어야 한다.

제49조(임금의 시효) 이 법에 따른 임금채권은 3년간 행사하지 아니하면 시효로 소멸한다.

제4장 근로시간과 휴식

제50조(근로시간) ① 1주 간의 근로시간은 휴게시간을 제외하고 40시간을 초과할 수 없다.

② 1일의 근로시간은 휴게시간을 제외하고 8시간을 초과할 수 없다.

③ 제1항 및 제2항에 따른 근로시간을 산정함에 있어 작업을 위하여 근로자가 사용자의 지휘·감독 아래에 있는 대기시간 등은 근로시간으로 본다. 〈신설 2012.2.1〉

제51조(탄력적 근로시간제) ① 사용자는 취업규칙(취업규칙에 준하는 것을 포함한다)에서 정하는 바에 따라 2주 이내의 일정한 단위기간을 평균하여 1주 간의 근로시간이 제50조제1항의 근로시간을 초과하지 아니하는 범위에서 특정한 주에 제50조제1항의 근로시간을, 특정한 날에 제50조제2항의 근로시간을 초과하여 근로하게 할 수 있다. 다만, 특정한 주의 근로시간은 48시간을 초과할 수 없다.

② 사용자는 근로자대표와의 서면 합의에 따라 다음 각 호의 사항을 정하면 3개월 이내의 단위기간을 평균하여 1주 간의 근로시간이 제50조제1항의 근로시간을 초과하지 아니하는 범위에서 특정한 주에 제50조제1항의 근로시간을, 특정한 날에 제50조제2항의 근로시간을 초과하여 근로하게 할 수 있다. 다만, 특정한 주의 근로시간은 52시간을, 특정한 날의 근로시간은 12시간을 초과할 수 없다.

1. 대상 근로자의 범위
2. 단위기간(3개월 이내의 일정한 기간으로 정하여야 한다)
3. 단위기간의 근로일과 그 근로일별 근로시간
4. 그 밖에 대통령령으로 정하는 사항

③ 제1항과 제2항은 15세 이상 18세 미만의 근로자와 임신 중인 여성 근로자에 대하여는 적용

하지 아니한다.

④ 사용자는 제1항 및 제2항에 따라 근로자를 근로시킬 경우에는 기존의 임금 수준이 낮아지지 아니하도록 임금보전방안(임금보전방안)을 강구하여야 한다.

제52조(선택적 근로시간제) 사용자는 취업규칙(취업규칙에 준하는 것을 포함한다)에 따라 업무의 시작 및 종료 시각을 근로자의 결정에 맡기기로 한 근로자에 대하여 근로자대표와의 서면 합의에 따라 다음 각 호의 사항을 정하면 1개월 이내의 정산기간을 평균하여 1주간의 근로시간이 제50조제1항의 근로시간을 초과하지 아니하는 범위에서 1주 간에 제50조제1항의 근로시간을, 1일에 제50조제2항의 근로시간을 초과하여 근로하게 할 수 있다.

1. 대상 근로자의 범위(15세 이상 18세 미만의 근로자는 제외한다)
2. 정산기간(1개월 이내의 일정한 기간으로 정하여야 한다)
3. 정산기간의 총 근로시간
4. 반드시 근로하여야 할 시간대를 정하는 경우에는 그 시작 및 종료 시각
5. 근로자가 그의 결정에 따라 근로할 수 있는 시간대를 정하는 경우에는 그 시작 및 종료 시각
6. 그 밖에 대통령령으로 정하는 사항

제53조(연장 근로의 제한) ① 당사자 간에 합의하면 1주 간에 12시간을 한도로 제50조의 근로시간을 연장할 수 있다.

② 당사자 간에 합의하면 1주 간에 12시간을 한도로 제51조의 근로시간을 연장할 수 있고, 제52조제2호의 정산기간을 평균하여 1주 간에 12시간을 초과하지 아니하는 범위에서 제52조의 근로시간을 연장할 수 있다.

③ 사용자는 특별한 사정이 있으면 고용노동부장관의 인가와 근로자의 동의를 받아 제1항과 제2항의 근로시간을 연장할 수 있다. 다만, 사태가 급박하여 고용노동부장관의 인가를 받을 시간이 없는 경우에는 사후에 지체 없이 승인을 받아야 한다. 〈개정 2010.6.4〉

④ 고용노동부장관은 제3항에 따른 근로시간의 연장이 부적당하다고 인정하면 그 후 연장시간에 상당하는 휴게시간이나 휴일을 줄 것을 명할 수 있다. 〈개정 2010.6.4〉

제54조(휴게) ① 사용자는 근로시간이 4시간인 경우에는 30분 이상, 8시간인 경우에는 1시간 이상의 휴게시간을 근로시간 도중에 주어야 한다.

② 휴게시간은 근로자가 자유롭게 이용할 수 있다.

제55조(휴일) 사용자는 근로자에게 1주일에 평균 1회 이상의 유급휴일을 주어야 한다.

제56조(연장 · 야간 및 휴일 근로) 사용자는 연장근로(제53조·제59조 및 제69조 단서에 따라 연장된 시간의 근로)와 야간근로(오후 10시부터 오전 6시까지 사이의 근로) 또는 휴일근로에 대하여는 통상임금의 100분의 50 이상을 가산하여 지급하여야 한다.

제57조(보상 휴가제) 사용자는 근로자대표와의 서면 합의에 따라 제56조에 따른 연장근로·야간근로 및 휴일근로에 대하여 임금을 지급하는 것을 갈음하여 휴가를 줄 수 있다.

제58조(근로시간 계산의 특례) ① 근로자가 출장이나 그 밖의 사유로 근로시간의 전부 또는 일부를 사업장 밖에서 근로하여 근로시간을 산정하기 어려운 경우에는 소정근로시간을 근로한 것으로 본다. 다만, 그 업무를 수행하기 위하여 통상적으로 소정근로시간을 초과하여 근로할 필요가 있는 경우에는 그 업무의 수행에 통상 필요한 시간을 근로한 것으로 본다.

② 제1항 단서에도 불구하고 그 업무에 관하여 근로자대표와의 서면 합의를 한 경우에는 그 합의에서 정하는 시간을 그 업무의 수행에 통상 필요한 시간으로 본다.

③ 업무의 성질에 비추어 업무 수행 방법을 근로자의 재량에 위임할 필요가 있는 업무로서 대통령령으로 정하는 업무는 사용자가 근로자대표와 서면 합의로 정한 시간을 근로한 것으로 본다. 이 경우 그 서면 합의에는 다음 각 호의 사

항을 명시하여야 한다.

1. 대상 업무
2. 사용자가 업무의 수행 수단 및 시간 배분 등에 관하여 근로자에게 구체적인 지시를 하지 아니한다는 내용
3. 근로시간의 산정은 그 서면 합의로 정하는 바에 따른다는 내용

④ 제1항과 제3항의 시행에 필요한 사항은 대통령령으로 정한다.

제59조(근로시간 및 휴게시간의 특례) 다음 각 호의 어느 하나에 해당하는 사업에 대하여 사용자가 근로자대표와 서면 합의를 한 경우에는 제53조제1항에 따른 주(주) 12시간을 초과하여 연장근로를 하게 하거나 제54조에 따른 휴게시간을 변경할 수 있다.

1. 운수업, 물품 판매 및 보관업, 금융보험업
2. 영화 제작 및 흥행업, 통신업, 교육연구 및 조사 사업, 광고업
3. 의료 및 위생 사업, 접객업, 소각 및 청소업, 이용업
4. 그 밖에 공중의 편의 또는 업무의 특성상 필요한 경우로서 대통령령으로 정하는 사업

제60조(연차 유급휴가) ① 사용자는 1년간 80퍼센트 이상 출근한 근로자에게 15일의 유급휴가를 주어야 한다. 〈개정 2012.2.1〉

② 사용자는 계속하여 근로한 기간이 1년 미만인 근로자 또는 1년간 80퍼센트 미만 출근한 근로자에게 1개월 개근 시 1일의 유급휴가를 주어야 한다. 〈개정 2012.2.1〉

③ 사용자는 근로자의 최초 1년 간의 근로에 대하여 유급휴가를 주는 경우에는 제2항에 따른 휴가를 포함하여 15일로 하고, 근로자가 제2항에 따른 휴가를 이미 사용한 경우에는 그 사용한 휴가 일수를 15일에서 뺀다.

④ 사용자는 3년 이상 계속하여 근로한 근로자에게는 제1항에 따른 휴가에 최초 1년을 초과하는 계속 근로 연수 매 2년에 대하여 1일을 가산한 유급휴가를 주어야 한다. 이 경우 가산휴가를 포함한 총 휴가 일수는 25일을 한도로 한다.

⑤ 사용자는 제1항부터 제4항까지의 규정에 따른 휴가를 근로자가 청구한 시기에 주어야 하고, 그 기간에 대하여는 취업규칙 등에서 정하는 통상임금 또는 평균임금을 지급하여야 한다. 다만, 근로자가 청구한 시기에 휴가를 주는 것이 사업 운영에 막대한 지장이 있는 경우에는 그 시기를 변경할 수 있다.

⑥ 제1항부터 제3항까지의 규정을 적용하는 경우 다음 각 호의 어느 하나에 해당하는 기간은 출근한 것으로 본다. 〈개정 2012.2.1〉

1. 근로자가 업무상의 부상 또는 질병으로 휴업한 기간
2. 임신 중의 여성이 제74조제1항부터 제3항까지의 규정에 따른 휴가로 휴업한 기간

⑦ 제1항부터 제4항까지의 규정에 따른 휴가는 1년간 행사하지 아니하면 소멸된다. 다만, 사용자의 귀책사유로 사용하지 못한 경우에는 그러하지 아니하다.

제61조(연차 유급휴가의 사용 촉진) 사용자가 제60조제1항·제3항 및 제4항에 따른 유급휴가의 사용을 촉진하기 위하여 다음 각 호의 조치를 하였음에도 불구하고 근로자가 휴가를 사용하지 아니하여 제60조제7항 본문에 따라 소멸된 경우에는 사용자는 그 사용하지 아니한 휴가에 대하여 보상할 의무가 없고, 제60조제7항 단서에 따른 사용자의 귀책사유에 해당하지 아니하는 것으로 본다. 〈개정 2012.2.1〉

1. 제60조제7항 본문에 따른 기간이 끝나기 6개월 전을 기준으로 10일 이내에 사용자가 근로자별로 사용하지 아니한 휴가 일수를 알려주고, 근로자가 그 사용 시기를 정하여 사용자에게 통보하도록 서면으로 촉구할 것
2. 제1호에 따른 촉구에도 불구하고 근로자가 촉구를 받은 때부터 10일 이내에 사용하지 아니한 휴가의 전부 또는 일부의 사용 시기를 정하여 사용자에게 통보하지 아니하면 제60조제7항 본문에 따른 기간이 끝나기 2개월 전까지 사용자가 사용하지 아니한 휴가의 사용 시기를 정하여 근로자에게 서면으로 통

보할 것

제62조(유급휴가의 대체) 사용자는 근로자대표와의 서면 합의에 따라 제60조에 따른 연차 유급휴가일을 갈음하여 특정한 근로일에 근로자를 휴무시킬 수 있다.

제63조(적용의 제외) 이 장과 제5장에서 정한 근로시간, 휴게와 휴일에 관한 규정은 다음 각 호의 어느 하나에 해당하는 근로자에 대하여는 적용하지 아니한다. 〈개정 2010.6.4〉

1. 토지의 경작·개간, 식물의 재식(재식)·재배·채취 사업, 그 밖의 농림 사업
2. 동물의 사육, 수산 동식물의 채포(채포)·양식 사업, 그 밖의 축산, 양잠, 수산 사업
3. 감시(감시) 또는 단속적(단속적)으로 근로에 종사하는 자로서 사용자가 고용노동부장관의 승인을 받은 자
4. 대통령령으로 정하는 업무에 종사하는 근로자

제5장 여성과 소년

제64조(최저 연령과 취직인허증) ① 15세 미만인 자(「초·중등교육법」에 따른 중학교에 재학 중인 18세 미만인 자를 포함한다)는 근로자로 사용하지 못한다. 다만, 대통령령으로 정하는 기준에 따라 고용노동부장관이 발급한 취직인허증(취직인허증)을 지닌 자는 근로자로 사용할 수 있다. 〈개정 2010.6.4〉

② 제1항의 취직인허증은 본인의 신청에 따라 의무교육에 지장이 없는 경우에는 직종(직종)을 지정하여서만 발행할 수 있다.

③ 고용노동부장관은 거짓이나 그 밖의 부정한 방법으로 제1항 단서의 취직인허증을 발급받은 자에게는 그 인허를 취소하여야 한다. 〈개정 2010.6.4〉

제65조(사용 금지) ① 사용자는 임신 중이거나 산후 1년이 지나지 아니한 여성(이하 "임산부"라 한다)과 18세 미만자를 도덕상 또는 보건상 유해·위험한 사업에 사용하지 못한다.

② 사용자는 임산부가 아닌 18세 이상의 여성을 제1항에 따른 보건상 유해·위험한 사업 중 임신 또는 출산에 관한 기능에 유해·위험한 사업에 사용하지 못한다.

③ 제1항 및 제2항에 따른 금지 직종은 대통령령으로 정한다.

제66조(연소자 증명서) 사용자는 18세 미만인 자에 대하여는 그 연령을 증명하는 가족관계기록사항에 관한 증명서와 친권자 또는 후견인의 동의서를 사업장에 갖추어 두어야 한다. 〈개정 2007.5.17〉

제67조(근로계약) ① 친권자나 후견인은 미성년자의 근로계약을 대리할 수 없다.

② 친권자, 후견인 또는 고용노동부장관은 근로계약이 미성년자에게 불리하다고 인정하는 경우에는 이를 해지할 수 있다. 〈개정 2010.6.4〉

③ 사용자는 18세 미만인 자와 근로계약을 체결하는 경우에는 제17조에 따른 근로조건을 서면으로 명시하여 교부하여야 한다. 〈신설 2007.7.27〉

제68조(임금의 청구) 미성년자는 독자적으로 임금을 청구할 수 있다.

제69조(근로시간) 15세 이상 18세 미만인 자의 근로시간은 1일에 7시간, 1주일에 40시간을 초과하지 못한다. 다만, 당사자 사이의 합의에 따라 1일에 1시간, 1주일에 6시간을 한도로 연장할 수 있다.

제70조(야간근로와 휴일근로의 제한) ① 사용자는 18세 이상의 여성을 오후 10시부터 오전 6시까지의 시간 및 휴일에 근로시키려면 그 근로자의 동의를 받아야 한다.

② 사용자는 임산부와 18세 미만자를 오후 10시부터 오전 6시까지의 시간 및 휴일에 근로시키지 못한다. 다만, 다음 각 호의 어느 하나에 해당하는 경우로서 고용노동부장관의 인가를 받으면 그러하지 아니하다. 〈개정 2010.6.4〉

1. 18세 미만자의 동의가 있는 경우
2. 산후 1년이 지나지 아니한 여성의 동의가 있는 경우
3. 임신 중의 여성이 명시적으로 청구하는 경우

③ 사용자는 제2항의 경우 고용노동부장관의 인가를 받기 전에 근로자의 건강 및 모성 보호를 위하여 그 시행 여부와 방법 등에 관하여 그 사업 또는 사업장의 근로자대표와 성실하게 협의하여야 한다. 〈개정 2010.6.4〉

제71조(시간외근로) 사용자는 산후 1년이 지나지 아니한 여성에 대하여는 단체협약이 있는 경우라도 1일에 2시간, 1주일에 6시간, 1년에 150시간을 초과하는 시간외근로를 시키지 못한다.

제72조(갱내근로의 금지) 사용자는 여성과 18세 미만인 자를 갱내(갱내)에서 근로시키지 못한다. 다만, 보건·의료, 보도·취재 등 대통령령으로 정하는 업무를 수행하기 위하여 일시적으로 필요한 경우에는 그러하지 아니하다.

제73조(생리휴가) 사용자는 여성 근로자가 청구하면 월 1일의 생리휴가를 주어야 한다.

제74조(임산부의 보호) ① 사용자는 임신 중의 여성에게 출산 전과 출산 후를 통하여 90일(한 번에 둘 이상 자녀를 임신한 경우에는 120일)의 출산전후휴가를 주어야 한다. 이 경우 휴가 기간의 배정은 출산 후에 45일(한 번에 둘 이상 자녀를 임신한 경우에는 60일) 이상이 되어야 한다. 〈개정 2012.2.1, 2014.1.21〉

② 사용자는 임신 중인 여성 근로자가 유산의 경험 등 대통령령으로 정하는 사유로 제1항의 휴가를 청구하는 경우 출산 전 어느 때 라도 휴가를 나누어 사용할 수 있도록 하여야 한다. 이 경우 출산 후의 휴가 기간은 연속하여 45일(한 번에 둘 이상 자녀를 임신한 경우에는 60일) 이상이 되어야 한다. 〈신설 2012.2.1, 2014.1.21〉

③ 사용자는 임신 중인 여성이 유산 또는 사산한 경우로서 그 근로자가 청구하면 대통령령으로 정하는 바에 따라 유산·사산 휴가를 주어야 한다. 다만, 인공 임신중절 수술(「모자보건법」 제14조제1항에 따른 경우는 제외한다)에 따른 유산의 경우는 그러하지 아니하다. 〈개정 2012.2.1〉

④ 제1항부터 제3항까지의 규정에 따른 휴가 중 최초 60일(한 번에 둘 이상 자녀를 임신한 경우에는 75일)은 유급으로 한다. 다만, 「남녀고용평등과 일·가정 양립 지원에 관한 법률」 제18조에 따라 출산전후휴가급여 등이 지급된 경우에는 그 금액의 한도에서 지급의 책임을 면한다. 〈개정 2007.12.21, 2012.2.1, 2014.1.21〉

⑤ 사용자는 임신 중의 여성 근로자에게 시간외근로를 하게 하여서는 아니 되며, 그 근로자의 요구가 있는 경우에는 쉬운 종류의 근로로 전환하여야 한다. 〈개정 2012.2.1〉

⑥ 사업주는 제1항에 따른 출산전후휴가 종료 후에는 휴가 전과 동일한 업무 또는 동등한 수준의 임금을 지급하는 직무에 복귀시켜야 한다. 〈신설 2008.3.28, 2012.2.1〉

⑦ 사용자는 임신 후 12주 이내 또는 36주 이후에 있는 여성 근로자가 1일 2시간의 근로시간 단축을 신청하는 경우 이를 허용하여야 한다. 다만, 1일 근로시간이 8시간 미만인 근로자에 대하여는 1일 근로시간이 6시간이 되도록 근로시간 단축을 허용할 수 있다. 〈신설 2014.3.24〉

⑧ 사용자는 제7항에 따른 근로시간 단축을 이유로 해당 근로자의 임금을 삭감하여서는 아니 된다. 〈신설 2014.3.24〉

⑨ 제7항에 따른 근로시간 단축의 신청방법 및 절차 등에 필요한 사항은 대통령령으로 정한다. 〈신설 2014.3.24〉

[시행일] 제74조제7항, 제74조제8항, 제74조제9항의 개정규정은 다음 각 호의 구분에 따른 날

1. 상시 300명 이상의 근로자를 사용하는 사업 또는 사업장: 공포 후 6개월이 경과한 날
2. 상시 300명 미만의 근로자를 사용하는 사업 또는 사업장: 공포 후 2년이 경과한 날

제74조의2(태아검진 시간의 허용 등) ① 사용자는 임신한 여성근로자가 「모자보건법」 제10조에 따른 임산부 정기건강진단을 받는데 필요한 시간을 청구하는 경우 이를 허용하여 주어야 한다.

② 사용자는 제1항에 따른 건강진단 시간을 이유로 그 근로자의 임금을 삭감하여서는 아니 된다. [본조신설 2008.3.21]

제75조(육아 시간) 생후 1년 미만의 유아(유아)를

가진 여성 근로자가 청구하면 1일 2회 각각 30분 이상의 유급 수유 시간을 주어야 한다.

제6장 안전과 보건

제76조(안전과 보건) 근로자의 안전과 보건에 관하여는 「산업안전보건법」에서 정하는 바에 따른다.

제7장 기능 습득

제77조(기능 습득자의 보호) 사용자는 양성공, 수습, 그 밖의 명칭을 불문하고 기능의 습득을 목적으로 하는 근로자를 혹사하거나 가사, 그 밖의 기능 습득에 관계없는 업무에 종사시키지 못한다.

제8장 재해보상

제78조(요양보상) ① 근로자가 업무상 부상 또는 질병에 걸리면 사용자는 그 비용으로 필요한 요양을 행하거나 필요한 요양비를 부담하여야 한다.

② 제1항에 따른 업무상 질병과 요양의 범위 및 요양보상의 시기는 대통령령으로 정한다. 〈개정 2008.3.21〉

제79조(휴업보상) ① 사용자는 제78조에 따라 요양 중에 있는 근로자에게 그 근로자의 요양 중 평균임금의 100분의 60의 휴업보상을 하여야 한다. 〈개정 2008.3.21〉

② 제1항에 따른 휴업보상을 받을 기간에 그 보상을 받을 자가 임금의 일부를 지급받은 경우에는 사용자는 평균임금에서 그 지급받은 금액을 뺀 금액의 100분의 60의 휴업보상을 하여야 한다. 〈신설 2008.3.21〉

③ 휴업보상의 시기는 대통령령으로 정한다. 〈신설 2008.3.21〉

제80조(장해보상) ① 근로자가 업무상 부상 또는 질병에 걸리고, 완치된 후 신체에 장해가 있으면 사용자는 그 장해 정도에 따라 평균임금에 별표에서 정한 일수를 곱한 금액의 장해보상을 하여야 한다. 〈개정 2008.3.21〉

② 이미 신체에 장해가 있는 자가 부상 또는 질병으로 인하여 같은 부위에 장해가 더 심해진 경우에 그 장해에 대한 장해보상 금액은 장해 정도가 더 심해진 장해등급에 해당하는 장해보상의 일수에서 기존의 장해등급에 해당하는 장해보상의 일수를 뺀 일수에 보상청구사유 발생 당시의 평균임금을 곱하여 산정한 금액으로 한다. 〈신설 2008.3.21〉

③ 장해보상을 하여야 하는 신체장해 등급의 결정 기준과 장해보상의 시기는 대통령령으로 정한다. 〈신설 2008.3.21〉

제81조(휴업보상과 장해보상의 예외) 근로자가 중대한 과실로 업무상 부상 또는 질병에 걸리고 또한 사용자가 그 과실에 대하여 노동위원회의 인정을 받으면 휴업보상이나 장해보상을 하지 아니하여도 된다.

제82조(유족보상) ① 근로자가 업무상 사망한 경우에는 사용자는 근로자가 사망한 후 지체 없이 그 유족에게 평균임금 1,000일분의 유족보상을 하여야 한다. 〈개정 2008.3.21〉

② 제1항에서의 유족의 범위, 유족보상의 순위 및 보상을 받기로 확정된 자가 사망한 경우의 유족보상의 순위는 대통령령으로 정한다. 〈신설 2008.3.21〉

제83조(장의비) 근로자가 업무상 사망한 경우에는 사용자는 근로자가 사망한 후 지체 없이 평균임금 90일분의 장의비를 지급하여야 한다. 〈개정 2008.3.21〉

제84조(일시보상) 제78조에 따라 보상을 받는 근로자가 요양을 시작한 지 2년이 지나도 부상 또는 질병이 완치되지 아니하는 경우에는 사용자는 그 근로자에게 평균임금 1,340일분의 일시보상을 하여 그 후의 이 법에 따른 모든 보상책임을 면할 수 있다.

제85조(분할보상) 사용자는 지급 능력이 있는 것을 증명하고 보상을 받는 자의 동의를 받으면 제80조, 제82조 또는 제84조에 따른 보상금을 1년에 걸쳐 분할보상을 할 수 있다.

제86조(보상 청구권) 보상을 받을 권리는 퇴직으로 인하여 변경되지 아니하고, 양도나 압류하지 못한다.

제87조(다른 손해배상과의 관계) 보상을 받게 될 자가 동일한 사유에 대하여 「민법」이나 그 밖의 법령에 따라 이 법의 재해보상에 상당한 금품을 받으면 그 가액(가액)의 한도에서 사용자는 보상의 책임을 면한다.

제88조(고용노동부장관의 심사와 중재) ① 업무상의 부상, 질병 또는 사망의 인정, 요양의 방법, 보상금액의 결정, 그 밖에 보상의 실시에 관하여 이의가 있는 자는 고용노동부장관에게 심사나 사건의 중재를 청구할 수 있다. 〈개정 2010.6.4〉

② 제1항의 청구가 있으면 고용노동부장관은 1개월 이내에 심사나 중재를 하여야 한다. 〈개정 2010.6.4〉

③ 고용노동부장관은 필요에 따라 직권으로 심사나 사건의 중재를 할 수 있다. 〈개정 2010.6.4〉

④ 고용노동부장관은 심사나 중재를 위하여 필요하다고 인정하면 의사에게 진단이나 검안을 시킬 수 있다. 〈개정 2010.6.4〉

⑤ 제1항에 따른 심사나 중재의 청구와 제2항에 따른 심사나 중재의 시작은 시효의 중단에 관하여는 재판상의 청구로 본다.

[제목개정 2010.6.4]

제89조(노동위원회의 심사와 중재) ① 고용노동부장관이 제88조제2항의 기간에 심사 또는 중재를 하지 아니하거나 심사와 중재의 결과에 불복하는 자는 노동위원회에 심사나 중재를 청구할 수 있다. 〈개정 2010.6.4〉

② 제1항의 청구가 있으면 노동위원회는 1개월 이내에 심사나 중재를 하여야 한다.

제90조(도급 사업에 대한 예외) ① 사업이 여러 차례의 도급에 따라 행하여지는 경우의 재해보상에 대하여는 원수급인(원수급인)을 사용자로 본다.

② 제1항의 경우에 원수급인이 서면상 계약으로 하수급인에게 보상을 담당하게 하는 경우에는 그 수급인도 사용자로 본다. 다만, 2명 이상의 하수급인에게 똑같은 사업에 대하여 중복하여 보상을 담당하게 하지 못한다.

③ 제2항의 경우에 원수급인이 보상의 청구를 받으면 보상을 담당한 하수급인에게 우선 최고(최고)할 것을 청구할 수 있다. 다만, 그 하수급인이 파산의 선고를 받거나 행방이 알려지지 아니하는 경우에는 그러하지 아니하다.

제91조(서류의 보존) 사용자는 재해보상에 관한 중요한 서류를 재해보상이 끝나지 아니하거나 제92조에 따라 재해보상 청구권이 시효로 소멸되기 전에 폐기하여서는 아니 된다. 〈개정 2008.3.21〉

제92조(시효) 이 법의 규정에 따른 재해보상 청구권은 3년간 행사하지 아니하면 시효로 소멸한다.

제9장 취업규칙

제93조(취업규칙의 작성 · 신고) 상시 10명 이상의 근로자를 사용하는 사용자는 다음 각 호의 사항에 관한 취업규칙을 작성하여 고용노동부장관에게 신고하여야 한다. 이를 변경하는 경우에도 또한 같다. 〈개정 2008.3.28, 2010.6.4, 2012.2.1〉

1. 업무의 시작과 종료 시각, 휴게시간, 휴일, 휴가 및 교대 근로에 관한 사항
2. 임금의 결정·계산·지급 방법, 임금의 산정기간·지급시기 및 승급(승급)에 관한 사항
3. 가족수당의 계산·지급 방법에 관한 사항
4. 퇴직에 관한 사항
5. 「근로자퇴직급여 보장법」 제4조에 따라 설정된 퇴직급여, 상여 및 최저임금에 관한 사항
6. 근로자의 식비, 작업 용품 등의 부담에 관한 사항
7. 근로자를 위한 교육시설에 관한 사항
8. 출산전후휴가·육아휴직 등 근로자의 모성 보호 및 일·가정 양립 지원에 관한 사항
9. 안전과 보건에 관한 사항

9의 2. 근로자의 성별·연령 또는 신체적 조건

등의 특성에 따른 사업장 환경의 개선에 관한 사항

10. 업무상과 업무 외의 재해부조(재해부조)에 관한 사항
11. 표창과 제재에 관한 사항
12. 그 밖에 해당 사업 또는 사업장의 근로자 전체에 적용될 사항

제94조(규칙의 작성, 변경 절차) ① 사용자는 취업규칙의 작성 또는 변경에 관하여 해당 사업 또는 사업장에 근로자의 과반수로 조직된 노동조합이 있는 경우에는 그 노동조합, 근로자의 과반수로 조직된 노동조합이 없는 경우에는 근로자의 과반수의 의견을 들어야 한다. 다만, 취업규칙을 근로자에게 불리하게 변경하는 경우에는 그 동의를 받아야 한다.

② 사용자는 제93조에 따라 취업규칙을 신고할 때에는 제1항의 의견을 적은 서면을 첨부하여야 한다.

제95조(제재 규정의 제한) 취업규칙에서 근로자에 대하여 감급(감급)의 제재를 정할 경우에 그 감액은 1회의 금액이 평균임금의 1일분의 2분의 1을, 총액이 1임금지급기의 임금 총액의 10분의 1을 초과하지 못한다.

제96조(단체협약의 준수) ① 취업규칙은 법령이나 해당 사업 또는 사업장에 대하여 적용되는 단체협약과 어긋나서는 아니 된다.

② 고용노동부장관은 법령이나 단체협약에 어긋나는 취업규칙의 변경을 명할 수 있다. 〈개정 2010.6.4〉

제97조(위반의 효력) 취업규칙에서 정한 기준에 미달하는 근로조건을 정한 근로계약은 그 부분에 관하여는 무효로 한다. 이 경우 무효로 된 부분은 취업규칙에 정한 기준에 따른다.

제10장 기숙사

제98조(기숙사 생활의 보장) ① 사용자는 사업 또는 사업장의 부속 기숙사에 기숙하는 근로자의 사생활의 자유를 침해하지 못한다.

② 사용자는 기숙사 생활의 자치에 필요한 임원 선거에 간섭하지 못한다.

제99조(규칙의 작성과 변경) ① 부속 기숙사에 근로자를 기숙시키는 사용자는 다음 각 호의 사항에 관하여 기숙사규칙을 작성하여야 한다.

1. 기상(기상), 취침, 외출과 외박에 관한 사항
2. 행사에 관한 사항
3. 식사에 관한 사항
4. 안전과 보건에 관한 사항
5. 건설물과 설비의 관리에 관한 사항
6. 그 밖에 기숙사에 기숙하는 근로자 전체에 적용될 사항

② 사용자는 제1항에 따른 규칙의 작성 또는 변경에 관하여 기숙사에 기숙하는 근로자의 과반수를 대표하는 자의 동의를 받아야 한다.

③ 사용자와 기숙사에 기숙하는 근로자는 기숙사규칙을 지켜야 한다.

제100조(설비와 안전 위생) ① 사용자는 부속 기숙사에 대하여 근로자의 건강, 풍기(풍기)와 생명의 유지에 필요한 조치를 강구하여야 한다.

② 제1항에 따라 강구하여야 할 조치의 기준은 대통령령으로 정한다.

제11장 근로감독관 등

제101조(감독 기관) ① 근로조건의 기준을 확보하기 위하여 고용노동부와 그 소속 기관에 근로감독관을 둔다. 〈개정 2010.6.4〉

② 근로감독관의 자격, 임면(임면), 직무 배치에 관한 사항은 대통령령으로 정한다.

제102조(근로감독관의 권한) ① 근로감독관은 사업장, 기숙사, 그 밖의 부속 건물에 임검(임검)하고 장부와 서류의 제출을 요구할 수 있으며 사용자와 근로자에 대하여 심문(심문)할 수 있다.

② 의사인 근로감독관이나 근로감독관의 위촉을 받은 의사는 취업을 금지하여야 할 질병에 걸릴 의심이 있는 근로자에 대하여 검진할 수 있다.

③ 제1항 및 제2항의 경우에 근로감독관이나 그 위촉을 받은 의사는 그 신분증명서와 고용노동부

장관의 임검 또는 검진지령서(검진지령서)를 제시하여야 한다. 〈개정 2010.6.4〉

④ 제3항의 임검 또는 검진지령서에는 그 일시, 장소 및 범위를 분명하게 적어야 한다.

⑤ 근로감독관은 이 법이나 그 밖의 노동 관계 법령 위반의 죄에 관하여 「사법경찰관리의 직무를 행할 자와 그 직무범위에 관한 법률」에서 정하는 바에 따라 사법경찰관의 직무를 수행한다.

제103조(근로감독관의 의무) 근로감독관은 직무상 알게 된 비밀을 엄수하여야 한다. 근로감독관을 그만 둔 경우에도 또한 같다.

제104조(감독 기관에 대한 신고) ① 사업 또는 사업장에서 이 법 또는 이 법에 따른 대통령령을 위반한 사실이 있으면 근로자는 그 사실을 고용노동부장관이나 근로감독관에게 통보할 수 있다. 〈개정 2010.6.4〉

② 사용자는 제1항의 통보를 이유로 근로자에게 해고나 그 밖에 불리한 처우를 하지 못한다.

제105조(사법경찰권 행사자의 제한) 이 법이나 그 밖의 노동 관계 법령에 따른 임검, 서류의 제출, 심문 등의 수사는 검사와 근로감독관이 전담하여 수행한다. 다만, 근로감독관의 직무에 관한 범죄의 수사는 그러하지 아니하다.

제106조(권한의 위임) 이 법에 따른 고용노동부장관의 권한은 대통령령으로 정하는 바에 따라 그 일부를 지방고용노동관서의 장에게 위임할 수 있다. 〈개정 2010.6.4〉

제12장 벌칙

제107조(벌칙) 제7조, 제8조, 제9조, 제23조제2항 또는 제40조를 위반한 자는 5년 이하의 징역 또는 3천만원 이하의 벌금에 처한다.

제108조(벌칙) 근로감독관이 이 법을 위반한 사실을 고의로 묵과하면 3년 이하의 징역 또는 5년 이하의 자격정지에 처한다.

제109조(벌칙) ① 제36조, 제43조, 제44조, 제44조의2, 제46조, 제56조, 제65조 또는 제72조를 위반한 자는 3년 이하의 징역 또는 2천만원 이하의 벌금에 처한다. 〈개정 2007.7.27〉

② 제36조, 제43조, 제44조, 제44조의2, 제46조 또는 제56조를 위반한 자에 대하여는 피해자의 명시적인 의사와 다르게 공소를 제기할 수 없다. 〈개정 2007.7.27〉

제110조(벌칙) 다음 각 호의 어느 하나에 해당하는 자는 2년 이하의 징역 또는 1천만원 이하의 벌금에 처한다. 〈개정 2009.5.21, 2012.2.1〉

1. 제10조, 제22조제1항, 제26조, 제50조, 제53조제1항·제2항·제3항 본문, 제54조, 제55조, 제60조제1항·제2항·제4항 및 제5항, 제64조제1항, 제69조, 제70조제1항·제2항, 제71조, 제74조제1항부터 제5항까지, 제75조, 제78조부터 제80조까지, 제82조, 제83조 및 제104조제2항을 위반한 자
2. 제53조제4항에 따른 명령을 위반한 자

제111조(벌칙) 제31조제3항에 따라 확정되거나 행정소송을 제기하여 확정된 구제명령 또는 구제명령을 내용으로 하는 재심판정을 이행하지 아니한 자는 1년 이하의 징역 또는 1천만원 이하의 벌금에 처한다.

제112조(고발) ① 제111조의 죄는 노동위원회의 고발이 있어야 공소를 제기할 수 있다.

② 검사는 제1항에 따른 죄에 해당하는 위반행위가 있음을 노동위원회에 통보하여 고발을 요청할 수 있다.

제113조(벌칙) 제45조를 위반한 자는 1천만원 이하의 벌금에 처한다.

제114조(벌칙) 다음 각 호의 어느 하나에 해당하는 자는 500만원 이하의 벌금에 처한다. 〈개정 2007.7.27, 2008.3.28, 2009.5.21, 2012.2.1〉

1. 제6조, 제16조, 제17조, 제20조, 제21조, 제22조제2항, 제47조, 제53조제3항 단서, 제67조제1항·제3항, 제70조제3항, 제73조, 제74조제6항, 제77조, 제94조, 제95조, 제100조 및 제103조를 위반한 자
2. 제96조제2항에 따른 명령을 위반한 자

제115조(양벌규정) 사업주의 대리인, 사용인, 그

밖의 종업원이 해당 사업의 근로자에 관한 사항에 대하여 제107조, 제109조부터 제111조까지, 제113조 또는 제114조의 위반행위를 하면 그 행위자를 벌하는 외에 그 사업주에게도 해당 조문의 벌금형을 과(과)한다. 다만, 사업주가 그 위반행위를 방지하기 위하여 해당 업무에 관하여 상당한 주의와 감독을 게을리하지 아니한 경우에는 그러하지 아니하다. [전문개정 2009.5.21]

제116조(과태료) ① 다음 각 호의 어느 하나에 해당하는 자에게는 500만원 이하의 과태료를 부과한다. 〈개정 2009.5.21, 2010.6.4, 2014.3.24〉

1. 제13조에 따른 고용노동부장관, 노동위원회 또는 근로감독관의 요구가 있는 경우에 보고 또는 출석을 하지 아니하거나 거짓된 보고를 한 자
2. 제14조, 제39조, 제41조, 제42조, 제48조, 제66조, 제74조제7항, 제91조, 제93조, 제98조제2항 및 제99조를 위반한 자
3. 제102조에 따른 근로감독관 또는 그 위촉을 받은 의사의 임검(임검)이나 검진을 거절, 방해 또는 기피하고 그 심문에 대하여 진술을 하지 아니하거나 거짓된 진술을 하며 장부·서류를 제출하지 아니하거나 거짓 장부·서류를 제출한 자

② 제1항에 따른 과태료는 대통령령으로 정하는 바에 따라 고용노동부장관이 부과·징수한다. 〈개정 2010.6.4〉

③ 삭제 〈2009.5.21〉

④ 삭제 〈2009.5.21〉

⑤ 삭제 〈2009.5.21〉

부칙 〈제8372호, 2007.4.11〉

제1조 (시행일) 이 법은 공포한 날부터 시행한다. 다만, 부칙 제16조제24항의 개정규정은 2007년 4월 12일부터 시행하고, 제12조, 제13조, 제17조, 제21조, 제23조제1항, 제24조제3항, 제25조제1항, 제27조부터 제33조까지, 제37조제1항, 제38조, 제43조, 제45조, 제64조제3항, 제77조, 제107조, 제110조제1호, 제111조, 제112조, 제114조, 제116조 및 부칙 제16조제9항의 개정규정은 2007년 7월 1일부터 시행하며, 부칙 제16조제21항의 개정규정은 2007년 7월 20일부터 시행한다.

제2조 (시행일에 관한 경과조치) 부칙 제1조 단서에 따라 제12조, 제13조, 제17조, 제21조, 제23조제1항, 제24조제3항, 제25조제1항, 제28조, 제37조제1항, 제38조, 제43조, 제45조, 제77조, 제107조, 제110조제1호 및 제114조의 개정규정이 시행되기 전까지는 그에 해당하는 종전의 제11조, 제12조, 제24조, 제28조, 제30조제1항, 제31조제3항, 제31조의2제1항, 제33조, 제36조의2제1항, 제37조, 제42조, 제44조, 제77조, 제110조, 제113조제1호 및 제115조를 적용한다.

제3조 (유효기간) 제16조의 개정규정은 2007년 6월 30일까지 효력을 가진다.

제4조 (법률 제6974호 근로기준법중개정법률의 시행일) 법률 제6974호 근로기준법중개정법률의 시행일은 다음 각 호와 같다.

1. 금융·보험업, 「정부투자기관 관리기본법」 제2조에 따른 정부투자기관, 「지방공기업법」 제49조 및 같은 법 제76조에 따른 지방공사 및 지방공단, 국가·지방자치단체 또는 정부투자기관이 자본금의 2분의 1 이상을 출자하거나 기본재산의 2분의 1 이상을 출연한 기관·단체와 그 기관·단체가 자본금의 2분의 1 이상을 출자하거나 기본재산의 2분의 1 이상을 출연한 기관·단체 및 상시 1,000명 이상의 근로자를 사용하는 사업 또는 사업장 : 2004년 7월 1일
2. 상시 300명 이상 1,000명 미만의 근로자를 사용하는 사업 또는 사업장 : 2005년 7월 1일
3. 상시 100명 이상 300명 미만의 근로자를 사용하는 사업 또는 사업장 : 2006년 7월 1일
4. 상시 50명 이상 100명 미만의 근로자를 사용

하는 사업 또는 사업장 : 2007년 7월 1일
5. 상시 20명 이상 50명 미만의 근로자를 사용하는 사업 또는 사업장 : 2008년 7월 1일
6. 상시 20명 미만의 근로자를 사용하는 사업 또는 사업장, 국가 및 지방자치단체의 기관 : 2011년을 초과하지 아니하는 기간 이내에서 대통령령으로 정하는 날

제5조 (법률 제6974호 근로기준법중개정법률의 적용에 관한 특례) 사용자가 부칙 제4조에 따른 시행일 전에 근로자의 과반수로 조직된 노동조합이 있는 경우에는 그 노동조합, 근로자의 과반수로 조직된 노동조합이 없는 경우에는 근로자의 과반수의 동의를 얻어 노동부령으로 정하는 바에 따라 노동부장관에게 신고한 경우에는 부칙 제4조에 따른 시행일 전이라도 이를 적용할 수 있다.

제5조의2(건설공사 등의 근로시간 적용의 특례) 부칙 제4조제6호에도 불구하고 다음 각 호의 공사 전부 또는 일부가 포함된 공사로서 공사의 발주자가 같고 공사의 목적, 장소 및 공기(공기) 등에 비추어 하나의 일관된 체계에 따라 시공되는 것으로 인정되는 공사(이하 이 조에서 "관련공사"라 한다)에 사용되는 모든 근로자에 대하여는 관련공사의 발주 시 총 공사 계약금액을 바탕으로 대통령령으로 정하는 바에 따라 산정한 관련공사의 상시 근로자 수를 기준으로 제50조에 따른 근로시간을 적용할지를 결정한다.
1. 「건설산업기본법」에 따른 건설공사
2. 「전기공사업법」에 따른 전기공사
3. 「정보통신공사업법」에 따른 정보통신공사
4. 「소방시설공사업법」에 따른 소방시설공사
5. 「문화재보호법」에 따른 문화재수리공사

[본조신설 2008.3.21]

제6조 (연장근로에 관한 특례) ① 부칙 제4조 각 호의 시행일(부칙 제5조에 따라 노동부장관에게 신고한 경우에는 적용일을 말한다. 이하 같다)부터 3년 간은 제53조제1항 및 제59조제1항을 적용할 때 "12시간"을 각각 "16시간"으로 본다.
② 제1항을 적용할 때 최초의 4시간에 대하여는 제56조 중 "100분의 50"을 "100분의 25"로 본다.

제7조 (임금보전 및 단체협약의 변경 등) ① 사용자는 법률 제6974호 근로기준법중개정법률의 시행으로 인하여 기존의 임금수준 및 시간당 통상임금이 저하되지 아니하도록 하여야 한다.
② 근로자·노동조합 및 사용자는 법률 제6974호 근로기준법중개정법률의 시행과 관련하여 단체협약 유효기간의 만료 여부를 불문하고 가능한 빠른 시일 내에 단체협약, 취업규칙 등에 임금보전방안 및 같은 법의 개정사항이 반영되도록 하여야 한다.
③ 제1항 및 제2항을 적용할 때 임금항목 또는 임금 조정방법은 단체협약, 취업규칙 등을 통하여 근로자·노동조합 및 사용자가 자율적으로 정한다.

제8조 (연차 및 월차 유급휴가에 관한 경과조치) 법률 제6974호 근로기준법중개정법률 시행일 전에 발생한 월차 유급휴가 및 연차 유급휴가에 대하여는 종전의 규정에 따른다.

제9조 (지연이자에 관한 적용례) 법률 제7465호 근로기준법 일부개정법률 제36조의2의 개정규정은 같은 법 시행 후 최초로 지급사유가 발생하는 경우부터 적용한다.

제10조 (유산 또는 사산에 따른 보호휴가 등에 관한 적용례) 법률 제7566호 근로기준법 일부개정법률 제72조제2항 및 제3항의 개정규정은 같은 법 시행 후 최초로 출산·유산 또는 사산하는 여성 근로자부터 적용한다.

제11조 (우선 재고용등에 관한 적용례) 제25조제1항의 개정규정은 법률 제8293호 근로기준법 일부개정법률의 시행일인 2007년 7월 1일 이후 최초로 발생한 경영상 이유에 따른 해고부터 적용한다.

제12조 (부당해고등에 대한 구제에 관한 적용례) 제28조부터 제33조까지, 제111조 및 제112조의 개정규정은 법률 제8293호 근로기준법 일부개정법률의 시행일인 2007년 7월 1일 이후 최초로 발생한 부당해고등부터 적용한다.

제13조 (임금채권 우선변제에 관한 경과조치) ① 법률 제5473호 근로기준법중개정법률 제37조 제2항제2호의 개정규정에도 불구하고 같은 법 시행 전에 퇴직한 근로자의 경우에는 1989년 3월 29일 이후의 계속 근로연수에 대한 퇴직금을 우선변제의 대상으로 한다.

② 법률 제5473호 근로기준법중개정법률 제37조제2항제2호의 개정규정에도 불구하고 같은 법 시행 전에 채용된 근로자로서 같은 법 시행 후 퇴직하는 근로자의 경우에는 1989년 3월 29일 이후부터 같은 법 시행 전까지의 계속 근로연수에 대한 퇴직금에 같은 법 시행 후의 계속 근로연수에 대하여 발생하는 최종 3년 간의 퇴직금을 합산한 금액을 우선변제의 대상으로 한다.

③ 제1항 및 제2항에 따라 우선변제의 대상이 되는 퇴직금은 계속 근로연수 1년에 대하여 30일분의 평균임금으로 계산한 금액으로 한다.

④ 제1항 및 제2항에 따라 우선변제의 대상이 되는 퇴직금은 250일분의 평균임금을 초과할 수 없다.

제14조 (처분 등에 관한 일반적 경과조치) 이 법 시행 당시 종전의 규정에 따른 행정기관의 행위나 행정기관에 대한 행위는 그에 해당하는 이 법에 따른 행정기관의 행위나 행정기관에 대한 행위로 본다.

제15조 (벌칙에 관한 경과조치) 이 법 시행 전의 행위에 대하여 벌칙 규정을 적용할 때에는 종전의 규정에 따른다.

제16조 (다른 법률의 개정) ① 건설근로자의고용개선등에관한법률 일부를 다음과 같이 개정한다. 제2조제2호 중 "근로기준법 제14조"를 "「근로기준법」 제2조"로 한다.

② 경제자유구역의지정및운영에관한법률 일부를 다음과 같이 개정한다.

제17조제4항 중 "근로기준법 제54조 및 제71조"를 "「근로기준법」 제55조 및 제73조"로 한다.

③ 고령자고용촉진법 일부를 다음과 같이 개정한다.

제2조제3호 중 "제14조"를 "제2조"로 한다.

제21조제2항 중 "동법 제59조"를 "같은 법 제60조"로 한다.

④ 고용정책기본법 일부를 다음과 같이 개정한다.

제27조제1항 단서 중 "제31조제4항"을 "제24조제4항"으로 한다.

⑤ 국세기본법 일부를 다음과 같이 개정한다.

제35조제1항제5호 중 "제37조"를 "제38조"로 한다.

⑥ 근로자직업능력 개발법 일부를 다음과 같이 개정한다.

제9조제4항 중 "근로기준법 제49조"를 "「근로기준법」 제50조"로 하고, 제20조제2항제4호 중 "근로기준법 제57조 및 제59조"를 "「근로기준법」 제60조"로 한다.

⑦ 근로자참여및협력증진에관한법률 일부를 다음과 같이 개정한다.

제3조제2호 중 "근로기준법 제14조"를 "「근로기준법」 제2조"로 하고, 같은 조 제3호 중 "근로기준법 제15조"를 "「근로기준법」 제2조"로 한다.

⑧ 근로자퇴직급여 보장법 일부를 다음과 같이 개정한다.

제2조제1호 중 "근로기준법 제14조"를 "「근로기준법」 제2조"로 하고, 같은 조 제2호 중 "근로기준법 제15조"를 "「근로기준법」 제2조"로 하며, 같은 조 제3호 중 "근로기준법 제18조"를 "「근로기준법」 제2조"로 하고, 같은 조 제4호 중 "근로기준법 제19조"를 "「근로기준법」 제2조"로 한다.

⑨ 법률 제8074호 기간제 및 단시간근로자 보호 등에 관한 법률 일부를 다음과 같이 개정한다.

제2조제2호 중 "제21조"를 "제2조"로 한다.

제6조제1항 전단 중 "제20조"를 "제2조"로 한다.

⑩ 남녀고용평등법 일부를 다음과 같이 개정한다.

제18조제1항 중 "「근로기준법」 제72조"를 "「근로기준법」 제74조"로 하고, 같은 조 제2항 중 "「근로기준법」 제72조제3항"을 "「근로기준법」 제74조제3항"으로 한다.

⑪ 노동위원회법 일부를 다음과 같이 개정한다.

제16조의3제1항 중 "제33조"를 "제28조"로 한다.

⑫ 별정우체국법 일부를 다음과 같이 개정한다.

제29조제1항 중 "근로기준법 제34조"를 "「근로기

준법」 제34조"로 한다.

⑬ 병역법 일부를 다음과 같이 개정한다.

제41조제1항 중 "「근로기준법」 제33조제1항"을 "「근로기준법」 제28조제1항"으로 한다.

⑭ 사내근로복지기금법 일부를 다음과 같이 개정한다.

제2조제1호 중 "근로기준법 제14조"를 "「근로기준법」 제2조"로 하고, 같은 조 제2호 중 "근로기준법 제15조"를 "「근로기준법」 제2조"로 한다.

⑮ 산업안전보건법 일부를 다음과 같이 개정한다.

제2조제2호 중 "제14조"를 "제2조"로 한다.

제51조제1항 중 "「근로기준법」 제104조"를 "「근로기준법」 제101조"로 한다.

〈16〉 석탄산업법 일부를 다음과 같이 개정한다.

제39조의3제1항제1호 중 "「근로기준법」 제19조"를 "「근로기준법」 제2조"로 하고, 같은 조 제2항 중 "「근로기준법」 제37조제2항"을 "「근로기준법」 제38조제2항"으로 한다.

〈17〉 선원법 일부를 다음과 같이 개정한다.

제5조제1항 중 "「근로기준법」 제2조 내지 제9조·제14조 내지 제16조·제36조·제37조·제39조·제66조·제110조(제6조·제7조·제8조 또는 제39조의 규정에 위반한 경우에 한한다)·제112조(제36조의 규정에 위반한 경우에 한한다)·제113조(제9조의 규정에 위반한 경우에 한한다) 및 제115조(제5조의 규정에 위반한 경우에 한한다)"를 "「근로기준법」 제2조제1호부터 제3호까지, 제3조부터 제10조까지, 제36조, 제38조, 제40조, 제68조, 제107조(제7조부터 제9조까지 또는 제40조를 위반한 경우에 한정한다), 제109조(제36조를 위반한 경우로 한정한다), 제110조(제10조를 위반한 경우로 한정한다) 및 제114조(제6조를 위반한 경우로 한정한다)"로 하고, 제51조의2제5항 중 "「근로기준법」 제37조제2항"을 "「근로기준법」 제38조제2항"으로 한다.

〈18〉 임금채권보장법 일부를 다음과 같이 개정한다.

제2조제1호 중 "근로기준법 제14조"를 "「근로기준법」 제2조"로 하고, 같은 조 제3호 중 "근로기준법 제18조·제34조 및 제45조"를 "「근로기준법」 제2조, 제34조 및 제46조"로 한다.

제6조제2항제1호 중 "「근로기준법」 제37조제2항제1호"를 "「근로기준법」 제38조제2항제1호"로 하고, 같은 항 제2호 중 "근로기준법 제45조"를 "「근로기준법」 제46조"로 한다.

제7조제2항 중 "「근로기준법」 제37조제2항"을 "「근로기준법」 제38조제2항"으로 한다.

〈19〉 제주특별자치도 설치 및 국제자유도시 조성을 위한 특별법 일부를 다음과 같이 개정한다.

제141조 중 "「근로기준법」 제104조제1항"을 "「근로기준법」 제101조제1항"으로 한다.

〈20〉 지방세법 일부를 다음과 같이 개정한다.

제31조제2항제5호 중 "「근로기준법」 제37조"를 "「근로기준법」 제38조"로 한다.

〈21〉 법률 제8249호 직업안정법 일부개정법률 일부를 다음과 같이 개정한다.

제21조의3제2항 중 "「근로기준법」 제63조"를 "「근로기준법」 제65조"로 한다.

〈22〉 최저임금법 일부를 다음과 같이 개정한다.

제2조 중 "근로기준법 제14조, 제15조 및 제18조"를 "「근로기준법」 제2조"로 한다.

제5조제2항제2호 중 "「근로기준법」 제61조제3호"를 "「근로기준법」 제63조제3호"로 한다.

〈23〉 파견근로자보호등에관한법률 일부를 다음과 같이 개정한다.

제8조제3호 중 "근로기준법 제6조·제8조·제27조 내지 제29조·제36조·제42조 내지 제45조·제55조·제62조"를 "「근로기준법」 제7조, 제9조, 제20조부터 제22조까지, 제36조, 제43조부터 제46조까지, 제56조 및 제64조"로 한다.

제16조제2항 중 "근로기준법 제31조"를 "「근로기준법」 제24조"로 한다.

제34조제1항 본문 중 "근로기준법 제15조"를 "「근로기준법」 제2조"로 하고, 같은 항 단서 중 "동법 제22조 내지 제36조·제38조·제40조 내지 제47조·제55조·제59조·제62조·제64조 내지 제66조·제74조·제81조 내지 제95조"를 "같은 법 제15조부터 제36조까지, 제39조, 제41조부

터 제48조까지, 제56조, 제60조, 제64조, 제66조부터 제68조까지 및 제78조부터 제92조까지"로, "동법 제49조 내지 제54조·제56조 내지 제58조·제60조·제61조·제67조 내지 제73조 및 제75조"를 "같은 법 제50조부터 제55조까지, 제58조, 제59조, 제62조, 제63조 및 제69조부터 제75조까지"로 한다.

제34조제2항 후단 중 "근로기준법 제42조 및 제66조"를 "「근로기준법」 제43조 및 제68조"로 하고, "동법 제15조"를 "같은 법 제2조"로 한다.

제34조제3항 중 "근로기준법 제54조·제57조·제71조·제72조제1항"을 "「근로기준법」 제55조, 제73조 및 제74조제1항"으로 한다.

〈24〉 법률 제8236호 한국주택금융공사법 일부개정법률 일부를 다음과 같이 개정한다.

제43조의4제2항제2호 중 "「근로기준법」 제37조제2항"을 "「근로기준법」 제38조제2항"으로 한다.

제17조 (다른 법령과의 관계) 이 법 시행 당시 다른 법령에서 종전의 「근로기준법」 또는 그 규정을 인용한 경우에 이 법 가운데 그에 해당하는 규정이 있으면 종전의 규정을 갈음하여 이 법 또는 이 법의 해당 규정을 인용한 것으로 본다.

부칙(가족관계의 등록 등에 관한 법률) 〈제8435호, 2007.5.17〉

제1조 (시행일) 이 법은 2008년 1월 1일부터 시행한다. 〈단서 생략〉

제2조부터 제7조까지 생략

제8조 (다른 법률의 개정) ①부터 ⑥까지 생략

⑦ 근로기준법 일부를 다음과 같이 개정한다.

제66조 중 "호적증명서"를 "가족관계기록사항에 관한 증명서"로 한다.

⑧부터 〈39〉까지 생략

제9조 생략

부칙 〈제8561호, 2007.7.27〉

이 법은 공포 후 6개월이 경과한 날부터 시행한다.

부칙(남녀고용평등과 일 · 가정 양립 지원에 관한 법률) 〈제8781호, 2007.12.21〉

제1조 (시행일) 이 법은 공포 후 6개월이 경과한 날부터 시행한다. 〈단서 생략〉

제2조 (다른 법률의 개정) ① 근로기준법 일부를 다음과 같이 개정한다.

제74조제3항 단서 중 "「남녀고용평등법」"을 "「남녀고용평등과 일 · 가정 양립 지원에 관한 법률」"로 한다.

② 생략

제3조 생략

부칙 〈제8960호, 2008.3.21〉

제1조(시행일) 이 법은 2008년 7월 1일부터 시행한다.

제2조(태아검진 시간의 허용 등에 관한 적용례) 제74조의2의 개정규정은 이 법 시행 당시 임신 중인 여성근로자부터 적용한다.

제3조(근로시간 적용 특례의 적용례) 법률 제8372호 근로기준법 전부개정법률 부칙 제5조의2의 개정규정은 이 법 시행 후 최초로 계약이 체결되는 관련공사에 사용되는 근로자부터 적용한다.

부칙 〈제9038호, 2008.3.28〉

①(시행일) 이 법은 공포한 날부터 시행한다. 다만, 제93조제8호 및 제9호의2의 개정규정은 공포 후 3개월이 경과한 날부터 시행한다.

②(산전후휴가 종료 후 업무 등 복귀에 관한 적용례) 제74조제5항의 개정규정은 이 법 시행 당시 산전후휴가 중인 근로자부터 적용한다.

③(취업규칙의 작성 · 신고에 관한 적용례) 제93조제8호 및 제9호의2의 개정규정은 이 법 시행 후 최초로 신고하는 취업규칙부터 적용한다.

부칙 〈제9699호, 2009.5.21〉

①(시행일) 이 법은 공포 후 3개월이 경과한 날부터 시행한다.

②(벌칙에 관한 경과조치) 이 법 시행 전의 행위에

관하여 벌칙을 적용할 때에는 종전의 규정에 따른다.

부칙(은행법) 〈제10303호, 2010.5.17〉

제1조(시행일) 이 법은 공포 후 6개월이 경과한 날부터 시행한다. 〈단서 생략〉

제2조부터 제8조까지 생략

제9조(다른 법률의 개정) ① 부터 ⑨ 까지 생략

⑩ 근로기준법 일부를 다음과 같이 개정한다.

제37조제1항 중 "금융기관"을 "은행"으로 한다.

⑪ 부터 〈86〉 까지 생략

제10조 생략

부칙 〈제10319호, 2010.5.25〉

이 법은 2012년 1월 1일부터 시행한다.

부칙(정부조직법) 〈제10339호, 2010.6.4〉

제1조(시행일) 이 법은 공포 후 1개월이 경과한 날부터 시행한다. 〈단서 생략〉

제2조 및 제3조 생략

제4조(다른 법률의 개정) ① 부터 〈26〉 까지 생략

〈27〉 근로기준법 일부를 다음과 같이 개정한다.

제13조, 제24조제4항, 제53조제3항 본문 및 단서·제4항, 제63조제3호, 제64조제1항 단서·제3항, 제67조제2항, 제70조제2항 각 호 외의 부분 단서·제3항, 제88조의 제목·제1항부터 제4항까지, 제89조제1항, 제93조 각 호 외의 부분 전단, 제96조제2항, 제102조제3항, 제104조제1항, 제106조 및 제116조제1항제1호·제2항 중 "노동부장관"을 각각 "고용노동부장관"으로 한다.

제26조 단서 중 "노동부령"을 "고용노동부령"으로 한다.

제101조제1항 중 "노동부"를 "고용노동부"로 한다.

제106조 중 "지방노동관서"를 "지방고용노동관서"로 한다.

〈28〉 부터 〈82〉 까지 생략

제5조 생략

부칙(동산 · 채권 등의 담보에 관한 법률) 〈제10366호, 2010.6.10〉

제1조(시행일) 이 법은 공포 후 2년이 경과한 날부터 시행한다.

제2조 생략

제3조(다른 법률의 개정) ① 부터 ③ 까지 생략

④ 근로기준법 일부를 다음과 같이 개정한다.

제38조제1항 본문 중 "질권(질권) 또는 저당권"을 "질권(질권)·저당권 또는 「동산·채권 등의 담보에 관한 법률」에 따른 담보권"으로 하고, 같은 항 단서 및 제2항 각 호 외의 부분 중 "질권 또는 저당권"을 각각 "질권·저당권 또는 「동산·채권 등의 담보에 관한 법률」에 따른 담보권"으로 한다.

⑤ 부터 ⑩ 까지 생략

제4조 생략

부칙(건설산업기본법) 〈제10719호, 2011.5.24〉

제1조(시행일) 이 법은 공포 후 6개월이 경과한 날부터 시행한다. 〈단서 생략〉

제2조부터 제5조까지 생략

제6조(다른 법률의 개정) ①부터 ④까지 생략

⑤ 근로기준법 일부를 다음과 같이 개정한다.

제44조의2제1항 중 "「건설산업기본법」 제2조제8호"를 "「건설산업기본법」 제2조제11호"로, "같은 법 제2조제5호"를 "같은 법 제2조제7호"로 하고, 같은 조 제2항 중 "「건설산업기본법」 제2조제5호"를 "「건설산업기본법」 제2조제7호"로 한다.

제44조의3제2항 전단 중 "「건설산업기본법」 제2조제7호"를 "「건설산업기본법」 제2조제10호"로 한다.

⑥부터 ⑨까지 생략

부칙 〈제11270호, 2012.2.1〉

제1조(시행일) 이 법은 공포 후 6개월이 경과한 날부터 시행한다.

제2조(체불사업주 명단 공개에 관한 적용례) 제43

조의2제1항의 개정규정 중 명단 공개 기준일 이전 1년 이내 임금등의 체불총액이 3천만원 이상인 경우는 이 법 시행 후 최초로 고용노동부장관이 임금등의 체불을 확인한 경우부터 적용한다.

제3조(임금등 체불자료의 제공에 관한 적용례) 제43조의3제1항의 개정규정 중 임금등 체불자료 제공일 이전 1년 이내 임금등의 체불총액이 2천만원 이상인 경우는 이 법 시행 후 최초로 고용노동부장관이 임금등의 체불을 확인한 경우부터 적용한다.

제4조(연차 유급휴가에 관한 적용례) 제60조제2항의 개정규정은 이 법 시행 후의 근로기간이 최초로 1년이 되는 근로자로서 그 1년간 출근 기간이 80퍼센트 미만에 해당하는 근로자부터 적용한다.

제5조(출산전후휴가 분할사용에 관한 적용례) 제74조제2항의 개정규정은 이 법 시행 후 최초로 출산전후휴가 분할사용을 신청한 근로자부터 적용한다.

제6조(유산 · 사산 휴가에 관한 적용례) 제74조제3항의 개정규정은 이 법 시행 후 최초로 유산·사산 휴가를 신청한 근로자부터 적용한다.

제7조(다른 법률의 개정) 법률 제11024호 선원법 전부개정법률 일부를 다음과 같이 개정한다.

제69조제3항 중 “보호휴가”를 “휴가”로 한다.

제70조제4항 중 “제69조제3항에 따라 보호휴가로”를 “제69조제3항에 따른 휴가로”로 한다.

부칙 〈제12325호, 2014.1.21〉

제1조(시행일) 이 법은 2014년 7월 1일부터 시행한다.

제2조(출산전후휴가에 관한 적용례) 제74조의 개정규정은 이 법 시행 후 출산하는 근로자부터 적용한다.

부칙 〈제12527호, 2014.3.24〉

제1조(시행일) 이 법은 공포한 날부터 시행한다. 다만, 제74조제7항부터 제9항까지의 개정규정은 다음 각 호의 구분에 따른 날부터 시행한다.

1. 상시 300명 이상의 근로자를 사용하는 사업 또는 사업장: 공포 후 6개월이 경과한 날
2. 상시 300명 미만의 근로자를 사용하는 사업 또는 사업장: 공포 후 2년이 경과한 날

제2조(해고 예고의 해고사유 등 서면통지 의제에 관한 적용례) 제27조제3항의 개정규정은 이 법 시행 후 최초로 해고를 예고하는 경우부터 적용한다.

제3조(근로시간 단축에 관한 적용례) 제74조제7항의 개정규정은 같은 개정규정 시행 후 최초로 근로시간 단축을 신청한 근로자부터 적용한다.

3. 노동조합 및 노동관계조정법

제정 : 1997. 3.13 법률 제5310호
개정 : 2014. 5. 20 개정 법률 제12630호

제1장 총칙

제1조(목적) 이 법은 헌법에 의한 근로자의 단결권·단체교섭권 및 단체행동권을 보장하여 근로조건의 유지·개선과 근로자의 경제적·사회적 지위의 향상을 도모하고, 노동관계를 공정하게 조정하여 노동쟁의를 예방·해결함으로써 산업평화의 유지와 국민경제의 발전에 이바지함을 목적으로 한다.

제2조(정의) 이 법에서 사용하는 용어의 정의는 다음과 같다.

1. “근로자”라 함은 직업의 종류를 불문하고 임금·급료 기타 이에 준하는 수입에 의하여 생활하는 자를 말한다.
2. “사용자제정 : 1997. 3.13 법률 제5310호 개정 : 2014. 05. 20 개정 법률 제12630호 라 함은 사업주, 사업의 경영담당자 또는 그 사업의 근로자에 관한 사항에 대하여 사업주를 위하여 행동하는 자를 말한다.
3. “사용자단체“라 함은 노동관계에 관하여 그 구

성원인 사용자에 대하여 조정 또는 규제할 수 있는 권한을 가진 사용자의 단체를 말한다.

4. "노동조합"이라 함은 근로자가 주체가 되어 자주적으로 단결하여 근로조건의 유지·개선 기타 근로자의 경제적·사회적 지위의 향상을 도모함을 목적으로 조직하는 단체 또는 그 연합단체를 말한다. 다만, 다음 각목의 1에 해당하는 경우에는 노동조합으로 보지 아니한다.
   가. 사용자 또는 항상 그의 이익을 대표하여 행동하는 자의 참가를 허용하는 경우
   나. 경비의 주된 부분을 사용자로부터 원조받는 경우
   다. 공제·수양 기타 복리사업만을 목적으로 하는 경우
   라. 근로자가 아닌 자의 가입을 허용하는 경우. 다만, 해고된 자가 노동위원회에 부당노동행위의 구제신청을 한 경우에는 중앙노동위원회의 재심판정이 있을 때까지는 근로자가 아닌 자로 해석하여서는 아니된다.
   마. 주로 정치운동을 목적으로 하는 경우
5. "노동쟁의"라 함은 노동조합과 사용자 또는 사용자단체(이하 "노동관계 당사자"라 한다)간에 임금·근로시간·복지·해고 기타 대우등 근로조건의 결정에 관한 주장의 불일치로 인하여 발생한 분쟁상태를 말한다. 이 경우 주장의 불일치라 함은 당사자간에 합의를 위한 노력을 계속하여도 더이상 자주적 교섭에 의한 합의의 여지가 없는 경우를 말한다.
6. "쟁의행위"라 함은 파업·태업·직장폐쇄 기타 노동관계 당사자가 그 주장을 관철할 목적으로 행하는 행위와 이에 대항하는 행위로서 업무의 정상적인 운영을 저해하는 행위를 말한다.

제3조(손해배상 청구의 제한) 사용자는 이 법에 의한 단체교섭 또는 쟁의행위로 인하여 손해를 입은 경우에 노동조합 또는 근로자에 대하여 그 배상을 청구할 수 없다.

제4조(정당행위) 형법 제20조의 규정은 노동조합이 단체교섭·쟁의행위 기타의 행위로서 제1조의 목적을 달성하기 위하여 한 정당한 행위에 대하여 적용된다. 다만, 어떠한 경우에도 폭력이나 파괴행위는 정당한 행위로 해석되어서는 아니 된다.

제2장 노동조합

제1절 통칙

제5조(노동조합의 조직 · 가입) 근로자는 자유로이 노동조합을 조직하거나 이에 가입할 수 있다. 다만, 공무원과 교원에 대하여는 따로 법률로 정한다.

제6조(법인격의 취득) ① 노동조합은 그 규약이 정하는 바에 의하여 법인으로 할 수 있다.

② 노동조합은 당해 노동조합을 법인으로 하고자 할 경우에는 대통령령이 정하는 바에 의하여 등기를 하여야 한다.

③ 법인인 노동조합에 대하여는 이 법에 규정된 것을 제외하고는 민법중 사단법인에 관한 규정을 적용한다.

제7조(노동조합의 보호요건) ① 이 법에 의하여 설립된 노동조합이 아니면 노동위원회에 노동쟁의의 조정 및 부당노동행위의 구제를 신청할 수 없다.

② 제1항의 규정은 제81조제1호·제2호 및 제5호의 규정에 의한 근로자의 보호를 부인하는 취지로 해석되어서는 아니된다.

③ 이 법에 의하여 설립된 노동조합이 아니면 노동조합이라는 명칭을 사용할 수 없다.

제8조(조세의 면제) 노동조합에 대하여는 그 사업체를 제외하고는 세법이 정하는 바에 따라 조세를 부과하지 아니한다.

제9조(차별대우의 금지) 노동조합의 조합원은 어떠한 경우에도 인종, 종교, 성별, 연령, 신체적 조건, 고용형태, 정당 또는 신분에 의하여 차별대우를 받지 아니한다. 〈개정 2008.3.28〉

[제목개정 2008.3.28]

제2절 노동조합의 설립

제10조(설립의 신고) ① 노동조합을 설립하고자 하는 자는 다음 각호의 사항을 기재한 신고서에 제11조의 규정에 의한 규약을 첨부하여 연합단체인 노동조합과 2 이상의 특별시·광역시·특별자치시·도·특별자치도에 걸치는 단위노동조합은 고용노동부장관에게, 2 이상의 시·군·구(자치구를 말한다)에 걸치는 단위노동조합은 특별시장·광역시장·도지사에게, 그 외의 노동조합은 특별자치시장·특별자치도지사·시장·군수·구청장(자치구의 구청장을 말한다. 이하 제12조제1항에서 같다)에게 제출하여야 한다. 〈개정 1998.2.20, 2006.12.30, 2010.6.4, 2014.5.20〉

1. 명칭
2. 주된 사무소의 소재지
3. 조합원수
4. 임원의 성명과 주소
5. 소속된 연합단체가 있는 경우에는 그 명칭
6. 연합단체인 노동조합에 있어서는 그 구성노동단체의 명칭, 조합원수, 주된 사무소의 소재지 및 임원의 성명·주소

② 제1항의 규정에 의한 연합단체인 노동조합은 동종산업의 단위노동조합을 구성원으로 하는 산업별 연합단체와 산업별 연합단체 또는 전국규모의 산업별 단위노동조합을 구성원으로 하는 총연합단체를 말한다.

제11조(규약) 노동조합은 그 조직의 자주적·민주적 운영을 보장하기 위하여 당해 노동조합의 규약에 다음 각 호의 사항을 기재하여야 한다. 〈개정 2006.12.30〉

1. 명칭
2. 목적과 사업
3. 주된 사무소의 소재지
4. 조합원에 관한 사항(연합단체인 노동조합에 있어서는 그 구성단체에 관한 사항)
5. 소속된 연합단체가 있는 경우에는 그 명칭
6. 대의원회를 두는 경우에는 대의원회에 관한 사항
7. 회의에 관한 사항
8. 대표자와 임원에 관한 사항
9. 조합비 기타 회계에 관한 사항
10. 규약변경에 관한 사항
11. 해산에 관한 사항
12. 쟁의행위와 관련된 찬반투표 결과의 공개, 투표자 명부 및 투표용지 등의 보존·열람에 관한 사항
13. 대표자와 임원의 규약위반에 대한 탄핵에 관한 사항
14. 임원 및 대의원의 선거절차에 관한 사항
15. 규율과 통제에 관한 사항

제12조(신고증의 교부) ① 고용노동부장관, 특별시장·광역시장·특별자치시장·도지사·특별자치도지사 또는 시장·군수·구청장(이하 "행정관청"이라 한다)은 제10조제1항의 규정에 의한 설립신고서를 접수한 때에는 제2항 전단 및 제3항의 경우를 제외하고는 3일 이내에 신고증을 교부하여야 한다. 〈개정 1998.2.20, 2006.12.30, 2010.6.4, 2014.5.20〉

② 행정관청은 설립신고서 또는 규약이 기재사항의 누락등으로 보완이 필요한 경우에는 대통령령이 정하는 바에 따라 20일 이내의 기간을 정하여 보완을 요구하여야 한다. 이 경우 보완된 설립신고서 또는 규약을 접수한 때에는 3일 이내에 신고증을 교부하여야 한다. 〈개정 1998.2.20〉

③ 행정관청은 설립하고자 하는 노동조합이 다음 각호의 1에 해당하는 경우에는 설립신고서를 반려하여야 한다. 〈개정 1998.2.20〉

1. 제2조제4호 각목의 1에 해당하는 경우
2. 제2항의 규정에 의하여 보완을 요구하였음에도 불구하고 그 기간내에 보완을 하지 아니하는 경우

④ 노동조합이 신고증을 교부받은 경우에는 설립신고서가 접수된 때에 설립된 것으로 본다.

제13조(변경사항의 신고등)

① 노동조합은 제10조제1항의 규정에 의하여 설립신고된 사항중 다음 각호의 1에 해당하는 사항에 변경이 있는 때에는 그 날부터 30일 이내에 행정관청에게 변경신고를 하여야 한다. 〈개정 1998.2.20, 2001.3.28〉

1. 명칭
2. 주된 사무소의 소재지
3. 대표자의 성명
4. 소속된 연합단체의 명칭

② 노동조합은 매년 1월 31일까지 다음 각호의 사항을 행정관청에게 통보하여야 한다. 다만, 제1항의 규정에 의하여 전년도에 변경신고된 사항은 그러하지 아니하다. 〈개정 1998.2.20, 2001.3.28〉

1. 전년도에 규약의 변경이 있는 경우에는 변경된 규약내용
2. 전년도에 임원의 변경이 있는 경우에는 변경된 임원의 성명
3. 전년도 12월 31일 현재의 조합원수(연합단체인 노동조합에 있어서는 구성단체별 조합원수)

제3절 노동조합의 관리

제14조(서류비치등) ① 노동조합은 조합설립일부터 30일 이내에 다음 각호의 서류를 작성하여 그 주된 사무소에 비치하여야 한다.

1. 조합원 명부(연합단체인 노동조합에 있어서는 그 구성단체의 명칭)
2. 규약
3. 임원의 성명·주소록
4. 회의록
5. 재정에 관한 장부와 서류

② 제1항제4호 및 제5호의 서류는 3연간 보존하여야 한다.

제15조(총회의 개최) ① 노동조합은 매년 1회 이상 총회를 개최하여야 한다.

② 노동조합의 대표자는 총회의 의장이 된다.

제16조(총회의 의결사항)

① 다음 각호의 사항은 총회의 의결을 거쳐야 한다.

1. 규약의 제정과 변경에 관한 사항
2. 임원의 선거와 해임에 관한 사항
3. 단체협약에 관한 사항
4. 예산·결산에 관한 사항
5. 기금의 설치·관리 또는 처분에 관한 사항
6. 연합단체의 설립·가입 또는 탈퇴에 관한 사항
7. 합병·분할 또는 해산에 관한 사항
8. 조직형태의 변경에 관한 사항
9. 기타 중요한 사항

② 총회는 재적조합원 과반수의 출석과 출석조합원 과반수의 찬성으로 의결한다. 다만, 규약의 제정·변경, 임원의 해임, 합병·분할·해산 및 조직형태의 변경에 관한 사항은 재적조합원 과반수의 출석과 출석조합원 3분의 2 이상의 찬성이 있어야 한다.

③ 임원의 선거에 있어서 출석조합원 과반수의 찬성을 얻은 자가 없는 경우에는 제2항 본문의 규정에 불구하고 규약이 정하는 바에 따라 결선투표를 실시하여 다수의 찬성을 얻은 자를 임원으로 선출할 수 있다.

④ 규약의 제정·변경과 임원의 선거·해임에 관한 사항은 조합원의 직접·비밀·무기명투표에 의하여야 한다.

제17조(대의원회) ① 노동조합은 규약으로 총회에 갈음할 대의원회를 둘 수 있다.

② 대의원은 조합원의 직접·비밀·무기명투표에 의하여 선출되어야 한다.

③ 대의원의 임기는 규약으로 정하되 3년을 초과할 수 없다.

④ 대의원회를 둔 때에는 총회에 관한 규정은 대의원회에 이를 준용한다.

제18조(임시총회등의 소집) ① 노동조합의 대표자는 필요하다고 인정할 때에는 임시총회 또는 임시대의원회를 소집할 수 있다.

② 노동조합의 대표자는 조합원 또는 대의원의 3분의 1 이상(연합단체인 노동조합에 있어서는 그 구성단체의 3분의 1 이상)이 회의에 부의할 사항을 제시하고 회의의 소집을 요구한 때에는 지체없이 임시총회 또는 임시대의원회를 소집하여야 한다.

③ 행정관청은 노동조합의 대표자가 제2항의 규정에 의한 회의의 소집을 고의로 기피하거나 이를 해태하여 조합원 또는 대의원의 3분의 1 이상이 소집권자의 지명을 요구한 때에는 15일 이내에 노동위원회의 의결을 요청하고 노동위원회의 의결이 있는 때에는 지체없이 회의의 소집권자를 지명하여야 한다. 〈개정 1998.2.20〉

④ 행정관청은 노동조합에 총회 또는 대의원회의 소집권자가 없는 경우에 조합원 또는 대의원의 3분의 1 이상이 회의에 부의할 사항을 제시하고 소집권자의 지명을 요구한 때에는 15일 이내에 회의의 소집권자를 지명하여야 한다. 〈개정 1998.2.20〉

제19조(소집의 절차) 총회 또는 대의원회는 회의개최일 7일전까지 그 회의에 부의할 사항을 공고하고 규약에 정한 방법에 의하여 소집하여야 한다. 다만, 노동조합이 동일한 사업장내의 근로자로 구성된 경우에는 그 규약으로 공고기간을 단축할 수 있다.

제20조(표결권의 특례) 노동조합이 특정 조합원에 관한 사항을 의결할 경우에는 그 조합원은 표결권이 없다.

제21조(규약 및 결의처분의 시정) ①행정관청은 노동조합의 규약이 노동관계법령에 위반한 경우에는 노동위원회의 의결을 얻어 그 시정을 명할 수 있다. 〈개정 1998.2.20〉

② 행정관청은 노동조합의 결의 또는 처분이 노동관계법령 또는 규약에 위반된다고 인정할 경우에는 노동위원회의 의결을 얻어 그 시정을 명할 수 있다. 다만, 규약위반시의 시정명령은 이해관계인의 신청이 있는 경우에 한한다. 〈개정 1998.2.20〉

③ 제1항 또는 제2항의 규정에 의하여 시정명령을 받은 노동조합은 30일 이내에 이를 이행하여야 한다. 다만, 정당한 사유가 있는 경우에는 그 기간을 연장할 수 있다.

제22조(조합원의 권리와 의무) 노동조합의 조합원은 균등하게 그 노동조합의 모든 문제에 참여할 권리와 의무를 가진다. 다만, 노동조합은 그 규약으로 조합비를 납부하지 아니하는 조합원의 권리를 제한할 수 있다.

제23조(임원의 선거등) ① 노동조합의 임원은 그 조합원중에서 선출되어야 한다.

② 임원의 임기는 규약으로 정하되 3년을 초과할 수 없다.

제24조(노동조합의 전임자) ① 근로자는 단체협약으로 정하거나 사용자의 동의가 있는 경우에는 근로계약 소정의 근로를 제공하지 아니하고 노동조합의 업무에만 종사할 수 있다.

② 제1항의 규정에 의하여 노동조합의 업무에만 종사하는 자(이하 "전임자"라 한다)는 그 전임기간동안 사용자로부터 어떠한 급여도 지급받아서는 아니된다.

③ 사용자는 전임자의 정당한 노동조합 활동을 제한하여서는 아니 된다. 〈신설 2010.1.1〉

④ 제2항에도 불구하고 단체협약으로 정하거나 사용자가 동의하는 경우에는 사업 또는 사업장별로 조합원 수 등을 고려하여 제24조의2에 따라 결정된 근로시간 면제 한도(이하 "근로시간 면제 한도"라 한다)를 초과하지 아니하는 범위에서 근로자는 임금의 손실 없이 사용자와의 협의·교섭, 고충처리, 산업안전 활동 등 이 법 또는 다른 법률에서 정하는 업무와 건전한 노사관계 발전을 위한 노동조합의 유지·관리업무를 할 수 있다. 〈신설 2010.1.1〉

⑤ 노동조합은 제2항과 제4항을 위반하는 급여 지급을 요구하고 이를 관철할 목적으로 쟁의행위를 하여서는 아니 된다. 〈신설 2010.1.1〉

제24조의2(근로시간면제심의위원회) ① 근로시간 면제 한도를 정하기 위하여 근로시간면제심의위원회(이하 이 조에서 "위원회"라 한다)를 고

용노동부에 둔다. 〈개정 2010.6.4〉

② 근로시간 면제 한도는 위원회가 심의·의결한 바에 따라 고용노동부장관이 고시하되, 3년마다 그 적정성 여부를 재심의하여 결정할 수 있다. 〈개정 2010.6.4〉

③ 위원회는 노동계와 경영계가 추천하는 위원 각 5명, 정부가 추천하는 공익위원 5명으로 구성된다.

④ 위원장은 공익위원 중에서 위원회가 선출한다.

⑤ 위원회는 재적위원 과반수의 출석과 출석위원 과반수의 찬성으로 의결한다.

⑥ 위원의 자격, 위촉과 위원회의 운영 등에 필요한 사항은 대통령령으로 정한다.

[본조신설 2010.1.1]

제25조(회계감사) ① 노동조합의 대표자는 그 회계감사원으로 하여금 6월에 1회 이상 당해 노동조합의 모든 재원 및 용도, 주요한 기부자의 성명, 현재의 경리 상황등에 대한 회계감사를 실시하게 하고 그 내용과 감사결과를 전체 조합원에게 공개하여야 한다.

② 노동조합의 회계감사원은 필요하다고 인정할 경우에는 당해 노동조합의 회계감사를 실시하고 그 결과를 공개할 수 있다.

제26조(운영상황의 공개) 노동조합의 대표자는 회계연도마다 결산결과와 운영상황을 공표하여야 하며 조합원의 요구가 있을 때에는 이를 열람하게 하여야 한다.

제27조(자료의 제출) 노동조합은 행정관청이 요구하는 경우에는 결산결과와 운영상황을 보고하여야 한다. 〈개정 1998.2.20〉

제4절 노동조합의 해산

제28조(해산사유) ① 노동조합은 다음 각호의 1에 해당하는 경우에는 해산한다. 〈개정 1998.2.20〉

1. 규약에서 정한 해산사유가 발생한 경우
2. 합병 또는 분할로 소멸한 경우
3. 총회 또는 대의원회의 해산결의가 있는 경우
4. 노동조합의 임원이 없고 노동조합으로서의 활동을 1년 이상 하지 아니한 것으로 인정되는 경우로서 행정관청이 노동위원회의 의결을 얻은 경우

② 제1항제1호 내지 제3호의 사유로 노동조합이 해산한 때에는 그 대표자는 해산한 날부터 15일 이내에 행정관청에게 이를 신고하여야 한다. 〈개정 1998.2.20〉

제3장 단체교섭 및 단체협약

제29조(교섭 및 체결권한) ① 노동조합의 대표자는 그 노동조합 또는 조합원을 위하여 사용자나 사용자단체와 교섭하고 단체협약을 체결할 권한을 가진다.

② 제29조의2에 따라 결정된 교섭대표노동조합(이하 "교섭대표노동조합"이라 한다)의 대표자는 교섭을 요구한 모든 노동조합 또는 조합원을 위하여 사용자와 교섭하고 단체협약을 체결할 권한을 가진다. 〈신설 2010.1.1〉

③ 노동조합과 사용자 또는 사용자단체로부터 교섭 또는 단체협약의 체결에 관한 권한을 위임받은 자는 그 노동조합과 사용자 또는 사용자단체를 위하여 위임받은 범위안에서 그 권한을 행사할 수 있다. 〈개정 2010.1.1〉

④ 노동조합과 사용자 또는 사용자단체는 제3항에 따라 교섭 또는 단체협약의 체결에 관한 권한을 위임한 때에는 그 사실을 상대방에게 통보하여야 한다. 〈개정 2010.1.1〉

제29조의2(교섭창구 단일화 절차) ① 하나의 사업 또는 사업장에서 조직형태에 관계없이 근로자가 설립하거나 가입한 노동조합이 2개 이상인 경우 노동조합은 교섭대표노동조합(2개 이상의 노동조합 조합원을 구성원으로 하는 교섭대표기구를 포함한다. 이하 같다)을 정하여 교섭을 요구하여야 한다. 다만, 제2항에 따라 교섭대표노동조합을 자율적으로 결정하는 기한 내에 사용자가 이 조에서 정하는 교섭창구 단일화 절차를 거치지 아니하기로 동의한 경우에는

그러하지 아니하다.

② 교섭대표노동조합 결정 절차(이하 "교섭창구 단일화 절차"라 한다)에 참여한 모든 노동조합은 대통령령으로 정하는 기한 내에 자율적으로 교섭대표노동조합을 정한다.

③ 제2항에 따른 기한내에 교섭대표노동조합을 정하지 못하고 제1항 단서에 따른 사용자의 동의를 얻지 못한 경우에는 교섭창구 단일화 절차에 참여한 노동조합의 전체 조합원 과반수로 조직된 노동조합(2개 이상의 노동조합이 위임 또는 연합 등의 방법으로 교섭창구 단일화 절차에 참여한 노동조합 전체 조합원의 과반수가 되는 경우를 포함한다)이 교섭대표노동조합이 된다.

④ 제2항과 제3항에 따라 교섭대표노동조합을 결정하지 못한 경우에는 교섭창구 단일화 절차에 참여한 모든 노동조합은 공동으로 교섭대표단(이하 이 조에서 "공동교섭대표단"이라 한다)을 구성하여 사용자와 교섭하여야 한다. 이 때 공동교섭대표단에 참여할 수 있는 노동조합은 그 조합원 수가 교섭창구 단일화 절차에 참여한 노동조합의 전체 조합원 100분의 10 이상인 노동조합으로 한다.

⑤ 제4항에 따른 공동교섭대표단의 구성에 합의하지 못할 경우에 노동위원회는 해당 노동조합의 신청에 따라 조합원 비율을 고려하여 이를 결정할 수 있다.

⑥ 제1항부터 제4항까지의 규정에 따른 교섭대표노동조합을 결정함에 있어 교섭요구 사실, 조합원 수 등에 대한 이의가 있는 때에는 노동위원회는 대통령령으로 정하는 바에 따라 노동조합의 신청을 받아 그 이의에 대한 결정을 할 수 있다.

⑦ 제5항 및 제6항에 따른 노동위원회의 결정에 대한 불복절차 및 효력은 제69조와 제70조제2항을 준용한다.

⑧ 노동조합의 교섭요구·참여 방법, 교섭대표노동조합 결정을 위한 조합원 수 산정 기준 등 교섭창구 단일화 절차와 교섭비용 증가 방지 등에 관하여 필요한 사항은 대통령령으로 정한다.

[본조신설 2010.1.1]

제29조의3(교섭단위 결정) ① 제29조의2에 따라 교섭대표노동조합을 결정하여야 하는 단위(이하 "교섭단위"라 한다)는 하나의 사업 또는 사업장으로 한다.

② 제1항에도 불구하고 하나의 사업 또는 사업장에서 현격한 근로조건의 차이, 고용형태, 교섭 관행 등을 고려하여 교섭단위를 분리할 필요가 있다고 인정되는 경우에 노동위원회는 노동관계 당사자의 양쪽 또는 어느 한 쪽의 신청을 받아 교섭단위를 분리하는 결정을 할 수 있다.

③ 제2항에 따른 노동위원회의 결정에 대한 불복절차 및 효력은 제69조와 제70조제2항을 준용한다.

④ 교섭단위 분리 신청 및 노동위원회의 결정 기준·절차 등에 관하여 필요한 사항은 대통령령으로 정한다.

[본조신설 2010.1.1]

제29조의4(공정대표의무 등) ① 교섭대표노동조합과 사용자는 교섭창구 단일화 절차에 참여한 노동조합 또는 그 조합원 간에 합리적 이유 없이 차별을 하여서는 아니 된다.

② 노동조합은 교섭대표노동조합과 사용자가 제1항을 위반하여 차별한 경우에는 그 행위가 있은 날(단체협약의 내용의 일부 또는 전부가 제1항에 위반되는 경우에는 단체협약 체결일을 말한다)부터 3개월 이내에 대통령령으로 정하는 방법과 절차에 따라 노동위원회에 그 시정을 요청할 수 있다.

③ 노동위원회는 제2항에 따른 신청에 대하여 합리적 이유 없이 차별하였다고 인정한 때에는 그 시정에 필요한 명령을 하여야 한다.

④ 제3항에 따른 노동위원회의 명령 또는 결정에 대한 불복절차 등에 관하여는 제85조 및 제86조를 준용한다.

[본조신설 2010.1.1]

제29조의5(그 밖의 교섭창구 단일화 관련 사항) 교섭대표노동조합이 있는 경우에 제2조제5호, 제

29조제3항·제4항, 제30조, 제37조제2항, 제38조제3항, 제42조의6제1항, 제44조제2항, 제46조제1항, 제55조제3항, 제72조제3항 및 제81조제3호 중 “노동조합”은 “교섭대표노동조합”으로 본다.

[본조신설 2010.1.1]

제30조(교섭등의 원칙) ① 노동조합과 사용자 또는 사용자단체는 신의에 따라 성실히 교섭하고 단체협약을 체결하여야 하며 그 권한을 남용하여서는 아니된다.

② 노동조합과 사용자 또는 사용자단체는 정당한 이유없이 교섭 또는 단체협약의 체결을 거부하거나 해태하여서는 아니된다.

제31조(단체협약의 작성)

① 단체협약은 서면으로 작성하여 당사자 쌍방이 서명 또는 날인하여야 한다. 〈개정 2006.12.30〉

② 단체협약의 당사자는 단체협약의 체결일부터 15일 이내에 이를 행정관청에게 신고하여야 한다. 〈개정 1998.2.20〉

③ 행정관청은 단체협약중 위법한 내용이 있는 경우에는 노동위원회의 의결을 얻어 그 시정을 명할 수 있다. 〈개정 1998.2.20〉

제32조(단체협약의 유효기간)

① 단체협약에는 2년을 초과하는 유효기간을 정할 수 없다.

② 단체협약에 그 유효기간을 정하지 아니한 경우 또는 제1항의 기간을 초과하는 유효기간을 정한 경우에 그 유효기간은 2년으로 한다.

③ 단체협약의 유효기간이 만료되는 때를 전후하여 당사자 쌍방이 새로운 단체협약을 체결하고자 단체교섭을 계속하였음에도 불구하고 새로운 단체협약이 체결되지 아니한 경우에는 별도의 약정이 있는 경우를 제외하고는 종전의 단체협약은 그 효력만료일부터 3월까지 계속 효력을 갖는다. 다만, 단체협약에 그 유효기간이 경과한 후에도 새로운 단체협약이 체결되지 아니한 때에는 새로운 단체협약이 체결될 때까지 종전 단체협약의 효력을 존속시킨다는 취지의 별도의 약정이 있는 경우에는 그에 따르되, 당사자 일방은 해지하고자 하는 날의 6월전까지 상대방에게 통고함으로써 종전의 단체협약을 해지할 수 있다. 〈개정 1998.2.20〉

제33조(기준의 효력)

① 단체협약에 정한 근로조건 기타 근로자의 대우에 관한 기준에 위반하는 취업규칙 또는 근로계약의 부분은 무효로 한다.

② 근로계약에 규정되지 아니한 사항 또는 제1항의 규정에 의하여 무효로 된 부분은 단체협약에 정한 기준에 의한다.

제34조(단체협약의 해석) ① 단체협약의 해석 또는 이행방법에 관하여 관계 당사자간에 의견의 불일치가 있는 때에는 당사자 쌍방 또는 단체협약에 정하는 바에 의하여 어느 일방이 노동위원회에 그 해석 또는 이행방법에 관한 견해의 제시를 요청할 수 있다.

② 노동위원회는 제1항의 규정에 의한 요청을 받은 때에는 그 날부터 30일 이내에 명확한 견해를 제시하여야 한다.

③ 제2항의 규정에 의하여 노동위원회가 제시한 해석 또는 이행방법에 관한 견해는 중재재정과 동일한 효력을 가진다.

제35조(일반적 구속력) 하나의 사업 또는 사업장에 상시 사용되는 동종의 근로자 반수 이상이 하나의 단체협약의 적용을 받게 된 때에는 당해 사업 또는 사업장에 사용되는 다른 동종의 근로자에 대하여도 당해 단체협약이 적용된다.

제36조(지역적 구속력) ① 하나의 지역에 있어서 종업하는 동종의 근로자 3분의 2 이상이 하나의 단체협약의 적용을 받게 된 때에는 행정관청은 당해 단체협약의 당사자의 쌍방 또는 일방의 신청에 의하거나 그 직권으로 노동위원회의 의결을 얻어 당해 지역에서 종업하는 다른 동종의 근로자와 그 사용자에 대하여도 당해 단체협약을 적용한다는 결정을 할 수 있다. 〈개정 1998.2.20〉

② 행정관청이 제1항의 규정에 의한 결정을 한 때에는 지체없이 이를 공고하여야 한다. 〈개정

1998.2.20〉

제4장 쟁의행위

제37조(쟁의행위의 기본원칙) ① 쟁의행위는 그 목적·방법 및 절차에 있어서 법령 기타 사회질서에 위반되어서는 아니된다.

② 조합원은 노동조합에 의하여 주도되지 아니한 쟁의행위를 하여서는 아니된다.

제38조(노동조합의 지도와 책임)

① 쟁의행위는 그 쟁의행위와 관계없는 자 또는 근로를 제공하고자 하는 자의 출입·조업 기타 정상적인 업무를 방해하는 방법으로 행하여져서는 아니되며 쟁의행위의 참가를 호소하거나 설득하는 행위로서 폭행·협박을 사용하여서는 아니된다.

② 작업시설의 손상이나 원료·제품의 변질 또는 부패를 방지하기 위한 작업은 쟁의행위 기간중에도 정상적으로 수행되어야 한다.

③ 노동조합은 쟁의행위가 적법하게 수행될 수 있도록 지도·관리·통제할 책임이 있다.

제39조(근로자의 구속제한) 근로자는 쟁의행위 기간중에는 현행범외에는 이 법 위반을 이유로 구속되지 아니한다.

제40조

삭제 〈2006.12.30〉

제41조(쟁의행위의 제한과 금지) ① 노동조합의 쟁의행위는 그 조합원의 직접·비밀·무기명투표에 의한 조합원 과반수의 찬성으로 결정하지 아니하면 이를 행할 수 없다. 제29조의2에 따라 교섭대표노동조합이 결정된 경우에는 그 절차에 참여한 노동조합의 전체 조합원(해당 사업 또는 사업장 소속 조합원으로 한정한다)의 직접·비밀·무기명투표에 의한 과반수의 찬성으로 결정하지 아니하면 쟁의행위를 할 수 없다. 〈개정 2010.1.1〉

② 「방위사 업법」에 의하여 지정된 주요방위산업체에 종사하는 근로자중 전력, 용수 및 주로 방산물자를 생산하는 업무에 종사하는 자는 쟁의행위를 할 수 없으며 주로 방산물자를 생산하는 업무에 종사하는 자의 범위는 대통령령으로 정한다. 〈개정 2006.1.2〉

제42조(폭력행위등의 금지) ① 쟁의행위는 폭력이나 파괴행위 또는 생산 기타 주요업무에 관련되는 시설과 이에 준하는 시설로서 대통령령이 정하는 시설을 점거하는 형태로 이를 행할 수 없다.

② 사업장의 안전보호시설에 대하여 정상적인 유지·운영을 정지·폐지 또는 방해하는 행위는 쟁의행위로서 이를 행할 수 없다.

③ 행정관청은 쟁의행위가 제2항의 행위에 해당한다고 인정하는 경우에는 노동위원회의 의결을 얻어 그 행위를 중지할 것을 통보하여야 한다. 다만, 사태가 급박하여 노동위원회의 의결을 얻을 시간적 여유가 없을 때에는 그 의결을 얻지 아니하고 즉시 그 행위를 중지할 것을 통보할 수 있다. 〈개정 1998.2.20, 2006.12.30〉

④ 제3항 단서의 경우에 행정관청은 지체없이 노동위원회의 사후승인을 얻어야 하며 그 승인을 얻지 못한 때에는 그 통보는 그때부터 효력을 상실한다. 〈개정 1998.2.20, 2006.12.30〉

제42조의2(필수유지업무에 대한 쟁의행위의 제한) ① 이 법에서 "필수유지업무"라 함은 제71조제2항의 규정에 따른 필수공익사업의 업무 중 그 업무가 정지되거나 폐지되는 경우 공중의 생명·건강 또는 신체의 안전이나 공중의 일상생활을 현저히 위태롭게 하는 업무로서 대통령령이 정하는 업무를 말한다.

② 필수유지업무의 정당한 유지·운영을 정지·폐지 또는 방해하는 행위는 쟁의행위로서 이를 행할 수 없다.

[본조신설 2006.12.30]

제42조의3(필수유지업무협정) 노동관계 당사자는 쟁의행위기간 동안 필수유지업무의 정당한 유지·운영을 위하여 필수유지업무의 필요 최소한의 유지·운영 수준, 대상직무 및 필요인원 등을 정한 협정(이하"필수유지업무협정"이라 한다)을 서면으로 체결하여야 한다. 이 경우 필수

유지업무협정에는 노동관계 당사자 쌍방이 서명 또는 날인하여야 한다.

[본조신설 2006.12.30]

제42조의4(필수유지업무 유지·운영 수준 등의 결정) ① 노동관계 당사자 쌍방 또는 일방은 필수유지업무협정이 체결되지 아니하는 때에는 노동위원회에 필수유지업무의 필요 최소한의 유지·운영 수준, 대상직무 및 필요인원 등의 결정을 신청하여야 한다.

② 제1항의 규정에 따른 신청을 받은 노동위원회는 사업 또는 사업장별 필수유지업무의 특성 및 내용 등을 고려하여 필수유지업무의 필요 최소한의 유지·운영 수준, 대상직무 및 필요인원 등을 결정할 수 있다.

③ 제2항의 규정에 따른 노동위원회의 결정은 제72조의 규정에 따른 특별조정위원회가 담당한다.

④ 제2항의 규정에 따른 노동위원회의 결정에 대한 해석 또는 이행방법에 관하여 관계 당사자간에 의견이 일치하지 아니하는 경우에는 특별조정위원회의 해석에 따른다. 이 경우 특별조정위원회의 해석은 제2항의 규정에 따른 노동위원회의 결정과 동일한 효력이 있다.

⑤ 제2항의 규정에 따른 노동위원회의 결정에 대한 불복절차 및 효력에 관하여는 제69조와 제70조제2항의 규정을 준용한다.

[본조신설 2006.12.30]

제42조의5(노동위원회의 결정에 따른 쟁의행위) 제42조의4제2항의 규정에 따라 노동위원회의 결정이 있는 경우 그 결정에 따라 쟁의행위를 한 때에는 필수유지업무를 정당하게 유지·운영하면서 쟁의행위를 한 것으로 본다.

[본조신설 2006.12.30]

제42조의6(필수유지업무 근무 근로자의 지명) ① 노동조합은 필수유지업무협정이 체결되거나 제42조의4제2항의 규정에 따른 노동위원회의 결정이 있는 경우 사용자에게 필수유지업무에 근무하는 조합원 중 쟁의행위기간 동안 근무하여야 할 조합원을 통보하여야 하며, 사용자는 이에 따라 근로자를 지명하고 이를 노동조합과 그 근로자에게 통보하여야 한다. 다만, 노동조합이 쟁의행위 개시 전까지 이를 통보하지 아니한 경우에는 사용자가 필수유지업무에 근무하여야 할 근로자를 지명하고 이를 노동조합과 그 근로자에게 통보하여야 한다. 〈개정 2010.1.1〉

② 제1항에 따른 통보·지명시 노동조합과 사용자는 필수유지업무에 종사하는 근로자가 소속된 노동조합이 2개 이상인 경우에는 각 노동조합의 해당 필수유지업무에 종사하는 조합원 비율을 고려하여야 한다. 〈신설 2010.1.1〉

[본조신설 2006.12.30]

제43조(사용자의 채용제한) ① 사용자는 쟁의행위 기간중 그 쟁의행위로 중단된 업무의 수행을 위하여 당해 사업과 관계없는 자를 채용 또는 대체할 수 없다.

② 사용자는 쟁의행위기간중 그 쟁의행위로 중단된 업무를 도급 또는 하도급 줄 수 없다.

③ 제1항 및 제2항의 규정은 필수공익사업의 사용자가 쟁의행위 기간 중에 한하여 당해 사업과 관계없는 자를 채용 또는 대체하거나 그 업무를 도급 또는 하도급 주는 경우에는 적용하지 아니한다. 〈신설 2006.12.30〉

④ 제3항의 경우 사용자는 당해 사업 또는 사업장 파업참가자의 100분의 50을 초과하지 않는 범위 안에서 채용 또는 대체하거나 도급 또는 하도급 줄 수 있다. 이 경우 파업참가자 수의 산정 방법 등은 대통령령으로 정한다. 〈신설 2006.12.30〉

제44조(쟁의행위 기간중의 임금지급 요구의 금지) ① 사용자는 쟁의행위에 참가하여 근로를 제공하지 아니한 근로자에 대하여는 그 기간중의 임금을 지급할 의무가 없다.

② 노동조합은 쟁의행위 기간에 대한 임금의 지급을 요구하여 이를 관철할 목적으로 쟁의행위를 하여서는 아니된다.

제45조(조정의 전치)

① 노동관계 당사자는 노동쟁의가 발생한 때에는

어느 일방이 이를 상대방에게 서면으로 통보하여야 한다.

② 쟁의행위는 제5장제2절 내지 제4절의 규정에 의한 조정절차(제61조의2의 규정에 따른 조정종료 결정 후의 조정절차를 제외한다)를 거치지 아니하면 이를 행할 수 없다. 다만, 제54조의 규정에 의한 기간내에 조정이 종료되지 아니하거나 제63조의 규정에 의한 기간내에 중재재정이 이루어지지 아니한 경우에는 그러하지 아니하다. 〈개정 2006.12.30〉

제46조(직장폐쇄의 요건) ① 사용자는 노동조합이 쟁의행위를 개시한 이후에만 직장폐쇄를 할 수 있다.

② 사용자는 제1항의 규정에 의한 직장폐쇄를 할 경우에는 미리 행정관청 및 노동위원회에 각각 신고하여야 한다. 〈개정 1998.2.20〉

제5장 노동쟁의의 조정

제1절 통칙

제47조(자주적 조정의 노력) 이 장의 규정은 노동관계 당사자가 직접 노사협의 또는 단체교섭에 의하여 근로조건 기타 노동관계에 관한 사항을 정하거나 노동관계에 관한 주장의 불일치를 조정하고 이에 필요한 노력을 하는 것을 방해하지 아니한다.

제48조(당사자의 책무) 노동관계 당사자는 단체협약에 노동관계의 적정화를 위한 노사협의 기타 단체교섭의 절차와 방식을 규정하고 노동쟁의가 발생한 때에는 이를 자주적으로 해결하도록 노력하여야 한다.

제49조(국가등의 책무) 국가 및 지방자치단체는 노동관계 당사자간에 노동관계에 관한 주장이 일치하지 아니할 경우에 노동관계 당사자가 이를 자주적으로 조정할 수 있도록 조력함으로써 쟁의행위를 가능한 한 예방하고 노동쟁의의 신속·공정한 해결에 노력하여야 한다.

제50조(신속한 처리) 이 법에 의하여 노동관계의 조정을 할 경우에는 노동관계 당사자와 노동위원회 기타 관계기관은 사건을 신속히 처리하도록 노력하여야 한다.

제51조(공익사업등의 우선적 취급) 국가·지방자치단체·국공영기업체·방위산업체 및 공익사업에 있어서의 노동쟁의의 조정은 우선적으로 취급하고 신속히 처리하여야 한다.

제52조(사적 조정 · 중재) ① 제2절 및 제3절의 규정은 노동관계 당사자가 쌍방의 합의 또는 단체협약이 정하는 바에 따라 각각 다른 조정 또는 중재방법(이하 이 조에서 "사적조정등"이라 한다)에 의하여 노동쟁의를 해결하는 것을 방해하지 아니한다. 〈개정 2006.12.30〉

② 노동관계 당사자는 제1항의 규정에 의하여 노동쟁의를 해결하기로 한 때에는 이를 노동위원회에 신고하여야 한다.

③ 제1항의 규정에 의하여 노동쟁의를 해결하기로 한 때에는 다음 각호의 규정이 적용된다.

1. 조정에 의하여 해결하기로 한 때에는 제45조제2항 및 제54조의 규정. 이 경우 조정기간은 조정을 개시한 날부터 기산한다.
2. 중재에 의하여 해결하기로 한 때에는 제63조의 규정. 이 경우 쟁의행위의 금지기간은 중재를 개시한 날부터 기산한다.

④ 제1항의 규정에 의하여 조정 또는 중재가 이루어진 경우에 그 내용은 단체협약과 동일한 효력을 가진다.

⑤ 사적조정등을 수행하는 자는 「노동위원회법」 제8조제2항제2호 각 목의 자격을 가진 자로 한다. 이 경우 사적조정 등을 수행하는 자는 노동관계 당사자로부터 수수료, 수당 및 여비 등을 받을 수 있다. 〈신설 2006.12.30〉

제2절 조정

제53조(조정의 개시) ① 노동위원회는 관계 당사자의 일방이 노동쟁의의 조정을 신청한 때에는 지체없이 조정을 개시하여야 하며 관계 당사자 쌍방은 이에 성실히 임하여야 한다.

② 노동위원회는 제1항의 규정에 따른 조정신청 전이라도 원활한 조정을 위하여 교섭을 주선하는 등 관계 당사자의 자주적인 분쟁 해결을 지원할 수 있다. 〈신설 2006.12.30〉

제54조(조정기간) ① 조정은 제53조의 규정에 의한 조정의 신청이 있은 날부터 일반사업에 있어서는 10일, 공익사업에 있어서는 15일 이내에 종료하여야 한다.

② 제1항의 규정에 의한 조정기간은 관계 당사자간의 합의로 일반사업에 있어서는 10일, 공익사업에 있어서는 15일 이내에서 연장할 수 있다.

제55조(조정위원회의 구성) ① 노동쟁의의 조정을 위하여 노동위원회에 조정위원회를 둔다.

② 제1항의 규정에 의한 조정위원회는 조정위원 3인으로 구성한다.

③ 제2항의 규정에 의한 조정위원은 당해 노동위원회의 위원중에서 사용자를 대표하는 자, 근로자를 대표하는 자 및 공익을 대표하는 자 각 1인을 그 노동위원회의 위원장이 지명하되, 근로자를 대표하는 조정위원은 사용자가, 사용자를 대표하는 조정위원은 노동조합이 각각 추천하는 노동위원회의 위원중에서 지명하여야 한다. 다만, 조정위원회의 회의 3일전까지 관계 당사자가 추천하는 위원의 명단제출이 없을 때에는 당해 위원을 위원장이 따로 지명할 수 있다.

④ 노동위원회의 위원장은 근로자를 대표하는 위원 또는 사용자를 대표하는 위원의 불참 등으로 인하여 제3항의 규정에 따른 조정위원회의 구성이 어려운 경우 노동위원회의 공익을 대표하는 위원 중에서 3인을 조정위원으로 지명할 수 있다. 다만, 관계 당사자 쌍방의 합의로 선정한 노동위원회의 위원이 있는 경우에는 그 위원을 조정위원으로 지명한다. 〈신설 2006.12.30〉

제56조(조정위원회의 위원장) ① 조정위원회에 위원장을 둔다.

② 위원장은 공익을 대표하는 조정위원이 된다. 다만, 제55조제4항의 규정에 따른 조정위원회의 위원장은 조정위원 중에서 호선한다. 〈개정 2006.12.30〉

제57조(단독조정) ① 노동위원회는 관계 당사자 쌍방의 신청이 있거나 관계 당사자 쌍방의 동의를 얻은 경우에는 조정위원회에 갈음하여 단독조정인에게 조정을 행하게 할 수 있다.

② 제1항의 규정에 의한 단독조정인은 당해 노동위원회의 위원중에서 관계 당사자의 쌍방의 합의로 선정된 자를 그 노동위원회의 위원장이 지명한다.

제58조(주장의 확인등) 조정위원회 또는 단독조정인은 기일을 정하여 관계 당사자 쌍방을 출석하게 하여 주장의 요점을 확인하여야 한다.

제59조(출석금지) 조정위원회의 위원장 또는 단독조정인은 관계 당사자와 참고인외의 자의 출석을 금할 수 있다.

제60조(조정안의 작성) ① 조정위원회 또는 단독조정인은 조정안을 작성하여 이를 관계 당사자에게 제시하고 그 수락을 권고하는 동시에 그 조정안에 이유를 붙여 공표할 수 있으며, 필요한 때에는 신문 또는 방송에 보도등 협조를 요청할 수 있다.

② 조정위원회 또는 단독조정인은 관계 당사자가 수락을 거부하여 더 이상 조정이 이루어질 여지가 없다고 판단되는 경우에는 조정의 종료를 결정하고 이를 관계 당사자 쌍방에 통보하여야 한다.

③ 제1항의 규정에 의한 조정안이 관계 당사자의 쌍방에 의하여 수락된 후 그 해석 또는 이행방법에 관하여 관계 당사자간에 의견의 불일치가 있는 때에는 관계 당사자는 당해 조정위원회 또는 단독조정인에게 그 해석 또는 이행방법에 관한 명확한 견해의 제시를 요청하여야 한다.

④ 조정위원회 또는 단독조정인은 제3항의 규정에 의한 요청을 받은 때에는 그 요청을 받은 날부터 7일 이내에 명확한 견해를 제시하여야 한다.

⑤ 제3항 및 제4항의 해석 또는 이행방법에 관한 견해가 제시될 때까지는 관계 당사자는 당해 조정안의 해석 또는 이행에 관하여 쟁의행위를 할 수 없다.

제61조(조정의 효력) ① 제60조제1항의 규정에 의한 조정안이 관계 당사자에 의하여 수락된 때에는 조정위원 전원 또는 단독조정인은 조정서를 작성하고 관계 당사자와 함께 서명 또는 날인하여야 한다. 〈개정 2006.12.30〉

② 조정서의 내용은 단체협약과 동일한 효력을 가진다.

③ 제60조제4항의 규정에 의하여 조정위원회 또는 단독조정인이 제시한 해석 또는 이행방법에 관한 견해는 중재재정과 동일한 효력을 가진다.

제61조의2(조정종료 결정 후의 조정)

① 노동위원회는 제60조제2항의 규정에 따른 조정의 종료가 결정된 후에도 노동쟁의의 해결을 위하여 조정을 할 수 있다.

② 제1항의 규정에 따른 조정에 관하여는 제55조 내지 제61조의 규정을 준용한다.

[본조신설 2006.12.30]

제3절 중재

제62조(중재의 개시) 노동위원회는 다음 각 호의 어느 하나에 해당하는 때에는 중재를 행한다. 〈개정 2006.12.30〉

1. 관계 당사자의 쌍방이 함께 중재를 신청한 때
2. 관계 당사자의 일방이 단체협약에 의하여 중재를 신청한 때
3. 삭제 〈2006.12.30〉

제63조(중재시의 쟁의행위의 금지) 노동쟁의가 중재에 회부된 때에는 그 날부터 15일간은 쟁의행위를 할 수 없다.

제64조(중재위원회의 구성) ① 노동쟁의의 중재 또는 재심을 위하여 노동위원회에 중재위원회를 둔다.

② 제1항의 규정에 의한 중재위원회는 중재위원 3인으로 구성한다.

③ 제2항의 중재위원은 당해 노동위원회의 공익을 대표하는 위원중에서 관계 당사자의 합의로 선정한 자에 대하여 그 노동위원회의 위원장이 지명한다. 다만, 관계 당사자간에 합의가 성립되지 아니한 경우에는 노동위원회의 공익을 대표하는 위원중에서 지명한다.

제65조(중재위원회의 위원장) ① 중재위원회에 위원장을 둔다.

② 위원장은 중재위원중에서 호선한다.

제66조(주장의 확인등) ① 중재위원회는 기일을 정하여 관계 당사자 쌍방 또는 일방을 중재위원회에 출석하게 하여 주장의 요점을 확인하여야 한다.

② 관계 당사자가 지명한 노동위원회의 사용자를 대표하는 위원 또는 근로자를 대표하는 위원은 중재위원회의 동의를 얻어 그 회의에 출석하여 의견을 진술할 수 있다.

제67조(출석금지) 중재위원회의 위원장은 관계 당사자와 참고인외의 자의 회의출석을 금할 수 있다.

제68조(중재재정) ① 중재재정은 서면으로 작성하여 이를 행하며 그 서면에는 효력발생 기일을 명시하여야 한다.

② 제1항의 규정에 의한 중재재정의 해석 또는 이행방법에 관하여 관계 당사자간에 의견의 불일치가 있는 때에는 당해 중재위원회의 해석에 따르며 그 해석은 중재재정과 동일한 효력을 가진다.

제69조(중재재정등의 확정) ① 관계 당사자는 지방노동위원회 또는 특별노동위원회의 중재재정이 위법이거나 월권에 의한 것이라고 인정하는 경우에는 그 중재재정서의 송달을 받은 날부터 10일 이내에 중앙노동위원회에 그 재심을 신청할 수 있다.

② 관계 당사자는 중앙노동위원회의 중재재정이나 제1항의 규정에 의한 재심결정이 위법이거나 월권에 의한 것이라고 인정하는 경우에는 행정소

송법 제20조의 규정에 불구하고 그 중재재정서 또는 재심결정서의 송달을 받은 날부터 15일 이내에 행정소송을 제기할 수 있다.

③ 제1항 및 제2항에 규정된 기간내에 재심을 신청하지 아니하거나 행정소송을 제기하지 아니한 때에는 그 중재재정 또는 재심결정은 확정된다.

④ 제3항의 규정에 의하여 중재재정이나 재심결정이 확정된 때에는 관계 당사자는 이에 따라야 한다.

제70조(중재재정 등의 효력) ① 제68조제1항의 규정에 따른 중재재정의 내용은 단체협약과 동일한 효력을 가진다.

② 노동위원회의 중재재정 또는 재심결정은 제69조제1항 및 제2항의 규정에 따른 중앙노동위원회에의 재심신청 또는 행정소송의 제기에 의하여 그 효력이 정지되지 아니한다.

[전문개정 2006.12.30]

제4절 공익사업등의 조정에 관한 특칙

제71조(공익사업의 범위등) ① 이 법에서 "공익사업"이라 함은 공중의 일상생활과 밀접한 관련이 있거나 국민경제에 미치는 영향이 큰 사업으로서 다음 각호의 사업을 말한다. 〈개정 2006.12.30〉

1. 정기노선 여객운수사업 및 항공운수사업
2. 수도사업, 전기사업, 가스사업, 석유정제사업 및 석유공급사업
3. 공중위생사업, 의료사업 및 혈액공급사업
4. 은행 및 조폐사업
5. 방송 및 통신사업

② 이 법에서 "필수공익사업"이라 함은 제1항의 공익사업으로서 그 업무의 정지 또는 폐지가 공중의 일상생활을 현저히 위태롭게 하거나 국민경제를 현저히 저해하고 그 업무의 대체가 용이하지 아니한 다음 각호의 사업을 말한다. 〈개정 2006.12.30〉

1. 철도사업, 도시철도사업 및 항공운수사업
2. 수도사업, 전기사업, 가스사업, 석유정제사업 및 석유공급사업
3. 병원사업 및 혈액공급사업
4. 한국은행사업
5. 통신사업

제72조(특별조정위원회의 구성) ① 공익사업의 노동쟁의의 조정을 위하여 노동위원회에 특별조정위원회를 둔다.

② 제1항의 규정에 의한 특별조정위원회는 특별조정위원 3인으로 구성한다.

③ 제2항의 규정에 의한 특별조정위원은 그 노동위원회의 공익을 대표하는 위원중에서 노동조합과 사용자가 순차적으로 배제하고 남은 4인 내지 6인중에서 노동위원회의 위원장이 지명한다. 다만, 관계 당사자가 합의로 당해 노동위원회의 위원이 아닌 자를 추천하는 경우에는 그 추천된 자를 지명한다. 〈개정 2006.12.30〉

제73조(특별조정위원회의 위원장) ① 특별조정위원회에 위원장을 둔다.

② 위원장은 공익을 대표하는 노동위원회의 위원인 특별조정위원중에서 호선하고, 당해 노동위원회의 위원이 아닌 자만으로 구성된 경우에는 그중에서 호선한다. 다만, 공익을 대표하는 위원인 특별조정위원이 1인인 경우에는 당해 위원이 위원장이 된다.

제74조

삭제 〈2006.12.30〉

제75조

삭제 〈2006.12.30〉

제5절 긴급조정

제76조(긴급조정의 결정) ① 고용노동부장관은 쟁의행위가 공익사업에 관한 것이거나 그 규모가 크거나 그 성질이 특별한 것으로서 현저히 국민경제를 해하거나 국민의 일상생활을 위태롭게 할 위험이 현존하는 때에는 긴급조정의 결정을 할 수 있다. 〈개정 2010.6.4〉

② 고용노동부장관은 긴급조정의 결정을 하고자

할 때에는 미리 중앙노동위원회 위원장의 의견을 들어야 한다. 〈개정 2010.6.4〉

③ 고용노동부장관은 제1항 및 제2항의 규정에 의하여 긴급조정을 결정한 때에는 지체없이 그 이유를 붙여 이를 공표함과 동시에 중앙노동위원회와 관계 당사자에게 각각 통고하여야 한다. 〈개정 2010.6.4〉

제77조(긴급조정시의 쟁의행위 중지) 관계 당사자는 제76조제3항의 규정에 의한 긴급조정의 결정이 공표된 때에는 즉시 쟁의행위를 중지하여야 하며, 공표일부터 30일이 경과하지 아니하면 쟁의행위를 재개할 수 없다.

제78조(중앙노동위원회의 조정) 중앙노동위원회는 제76조제3항의 규정에 의한 통고를 받은 때에는 지체없이 조정을 개시하여야 한다.

제79조(중앙노동위원회의 중재회부 결정권) ① 중앙노동위원회의 위원장은 제78조의 규정에 의한 조정이 성립될 가망이 없다고 인정한 경우에는 공익위원의 의견을 들어 그 사건을 중재에 회부할 것인가의 여부를 결정하여야 한다.

② 제1항의 규정에 의한 결정은 제76조제3항의 규정에 의한 통고를 받은 날부터 15일 이내에 하여야 한다.

제80조(중앙노동위원회의 중재) 중앙노동위원회는 당해 관계 당사자의 일방 또는 쌍방으로부터 중재신청이 있거나 제79조의 규정에 의한 중재회부의 결정을 한 때에는 지체없이 중재를 행하여야 한다.

제6장 부당노동행위

제81조(부당노동행위) 사용자는 다음 각 호의 어느 하나에 해당하는 행위(이하 "부당노동행위"라 한다)를 할 수 없다. 〈개정 2006.12.30, 2010.1.1〉

1. 근로자가 노동조합에 가입 또는 가입하려고 하였거나 노동조합을 조직하려고 하였거나 기타 노동조합의 업무를 위한 정당한 행위를 한 것을 이유로 그 근로자를 해고하거나 그 근로자에게 불이익을 주는 행위
2. 근로자가 어느 노동조합에 가입하지 아니할 것 또는 탈퇴할 것을 고용조건으로 하거나 특정한 노동조합의 조합원이 될 것을 고용조건으로 하는 행위. 다만, 노동조합이 당해 사업장에 종사하는 근로자의 3분의 2 이상을 대표하고 있을 때에는 근로자가 그 노동조합의 조합원이 될 것을 고용조건으로 하는 단체협약의 체결은 예외로 하며, 이 경우 사용자는 근로자가 그 노동조합에서 제명된 것 또는 그 노동조합을 탈퇴하여 새로 노동조합을 조직하거나 다른 노동조합에 가입한 것을 이유로 근로자에게 신분상 불이익한 행위를 할 수 없다.
3. 노동조합의 대표자 또는 노동조합으로부터 위임을 받은 자와의 단체협약체결 기타의 단체교섭을 정당한 이유없이 거부하거나 해태하는 행위
4. 근로자가 노동조합을 조직 또는 운영하는 것을 지배하거나 이에 개입하는 행위와 노동조합의 전임자에게 급여를 지원하거나 노동조합의 운영비를 원조하는 행위. 다만, 근로자가 근로시간중에 제24조제4항에 따른 활동을 하는 것을 사용자가 허용함은 무방하며, 또한 근로자의 후생자금 또는 경제상의 불행 기타 재액의 방지와 구제등을 위한 기금의 기부와 최소한의 규모의 노동조합사무소의 제공은 예외로 한다.
5. 근로자가 정당한 단체행위에 참가한 것을 이유로 하거나 또는 노동위원회에 대하여 사용자가 이 조의 규정에 위반한 것을 신고하거나 그에 관한 증언을 하거나 기타 행정관청에 증거를 제출한 것을 이유로 그 근로자를 해고하거나 그 근로자에게 불이익을 주는 행위

제82조(구제신청) ① 사용자의 부당노동행위로 인하여 그 권리를 침해당한 근로자 또는 노동조합은 노동위원회에 그 구제를 신청할 수 있다.

② 제1항의 규정에 의한 구제의 신청은 부당노동

행위가 있은 날(계속하는 행위는 그 종료일)부터 3월 이내에 이를 행하여야 한다.

제83조(조사등) ① 노동위원회는 제82조의 규정에 의한 구제신청을 받은 때에는 지체없이 필요한 조사와 관계 당사자의 심문을 하여야 한다.

② 노동위원회는 제1항의 규정에 의한 심문을 할 때에는 관계 당사자의 신청에 의하거나 그 직권으로 증인을 출석하게 하여 필요한 사항을 질문할 수 있다.

③ 노동위원회는 제1항의 규정에 의한 심문을 함에 있어서는 관계 당사자에 대하여 증거의 제출과 증인에 대한 반대심문을 할 수 있는 충분한 기회를 주어야 한다.

④ 제1항의 규정에 의한 노동위원회의 조사와 심문에 관한 절차는 중앙노동위원회가 따로 정하는 바에 의한다.

제84조(구제명령) ① 노동위원회는 제83조의 규정에 의한 심문을 종료하고 부당노동행위가 성립한다고 판정한 때에는 사용자에게 구제명령을 발하여야 하며, 부당노동행위가 성립되지 아니한다고 판정한 때에는 그 구제신청을 기각하는 결정을 하여야 한다.

② 제1항의 규정에 의한 판정·명령 및 결정은 서면으로 하되, 이를 당해 사용자와 신청인에게 각각 교부하여야 한다.

③ 관계 당사자는 제1항의 규정에 의한 명령이 있을 때에는 이에 따라야 한다.

제85조(구제명령의 확정) ① 지방노동위원회 또는 특별노동위원회의 구제명령 또는 기각결정에 불복이 있는 관계 당사자는 그 명령서 또는 결정서의 송달을 받은 날부터 10일 이내에 중앙노동위원회에 그 재심을 신청할 수 있다.

② 제1항의 규정에 의한 중앙노동위원회의 재심판정에 대하여 관계 당사자는 그 재심판정서의 송달을 받은 날부터 15일 이내에 행정소송법이 정하는 바에 의하여 소를 제기할 수 있다.

③ 제1항 및 제2항에 규정된 기간내에 재심을 신청하지 아니하거나 행정소송을 제기하지 아니한 때에는 그 구제명령·기각결정 또는 재심판정은 확정된다.

④ 제3항의 규정에 의하여 기각결정 또는 재심판정이 확정된 때에는 관계 당사자는 이에 따라야 한다.

⑤ 사용자가 제2항의 규정에 의하여 행정소송을 제기한 경우에 관할법원은 중앙노동위원회의 신청에 의하여 결정으로써, 판결이 확정될 때까지 중앙노동위원회의 구제명령의 전부 또는 일부를 이행하도록 명할 수 있으며, 당사자의 신청에 의하여 또는 직권으로 그 결정을 취소할 수 있다.

제86조(구제명령등의 효력) 노동위원회의 구제명령·기각결정 또는 재심판정은 제85조의 규정에 의한 중앙노동위원회에의 재심신청이나 행정소송의 제기에 의하여 그 효력이 정지되지 아니한다.

제7장 보칙

제87조(권한의 위임) 이 법에 의한 고용노동부장관의 권한은 대통령령이 정하는 바에 따라 그 일부를 지방고용노동관서의 장에게 위임할 수 있다. 〈개정 2010.6.4〉

제8장 벌칙

제88조(벌칙) 제41조제2항의 규정에 위반한 자는 5년 이하의 징역 또는 5천만원 이하의 벌금에 처한다.

제89조(벌칙) 다음 각 호의 어느 하나에 해당하는 자는 3년 이하의 징역 또는 3천만원 이하의 벌금에 처한다. 〈개정 2006.12.30, 2010.1.1〉

1. 제37조제2항, 제38조제1항, 제42조제1항 또는 제42조의2제2항의 규정에 위반한 자
2. 제85조제3항(제29조의4제4항에서 준용하는 경우를 포함한다)에 따라 확정되거나 행정소송을 제기하여 확정된 구제명령에 위반한 자

제90조(벌칙) 제44조제2항, 제69조제4항, 제77조 또는 제81조의 규정에 위반한 자는 2년 이하의

징역 또는 2천만원 이하의 벌금에 처한다.

제91조(벌칙) 제38조제2항, 제41조제1항, 제42조제2항, 제43조제1항·제2항·제4항, 제45조제2항 본문, 제46조제1항 또는 제63조의 규정을 위반한 자는 1년 이하의 징역 또는 1천만원 이하의 벌금에 처한다.

[전문개정 2006.12.30]

제92조(벌칙) 다음 각호의 1에 해당하는 자는 1천만원 이하의 벌금에 처한다. 〈개정 2001.3.28, 2010.1.1〉

1. 제24조제5항을 위반한 자
2. 제31조제1항의 규정에 의하여 체결된 단체협약의 내용중 다음 각목의 1에 해당하는 사항을 위반한 자
   가. 임금·복리후생비, 퇴직금에 관한 사항
   나. 근로 및 휴게시간, 휴일, 휴가에 관한 사항
   다. 징계 및 해고의 사유와 중요한 절차에 관한 사항
   라. 안전보건 및 재해부조에 관한 사항
   마. 시설·편의제공 및 근무시간중 회의참석에 관한 사항
   바. 쟁의행위에 관한 사항
3. 제61조제1항의 규정에 의한 조정서의 내용 또는 제68조제1항의 규정에 의한 중재재정서의 내용을 준수하지 아니한 자

제93조(벌칙) 다음 각호의 1에 해당하는 자는 500만원 이하의 벌금에 처한다.

1. 제7조제3항의 규정에 위반한 자
2. 제21조제1항·제2항 또는 제31조제3항의 규정에 의한 명령에 위반한 자

제94조(양벌규정) 법인 또는 단체의 대표자, 법인·단체 또는 개인의 대리인·사용인 기타의 종업원이 그 법인·단체 또는 개인의 업무에 관하여 제88조 내지 제93조의 위반행위를 한 때에는 행위자를 벌하는 외에 그 법인·단체 또는 개인에 대하여도 각 해당 조의 벌금형을 과한다.

제95조(과태료) 제85조제5항의 규정에 의한 법원의 명령에 위반한 자는 500만원 이하의 금액(당해 명령이 작위를 명하는 것일 때에는 그 명령의 불이행 일수 1일에 50만원 이하의 비율로 산정한 금액)의 과태료에 처한다.

제96조(과태료) ① 다음 각호의 1에 해당하는 자는 500만원 이하의 과태료에 처한다.

1. 제14조의 규정에 의한 서류를 비치 또는 보존하지 아니한 자
2. 제27조의 규정에 의한 보고를 하지 아니하거나 허위의 보고를 한 자
3. 제46조제2항의 규정에 의한 신고를 하지 아니한 자

② 제13조, 제28조제2항 또는 제31조제2항의 규정에 의한 신고 또는 통보를 하지 아니한 자는 300만원 이하의 과태료에 처한다.

③ 제1항 및 제2항의 규정에 의한 과태료는 대통령령이 정하는 바에 의하여 행정관청이 부과·징수한다. 〈개정 1998.2.20〉

④ 제3항의 규정에 의한 과태료의 처분에 불복이 있는 자는 그 처분의 고지를 받은 날부터 30일 이내에 행정관청에게 이의를 제기할 수 있다. 〈개정 1998.2.20〉

⑤ 제3항의 규정에 의한 과태료의 처분을 받은 자가 제4항의 규정에 의하여 이의를 제기한 때에는 행정관청은 지체없이 관할법원에 그 사실을 통보하여야 하며, 그 통보를 받은 관할법원은 비송사건절차법에 의한 과태료의 재판을 한다. 〈개정 1998.2.20〉

⑥ 제4항의 규정에 의한 기간내에 이의를 제기하지 아니하고 과태료를 납부하지 아니한 때에는 국세체납처분의 예에 의하여 이를 징수한다.

부칙 〈제5310호, 1997.3.13〉

제1조 (시행일) 이 법은 공포한 날부터 시행한다.

제2조 (적용시한) 제71조제2항의 규정중 제1호의 시내버스 운송사업에 관한 규정 및 제4호의 은행사업(한국은행법에 의한 한국은행은 제외한다)에 관한 규정은 2000년 12월 31일까지 적용한다.

제3조 (노동조합에 관한 경과조치) 이 법 시행당시 종전의 규정에 의하여 설립신고증을 교부받은 노동조합은 이 법에 의하여 설립된 노동조합으로 본다.

제4조 (해고자에 관한 경과조치) 이 법 시행당시 해고의 효력을 다투고 있는 자는 제2조제4호 라목 단서의 규정에 불구하고 근로자가 아닌 자로 해석하여서는 아니된다.

제5조 삭제 〈2010.1.1〉

제6조 (노동조합 전임자에 관한 적용의 특례〈개정 2001.3.28〉) ①삭제 〈2010.1.1〉

②노동조합과 사용자는 전임자에 대한 급여지원 규모를 노사협의에 의하여 점진적으로 축소하도록 노력하되, 이 경우 그 재원을 노동조합의 재정자립에 사용하도록 한다. 〈개정 2001.3.28〉

제7조 (단체협약의 효력에 관한 경과조치) 이 법 시행당시 종전의 규정에 의하여 체결한 단체협약은 이 법에 의하여 행한 것으로 본다.

제8조 (노동쟁의의 조정에 관한 경과조치) ①이 법 시행당시 종전의 규정에 의하여 신청한 사적조정·중재는 이 법에 의한 사적조정·중재를 신청한 것으로 본다.

②이 법 시행당시 종전의 규정에 의하여 노동위원회에 신청한 조정·중재는 이 법에 의한 조정·중재를 신청한 것으로 본다. 이 경우 조정기간을 산정함에 있어서는 제54조의 규정에도 불구하고 종전의 규정에 의한다.

③이 법 시행당시 종전의 규정에 의하여 조정이 종료된 노동쟁의는 제45조의 규정을 적용함에 있어서 조정을 거친 것으로 본다.

제9조 (노동조합업무등에 관한 경과조치) ①이 법 시행당시 종전의 규정에 의하여 근로자, 노동조합 또는 사용자가 노동부장관, 행정관청 또는 노동위원회에 행한 신고, 신청, 요구등은 각각 이 법에 의하여 행한 것으로 본다.

②이 법 시행당시 종전의 규정에 의하여 노동부장관 또는 행정관청이 노동위원회에 행한 요청등은 각각 이 법에 의하여 행한 것으로 본다.

③이 법 시행당시 종전의 규정에 의하여 노동부장관 또는 행정관청이 행한 명령, 지명, 결정등은 각각 이 법에 의하여 행한 것으로 본다.

제10조 (벌칙에 관한 경과조치) 이 법 시행전의 행위에 대한 벌칙의 적용에 있어서는 종전의 규정에 의한다.

제11조 (다른 법률과의 관계) 이 법 시행당시 다른 법령에서 종전의 노동조합및노동관계조정법 또는 그 규정을 인용한 것은 이 법중 그에 해당하는 규정이 있는 경우에는 이 법 또는 이 법의 해당 조항을 인용한 것으로 본다.

부칙 〈제5511호, 1998.2.20〉

제1조 (시행일) 이 법은 1998년 5월 1일부터 시행한다.

제2조 (일방해지에 관한 경과조치) 이 법 시행당시 종전의 제32조제3항의 규정에 의하여 단체협약을 일방해지한 경우에는 종전의 규정에 의한다.

제3조 (권한변경에 따른 경과조치) ①이 법 시행당시 종전의 규정에 의하여 노동부장관이 행한 신고증의 교부·명령 기타의 행위(연합단체인 노동조합과 2 이상의 특별시·광역시·도에 걸치는 단위노동조합 외의 노동조합에 관한 사항에 한한다)는 이 법에 의한 특별시장·광역시장·도지사가 행한 행위로 본다.

②이 법 시행당시 종전의 규정에 의하여 노동부장관에 대하여 행한 신고·신청 기타의 행위(연합단체인 노동조합과 2 이상의 특별시·광역시·도에 걸치는 단위노동조합 외의 노동조합에 관한 사항에 한한다)는 이 법에 의한 특별시장·광역시장·도지사에 대하여 행한 행위로 본다.

부칙 〈제6456호, 2001.3.28〉

①**(시행일)** 이 법은 공포한 날부터 시행한다. 다만, 제13조의 개정규정은 공포후 6월이 경과한 날부터 시행한다.

②**(다른 법률의 개정)** 법률 제5727호 교원의노동

조합설립및운영등에관한법률 부칙 제2항중 "2001년"을 "2006년"으로 한다.

부칙(방위사업법) 〈제7845호, 2006.1.2〉

제1조 (시행일) 이 법은 공포한 날부터 시행한다. <단서 생략>

제2조 내지 제14조 생략

제15조 (다른 법률의 개정) ①및 ②생략

③노동조합및노동관계조정법 일부를 다음과 같이 개정한다.

제41조제2항중 "방위산업에관한특별조치법"을 "「방위사업법」"으로 한다.

④내지 ⑦생략

제16조 생략

부칙 〈제8158호, 2006.12.30〉

제1조 (시행일) 이 법은 2007년 7월 1일부터 시행한다. 다만, 제42조의2 내지 제42조의6, 제43조제3항·제4항, 제62조제3호, 제71조, 제74조, 제75조, 제89조제1호(필수유지업무에 대한 쟁위행위의 제한에 관한 부분에 한한다)의 개정규정은 2008년 1월 1일부터, 제81조제2호의 개정규정은 2011년 7월 1일부터, 법률 제5310호 노동조합및노동관계조정법 부칙(법률 제6456호 노동조합및노동관계조정법중개정법률에 따라 개정된 내용을 포함한다) 제5조제1항·제3항 및 제6조제1항의 개정규정은 2007년 1월 1일부터 시행한다. 〈개정 2010.1.1〉

제2조 (필수유지업무 도입을 위한 준비행위) 노동관계 당사자 또는 노동위원회는 필수유지업무의 도입을 위하여 필요한 다음 각 호의 사항에 대하여는 이 법 시행 전에 할 수 있다.

1. 필수유지업무협정의 체결
2. 제42조의4제2항의 결정

제3조 (권한변경에 따른 경과조치) ①이 법 시행당시 종전의 규정에 따라 특별시장·광역시장·도지사가 행한 신고증의 교부, 명령 그 밖의 행위(2 이상의 시·군·구에 걸치는 단위노동조합 외의 노동조합에 관한 사항에 한한다)는 이 법에 따른 특별자치도지사·시장·군수·구청장이 행한 행위로 본다.

②이 법 시행당시 종전의 규정에 따라 특별시장·광역시장·도지사에 대하여 행한 신고·신청 그 밖의 행위(2 이상의 시·군·구에 걸치는 단위노동조합 외의 노동조합에 관한 사항에 한한다)는 이 법에 따른 특별자치도지사·시장·군수·구청장에 대하여 행한 행위로 본다.

제4조 (필수공익사업의 조정사건에 관한 경과조치) 부칙 제1조 단서의 규정에 따른 제62조제3호, 제71조, 제74조 및 제75조의 개정규정의 시행 전에 노동위원회에 신청한 필수공익사업에 대한 조정사건에 대하여는 종전의 규정에 따른다.

제5조 (벌칙에 관한 경과조치) 이 법 시행 전에 행한 행위에 대한 벌칙의 적용에 있어서는 종전의 규정에 따른다. 다만, 제42조제3항의 규정에 따른 명령에 위반한 행위에 대한 벌칙의 적용에 관하여는 그러하지 아니하다.

부칙 〈제9041호, 2008.3.28〉

이 법은 공포한 날부터 시행한다.

부칙 〈제9930호, 2010.1.1〉

제1조(시행일) 이 법은 2010년 1월 1일부터 시행한다. 다만, 제24조제3항·제4항·제5항, 제81조제4호, 제92조의 개정규정은 2010년 7월 1일부터, 제29조제2항·제3항·제4항, 제29조의2부터 제29조의5까지, 제41조제1항 후단, 제42조의6, 제89조제2호의 개정규정은 2011년 7월 1일부터 시행한다.

제2조(최초로 시행되는 근로시간 면제 한도의 결정에 관한 경과조치) ① 근로시간면제심의위원회는 이 법 시행 후 최초로 시행될 근로시간 면제 한도를 2010년 4월 30일까지 심의·의결하여야 한다.

② 근로시간면제심의위원회가 제1항에 따른 기한까지 심의·의결을 하지 못한 때에는 제24조의2제5항에도 불구하고 국회의 의견을 들어 공익위원만으로 심의·의결할 수 있다.

제3조(단체협약에 관한 경과조치) 이 법 시행일 당시 유효한 단체협약은 이 법에 따라 체결된 것으로 본다. 다만, 이 법 시행에 따라 그 전부 또는 일부 내용이 제24조를 위반하는 경우에는 이 법 시행에도 불구하고 해당 단체협약의 체결 당시 유효기간까지는 효력이 있는 것으로 본다.

제4조(교섭 중인 노동조합에 관한 경과조치) 이 법 시행일 당시 단체교섭 중인 노동조합은 이 법에 따른 교섭대표노동조합으로 본다.

제5조(필수유지업무협정 또는 노동위원회의 필수유지업무 유지 · 운영 수준 등의 결정에 관한 경과조치) 이 법 시행일 당시 유효한 필수유지업무협정 또는 노동위원회의 필수유지업무 유지·운영 수준 등의 결정은 이 법에 따라 체결된 것으로 본다.

제6조(하나의 사업 또는 사업장에 2개 이상의 노동조합이 있는 경우의 경과조치) 2009년 12월 31일 현재 하나의 사업 또는 사업장에 조직형태를 불문하고 근로자가 설립하거나 가입한 노동조합이 2개 이상 있는 경우에 해당 사업 또는 사업장에 대하여는 제29조제2항·제3항·제4항, 제29조의2부터 제29조의5까지, 제41조제1항 후단, 제89조제2호의 개정규정은 2012년 7월 1일부터 적용한다.

제7조(노동조합 설립에 관한 경과조치) ① 하나의 사업 또는 사업장에 노동조합이 조직되어 있는 경우에는 제5조에도 불구하고 2011년 6월 30일까지는 그 노동조합과 조직대상을 같이 하는 새로운 노동조합을 설립할 수 없다.

② 행정관청은 설립하고자 하는 노동조합이 제1항을 위반한 경우에는 그 설립신고서를 반려하여야 한다.

제8조(노동조합 전임자에 관한 적용 특례) 제24조제2항 및 제81조제4호(노동조합의 전임자에 대한 급여지원에 관한 규정에 한한다)는 2010년 6월 30일까지 적용하지 아니한다.

부칙(정부조직법) 〈제10339호, 2010.6.4〉

제1조(시행일) 이 법은 공포 후 1개월이 경과한 날부터 시행한다. 〈단서 생략〉

제2조 및 제3조 생략

제4조(다른 법률의 개정) ① 부터 〈38〉 까지 생략

〈39〉 노동조합 및 노동관계조정법 일부를 다음과 같이 개정한다.

제10조제1항 각 호 외의 부분, 제12조제1항 및 제24조의2제2항 중 "노동부장관"을 각각 "고용노동부장관"으로 한다.

제24조의2제1항 중 "노동부"를 "고용노동부"로 한다.

제76조제1항부터 제3항까지 및 제87조 중 "노동부장관"을 각각 "고용노동부장관"으로 한다.

제87조 중 "지방노동관서"를 "지방고용노동관서"로 한다.

〈40〉 부터 〈82〉 까지 생략

제5조 생략

부칙 〈제12630호, 2014.5.20〉

이 법은 공포한 날부터 시행한다.

4. 근로자참여 및 협력증진에 관한 법률

제정 : 1997. 3.13 법률 제5312호
개정 : 2016. 1. 27 법률 제13903호

제1장 총칙

개정 2007.12.27

제1조(목적) 이 법은 근로자와 사용자 쌍방이 참여와 협력을 통하여 노사 공동의 이익을 증진함으로써 산업 평화를 도모하고 국민경제 발전에 이바지함을 목적으로 한다.

[전문개정 2007.12.27]

제2조(신의성실의 의무) 근로자와 사용자는 서로 신의를 바탕으로 성실하게 협의에 임하여야 한다.

[전문개정 2007.12.27]

제3조(정의) 이 법에서 사용하는 용어의 뜻은 다음과 같다.

1. "노사협의회"란 근로자와 사용자가 참여와

협력을 통하여 근로자의 복지증진과 기업의 건전한 발전을 도모하기 위하여 구성하는 협의기구를 말한다.

2. "근로자"란 「근로기준법」 제2조에 따른 근로자를 말한다.

3. "사용자"란 「근로기준법」 제2조에 따른 사용자를 말한다.

[전문개정 2007.12.27]

제4조(노사협의회의 설치) ① 노사협의회(이하 "협의회"라 한다)는 근로조건에 대한 결정권이 있는 사업이나 사업장 단위로 설치하여야 한다. 다만, 상시(상시) 30명 미만의 근로자를 사용하는 사업이나 사업장은 그러하지 아니하다.

② 하나의 사업에 지역을 달리하는 사업장이 있을 경우에는 그 사업장에도 설치할 수 있다.

[전문개정 2007.12.27]

제5조(노동조합과의 관계) 노동조합의 단체교섭이나 그 밖의 모든 활동은 이 법에 의하여 영향을 받지 아니한다.

[전문개정 2007.12.27]

제2장 협의회의 구성
개정 2007.12.27

제6조(협의회의 구성) ① 협의회는 근로자와 사용자를 대표하는 같은 수의 위원으로 구성하되, 각 3명 이상 10명 이하로 한다.

② 근로자를 대표하는 위원(이하 "근로자위원"이라 한다)은 근로자가 선출하되, 근로자의 과반수로 조직된 노동조합이 있는 경우에는 노동조합의 대표자와 그 노동조합이 위촉하는 자로 한다.

③ 사용자를 대표하는 위원(이하 "사용자위원"이라 한다)은 해당 사업이나 사업장의 대표자와 그 대표자가 위촉하는 자로 한다.

④ 근로자위원이나 사용자위원의 선출과 위촉에 필요한 사항은 대통령령으로 정한다.

[전문개정 2007.12.27]

제7조(의장과 간사) ① 협의회에 의장을 두며, 의장은 위원 중에서 호선(호선)한다. 이 경우 근로자위원과 사용자위원 중 각 1명을 공동의장으로 할 수 있다.

② 의장은 협의회를 대표하며 회의 업무를 총괄한다.

③ 노사 쌍방은 회의 결과의 기록 등 사무를 담당하는 간사 1명을 각각 둔다.

[전문개정 2007.12.27]

제8조(위원의 임기) ① 위원의 임기는 3년으로 하되, 연임할 수 있다.

② 보궐위원의 임기는 전임자 임기의 남은 기간으로 한다.

③ 위원은 임기가 끝난 경우라도 후임자가 선출될 때까지 계속 그 직무를 담당한다.

[전문개정 2007.12.27]

제9조(위원의 신분) ① 위원은 비상임·무보수로 한다.

② 사용자는 협의회 위원으로서의 직무 수행과 관련하여 근로자위원에게 불이익을 주는 처분을 하여서는 아니 된다.

③ 위원의 협의회 출석 시간과 이와 직접 관련된 시간으로서 제18조에 따른 협의회규정으로 정한 시간은 근로한 시간으로 본다.

[전문개정 2007.12.27]

제10조(사용자의 의무) ① 사용자는 근로자위원의 선출에 개입하거나 방해하여서는 아니 된다.

② 사용자는 근로자위원의 업무를 위하여 장소의 사용 등 기본적인 편의를 제공하여야 한다.

[전문개정 2007.12.27]

제11조(시정명령) 고용노동부장관은 사용자가 제9조제2항을 위반하여 근로자위원에게 불이익을 주는 처분을 하거나 제10조제1항을 위반하여 근로자위원의 선출에 개입하거나 방해하는 경우에는 그 시정(시정)을 명할 수 있다. 〈개정 2010.6.4〉

[전문개정 2007.12.27]

제3장 협의회의 운영
〈개정 2007.12.27〉

제12조(회의) ① 협의회는 3개월마다 정기적으로 회의를 개최하여야 한다.

② 협의회는 필요에 따라 임시회의를 개최할 수 있다.

[전문개정 2007.12.27]

제13조(회의 소집) ① 의장은 협의회의 회의를 소집하며 그 의장이 된다.

② 의장은 노사 일방의 대표자가 회의의 목적을 문서로 밝혀 회의의 소집을 요구하면 그 요구에 따라야 한다.

③ 의장은 회의 개최 7일 전에 회의 일시, 장소, 의제 등을 각 위원에게 통보하여야 한다.

[전문개정 2007.12.27]

제13조의2

[제14조로 이동 〈2007.12.27〉]

제14조(자료의 사전 제공) 근로자위원은 제13조제3항에 따라 통보된 의제 중 제20조제1항의 협의 사항 및 제21조의 의결 사항과 관련된 자료를 협의회 회의 개최 전에 사용자에게 요구할 수 있으며 사용자는 이에 성실히 따라야 한다. 다만, 그 요구 자료가 기업의 경영·영업상의 비밀이나 개인정보에 해당하는 경우에는 그러하지 아니하다.

[전문개정 2007.12.27]

[제13조의2에서 이동, 종전 제14조는 제15조로 이동 〈2007.12.27〉]

제15조(정족수) 회의는 근로자위원과 사용자위원 각 과반수의 출석으로 개최하고 출석위원 3분의 2 이상의 찬성으로 의결한다.

[전문개정 2007.12.27]

[제14조에서 이동, 종전 제15조는 제16조로 이동 〈2007.12.27〉]

제16조(회의의 공개) 협의회의 회의는 공개한다. 다만, 협의회의 의결로 공개하지 아니할 수 있다.

[전문개정 2007.12.27]

[제15조에서 이동, 종전 제16조는 제17조로 이동 〈2007.12.27〉]

제17조(비밀 유지) 협의회의 위원은 협의회에서 알게 된 비밀을 누설하여서는 아니 된다.

[전문개정 2007.12.27]

[제16조에서 이동, 종전 제17조는 제18조로 이동 〈2007.12.27〉]

제18조(협의회규정) ① 협의회는 그 조직과 운영에 관한 규정(이하 "협의회규정"이라 한다)을 제정하고 협의회를 설치한 날부터 15일 이내에 고용노동부장관에게 제출하여야 한다. 이를 변경한 경우에도 또한 같다. 〈개정 2010.6.4〉

② 협의회규정의 규정 사항과 그 제정·변경 절차 등에 관하여 필요한 사항은 대통령령으로 정한다.

[전문개정 2007.12.27]

[제17조에서 이동, 종전 제18조는 제19조로 이동 〈2007.12.27〉]

제19조(회의록 비치) ① 협의회는 다음 각 호의 사항을 기록한 회의록을 작성하여 갖추어 두어야 한다.

1. 개최 일시 및 장소
2. 출석 위원
3. 협의 내용 및 의결된 사항
4. 그 밖의 토의사항

② 제1항에 따른 회의록은 작성한 날부터 3년간 보존하여야 한다.

[전문개정 2007.12.27]

[제18조에서 이동, 종전 제19조는 제20조로 이동 〈2007.12.21〉]

제4장 협의회의 임무
개정 2007.12.27

제20조(협의 사항) ① 협의회가 협의하여야 할 사항은 다음 각 호와 같다.

1. 생산성 향상과 성과 배분
2. 근로자의 채용·배치 및 교육훈련
3. 근로자의 고충처리
4. 안전, 보건, 그 밖의 작업환경 개선과 근로자의 건강증진
5. 인사·노무관리의 제도 개선

6. 경영상 또는 기술상의 사정으로 인한 인력의 배치전환·재훈련·해고 등 고용조정의 일반원칙
7. 작업과 휴게 시간의 운용
8. 임금의 지불방법·체계·구조 등의 제도 개선
9. 신기계·기술의 도입 또는 작업 공정의 개선
10. 작업 수칙의 제정 또는 개정
11. 종업원지주제(종업원지주제)와 그 밖에 근로자의 재산형성에 관한 지원
12. 직무 발명 등과 관련하여 해당 근로자에 대한 보상에 관한 사항
13. 근로자의 복지증진
14. 사업장 내 근로자 감시 설비의 설치
15. 여성근로자의 모성보호 및 일과 가정생활의 양립을 지원하기 위한 사항
16. 그 밖의 노사협조에 관한 사항

② 협의회는 제1항 각 호의 사항에 대하여 제15조의 정족수에 따라 의결할 수 있다.

[전문개정 2007.12.27]

[제19조에서 이동, 종전 제20조는 제21조로 이동 〈2007.12.27〉]

제21조(의결 사항) 사용자는 다음 각 호의 어느 하나에 해당하는 사항에 대하여는 협의회의 의결을 거쳐야 한다.

1. 근로자의 교육훈련 및 능력개발 기본계획의 수립
2. 복지시설의 설치와 관리
3. 사내근로복지기금의 설치
4. 고충처리위원회에서 의결되지 아니한 사항
5. 각종 노사공동위원회의 설치

[전문개정 2007.12.27]

[제20조에서 이동, 종전 제21조는 제22조로 이동 〈2007.12.27〉]

제22조(보고 사항 등)

① 사용자는 정기회의에 다음 각 호의 어느 하나에 해당하는 사항에 관하여 성실하게 보고하거나 설명하여야 한다.

1. 경영계획 전반 및 실적에 관한 사항
2. 분기별 생산계획과 실적에 관한 사항
3. 인력계획에 관한 사항
4. 기업의 경제적·재정적 상황

② 근로자위원은 근로자의 요구사항을 보고하거나 설명할 수 있다.

③ 근로자위원은 사용자가 제1항에 따른 보고와 설명을 이행하지 아니하는 경우에는 제1항 각 호에 관한 자료를 제출하도록 요구할 수 있으며 사용자는 그 요구에 성실히 따라야 한다.

[전문개정 2007.12.27]

[제21조에서 이동, 종전 제22조는 제23조로 이동 〈2007.12.27〉]

제23조(의결 사항의 공지) 협의회는 의결된 사항을 신속히 근로자에게 널리 알려야 한다.

[전문개정 2007.12.27]

[제22조에서 이동, 종전 제23조는 제24조로 이동 〈2007.12.27〉]

제24조(의결 사항의 이행) 근로자와 사용자는 협의회에서 의결된 사항을 성실하게 이행하여야 한다.

[전문개정 2007.12.27]

[제23조에서 이동, 종전 제24조는 제25조로 이동 〈2007.12.27〉]

제25조(임의 중재) ① 협의회는 다음 각 호의 어느 하나에 해당하는 경우에는 근로자위원과 사용자위원의 합의로 협의회에 중재기구(중재기구)를 두어 해결하거나 노동위원회나 그 밖의 제삼자에 의한 중재를 받을 수 있다.

1. 제21조에 따른 의결 사항에 관하여 협의회가 의결하지 못한 경우
2. 협의회에서 의결된 사항의 해석이나 이행 방법 등에 관하여 의견이 일치하지 아니하는 경우

② 제1항에 따른 중재 결정이 있으면 협의회의 의결을 거친 것으로 보며 근로자와 사용자는 그 결정에 따라야 한다.

[전문개정 2007.12.27]

[제24조에서 이동, 종전 제25조는 제26조로 이동 〈2007.12.27〉]

제5장 고충처리
개정 2007.12.27

제26조(고충처리위원) 모든 사업 또는 사업장에는 근로자의 고충을 청취하고 이를 처리하기 위하여 고충처리위원을 두어야 한다. 다만, 상시 30명 미만의 근로자를 사용하는 사업이나 사업장은 그러하지 아니하다.

[전문개정 2007.12.27]

[제25조에서 이동, 종전 제26조는 제27조로 이동 〈2007.12.27〉]

제27조(고충처리위원의 구성 및 임기) ① 고충처리위원은 노사를 대표하는 3명 이내의 위원으로 구성하되, 협의회가 설치되어 있는 사업이나 사업장의 경우에는 협의회가 그 위원 중에서 선임하고, 협의회가 설치되어 있지 아니한 사업이나 사업장의 경우에는 사용자가 위촉한다.

② 위원의 임기에 관하여는 협의회 위원의 임기에 관한 제8조를 준용한다.

[전문개정 2007.12.27]

[제26조에서 이동, 종전 제27조는 제28조로 이동 〈2007.12.27〉]

제28조(고충의 처리) ① 고충처리위원은 근로자로부터 고충사항을 청취한 경우에는 10일 이내에 조치 사항과 그 밖의 처리결과를 해당 근로자에게 통보하여야 한다.

② 고충처리위원이 처리하기 곤란한 사항은 협의회의 회의에 부쳐 협의 처리한다.

[전문개정 2007.12.27]

[제27조에서 이동 〈2007.12.27〉]

제6장 보칙
개정 2007.12.21

제29조(권한의 위임) 이 법에 따른 고용노동부장관의 권한은 대통령령으로 정하는 바에 따라 그 일부를 지방고용노동관서의 장에게 위임할 수 있다. 〈개정 2010.6.4〉

[전문개정 2007.12.27]

제7장 벌칙
개정 2007.12.21

제30조(벌칙) 다음 각 호의 어느 하나에 해당하는 자는 1천만원 이하의 벌금에 처한다.

1. 제4조제1항에 따른 협의회의 설치를 정당한 사유 없이 거부하거나 방해한 자
2. 제24조를 위반하여 협의회에서 의결된 사항을 정당한 사유 없이 이행하지 아니한 자
3. 제25조제2항을 위반하여 중재 결정의 내용을 정당한 사유 없이 이행하지 아니한 자

[전문개정 2007.12.27]

제31조(벌칙) 사용자가 정당한 사유 없이 제11조에 따른 시정명령을 이행하지 아니하거나 제22조제3항에 따른 자료제출 의무를 이행하지 아니하면 500만원 이하의 벌금에 처한다.

[전문개정 2007.12.27]

제32조(벌칙) 사용자가 제12조제1항을 위반하여 협의회를 정기적으로 개최하지 아니하거나 제26조에 따른 고충처리위원을 두지 아니한 경우에는 200만원 이하의 벌금에 처한다.

[전문개정 2007.12.27]

제33조(과태료) ① 사용자가 제18조를 위반하여 협의회규정을 제출하지 아니한 때에는 200만원 이하의 과태료를 부과한다.

② 제1항에 따른 과태료는 대통령령으로 정하는 바에 따라 고용노동부장관이 부과·징수한다. 〈개정 2010.6.4〉

③ 삭제 〈2016. 1. 27〉

④ 삭제 〈2016. 1. 27〉

⑤ 삭제 〈2016. 1. 27〉

[전문개정 2007.12.27]

부칙 〈제5312호, 1997.3.13〉

제1조 (시행일) 이 법은 공포한 날부터 시행한다.

제2조 (협의회의 설치에 관한 경과조치) 이 법 시행당시 종전의 규정에 의하여 설치된 노사협의회는 이 법에 의하여 설치된 것으로 본다.

제3조 (위원의 임기에 관한 경과조치) 이 법 시행당시 재임중인 협의회위원의 임기는 위원 선출 당시의 규정에 의한다.

제4조 (협의회 규정에 관한 경과조치) 이 법 시행당시 종전의 규정에 의하여 노동부장관에게 제출된 협의회 규정은 이 법에 의하여 제출된 것으로 본다.

제5조 (의결된 사항에 관한 경과조치) 이 법 시행당시 종전의 규정에 의하여 협의회에서 의결된 사항은 이 법에 의한 협의회에서 의결된 것으로 본다.

제6조 (중재결정에 관한 경과조치) 이 법 시행당시 종전의 규정에 의한 중재결정에 대해서는 이 법에 의한 중재결정이 이루어진 것으로 본다.

제7조 (벌칙에 관한 경과조치) 이 법 시행전의 행위에 대한 벌칙의 적용에 있어서는 종전의 규정에 의한다.

부칙 〈제6098호, 1999.12.31〉

①(시행일) 이 법은 공포한 날부터 시행한다.

②(벌칙에 관한 경과조치) 이 법 시행전의 행위에 대한 벌칙의 적용에 있어서는 종전의 규정에 의한다.

부칙(근로자복지기본법) 〈제6510호,2001.8.14〉

제1조 (시행일) 이 법은 2002년 1월 1일부터 시행한다.

제2조 내지 제5조 생략

제6조 (다른 법률의 개정) ①생략

②근로자참여및협력증진에관한법률중 다음과 같이 개정한다.

제19조제1항에 제12호의2를 다음과 같이 신설한다.

12의2. 직무발명등과 관련하여 당해 근로자에 대한 보상에 관한 사항

③ 및 ④생략

제7조 생략

부칙 〈제8295호, 2007.1.26〉

이 법은 2007년 7월 1일부터 시행한다.

부칙(근로기준법) 〈제8372호, 2007.4.11〉

제1조 (시행일) 이 법은 공포한 날부터 시행한다. 〈단서 생략〉

제2조 내지 제15조 생략

제16조 (다른 법률의 개정) ①내지 ⑥생략

⑦근로자참여및협력증진에관한법률 일부를 다음과 같이 개정한다.

제3조제2호 중 "근로기준법 제14조"를 "「근로기준법」 제2조"로 하고, 같은 조 제3호 중 "근로기준법 제15조"를 "「근로기준법」 제2조"로 한다.

⑧내지 〈24〉생략

제17조 생략

부칙 〈제8815호, 2007.12.27〉

제1조 (시행일) 이 법은 공포한 날부터 시행한다.

제2조 (다른 법률의 개정) 근로자직업능력 개발법 일부를 다음과 같이 개정한다.

제20조제2항제3호 중 "제20조의 규정"을 "제21조"로 한다.

제3조 (다른 법령과의 관계) 이 법 시행 당시 다른 법령에서 종전의 「근로자참여 및 협력증진에 관한 법률」 또는 그 규정을 인용한 경우에 이 법 가운데 그에 해당하는 규정이 있으면 종전의 규정을 갈음하여 이 법 또는 이 법의 해당 규정을 인용한 것으로 본다.

부칙(정부조직법) 〈제10339호, 2010.6.4〉

제1조(시행일) 이 법은 공포 후 1개월이 경과한 날부터 시행한다. 〈단서 생략〉

제2조 및 제3조 생략

제4조(다른 법률의 개정) ① 부터 〈29〉 까지 생략

〈30〉 근로자참여 및 협력증진에 관한 법률 일부를 다음과 같이 개정한다.

제11조, 제18조제1항 전단, 제29조 및 제33조제2항부터 제4항까지 중 "노동부장관"을 각각 "고용노동부장관"으로 한다.

제29조 중 "지방노동관서"를 "지방고용노동관서"로 한다.

〈31〉 부터 〈82〉 까지 생략

부칙〈제13903호, 2016.1.27〉 이 법은 공포한 날부터 시행한다.

5. 노동위원회법

제정 : 1953. 3. 8 법률 제281호
개정 : 2016. 1. 27. 법률 제13904호

제1조 (목적) 이 법은 노동관계에 관한 판정 및 조정(調整) 업무를 신속·공정하게 수행하기 위하여 노동위원회를 설치하고 그 운영에 관한 사항을 규정함으로써 노동관계의 안정과 발전에 이바지함을 목적으로 한다.

[전문개정 2015.1.20]

제2조 (노동위원회의 구분 · 소속 등) ① 노동위원회는 중앙노동위원회, 지방노동위원회 및 특별노동위원회로 구분한다.

② 중앙노동위원회와 지방노동위원회는 고용노동부장관 소속으로 두며, 지방노동위원회의 명칭·위치 및 관할구역은 대통령령으로 정한다.

③ 특별노동위원회는 관계 법률에서 정하는 사항을 관장하기 위하여 필요한 경우에 해당 사항을 관장하는 중앙행정기관의 장 소속으로 둔다.

[전문개정 2015.1.20]

제2조의2 (노동위원회의 소관 사무) 노동위원회의 소관 사무는 다음 각 호와 같다.

1. 「노동조합 및 노동관계조정법」, 「근로기준법」, 「근로자참여 및 협력증진에 관한 법률」, 「교원의 노동조합 설립 및 운영 등에 관한 법률」, 「공무원의 노동조합 설립 및 운영 등에 관한 법률」, 「기간제 및 단시간근로자 보호 등에 관한 법률」및 「파견근로자보호 등에 관한 법률」에 따른 판정·결정·의결·승인·인정 또는 차별적 처우 시정 등에 관한 업무
2. 「노동조합 및 노동관계조정법」, 「교원의 노동조합 설립 및 운영 등에 관한 법률」 및 「공무원의 노동조합 설립 및 운영 등에 관한 법률」에 따른 노동쟁의 조정(調停)·중재 또는 관계 당사자의 자주적인 노동쟁의 해결 지원에 관한 업무
3. 제1호 및 제2호의 업무수행과 관련된 조사·연구·교육 및 홍보 등에 관한 업무
4. 그 밖에 다른 법률에서 노동위원회의 소관으로 규정된 업무

[전문개정 2015.1.20]

제3조 (노동위원회의 관장) ① 중앙노동위원회는 다음 각 호의 사건을 관장한다.

1. 지방노동위원회 및 특별노동위원회의 처분에 대한 재심사건
2. 둘 이상의 지방노동위원회의 관할구역에 걸친 노동쟁의의 조정(調整)사건
3. 다른 법률에서 그 권한에 속하는 것으로 규정된 사건

② 지방노동위원회는 해당 관할구역에서 발생하는 사건을 관장하되, 둘 이상의 관할구역에 걸친 사건(제1항제2호의 조정사건은 제외한다)은 주된 사업장의 소재지를 관할하는 지방노동위원회에서 관장한다.

③ 특별노동위원회는 관계 법률에서 정하는 바에 따라 그 설치목적으로 규정된 특정사항에 관한 사건을 관장한다.

④ 중앙노동위원회 위원장은 제1항제2호에도 불구하고 효율적인 노동쟁의의 조정을 위하여 필요하다고 인정하는 경우에는 지방노동위원회를 지정하여 해당 사건을 처리하게 할 수 있다.

⑤ 중앙노동위원회 위원장은 제2항에 따른 주된 사업장을 정하기 어렵거나 주된 사업장의 소재지를 관할하는 지방노동위원회에서 처리하기 곤란한 사정이 있는 경우에는 직권으로 또는 관계 당사자나 지방노동위원회 위원장의 신청에 따라 지방노동위원회를 지정하여 해당 사건을 처리하게 할 수 있다.

[전문개정 2015.1.20]

제3조의2 (사건의 이송) ① 노동위원회는 접수된 사건이 다른 노동위원회의 관할인 경우에는 지체 없이 해당 사건을 관할 노동위원회로 이송

하여야 한다. 제23조에 따른 조사를 시작한 후 다른 노동위원회의 관할인 것으로 확인된 경우에도 또한 같다.

② 제1항에 따라 이송된 사건은 관할 노동위원회에 처음부터 접수된 것으로 본다.

③ 노동위원회는 제1항에 따라 사건을 이송한 경우에는 그 사실을 지체 없이 관계 당사자에게 통지하여야 한다.

[본조신설 2015.1.20]

제4조 (노동위원회의 지위 등) ① 노동위원회는 그 권한에 속하는 업무를 독립적으로 수행한다.

② 중앙노동위원회 위원장은 중앙노동위원회 및 지방노동위원회의 예산·인사·교육훈련, 그 밖의 행정사무를 총괄하며, 소속 공무원을 지휘·감독한다.

③ 중앙노동위원회 위원장은 제2항에 따른 행정사무의 지휘·감독권 일부를 대통령령으로 정하는 바에 따라 지방노동위원회 위원장에게 위임할 수 있다.

[전문개정 2015.1.20]

제5조 (특별노동위원회의 조직 등) ① 특별노동위원회에 대해서는 제6조제3항부터 제7항까지, 제9조제2항 및 제4항을 적용하지 아니한다.

② 다음 각 호의 어느 하나에 해당하는 사항에 대해서는 해당 특별노동위원회의 설치 근거가 되는 법률에서 다르게 정할 수 있다.

1. 제6조제2항에 따른 근로자위원, 사용자위원 및 공익위원의 수
2. 제11조에 따른 상임위원

③ 특별노동위원회에 대하여 제15조제3항부터 제5항까지의 규정을 적용하는 경우에 제6조제6항에 따른 심판담당 공익위원, 차별시정담당 공익위원 및 조정담당 공익위원은 특별노동위원회의 공익위원으로 본다.

[전문개정 2015.1.20]

제2장 조직
개정 2015.1.20

제6조 (노동위원회의 구성 등) ① 노동위원회는 근로자를 대표하는 위원(이하 "근로자위원"이라 한다)과 사용자를 대표하는 위원(이하 "사용자위원"이라 한다) 및 공익을 대표하는 위원(이하 "공익위원"이라 한다)으로 구성한다.

② 노동위원회 위원의 수는 다음 각 호의 구분에 따른 범위에서 노동위원회의 업무량을 고려하여 대통령령으로 정한다. 이 경우 근로자위원과 사용자위원은 같은 수로 한다.

1. 근로자위원 및 사용자위원: 각 10명 이상 50명 이하
2. 공익위원: 10명 이상 70명 이하

③ 근로자위원은 노동조합이 추천한 사람 중에서, 사용자위원은 사용자단체가 추천한 사람 중에서 다음 각 호의 구분에 따라 위촉한다.

1. 중앙노동위원회: 고용노동부장관의 제청으로 대통령이 위촉
2. 지방노동위원회: 지방노동위원회 위원장의 제청으로 중앙노동위원회 위원장이 위촉

④ 공익위원은 해당 노동위원회 위원장, 노동조합 및 사용자단체가 각각 추천한 사람 중에서 노동조합과 사용자단체가 순차적으로 배제하고 남은 사람을 위촉대상 공익위원으로 하고, 그 위촉대상 공익위원 중에서 다음 각 호의 구분에 따라 위촉한다.

1. 중앙노동위원회 공익위원: 고용노동부장관의 제청으로 대통령이 위촉
2. 지방노동위원회 공익위원: 지방노동위원회 위원장의 제청으로 중앙노동위원회 위원장이 위촉

⑤ 제4항에도 불구하고 노동조합 또는 사용자단체가 공익위원을 추천하는 절차나 추천된 공익위원을 순차적으로 배제하는 절차를 거부하는 경우에는 해당 노동위원회 위원장이 위촉대상 공익위원을 선정할 수 있다.

⑥ 공익위원은 다음 각 호와 같이 구분하여 위촉한다.

1. 심판사건을 담당하는 심판담당 공익위원
2. 차별적 처우 시정사건을 담당하는 차별시정

담당 공익위원

3. 조정사건을 담당하는 조정담당 공익위원

⑦ 노동위원회 위원의 추천절차, 공익위원의 순차배제의 방법, 그 밖에 위원의 위촉에 필요한 사항은 대통령령으로 정한다.

[전문개정 2015.1.20]

제6조의2 (사회취약계층에 대한 권리구제 대리) ① 노동위원회는 제2조의2제1호 중 판정·결정·승인·인정 및 차별적 처우 시정 등에 관한 사건에서 사회취약계층을 위하여 변호사나 공인노무사로 하여금 권리구제업무를 대리하게 할 수 있다.

② 제1항에 따라 변호사나 공인노무사로 하여금 사회취약계층을 위한 권리구제업무를 대리하게 하려는 경우의 요건, 대상, 변호사·공인노무사의 보수 등에 관하여 필요한 사항은 고용노동부령으로 정한다.

[전문개정 2015.1.20]

제7조 (위원의 임기 등) ① 노동위원회 위원의 임기는 3년으로 하되, 연임할 수 있다.

② 노동위원회 위원이 궐위(闕位)된 경우 보궐위원의 임기는 전임자 임기의 남은 기간으로 한다. 다만, 노동위원회 위원장 또는 상임위원이 궐위되어 후임자를 임명한 경우 후임자의 임기는 새로 시작된다.

③ 임기가 끝난 노동위원회 위원은 후임자가 위촉될 때까지 계속 그 직무를 집행한다.

④ 노동위원회 위원의 처우에 관하여는 대통령령으로 정한다.

[전문개정 2015.1.20]

제8조 (공익위원의 자격기준 등) ① 중앙노동위원회의 공익위원은 다음 각 호의 구분에 따라 노동문제에 관한 지식과 경험이 있는 사람을 위촉하되, 여성의 위촉이 늘어날 수 있도록 노력하여야 한다.

1. 심판담당 공익위원 및 차별시정담당 공익위원
  가. 노동문제와 관련된 학문을 전공한 사람으로서 「고등교육법」 제2조제1호부터 제6호까지의 학교에서 부교수 이상으로 재직하고 있거나 재직하였던 사람
  나. 판사·검사·군법무관·변호사 또는 공인노무사로 7년 이상 재직하고 있거나 재직하였던 사람
  다. 노동관계 업무에 7년 이상 종사한 사람으로서 2급 또는 2급 상당 이상의 공무원이나 고위공무원단에 속하는 공무원으로 재직하고 있거나 재직하였던 사람
  라. 그 밖에 노동관계 업무에 15년 이상 종사한 사람으로서 심판담당 공익위원 또는 차별시정담당 공익위원으로 적합하다고 인정되는 사람
2. 조정담당 공익위원
  가. 「고등교육법」 제2조제1호부터 제6호까지의 학교에서 부교수 이상으로 재직하고 있거나 재직하였던 사람
  나. 판사·검사·군법무관·변호사 또는 공인노무사로 7년 이상 재직하고 있거나 재직하였던 사람
  다. 노동관계 업무에 7년 이상 종사한 사람으로서 2급 또는 2급 상당 이상의 공무원이나 고위공무원단에 속하는 공무원으로 재직하고 있거나 재직하였던 사람
  라. 그 밖에 노동관계 업무에 15년 이상 종사한 사람 또는 사회적 덕망이 있는 사람으로서 조정담당 공익위원으로 적합하다고 인정되는 사람

② 지방노동위원회의 공익위원은 다음 각 호의 구분에 따라 노동문제에 관한 지식과 경험이 있는 사람을 위촉하되, 여성의 위촉이 늘어날 수 있도록 노력하여야 한다.

1. 심판담당 공익위원 및 차별시정담당 공익위원
  가. 노동문제와 관련된 학문을 전공한 사람으로서 「고등교육법」 제2조제1호부터 제6호까지의 학교에서 조교수 이상으로 재직하고 있거나 재직하였던 사람
  나. 판사·검사·군법무관·변호사 또는 공인노

무사로 3년 이상 재직하고 있거나 재직하였던 사람

다. 노동관계 업무에 3년 이상 종사한 사람으로서 3급 또는 3급 상당 이상의 공무원이나 고위공무원단에 속하는 공무원으로 재직하고 있거나 재직하였던 사람

라. 노동관계 업무에 10년 이상 종사한 사람으로서 4급 또는 4급 상당 이상의 공무원으로 재직하고 있거나 재직하였던 사람

마. 그 밖에 노동관계 업무에 10년 이상 종사한 사람으로서 심판담당 공익위원 또는 차별시정담당 공익위원으로 적합하다고 인정되는 사람

2. 조정담당 공익위원

가. 「고등교육법」 제2조제1호부터 제6호까지의 학교에서 조교수 이상으로 재직하고 있거나 재직하였던 사람

나. 판사·검사·군법무관·변호사 또는 공인노무사로 3년 이상 재직하고 있거나 재직하였던 사람

다. 노동관계 업무에 3년 이상 종사한 사람으로서 3급 또는 3급 상당 이상의 공무원이나 고위공무원단에 속하는 공무원으로 재직하고 있거나 재직하였던 사람

라. 노동관계 업무에 10년 이상 종사한 사람으로서 4급 또는 4급 상당 이상의 공무원으로 재직하고 있거나 재직하였던 사람

마. 그 밖에 노동관계 업무에 10년 이상 종사한 사람 또는 사회적 덕망이 있는 사람으로서 조정담당 공익위원으로 적합하다고 인정되는 사람

[전문개정 2015.1.20]

제9조 (위원장) ① 노동위원회에 위원장 1명을 둔다.

② 중앙노동위원회 위원장은 제8조제1항에 따라 중앙노동위원회의 공익위원이 될 수 있는 자격을 갖춘 사람 중에서 고용노동부장관의 제청으로 대통령이 임명하고, 지방노동위원회 위원장은 제8조제2항에 따라 지방노동위원회의 공익위원이 될 수 있는 자격을 갖춘 사람 중에서 중앙노동위원회 위원장의 추천과 고용노동부장관의 제청으로 대통령이 임명한다.

③ 중앙노동위원회 위원장은 정무직으로 한다.

④ 노동위원회 위원장(이하 "위원장"이라 한다)은 해당 노동위원회의 공익위원이 되며, 심판사건, 차별적 처우 시정사건, 조정사건을 담당할 수 있다.

[전문개정 2015.1.20]

제10조 (위원장의 직무) ① 위원장은 해당 노동위원회를 대표하며, 노동위원회의 사무를 총괄한다.

② 위원장이 부득이한 사유로 직무를 수행할 수 없을 때에는 대통령령으로 정하는 공익위원이 그 직무를 대행한다.

[전문개정 2015.1.20]

제11조 (상임위원) ① 노동위원회에 상임위원을 두며, 상임위원은 해당 노동위원회의 공익위원이 될 수 있는 자격을 갖춘 사람 중에서 중앙노동위원회 위원장의 추천과 고용노동부장관의 제청으로 대통령이 임명한다.

② 상임위원은 해당 노동위원회의 공익위원이 되며, 심판사건, 차별적 처우 시정사건, 조정사건을 담당할 수 있다.

③ 노동위원회에 두는 상임위원의 수와 직급 등은 대통령령으로 정한다.

[전문개정 2015.1.20]

제11조의2 (위원의 행위규범) ① 노동위원회의 위원은 법과 양심에 따라 공정하고 성실하게 업무를 수행하여야 한다.

② 중앙노동위원회는 노동위원회 위원이 제1항에 따라 업무를 수행하기 위하여 준수하여야 할 행위규범과 그 운영에 관한 사항을 제15조에 따른 전원회의의 의결을 거쳐 정할 수 있다.

③ 제2항에 따른 노동위원회 위원의 행위규범에는 다음 각 호의 사항이 포함되어야 한다.

1. 업무수행과 관련하여 향응·금품 등을 받는 행위의 금지에 관한 사항
2. 관계 당사자 중 어느 한쪽에 편파적이거나

사건 처리를 방해하는 등 공정성과 중립성을 훼손하는 행위의 금지·제한에 관한 사항
3. 직무수행과 관련하여 알게 된 사항을 자기나 다른 사람의 이익을 위하여 이용하거나 다른 사람에게 제공하는 행위의 금지에 관한 사항
4. 제15조에 따른 부문별 위원회의 출석 등 노동위원회 위원으로서의 성실한 업무수행에 관한 사항
5. 그 밖에 품위 유지 등을 위하여 필요한 사항

[전문개정 2015.1.20]

제12조 (결격사유) 「국가공무원법」 제33조 각 호의 어느 하나에 해당하는 사람은 노동위원회 위원이 될 수 없다.

[전문개정 2015.1.20]

제13조 (위원의 신분보장) ① 노동위원회 위원은 다음 각 호의 어느 하나에 해당하는 경우를 제외하고는 그 의사에 반하여 면직되거나 위촉이 해제되지 아니한다.
1. 「국가공무원법」 제33조 각 호의 어느 하나에 해당하는 경우
2. 장기간의 심신쇠약으로 직무를 수행할 수 없는 경우
3. 직무와 관련된 비위사실이 있거나 노동위원회 위원직을 유지하기에 적합하지 아니하다고 인정되는 비위사실이 있는 경우
4. 제11조의2에 따른 행위규범을 위반하여 노동위원회 위원으로서 직무를 수행하기 곤란한 경우
5. 공익위원으로 위촉된 후 제8조에 따른 공익위원의 자격기준에 미달하게 된 것으로 밝혀진 경우

② 노동위원회 위원은 제1항제1호에 해당하는 경우에 당연히 면직되거나 위촉이 해제된다.

[전문개정 2015.1.20]

제14조 (사무처와 사무국) ① 중앙노동위원회에는 사무처를 두고, 지방노동위원회에는 사무국을 둔다.

② 사무처와 사무국의 조직·운영 등에 필요한 사항은 대통령령으로 정한다.

③ 고용노동부장관은 노동위원회 사무처 또는 사무국 소속 직원을 고용노동부와 노동위원회 간에 전보할 경우 중앙노동위원회 위원장의 의견을 들어야 한다.

[전문개정 2015.1.20]

제14조의2 (중앙노동위원회 사무처장) ① 중앙노동위원회에는 사무처장 1명을 둔다.

② 사무처장은 중앙노동위원회 상임위원 중 1명이 겸직한다.

③ 사무처장은 중앙노동위원회 위원장의 명을 받아 사무처의 사무를 처리하며 소속 직원을 지휘·감독한다.

[전문개정 2015.1.20]

제14조의3 (조사관) ① 노동위원회 사무처 및 사무국에 조사관을 둔다.

② 중앙노동위원회 위원장은 노동위원회 사무처 또는 사무국 소속 공무원 중에서 조사관을 임명한다.

③ 조사관은 위원장, 제15조에 따른 부문별 위원회의 위원장 또는 제16조의2에 따른 주심위원의 지휘를 받아 노동위원회의 소관 사무에 필요한 조사를 하고, 제15조에 따른 부문별 위원회에 출석하여 의견을 진술할 수 있다.

④ 조사관의 임명·자격 등에 관하여 필요한 사항은 대통령령으로 정한다.

[전문개정 2015.1.20]

제3장 회의
개정 2015.1.20

제15조 (회의의 구성 등) ① 노동위원회에는 전원회의와 위원회의 권한에 속하는 업무를 부문별로 처리하기 위한 위원회로서 다음 각 호의 부문별 위원회를 둔다. 다만, 다른 법률에 특별한 규정이 있는 경우에는 그러하지 아니하다.
1. 심판위원회
2. 차별시정위원회
3. 조정(調停)위원회

4. 특별조정위원회
5. 중재위원회
6. 「교원의 노동조합 설립 및 운영 등에 관한 법률」 제11조제1항에 따른 교원 노동관계 조정위원회
7. 「공무원의 노동조합 설립 및 운영 등에 관한 법률」 제14조제1항에 따른 공무원 노동관계 조정위원회

② 전원회의는 해당 노동위원회 소속 위원 전원으로 구성하며, 다음 각 호의 사항을 처리한다.
1. 노동위원회의 운영 등 일반적인 사항의 결정
2. 제22조제2항에 따른 근로조건의 개선에 관한 권고
3. 제24조 및 제25조에 따른 지시 및 규칙의 제정(중앙노동위원회만 해당한다)

③ 제1항제1호에 따른 심판위원회는 심판담당 공익위원 중 위원장이 지명하는 3명으로 구성하며, 「노동조합 및 노동관계조정법」, 「근로기준법」, 「근로자참여 및 협력증진에 관한 법률」, 그 밖의 법률에 따른 노동위원회의 판정·의결·승인 및 인정 등과 관련된 사항을 처리한다.

④ 제1항제2호에 따른 차별시정위원회는 차별시정담당 공익위원 중 위원장이 지명하는 3명으로 구성하며, 「기간제 및 단시간근로자 보호 등에 관한 법률」또는 「파견근로자보호 등에 관한 법률」에 따른 차별적 처우의 시정과 관련된 사항을 처리한다.

⑤ 제1항제3호부터 제5호까지의 규정에 따른 조정위원회·특별조정위원회 및 중재위원회는 「노동조합 및 노동관계조정법」에서 정하는 바에 따라 구성하며, 같은 법에 따른 조정·중재, 그 밖에 이와 관련된 사항을 각각 처리한다. 이 경우 공익위원은 조정담당 공익위원 중에서 지명한다.

⑥ 위원장은 제3항 및 제4항에 따라 부문별 위원회를 구성할 때 위원장 또는 상임위원의 업무가 과도하여 정상적인 업무수행이 곤란하게 되는 등 제25조에 따라 중앙노동위원회가 제정하는 규칙으로 정하는 부득이한 사유가 있는 경우 외에는 위원장 또는 상임위원 1명이 포함되도록 위원을 지명하여야 한다.

⑦ 위원장은 제3항부터 제5항까지의 규정에도 불구하고 부문별 위원회를 구성할 때 특정 부문별 위원회에 사건이 집중되거나 다른 분야의 전문지식이 필요하다고 인정하는 경우에는 심판담당 공익위원, 차별시정담당 공익위원 또는 조정담당 공익위원을 담당 분야와 관계없이 다른 부문별 위원회의 위원으로 지명할 수 있다.

⑧ 제1항제6호에 따른 교원 노동관계 조정위원회는 「교원의 노동조합 설립 및 운영 등에 관한 법률」에서 정하는 바에 따라 설치·구성하며, 같은 법에 따른 조정·중재, 그 밖에 이와 관련된 사항을 처리한다.

⑨ 제1항제7호에 따른 공무원 노동관계 조정위원회는 「공무원의 노동조합 설립 및 운영 등에 관한 법률」에서 정하는 바에 따라 설치·구성하며, 같은 법에 따른 조정·중재, 그 밖에 이와 관련된 사항을 처리한다.

[전문개정 2015.1.20]

제15조의2 (단독심판 등) 위원장은 다음 각 호의 어느 하나에 해당하는 경우에 심판담당 공익위원 또는 차별시정담당 공익위원 중 1명을 지명하여 사건을 처리하게 할 수 있다.
1. 신청기간을 넘기는 등 신청 요건을 명백하게 갖추지 못한 경우
2. 관계 당사자 양쪽이 모두 단독심판을 신청하거나 단독심판으로 처리하는 것에 동의한 경우

[전문개정 2015.1.20]

제15조의3 (「행정심판법」 등의 준용) 사건 처리와 관련하여 선정대표자, 당사자의 지위 승계, 대리인의 선임에 관하여는 「행정심판법」 제15조, 제16조 및 제18조를 준용하고, 대리의 흠과 추인, 대리의 범위에 관하여는 「민사소송법」 제60조 및 제90조를 준용한다.

[본조신설 2015.1.20]

제16조 (회의의 소집) ① 부문별 위원회 위원장은

다른 법률에 특별한 규정이 있는 경우를 제외하고는 부문별 위원회의 위원 중에서 호선(互選)한다.

② 위원장 또는 부문별 위원회 위원장은 전원회의 또는 부문별 위원회를 각각 소집하고 회의를 주재한다. 다만, 위원장은 필요하다고 인정하는 경우에 부문별 위원회를 소집할 수 있다.

③ 위원장 또는 부문별 위원회 위원장은 전원회의 또는 부문별 위원회를 구성하는 위원의 과반수가 회의 소집을 요구하는 경우에 이에 따라야 한다.

④ 위원장 또는 부문별 위원회 위원장은 업무수행과 관련된 조사 등 노동위원회의 원활한 운영을 위하여 필요한 경우 노동위원회가 설치된 위치 외의 장소에서 부문별 위원회를 소집하게 하거나 제15조의2에 따른 단독심판을 하게 할 수 있다.

[전문개정 2015.1.20]

제16조의2 (주심위원) 부문별 위원회 위원장은 부문별 위원회의 원활한 운영을 위하여 필요하다고 인정하는 경우에 주심위원을 지명하여 사건의 처리를 주관하게 할 수 있다.

[전문개정 2015.1.20]

제16조의3 (화해의 권고 등) ① 노동위원회는 「노동조합 및 노동관계조정법」 제29조의4 및 제84조, 「근로기준법」 제30조에 따른 판정·명령 또는 결정이 있기 전까지 관계 당사자의 신청을 받아 또는 직권으로 화해를 권고하거나 화해안을 제시할 수 있다.

② 노동위원회는 화해안을 작성할 때 관계 당사자의 의견을 충분히 들어야 한다.

③ 노동위원회는 관계 당사자가 화해안을 수락하였을 때에는 화해조서를 작성하여야 한다.

④ 화해조서에는 다음 각 호의 사람이 모두 서명하거나 날인하여야 한다.

1. 관계 당사자
2. 화해에 관여한 부문별 위원회(제15조의2에 따른 단독심판을 포함한다)의 위원 전원

⑤ 제3항 및 제4항에 따라 작성된 화해조서는 「민사소송법」에 따른 재판상 화해의 효력을 갖는다.

⑥ 제1항부터 제4항까지의 규정에 따른 화해의 방법, 화해조서의 작성 등에 필요한 사항은 제25조에 따라 중앙노동위원회가 제정하는 규칙으로 정한다.

[전문개정 2015.1.20]

제17조 (의결) ① 노동위원회의 전원회의는 재적위원 과반수의 출석으로 개의하고, 출석위원 과반수의 찬성으로 의결한다.

② 부문별 위원회의 회의는 구성위원 전원의 출석으로 개의하고, 출석위원 과반수의 찬성으로 의결한다.

③ 제2항에도 불구하고 제15조제1항제7호의 공무원 노동관계 조정위원회의 회의(「공무원의 노동조합 설립 및 운영 등에 관한 법률」 제15조에 따른 전원회의를 말한다)는 재적위원 과반수의 출석으로 개의하고, 출석위원 과반수의 찬성으로 의결한다.

④ 전원회의 또는 부문별 위원회의 회의에 참여한 위원은 그 의결 사항에 대하여 서명하거나 날인하여야 한다.

[전문개정 2015.1.20]

제17조의2 (의결 결과의 송달 등) ① 노동위원회는 부문별 위원회의 의결 결과를 지체 없이 당사자에게 서면으로 송달하여야 한다.

② 노동위원회는 처분 결과를 당사자에게 서면으로 송달하여야 하며, 처분의 효력은 판정서·명령서·결정서 또는 재심판정서를 송달받은 날부터 발생한다.

③ 제1항 및 제2항에 따른 송달의 방법과 절차에 필요한 사항은 대통령령으로 정한다.

[전문개정 2015.1.20]

제17조의3 (공시송달) ① 노동위원회는 서류의 송달을 받아야 할 자가 다음 각 호의 어느 하나에 해당하는 경우에는 공시송달을 할 수 있다.

1. 주소가 분명하지 아니한 경우
2. 주소가 국외에 있거나 통상적인 방법으로 확인할 수 없어 서류의 송달이 곤란한 경우

3. 등기우편 등으로 송달하였으나 송달을 받아야 할 자가 없는 것으로 확인되어 반송되는 경우

② 제1항에 따른 공시송달은 노동위원회의 게시판이나 인터넷 홈페이지에 게시하는 방법으로 한다.

③ 공시송달은 제2항에 따라 게시한 날부터 14일이 지난 때에 효력이 발생한다.

④ 제1항에 따른 공시송달의 요건과 제2항에 따른 공시송달의 방법 및 절차에 필요한 사항은 대통령령으로 정한다.

[본조신설 2015.1.20]

제18조 (보고 및 의견 청취) ① 위원장 또는 부문별 위원회의 위원장은 소관 회의에 부쳐진 사항에 관하여 구성위원 또는 조사관으로 하여금 회의에 보고하게 할 수 있다.

② 제15조 제1항 제1호 및 제2호의 심판위원회 및 차별시정위원회는 의결하기 전에 해당 노동위원회의 근로자위원 및 사용자위원 각 1명 이상의 의견을 들어야 한다. 다만, 근로자위원 또는 사용자위원이 출석요구를 받고 정당한 이유 없이 출석하지 아니하는 경우에는 그러하지 아니하다.

[전문개정 2015.1.20]

제19조 (회의의 공개) 노동위원회의 회의는 공개한다. 다만, 해당 회의에서 공개하지 아니하기로 의결하면 공개하지 아니할 수 있다.

[전문개정 2015.1.20]

제20조 (회의의 질서유지) 위원장 또는 부문별 위원회의 위원장은 소관 회의의 공정한 진행을 방해하거나 질서를 문란하게 하는 사람에 대하여 퇴장명령, 그 밖에 질서유지에 필요한 조치를 할 수 있다.

[전문개정 2015.1.20]

제21조 (위원의 제척 · 기피 · 회피 등) ① 위원은 다음 각 호의 어느 하나에 해당하는 경우에 해당 사건에 관한 직무집행에서 제척(除斥)된다.

1. 위원 또는 위원의 배우자이거나 배우자였던 사람이 해당 사건의 당사자가 되거나 해당 사건의 당사자와 공동권리자 또는 공동의무자의 관계에 있는 경우
2. 위원이 해당 사건의 당사자와 친족이거나 친족이었던 경우
3. 위원이 해당 사건에 관하여 진술이나 감정을 한 경우
4. 위원이 당사자의 대리인으로서 업무에 관여하거나 관여하였던 경우
5. 위원이 해당 사건의 원인이 된 처분 또는 부작위에 관여한 경우

② 위원장은 제1항에 따른 사유가 있는 경우에 관계 당사자의 신청을 받아 또는 직권으로 제척의 결정을 하여야 한다.

③ 당사자는 공정한 심의·의결 또는 조정 등을 기대하기 어려운 위원이 있는 경우에 그 사유를 적어 위원장에게 기피신청을 할 수 있다.

④ 위원장은 제3항에 따른 기피신청이 이유 있다고 인정되는 경우에 기피의 결정을 하여야 한다.

⑤ 위원장은 사건이 접수되는 즉시 제2항에 따른 제척신청과 제3항에 따른 기피신청을 할 수 있음을 사건 당사자에게 알려야 한다.

⑥ 위원에게 제1항 또는 제3항에 따른 사유가 있는 경우에는 스스로 그 사건에 관한 직무집행에서 회피할 수 있다. 이 경우 해당 위원은 위원장에게 그 사유를 소명하여야 한다.

[전문개정 2015.1.20]

제4장 권한
개정 2015.1.20

제22조 (협조 요청 등) ① 노동위원회는 그 사무집행을 위하여 필요하다고 인정하는 경우에 관계 행정기관에 협조를 요청할 수 있으며, 협조를 요청받은 관계 행정기관은 특별한 사유가 없으면 이에 따라야 한다.

② 노동위원회는 관계 행정기관으로 하여금 근로조건의 개선에 필요한 조치를 하도록 권고할 수 있다.

[전문개정 2015.1.20]

제23조 (위원회의 조사권 등)

① 노동위원회는 제2조의2에 따른 소관 사무(제3호의 업무는 제외한다)와 관련하여 사실관계를 확인하는 등 그 사무집행을 위하여 필요하다고 인정할 때에는 근로자, 노동조합, 사용자, 사용자단체, 그 밖의 관계인에 대하여 출석·보고 또는 필요한 서류의 제출을 요구하거나 위원장 또는 부문별 위원회의 위원장이 지명한 위원 또는 조사관으로 하여금 사업 또는 사업장의 업무상황, 서류, 그 밖의 물건을 조사하게 할 수 있다.

[개정 2016.1.27]

② 제1항에 따라 조사하는 위원 또는 조사관은 그 권한을 표시하는 증표를 관계인에게 보여 주어야 한다.

③ 노동위원회는 제1항에 따라 관계 당사자 외에 필요하다고 인정되어 출석한 사람에게 대통령령으로 정하는 바에 따라 비용을 변상한다.

④ 노동위원회는 심판사건과 차별적 처우 시정사건의 신청인이 제출한 신청서 부본을 다른 당사자에게 송달하고 이에 대한 답변서를 제출하도록 하여야 한다.

⑤ 노동위원회는 제4항에 따라 다른 당사자가 제출한 답변서의 부본을 지체 없이 신청인에게 송달하여야 한다.

[전문개정 2015.1.20]

제24조 (중앙노동위원회의 지시권 등) 중앙노동위원회는 지방노동위원회 또는 특별노동위원회에 대하여 노동위원회의 사무 처리에 관한 기본방침 및 법령의 해석에 관하여 필요한 지시를 할 수 있다.

[전문개정 2015.1.20]

제25조 (중앙노동위원회의 규칙제정권) 중앙노동위원회는 중앙노동위원회, 지방노동위원회 또는 특별노동위원회의 운영, 부문별 위원회가 처리하는 사건의 지정방법 및 조사관이 처리하는 사건의 지정방법, 그 밖에 위원회 운영에 필요한 사항에 관한 규칙을 제정할 수 있다.

[전문개정 2015.1.20]

제26조 (중앙노동위원회의 재심권) ① 중앙노동위원회는 당사자의 신청이 있는 경우 지방노동위원회 또는 특별노동위원회의 처분을 재심하여 이를 인정·취소 또는 변경할 수 있다.

② 제1항에 따른 신청은 관계 법령에 특별한 규정이 있는 경우를 제외하고는 지방노동위원회 또는 특별노동위원회가 한 처분을 송달받은 날부터 10일 이내에 하여야 한다.

③ 제2항의 기간은 불변기간으로 한다.

[전문개정 2015.1.20] [[시행일 2015.7.21]]

제27조 (중앙노동위원회의 처분에 대한 소송) ① 중앙노동위원회의 처분에 대한 소송은 중앙노동위원회 위원장을 피고(被告)로 하여 처분의 송달을 받은 날부터 15일 이내에 제기하여야 한다.

② 이 법에 따른 소송의 제기로 처분의 효력은 정지하지 아니한다.

③ 제1항의 기간은 불변기간으로 한다.

[전문개정 2015.1.20]

제5장 보칙
개정 2015.1.20

제28조 (비밀엄수 의무 등) ① 노동위원회의 위원이나 직원 또는 그 위원이었거나 직원이었던 사람은 직무에 관하여 알게 된 비밀을 누설하면 아니 된다.

② 노동위원회의 사건 처리에 관여한 위원이나 직원 또는 그 위원이었거나 직원이었던 변호사·공인노무사 등은 영리를 목적으로 그 사건에 관한 직무를 하면 아니 된다.

[전문개정 2015.1.20]

제29조 (벌칙 적용에서 공무원 의제) 노동위원회의 위원 중 공무원이 아닌 위원은 「형법」이나 그 밖의 법률에 따른 벌칙을 적용할 때에는 공무원으로 본다.

[전문개정 2015.1.20]

제6장 벌칙
개정 2015.1.20

제30조 (벌칙) 제28조를 위반한 사람은 1년 이하의 징역 또는 1천만원 이하의 벌금에 처한다.
[전문개정 2015.1.20]

제31조 (벌칙) 제23조제1항에 따른 노동위원회의 조사권 등과 관련하여 다음 각 호에 해당하는 자는 500만원 이하의 벌금에 처한다.
1. 노동위원회의 보고 또는 서류제출 요구에 응하지 아니하거나 거짓으로 보고하거나 거짓의 서류를 제출한 자
2. 관계 위원 또는 조사관의 조사를 거부·방해 또는 기피한 자

[전문개정 2015.1.20]

제32조 (양벌규정) 법인 또는 단체의 대표자, 법인·단체 또는 개인의 대리인·사용인, 그 밖의 종업원이 그 법인·단체 또는 개인의 업무에 관하여 제31조의 위반행위를 하면 그 행위자를 벌하는 외에 그 법인·단체 또는 개인에게도 같은 조의 벌금형을 과(科)한다.
[전문개정 2015.1.20]

제33조 (과태료)
① 제20조에 따른 퇴장명령에 따르지 아니한 사람에게는 100만원 이하의 과태료를 부과한다.
② 제1항에 따른 과태료는 대통령령이 정하는 바에 따라 노동위원회가 부과·징수한다.
[전문개정 2015.1.20]

부칙 [제13904호, 2016.1.27]
제1조(시행일) 이 법은 공포한 날부터 시행한다.
제2조(위원의 제척 · 기피 등에 관한 적용례) 제21조의 개정규정은 이 법 시행 후 최초로 위원회에 부의되는 사건부터 적용한다.

6. 최저임금법

제정 : 1986.12.31 법률 제3927호
개정 : 2012.2.1 법률 제11278호

제1장 총칙
(개정 2008.3.21)

제1조 (목적) 이 법은 근로자에 대하여 임금의 최저수준을 보장하여 근로자의 생활안정과 노동력의 질적 향상을 꾀함으로써 국민경제의 건전한 발전에 이바지하는 것을 목적으로 한다.
[전문개정 2008.3.21]

제2조 (정의) 이 법에서 "근로자", "사용자" 및 "임금"이란 「근로기준법」 제2조에 따른 근로자, 사용자 및 임금을 말한다.
[전문개정 2008.3.21]

제3조 (적용 범위) ① 이 법은 근로자를 사용하는 모든 사업 또는 사업장(이하 "사업"이라 한다)에 적용한다. 다만, 동거하는 친족만을 사용하는 사업과 가사(家事) 사용인에게는 적용하지 아니한다.
② 이 법은 「선원법」의 적용을 받는 선원과 선원을 사용하는 선박의 소유자에게는 적용하지 아니한다.
[전문개정 2008.3.21]

제2장 최저임금
개정 2008.3.21

제4조 (최저임금의 결정기준과 구분) ① 최저임금은 근로자의 생계비, 유사 근로자의 임금, 노동생산성 및 소득분배율 등을 고려하여 정한다. 이 경우 사업의 종류별로 구분하여 정할 수 있다.
② 제1항에 따른 사업의 종류별 구분은 제12조에 따른 최저임금위원회의 심의를 거쳐 고용노동부장관이 정한다.
[전문개정 2008.3.21]

제5조 (최저임금액) ① 최저임금액(최저임금으로 정한 금액을 말한다. 이하 같다)은 시간·일(日)·주(週) 또는 월(月)을 단위로 하여 정한다. 이 경우 일·주 또는 월을 단위로 하여 최저임금액을 정할 때에는 시간급(時間給)으로도 표시하여야 한다.

② 다음 각 호의 어느 하나에 해당하는 자에 대하여는 대통령령으로 정하는 바에 따라 제1항에 따른 최저임금액과 다른 금액으로 최저임금액을 정할 수 있다. [개정 2010.6.4 제10339호(정부조직법), 2012.2.1] [[시행일 2012.7.1]]

1. 수습 사용 중에 있는 자로서 수습 사용한 날부터 3개월 이내인 자. 다만, 1년 미만의 기간을 정하여 근로계약을 체결한 근로자는 제외한다.
2. 「근로기준법」 제63조제3호에 따라 감시(監視) 또는 단속적(斷續的)으로 근로에 종사하는 자로서 사용자가 고용노동부장관의 승인을 받은 자

③ 임금이 통상적으로 도급제나 그 밖에 이와 비슷한 형태로 정하여져 있는 경우로서 제1항에 따라 최저임금액을 정하는 것이 적당하지 아니하다고 인정되면 대통령령으로 정하는 바에 따라 최저임금액을 따로 정할 수 있다.

[전문개정 2008.3.21]

제5조의2 (최저임금의 적용을 위한 임금의 환산) 최저임금의 적용 대상이 되는 근로자의 임금을 정하는 단위기간이 제5조제1항에 따른 최저임금의 단위기간과 다른 경우에 해당 근로자의 임금을 최저임금의 단위기간에 맞추어 환산하는 방법은 대통령령으로 정한다.

[전문개정 2008.3.21]

제6조 (최저임금의 효력) ① 사용자는 최저임금의 적용을 받는 근로자에게 최저임금액 이상의 임금을 지급하여야 한다.

② 사용자는 이 법에 따른 최저임금을 이유로 종전의 임금수준을 낮추어서는 아니 된다.

③ 최저임금의 적용을 받는 근로자와 사용자 사이의 근로계약 중 최저임금액에 미치지 못하는 금액을 임금으로 정한 부분은 무효로 하며, 이 경우 무효로 된 부분은 이 법으로 정한 최저임금액과 동일한 임금을 지급하기로 한 것으로 본다.

④ 다음 각 호의 어느 하나에 해당하는 임금은 제1항과 제3항에 따른 임금에 산입(算入)하지 아니한다. [개정 2010.6.4]

1. 매월 1회 이상 정기적으로 지급하는 임금 외의 임금으로서 고용노동부장관이 정하는 것
2. 「근로기준법」 제2조제1항제7호에 따른 소정(所定)근로시간(이하 "소정근로시간"이라 한다) 또는 소정의 근로일에 대하여 지급하는 임금 외의 임금으로서 고용노동부장관이 정하는 것
3. 그 밖에 최저임금액에 산입하는 것이 적당하지 아니하다고 인정하여 고용노동부장관이 따로 정하는 것

⑤제4항에도 불구하고 「여객자동차 운수사업법」 제3조 및 같은 법 시행령 제3조제2호다목에 따른 일반택시운송사업에서 운전업무에 종사하는 근로자의 최저임금에 산입되는 임금의 범위는 생산고에 따른 임금을 제외한 대통령령으로 정하는 임금으로 한다.

⑥ 제1항과 제3항은 다음 각 호의 어느 하나에 해당하는 사유로 근로하지 아니한 시간 또는 일에 대하여 사용자가 임금을 지급할 것을 강제하는 것은 아니다.

1. 근로자가 자기의 사정으로 소정근로시간 또는 소정의 근로일의 근로를 하지 아니한 경우
2. 사용자가 정당한 이유로 근로자에게 소정근로시간 또는 소정의 근로일의 근로를 시키지 아니한 경우

⑦ 도급으로 사업을 행하는 경우 도급인이 책임져야 할 사유로 수급인이 근로자에게 최저임금액에 미치지 못하는 임금을 지급한 경우 도급인은 해당 수급인과 연대(連帶)하여 책임을 진다.

⑧ 제7항에 따른 도급인이 책임져야 할 사유의 범위는 다음 각 호와 같다.

1. 도급인이 도급계약 체결 당시 인건비 단가를 최저임금액에 미치지 못하는 금액으로 결정하는 행위
2. 도급인이 도급계약 기간 중 인건비 단가를 최저임금액에 미치지 못하는 금액으로 낮춘 행위

⑨ 두 차례 이상의 도급으로 사업을 행하는 경우

에는 제7항의 "수급인"은 "하수급인(下受給人)"으로 보고, 제7항과 제8항의 "도급인"은 "직상(直上) 수급인(하수급인에게 직접 하도급을 준 수급인)"으로 본다.

[전문개정 2008.3.21]

제7조 (최저임금의 적용 제외) 다음 각 호의 어느 하나에 해당하는 자로서 사용자가 대통령령으로 정하는 바에 따라 고용노동부장관의 인가를 받은 자에 대하여는 제6조를 적용하지 아니한다.

1. 정신장애나 신체장애로 근로능력이 현저히 낮은 자
2. 그 밖에 최저임금을 적용하는 것이 적당하지 아니하다고 인정되는 자

[전문개정 2008.3.21]

제3장 최저임금의 결정
개정 2008.3.21

제8조 (최저임금의 결정) ① 고용노동부장관은 매년 8월 5일까지 최저임금을 결정하여야 한다. 이 경우 고용노동부장관은 대통령령으로 정하는 바에 따라 제12조에 따른 최저임금위원회(이하 "위원회"라 한다)에 심의를 요청하고, 위원회가 심의하여 의결한 최저임금안에 따라 최저임금을 결정하여야 한다. [개정 2010.6.4]

② 위원회는 제1항 후단에 따라 고용노동부장관으로부터 최저임금에 관한 심의 요청을 받은 경우 이를 심의하여 최저임금안을 의결하고 심의 요청을 받은 날부터 90일 이내에 고용노동부장관에게 제출하여야 한다.

③ 고용노동부장관은 제2항에 따라 위원회가 심의하여 제출한 최저임금안에 따라 최저임금을 결정하기가 어렵다고 인정되면 20일 이내에 그 이유를 밝혀 위원회에 10일 이상의 기간을 정하여 재심의를 요청할 수 있다. [개정 2010.6.4]

④ 위원회는 제3항에 따라 재심의 요청을 받은 때에는 그 기간 내에 재심의하여 그 결과를 고용노동부장관에게 제출하여야 한다. [개정 2010.6.4 제10339호(정부조직법)] [[시행일 2010.7.5]]

⑤ 고용노동부장관은 위원회가 제4항에 따른 재심의에서 재적위원 과반수의 출석과 출석위원 3분의 2 이상의 찬성으로 제2항에 따른 당초의 최저임금안을 재의결한 경우에는 그에 따라 최저임금을 결정하여야 한다. [개정 2010.6.4 제10339호(정부조직법)] [[시행일 2010.7.5]]

[전문개정 2008.3.21]

제9조 (최저임금안에 대한 이의 제기) ① 고용노동부장관은 제8조제2항에 따라 위원회로부터 최저임금안을 제출받은 때에는 대통령령으로 정하는 바에 따라 최저임금안을 고시하여야 한다. [개정 2010.6.4 제10339호(정부조직법)] [[시행일 2010.7.5]]

② 근로자를 대표하는 자나 사용자를 대표하는 자는 제1항에 따라 고시된 최저임금안에 대하여 이의가 있으면 고시된 날부터 10일 이내에 대통령령으로 정하는 바에 따라 고용노동부장관에게 이의를 제기할 수 있다. 이 경우 근로자를 대표하는 자나 사용자를 대표하는 자의 범위는 대통령령으로 정한다. [개정 2010.6.4 제10339호(정부조직법)] [[시행일 2010.7.5]]

③ 고용노동부장관은 제2항에 따른 이의가 이유 있다고 인정되면 그 내용을 밝혀 제8조제3항에 따라 위원회에 최저임금안의 재심의를 요청하여야 한다. [개정 2010.6.4 제10339호(정부조직법)] [[시행일 2010.7.5]]

④ 고용노동부장관은 제3항에 따라 재심의를 요청한 최저임금안에 대하여 제8조제4항에 따라 위원회가 재심의하여 의결한 최저임금안이 제출될 때까지는 최저임금을 결정하여서는 아니 된다. [개정 2010.6.4 제10339호(정부조직법)] [[시행일 2010.7.5]]

[전문개정 2008.3.21]

제10조 (최저임금의 고시와 효력발생) ① 고용노동부장관은 최저임금을 결정한 때에는 지체 없이 그 내용을 고시하여야 한다. [개정 2010.6.4

제10339호(정부조직법)] [[시행일 2010.7.5]]

② 제1항에 따라 고시된 최저임금은 다음 연도 1월 1일부터 효력이 발생한다. 다만, 고용노동부장관은 사업의 종류별로 임금교섭시기 등을 고려하여 필요하다고 인정하면 효력발생 시기를 따로 정할 수 있다. [개정 2010.6.4 제10339호(정부조직법)] [[시행일 2010.7.5]]

[전문개정 2008.3.21]

제11조 (주지 의무) 최저임금의 적용을 받는 사용자는 대통령령으로 정하는 바에 따라 해당 최저임금을 그 사업의 근로자가 쉽게 볼 수 있는 장소에 게시하거나 그 외의 적당한 방법으로 근로자에게 널리 알려야 한다.

[전문개정 2008.3.21]

제4장 최저임금위원회
개정 2008.3.21

제12조 (최저임금위원회의 설치) 최저임금에 관한 심의와 그 밖에 최저임금에 관한 중요 사항을 심의하기 위하여 고용노동부에 최저임금위원회를 둔다. [개정 2010.6.4 제10339호(정부조직법)] [[시행일 2010.7.5]]

[전문개정 2008.3.21]

제13조 (위원회의 기능) 위원회는 다음 각 호의 기능을 수행한다. [개정 2010.6.4 제10339호(정부조직법)] [[시행일 2010.7.5]]

1. 최저임금에 관한 심의 및 재심의
2. 최저임금 적용 사업의 종류별 구분에 관한 심의
3. 최저임금제도의 발전을 위한 연구 및 건의
4. 그 밖에 최저임금에 관한 중요 사항으로서 고용노동부장관이 회의에 부치는 사항의 심의

[전문개정 2008.3.21]

제14조 (위원회의 구성 등) ① 위원회는 다음 각 호의 위원으로 구성한다.

1. 근로자를 대표하는 위원(이하 "근로자위원"이라 한다) 9명
2. 사용자를 대표하는 위원(이하 "사용자위원"이라 한다) 9명
3. 공익을 대표하는 위원(이하 "공익위원"이라 한다) 9명

② 위원회에 2명의 상임위원을 두며, 상임위원은 공익위원이 된다.

③ 위원의 임기는 3년으로 하되, 연임할 수 있다.

④ 위원이 궐위(闕位)되면 그 보궐위원의 임기는 전임자(前任者) 임기의 남은 기간으로 한다.

⑤ 위원은 임기가 끝났더라도 후임자가 임명되거나 위촉될 때까지 계속하여 직무를 수행한다.

⑥ 위원의 자격과 임명·위촉 등에 관하여 필요한 사항은 대통령령으로 정한다.

[전문개정 2008.3.21]

제15조 (위원장과 부위원장) ① 위원회에 위원장과 부위원장 각 1명을 둔다.

② 위원장과 부위원장은 공익위원 중에서 위원회가 선출한다.

③ 위원장은 위원회의 사무를 총괄하며 위원회를 대표한다.

④ 위원장이 불가피한 사유로 직무를 수행할 수 없을 때에는 부위원장이 직무를 대행한다.

[전문개정 2008.3.21]

제16조 (특별위원) ① 위원회에는 관계 행정기관의 공무원 중에서 3명 이내의 특별위원을 둘 수 있다.

② 특별위원은 위원회의 회의에 출석하여 발언할 수 있다.

③ 특별위원의 자격 및 위촉 등에 관하여 필요한 사항은 대통령령으로 정한다.

[전문개정 2008.3.21]

제17조 (회의) ① 위원회의 회의는 다음 각 호의 경우에 위원장이 소집한다. [개정 2010.6.4 제10339호(정부조직법)] [[시행일 2010.7.5]]

1. 고용노동부장관이 소집을 요구하는 경우
2. 재적위원 3분의 1 이상이 소집을 요구하는 경우
3. 위원장이 필요하다고 인정하는 경우

② 위원장은 위원회 회의의 의장이 된다.

③ 위원회의 회의는 이 법으로 따로 정하는 경우 외에는 재적위원 과반수의 출석과 출석위원 과반수의 찬성으로 의결한다.

④ 위원회가 제3항에 따른 의결을 할 때에는 근로자위원과 사용자위원 각 3분의 1 이상의 출석이 있어야 한다. 다만, 근로자위원이나 사용자위원이 2회 이상 출석요구를 받고도 정당한 이유 없이 출석하지 아니하는 경우에는 그러하지 아니하다.

[전문개정 2008.3.21]

제18조 (의견 청취) 위원회는 그 업무를 수행할 때에 필요하다고 인정하면 관계 근로자와 사용자, 그 밖의 관계인의 의견을 들을 수 있다.

[전문개정 2008.3.21]

제19조 (전문위원회) ① 위원회는 필요하다고 인정하면 사업의 종류별 또는 특정 사항별로 전문위원회를 둘 수 있다.

② 전문위원회는 위원회 권한의 일부를 위임받아 제13조 각 호의 위원회 기능을 수행한다.

③ 전문위원회는 근로자위원, 사용자위원 및 공익위원 각 5명 이내의 같은 수로 구성한다.

④ 전문위원회에 관하여는 위원회의 운영 등에 관한 제14조제3항부터 제6항까지, 제15조, 제17조 및 제18조를 준용한다. 이 경우 "위원회"를 "전문위원회"로 본다.

[전문개정 2008.3.21]

제20조 (사무국) ① 위원회에 그 사무를 처리하게 하기 위하여 사무국을 둔다.

② 사무국에는 최저임금의 심의 등에 필요한 전문적인 사항을 조사·연구하게 하기 위하여 3명 이내의 연구위원을 둘 수 있다.

③ 연구위원의 자격·위촉 및 수당과 사무국의 조직·운영 등에 필요한 사항은 대통령령으로 정한다.

[전문개정 2008.3.21]

제21조 (위원의 수당 등) 위원회 및 전문위원회의 위원에게는 대통령령으로 정하는 바에 따라 수당과 여비를 지급할 수 있다.

[전문개정 2008.3.21]

제22조 (운영규칙) 위원회는 이 법에 어긋나지 아니하는 범위에서 위원회 및 전문위원회의 운영에 관한 규칙을 제정할 수 있다.

[전문개정 2008.3.21]

제5장 보칙 [본장제목개정 2008.3.21]

제23조 (생계비 및 임금실태 등의 조사) 고용노동부장관은 근로자의 생계비와 임금실태 등을 매년 조사하여야 한다. [개정 2010.6.4 제10339호(정부조직법)] [[시행일 2010.7.5]]

[전문개정 2008.3.21]

제24조 (정부의 지원) 정부는 근로자와 사용자에게 최저임금제도를 원활하게 실시하는 데에 필요한 자료를 제공하거나 그 밖에 필요한 지원을 하도록 최대한 노력하여야 한다.

[전문개정 2008.3.21]

제25조 (보고) 고용노동부장관은 이 법의 시행에 필요한 범위에서 근로자나 사용자에게 임금에 관한 사항을 보고하게 할 수 있다. [개정 2010.6.4 제10339호(정부조직법)] [[시행일 2010.7.5]]

[전문개정 2008.3.21]

제26조 (근로감독관의 권한) ① 고용노동부장관은 「근로기준법」 제101조에 따른 근로감독관에게 대통령령으로 정하는 바에 따라 이 법의 시행에 관한 사무를 관장하도록 한다. [개정 2010.6.4 제10339호(정부조직법)] [[시행일 2010.7.5]]

② 근로감독관은 제1항에 따른 권한을 행사하기 위하여 사업장에 출입하여 장부와 서류의 제출을 요구할 수 있으며 그 밖의 물건을 검사하거나 관계인에게 질문할 수 있다.

③ 제2항에 따라 출입·검사를 하는 근로감독관은 그 신분을 표시하는 증표를 지니고 이를 관계인에게 내보여야 한다.

④ 근로감독관은 이 법 위반의 죄에 관하여 「사법경찰관리의 직무를 행할 자와 그 직무범위에 관한 법률」로 정하는 바에 따라 사법경찰관의

직무를 행한다.

[전문개정 2008.3.21]

제26조의2 (권한의 위임) 이 법에 따른 고용노동부장관의 권한은 대통령령으로 정하는 바에 따라 그 일부를 지방고용노동관서의 장에게 위임할 수 있다. [개정 2010.6.4 제10339호(정부조직법)] [[시행일 2010.7.5]]

[전문개정 2008.3.21]

제27조

삭제 [2008.3.21]

제6장 벌칙
개정 2008.3.21

제28조 (벌칙) ① 제6조제1항 또는 제2항을 위반하여 최저임금액보다 적은 임금을 지급하거나 최저임금을 이유로 종전의 임금을 낮춘 자는 3년 이하의 징역 또는 2천만원 이하의 벌금에 처한다. 이 경우 징역과 벌금은 병과(併科)할 수 있다. [개정 2012.2.1] [[시행일 2012.7.1]]

② 도급인에게 제6조제7항에 따라 연대책임이 발생하여 근로감독관이 그 연대책임을 이행하도록 시정지시하였음에도 불구하고 도급인이 시정기한 내에 이를 이행하지 아니한 경우 2년 이하의 징역 또는 1천만원 이하의 벌금에 처한다. [신설 2012.2.1] [[시행일 2012.7.1]]

[전문개정 2008.3.21]

제29조 삭제 [1999.2.8]

제30조 (양벌규정) ① 법인의 대표자, 대리인, 사용인, 그 밖의 종업원이 그 법인의 업무에 관하여 제28조의 위반행위를 하면 그 행위자를 벌할 뿐만 아니라 그 법인에도 해당 조문의 벌금형을 과(科)한다.

② 개인의 대리인, 사용인, 그 밖의 종업원이 그 개인의 업무에 관하여 제28조의 위반행위를 하면 그 행위자를 벌할 뿐만 아니라 그 개인에게도 해당 조문의 벌금형을 과한다.

[전문개정 2008.3.21]

제31조 ① 다음 각 호의 어느 하나에 해당하는 자에게는 100만원 이하의 과태료를 부과한다.

1. 제11조를 위반하여 근로자에게 해당 최저임금을 같은 조에서 규정한 방법으로 널리 알리지 아니한 자
2. 제25조에 따른 임금에 관한 사항의 보고를 하지 아니하거나 거짓 보고를 한 자
3. 제26조제2항에 따른 근로감독관의 요구 또는 검사를 거부·방해 또는 기피하거나 질문에 대하여 거짓 진술을 한 자

② 제1항에 따른 과태료는 대통령령으로 정하는 바에 따라 고용노동부장관이 부과·징수한다. [개정 2010.6.4 제10339호(정부조직법)] [[시행일 2010.7.5]]

③ 제2항에 따른 과태료 처분에 불복하는 자는 그 처분을 고지받은 날부터 30일 이내에 고용노동부장관에게 이의를 제기할 수 있다. [개정 2010.6.4 제10339호(정부조직법)] [[시행일 2010.7.5]]

④ 제2항에 따른 과태료 처분을 받은 자가 제3항에 따라 이의를 제기하면 고용노동부장관은 지체 없이 관할 법원에 그 사실을 통보하여야 하며, 그 통보를 받은 관할 법원은 「비송사건절차법」에 따른 과태료 재판을 한다. [개정 2010.6.4 제10339호(정부조직법)] [[시행일 2010.7.5]]

⑤ 제3항에 따른 기간에 이의를 제기하지 아니하고 과태료를 내지 아니하면 국세 체납처분의 예에 따라 징수한다.

[전문개정 2008.3.21]

부칙 [1986.12.31]

제1조 (시행일) 이 법은 공포한 날로부터 시행한다.

제2조 (다른 법률의 개정) 근로기준법중 다음과 같이 개정한다. 제34조 및 제35조를 삭제한다.

제110조 제1호 중 "제28조, 제35조"를 "제28조"로 한다.

제3조 (최초로 시행되는 최저임금의 결정에 관한 경과조치) ① 노동부장관은 이 법 시행후 최초로 시행할 최저임금의 결정을 위하여 1987년 6월

30일까지 심의위원회를 구성하여 1987년 7월 1일까지 심의위원회에 최저임금의 심의를 요청하여야 한다.

② 심의위원회는 제1항의 규정에 의한 심의요청을 받은 때에는 제8조 제2항의 규정에 불구하고 120일이내에 이를 심의하여 최저임금안을 노동부장관에게 제출하여야 한다.

③ 노동부장관은 제2항의 규정에 의하여 심의위원회로부터 최저임금안을 제출받은 때에는 제8조 제1항 및 제10조제1항의 규정에 불구하고 1987년 12월 15일까지 최저임금을 결정·고시하여야 한다.

부칙 [1993.8.5]

① (시행일) 이 법은 1994년 1월 1일부터 시행한다.

② (최저임금에 관한 경과조치) 이 법 시행당시 종전의 규정에 의하여 결정되어 1994년 1월 1일부터 적용할 최저임금은 1994년 8월 31일까지 효력을 가진다.

부칙 [1997.12.24]

제1조 (시행일) 이 법은 1999년 1월 1일부터 시행한다.

제2조 내지 제9조 생략

부칙 [1999.2.8]

① (시행일) 이 법은 공포한 날부터 시행한다.

② (벌칙에 관한 경과조치) 이 법 시행전의 행위에 대한 벌칙의 적용에 있어서는 종전의 규정에 의한다.

부칙 [2000.10.23]

① (시행일) 이 법은 공포후 1월이 경과한 날부터 시행한다.

② (새로 적용되는 사업에 관한 적용례) 이 법의 시행으로 새로이 이 법의 적용대상이 되는 사업에 소속된 근로자의 임금에 있어서는 이 법 시행 이후에 행한 근로에 대한 임금분부터 최저임금을 적용한다.

부칙 [2005.5.31 제7563호]

① (시행일) 이 법은 2005년 9월 1일부터 시행한다. 다만, 제5조제2항 제2호의 개정규정은 2007년 1월 1일부터 시행하고, 부칙 제3항은 2005년 7월 1일부터 시행한다.

② (최저임금에 관한 경과조치) 이 법 시행 당시 종전의 규정에 의하여 결정되어 2005년 9월 1일부터 효력을 발생하는 최저임금은 2006년 12월 31일까지 효력을 가진다.

③ (근로시간 단축에 따른 최저임금 보전) 사용자는 법률 제6974호 「근로기준법중개정법률」 제49조제1항의 개정규정으로 인하여 소정근로시간이 단축되는 경우 정당한 사유없이 최저임금의 적용대상이 되는 임금을 단축 전 소정근로시간에 단축 당시 적용되는 시간급 최저임금액을 곱한 금액보다 저하하게 할 수 없다. 다만, 1주 4시간을 초과하여 단축되는 경우 그 초과되는 시간을 단축 전 소정근로시간에서 제외할 수 있다.

부칙 [2005.12.30 제7827호]

이 법은 2006년 3월 1일부터 시행한다.

부칙 [2007.4.11 제8372호(근로기준법)]

제1조(시행일) 이 법은 공포한 날부터 시행한다. [단서생략]

제2조 내지 제15조 생략

제16조(다른 법률의 개정) ① 내지 〈21〉 생략

〈22〉최저임금법 일부를 다음과 같이 개정한다.

제2조 중 "근로기준법 제14조, 제15조 및 제18조"를 "「근로기준법」 제2조"로 한다.

제5조제2항제2호 중 "「근로기준법」 제61조제3호"를 "「근로기준법」 제63조제3호"로 한다.

〈23〉 내지 〈24〉 생략

제17조 생략

부칙 [2007.12.27 제8818호]

이 법의 시행일은 다음 각 호와 같다.

1. 「지방자치법」제2조제1항제1호의 특별시 및 광역시: 2009년 7월 1일
2. 제주특별자치도 및 「지방자치법」제2조제1항제2호의 시지역: 2010년 7월 1일
3. 제1호 및 제2호를 제외한 지역: 2012년 7월 1일

부칙 [2008.3.21 제8964호]

①(시행일) 이 법은 공포한 날부터 시행한다. 다만, 제6조제5항의 개정규정의 시행일은 다음 각 호와 같다.

1. 「지방자치법」 제2조제1항제1호의 특별시 및 광역시 : 2009년 7월 1일
2. 제주특별자치도 및 「지방자치법」 제2조제1항제2호의 시지역 : 2010년 7월 1일
3. 제1호 및 제2호를 제외한 지역 : 2012년 7월 1일

②(다른 법률의 개정) 파견근로자보호 등에 관한 법률 일부를 다음과 같이 개정한다.

제8조제3호 중 "최저임김법 제6조"를 "「최저임금법」 제6조"로 한다.

부칙 [2010.6.4]

제1조(시행일) 이 법은 공포 후 1개월이 경과한 날부터 시행한다. 〈단서 생략〉

제2조 및 제3조 생략

제4조(다른 법률의 개정) ① 부터 〈74〉 까지 생략

〈75〉 최저임금법 일부를 다음과 같이 개정한다. 제4조제2항, 제5조제2항제2호, 제6조제4항제1호부터 제3호까지, 제7조 각 호 외의 부분, 제8조제1항 전단 및 후단·제2항부터 제5항까지, 제9조제1항·제2항 전단·제3항·제4항, 제10조제1항·제2항 단서, 제13조제4호, 제17조제1항제1호, 제23조, 제25조, 제26조제1항, 제26조의2 및 제31조제2항부터 제4항까지 중 "노동부장관"을 각각 "고용노동부장관"으로 한다.

제12조 중 "노동부"를 "고용노동부"로 한다.

제26조의2 중 "지방노동관서"를 "지방고용노동관서"로 한다.

〈76〉 부터 〈82〉 까지 생략

제5조 생략

부칙 [2012.2.1]

이 법은 2012년 7월 1일부터 시행한다.

사항색인

조직체 색인

인명색인

저 자 약 력

정 종 진

연희대학교 상경대학 및 대학원졸업(1953, 1955)
미국펜실베니아대학교 대학원에서 연구(1958)
연세대학교 상경대학 전임강사, 조교수, 부교수, 교수(1955～1995)
하와이 East West Center 연구교수(1970.3～9)
연세대학교 상경대학장(1975～1979)
한국경영학회회장(1976)
연세대학교 경영대학원장(1980～1984)
연세대학교 교학부총장(1984～1988)
일본 게이오대학 방문교수(1989～1990)
현, 연세대학교 경영대학 명예교수
「인사관리」(법문사, 1966)
「새인사관리」(법문사, 1982)
「노사관계론」(법문사, 1992)
「인적자원관리」(법문사, 1994)
「노사관계론」, 증보판(공저) (법문사, 1994)
「경영학입문」(법문사, 1996)
「인적자원관리」 제2판(공저) (법문사, 1998)

이 덕 로

연세대학교 경영학박사
중앙노동위원회 조정담당 공익위원
서원대학교 글로벌 경영대학 경영학과 교수
Deog-Ro Lee et al.(2013), "A Multilevel Model of Team Goal Orientation, Information Exchange, and Creativity," *Academy of Management*, 56(3), 827-851.
Jiman Lee & Deog-Ro Lee(2009), "Labor-Management Partnership at Korean Firms: Its Effects on Organizational Performance and Industrial Relations Quality," Personnel Review, 38(4), 432-452. 외 논문 다수.

최신 노사관계론

2017년 2월 18일 초판 발행
2017년 2월 28일 초판 발행

저 자 정 종 진
이 덕 로
발행인 배 효 선

발행처 도서출판 法 文 社

주 소 10881 경기도 파주시 회동길 37-29
등 록 1957년 12월 12일 / 제2-76호(윤)
T E L (031)955-6500～6 FAX (031)955-6525
e-mail (영업) bms@bobmunsa.co.kr
(편집) edit66@bobmunsa.co.kr
홈페이지 http://www.bobmunsa.co.kr

조 판 (주) 성 지 이 디 피

정가 30,000원 ISBN 978-89-18-12265-6